首届贝叶文化国际研讨会暨第四届全国贝叶文化研讨会论文集

贝叶文化与和谐周边建设

Palm-Leaf Culture and the Construction on Harmonious Neighborhood

云南大学贝叶文化研究中心
西双版纳州贝叶文化研究中心 编

主编：郭山 周娅 岩亮 岩香

云南大学出版社
YUNNAN UNIVERSITY PRESS

2010年4月在西双版纳州景洪市召开的首届贝叶文化国际研讨会上，历经10年终于完成的《中国贝叶经全集》100卷首次与读者见面

云南大学贝叶文化研究中心和西双版纳州贝叶文化研究中心与清迈皇家大学贝叶文化研究中心互赠研究成果

中外学者共同祝贺《中国贝叶经全集》100卷出版工作竣工

秦家华教授作主旨发言

德国学者与中国学者共同主持专题发言

Ven. Anil Sakya作主旨发言

2011年，云南大学贝叶文化研究中心与清迈皇家大学贝叶文化研究中心签署学术交流合作备忘录

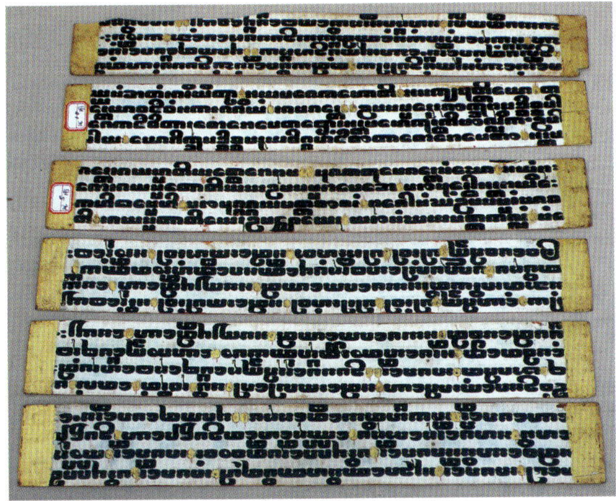

德宏州档案馆保存的象牙片巴利文经卷（张云　摄）

位于琅勃拉邦的老挝国家博物馆一角，典型的老挝式佛寺建筑在蓝天白云下尤显金碧辉煌

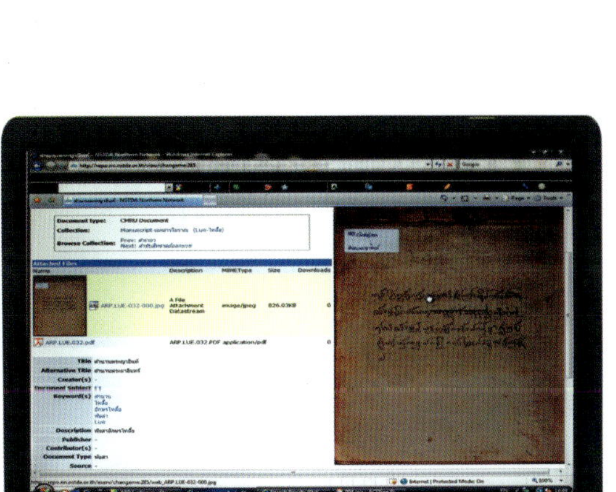

计算机屏幕上显示的贝叶经手稿数字化模版

清迈皇家大学博物馆展出的赕寨心图景

西双版纳橄榄坝曼春满佛寺住持都罕听长老在贝叶经制作技艺传承人培训班上为学僧作培训（蔡永辉　摄）

西双版纳州勐海县曼养寨的阿章展示本寨佛寺收藏的贝叶经（周娅　摄）

清迈皇家大学民族文化传习馆的老师在给学生们授课

中国佛教协会副会长、云南省佛教协会副会长祜巴龙庄勐长老在西双版纳勐泐大佛寺带领僧众为灾区人民祈福募捐（岩香宰　摄）

（图片除署名者外均为云南大学贝叶文化研究中心提供）

序 一

2010 年是贝叶文化研究工作值得记忆的一年。之所以这样说，是因为在这一年里，由西双版纳州人民政府和人民出版社历经 9 年收集、整理、翻译的百卷《中国贝叶经全集》终于与读者见面了，这是中国傣族历史文化一千多年来第一次大规模的整理，也是我国南传上座部佛教经典有史以来第一次大范围的汇集。它是我们傣民族宗教文化的新载体，更是西双版纳历史文化成果的新展现。《中国贝叶经全集》100 卷出版工作的完成，标志着傣族宗教文化有了新载体，中国贝叶文化研究有了新平台。与此同时，由西双版纳州人民政府与云南大学共同主持、开展的贝叶文化研究在举办了三届全国性会议后也走向了世界，顺利召开了“首届贝叶文化国际研讨会暨第四届全国贝叶文化研讨会”。此次研讨会的顺利召开，则标志着我们的州校合作研究迈上了新台阶，贝叶文化研究开启了国际对话的新窗口。

众所周知，傣族是云南世居的、具有悠久历史和灿烂文化的民族之一。在漫长的历史长河中，我们傣族先民用自己的智慧创造了辉煌的历史，并将其用铁笔刻写在贝叶之上，积累成了卷帙浩繁的贝叶典籍，形成了灿烂的贝叶文化，使其成为中华民族历史文化宝库中一颗闪亮的瑰宝。同时，傣族又是一个跨境民族，与东南亚的泰族、老族、掸族和印度的阿洪泰族等民族同源、同根，又共同信仰南传上座部佛教。历经千百年的交融、互通，中国贝叶文化与东南亚各国的泰文化、老文化、掸文化等共同构建出一个东南亚“贝叶文化圈”，它为该区域内的人民带来了无尽的福祉，为整个社会提供了丰富的成果，更成为该地域广大民众共同的文化形态和精神纽带。傣族人民在不断地为这一文化圈贡献自己在哲学、宗教及文化等方面智慧的同时，也使自身的文化具有鲜明的特色、深厚的底蕴和丰富的内涵。正是基于这样的文化基础，我们才能将贝叶文化研讨由云南扩展至全国，从国内推向国际。

纵观本论文集的内容，我认为至少表现出以下几方面的特点：一是参会学者来源面宽。来自德国、西班牙、法国、泰国、老挝、尼泊尔、日本等七个国家和北京、贵州及云南省内的学者共同参与了研讨，说明研究贝叶文化的学者群在进一步扩大，同时也反映了贝叶文化的“国际性”特征。二是参会论文涉及面广。

例如贝叶经典籍研究、贝叶经数字化利用、贝叶文化研究的重大意义、贝叶文化的和谐功能与和谐价值指向、现代化境遇中的贝叶文化、贝叶文化与民族经济发展、贝叶文化与东南亚等等论题，都从不同视角和深度为我们展现了贝叶文化的特色、内涵。三是看到了一批年轻人的身影。年轻的学生们在老师的引导、带领下从事贝叶文化研究，体现了大学研究机构中师生之间传帮带机制的优势，也让我们看到了贝叶文化研究后继有人的希望。四是体现了国际化的风格。以中英文混合的方式出版此集，是在前三部论文集基础上的一种创新，它更有利于国际对话与交流，也更能体现贝叶文化这一跨国文化的特点。

当下，现代化和全球化浪潮正席卷世界，贝叶文化不可避免地面临着前所未有的传承危机与发展契机并存的现代境遇。如何让这一悠久的文化体现其现代价值，为云南的“两强一堡”建设发挥作用，为构建和谐社会以及和谐周边发挥力量，正是我们的学者应该做并正在做的事情。衷心希望贝叶文化的研究工作越做越好，研究成果越来越多。

西双版纳傣族自治州州长

2011 年 5 月 15 日

序 二

这本《贝叶文化与和谐周边建设》是2010年4月在西双版纳州首府景洪市召开的“首届贝叶文化国际研讨会暨第四届全国贝叶文化研讨会”的成果，也是云南大学贝叶文化研究中心和西双版纳州贝叶文化研究中心共同编辑出版的系列研究贝叶文化的第四本论文集。从这本集子中，我们不仅能看到我国学者在贝叶文化研究领域的新进展，同时也能看到一批国外学者在贝叶文化研究方面取得的成果，从而认识和了解他们的研究视阈、方法及观点。

九年前，也就是2001年的7月，由西双版纳州人民政府和云南大学共同组建的贝叶文化研究中心成立。当时，新华社、香港文汇报、云南日报、春城晚报等中央和地方媒体都作了报道，社会各界给予了广泛的关注。贝叶文化研究中心的成立，为什么会在社会上产生这样大的反响，我想至少有两方面的原因：一是表明我们的党和政府非常关心和尊重少数民族在历史上创造的文化遗产，而我们的这个中心是全国第一个对贝叶文化进行专业性研究的机构；二是因为贝叶文化本身具有巨大的魅力，它博大精深的内容，它多方面的价值和意义，已经越来越多地引起人们，特别是各个学科的专家学者的注意。如今，经过昆明和西双版纳两地研究中心的专家学者们的共同努力，已是硕果累累。西双版纳州正在将贝叶经刻写技艺申报为国家非物质文化遗产加以保护，贝叶文化研究中心的研究成果也已连续出版了四部论文集。这些都标志着贝叶文化研究的影响在不断提升，研究队伍在不断扩大，研究内容在不断深化，研究水平在不断提高。十年来，两地研究中心还培养了一批包括傣族和其他少数民族学者在内的中青年研究人才，他们将会在我们的文化建设、经济建设和国际文化交流中发挥重要作用。

特别值得我们高兴的是，经过西双版纳州学者们的艰苦努力、勤奋工作，以及云南大学有关学者的积极参与和配合，《中国贝叶经全集》这一浩大的民族文化工程也终于完成了，这是一件具有深远历史意义的大事。在西双版纳州政府的大力支持下，这部卷帙浩繁、耗资巨大的百卷本《中国贝叶经全集》由人民出版社出版，这意义非同寻常。云南大学已故的长期从事贝叶经研究的秦家华教授看到这部全集时，曾十分感慨地说：“这里面不知道要出多少个博士、硕士啊!”我希望广大学者，特别是中青年学者认真对这部民族文化巨著进行深入研究，表

心希望能够从中走出一批博士、硕士级的高水平研究人才。

云南大学作为一所全国重点大学，同时也是一所地方大学。我们有着办学历史悠久、学科门类齐全、师资力量雄厚等优势。服务地方的经济、文化、社会建设，一直是云南大学义不容辞的任务和职责。事实上，云南大学历来就有关心、研究地方民族文化的历史传统，对西南少数民族历史、语言、文学等方面的研究也一直是云大的优势学科。早在新中国成立前，云大的一些教授就深入边疆地区调查，完成了一些重要的著作，如已故的江应樑教授的专著《傣族史》是大家都经常引用的。以方国瑜教授为首的西南文化研究室，出版了包括傣族文化在内的西南文化丛书。新中国成立后，云南大学曾多次派出师生到西双版纳开展民族文学调查，积累了大量的资料，整理出版了好几部有影响的傣族文学作品。如云大的老校长、著名的文学家李广田教授就亲自整理出版了傣族叙事长诗《线秀》，这部叙事长诗现也被收录在《中国贝叶经全集》之中了。

现在，全省人民正为把云南省建设成为“绿色经济强省、民族文化强省和中国面向西南开放的桥头堡”而努力工作，愿西双版纳州和云南大学仍一如既往地相互支持，加强合作，把包括贝叶文化研究在内的各方面合作提高到新的水平。

云南大学副校长 肖宪

2011 年 5 月 15 日

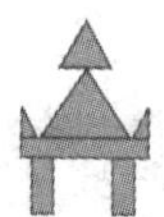

目　录

贝叶文化与南传佛教

贝叶文化与傣族社会生活

贝叶文化与傣族文学、语言

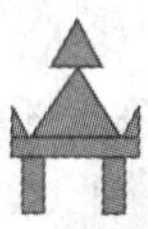

Contents, Abstracts and Keywords

Abstract: The Dai people, an ethnic group living in Yunnan, the border area of China, made a large quantity of scriptures scribed on palm-leaves which called palm-leaf manuscripts in history. In addition to Buddhist canon, the content of palm-leaf manuscripts includes varied aspects in society, history, philosophy, law, literature, calendar, medicine, science and technology, etc. Since the founding of New China, systematic work like data rescue, translation and collation, edition and publication have been conducted, and remarkable research achievements have been made. The extensive and profound palm-leaf Culture centering on palm-leaf manuscripts, is waiting for the experts and scholars to make further research.

Key Words: Dai people; palm-leaf manuscripts; palm-leaf culture; culture heritage

Abstract: The Palm-leaf manuscripts existing in Xishuangbanna, Dehong and other places are the crystallization of the wisdom of the Dai people and other minorities who lived in those areas and believe in Hinayana Buddhism; the memory heritage of 2000 years history and religion culture in these areas; and the cornucopia of folk knowledge and the encyclopedia of Dai community as well. *The Complete Collection of Chinese Palm-Leaf Scriptures* (100 volumes) is a more comprehensive collections of Palm-leaf manuscripts in Xishuangbanna, and it is the largest integrated collection of this rich cultural heritage so far in China.

This palm-leaf cultural phenomenon is not only existing in China but also in South Asia, Southeast Asia and some countries in Asia which is not unique to China; while "palm-leaf manuscripts in China" is unique to China. This paper mainly discussed the features of "palm-leaf manuscripts in China".

Key Words: Palm-leaf manuscripts in China; palm-leaf culture, Dai society; Theravada Buddhism

Abstract: Palm-leaf culture is an outcome of the culture transplant. It is a result of the connection and fusion of the regional culture and ethnic culture as well. The research of "palm-leaf culture" concept and its system is a creation of the Chinese scholar, particularly the Yunnan scholar's effort. They occupied a supreme top of the academic area that define the culture as a mixture of the Theravada Buddhist culture and the Dai traditional culture. Moreover, from another angle, "palm-leaf culture" is an academic area of extinction which facing the threat of disappearance and being striked from many problems of the social realities. Therefore, it is a rare study object with broad academic value which will positively helpful to the social development of the Dai.

Key Words: palm-leaf culture; palm-leaf manuscripts; Theravada Buddhism; Dai culture; cultural fusion

Abstract: Palm-leaf manuscripts provide visual evidence for us to have an insight into the social history of Dai society in the form of solidity; while the palm-leaf inscription technique inherited to today reflects the richer, fresher historical awareness value and social practice value of this ancient culture. To get to know the conservation of palm-leaf culture from the perspective of intangible cultural heritage conservation embodies the importance of protection of cultural variety.

Key Words: palm-leaf inscription; intangible cultural heritage; cultural inheritance

Abstract: Along with the rapid development of economy and culture in modern society, Xishuangbanna's cultural heritage are gradually disappearing and changing in an unprecedented velocity. It is very important to make it clear that how to protect it. Based on the comprehensive analysis on the present cultural heritage of Xishuangbanna, the article puts forward some ideas on how to protect and utilize the precious cultural heritage in order to make Xishuangbanna's cultural heritage protection work going on the road of a virtuous circle, mainly in guidance of scientific practice and sustainable development.

Key Words: Xishuangbanna; cultural heritage; protection; utilization

Findings on the Ancient Books in Dai Script in Dehong Prefecture

Abstract: The Dai nationality in Dehong Prefecture has a long history. In endless historical development, it has accumulated rich and colorful cultural heritage and left a great number of copied ancient books and canonical ones in old Dai Na, which are estimated to reach 2203 volumes according to the current general investigation. Among these are mainly scriptures written on ivory slices and elephant bone slices, palm leaves, Saa paper, etc.. At present, the Prefect Library is doing the work of transcription, save and conservation, which lays a basis for the work of ancient books collection, collation and conservation that the Prefecture Government is to carry out over the Prefecture.

Key Words: Dai; Dehong; ancient books in Dai script; Palm-leaf manuscripts

Palm-Leaf Manuscripts Characteristics and Reading Skills

Abstract: In comparison with modern Dai script, the old Dailue script has the following characteristics which should be noticed when reading: 1. Nonstandard handwriting: Palm-leaf manuscripts are preserved by handwriting. There is no uniform standard Dai script spelling rules. In the process of copying, it is the custom with the local people to copy. Besides, the Dai script level of copyist is uneven. It can hardly be avoided to copy missedly and wrongly. Therefore, the spelling and version is different, even paragraph and plot is variant. 2. Many spelling changes: There is a great many vocabulary which has same pronunciation but different meaning in the palm-leaf manuscripts. Different letters often used to spell the same pronunciation and different letters distinguished the same pronounced words to draw a distinction among this vocabulary. 3. Holding a large proportion in Pali: There hold a large proportion in Pali between the lines in the article. When reading, we should set dictionary and Pali dictionary. It is significantly different in spelling between Dai and Pali. You should keep your eyes open when reading. 4. Ancient and modern meanings vary is not different: A portion of the vocabulary in palm-leaf manuscripts has the same meaning with modern Dai script, but after the evolution of history, a portion of the vocabulary have taken great changes.

Key Words: Palm-leaf manuscripts; Characteristic; Reading skill; Pali; Dai

Abstract: The Dai people, an ethnic group living in Yunnan, the border area of China, made a large quantity of scriptures in scribed on palm-leaves which called palm-leaf manuscripts in history. In addition to Buddhist canon, the content of palm-leaf manuscripts includes varied aspects in society, history, philosophy, law, literature, calendar, medicine, science and technology, etc. Since the founding of New China, systematic work like data rescue, translation and collation, edition and publication have been conducted, and remarkable research achievements have been made. The extensive and profound palm-leaf Culture centering on palm-leaf manuscripts, is waiting for the experts and scholars to make further research.

Key Words: Dai people, palm-leaf manuscripts, palm-leaf culture, culture heritage

Abstract: *Visuddhimagga* is a well-known woke of Hinayana Buddhism. The author, Buddaghosa (JueYin), is a distinguished Pali language and Theravada Buddhism scholar, who was born in the mid-fifth century. Along with the introduction of Buddhism, Dai translation *Visuddhimagga* has introduced to Dai district for a long history. As a result of time, space, or because of versions, the relationship between cultural ideas, there has significant differences between *Visuddhimagga* Dai edition and Chinese edition. This article makes a simple contrast between this two editions, putting forward Dai translation problems in the first place; in the next place, discusses how to deal with the changeable polysemous words which make the difficulty in translation.

Key Words: *Visuddhimagga*; Buddhaghosa; Chinese edition; Dai edition; translation of polysemous words

Abstract: Dai Lue Palm-leaf Buddhist Scripture *Madh yamagama-sutra* in Xishuangbanna is one part of *Agama-sutra* of Hinayana Buddhism. *Madh yamagama-sutra* mainly gives an account of basic principles of Buddhism, such as Ariya-sacca (four noble truths), *Ari^yamagga* (The correct eightfold path), *Dva^da/sa-astanga* (twelve limbs of dependent origination), Catvari-dhyanani (four meditations), Six elements, Six internal sense bases, *Nibba^na*, what is more, the relationship among them. It elaborates that as a

man sows, so let him reap, it encourage people eschew evil, and do good deeds. With the spreading of Buddhism, *Madh yamagama-sutra* is best-known in Dai ethnic group areas. As the geographical, cultural, linguistic, environmental factors, the translation of Tai Lue *Madh yamagama-sutra* is different from Song version and north spreaded Mahayana *Madh yamagama-sutra* in vocabulary, grammatical structure and expressions.

At first, this thesis analyzes the language structure and characteristics of Dai Lue version of *Madh yamagama-sutra*, then, according to the author's translation practice and experience, I suggest that the translator should not copy the grammatical structure and expression of Han version, as much as possible to avoid the semantic change of view, when translates the Dai Lue *Madh yamagama-sutra* into Chinese.

Key Words: Tai Lue; Madh yamagama-sutra; Language structure; Translation

Abstract: As an extraordinary epic of the world creation in Dai's literature, *Batamagapengshangluo* still is preeminent for hundreds of years. The name of this epic literally means that " the world and human is created by the Gods" . This epic covers a wild range, including the formation of the world, the origin of the world, the origin of the man, the evolution of civilization, the customs and traditions, the astronomy and the calendar, the ethics, the production, and so on. In poetical words, the epic describes the real life of Dai in remote years, which reflects the cognizance and life style of Dai's ancestors who are full of wonderful imagination and sincere emotions towards the history of civilization. This paper attempts to apply synthetic approach to analyze *Batamagapengshangluo* and focuses on not only the narrative text but also the context in order to probe into the real meaning of this sacred epic in a comprehensive way. **Key Words**: *Batamagapengshangluo*; Narrative; Context; Dai literature

Abstract: According to recent information on field trips, in the Dehong Dai Buddhist Festival and during the ceremony showing a significant artistic, literary and cultural phenomenon of the public by the elderly (cloth stout, helu) for the believers chant Buddhist Dai language content of some of the activities. In the temple of Dehong and Xishuangbanna in the past, and are the Buddha and the host (bozhan, buzang, etc.)

in charge of each, each division, it is meaning that the monks chant Pali major classic, the host or other elders recite verses spell Dai language. However, both in style and includes chanting Buddhist prayers art features local respect, or literati, urbanization and internal heritage and other social factors, the Dehong region there are significantly different from Xishuangbanna, Lincang, etc. of local conditions.

It has produced a more rigorous and more complete correspondence lyrics, rich rhyme, and rhythm patterns. From the cultural point of view, such activities are revealing various external features of artist and the public culture.

Key Words: Dehong Dai; Buddhism chanting; ceremony music

Abstract: Theravada manuscripts in China, which contrasted with the other 2 types Buddhist manuscripts in the country, namely, Chinese Buddhist' and Tibetan Buddhist', are fresh ones that rarely exposed to public until the past several years. They were mainly found in the Dai areas of Yunnan province, south-western China. As a autonomous prefecture of Dai in Yunnan, Sipsongbanna is the most typical place where Dai people living together with rich amount of manuscripts and popular Theravada Buddhism culture. This paper will share some knowledge of Theravada Buddhist manuscripts in China, especially in Sipsonbanna, involving the following information: locations; resources and makers; general amount and types; scripts; and content; etc. As the latest and most important outcome of the collation and translation of these manuscripts in China, *the Complete Collection of Chinese Palm-leaf Scriptures* will be introduced as well.

Key Words: Theravada Buddhism; Palm-leaf manuscripts; Sipsongbanna; Dai People

Abstract: As one of the carriers of Dai ethnic culture, the Dai Buddhist Temple in Xishuangbanna, reflects the inclusive ideological connotations of Hinayana Buddhism. The Temple absorbs the essence of architectural culture in the Central China, Southeast Asia and South Asia, and it combined the different characteristics of the Theravada Buddhism architecture, the natural and ethnic features of the local area, and other ecological culture together to form a strong ethnic and regional architectural style. It expresses unique artistic features in shape, location, layout and demonstration of art and beauty. With its unique cultural characteristics and carrying capacity, it both correspond with "regularity of art" and accord with "the Purpose of man". It is full of naturalistic colors and natural tension, and also expresses the distinctive aesthetic characteristics and

aesthetic tendency in different aspects, such as form, color and decoration. In addition, as a symbol of art Dai Buddhist culture, the Dai temple is the result of religious belief, the mark of social history of Dai ethnic group, and the evidence of Dai ecological culture. It reflects profoundly the Dai people's mental consciousness and emotional tendency as a symbol.

Key Words: Xishuangbanna; the Dai Temple; Aesthetic characteristics; Art symbol

Abstract: Theravada Buddhist culture, the core of the palm-leaf culture, which was accumulated profound during the forming process of Dai ethnic group, deeply cultivated Dai People and their society. The Buddhist temple education makes the text continuation possible of which contains mottos, knowledge and historical memory. Through the "homogeneous and empty time", and the common rituals evoking psychological resonance and the common historical memory, Dai People generated their stable ethnic identity.

Key Words: Theravada Buddhism Culture; Dai Ethnic Group; ethnic identity

Abstract: Before liberation, Dai group practice seigniorial system— "zhaopianling". It is a word of Dai language which means "the Lord of the general land". The feudal lord exercising sovereign power over Xishaunghanna. "Zhao Pianling" was build in 1180 when the 1st King Pia Zhen integrate Xishuangbanna and repealed in 1956 when they conduct peace negotiations and land reform in Xishuangbanna. From the historical perspective, a family ruled in a region by almost 800 years which was rare in Chinese history. In this Period, there is neither peasant uprising which created dynastic changes, nor war between nations. There are only alien invasion and internal competition for the throne of the war. It is worthy of studying and learning what could be helpful on building a harmonious society today.

Key Words: Zhao Pianling; Dai history; harmonious society

Abstract: Recalling the history of Dai cultural heritage and change in the 20th century, it is not difficult for us to find that the development of the Dai culture is of many differences from other ethnic cultures in the last century: on the one hand, their traditional culture is tenaciously passed down; on the other hand, their ethnic culture is extending. This situation is of a certain reference and instructive significance for the development of the ethnic cultures. For this purpose, the author roughly summarizes some aspects that are of a reference and an inspiration for the development of the ethnic cultures: Firstly, "the person that can speak several languages" is favored by today's society. Secondly, religious issues are very sensitive. Thirdly, eco-tourism can make ethnic culture protected. Fourthly, TV becomes first media in the world recently. Fifthly, any nation can not refuse self-development. Sixthly, the ideal inheritance should be passed down in the process of development. Finally, government-led is one of the driving forces on heritage and development of ethnic culture, and so on.

Key Words: Xishuangbanna; Dai culture; heritage and change; enlightenment

Abstract: The name-title of Dai embodied their traditional virtues of equality, friendship, modesty, respect, etc.. For hundreds of years, the name-title of Dai playing a great role in the building of harmonious society of Dai, which is: elders are kind and respected, children are filial and good cared of, husband and wife love each other and consist every happy family, harmonious neighborhood and good relationship with the other ethnic groups in the community.

Key Words: Dai people; name-title; moral ethics

Abstract: Dai culture on the intersection of the Huaxia culture, the Southeast Asian culture and Hinayana Buddhism. It is formed on the point of its local culture and the surrounding culture, and formed a multicultural blend of history. Dai people show up their brilliant wisdom in the process of conduct cultural exchange with other countries, neither conservative, nor a comprehensive introduction, but only a warm welcome to the introduction of foreign culture, but also pay attention to digesting and absorbing the essence of foreign culture, to become a foreign culture development of the national culture and effective nutrition. The integration of human nature, multicultural coexistence, history and reality of the link, form the distinctive characteristics of the Dai culture.

Key Words: Dai people; characteristics; culture

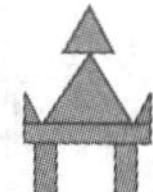

Abstract: Influenced by the strong culture, young people even living in the villages—the most grass-roots organization are leaving far away from the traditional culture of Dai. Since many young people can hardly know Dai script and the present situation of their own nationality, some of Dai intellectuals spontaneously established a "Tamazhaga" scripture-chanting organization in which monks and the former monks are invited to teach the young people culture of their own nationality. It is called "Tamazhaga" educational activity which has rised in Ruili since three years ago. The "Tamazhaga" educational activity, which is held every year with a large scale and extensive influence, not only passes down the traditional culture of Dai nationality, enhances their cohesion, but also maintains the social harmony and enhances the cultural communication on each level.

Key Words: Theravada Buddhism; Dai people; Tamazhaga; Harmony Society

Abstract: The Dai nationality is an ethic group with long history, deeply-rooted culture, natural folkway, and diligent and brave, kind-hearted, warm and hospitable, strongly-inclusive people. The palm-leaf culture they created contains excellent philosophic theories in life, of which the harmonious thought acts as an important social function in the harmony and development of the Dai's society.

Key Words: palm-leaf culture; harmonious thought; real function

Abstract: The Dai People, living in mysterious and beautiful Xishuangbanna which located at southwest border area of china, who is an ancient ethnic group with a long history. In this paper, the author introduced the rather free style marriage concept and custom of the Dai, and discussed the concept and custom of Dai's funeral which tightly related to the soul worship.

Key Words: Xishuangbanna; Dai; Marriage Customs; Funeral Customs

Abstract: The characteristic of traditional reproductive behavior of "more birth, son preference" in China's rural area was universally thought as a vivid description by academic fields, which can't be supported by the historical data in Dailue of Xishuangbanna. Combined the method of historical literature with field investigation, the paper comprehensively describes the economic life condition of Dailue in order to explain the influence of material intention of reproduction on forming reproductive sense and carrying out specific behavior. We will get to know how the reproductive notion of the Dai people living in traditional and agricultural society can be constructed and which utility can be obtained from cultivating their children through describing and analyzing daily consumption, agricultural products and productive technology, family handicraft industry, business industry and family aquiculture as well. In a word, the Dai people in traditional society represent the reproductive sense and behavior of "no seeking more children and no gender preference".

Key Words: agricultural society; Dai family; reproductive behavior

Abstract: "Si Sao Lao Man" refers to the elderly men who have noble character and high prestige and authority in the Dai villages. Their authority not only comes from the morals and laws of the palm-leaf culture, but also dues to the villagers awarding them special respect. Along with social and economic development, the "Si Sao Lao Man's" authority and functional domain have also changed. "Si Sao Lao Man" as representatives of traditional authority, are in charge of traditional affairs in village life and undertake the role of dispute resolution. They play an influential role in the inheritance and spreading of palm-leaf culture, promoting harmony in the Dai nationality community and establishing a good social order. This paper includes a field survey and research on the authoritative origins of the "Si Sao Lao Man", social changes on the impact of their authority, as well as their methods of dispute resolution, etc..

Key Words: palm-leaf culture; Si Sao Lao Man; Dai nationality; autonomous mediation

Abstract: As the "root" of Theravada Buddhist culture, Dai traditional social encyclopedia palm-leaf culture and the carrier palm-leaf manuscripts widely distributed in the stream areas of Lancang Mekong river-Region, which including Myanmar, Thailand, Cambodia, Laos and China. These areas are also the center of palm-leaf cultural heritage area. The Dai and De'ang in Dehong belief in Theravada Buddhism who are now spreading and inheriting the culture.

Key Words: Dai people; De'ang people; palm-leaf culture; cultural heritage; Yunnan

Abstract: Dai ancient literary works express ideas through artistic images and daily language. An important idea of the many expressed in the Dai ancient literature is harmony, such as the harmony within a family, the harmony within a village, the harmony between man and nature, the concept of mean, the concept of curbing the desires of the self for harmony and so on. The idea of harmony of the ancient literature helps to form the character of the Dai people and plays a role in bettering the relations between family members and between village members and therefore maintaining social stability.

Key Words: Dai people; ancient literature; harmony concept; social function

Abstract: The Dai nationality boasts a plenty of proverbs. These proverbs imply the Dais' traditional ecological perspective, of which the ideological content is the Dai people's awe to nature. The values is developed on all things on earth. The code of conduct is to preserve the ecology, and the aim is to create a harmonious homeland.

Key Words: the Dai nationality; proverb; ecological perspective

Abstract: The palm-leaf manuscript *Buddhist maxim*, embodies the Buddhist, "what goes around, comes around" mentality, and one important aspect of this idea is how to behave. This idea is not only similar to Confucius, "what you do not want do to yourself, do not do to others." Restrain yourself and restore the rites and humaneness". "Don't look at what is contrary to propriety; Don't listen to what is contrary to proprie-

ty; Don't speak what is contrary propriety; Don't make any movement which is contrary to propriety" in essence, but also is meaningful for building a harmonious society of today, to educate the youth on how to behave.

Key Words: Theravada Buddhism; Buddhist maxim; idea

Abstract: Dai and Chinese Bilingual Teaching is an educational activity of translation between Chinese and Dai according to the students of Dai. Through bilingual teaching, students are good at Chinese and Dai and promote the heritage of palm-leaf culture. It fully reflect the pattern of diversity in unity of the Chinese culture. This paper discussed the principle of "Dai and Chinese bilingual teaching mode" .

Key Words: Dai and Chinese; Bilingual education; Teaching principles; heritage of palm-leaf culture

Abstract: "Bilingual" education refers to learning in schools of Dai students are taught by Dai language and Chinese language in the classroom teaching activities. According to carry out the "bilingual" education, it played a role in development of ethnic minority children's intelligence and inspired ethnic minority students' enthusiasm. The Chinese test scores of minority students are about 15 percent higher than the average classes. Teachers teach students the Dai proverbs, idioms, poetry, astronomy and calendar, folk customs, morality and decency, and handicraft production, so that the students further understand the meaning of Dai ethnic culture, it is beneficial to inherit and develop minority culture, and meet the needs and recognition of students' parents of Dai ethnic group. It is received high reputation in society and played a positive role in controlling drop-outs of nine-year compulsory education.

Key Words: "Bilingual education"; Dai language; heritage of culture

Abstract: In 2005 and 2008, ISO/IEC JTC1/SC2/WG2 came up to the international

coding standards of ancient and modern Dai characters in Xishuangbanna. After that, Xishuangbanna newspaper and Weifang Beida Jade Bird Huaguang image setter company cooperative research ancient and modern Dai characters' keyboard layout which is based on International coding standard. And they develop the corresponding input method of ancient and modern Dai characters. This article introduce the design and implementation process of the ancient and modern Dai characters' keyboard layout and input technology which is based on international coding standard.

Key Words: ancient and modern Dai characters; Keyboard layout; input method; unicode; IME/IMM; TSF

Abstract: Palm-Leaf culture is the typical traditional culture of Xishuangbanna. It is the soul of the tourist activities of this region. The article analysis the palm-leaf cultural characteristics. Constructing harmonious tourism area with the precious cultural capita, let visitors to experience the special culture of harmony between man and nature and perfect picture.

Key Words: palm-leaf culture; culture capital; harmonious tourism area

Abstract: Xishuangbanna plays a very important role in Yunnan province tourism industry with its different climate and ethnic group's customs. However, the tourism of Xishuangbanna is still in a low level of perform, such as, not making full use of its differences and culture advantages in tourism products development, tourist coming only for sightseeing, the minorities culture heritage not full showing to the tourists, and the tourists participation insufficient obviously. How to solve this problem? It is an urgent matter for local government to develope high level tourism products by taking its advantages like palm-leaf culture. As the mainstream of Xishuangbanna's Dai peoples' culture, palm-leaf culture not only on behalf of the whole Dai peoples' culture and history, but also reflects in every aspect of their life. Palm-leaf culture is bound to have an impact in Xishuangbanna tourism industry development. Palm-leaf cultural characteristics could help to adopt appropriate strategies to develope the new tourism products "stay-style

palm-leaf cultural experience tour", this will help to form the unique brand of Xishuangbanna Tour, help to upgrade tourism industry development and the construction of harmonious society in Xishuangbanna
Key Words: Xishuangbanna; palm-leaf culture; tourismproduct development

Abstract: Xishuangbanna is famous for its image of "ideal and sacred paradise". The tourism industry has become one of the important pillar industry in Xishuangbanna. However, As an important part of tourism "cultural products" are relatively backward which became a problem to the Xishuangbanna Tourism. How to keep the original intact ecosystems, mysterious ethnic customs and the harmony between man and nature in Xishuangbanna, while build of the tourist destination image of it, is undoubtedly a problems need to be solved.
Key Words: palm-leaf culture; culture particularity; tourism products

Abstract: North of Thailand Lanna and Sipsongphanna of Chinese, which also known as Cheli, were in the connected zone. Thai Yuan people in north Thai and DaiLue people in Sipsongphanna were of the same ethnic group, which have a closer relationship with the later separation. They are rather similar in their language, culture and custom. When Buddhism was accept by Thai Yuan people, the Lanna culture circle was formed which covered the region in Sipsongphanna, the south of Shan in Burma and some part of Laos, which was the important ties and improved the close relationship between Lanna and Sipsongphanna. The study on the factor of ethnic and culture in history between Lanna and Sipsongphanna, which can promote the mutual understanding in many fields, strengthen the cooperation and enhance the harmonious development between the people in North Thai and Sipsongphanna.
Key Words: Lanna; Sipsongphanna; Cultural relationship; Thai Yuan; Dai Lue

Abstract: *The white crow* is a story in "Buddhist Jataka folk tale" form the palm-leaf manuscripts of the Dai-Tai people. This article compares the Dai edition of Xishuangbanna and the Thai edition of Chiangmai. From this story, we can understand the mutual relationships between folk tale and the cultural customs. Find the origin and the basis of many customs and beliefs about the Dai-Tai people in Southeast Asia. The story of *the white crow* also reflects its common thinking mode, psychology and disposition of the homologous people occupying interstate under influence of the seat of honor department Buddhism culture circle. The article also excavates the story of *the white crow* related folk custom culture connotation, explains the difference of occupying interstate homologous people's literary works and further elaborates the Dai-Tai people's common religions art, the cultural custom and the value idea in Southeast Asia.

Key Words: palm-leaf manuscripts; *the white crow*; the Dai-Tai people; cultural connotations

Abstract: There are a lot of similarities between "the Tale of Grain Soul Granny" (Yahuanhao) widely circulated in Dai region of Yunnan Province, China and "the Myth of Stone House" recorded in Japan. Through comparative study the Author discovers that there exist close relationships between the two, which focus on the following aspects: firstly, the maintenance and re-establishment of rice soul belief is the central theme of the two; secondly, the spirit of serving the rice soul must be a "pure soul", a virtuous heart; thirdly, the main character is a female; fourthly, the development orders of the plots are of great similarity, etc. . Therefore it can be inferred that "the Myth of Stone House" stemmed from "the Tale of Grain Soul Granny", that is to say, the Myth originated in Yunnan, China. Further research on this issue will become the Author's future research subject.

Key Words: Tale of Grain Soul Granny; Yahuanhao; Myth of Stone House; comparative study; Dai literature

贝叶文化综合研究

民族文化瑰宝

——傣族贝叶经

秦家华*

摘 要：傣族是一个历史悠久的民族，有自己的语言和文字，贝叶经就是记载其历史文化发展脉络的古籍藏本。傣族贝叶经虽名为经书，其实并不全都是宗教经典，但凡社会生活的方方面面，历史上有价值的东西，都会记录在其中，因此可以说，这些经书是傣族生活的百科全书。对目前收集到的贝叶经典籍进行整理，可将其分为佛教经典、哲学、法律法规、神话传说、史诗、叙事长诗、民间故事、歌谣、语言文学、农业、历法、医药、建筑、音乐、舞蹈、绘画及其他十七个大类。这些弥足珍贵的历史文献，为我们研究傣族的社会历史文化提供了非常丰富的素材。

关键词：贝叶经　历史文化　古籍文献

一

据2000年第五次全国人口普查，傣族人口为127万多人。主要分布在西双版纳、德宏、普洱、临沧、红河、玉溪等州市。傣族多数居住于边境沿线，与缅甸、老挝、越南接壤，和泰国邻近。

傣族是一个历史悠久的民族。远在公元前1世纪，汉文史籍中就有关于傣族的记载。《史记》、《汉书》中称傣族先民为"滇越"。《后汉书》中称傣族先民为"掸"，可知傣掸这一名称起源很早。我国傣族与分布于泰、缅、老诸国的泰、掸、老等族，彼此都有着共同的族属渊源，在古代汉文史籍中常常被统称为"掸"，又与华南壮侗语各族合称为"越"，故掸傣各族与古代"百越"有着共同的族属渊源。

秦汉以来，傣族先民即居住于我国云南省西南部，曾建立本族地方政权。唐宋二代，统属南诏、大理国。唐代史籍称傣族为"黑齿"、"金齿"、"银齿"或

* 作者简介：秦家华（1938—2011），男，汉族，云南大学贝叶文化研究中心研究员。

"绣脚"，又称傣族为"茫蛮"或"白衣"。宋代仍称傣族为"金齿"、"白衣"。南宋淳熙七年（1180）建景龙金殿国于勐泐，一时称盛。元、明两代，"金齿"继续使用，并作为地名，"白衣"则写作"百夷"，"佰夷"。到李元阳修万历《云南通志》将"百夷"误改为"僰夷"，从此，"僰夷"与史称白族先民的"僰人"混淆。清代以来则多称为"摆夷"。中华人民共和国成立以后，人民政府尊重傣族人民的意愿，定名为傣族。

傣族有自己的文字。流行于西双版纳的称傣泐文，流行德宏的称傣那文，以及傣绷文和金平傣文共四种，都源于印度的巴利文。随着南传佛教的传入，由于翻译佛经的需要，傣文在傣族地区普遍流行。傣泐文主要是西双版纳和孟连县部分傣族使用，部分布朗族也使用。傣那文主要是德宏的傣族和德昂族部分群众使用，保山、临沧、孟连、景谷、景东等市县的傣族也使用这种文字，傣绷文主要使用于孟连县、沧源县的部分傣族。金平傣文只使用于金平县的傣族，上述四种文字中，以傣泐文、傣那文使用范围较广。傣族大量的历史文献、神话、传说、诗歌、故事，都是以这两种傣文为载体而流传下来。

二

说到傣族古籍文献，就不能不说到贝叶经。贝叶经是用铁笔在贝多罗（梵文Pattra）树叶上所刻写的经文，它最早起源于印度，后随南传佛教的传入而进入我国傣族地区。我国傣族地区发现的贝叶经，有巴利文本和傣文本。傣族人民很早就懂将贝叶制作成书写材料，用它来抄写佛经、记录历史。由于贝叶经过水煮漂洗等特殊工艺处理，可以防虫、防水、防变形，经久不朽，所以用贝叶抄写的经书、记录的历史能够千百年流传下来。后来纸张传入，也有用绵纸、构皮纸抄写的古籍文献，但贝叶的制作，贝叶经的抄写，被傣族人民当做一个神圣的传统继承下来，至今仍然存活于民间。傣族人民将贝叶经称为"运载傣族历史走向光明的一叶神舟"，视为全民族的宝贵财富加以保护收藏。傣族佛寺里专门设有"藏经阁"，负责保存贝叶经。

由此看来，傣族古籍主要由两部分组成，一是用贝叶经刻写的经书，二是用绵纸、构皮纸抄写的经书。虽名为经书，其实并不全都是宗教经典，而是包罗万象，但凡社会生活的方方面面，历史上有价值的东西，都会记录在里面，因此可以说，这些经书是傣族生活的百科全书。当然，除形成文字的经书外，还有流传于民间的大量说唱文学，民间故事，神话传说等，这是保存在民间的活形态古籍。

傣族古籍数量究竟有多少？这是目前很难作出结论的。傣族民间传说贝叶经有八万四千部，这当然不可能是一个准确的数字（佛经上也有八万四千部之说）。据调查，历史上保留在西双版纳各大佛寺及民间的贝叶、绵纸文献典籍，

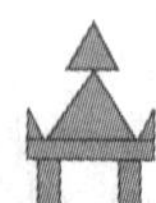

从书目上看多达五千余部，经过多年努力，目前已搜集到三千余部。在德宏，经普查搜集到的老傣文古籍达两千余种。云南民族出版社2002年出版的《中国云南德宏傣文古籍编目》所载文献典籍就达九百多部。还有傣族聚居的临沧市耿马县，到2004年共搜集到傣文古籍431种，从中选出166种载于《中国云南耿马傣文古籍编目》一书（2005年云南民族出版社出版）。另外，在傣族聚居的景谷、孟连、金平等地，也搜集到不少傣文古籍。除了已经搜集到的古籍之外，还有许多是散落于民间的。由此可见傣族古籍数量之大。

这些古籍的内容涉及哪些方面？据初步的分类研究，可分为下列十七大类。

（一）佛教经典方面

西双版纳发现一部傣文贝叶经《三藏经》，傣语称“三彼达嘎”。“三藏”是佛教经典的总称，共分三个部分：“经藏”、“律藏”、“论藏”。西双版纳发现的这部《三藏经》也包括三个部分：即“经藏”，傣语称“书典达彼达嘎”；“律藏”，傣语称“维乃牙彼达嘎”；“论藏”傣语称“阿皮堂玛彼达嘎”。傣族民间传说佛经有八万四千部，其中“经藏”二万一千部，“律藏”二万一千部，“论藏”四万二千部。但是，目前还不知道傣族地区哪儿藏过这么多的经书，也未见记载说谁读过或见过这么多的经书。傣文《三藏经》目前尚未译成汉文，翻译难度较大，对它的内容、特点的认识尚待继续进行。

除了纯粹的佛教经典之外，还有一部分是当地的大德高僧根据佛教的基本理论和教义，结合为当地傣族信众的实际情况而编写的本土著述，用来传播教义，教化信众。如《佛祖巡游记》、《佛陀语录》、《佛说吉祥》等。

西双版纳近年来就发现一部名为《尼滩龙》的贝叶经，是用傣语诠释巴利语。这对研究早期佛教和傣族佛教有重要的参考价值。因为在东南亚各国和中国的傣族地区，还有一部分用老文、缅文、泰文拼写的贝叶经，它们都和巴利语有着密切的关系。

此外，傣族的许多佛教仪式活动，如祭佛、赕坦、赕塔、开门节、关门节、赕比迈、赕玛哈班、赕沙腊甩、赕沙拉、祭佛山，升和尚佛爷、毫干等，这些活动的目的、内容、程序、注意事项等，傣族人民用文字将它们一一记入经典，成为人们举行这些活动时必须遵守的规范。

（二）哲学方面

傣族古籍中有关哲学方面的目前已发现七部。即《论傣族诗歌》（傣文名《咋雷麻约甘哈傣》）、《寨神勐神的由来》（傣文名《咋雷蛇曼蛇勐》）、《萨沙纳三坛》、《萨沙纳哈版洼沙》、《加都沙罗》、《该牙桑嘎雅》、《康塔档戏塔都档哈》。前两部已译成汉文出版。《论傣族诗歌》虽然谈的是文学，但却充满着极为丰富的傣族古代哲学思想。内容涉及天地起源、人类起源、语言和思维的产生，艺术起源、人类发展阶段、社会关系及其对艺术的影响等方面，实质上是一

部哲学著作。《寨神勐神的由来》实际上也是讲神如何产生，信仰如何产生，思维如何发展的历史过程，哲学意味很浓。这两部古籍出版后，引起了学术界的关注。《光明日报》评论称其“不仅是一部诗论，而且是古代傣族的一部优秀哲学著作”。

傣族古籍的另一部著名作品《巴塔麻嘎捧尚罗》（意为创世史诗）也具有浓厚的哲学色彩。在解释天地形成、人类起源、万物萌生、社会发展等问题时，体现出朴素的唯物辩证思想，它是古代傣族人民智慧的结晶，可以说，《巴塔麻嘎捧尚罗》实际上是一部傣族形象的文化史、思想史、哲学史。

此外，傣族古籍中还鲜明地体现出傣族人民在历史上形成的宇宙观、生态观、道德观、审美观、智慧观、历史观、礼仪观等等，都具有丰富的哲学内涵，值得我们去认真研究。

（三）*法律法规方面*

傣族古籍中的法律法规典籍主要有：《芒莱法典》、《领主法律大典》、《地方公约法》、《司法文簿》、《地方习俗法规》、《勐与勐之间的军事协议》等，保留至今有几百年历史。《领主法律大典》傣文名《阿雅兴安龙召片领》，也可译为《召片领法律大典》，共一百六十余条法律条文，一万多字，内容全面，系统，涉及社会生活的方方面面。它既是傣族封建领主制政治和经济的反映，代表着封建领主的利益，同时也凝聚着傣族历史上维护法律秩序和社会稳定的经验。从其内容来看，这部法典的产生与傣族封建领主制的建立大体同步，它形成于古代而一直沿用到封建领主制的结束。

傣族古籍中除了系统的、专门的法律法规典籍外，还有一系列进行道德教化的训条、格言、谚语等。汇集这些训条、格言、谚语的典籍主要有《布栓兰》、《嘎里婉栓罗》、《松帕雪》、《西林龙》等，它着重于对整个傣族社会提供一种伦理道德和行为规范的教育。例如广泛流传民间的《布栓兰》，意为“爷爷教育孙子”，有贝叶刻本，也有绵纸抄本，它的主要内容为如何处理家庭内部、人与人、人与社会、官员与百姓之间的伦理关系。

在傣族古籍中，还有一种情况是将生活中常常遇到的有关刑事、民事的案例，通过讲故事的形式记录于文献中，既方便说者的讲述，又利于听者的理解，很受听众欢迎。《阿瓦夯》就是这类古籍的代表。

（四）*神话传说方面*

傣族历史悠久，神话传说丰富，这在傣族古籍中有大量记载，在民间也有广泛流传。

伴随着开天辟地、人类诞生以及后来人类社会发展的每一个重要阶段，傣族人民都创造了相应的神，并把他们一一载入自己的典籍当中。最早开辟天地的是英叭神，《巴塔麻嘎英叭》记述了在没有天地、没有万物的远古时代，由气体、

狂风、烟雾混合产生了英叭神，英叭神搓下了自己的汗泥污垢创造了天地。《布桑改和雅桑改》记述了有天地后没有人烟，英叭神又用汗泥污垢创造了男神布桑改，女神雅桑改，并送给他们一个仙葫芦，由他们创造了人类和万物。最初的人类以采集野果为生，后来过渡到狩猎时代，这时出了个英雄叫沙罗，他死后被尊为猎神，他的事迹被记载在古籍《寨神勐神的由来》一书中。从狩猎时代到农耕时代，傣族人民又塑造了一个英雄神——帕雅桑木底。古籍《帕雅桑木底传说》、《竹楼的由来》、《寨心的由来》、《向鼠王讨谷种》、《帕雅桑木底分田地》等详细记载了他如何率领众人开创农耕生产和建立村寨，如何教会大家养殖和盖房，使人类避免了无数次大灾难。他死后被立为寨心神，成为人们崇拜和祭祀的对象。

在农耕社会初期，为了战胜干旱，傣族人民创造了一个射日神——惟鲁塔，他的事迹记录在古籍《太阳七兄弟》中。随着农耕社会的发展，傣族人民又创造了一个至高无上的女神——谷魂奶奶，她的事迹不仅载入古籍，而且在民间广为流传，有的佛寺壁画上还绘有她的形象和故事。

（五）史诗方面

根据傣文古籍翻译出版的《巴塔麻嘎捧尚罗》，是傣族最重要的一部创世史诗。共十四章，一万三千行，被称为傣族的“五大诗王”之一。其内容包括开天辟地、天地形成，众天神诞生、绿蛇与人的传说、神火毁灭地球，神创世、万物诞生、人类形成、葫芦人的传说，谷子产生、神制定年月日，人身象头的天神，人类大兴旺、迁徙，共十四个部分。这部古籍对研究傣族社会、历史、文化的发展具有重要的价值。从中可以看到傣族如何从原始蒙昧社会进入到文明社会，可以看到傣族文化的渊源、发展和流变。这部史诗在傣族地区影响深广，是歌手（傣语称赞哈）必读的典籍。歌手比赛难决胜负时，往往以演唱《巴塔麻嘎捧尚罗》来决出最后的胜负。这部史诗有贝叶刻本，也有绵纸抄本。傣族民间对这部史诗十分珍爱，有的将它挂在竹楼客厅里以示荣耀，有的则当做传家宝一代一代往下传。

傣族古籍中有一部分史诗属于英雄史诗，如《相勐》以及收集于景谷傣族地区的《厘俸》等。这些英雄史诗都是描写古代傣族各部落之间的战争，歌颂战争中涌现出来的英雄人物。这些史诗通过爱情冲突来反映深刻的社会内容，揭示出那个时代的本质特征。史诗在概括时代生活的能力、典型人物的塑造、结构的安排和语言的运用等方面，都达到了较高的水平，过去学界一般认为，英雄史诗主要产生于中国北方民族中，创世史诗主要产生于南方民族中，傣族古籍的发掘，说明在我们祖国灿烂的文化宝库里，不仅北方民族有英雄史诗，南方民族也有英雄史诗。

（六）叙事长诗方面

叙事长诗是傣族古籍中最引人注目的、最辉煌的、也是译成汉文出版数量最多的部分。文献记载的叙事长诗据说有五百五十部之多。有的叙事长诗篇幅都很长，如《乌沙巴罗》，共四十九章，十二万行；《粘巴西顿》，共三十七章，六万八千行。这两部作品都被列入傣族“五大诗王”之一。另两部被列为“五大诗王”的作品《粘响》和《兰嘎西贺》，也是大型的叙事长诗，篇幅都上万行。据傣文文献记载，《粘响》这部叙事长诗，是一位佛爷祜巴勐写的，距今已经三百多年。作者很巧妙地将傣族古代传说、故事、诗歌组织到自己的作品中来，通过自己的严密构思，完整地，有条不紊地叙述人物和故事。这部作品在民间口头创作的基础上大大提高了一步。《兰嘎西贺》这部作品，有人认为是来自印度的大史诗《罗摩衍那》，因为两部作品中的许多地名发音相似，人物之间的关系也比较相近，故事情节和结构安排上也有许多共同的地方。但两部作品毕竟不同。《兰嘎西贺》从《罗摩衍那》中吸取题材和主要情节，经过了傣族人民的再创造，变成了具有傣族风格和特点的作品，这是中外文化交流的一个成果，从版本学的角度看，《兰嘎西贺》还有“大兰嘎”（全本），“小兰嘎”（缩写本）之分。

傣族古籍中叙事长诗还有《召树屯》、《玉喃妙》、《波荒版嘎》、《召烘罕》、《南布罕》、《松帕敏与嘎西娜》、《三牙象》、《一百零一朵花》、《葫芦信》、《千瓣莲花》等。这些作品大都以动人的爱情故事揭示深刻的社会问题，展示了古代傣族社会生活的方方面面，记录了傣族人民的喜怒哀乐，是研究傣族社会历史的重要资料。

（七）民间故事方面

从广义上说，神话传说也属于民间故事。这里指的是除神话传说外的其他民间故事，如幻想故事、生活故事、佛教故事、动植物故事、药物故事、寓言故事、机智人物故事等等，它在傣族古籍讲唱类中占有很大比重。傣族的故事和诗歌，往往很难截然分开，同一作品，演唱时是韵文，是诗歌，讲述时又是散文，是故事；有时又边演唱边讲述，形成一种讲唱文学。

傣族的民间故事，内容十分广泛，它艺术地再现了古代傣族社会生活，揭示了他们的感情世界。这里有对劳动的赞美，对懒惰的谴责；有对劳动人民高尚品质的歌颂，对不合理社会现象的抗争；有对家乡对生活的热爱，也有对美好理想的追求。这些故事最集中地体现了傣族人民的爱憎、美丑、善恶的感情，体现了他们的智慧和幽默、生动、诙谐的创作才能。

这里要特别提到的是，傣族民间故事中有一种系列性的故事，即“阿銮故事”。德宏一带的傣族民间习惯于把傣族的五百多部叙事长诗都叫做阿銮故事。所谓“阿銮”，不是具体指某一个人物，而是泛指一个类型的人物。被称为“阿銮”的人，都是勇敢、善良、智慧、有福气、英俊的男子，他们一生要经历很多磨难，最后都在天神、佛祖的帮助下战胜困难，获得美满的结局。

关于阿銮故事的来源，有一部分是来自《佛本生经》，是叙述佛祖修行转

世，最后成佛的故事；另一部分则跟《佛本生经》没有多少联系，是傣族人民创造的叙述自己的英雄人物的故事。

（八）歌谣方面

傣族歌谣大体上可以分为古歌谣、劳动歌、生活歌、仪式歌、情歌、祝福歌、习俗歌、祭祀歌、儿歌等几大类别。傣族歌谣在历史上因受佛教思想的排斥很少载入贝叶典籍，大都记录在绵纸抄本上，但它深受群众欢迎，广泛地流传于民间。

20 世纪 80 年代初，西双版纳和德宏收集到记录傣族古代歌谣的三个傣文绵纸抄本，其中的一本叫《甘哈墨贯》，是从勐海一位歌手那里收集到的，一共有六十七首古歌谣，后来又在景洪勐罕曼哈寨一位老歌手那里发现一本载有四十九首古歌谣的绵纸抄本。还有在德宏州芒市、瑞丽、盈江等市县收集的傣族老人演唱的反映生产、习俗、祭祀的古代歌谣。这些歌谣经过编选，已经陆续结集出版，引起了研究者的注意。傣族古籍《尚嘎雅纳坦》在谈到原始文学和文字的关系时说：“就傣族的歌谣与文字的关系而言，两者之间的先和后，好比种子、树苗与花和果的关系。”也就是说，远在文字产生之前，原始的歌谣就已经产生了。这些古歌谣反映了原始时代人们所经历的采集、狩猎和初期农耕生活，有重要的研究价值。随着社会发展，歌谣也就随之丰富。如反映定居农耕生活的《四季歌》、《十二月歌》、《撒秧歌》、《栽甘蔗歌》，各种节庆活动时唱的《祝福歌》、《婚礼歌》、《贺新房歌》《升和尚歌》，在不同祭祀仪式上唱的《祭鬼词》、《招魂词》、《滴水词》、《祭猎神歌》、《祭寨神歌》，以及反映青年男女爱情生活的情歌。特别值得提到的是情歌中的《凤凰情诗》，这是一种傣族特有的表达爱情的诗歌。它以凤凰为图案，将三十一个傣文字母绘于图案不同部位，每一个字母代表一个意思，或代表一行诗，如同电报密码一般，让人去揣测，去理解，具有扣人心弦的魅力。

（九）语言文字方面

据傣族古籍《波腊纳坦》记载，远古时候的傣族，在象形文字产生以前，曾经历过以物计数并传递信息的历史。那时用篾片折叠的方法记事，用相思豆和酸角子计算物资，分配物资。该书还记下了这些符号的拼写法。另据古籍《木腊沙刹纳革》、《巴塔麻嘎波罕》、《尚嘎哈奔罗》等记载，傣族历史上还有过象形文字的创制和使用，即从摆篾片、连折篾片到用多节篾片组成象形文。这些典籍还说到最初的傣文字母是产生于荷叶上的，是因为人看见虫在荷叶上蛀食留下斑斑点点的痕迹，由此受到启发而创造了文字。后来，佛教传入傣族地区，记录佛经的巴利文随之被引进，四十一个巴利文辅音字母充实了傣族文字，傣族借入了许多巴利语词以适应翻译转写佛经的需要。后来，到傣历 639 年（公元 1277 年）有一位高僧又增创了十五个傣文辅音字母和十一个元音符号，傣文才得以完整充

实起来，形成定型和规范化的傣文。关于傣文和巴利文的关系，在傣族古籍《及打撇达》、《惟乃洛勒》、《沙打惟玛腊》（可译为《语言学典律注释》）中均有详细记载。

关于傣文的书写载体，据古籍记载及民间传说，最初是写在树叶上，记录的是一些古歌谣和青年男女交往的情诗，那时叫做“绿叶信”时代，即一青年远行在外用绿叶写信托鹦鹉带回给未婚妻的时代。后来是如何把文字刻写在贝叶上的呢？据傣族古籍《木腊沙刹纳革》、《巴塔麻嘎波罕》、《波腊纳坦》、《尚嘎哈奔罗》记载，是一个名叫布塔果沙厅的高僧最初把文字刻写在贝叶上，他将自己著的《惟苏提麻嘎》刻写成第一部贝叶经文，距今已近两千年。

（十）农业方面

经考古证实，傣族是中国最早种植水稻的民族之一。傣族古籍译文《寨神勐神的由来》中曾写到：在原始的狩猎经济逐渐解体以后，出现了一个傣族首领叭桑木底。他从“蜜蜂酿蜜，小雀生蛋”受到启发，感到不能再像原来那样生活下去了。于是率领人们划地盘，分山水，开始了“男的打猎，女的种瓜和饲养”的生活。另一古籍《巴塔麻嘎捧尚罗》中写到天神给人们撒下谷种，当时的谷种很大，在飞往人间途中被大风吹碎，又被鸟雀、老鼠吃到肚里，鸟雀、老鼠拉屎排出谷粒，掉在水沟边，发芽长大，结出谷穗。人们通过对这一自然现象的反复观察，终于从鸟雀、老鼠屎中发现了谷种。当时的人们还不懂得耕作，不懂得季节，将谷种满地抛撒，结果还是长不出庄稼来，于是叭桑木底又教给大家要根据神划分的季节，在雨季时撒种。为了适应耕作需要，叭桑木底还将大片湿地划分成无数块分给大家，田边栽桩垒埂，以免为争田地引起纠纷。民间流传并记入古籍的《一颗萝卜大的谷子》还说到：有一天，正在打猎的人们忽然闻到一股香风，他们沿着风吹来的方向去找，发现水塘边野草上结着许多萝卜样大的果子，又香又甜，大家就摘来吃，并给它取了个名字叫“香稻米”。这时有一个聪明人教大家将香稻米栽到田里，不仅长出来，而且比野生的还壮实。这一记载不仅反映了将野生稻驯化成栽培作物的过程，而且还能解释了历史上傣族善种糯稻、喜食糯米的由来。

稻作农业必须有相应的水利设施、金属农具及一系列的土地管理制度、赋税制度。历代封建领主都制定了许多这方面的制度，还有兴修水利的许多文告、通知等，都记入了文献典籍之中。

（十一）历法方面

傣族天文历法的起源与农业生产有关，傣族古籍中与天文历法有关的有：《巴嘎等》、《呼拉》、《功顶》、《苏力牙》、《西坦》等。傣族创世史诗《巴塔麻嘎捧尚罗》中就写到天神玛哈捧到大地上制定年月日；古籍《泼水节的故事》也与制定历法有关。

傣族历法虽然产生于古代农业实践中，但它的进步和完善则是在内地汉族和印度文化影响下完成的。据考证，傣族先民在秦汉时就吸收了内地汉族的干支纪时法和十二生肖纪时法，即以十天干配十二地支共六十个数为一个循环周期，只是将汉历十二生肖中的猪改为象。傣族古籍《泐史》中，凡是用傣历纪年的地方，都并用干支。傣族历法还受印度历法的影响，如一年分三季：冷季、热季、雨季，每月分上下两个半月，把黄道划分为十宫等。傣族在吸收汉文化和印度文化的基础上，不断完善自己的历法，使傣历发展到相当高的水平，运用也很纯熟，如对日食、月食的推算、预见已经相当准确。傣族还有自己的星占术，在有关天文历法的古籍如《希哈拉》、《左底沙拉》中均有记载。

傣族著名历法典籍《巴嘎等》分两种，一种是民用的，称《马嘎等贡》；另一种是专家用的，称《巴嘎等滇》。其他为《苏顶》、《苏力牙》、《西坦》等是讲傣历计算方法的。除此之外，还有《苏沓洼》、《蒙腊》是专讲日月食计算方法的。上述典籍主要保存于寺庙中，佛寺中的高级僧侣对此比较熟悉，他们通过讲经说法，把其中的天文历法知识传授给下级僧侣和俗众。

（十二）医药方面

傣文药典《档哈雅》、医经《腕纳巴维特》和医理《该牙桑嘎雅》、《康塔档戏都档哈》等，以贝叶刻本和绵纸抄本的形式流传于民间，已有几百年的历史，其中药典《档哈雅》汇集了近千个药方。医经《腕纳巴维特》不仅有丰富的处方，而且有病理的阐述。医理《该牙桑嘎雅》、《康塔档戏塔都塔哈》论证了傣医诊治中的辩证思想。首先，它从四塔之间的关系来认识疾病。四塔，佛教借用语，即地、水、火、风，用这四种元素来解释人体的生长发育、生理构成及其活动，并针对四种元素失衡引起的病痛对症下药。认为：“四塔有形，四种合成体形，从生到死，相互制约，互不离缘。如同四条毒蛇居一坑，时时都存在偏盛两个方面。世界万物既可因它而生，又可因它而灭。既是生命要素，又是致病因子。”这就是说，土、水、火、风四塔既相互依存共居于人体之中，同时又互相排斥、争斗，结果必然会有偏盛的情况出现。如果相互协调，人体就健康，反之就要生病。如火盛即发烧，水盛即浮肿，风盛即颤抖，土盛即冰冷。诊断时就要判断是何种偏盛，针对火症、水症、风症、土症，各有不同的验方。其次，傣医认为，人体中的四塔与整个自然界的四塔是相联系的，自然界中的四塔的相互关系对人体亦有影响。不同的季节里，四塔的相互关系各不相同，人体受其影响，不同的季节易患不同的病。热季与雨季之交，易患疟疾；冷季与热季之交，易患腹泻和痢疾；雨季与冷季之交，易患感冒。不同的季节，对疾病的诊断治疗要有所区别，用药也各有偏重。

（十三）建筑方面

据傣族古籍记载，古代傣族竹楼的发明创造，经历过由最初的“绿叶棚”，

过渡到“狗蹲房”再到“凤凰房”三个历史时期。傣族古籍《寨神勐神的由来》、《巴塔麻嘎捧尚罗》对此有详细说明：远古时的人不会盖房子，住在山洞里或大树上。他们的首领叭桑木底决定要给大家盖房子，不让大人小孩受风吹雨淋。他先用木桩和树枝搭成“绿叶棚”（傣语称“杜菲秋”），让大家睡在棚子里。绿叶棚虽比住山洞大树好多了，但只挡得风，顶不住雨。他决心要盖出一种新的房子。这时他看见雨中的一只狗昂着头，撑着前脚，安然坐在草地上，雨水从狗的背脊上流下来，却淋不着狗的胸脯。他从中受到启示，模仿狗蹲的姿势，盖了一间前高后低的茅房，即狗蹲房（傣语称“杜妈耶”）。这房子比绿叶房好多了，但下大雨时仍然遍地是水。叭桑木底苦苦思索，想盖出一种风吹不着雨淋不着的房子，但想了好长时间都想不出来。天神为他的精神所感动，变成一只凤凰来到他跟前，将脚高高站在地上，像房柱；将翅膀伸向两边，像房檐。叭桑木底看了十分高兴，按照凤凰展示的样子盖了一间房子，傣语称“恒烘”，即凤凰房。这就是傣族历史上的第一间竹楼。

除了民居建筑之外，傣族村寨的佛寺、佛塔，可以说是集古代傣族建筑工艺技术之精华。傣族古籍中有许多佛寺、佛塔建筑的记载。如国家级重点文物保护单位景洪曼飞龙白塔，据记载是由缅甸高僧、当地高僧和头人主持建造的，距今已有八百年的历史。傣族很重视水井、井塔的修建，有的井塔上还塑有古籍中记载的大地女神南妥腊妮像。

（十四）音乐方面

关于音乐的起源，傣族古籍《论傣族诗歌》认为：劳动产生思想，思想产生语言。“从心底出来的语言最美。天长日久，这种悲哀和欢乐的情调，自然地成了人们的口头流传语，逐步演变成了歌。”古籍《巴塔麻嘎捧尚罗》中，还载入了“滴水成音”的传说，是说有一家母女在山坡上种瓜，口渴了，母亲就叫女儿到坡脚泉水边打水来喝。姑娘走到泉边，看到流水从曲折坎坷的高处流下来，发出叮叮咚咚的清脆、柔和、婉转的声音。姑娘被这美妙的声音迷住了，以后每天来打水，就要静静地听，边听边学，模仿滴水的声音哼起来，从此傣族就有了自己的歌。《论傣族诗歌》还引用了另外两种说法。一是一位姑娘从诺戛兰托（鸟名）那委婉动听的叫声中得到启发，天天到森林里听它的叫声，模仿鸟的叫声唱出心中的歌；二是最早的音乐来源于蜜蜂“嘤嘤嗡嗡”的哼声，是一位放牛的姑娘看到蜜蜂围着插在牛头上的鲜花嗡嗡飞舞鸣叫，她从这里受到启发，学着蜜蜂的叫声唱出了歌。这两个传说不仅在民间流传，在傣族古籍中也有记载。

傣族人民普遍爱唱歌，正如民间所说：“如果生活中没有歌，就像汤里没有盐巴，淡而无味。”在新房落成、婚礼、升和尚仪式等各种节庆活动乃至生产劳动中，都免不了要唱歌，并形成相应的曲调。

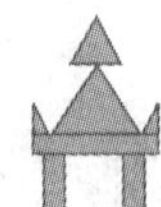

傣族的乐器种类繁多。打击乐、管乐、弦乐、簧类乐器都有。傣族古籍记载，傣族古代还有嘎拉萨，筚罢、贴列、光丙、鸣桑，光不冬等乐器，不过，这些乐器如今已很难找到。

（十五）舞蹈方面

舞蹈是与音乐联系在一起的。傣文古籍《尼赕墨贯》（可译为《古代人历史》）中有这样一段记录：“那时没有什么筚、筚（均为乐器名）伴奏，人们只会用树叶吹着玩，有的人还会吹响竹筒，也有拿‘别反’（一种昆虫壳）来吹的，此外就是敲木片了。”人们边吹边敲边跳，原始舞蹈就是这样产生的。古籍《傣族古歌谣》这样记载当时舞蹈的情况：“跳啊跳，我们跳，好好扭，好好跳。跳像鼠跃墙，跳像雀喝水。弯着腰来跳，扭着身来舞。挥动手，踢起脚，姿态美，惹人爱。啊腊纳，啊腊纳，啾一啾。”该书中的另一着古歌谣给我们透露出有些舞蹈动作是继承了祖先打猎、斗兽的动作，如“举棒打过去”就是棒舞的动作，“活捉小鹿子”就是扭打的动作。

傣族舞蹈中历史悠久且影响最大、至今仍具魅力的首推孔雀舞。孔雀是傣族古籍中经常出现的象征吉祥、幸福的形象，模仿孔雀动作而形成的舞蹈，在很早以前就已产生。后来佛教传入，傣族进入时期封建领主制社会，孔雀舞在单纯原始的基础上，逐渐变成了讲究歌词韵律，追求舞姿典雅庄重的宗教舞蹈和宫廷舞蹈。后来又经过不断的演变、加工、提炼，变成了表演性的传统舞蹈，显示了永久的魅力。傣族古籍中有孔雀舞的许多记载，并配有相应的舞谱。

傣族另一个流传最广，最受欢迎又最具特色的舞蹈是象脚鼓舞。汉族古籍和傣族古籍都有所记载。

傣族还有自己的武术性舞蹈，具有健身防卫之功能，还有群众性舞蹈。（如“嘎光”、“依腊诙”）等，这在傣族古籍中均有记载。

（十六）绘画方面

傣族古籍，除了大部分是见之于文字之外，还有一部分是见之于绘画的。傣族著名古籍、贝叶刻本《佛祖巡游记》，普遍被绘成寺庙壁画，生动形象地展现了佛祖率领众弟子巡游世界宣讲佛法的生动情景，贝叶刻本中的佛本生故事，如《召西塔奥波》、《叭惟先塔腊》，它反映南传上座部佛教的基本教义，宣扬寂静苦修以求涅槃，赕佛求善以修来世，教化性很强，因此佛寺中必有这些故事的壁画，布施者赕给佛寺的布画中也常有这方面的内容。壁画中另一个重要题材来自傣族古籍《天堂地狱》之说，画面分上中下三格，上格绘天堂，中格绘执法之诸神，下格绘地狱，借此宣传因果报应，告诫人们不要作恶。壁画内容还有一个来源是民间传说，最吸引人的首推《召树屯与喃木诺娜》，这个传说在傣族民间家喻户晓，傣族古籍中也有多处记载，由于人们太熟悉这个传说了，所以壁画上往往只画故事中的一个场面，如孔雀公主在天上飞翔，人们便知道是召树屯与喃

木诺娜的故事。此外，古籍中记载的民间故事《金那丽与金那峦》，也是绘画中常见的题材，一般画成人首、人身、鸟翅、鸟爪的形象，据说傣族人民喜爱的孔雀形象就是由此而来的。

傣族佛寺的绘画，一般多属经画，分壁画和布画两种。壁画直接绘于墙面和板壁上。壁画多系佛寺上层僧侣所作，水平较高。布画系赕佛施主请画工制作，然后再赕给佛寺挂于寺中，布画作者多系以绘经画为副业的村民，虽然水平参差不齐，但富于乡土气息。

（十七）其他方面

除了上述十六个方面之外，至今流传并存活于民间的许多风俗习惯，节庆活动，山川、风物、地名的由来等等，都在傣族古籍中有所记载。如“泼水节”的起源，最早可追溯到古籍《巴塔麻嘎捧尚罗》中的神划分年、月、日的神话；过泼水节时为什么要赛龙舟，这在古籍《赛龙舟的传说》中就有说明；吉庆活动中要放高升，古籍《叭雅晚上天诉苦情》中说是为了纪念舍命救民的天神叭雅晚。傣历新年和重大佛教节日要举行“堆沙”活动，在江河边或佛寺里，人们用沙堆成飞禽走兽和各种人物形象，并进行比赛。考查傣族古籍，这一活动最初起源于祖先崇拜，后来才加进了佛教内容，傣历新年的晚上，人们要放“贡非”（又称孔明灯），据古籍《召帕和帕雅满斗智的传说解释》是为了赞扬佛祖“佛法无边”，为人们驱除邪恶和灾难。傣族民间广泛流传的“丢包”活动，是青年男女社交求爱的一种方式，它的思想核心是对自由恋爱的赞美和对包办婚姻的反对。这种思想内核，在傣族古籍《岩烘窝》、《玉南妙》、《南布罕》、《喃波冠》、《宛纳帕丽》中都有突出表现。还有傣族服饰的由来与演变，民间体育活动如打陀螺、荡秋千等，在傣族古籍中也有相应的记载。

三

傣族古籍是傣族古代文化的载体。透过这些古籍，我们可以看到，傣族人民在长期的历史发展过程中，所创造的古代文化是多么的丰富多彩、博大精深。

对于这笔宝贵的文化遗产，中华人民共和国成立六十多年来，根据中国共产党的民族政策，各级政府做了大量的抢救、整理、研究工作，主要表现在：

（一）资料的抢救

20 世纪 50 年代、60 年代和 80 年代，云南省宣传文化部门曾组织大规模的专业队伍，对傣族和其他民族的文化、历史资料进行了广泛的搜集，其中就包括形成文字的古籍和流传在民间的口头传说，积累了大量的资料。后来，各地又成立了专门从事这项工作的古籍办公室，发动更多的当地文史工作者、爱好者投入搜集抢救民族文化遗产的工作之中。就西双版纳一地而言，搜集到的贝叶刻本、绵纸抄本就达三千多部，还记录了流传在民间的大量口头资料，德宏州、临沧耿

马一带搜集到的古籍也达数千部之多。对这些已搜集到的资料，除了妥善保管，防止损坏流失之外，还按内容分类，登记造册，写出书目和内容提要，以供查询，同时还不断注意发现搜集新的资料。

（二）翻译出版傣族古籍中的主要作品，主要以文学方面的居多

如创世史诗《巴塔麻嘎捧尚罗》；英雄史诗《相勐》、《粘响》、《兰嘎西贺》、《厘俸》等，叙事长诗《召树屯》、《松柏敏与嘎西娜》、《葫芦信》、《一百零一朵花》、《三牙象》、《三只鹦哥》、《千瓣莲花》、《娥并与桑洛》、《线秀》等。以上均以单行本的形式用汉文出版。此外，古籍中记载的和民间流传的神话、传说、故事、寓言、歌谣、谚语等，分别收入傣族故事集成、歌谣集成、谚语集成等公开出版。还有理论方面的著作、封建领主法规、文告等，也已出版或刊发于有关书报中。特别值得提到的是，从 2001 年开始，西双版纳州人民政府以建设民族文化大省的战略眼光，结合本地实际，组织人力、物力翻译出版《中国贝叶经全集》100 卷，经过近十年的努力，这一宏大的民族文化工程已经完成。《中国贝叶经全集》精选了傣族古籍中重要的有代表性的作品，它的出版具有重要的历史意义和现实意义。

（三）研究工作同时开展

改革开放三十年来，这方面的成绩尤为突出。首先是综合性的研究专著的问世，如《傣族简史》、《傣族文学简史》、《傣族文学史》、《傣族文化志》、《傣族文化大观》、《傣汉词典》以及即将出版的《中国少数民族古籍总目提要·傣族卷》，还有正在编纂中的《傣汉大词典》等等，其次是专题性的研究专著，如《傣族社会研究》、《傣族文化研究》、《傣族文学研究》、《泐史研究》、《傣族诗歌发展初探》、《傣族佛教与傣族文化》、《傣族哲学思想史论集》、《傣族哲学思想史》、《傣医四塔五蕴的理论研究》等。此外还有大量的研究论文发表于国内外报刊。1990 年，云南人民出版社出版了首部《贝叶文化论文集》，后来随着全国一至三届贝叶文化研讨会和傣学会的召开，又出版了若干部论文集，研究质量逐年提高。值得提到的是一大批傣族学者不断涌现和成长，他们在傣学研究中发挥了重要的作用。

（四）根据傣族古籍提供的素材，创作新的艺术作品

如西双版纳傣族自治州文工团创作演出的大型舞剧《召树屯与喃木诺娜》、《兰嘎西贺》，其题材、内容均来自傣族古籍贝叶刻本。电影《孔雀公主》是根据傣族古籍汉译本《召树屯》改编的，此外还有《松柏敏与嘎西娜》、《葫芦信》也被改编拍摄为电影、电视剧。2000 年 9 月，云南省歌舞团创作演出大型音乐诗剧《泼水节》，也是从傣族贝叶古籍中吸收了相关的题材和内容。该剧代表云南省参加 2000 年 9 月在南京举办的第六届中国艺术节，获优秀剧目奖。傣族古籍中的许多内容，还成为美术绘画、雕塑、工艺品创作的素材来源，许多作品因其

独特的风格而在国内外获奖。贝叶刻本典籍《佛祖巡游记》还被上海文艺出版社绘成连环画出版，并参与了世界非物质文化遗产的申报。

综上所述，新中国成立以来特别是改革开放三十年以来，傣族古籍的搜集、整理、研究工作取得了显著的成绩。但是与精深浩瀚的傣族古代文化相比，与社会现实发展的需要相比，还有不少的差距。一是古籍的搜集、整理、翻译工作还要继续坚持，让人们尽可能全面地认识傣族古代文化的全貌，认识傣族古籍多方面的内容。要看到不少古籍仍流散于民间，如不及时抢救，随时都有散失的危险。二是就已经翻译整理出版的傣族古籍而言，它的多方面的价值还没有被发掘出来，它与傣族地区现代化建设、精神文明建设、旅游业发展的关系，还没有被人们充分认识到。近几年来，不少学者著文指出，傣族古代文化本身就是一种绿色文化、和谐文化，它所倡导的天人和谐、社会和谐、人与人和谐的思想，与我们今天所进行的和谐社会的构建是一脉相承的。民族文化是一个民族智慧的结晶，民族文化中的精华，完全可以为我们今天的现代化建设服务。这方面，傣族古籍给我们提供了大量的，新鲜的，第一手的材料，有待我们的专家学者去作进一步的深入研究，相信傣族古籍的研究会不断取得新的、更加丰硕的成果。

中国贝叶经的学术空间

胡廷武*

摘　要："贝叶经"作为一种文化遗存，并非中国所独有。"贝叶文化"并非中国所独有。"中国贝叶经"作为一种文化遗存，为中国所独有。"中国贝叶经"，是指用傣族文字刻录在贝叶上的，在中国云南傣族地区，主要又是西双版纳地区制作保存并使用的贝叶典籍。新出版的《中国贝叶经全集》一书，是一部"中国贝叶经"的集成，它同时还是一部傣文的南传上座部佛教典籍的集成。

关键词：贝叶经　贝叶文化　中国贝叶经　南传佛教

第一部分：贝叶经

一、最早的贝叶经

我算不上一个学者，只是一个因为偶然的因缘，得以在学术之海的沙滩上拾贝的旅行者。作为一个旅行者，我游历过世界的一些地方，游历过中国的一些名山大川，大自然的创造伟力，给了我无与伦比的愉悦和教诲，使我变得更加真实和谦逊。但是对于人们普遍向往的风景优美的西双版纳，我对她的游历，却主要是精神之旅。当我漫步在从允景洪边上蜿蜒而过的、澜沧江松软的沙滩上的时候，我更多地注意到的是绿树和竹林中金色的佛寺，充满诗意的竹楼，美丽的小卜哨，快乐的小和尚；注意到广袤的、水脉纵横的田野——这也许是中国最早的农耕基地之一——以及在其上空飘荡的歌声和诵经之声……接着，当那个"偶然的因缘"到来的时候，我得以接触到了贝叶经，这个傣民族的巨大的精神财富，于是我的心里立即出现了一座耸入云霄的文化之山，一座佛光笼罩的高山。

但是，同世界上许多古代伟大的工程一样，当我站在这个奇迹面前，打算对

* 作者简介：胡廷武，1944年生，汉族，云南省新闻出版局原副局长兼云南人民出版社社长、总编，现为云南大学客座教授、硕士生导师，云南大学贝叶文化研究中心兼职研究员。主要研究方向为文学创作和文艺学、民族文化研究。

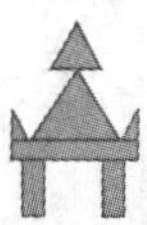

那些伟大的创造者们表达敬意的时候，却发现很难找到他们。几年之后，当我静下心来，借助学术的拐杖，寻访贝叶经这座精神之岳的时候，才终于找到了一些线索，其中我发现了一个傣族先民的名字——布塔果沙听。

布塔果沙听是生活在公元前后的一位傣族的智者。由于资料的缺乏，我们很难详细描绘出他的经历和性格，但根据一些零星的记载，我们可以知道他是一个聪明过人、具有非凡创造力的人，同时他也是一个意志坚强的人。至少有两部傣文史料（《巴塔麻嘎波罕》和《波腊纳坦》）记载过，布塔果沙听曾经到当时的佛教圣地斯里兰卡参加诵经的赛事，并且获得了胜利。之后，他开始把佛经刻在贝叶上。但是几乎可以肯定，布塔果沙听在比赛诵经时，讲的是巴利语；在刻写佛经时，用的也是巴利文。因为这件事情是发生在公元前 1 世纪的 20 年代，那时候很可能傣族已经创造了一些原始的象形文字和数字文字，但却远远不是一种可以表达完整意思，因而可以翻译别的语种的文字。但是尽管如此，布塔果沙听很可能就是傣族中第一个亲手刻写贝叶经的人。这一史料理所当然地说明，布塔果沙听在去斯里兰卡参加诵经赛事以前，就会用巴利语背诵佛经，而且学会了巴利文。

关于历史上是否存在过巴利文这一个问题，至今依然是学术界争论不休的问题。在梳理过众说纷纭的观点之后，我想在这里说出我的几点粗浅的看法：第一，佛教典籍第一次被用文字记录下来，地点是在印度，时间是在佛陀逝世二百三十多年后的公元前三世纪。这时正是阿育王时代，这位雄才大略的古印度君主与中国的秦始皇大约生活在同一时代，但他在秦始皇统一中国之前，统一了全印度。在阿育王的支持下，印度当时发生了一千多佛教徒参加的大规模结集，佛教史称为第三次结集。这次结集之后，产生了刻写在贝叶上的经书，即“贝叶经”。第二，阿育王曾经在巡视他的国土时，竖立过一些石柱，上面的文字，混合使用婆罗米字母和伽罗斯底（即驴唇体）字母。由此可见，当时的印度文字并未统一，而且也没有一种完全成熟的文字以记载典籍。那么在同一个时代产生的贝叶经，也只可能用婆罗米字母或是伽罗斯底字母，或者两者混用。第三，据《大史》一书记载，阿育王曾派遣十支弘法使团到南亚、东南亚以及我国西双版纳等地传播上座部佛教，而且带去了巴利语三藏经书（即贝叶经）。刻写这些经典的文字，被各地信徒称为“巴利文”；另外，“巴利”一词，在当时与经典同义。一种文字，几乎只是以刻写“巴利”的方式在使用，这种文字被称为“巴利文”，也就是顺理成章的，而且也可以说是合情合理的。在我看来，这就是“巴利文”一说的渊源。第四，巴利文贝叶经在这个世界上已经荡然无存，巴利文的遗迹，或许就只有阿育王石柱了吧？

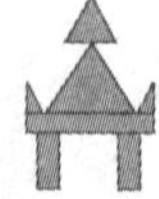

公元前的古代人和今天的人，对于著述的名利观和价值观是不一样的。那时候的人，似乎有一种习惯，就是把经典的论述用口口相传的方式记诵下来，而不

重视署名著述。佛祖释迦牟尼所留下来的言教，都是他涅槃之后，由他的弟子们记诵出来，并且相传下来的。与释迦牟尼差不多同时代的、中国儒家思想体系的创始人孔子，他的《论语》一书，也是出自他的弟子们的记忆。所不同的是，《论语》是由孔子的弟子回忆出来后，当时就记录成了文字；而释迦牟尼的言说，则是在他逝世二百多年后的公元前3世纪，才在印度被传写下来。在没有别的不同观点的史料出现以前，我们可以认为，《大史》上的记载的这一次对佛经的传写，是贝叶经的肇始，也是巴利语贝叶经的肇始。

但是阿育王的弘法僧团带到各国、各地去的贝叶经，并不是完整的佛教三藏。这些舟车承载、人背马驮，长途跋涉运送到南亚、东南亚各国，以及我国西双版纳等地的贝叶经书，很可能只是几部重要的经典。阿育王逝世五十年后，江山改姓，他一心护持的佛教遭到毁灭性的打击，佛教的基地转移到了斯里兰卡，大批僧侣集聚到了这里。《锡兰岛史》记载，公元前1世纪，佛教徒在斯里兰卡第四次结集，通过记诵，用巴利文把三藏经典空前完整地刻写在了贝叶上。但是三五百年后，巴利语文在印度奇迹般地消失了，在这种情况下，佛经再以巴利文作为传播的媒介，遇到了困难。这样，巴利语贝叶经，开始了一次新的历史性的蜕变。

二、西双版纳贝叶经

这个蜕变，就是人们开始用本国、本地区的文字记录巴利语佛经，实际上也就是音译佛经，并且把这种音译的佛经也刻写在贝叶上。现在我们还可以在西双版纳听到僧人用巴利语念经，不能不感谢古代傣族的智者所做的这一工作。这就是西双版纳巴利语贝叶经的来历。这种贝叶经，准确地说，是傣泐文记录的巴利语贝叶经。当然，这也是一种傣文贝叶经。傣文贝叶经最早出现于什么时候？我认为这个断代应该以傣泐文的创制时间为依据。

早在公元前1世纪，西双版纳就存在着一些象形文字和数字文字。我这里用了“存在”这个词，而不是用“创造”，那是因为我认为开始创造象形文字的时间可能会更早。但是尽管如此，象形文字毕竟是一种不完全、不成熟的文字，它最大的特征是表意，而不是表音，并不能用以为巴利语的佛经注音，不能用于翻译，也不可能用于著述。所以用傣文为巴利语佛经注音，或者说音译巴利语佛经再进而用傣文著述，只可能在傣文成为一种较为完整、成熟的文字之后，或者换句话说，是在傣泐文创制并运用之后。

张公瑾教授说：“傣泰系统的民族文字都是随着小乘佛教的传播按印度字母体系创制的。……过去人们常说：‘文字跟着宗教走’，这话是不错的。”（《中国傣族与国境外近亲民族语言文字的历史、现状和前途》）他还认为，“傣泐文的

创制使用，大概是在公元六至八世纪”。而另一位学者周厚坤说：“傣泐文创建于公元3世纪，完善于7世纪中叶；5世纪傣泐文才在佛教领域里取得了一些地位。”（《试论西双版纳傣泐文的产生与完善》）学者间叙述上的差异，源于史籍在这个问题上的分歧，我们今天要非常清楚地划定一个年限，已经不是一件容易的事情。但是我认为，如果说傣泐文创制并广泛应用的时期在3世纪至6世纪之间，则是大体符合历史大势的，而给一种文字从创制到广泛使用以两三百年之期，似乎也比较合理。公元3世纪到公元6世纪，正是中原从三国到唐代这一段时期，也是佛教在内地传播、信奉、建寺、译经最鼎盛的时期。唐朝诗人杜牧的两句诗“南朝四百八十寺，多少楼台烟雨中”，形象地反映了那一时期佛教发展的盛况。恰好这一时期，南传上座部佛教在西双版纳经过了初期的开创性的传播，逐渐得到了地方统治者的支持和倡导，也得到了迅速的发展，全民信教和村村有佛寺，也当逐渐形成于这一时期。

这样，傣泐文创制成功并开始了使用。它最先大概是用于对巴利语的经书注音，或者说是音译巴利语经典。同时，那些学养高深的僧人，开始了著述活动。他们很可能写过一些研究佛经的理论著作，但是没有留传下来，而他们译编的《佛本生经》的故事，却大量地流传到了今天。一些僧人改编和记录了民间故事和民间歌手的唱词，由于这种记录和改编旨在弘扬佛法，所以这些故事和唱词大都成了一些生动的说教。尤其使我震惊的是，有人用佛教的“四塔”（汉传佛教称“四大”）、“五蕴”的经义，整理和改造了傣族的医学理论，使傣族医药在中国医学的天空，闪耀出独特的理论光芒。此前只在口头上传达的地方性法律法规，这时可以以文字的形式记录下来，同时根据佛教的精神进行了修订和完善。再往后，傣泐文在贝叶上刻写的文本，范围越来越宽，逐渐扩张到了社会生活的方方面面。与此同时，赕经的习俗流行起来，这使得佛寺收藏的经书越来越多。为了方便，一部分文本抄写在了绵纸上。

贝叶经据说有八万四千卷，但我认为这不是一个确数。汉传佛教也有佛经八万四千卷之说，还有八万四千法门之说。傣族的史籍上说，布塔果沙听在斯里兰卡参加诵经赛事获得胜利之后，由他刻写的贝叶经，“从此就由水路传遍八万四千个区域村庄”。我以为这些“八万四千”的说法，只是极言其多的意思。我甚至怀疑，这是印度或是斯里兰卡或是傣泰民族的用语习惯，正像“九十九”、“九百九十九”是汉民族形容物事之多的用语习惯一样。但是即便如此，西双版纳的贝叶经确乎是非常多的，我们仅从统计并不完全的西双版纳古籍书目上看到的，就有五千余部。这是一个很大的数字。

三、规模最大的傣文贝叶经集成

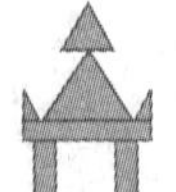

有的美好的东西，人们从一开始就对它们有崇高的认识和赞美，比如泰山，

黄河；但是对于更多的美好的东西，尤其是精神方面的东西，人们对它们的认识则会有一个过程，甚至是漫长的过程，比如贝叶经。在我看来，西双版纳的大风景，主要是一望无际的大森林，浩荡而水源充沛的澜沧江，以及在水网中无限铺展的田畴，这些大自然的赐予，使西双版纳从久远的历史以来就美丽而富饶。按照中国人从《易经》以来的天人合一的理论，这样的造化钟情之地，必然有大的精神财富存在，现在看来，这个存在，就是贝叶经。这一堪比巍峨高山和漫漫长河的精神奇迹，在中国文化史、中国佛教史，乃至世界文化史和佛教史上，有着重要的地位和价值。西双版纳州政府在州委的支持下、在云南省委省政府的支持下，从 2001 年开始，组织力量，在从前已经着手的工作的基础上，收集、整理、翻译西双版纳现存的贝叶经，几年后，由人民出版社出版发行。现在这部名为《中国贝叶经全集》的贝叶经集成，于 2010 年 4 月全部出齐，使文化界和广大读者得以一窥傣族社会的“百科全书”和“万有文库”，使人们在欣赏西双版纳绮丽风光的同时，能够同时品味傣族文化的魅力，实乃一大幸事！

贝叶经中的文本，近六十年来曾陆续出版过一些，在我的印象中，主要有《娥并与桑洛》、《线秀》、《巴塔麻嘎捧尚罗》、《相勐》、《兰嘎西贺》、《厘俸》、《召树屯》、《葫芦信》等几部。而像《中国贝叶经全集》这样的结集，而且是大规模的结集出版，是第一次。这样一部大书，国际国内文化界、学术界将对它作出怎样的评价，当然需要期以时日。我认为目前我们可以作出的初步的、常识性的判断是：《中国贝叶经全集》目前有一百卷、一百一十四册，共收入作品一百五十余种，为贝叶经原件扫描、老傣文、新傣文、国际音标、汉文直译、汉文意译“六对照”版本，计九千一百多万字。这部书的内容涵盖了傣族社会生活的方方面面，当得起“百科全书”和“万有文库”这八个字的评价。

我不是一个专门的学者，对西双版纳及贝叶经知之甚少。过去我读过的最早的两本有关西双版纳的书，一本是李拂一的《十二版纳志》（中国台湾正中书局 1955 年版，于右任题写的书名）。另一本是《云南边地问题研究》（1933 年云南出版，龙云写序），其中一篇《到普思沿边去》，作者李文林，是对当时西双版纳的调查报告，十几万字，内容翔实而又写得十分精彩，实际上已经是一本书。当然，两种书都不是研究贝叶经的专著，但是对贝叶经都有所涉及。比如《到普思沿边去》曾这样来描述贝叶经的内容及其在当时西双版纳民众生活中的地位：“沿边家庭，不供天地神主之类，亦不置神位，但其最尊严修洁之地点，则必有贝叶经多札，缅纸经书数本，几无家无之，无处无之也。盖其经文所包，除佛学哲理外，举凡民族之史事常识，莫不收罗靡遗。即其遵行之正朔历书，亦以缅寺为发源地也。”

还有一部使我得益颇多的书是赵士林和武琼华所著《傣族文化志》。我觉得每一个从事贝叶经研究的人，都应该把这本书的深厚内容当做产生傣文贝叶经的

地理和人文背景来进行研究。

当代对于贝叶经开展较系统、较有规模的研究，是近二十来年的事情。其间发表和出版了一些重要的论著，岩温扁等编著、四川民族出版社2001年出版的《贝叶文化》，是其中突出的著作之一。我之所以特别提出这部作品，不仅因为它是一部从贝叶经出发，全面研究贝叶文化的专著，还因为此书的作者和参与者，大多是西双版纳当地的学者。他们长期在西双版纳工作生活，得以经常接触贝叶经，甚至与之为伴；他们生活在拥有大森林、竹楼和寺庙的环境之中，实际上也就是生活在贝叶经和贝叶文化的氛围之中。《贝叶文化》一书指出：贝叶经内容十分丰富，涉及历史、哲学、经济、政治、天文、历法、军事、武术、体育、生产知识、自然科学、医药卫生、伦理道德、法律法规、心理学、宗教教义、文学艺术作品、文学艺术理论、制品工艺和建筑技术等。该书共列举了20个方面。

而秦家华、岩温扁、周歆红、周娅所著《贝叶文化概论》一文，则把“贝叶经”分为15大类：“哲学历史、政治经济、生产生活、民情民俗、文化艺术、宗教信仰、佛教经典、天文历法、法律法规、礼仪章程、伦理道德、农田水利、医药医理、书画艺术、建筑工艺。”

我在写作本文过程中，参考了一些学者和专家的著作。在这些著作中，凡涉及贝叶经内容的，众位著述者的观点同我在上面摘引的两段话的观点基本是一致的，微小的差异仅仅在于列举类目的多少。比如傣族学者刀永明先生说：“这些贝叶经既有佛教三藏经典也有故事、寓言、叙事长诗等文学作品，还有天文、历法、地理、历史、军事、武术、医药卫生、乡规民约等社会科学、自然科学知识。”（《南传上座部佛教经典概说》）他列举的是13个方面，但与前面两种分法对照起来看就可以发现，三者都是一致的，互相可以替代的。按我的理解，学者们的意思是：“贝叶经”的内容“涵盖了傣族社会生活的方方面面，反映了贝叶典籍的兼容、整合的文化特征，也是贝叶典籍成为博大精深的傣族百科全书的体现。”（杨寿川《傣族贝叶经籍：世界珍贵的记忆遗产》）

现在，当我们来翻阅新出版的《中国贝叶经全集》的时候，我们便会发觉，它的篇目完全包含了上述内容，而又没有逸出这些范围，以至于我们觉得这些论述是提前针对这部书而作出的评价。这些论述都说明，《中国贝叶经全集》是一部傣文贝叶经集成，而且是到目前为止规模最大的傣文贝叶经集成。

第二部分：中国贝叶经

一、“贝叶经”并非中国所独有

2001年，我第一次到西双版纳总佛寺，并晋谒都龙庄大佛爷。在参观总佛

寺旁边的园林的时候，我发现园林里种的大多是一种树。这种树高十多二十米，长得高大雄伟，笔直的树干没有枝杈，叶片与普通的棕叶相似，但更大，更厚，像一把把巨伞撑起一片片浓郁的绿荫。这就是贝叶棕，也称贝多罗树。

贝多罗树的叶片，可以作为刻写佛经的材料，所刻写出来的经书，就是贝叶经。贝叶要用来刻写经书，需要进行加工，虽然没有造纸的工艺复杂，但也必须经过好几道工序。首先要将砍下来的贝叶，一片一片大致修整一下，三五片绑成一捆，放在锅里煮。这道工序有点像包粽子前先煮一煮粽叶，是为了增加叶子的韧性。煮好以后，捞出来，用细沙将叶子表面的一层软质的膜擦洗干净，然后晾干——煮过洗净的贝叶，最好不要用太阳晒，因为那样叶子容易变形。贝叶晾干以后，夹进一个特制的木架子里压平。这时候的贝叶已经可以用作刻写，但是它们是大一片小一片的，很不整齐，就像大小不等的纸张一样。所以下一道工序就是把晾干压平后的贝叶，五六百片为一组，夹进两片木尺中间，用快刀按木尺的尺寸，将其切成统一的大小。木尺一般长约 50 厘米，宽约 12 厘米；在距两端约 16 厘米处，分别钻上一个小孔，所以加工好以后的所有的贝叶，都是同一个尺寸，而且上面有两个圆形的小孔。这样的贝叶，整齐划一，轻软漂白，就是真正刻写贝叶经的材料了。为了刻写整齐，刻以前，人们还会用木匠那样的墨线，在贝叶上弹上横线，以决定刻制的格式；西双版纳现存的贝叶经，有四行、五行、六行、八行等四种格式。经书刻好以后，用布蘸着植物油与锅烟灰调合成的黑颜色，往上一抹，一揩，字迹就清晰地显现出来了。一般每部经书，是由许多片贝叶组成的，刻好以后，还要在边上刷上金粉或者红漆、黑漆，加以装饰和保护，再用棉线穿进两个小圆孔里，将其捆扎起来，所有的工序就算是完成了。

现在，我的案头上就放着两札贝叶经，这是西双版纳的朋友所馈赠的。其中的一札用两片雕花的木板夹起来，一个小孔上还安了一颗镶有彩石的金属扣子；另一札是棉线随便捆扎的，有 8 片，一头的一只角已经稍有损坏，叶面文字刚劲秀美，仍很清晰。朋友说，上面刻的是一卷古老的经文，我视为珍品，存之高处。

这样的贝叶经，肯定比两千年前在印度产生的马利文和梵文贝叶经精美得多；在工艺制作上，肯定也比那个时代先进得多，这是不言而喻的。当然同样不言而喻的事实是，佛教以及在贝叶上刻写佛教经文的文化现象，以及刻写贝叶经的基本工艺，是从印度传播开来的。南传上座部佛教向南亚和东南亚各国以及我国西双版纳等地区传播的时候，也同时把用贝叶刻写经书的传统输入进来，后来进而把贝叶棕的树种也引入了这些国家和地区。于是南亚和东南亚信奉南传上座部佛教的国家和地区，都有本国、本地自己制作的贝叶经，包括我国西双版纳的傣泐文贝叶经。这只是从制作的角度说，如果从保存的角度来讲，那有贝叶经的国家和地区就更多了。赵伯乐教授在《贝叶文化——文化移植的一个范例》一

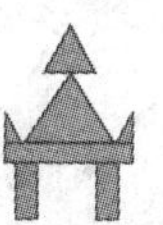

文中，专节论证了这个问题，颇有见地。我尽量简略地把这些复述出来，是想强调一个事实，即贝叶经作为一种文化遗存，并非中国所独有。

二、关于贝叶文化

贝叶文化是从贝叶经衍生出来的概念。这个概念在中国学术界出现的时间不长，故而在它的内涵和外延方面，都还在论证过程中。姑引一些专家学者的意见如下：

“贝叶文化，是对傣族传统文化的一种象征性的称谓，它代表了整个傣族社会的全部历史和文化的统称。”（召存信：《〈贝叶文化〉序》）

“贝叶文化，是对傣族传统文化的一种象征性的称谓，它代表了整个傣族社会的全部历史和文化，是傣族社会和历史。……广义地说，‘贝叶文化’是一种跨国、跨地域的文化。”“贝叶经是贝叶文化最古老、最核心的部分，可以说是傣族文化的根。”（岩温扁、杨胜能等编著：《贝叶文化》）

“贝叶文化是傣族传统文化的一种象征性提法。”（秦家华等：《贝叶文化概论》）

“贝叶文化是指云南傣族保存的传统文化。广义地说，是指一切信仰南传上座部佛教的傣泰民族所保存的传统文化。”（黄惠焜：《贝叶文化十论》）

“贝叶文化，是具有亚热带特色的区域性文化。它的区域以澜沧江—湄公河为轴心，上部覆盖我国滇西、滇南的瑞丽江流域、怒江流域、澜沧江流域、元江流域的广大傣族和布朗族聚居区，下部覆盖泰国北部、缅甸北部以及老挝、柬埔寨等东南亚广大地区。”（岩峰：《贝叶文化与傣族古代科技》）

“（贝叶文化）有广义和狭义两种含义。广义的贝叶文化，是指全球范围内南传上座部佛教传播区域的文化，其范围覆盖了南传佛教的所有传播区域，包括东南亚、南亚和中国云南省南部的部分区域；狭义的贝叶文化则指中国的南传佛教文化传播区域的文化，其范围主要集中于云南省的西双版纳傣族自治州、德宏傣族景颇族自治族州以及临沧市、普洱市等部分区域。”（何明：《表层与深层：贝叶文化研究的研究》）

这些学者都有几年、几十年的研究经历和相应成果，值得我们钦敬。他们在这个问题上大同小异的定义，都从不同的角度，描述了贝叶文化的内涵、外延和本质，有很高的学术见地。在参考了他们的学术成果之后，我有一个粗浅的看法，这就是：

贝叶文化，是信仰南传上座部佛教的傣泰民族所创造、保存和持有的文化。因为这种文化的核心部分“贝叶经”，是傣泰民族的先民用自己本国或本地区的文字在贝叶上记录下来的，所以被象征性地称为贝叶文化。形成这种文化的要素

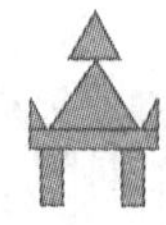

是南传上座部佛教传播史，百越民族史、迁徙史，南亚和东南亚史，以及傣泰民族在中国西南和东南亚地区的生存和发展史。这种文化除刻录在贝叶上的南传上座部佛教典籍之外，理所当然地涵盖人们的思想意识、科学技术、生产力和生产方式、生活方式、别具特色的自然和环境保护意识、道德观念等等广泛的内容。由此可见，贝叶文化是一种跨国、跨地区的文化，并非中国所独有。

我在东南亚各国出访、工作和旅游的时候，我深深感觉到，泰国、缅甸、老挝这些国家，不仅在地理上，而且在文化上，同我国的西双版纳和德宏是那样的相近，相亲！那里同我们的西双版纳和德宏一样，乡村和城镇，遍布金色的、尖顶的佛寺、佛塔。佛寺里面或是在莲座上、或是在供参观的玻璃柜里，供奉和陈列着贝叶经，条形，黑字，金边，在外形上同西双版纳的贝叶经毫无二致。甚至进出寺院的僧人，他们穿的袈裟也同西双版纳僧人穿的一样，是铁锈色的。光着脑袋的小和尚一样随处可见，与西双版纳相同，他们是一些在佛寺修行和学习文化的青少年。当遇见那些进寺院礼佛的当地人的时候，我感觉他们的这种习惯，以及那虔诚谦卑的步态，都似曾相识。在城市和乡村的标牌上泰、缅、老几国的文字，在一个外行人看来，与我们傣泐文的形体很相像。一个中国人出游泰国、缅甸、老挝，如果他事先到过西双版纳的话，他也很容易发现那些地方的农耕方式，衣着，饮食，音乐，都与西双版纳相近，甚至那里的人民对外地人彬彬有礼的样子，也如同西双版纳傣族的风度……

这就是存在于我感觉里的“贝叶文化圈”的粗略印象。这个印象常使我设想一个问题：倘若要以西双版纳所存贝叶经来出版一部书的话，这部书应该冠以什么名称，突出什么内容？如何体现它的地域特色？是否名为《贝叶经集》？可是贝叶经既然不是中国所独有，那么怎么把其他国家的贝叶经涵盖在外，而内地和西藏所庋藏的贝叶经又要不要涵盖进来？或是名为《贝叶文化集》？可是贝叶文化既然是一种“跨国、跨地域的文化”，那么对“贝叶文化圈”内的其他国家和地区的文化，要不要纳入其中？

那时候我还没有介入这件事，故而这些思考都可以是不负责任的。那个“偶然的因缘”还未到来。

三、中国贝叶经为中国所独有

“偶然的因缘”不期而至。2001 年 4 月，西双版纳召开首届全国贝叶文化研讨会，由于热心朋友的推荐，会议邀请我参加。我在会上作了《中国贝叶经价值论纲》的发言，发言中提出了“中国贝叶经”这个概念。这篇论文于 4 月 13 日在研讨会上宣读并印发之后，于 5 月 16 日在云南日报全文发表；是年 7 月收入云南大学贝叶文化研究中心所编《贝叶文化论集》，由云南大学出版社出版。

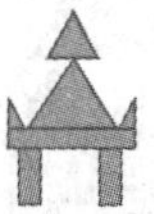

现在我想越过那些事实和过程，专门来谈一谈“中国贝叶经”这个概念问题。这个问题，我在《中国贝叶经价值论纲》中曾有个基本的表述：

“中国贝叶经，是指用傣族文字刻录在贝叶上的，在中国云南傣族地区，主要又是西双版纳地区制作保存并使用的贝叶典籍。中国贝叶经为中国所独有。”

这个表述的关键词是：“傣族文字”、“西双版纳”、“制作”、“保存”、“贝叶典籍”。

印度巴利语的神秘消失，是世界语言史上最著名的事件之一，这个消失虽然有点遗憾，但在我看来，倒是促进了一些国家和地区文明的进展。公元前1世纪，在今斯里兰卡，南传上座部佛教的三藏经典第一次被用巴利语在贝叶上刻录下来。这些巴利语贝叶经，成了进一步传播上座部佛教的根据。可是在此后的三五百年内，印度的巴利语莫名其妙地消失了。这样，以斯里兰卡为基地的南传上座部佛教，在传播时遇到了巨大的困难。公元5世纪，印度高僧觉音来到斯里兰卡，用当地的僧伽罗文字母，把巴利语三藏全部记录下来。之后，上座部佛教传到之国，也纷纷创造和完善本国或本地区文字，用以记录巴利文的佛教经典，这就是今天僧伽罗文、泰文、缅文、柬埔寨文、老挝文和中国西双版纳傣泐文贝叶经的初始。这种记录，实际上也就是音译，由于是使用不同的文字，使不同国家和地区的贝叶经区别开来。此后，这些国家和地区的僧人又开始用本国和本地区语言翻译、改编和著述佛本生经故事和其他佛教典籍，这就更使这些贝叶经各自带上了鲜明的地方和民族的特色。中国西双版纳等地的贝叶经，首先就是以“傣族文字”这一点而区别于南亚和东南亚信奉上座部佛教诸国所保存的贝叶经的。

在云南，贝叶经除了西双版纳之外，在德宏和临沧的耿马、孟连等地也有收藏。但是以中国傣族文字刻写的贝叶经，从重要典籍的数量及整体数量来看，主要的庋藏之地还是西双版纳。当然，“中国云南傣族地区，主要又是西双版纳地区”这句话，已经意味着西双版纳以外的云南其他地区所保存的傣族文字刻写的贝叶经，都在中国贝叶经这个定义之内。

中国境内庋藏的贝叶经，从文字上来分，主要有两种，一种是傣文贝叶经，另一种是梵文贝叶经。傣文贝叶经是中国云南傣族地区，主要又是西双版纳地区制作的；主要保存在西双版纳。而梵文贝叶经，主要是保存在汉地和藏地的寺院里，还有国家的某些机构里。梵文贝叶经是在古印度制作的。据说内地还藏有巴利文贝叶经，不知是否属实，如果有，这种贝叶经则是在印度或斯里兰卡制作的。那么，从制作（即生产）的角度说，显然只有云南傣族地区、主要又是西双版纳的傣文贝叶经，才是中国自己的贝叶经。

西双版纳的贝叶经典，现在还在寺庙里使用。我同时还知道的是，就是在贝叶上刻写文字这样的现象，现在也还在寺院和民间存在。我在网上看到一幅景洪街头的照片，一位民间艺人在当场为游客刻写作为纪念的贝叶工艺品。他在一片

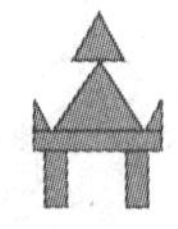

贝叶上先刻了一段傣文，而后又刻了吉祥如意四个汉字，这当然是无可厚非的。但是我从这件事联想到一个问题：设若一个当代人写了一部小说，用傣文刻写在贝叶上，这是不是贝叶经？当然不是。因为贝叶经是贝叶典籍。典籍一词，按《现代汉语规范词典》的解释，是“泛指古代图书”。我觉得这一点很重要，为中国贝叶经划清了一道时间界线，这就是：它是古代就已产生的贝叶经。

我想这几个关键词所描述的，正是中国云南地区、主要又是西双版纳地区所制作和保存的贝叶经，这样的贝叶经可称为中国贝叶经。中国贝叶经，只会为中国所独有。这就是“中国贝叶经”这个概念的内涵。

第三部分：傣文上座部佛教经典

一、三个语系佛教的典籍

现在通行的说法，佛教传入中国中原一带的时期，是在东汉初年，也就是公元1世纪初；而传入中国西藏的时期，是在公元7世纪以后。根据傣文的三个史籍《巴塔麻嘎波罕》、《波腊纳坦》和《尚嘎雅奔罗》记载，傣族僧人布塔果沙听早在公元前就到斯里兰卡比赛诵经，而且刻写经文。如果属实，那么佛教传入中国西双版纳是早于内地和西藏的。佛教从不同的路线传入中国以后，逐步形成各具民族特色的教派：汉传，藏传和南传。

三个语系的佛教，以汉传的经典整理付刻得最早，在公元971年，就有了第一个刻本。这时候正是宋代开宝年间，所以这个版本被称为“宋开宝四年刻本”。在此后的辽、金、元、明、清各个朝代，一千多年的时间内，先后又出现过二十余次刻本。藏文大藏经于公元14世纪，也有了第一次刻本，那时正是元代初年在奈塘刻的，所以称为奈塘版。以后又多次翻刻和出现新的版本。

比起汉传和藏传，南传佛教的经典整理付刻相对滞后。从公元5、6世纪算起，西双版纳产生傣文贝叶经以来，到现在十几个世纪过去了，才产生了第一次结集出版为《中国贝叶经全集》，也可以说这是中国第一部正式出版的傣文上座部佛教经典。

佛教理论界一般认为，上座部佛教最主要的经典是《阿含经》。向来人们也认为，《阿含经》在我国是收藏不完全的，连国家图书馆的书目中，也注释说“小部”（即《小阿含经》）“我国缺”。《中国贝叶经全集》最大的成绩，就是把《阿含经》收集全了，并且译成了傣文和汉文。可以说，这填补了我国佛教研究史上的一项空白。

初步看来，《中国贝叶经全集》所收上座部经籍，大体可分为《阿含经》5部；律藏和论藏（含翻译和本土著述）约30部；本生经约40部；世俗经典约

25 部。乍一看，如果把本生经也归为民间故事一类的世俗典籍的话，那么，藏内典籍的比例太小，而藏外典籍比例太大，很难说这是一部道地的佛教经典。但是我现在发现这是一个误会。这次收入的本生经，实际是藏内典籍，而且是《小阿含经》内的典籍。

我们知道《小阿含经》共有 15 部分，这 15 部分经书的篇目是：《小诵》、《法句经》、《自说经》、《如是语经》、《经集》、《天宫事经》、《饿鬼事经》、《长老偈》、《长老尼偈》、《本生经》、《义释经》、《无碍经》、《比喻经》、《佛经史》、《若用藏》。而现在《中国贝叶经全集》所收大量本生经，正是《小阿含经》中的《本生经》。我们来看张公瑾先生《南传佛教与傣文贝叶经》一文中的一段话：

> 经藏里面有一个部分叫“小部”，“小部”里面分 15 个部分，其中一部分叫《本生经》，《本生经》本身就有 547 部经。《本生经》用讲故事的方式讲述释迦牟尼转世轮回的故事。他原来是兔子、鹿，后来是狗，再后来变成商人、王子……总之，释迦牟尼在转世之前好像什么都做过，动物做过，人也做过，各行各业的工作都做过，经过了各方面的锻炼。它用这样的故事讲述转世轮回、善恶报应，宣扬佛教的基本原理。由于《本生经》采用讲故事的形式流传，所以在傣族老百姓中影响也最广泛、最深刻。

张公瑾先生是语言学家、傣族文化专家，几十年致力于贝叶经的研究，其成就为学术界所公认，以上这一段话，不论是来自研究，还是来自于资料，都十分可靠。

现在我们检点一下《中国贝叶经全集》中的几十篇本生经故事，我们会发现，它们写的正是佛从兔子、鹿等各种动物，不断转世轮回成为商人、王子等各种人的故事。这同张公瑾先生描述的《小阿含经》中《本生经》的故事内容完全符合，可见这几十部本生经故事，都应该归入《小阿含经》。这样，《中国贝叶经全集》总共 114 册中，经藏、律藏和论藏部分就达到 80 册以上，占全书 75% 左右；而世俗方面的典籍则有 30 来册，占全书 25% 左右。这样看来，新出版的《中国贝叶经全集》，确实可称为一部傣文的佛教经典。

当然，《中国贝叶经全集》所收佛教经典，从绝对意义上说来，是不全的。但是如果以另外三条标准来衡量，又基本上是全的。这三条标准是：第一，刻写在贝叶上的；第二，是中国傣族地区，主经又是西双版纳地区皮藏的；第三，是用中国傣文刻写的。照我看来，“存”和“文”，其实也是汉传大藏经和藏传大藏经的标准。其实我们在做任何全集之类事情的时候，都必然恪守一定的标准和条件，离开特定的标准和条件，我们就不知道我们所追求的目标为何物了。

二、当代最全的上座部佛教经典在哪里?

要弄清这个问题，须简单地回顾一下佛教史上的六次结集，六次结集都是为了三藏经典能够更忠实于佛的原意。

释迦牟尼逝世那一年，佛的弟子，以摩诃迦叶为首的比丘五百人集会在王舍城外的七叶窟，由佛的主要弟子记诵出佛一生的言教，以传后世。当时记诵的除了佛讲的经以外，还记诵了佛制订的戒律，还有关于教理的解释和研究的论著。可知后世佛经分成经、律、论三藏，是佛在世的时候就奠定的基础和格局。当时结集的，都是小乘佛教的三藏。

第二次结集是在佛逝世 110 年后的公元前 4 世纪。这次结集解决的，是忠于佛制订的戒律的问题。

第三次结集，是在公元前 3 世纪印度的阿育王朝时代，结集至关重要，产生了巴利文的贝叶经。

第四次结集，是公元前 1 世纪，地点是阿卢寺（在今斯里兰卡）。这一次结集至关重要，是把完整的上座部佛教的三藏，再次用巴利文刻写在了贝叶上。

在第四次结集后的一千多年，缅甸曼同王朝时期，曼同王亲自邀集 2 500 多名高僧在曼德勒结集，校勘巴利语三藏，并将三藏全文记刻在石碑上。这就是佛教史称的第五次结集，时间是 1871 年。这些石碑，现在还保存在曼德勒，是信奉和爱好佛教的外地游客常来拜谒的圣物。

第六次结集是在当代。1954 年，缅甸联邦政府为纪念释迦牟尼佛涅槃两千五百年，邀请缅甸、柬埔寨、锡兰（今斯里兰卡）、印度、尼泊尔、巴基斯坦、泰国等国的比丘 2 500 人参加。各国高僧花了两年多的时间，根据各国的版本和曼同王第五次结集的校勘记，对巴利文三藏进行严密校勘，印成了最具权威、最完善版本的巴利语三藏范本。

佛教界超越两千五百年时间的这六次结集，目的都是在弘扬上座部佛法。这六次结集都十分重要而具有划时代意义。论述这些意义，不是本文题旨，我们在这里要考察的问题是：巴利语三藏最全、或者说最多的是哪个国家？由以上这个简要的回顾可以推测出，在公元前是斯里兰卡，而两千年后的当代是缅甸。缅甸现在有最完善、最权威的两个版本，一个是曼德勒石经院的石刻版，另一个是第六次结集印刷的三藏范本。这就是说，如果单纯地追求最完全的上座部佛教的三藏经典，只消引进缅甸版本，翻译就行了。

但是如果那样做的话，我们将失去我们独立珍藏的某些版本，失去哪怕是共同的经典中中国傣文的韵味，失去甚至是经藏中一些具中国特色的部分（我们现在知道《小阿含经》内的《本生经》的有些篇章中，有的部分曾为西双版纳的

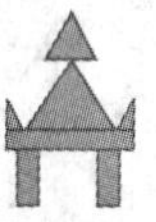

僧人融入了本地区、本民族的内容）；我们也将失去中国西双版纳等地产生的大量经典，这些经典包含了西双版纳古代社会的历史、文学艺术，甚至社会生活的方方面面。我们真要那样做的话，我们就只是引进同时翻译出版了一部书而已。

而我们现在的方向是一部傣文的上座部佛教经典，这样的一部书，哪怕世界上最完整、最权威的巴利三藏在前，也不能代替它的价值。

三、一步之遥

在我看来，《中国贝叶经全集》既是一部“贝叶经”集成，是“中国贝叶经”的集成，同时也是一部傣文的上座部佛教典籍的集成，甚至是一部具有傣文大藏经意味的书。这个“意味”的意思是：第一，它完整地收入了南传上座部佛教最重要的、也可以说是唯一的经藏——五部《阿含经》；第二，它同时也收入了相应的律藏和论藏经典；第三，它还收入了历史上傣族高僧或还俗僧人所著经典以作为续藏，这些看来具有世俗生活韵味的经典，深受佛教的熏染，同时使整部经典带上了地方民族的精神特质，这是非常重要的；第四，就《阿含经》而言，它有傣文对巴利文的音译，而同时还有傣文和汉文对巴利语佛经的翻译，这在中国是一个创举。

而一部真正意义上的傣文大藏经除了以上几点之外，还应该具备什么呢？首先，它须按经藏、律藏、论藏、续藏的规范编排；其次，每一部经藏必须归属清晰，比如，数十部《本生经》，就应该理所当然地归入《小阿含经》；第三，收集尽可能齐全，比如倘若可能，再搜集和增加律藏和论藏经典，那就更好了。而我认为事实和理想之间的距离，只有一步之遥。

总之我觉得，《中国贝叶经全集》大体可以看做是一部傣文大藏经的比较完备的资料，已经足以让佛门信徒、佛教研究者和广大读者，概览傣文的上座部佛教的重要典籍，领略佛教的原始教义，从而对成就这一经典的那一片美丽祥和的土地心向往之。

贝叶文化研究：一项意义重大的事业

赵伯乐*

摘　要： 贝叶文化是文化移植的成果，是宗教文化和民族文化链接融合的结果。对这一文化体系的认知、定义和开发，不能不说是中国学者特别是云南学者的创新。贝叶文化定义为佛教文化与傣族文化的结合是在学术研究上占领了一个制高点。从另外一个角度上看，贝叶文化又是一种面临消亡威胁的"绝学"，它的发展传承受到多方面的冲击。随着对这一文化事象研究的深入和更多成果的出现，贝叶文化的学术价值也将会得到更为广泛的认同和提升，其对于傣族社会发展的积极意义将在以后的时间里更多地显现出来。

关键词： 贝叶文化　贝叶经　南传佛教　傣族文化　文化融合

中国的贝叶文化研究，已经走过了近30年的历程，这是充满着艰辛与成功喜悦的一段历史。

正如许多研究成果所揭示的那样，贝叶文化是从贝叶经衍生而来的文化，而贝叶经则是源于南亚次大陆的已有数千年历史的古代宗教的重要载体形式，最早记载的是古老的婆罗门教经典，佛教诞生后，许多佛经也用同样的方式记录和传承。随着佛教向东南亚和东亚广大地区的传播，贝叶经典也一起到达这些地区，在佛教文化对所到地区民众的社会、经济、文化产生巨大影响的过程中，贝叶经也被赋予了极高的地位。就目前所知，汉传佛教、南传佛教以及藏传佛教的一些寺庙中，至今还保留着数量巨大的贝叶经卷，成为这些佛教寺院的镇寺之宝。

然而贝叶文化并不完全等同于贝叶经，它是文化移植的成果，是宗教文化和民族文化链接融合的结果。对这一文化体系的认知、定义和开发，不能不说是中国学者特别是云南学者的创新。1990年，云南人民出版社出版了《贝叶文化论》，这是中国乃至世界最早以"贝叶文化"为名的论文集，在这部集多位学者数年研究成果的著作中，提出了"贝叶文化是傣族文化的一个外在象征"的观

---

* 作者简介：赵伯乐，男，1952年生，汉族，云南大学国际关系学院教授，云南大学贝叶文化研究中心兼职研究员，主要研究方向为国际问题和民族文化等领域。

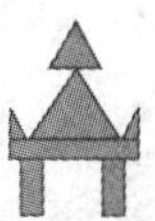

点，首次把传统意义上的单纯的佛教经典贝叶经与民族文化结合在一起，赋予古老的文化符号以现代内容。在2001年出版的《贝叶文化》和2003年出版的《云南民族文化旅游资源开发研究》等著作中，研究者对贝叶文化的定义作了更加详细的阐述："贝叶文化是傣族传统文化的一种象征性提法，之所以称为'贝叶文化'，是因为它保存于用贝叶制作而成的贝叶经本里而得名。贝叶文化包括贝叶经、用绵纸书写的经书和存活于民间的傣族传统文化事象三个方面。"2007年出版的《贝叶文化与民族社会发展》论文集中，研究者提出了更为具体的内涵："以贝叶经为核心载体，以贝叶经所承载的佛教思想为主要价值观念体系，以贝叶经（包括纸质抄本）所记录的佛教典籍和傣族传统文化为主要内容，以贝叶经的制作、刻写、诵咏、供奉等相关佛事活动和民间习俗传统为典型表现形式的文化形态。"

很显然，贝叶文化的定义体现了这样一种思路：它以一种传统文化为根基，佛教文化已有两千多年历史，就是传播到今天贝叶文化流传地区也已经有漫长的岁月；它是一种至今仍然具有强盛生命力活文化，拥有非常广阔的生存空间即涵盖了中国西南和东南亚数个国家的广大地区；同时它又是一种有待于我们去深入发掘和研究的广义文化。

考察贝叶文化的定义过程，我们可以看到，虽然贝叶经典已经存在和流传了数千年，虽然佛教成为世界性宗教并与所到地区的文化融合早已成为事实，虽然南传佛教以及中国傣族地区的民族文化也已经有漫长的历史，但是如何认识这种文化的本质，如何经过研究而确认出这种文化的标志是一件需要付出艰辛努力的学术探索工程。事实上，中国西南傣族聚居地区并不是贝叶经最为富集的地区，至少不是唯一拥有贝叶经典的地区。从存世数量上看，藏传佛教的多数寺庙都存有梵文贝叶经卷，西藏萨迦寺号称是藏有贝叶经卷最多的地方。而九华山则是藏有梵文贝叶经最多的汉传佛寺之一。至于南传佛教流行的东南亚国家如缅甸、老挝、泰国也都保存着大量贝叶经典。但是，在这些地区，贝叶经要么只是一种起着镇寺之宝作用的文物，要么仅仅被看做佛教经典，在东南亚一些国家也只是一种需要深度开发的宗教文献。中国特别是云南的学者则非常敏锐地捕捉到了这种古老文化事象中蕴藏的丰富内涵，通过观察，看到了它与民族文化的结合以及仍然拥有的社会影响力，从而将其抽象总结为一种涵盖广大地区几亿人口的区域性文化。可以毫不夸张地讲，将贝叶文化定义为佛教文化与傣族文化的结合是在学术研究上占领了一个制高点，内涵界定清晰（傣族文化）。外延非常宽阔（佛教主要是南传佛教文化），其积极意义将在以后的时间里更多地显现出来。随着对这一文化事象研究的深入和更多成果的出现，贝叶文化的学术价值也将会得到更为广泛的认同和提升。

从另外一个角度上看，贝叶文化又是一种面临消亡威胁的"绝学"，它所受

到的冲击是多方面的：从形式上看，传统的贝叶制作、刻写模式无法抗拒纸质特别是电子传媒的快速扩展，与之相配套的制作工艺也濒临失传；从内容上看，传统民族文化受到现代生活的巨大冲击，许多延续了千百年的文化精华正在快速消失；从发展现状看，对贝叶文化的研究才刚刚起步，一些基础性的工作尚未完成；从传承的角度看，热爱、熟悉贝叶文化的人员明显表现出青黄不接的景象。因此，挖掘、保护贝叶文化就具有更为特殊的学术意义和现实意义。

令人欣慰的是，与贝叶文化定义工作中体现出来的创新精神一样，贝叶文化的研究从一开始就在相当高的起点上展开，并取得了令人振奋的成就。

2010 年，在西双版纳州政府的主导和大力推动下，经过云南省宗教界、学术界、民族文化界和出版界历经十年不懈的共同努力，《中国贝叶经全集》一百卷全部出齐，这是新中国成立以来首次大规模出版的中国南传佛教文化经典，被盛赞为填补空白的文化工程。不过它又与一般意义上的佛教经典的出版存在许多不同。首先，佛教贝叶经虽然已经存在和流传上千年，但是在中国，直接从贝叶经卷进行翻译主要是在汉唐时期，内容也多集中于大乘佛学经典，且距今已过去上千年。这次大规模直接从贝叶上译写古代文献，是又一次真正意义上的对传统文化的大规模挖掘和抢救工程。其次，这部百卷巨著不仅包括了迄今为止所能收集到的中国南传佛教经典中最重要的篇章，还包括许多傣族民族民间文化的精粹，是一部特殊的、由宗教文化与民族文化结合而成的文献。再次，这些文献的原文并不是由佛经最常见的梵文、汉文或巴利文写成，而是部分为巴利文，部分为中国西双版纳地区流传的老傣文，是不同文化融合的特殊产物。因此，翻译工作难度之大超出原先的估计。翻译者们采用了贝叶经原件扫描，国际音标、老傣文、新傣文、汉文直译和汉文意译“六对照”的形式出版，既可严格体现文献的准确性，又可方便学者及读者的研读，装帧精美，在形式上十分新颖。

《中国贝叶经全集》的出版是一项基础性的工作，为今后研究工作的深入提供了必要的基础资料保证。同时，这部文献的公开出版还体现出一种开放的精神，翻译出版者从一开始就预设了各种语言背景的学者都可以参与其中，这不能不说是具有远见的行为。它对中国南传佛教文化和傣族传统文化的保护和传播，对贝叶文化研究的深入，对贝叶文化资源的开发将会产生重大而深远的影响。

贝叶文化研究的另一个引人注目之处在于，从一开始就在全国乃至国际学术合作的平台上展开。由西双版纳州人民政府和云南大学共建的贝叶文化研究中心走过了整整十年的历程。这是中国首家以贝叶文化为研究对象的专门研究机构，除了专职人员外，还有许多来自不同民族的老、中、青研究人员以此为平台，对这一文化体系进行广泛的研究，经过不懈的努力，贝叶文化由一个学术名称的雏形逐渐为社会各界所认识、熟悉和接纳。从研究正式起步至今，十年间已经召开了三次全国性的学术研讨会，来自全国各个领域的研究学者共聚一堂，争论学术

问题，交流研究观点，既提升了学术层次，又有效地扩大了影响，创造了一种“聚智攻关”的模式。更令我们高兴的是，在西双版纳州政府的倡导和各个方面的共同努力下，“首届贝叶文化国际研讨会”2010 年在景洪召开，来自世界许多国家的专家学者围绕贝叶文化的保护和研究这一主题进行交流研讨，特别是介绍了运用现代化手段保护、挖掘以及通过互联网共享贝叶文献经典的经验，显示出贝叶文化研究已经有了一个国际合作的新开端。我们的学者也越来越频繁地走出国门，到国际会议的讲台上传播贝叶文化的理念，介绍中国贝叶文化研究的情况。客观地讲，中国的贝叶文献保护和释读工作水平目前还无法与一些东南亚国家相比，但是中国学者的视野，特别是将其放到一种民族的、地区性文化的高度来解读，却走在了世界的前列，也得到了越来越多国际同行的认同。

贝叶文化研究的另一个重要特点是，它自始以来都得到了各级政府的积极参与，特别是西双版纳州人民政府对这一研究的开展给予了人力、物力上的全力支持，保障了《中国贝叶经全集》的按计划出版。云南省文化厅也已将贝叶文化列入非物质文化遗产保护名录，这不仅是对贝叶文化研究的肯定，更为这一传统文化的保护和发展创造了更加优越的条件。毋庸置疑，贝叶文化研究主要是依靠专业科研人员来进行的，但是相关政府部门以及广大民众的关心和支持，为这一研究构筑了坚实而广阔的基础，实现了短时期内重大突破，并营造出可持续发展的局面。

贝叶文化研究之所以能得到越来越广泛的关注，一个重要的原因就是它的博大精深，有学者把贝叶经称为百科全书，是非常贴切的。从已出版的百卷巨著可以看到，其中不仅包括南传佛教的三藏经典，也有大量的与佛教文化有直接联系或间接联系的社会经济文化文献，而这一现象的存在又正好反映出宗教文化与世俗文化和民族文化相汇相融，这也就使得贝叶文化有了源于佛教文化又不仅仅局限于宗教文化，体现民族文化又突出特定地区民族文化核心内容的特点。

在过去，中国其他地区的人们对处于中国南部的傣族聚居地区的民族文化了解仅囿于表面，国外学者对中国南传佛教的情况也知之甚少，百卷《中国贝叶经全集》的出版和贝叶文化研究的开展，在人们眼前展现出这一地区文化内涵的厚重和丰富。佛教文化的博大精深不仅在于其基本经典的深邃丰富，同时还体现在它在传播过程中与各地本土文化相结合而衍生出更为丰富的新内容。在中国土地上生成的禅宗以及多个佛教宗派是这样，在南传佛教地区产生的各个流派也是这样，而在中国云南西双版纳地区的南传佛教不仅具有南传佛教共有的特点，还具有其他南传佛教地区所没有的特殊的傣族区域文化特点，其世俗性、社会性以及生活性等内容一直在吸引着许多研究者的目光。另一方面，受到佛教精神的长期浸润，勤劳善良恭俭平和已凝结成傣族文化的核心组成部分，与佛教文化互补，难以分离。贝叶文化丰富的内涵为研究者打开了更加深入地认识傣民族以及居住

于这一地区的其他民族文化新的窗口，也为研究者提供了充分展示自身才华的舞台和极为广阔的研究空间。同时南传佛教也作为一条文化纽带，在傣族聚居地区和相邻的东南亚地区（主要是南传佛教流传地区）的多元民族文化之间建立起联系，架起了一座文化研究国际合作的桥梁，为不同国家和文化背景的学者提供了共同的探究领域和良好的交流平台。

具有积极现实意义的是，佛教文化具有和平的内核，贝叶文化也具有和平、和谐的基本内核，这既是这一文化在历史长河中积淀而成的精华，也是这一文化在今天仍然具有旺盛生命力的重要原因所在。对贝叶文化的研究在挖掘中华民族和谐共处、共同发展的领域具有积极的引领作用。

近 30 年的时间对一个学术研究领域的起步和发展并不算长，但是在贝叶文化研究领域里已经留下了拓荒者坚实的足迹，几位杰出的前辈如黄惠焜、秦家华、岩温扁等已乘鹤西去，但是这一研究还在继续前行，更多的后继者正在付出更大的努力。

贝叶文化的非物质文化遗产保护意义

蔡永辉*

摘　要： 贝叶经以固态的方式为我们洞见傣族社会历史提供了直观的见证，而传承至今的贝叶经刻写技艺，则以活态的方式反映出这一古老文化更加丰厚鲜活的历史认识价值和社会实践价值。从保护非物质文化遗产的角度来认识贝叶文化的保护，体现着保护文化多样性的重要意义。

关键词： 贝叶经刻写　非物质文化遗产　文化传承

贝叶文化通过文字或者是以物化固态的方式为我们洞察和了解傣族社会历史提供了信实、直观的见证，更为重要的是它作为一项历史信息的传承载体，通过活态传承方式反映出的传统文化，则含有更丰厚鲜活的历史认识价值和社会实践价值。贝叶文化就像一条长河，不管怎么流淌，其成分如何变化，也像人的血脉一样，始终保持着傣族祖先的基因。作为傣族文化的百科全书和认识傣族文明的基本窗口，其传承方式至今没有断裂，它固有的文化内涵和精神实质对于丰富我们国家的文化作出了巨大贡献，并培育了傣族人民的个性和特征，是傣族文化的“根”和“母体文化”。

一、从贝叶文化保护来认识我国保护非物质文化遗产的主要制度和措施

贝叶经制作技艺从申报到被国务院公布为第二批国家非物质文化遗产以来，西双版纳州政府、专家学者和社会各界有识之士为贝叶文化的保护传承做了大量卓有成效的工作，2009 年，文化部、财政部已将贝叶文化和重要传承人列为国家重点保护非物质文化遗产代表项目进行长期的保护。目前，我国针对诸如贝叶文化一类的非物质文化遗产的行政法规、地方法规和政府规章主要是依据 2005

* 作者简介：蔡永辉，云南省文化厅非物质文化遗产保护处处长。本文是作者应邀于 2010 年 4 月 20 日在西双版纳州景洪市举行的首届贝叶文化国际研讨会开幕式上的演讲，修订于 2010 年 5 月 17 日。

年颁布的《国务院办公厅关于加强我国非物质文化遗产保护工作的意见》、《国务院关于加强文化遗产保护的通知》。此外，还有一些保护单项非物质文化遗产的公法规定，如《传统工艺美术保护条例》以及一些地方立法保护等。这些立法采用的基本上都是行政保护措施，因此，可以将这些立法视为非物质文化遗产的公法保护。主要措施：一是建立国家级和省、市、县级代表作保护名录的分级保护制度；二是建立传承和命名制度，即认定传承人和传承单位的条件和程序、传承主体的权利义务和奖励以及命名民族民间艺术之乡、民族传统文化保护区、民族文化生态博物馆的条件和程序；三是建立对重要少数民族非物质文化遗产的保密制度、重要实物资料的出境管理制度和境外团体和公民以研究或者非营利为目的考察的管理制度；四是鼓励社会组织和个人向保护非物质文化遗产投入经费，发展民族文化产业，依照相关政策享受税收优惠或者其他优惠；五是确立了文化部门的行政主管部门地位，解决了过去政出多门，多头管理所产生的成本大、效率低的情况；六是要求地方各级政府加强领导，将保护工作列入重要工作议程，纳入国民经济和社会发展整体规划，纳入文化发展纲要；七是各级政府不断加大非物质文化遗产保护工作的经费投入，建立专项资金；八是建立保护工程专家委员会制度，对非物质文化遗产提供专业咨询和指导；九是建立保护工程项目的监督、评估、考核和验收制度；十是规定了非物质文化遗产普查、搜集、整理、研究、出版和教育传承等保护工作；十一是针对不同违法情况所制定的行政处罚。这些规定为各级地方政府保护非物质文化遗产指明了方向。

“保存”和“传承”是保护非物质文化遗产的两种最主要的方式或途径，也是文化部门对贝叶文化采取的主要保护措施。目前，我国对非物质文化遗产的公法保护更注重于对它的“保存”，政府所做的工作主要是对它的普查和整理。随着保护工作的深入开展，最近几年还规定了认定传承人和传承单位的条件和程序，并明确了传承人和传承单位应该享有的权利和应履行的义务，改变过去一些制度规定仅具有宣示性的作用，更类似于原则性的表述，使其更具有操作性。我们还注意到，过去对非物质文化遗产的保护较为重视对政府职责的规定，有关发动社会力量保护的规定太少。政府是国家权力的执行机关，由它组织管理非物质文化遗产虽然具有一定的优势，但是非物质文化遗产内涵丰富，政府人员和财政能力有限。此外，政府不可能了解所有保护对象。因此，现在提倡在政府之外，积极鼓励有多种不同的主体参与，尤其是非物质文化遗产持有者的参与。

二、从贝叶文化的保护来看待保护文化多样性的重要价值和意义

保护文化多样性是推进少数民族文化创新、艺术创新及科技创新的源泉。无论从当代人还是从未来利益出发，保护文化多样性必然是极其重要的。尊重文化

的多样性，本身也是对文化创造者的尊重；其次，面对全球经济一体化的冲击，中华文化是由56个民族共同创造的，没有各少数民族的参与，中华文化不可能如此灿烂，尊重并保护好少数民族文化，不仅有利于中华文化进步，更有利于国家的稳定与民族团结。多元文化的存在，不仅可以为人类新文化创造更多的资源，同时也会让这个多元文化构成的国家更加和谐、团结。所以，我们希望要像保护生物多样性一样保护文化多样性，为今后新文化、新科技的发展进步留下更多的种源，提供更丰富的参考。

我认为，当今云南社会的进步除需要科技的推动外，更需要建立一个完善有效的、和谐有序的社会秩序，以协调人际关系，增进社会凝聚力。贝叶文化至今能够存续，恰恰证明了一个地域和民族的传统道德建设，凭借的不仅仅是不断完善的学校教育和强硬有力的行政手段，也需要来自传统文化潜移默化的熏陶与滋养，特别是像云南这样欠发达的多民族地区，人们通常通过浅显易懂的民间文化，养成了善良、正直、仁爱、忠厚、诚信、宽恕及助人为乐等美好品格，从这里得到了传统美德的滋养，汲取到传统道德的力量。贝叶文化为何如此重要，我认为在于它以民族民间文化的形式给人们一种特殊的关切感，不断地给人的心灵以滋润和慰藉，在文化心理上给人一种安定感和归宿感。傣族社会千百年的历史感情和现实心理需要它，走向未来更需要它。

三、对保护贝叶文化的两点希望

1. 希望通过专家学者的深入研讨，最终形成一个贝叶文化保护和传承的有效机制。在保护贝叶文化的方法和方式上，要注重在民间的活态传承、动态保护和永续利用，特别是要形成良好的社会传承和教育传承制度，不论是政府采取何种何样的抢救保护行动，也不论专家学者为研究付出多少心血，如果我们的保护行动和研究成果不能以贝叶文化拥有者的自觉传承为中心，不能融入当今的社会生活，贝叶文化最终只能进入博物馆，就不能从护根的角度解决贝叶文化的保护与传承问题。

2. 2009年9月28日至10月2日，在阿拉伯联合酋长国首都阿布扎比召开的联合国教科文组织保护非物质文化遗产政府间委员会第四次会议上，我国申报的中国传统桑蚕丝织技艺、南音、侗族大歌、粤剧、热贡艺术、藏戏、玛纳斯、花儿、西安鼓乐、中国朝鲜族农乐舞、中国书法、中国篆刻、中国剪纸、中国传统木结构营造技艺、端午节、妈祖信俗、中国雕版印刷技艺、呼麦等22个项目入选“人类非物质文化遗产代表作名录”，羌年、黎族传统纺染织绣技艺、中国木拱桥传统营造技艺等3个项目入选“急需保护的非物质文化遗产名录”。加上此前已入选的昆曲、古琴艺术、新疆维吾尔木卡姆艺术以及与蒙古国联合申报的

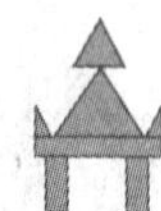

蒙古族长调民歌等4项，我国目前共有29个项目列入“人类非物质文化遗产代表作名录”和“急需保护的非物质文化遗产名录”，是世界上拥有联合国教科文组织名录项目最多的国家。

“人类非物质文化遗产代表作名录”和“急需保护的非物质文化遗产名录”的申报工作，是当前及今后云南省各级政府及有关部门、专家以及非物质文化遗产保护工作者面临并亟待解决的重大课题，云南省作为全国民族文化资源最丰富的地区，尚未有一项入选。我特别希望各位专家学者通过科学论证，共同努力，争取将贝叶文化申报为联合国“人类非物质文化遗产代表作名录”和“急需保护的非物质文化遗产名录”的重要备选项目。项目的申报成功，将体现联合国教科文组织和国际社会对贝叶文化保护和研究工作的高度认可，也是全体云南人的崇高荣誉，不仅有利于扩大贝叶文化在全世界的影响力，增强民族凝聚力和文化认同感，而且对于进一步推动西双版纳非物质文化遗产保护工作，弘扬和传承民族优秀传统文化，增进民族团结和维护国家统一，维系民族文化的多样性和创造性，实现政治、经济、社会、文化全面协调可持续发展，也具有重要意义。

西双版纳民族文化遗产的保护与利用

余少剑*

摘　要：随着现代社会经济文化的飞速发展，西双版纳的文化遗产正以一种前所未有的速度逐渐消失和变迁，如何保护显得十分重要。本文通过对西双版纳文化遗产现状的全面分析，提出以科学实践为指导，可持续发展为主导的西双版纳文化遗产保护思路。

关键词：西双版纳　文化遗产　保护　利用

一、西双版纳民族文化遗产现状

（一）西双版纳的历史沿革

西双版纳这片土地自古就有人类在上面活动，近几年来考古发现有由旧石器时代向新石器时代过渡的距今 18 000 年左右的洞穴遗址。西双版纳汉朝属益州郡，南北朝时期，西双版纳一带称“泐西双邦”，公元 8—10 世纪，属南诏银生节度使管辖，到了公元 1160 年，傣族首领帕雅真建立勐泐王国，受大理国管辖，赐“虎头金印”。元朝称车里路，公元 1296 年，设“彻里军民总管府”，公元 1327 年又改设为彻里军民宣慰司。明朝设车里军民宣慰使司，到了公元 1570 年车里宣慰使刀应勐将其辖区划为 12 个负担的行政单位，“西双版纳”的名称由此而来。到了清朝仍封为车里宣慰司，官至副三品。到了民国 1912 年在西双版纳设立思普沿边行政总局。1944 年云南省主席委任刀世勋为车里宣慰使司宣慰使。1950 年 2 月 17 日，西双版纳解放。1953 年 1 月 23 日西双版纳傣族自治区成立。现在西双版纳傣族自治州共辖景洪市、勐海县、勐腊县。从以上史实来看，西双版纳自古就是中华民族大家庭中的一员，并且从宋朝时帕雅真入主勐泐建立勐泐王国到新中国成立，都保留了一个完整的世袭土司领主制度，这种稳定对社会经济文化的发展起到了积极的促进作用，相对创造、保留了大量的文化遗产。

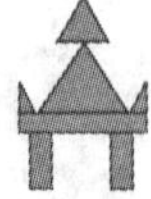

* 作者简介：余少剑，男，1969 年生，汉族，西双版纳州文物管理所所长，主要研究方向为西双版纳地方民族历史、傣族文化。

（二）西双版纳的民族历史情况

西双版纳与老挝、缅甸相连，除汉族外，共有傣、哈尼（僾尼）、布朗、基诺、拉祜、彝、回、苗、瑶、壮、佤、景颇十二个世居少数民族。各民族长期共同生存在这片土地上，创造了丰富多彩的民族文化遗产。

（三）西双版纳文物现状

1. 不可移动文物。由于西双版纳历史、气候的原因，保存至今的不可移动文物主要是南传上座部佛教的寺庙、佛塔，还有部分石器时代的遗址等。现有国家级文物保护单位三项：勐海县境内的景真八角亭和曼短佛寺、景洪市的曼飞龙白塔；省级文物保护单位四项：景洪城里的曼阁佛寺、周恩来总理与缅甸总理会谈纪念碑、勐罕镇（橄榄坝）的曼春满佛寺、勐腊县的李定国祠；州级文物保护单位六项：易武白云洞石刻、景真中心塔、庄莫塔、大勐龙烈士陵园、勐遮佛寺壁画、周恩来总理泼水遗址；县级文物保护单位四项：景恩塔、曼崩铜塔、大勐龙黑塔、曼广龙佛寺。以上这些名单是纳入法定保护，作为各级文保单位公布的。没有公布为各级文保单位的还有许多，有景哈的新石器洞穴遗址，景洪城里的近现代建筑美国人建的教堂，普洱茶古六大茶山的易武古镇和倚邦古镇的古建筑、墓葬、碑刻，茶马古道等。

2. 可移动文物。西双版纳州现在各级国有单位共收藏三千件左右的文物，除少部分历史文物外，大多数是民族文物，其中有民族服饰、生产工具、生活用具等。

3. 非物质文化遗产。从 2005 年至今，西双版纳州已公布的国家级非物质文化遗产项目有 10 项，省级 1 项，州级 33 项，共命名非物质文化遗产传承人 109 个，非物质文化遗产的保护工作正式走上法律保护的轨道。

二、目前存在的问题

西双版纳傣族自治州的文物保护工作在全省来说处于滞后的状况。全州目前只于 1983 年在州府成立了州文物管理所，现有职工四人，除保证工资和日常开支外，文物保护工作的“五纳入”都没有落实。景洪市、勐海县、勐腊县都没有成立独立的文管所，仅在文化馆里安排专人负责文物工作。由于文化馆工作复杂，管文物的工作人员都不是专业从事文物保护工作的，难以开展有效的文物保护工作，也没有文物工作的专项经费，所以，西双版纳的文物保护工作处于缺人、缺钱（保护专项经费）的两难境地，工作难以开展，仅仅处于一种维持的局面。在博物馆建设和民族文物的保护方面，西双版纳都没有建立一个正式、独立的综合博物馆，勐腊县虽然 1992 年在文化馆建立了一个民族博物馆，办了陈列展览，但由于历史原因，当时没有抓住机会成立独立的博物馆和文管所，核定

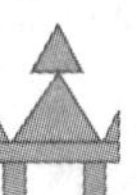

人员编制和经费，导致了后来这个馆有名无实，既没有纳入博物馆的管理体系，又没有经费投入，现在建筑物到处漏雨，已处于闭馆的地步。后来，有一些省内学者以研究课题的形式在基诺族的一个寨子里建了一幢房子，在里面搞了一些简单的实物和照片、文字、说明展示，便对外大力宣传号称民族生态博物馆。由于没有充分的论证和长远的打算，今天已是破败不堪，尘土满屋。后来，州委宣传部又在勐海县搞了号称中国第一个布朗族生态博物馆，只在寨子里建了一栋房子，随便摆几件老百姓的用具和几幅照片，有领导来开门看一下，人一走便锁门自闭。现在来看，这些号称“生态博物馆”的项目应该算是一种失败的尝试，尽管名头叫得响，初衷设想非常美好，但在实际的存在当中，由于各种原因，造成了今天的这种局面。全州只有州自然保护局正式上报立项批复建了一个小规模的自然博物馆，应该说，这个馆才是西双版纳第一个真正的博物馆。到了2005年，由西双版纳州文物管理所与景洪市的3A级旅游景点勐泐文化园合作，在勐泐文化园中利用旧办公楼改造举办了一个综合性的陈列展览，由于考虑到将来要建州博物馆，所以以勐泐文化园的名义正式上报省文化厅批复成立勐泐博物馆，作为将来勐泐文化园自办的一个博物馆。由于勐泐文化园地处车里宣慰使司府旧址，这个博物馆以将来专门展出土司文化为发展方向。在西双版纳著名旅游景点勐仑植物园，由园内自己设计、投资建了一个“热带雨林民族文化博物馆”，由于是企业自主投资、自行建设，也没有正式报批纳入国家博物馆的管理体系。从以上这些情况来看，西双版纳的文化遗产保护工作当前存在着以下几方面的问题。

1. 文化遗产保护的专业人员极其稀缺。整个西双版纳现在从事文化遗产保护的专业人员才几十人，其中取得文博职称的仅有一个中级职称和几个初级职称。从事文物古建筑保护、田野考古发掘和博物馆陈列研究等相关的专业人员几乎为零。整个文化遗产队伍处于弱、小、残的局面。

2. 文化遗产保护的经费投入严重不足。由于西双版纳州财力和其他人为原因，对文物保护和非物质文化遗产的保护资金投入太少，大部分工作的完成都依靠省里和国家补助的经费解决，导致整个工作局面难以打开。

3. 对落实《中华人民共和国文物保护法》及相关文化遗产保护的法律法规力度不大，许多法律规定的内容没有落实，例如，文物保护经费纳入财政预算，各县应成立文物保护管理机构等等。

4. 保护文化遗产的宣传力度太小，方式单一。这几年以来，虽然我们国家加强了对文化遗产的保护工作力度，加大投入，修改了《中华人民共和国文物保护法》，制定了一系列相关实施管理法规，并公布了法定的“中国文化遗产日”，但西双版纳州仅仅在上级的要求下做些简单的宣传，挂几条标语，上街展示几块展板，形式简单，仅处于一种应付的局面。

5. 文化遗产保护的意识没有完全进入各级领导和全州人民的内心深处。西双版纳多年来没有召开过全州的文物保护工作会议，虽然制定了保护民族传统建筑的自治州条例，但是没有和保护真正接轨，没有配套具体的保护措施，也没有人来抓落实工作。

6. 随着社会经济的进步和发展，大量的文化遗产正面临破坏和灭绝的境地。随着世居民族要享受现代社会文明生活，传统民族形式的民居正逐渐被改造，许多非物质文化遗产也处于灭失的境况，例如，傣族慢轮手工制陶技艺后继无人，干栏式民居建筑成寨、成片地消失。

三、对文物遗产保护和利用的发展思路

1. 文化遗产的保护要紧紧围绕《中华人民共和国文物保护法》第四条的指导原则，所有的保护工作都要贯彻保护为主、抢救第一、合理利用、加强管理的方针。但是这种保护不能简单地把某一样文物或文保单位像宝贝一样藏起来，束之高阁，而是要最大限度的在保护好，不损坏，不破坏的前提下，想尽一切办法来充分发挥这一件文物、这一项文保单位和这项非物质文化遗产的作用。首先，对这些可利用的文化遗产作个全面、充分的专业性评估，分析出它的最大价值、最有特点的地方和最有卖点的地方，然后做出一个可操作性强的保护和开发利用的实施方案，在取得合法批准的前提下来实施对它的保护和利用。在西双版纳的三个国家级文物保护单位的未来工作中，我们将结合这三个国保单位保护规划实施方案，开拓思路，把规划与当前社会主义新农村建设和促进当地经济发展的思路相联系，结合旅游业的发展，最大限度地发挥它带动一方经济发展的作用。

2. 文化遗产的保护要与西双版纳民族旅游业紧密地结合起来全盘考虑，融会贯通和相互辉映。西双版纳作为世界闻名的旅游胜地，除了热带自然景观外，大量的资源是丰富的民族文化遗产，它们是支撑西双版纳旅游业长盛不衰的两大支柱和根本源泉，但从目前西双版纳旅游业的现状来看。旅游基本是以自然景观为主，人文历史在其中所占比例太小，要让中外游客在欣赏自然美景的同时，又念念不忘西双版纳文化遗产的精粹，从中领略西双版纳民族历史文化的博大精深，对全州旅游线路的推广一定要把文化遗产纳入。在现有的模式中，橄榄坝傣族园的模式是可以肯定的，它利用几个傣族寨子为基础，对其进行规划改造，增加旅游的基础设施，让游客进入其中，既参观了原生态的傣族干栏式民居的风姿，还了解了傣族人民生活的方方面面，它的存在，既保护了傣族传统民居的风貌，又让寨子里的群众因为游客的到来，通过在里面上班、演出、卖农副土特产品、表演非物质文化遗产生产技艺来卖一些产品，比如现场刻写贝叶经，打造银制品来出售等，为寨子里的老百姓增加了收入，老百姓也自觉地把传统的民居当

成宝贝，翻建也按原来的式样、材料来进行。其他地方，随着社会经济的发展，成片的傣族村寨都重新建盖了钢混结构的房子，民族特色荡然无存。这个例子说明了文化遗产的保护要产生经济效益，这种保护便会变成一种自觉、自愿行为，比任何强制性的法律、法规的效果还要好。

3. 要依托西双版纳民族博物馆成立为契机，整合全州的文化遗产资源，发展壮大保护专业人才，成立全州文化遗产保护协会。2008 年 8 月，在中央和省州有关领导的大力支持下，西双版纳民族博物馆建设项目已经省发改委立项批复。该项目占地 150 亩，建筑面积 1.6 万平方米，总投资 1.55 亿元，现已开工建设，有望在 2011 年之前建成开馆，将来西双版纳州文物管理所、西双版纳民族博物馆和西双版纳普洱茶历史研究院将实行三块牌子、一套班子的管理模式，需增加一批文化遗产保护的专业人才，引进一些高层次的研究民族文化保护和利用的高级人才，把全州分散在各县市的可移动文物全部集中到州民族博物馆展出，把西双版纳民族博物馆建成民族文化精品集中展示的舞台，民族历史文化研究的权威机构，中外文化学术交流的最佳平台，非物质文化遗产保护传承的永久基地，中外游客来西双版纳的必到之处，全州人民爱国主义教育和休闲参观的最佳场所，以州民族博物馆牵头，成立西双版纳文化遗产保护协会，吸纳各单位、文博爱好者、文化学者、民间艺人参与进来，最大限度地扩大文化的影响力和吸引力，使其在现代社会主义经济和精神文明建设当中发挥积极作用。

4. 要努力实践科学发展观，创造性地在保护好全州文化遗产的前提下，最大限度地发挥文化遗产的社会效益和经济效益。作为中外闻名的旅游胜地，每年都有大量的中外游客到西双版纳来观光旅游。西双版纳文化遗产保护协会要依托博物馆作为免费开放的旅游景点与资金实力雄厚，营销人才济济的公司合作，如何充分利用文化遗产，特别是非物质文化遗产的展演，让观众亲自参与进来，把产品做出特点，做成精品，做成独一无二的纪念品，卖给游客，使其产生巨大的经济效益。然后在文化遗产保护协会里面成立一个文化遗产保护的基金会，把赚到的钱按比例投进这个基金会，同时大量接受社会捐赠和让财政按比例注入一定的资金，将这些钱用来保护全州的文化遗产，形成可持续发展的良性循环，西双版纳文化遗产的保护与传承工作局面将有极大的改变。西双版纳有着无尽的文化商业财富，缺少的是资本和策划经营公司及人才的进入，像六大茶山普洱茶的做精做好，易武、倚邦古镇的复兴，傣族手工制陶技艺的传承，傣医药的做大做强等，这些物质和非物质文化遗产里面都隐含着无限的商机和财富。如果思路开阔，勇于实践，文化遗产的保护和利用将是一个良性互动的可持续发展的关系，这就需要我们来实践、利用好这些优势，为西双版纳的民族文化遗产保护作出贡献。

贝叶经整理、研究

德宏州傣文古籍调查概况

张　云*

摘　要： 德宏傣族历史悠久，在漫长的历史发展进程中，积累了丰富而辉煌的文化遗产，留下了大量的老傣文手抄古籍经书。德宏州目前普查统计的古籍经书达2 203卷，其中主要有象牙片写经、象骨片写经、贝叶经、构纸经、绵纸经等。目前，德宏州图书馆正在做翻译抢救保护工作，为德宏州政府下一步统抓全州古籍收集、整理及保护工作打基础。

关键词： 德宏傣文　古籍整理　调查状况

德宏州是以五种世居少数民族（傣族、景颇族、阿昌族、傈僳族、德昂族）为主的民族自治州，在漫长的历史发展进程中，当地少数民族创造了各自灿烂的文化，留下了大量珍贵的民族文字文献古籍及口碑、口传古籍，其中，傣族留传下来的傣文古籍文献数量最多。

一、傣族历史文化进程

傣族是一个古老的民族，有着悠久的历史。据史料记载傣族发源于中国东部江浙一带，他们早在史前，就携带着七千年前的河姆渡（在今浙江余姚）水稻文化向西迁徙。他们顺着江南进入云贵高原，为谋求生存，选择适宜于种植稻谷的地方，一路沿澜沧江、金沙江、怒江南下到西双版纳、临沧、德宏，再继续南下进入越南、老挝、泰国、缅甸和印度等六国，跨境而居。其中进入怒江下游的这支就到了德宏，称为德傣。汉晋时称“滇越”、“掸国”，因盛产大象并驯养用于乘骑和劳作，被司马迁《史记》称之为“滇越乘象国”。据有关专家、学者对德宏州芒市、瑞丽市、陇川县等地出土的大量石器考证，认为早在四千多年前的新石器时代，中国的云南和东南亚的一些国家已有傣族繁衍生息。

* 作者简介：张云，傣族，1969年生，德宏州图书馆业务部主任，副研究馆员。主要从事德宏州傣文古籍抢救翻译保护工作。

以勐卯弄（今瑞丽）为中心的傣族王国政权已有2 400多年的历史，公元前425年傣族在伊洛瓦底江边的古丝绸之道中枢地段（今缅甸太公）建立了第一个傣族王国政权和独特的傣族文化。公元120年傣王雍由调到中原洛阳进贡，从此达光王国正式纳入东汉版图，连同后期的蒲甘姆（今缅甸蒲甘）王朝，共经历了992年。达光王国消亡之后，紧接着于公元567年又以勐卯弄为中心兴起了果占壁王国，并经历了鲁赖王朝、混等王朝、雅鲁王朝、麓川思氏王朝等四个阶段，历时881年。公元1441年至1448年间，因明代中央王朝不能容忍所属地方政权麓川思氏韦代王族思昂法（思任法）对周边"召勐王"地域的兼并，而引发了王骥"三征麓川"。麓川被平定后，所辖地的"召勐王"，由中央王朝直接封授官衔，从而形成了各自为政的封建土司政权制度。延续至新中国建立初期，于1955年实行和平协商土地改革后，才取消了世袭土司制度，经历了600多年的土司制度被废除①。

德宏的傣族从达完王国政权、勐卯弄果占壁王国政权直到后期的土司制度的2 400年的历史中，经历了六个王朝。这六个王朝并非一个政权使用武力去推翻另一个政权，从总体来说，是从部落酋长和部落联盟首领的公推制逐步过渡到封建领主的世袭制两个历史阶段。在人类社会发展进程中带有普遍性的奴隶制社会阶段，在傣族社会发展进程中基本不存在②。

二、目前德宏州傣文古籍状况

在长期的历史发展进程中，傣族人民积累了丰富而灿烂的物质文明和文化遗产，留下了大量的老傣文手抄经书，据称有84 000部，其中"经藏"21 000部、"律藏"21 000部、"论藏"42 000部，又总称为"三藏经"，并有一部五卷本贝叶经名为《别闷细版西甘》专门讲述这84 000部佛经的由来传说。实际上有那么多吗？现已无从考证，但也说明了傣文经书数量之大。这些古籍经书有的抄写在贝叶上称为贝叶经，有的抄写在绵纸上称为绵纸经，有的写在构纸上称为构纸经，还有写在象牙片上的称为象牙片写经，写在象骨片上的称为象骨片写经，总称为傣文古籍经书。内容包括：宗教信仰、傣历、傣医、叙事长诗、民间故事、神话等。

德宏州收藏有古籍的单位及古籍主要有：德宏州档案馆181卷，德宏州民语委200卷，德宏州文化馆、德宏州图书馆200卷，芒市文化馆200卷，瑞丽市档案馆200卷，梁河县档案馆300卷，盈江县档案馆200卷，畹町文化馆150卷。

① 杨永生编：《傣族历史文化研究文集》，德宏民族出版社2007年版，第2页。

② 杨永生编：《傣族历史文化研究文集》，德宏民族出版社2007年版，第3页。

全州有大小奘房500多座，每座奘房都有傣文古籍经书存放。已统计的大奘房有菩提寺500卷，佛光寺300卷，五云寺350卷。民间傣族文化人方正午收藏78卷，金常玉收藏125卷。目前已普查傣文古籍经书共有2 203卷。

1. 德宏州档案馆1984年由政府拨经费向民间征集共181卷。有文字为方形德宏老傣文、圆形缅傣文、巴利文等的古籍经书、贝叶经。这些经书大部分是新中国成立前民间收藏，大多数经书没有译成汉文，只有少部分有汉文内容梗概。德宏州的一大批傣文古籍经书、贝叶经、文书档案现存保山市档案馆（因1969年德宏州曾与保山地区合并）。

2. 德宏州民语委编有《中国云南德宏傣文古籍编目》由日本丰田财团资助。合作单位有云南大学人文学院人类学系、东京外国语大学非语言文化研究所、德宏州民语委，由云南民族出版社出版，收有400部傣文古籍编目，都将概意译成汉文，母本在省档案馆，有缩微子本在州民语委。州民语委收有200多册傣文古籍经书、贝叶经原件，内容有佛教、药方、民间故事、叙事长诗。文字有圆形缅傣文、方形德宏老傣文。目前还没有对收藏古籍进行全文翻译。

3. 德宏州文化馆、图书馆20世纪80年代向民间征集并收集傣文古籍经书200卷，无汉文翻译。这些经书都是新中国成立前民间收藏的，文字有圆形缅傣文、方形德宏老傣文、巴利文，书写材质为绵纸。

4. 在“文化大革命”期间梁河县傣族文化人张正洪把傣文古籍经书用20匹马运到勐养乡下藏起来，“文化大革命”结束后交梁河县档案馆。这批经书共300卷，未翻译成汉文，文字有方形德宏老傣文、圆形缅傣文。书写材质为贝叶、绵纸、构纸。

5. 芒市文化馆、瑞丽市档案馆、盈江县档案馆、畹町文化馆、菩提寺、佛光寺、五云寺所藏古籍等都未翻译成汉文。

三、保存条件

德宏州档案馆、瑞丽市档案馆、梁河县档案馆有保存设备，保存条件较好。但大部分古籍因褪色、老化、破损严重，急需修复。州民语委、州文化馆、州图书馆有工作人员管理但无专门保存古籍设备，受潮、虫蛀、褪色、风化、老化、残缺、破损严重，有的已面临毁损的危险，急需修复并须配备好的保存设备。全州500多处奘房的保存条件差一些，无专门的保存设备。

四、德宏州现存傣文重点古籍资料情况介绍

①象牙片写经

书写材质：象牙片

书写文字：巴利文

数量：12 片

②象骨片写经

书写材质：象骨片

书写文字：巴利文

数量：12 片

①

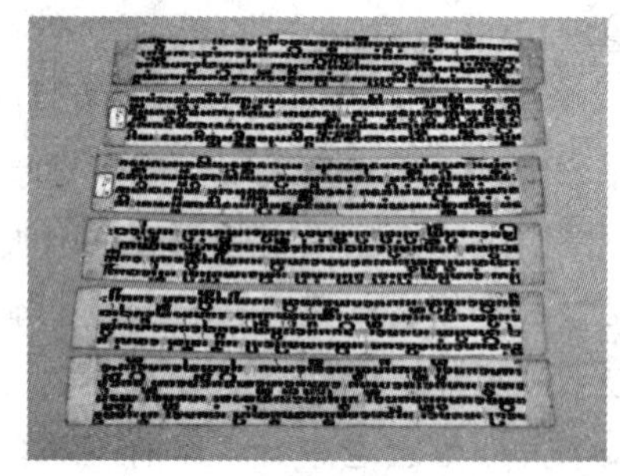

②

③贝叶经

书写材质：贝多罗树叶

书写文字：圆形缅傣文

③

④构纸经

书写材质：构树纸

书写文字：圆形缅傣文

④

⑤绵纸经

书写材质：竹制绵纸

书写文字：方形德宏老傣文

⑤

⑥绵纸经

书写材质：绵纸

书写文字：方形德宏老傣文、巴利文

特点：一部经书同时出现两种文字

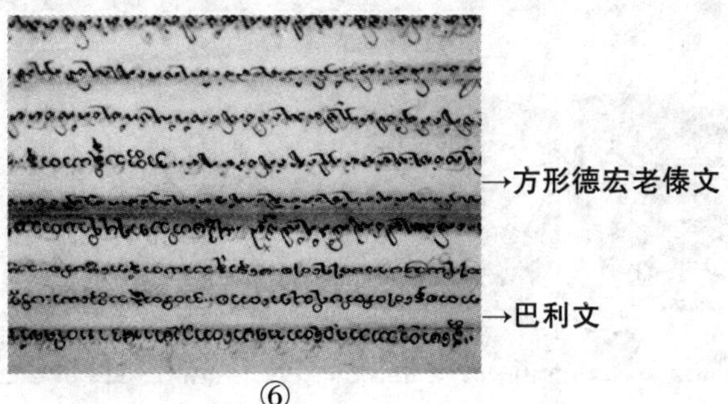

⑥

⑦构纸经：

书写材质：构树纸

书写文字：方形德宏老傣文、圆形缅傣文、巴利文

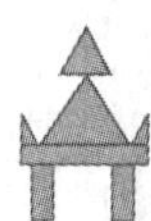

特点：一部经书同时出现三种文字

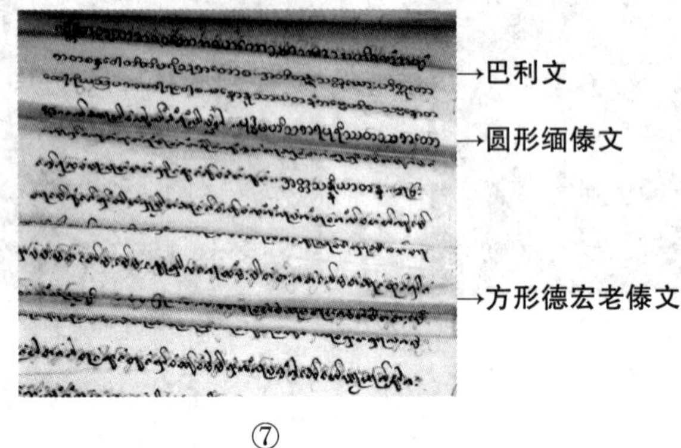

⑦

⑧印刷出版的傣文古籍经书

书写材质：现代纸张

书写文字：圆形缅傣文

⑧

⑨德宏傣文古籍装帧形式多种多样（A、B、C、D、E、F、G）

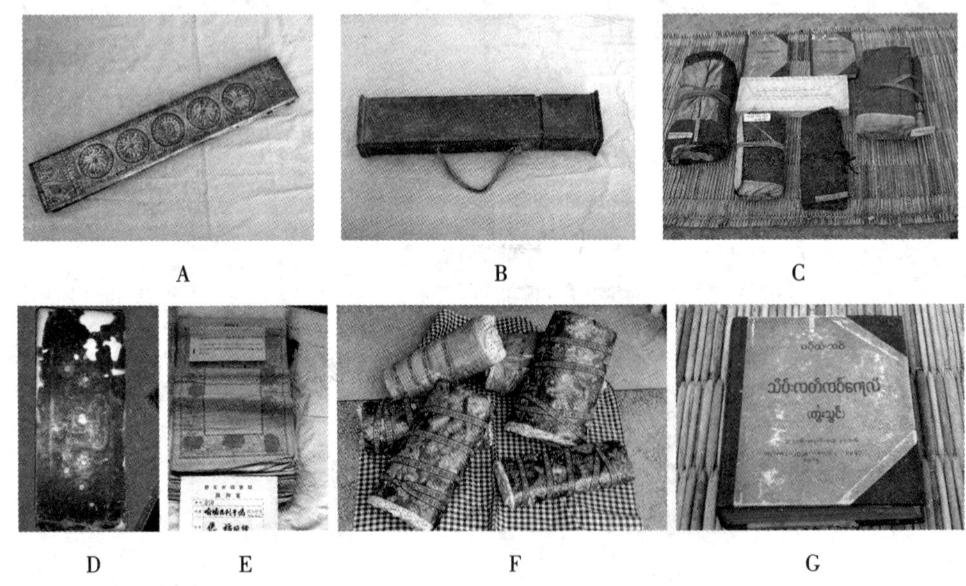

⑨

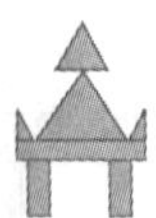

五、目前抢救保护翻译情况

德宏州傣文古籍无论从书写材质、书写文字或装帧样式来看都是丰富多彩、多种多样的。目前德宏州图书馆已翻译了用圆形缅傣文书写的《萨缅帕拉吾》，讲述了传说中佛祖释迦牟尼在德宏一带的传经情况，《京省勐焕》讲述了佛祖释迦牟尼的前世。下一步是翻译用巴利文书写的象牙片写经和象骨片写经。德宏傣文古籍的抢救保护翻译工作正在德宏州图书馆进行。下一步，德宏州政府将成立德宏傣文化研究中心，对全州各单位、奘房等收藏的傣文古籍进行有重点、有选择的翻译出版。将出版系列德宏傣文古籍丛书。

参考文献：

[1] 张公瑾．傣族文化研究［M］．昆明：云南民族出版社，1988.

[2] 德宏州傣学学会．勐卯弄傣族历史研究［M］．昆明：云南民族出版社，2005.

[3] 杨永生编．傣族历史文化研究文集［C］．芒市：德宏民族出版社，2007.

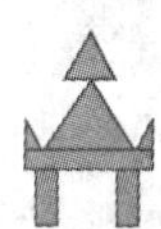

贝叶经古籍的书写特点及阅读方法

岩　香*

摘　要：贝叶经古籍与现代傣文相比，在阅读时必须注意以下几个特点：一是书写不规范；二是拼写形式变化多；三是巴利语借词所占的比重大；四是古今词义不尽相同。掌握了这几个特点，阅读贝叶古籍才能迎刃而解，达到事半功倍的效果。

关键词：贝叶经古籍　书写特色　阅读特点　巴利语　傣语

傣文（这里指西双版纳老傣文即傣族经文，下同）是随着南传佛教的传入，由古印度巴利文演变而来的拼音文字，在缅甸掸邦东部的景栋、泰国北部清迈、老挝北部及国内西双版纳、普洱、临沧等地的傣族、布朗族地区有悠久而广泛的使用历史，一般用来记录佛经，也用来记录社会生活的方方面面，因此也叫做经典傣文（经文）。

随着贝叶文化研究的深入发展，越来越多的学者对贝叶文化产生了浓厚的兴趣，为了帮助读者正确地阅读、理解贝叶文化典籍，笔者试图从傣文古籍的特点入手，辨析傣文古籍的阅读方法，为读者阅读贝叶经古籍时提供参考。

一、傣文的产生

傣文是随着佛教的传入而产生的。根据傣文典籍记载，释迦牟尼成佛后 13 年（公元前 556 年），释迦牟尼的十大弟子之一摩诃迦旃延创造了巴利文；佛历 526 年（公元前 17 年），佛经从斯里兰卡由水路经缅甸传入傣族地区，佛经巴利文体字母被傣族接受，并根据巴利文字体创造了傣文字母。从此，傣族地区开始用傣文来拼写巴利语经文。随着佛教的传播和社会生产力的发展，四十一个巴利文字母演变而成的傣文字母，不足以准确地表达语音和反映傣语的实际，于是，

* 作者简介：岩香，1958 年生，傣族，西双版纳州少数民族研究所所长、西双版纳州贝叶文化研究中心主任，主要研究方向为傣族文化、贝叶经翻译整理。

对文字的需求和语言的发展导致了文字的发展变革。佛历 1200 年（公元 657 年），名叫阿雅坦孙洛的高僧，又增创了十三个傣文辅音字母和十一个元音字母符号，进一步发展完善了傣文。由于社会历史的变迁，在长期历史发展进程中，傣族社会也分化为各自相对独立的政治经济文化区域，各区域逐渐形成了各自的方言，文字传入后也随各自的方言而有所修正，字体也有所变化，字母数量也有所增删。从而形成了傣泐方言区（西双版纳）、兰那方言区（泰国北部）、兰掌方言区（老挝）、勐垦方言区（缅甸景栋）等四个方言区。

傣泐方言区经过长期的历史发展，逐渐形成了今天我们见到的傣泐文经典文字，它反映了傣泐方言区傣泐语的发音特点和语法习惯。

二、傣文的构成

傣文由声母、韵母和声调符号组成。声母、韵母是从字母中分化出来的可以拼合而产生傣语音节的基本单位，以声、韵母拼合再加以声调拼出音节，由若干音节组成语言的基本单位词汇，词汇组成了语言。

1. 元音字母八个（ᩈᩁᩋᨠ᩠ᨡᩁ与巴利语字母相对应）

ᩋ[ă]　ᩋᩣ[a]　ᩍ[ĭ]　ᩎ[i]　ᩏ[ŭ]　ᩐ[u]　ᩑ[e]　ᩒ[o]

这八个元音符号可以作为元音使用，也可以作为辅音使用。

作为元音使用时变形为括号中的同音异体元音符号，即（–ᩡ –ᩣ –ᩥ –ᩦ –ᩩ –ᩪ ᩮ– ᩰ–）；作为辅音使用时可以单独构成音节。

如：ᩏᨷᩣ᩠ᨿ［$ʔu^7bǎi^2$］计谋。

2. 辅音字母三十三个（ᨻ᩠ᨿᨬ᩠ᨩᨶᩋᨠ᩠ᨡᩁ与巴利语字母相对应）

ᨠ[k]　ᨡ[x]　ᨣ[k]　ᨥ[kh]　ᨦ[ŋ]

ᨧ[ts]　ᨨ[ch]　ᨩ[ts]　ᨫ[ch]　ᨬ[jh]

ᨭ[t]　ᨮ[th]　ᨯ[d]　ᨰ[th]　ᨱ[n]

ᨲ[t]　ᨳ[th]　ᨴ[t]　ᨵ[th]　ᨶ[n]

ᨷ[p]　ᨹ[ph]　ᨻ[p]　ᨽ[ph]　ᨾ[m]

ᨿ[j]　ᩁ[r]　ᩃ[l]　ᩅ[v]　ᩈ[s]　ᩉ[h]　ᩊ[l]　ᩋ[ŋ]

三十三个辅音字母中，除了“ᩋ”字，其余均作辅音字即作声母使用。

3. 增补辅音字母（ᨻ᩠ᨿᨬ᩠ᨩᨶᩈᩮᩥ᩠ᨾ）

ᨸ[p]　ᨺ[f]　ᨿ[j]　ᨼ[f]　ᨢ[x]　ᩆ[s]

ᩉ᩠ᨶ[n]　ᩉ᩠ᨾ[m]　ᩉ᩠ᨿ[j]　ᩌ[h]　ᩉ᩠ᨦ[ŋ]　ᩉ᩠ᩅ[v]　ᩉ᩠ᩃ[l]

这组十三个字母均作为声母使用，这是因为巴利语字母表中的字母发音不能完全拼写傣语语音，而根据傣语语音增加的傣文字母。

另外还有"ᦉ[s]、ᦉ᧞[s]"等不在字母表内，一般只作尾辅音使用。

4. 韵母表（略）

韵母由十二个单元音，八个辅音韵尾和六十七个复韵母组成（见韵母表）。

注：阅读时，请注意以下韵母变形方式。

[illegible]

[illegible]

[illegible]

[illegible]

[illegible]

[illegible]

[illegible]

[illegible]

[illegible]

[illegible]

[illegible]

三、贝叶经古籍的特点

本文所述的贝叶经古籍，是指刻写在贝多罗叶上或构树皮纸上的傣文古籍，它与现代傣文（新傣文）相比，有以下几个特点，阅读时必须注意。

（一）韵母符号的变形使用

共有七十八个变形韵母。傣泐文还有一个特点，就是为了区别同音字，或者是韵母位置被声母所占，有很多辅音字母可以变型使用。

1. 常用符号

（1）声调符号。

按照傣泐文古籍记载，傣泐文有七个声调，还有一个短促音，共八个声调。现实生活中傣语也确有九个声调，但到目前为止，傣文实际上使用的只有八个声调，去声实际上没有使用符号。

高音组：

① ᦂᦰ短促，调值（55）[kǎ⁷]

② ᦂᦱ阴平，调值（55）[ka¹]

③ ᦂᦱᧈ阴去，调值（35）[ka⁵]

④ ᦂᦱᧉ阴上，调值（13）[ka³]

⑤ ကႃ去声，调值（51）［ka］

低音组：

⑥ ဂး短促，调值（33）［kǎ^{8}］

⑦ ဂႃ阳平，调值（51）［ka^{2}］

⑧ ဂ့ႃ阳去，调值（33）［ka^{6}］

⑨ ဂ်ႃ阳上，调值（11）［ka^{4}］

声调符号分别为：

短促音标“း”；

第一声，不标任何符号；

第二声，标“·”；

第三声，标“ᐟ”，有的标“ᐟ”或“ᐟ”；

第四声，不标任何符号。

（2）韵尾符号“ᐟ”。

有几个韵尾带有符号“ᐟ”，如：ေႃ、ႁ、ႅ、ႄ、ၵ、ႂ、ႂ်等。它不是声调符号，而是韵尾连带的韵母符号。例如：

ေၵႃ［kau］九，上面的“ᐟ”是声调符号，下面的“ᐟ”是韵母符号；

ၾင်［făŋ^{2}］听，ႁၼ်［hăn^{1}］见，ၶပ်［xăp^{1}］唱，ကၢင်ဝၼ်［kaŋ^{1}1 văn^{2}］中午，

ၵိၼ်ၶဝ်ႈ［kin^{1}xau^{3}］吃饭，ႁၢတ်ႉလဵၼ်ႉ［hăt^{7}lɛn^{5}］锻炼等词中的“ᐟ”都是韵母符号，不是声调符号。

（3）不发音符号“်”。

凡字母右上角标有“်”的则不发音。如：ထမ်မ［thăm^{2}ma^{2}］ထမ်မ်读［thăm^{2}］。

（4）重复符号“ၥ”。

字母右上角标有“ၥ”符号的，该单词要读两次。如：ဝႆၥ［văi^{2}văi^{2}］快快，သူၥယိမ်ၥ［su^{3}su^{3}jɣm^{2}jɣm^{2}］高高兴兴。

2. 数字符号与数位

数字符号一般分为民间常用数字和天文历法专用数字符号两种，还有一种是用单个字母来表示数字，不过这种情况极少见，一般出现在佛经或专著里。以下列出的第一个符号是常用符号，第二个符号是天文历法专用符号，第三个是常见用来代表数目字的字母。

零　写为“０”（读သုၼ်［sun^{1}］）

一　写为၈或၁、ၐ

二　写为၂或၂

三　写为၃或၆

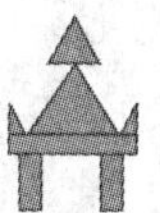

四　写为 ᪄ 或 ᪔

五　写为 ᪅ 或 ᪕、ᩉ

六　写为 ᪆ 或 ᪖

七　写为 ᪇ 或 ᪗

八　写为 ᪈ 或 ᪘、᪘

九　写为 ᪉ 或 ᪙

十	百	千	万	十万	百万
ᩈᩥ᩠ᨷ [sip¹]	ᩁᩭ [hoi⁴]	ᨻᩢ᩠ᨶ [băn²]	ᨾᩨ᩠ᨶ [mɯn⁵]	ᩈᩯ᩠ᨶ [sɛn¹]	ᩃ᩶ᩣ᩠ᨶ [lan⁴]

千万	亿
ᨲᩨ᩶ [tɯ³]	ᨠᩰ᩠ᨭ [kot⁹]

3. 老傣泐文韵母同音变形字的使用

（1）“-ᩣ”的变形使用。

“ᩣ”与“ᨣᨴᨷᨵᨸᨯ”相拼时，变形为“ᩤ”．即：ᨣᩤᨴᩤᨷᩤᨵᩤᨸᩤᨯᩤ。

（2）“ᩱ—”有时变形为“ᩮ—ᩭ”。

如：ᩮᨴᩭ=ᩱᨴ [tăi²j] 自由。

（3）“ᩮ—”在与“ᨷ ᨶ ᨦ ᨾ ᨠ ᨭ”复合时，变形为“ᩭ”。

如：ᨯ᩠ᨿ [deu¹] 单，ᨩ᩠ᨿᨦ [tseŋ²] 城，ᩁ᩠ᨿᩁ [ren²] 学，ᩃ᩠ᨿᨾ [lem⁶] 棱角，ᨡ᩠ᨿᨭ [xet⁹] 青蛙。

（4）“ᩩ”与“ᨶ ᨠ ᨦ ᨭ ᨾ”复合时，变形为“ᩪ”。

如：ᩃᩪᨭ [lut¹] 脱落，ᨶᩪᨾ [num⁵] 年轻。

（5）“ᩰ—”与“ᩰᩬ ᩮ—ᩣ”在古籍中的读音和使用还是有区别的，现代傣文已经没有什么区别了，只起到区别词义的作用。

“ᩮ—ᩣ”一般用于拼写巴利语借词。

“ᩰᩬ”一般用于拼写没有标音符号的名词、形容词。

如：ᨠᩬᩴ [ko¹] 怕，ᨡᩬᩴ [xo¹] 笑，ᨲᩬᩴ [to¹] 只，ᩉᩬᩴ [ho¹] 头。

“ᩰ—”一般用于拼写名词、动词。

如：ᩰᨡ [xo¹] 桥，ᩰᨧ [tso¹] 商量，ᩰᩈ [so²] 议论。

“ᩰ”与“ᩭ”复合时，变形为“ᩭ”。

如：ᨠ᩠ᩅᩭ [koi³] 芭蕉。

“ᩰ”与“ᨦ”复合时，变形为“ᩬᨦ ᩬᨦ”。

如：ᩃ᩠ᩅᨦ [loŋ¹] 大，ᨾ᩠ᩅᨦ [moŋ¹] 鱼篓。

“ᩰ”与“—ᨶ —ᨾ”复合时，变形为“ᩬᨶ ᩬᨾ”。

如：ᩈ᩠ᩅᨶ [son¹] 园地，ᨷ᩠ᩅᨾ [bom¹] 水池。

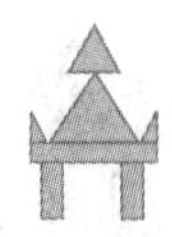

“ᩮ” 与 “ᩢᨠ” 复合时，变形为 “ᩰ ᩢᨠ”。

如：ᩈᩬᩢᨠ［sok⁹］撮，ᩃᩬᩢᨠ［lok⁸］（用开水）烫。

“ᩮ” 与 “ᩢ᩠ᨲ” 复合时，变形为 “ᩢ᩠ᨲ ᩰᨲ”。

如：ᨷᩬᩢ᩠ᨲ［pot¹］卸下，ᨾᩰᨲ［mot⁸］蚂蚁。

“ᩮ” 与 “ᩢᩴ” 复合时，变形为 “ᩢᩴ”。

如：ᩈᩬᩢᨷ［sop¹］嘴。

（6）“ᩮᩨᩬ” 及其变形同音字。

“ᩮᩨᩬ” 与带尾的声母相拼时，“ᩬ” 变形为 “ᩋ”。

如：ᨶᩮᩨᩋ［nə¹］上方。

“ᩮᩨᩬ” 与韵尾复合时，省略 “ᩬ ᩋ”。

如：ᨯᩮᩨ᩠ᨶ［dən¹］月亮，ᨾᩮᩨᩁ［mən¹］像。

（7）“ᩣ” 及其变形同音字。

“ᩣ” 单独使用时变形为 “ᩮᩢᩣ”。

如：ᨡᩮᩢᩣ［xǎu³］饭，ᨧᩮᩢᩣ［tsǎu³］主人。

“ᩣ” 与 “ᩮ” 复合时变形为 “ᩥ᩠ᨿ”。

如：ᨡᩮᩥ᩠ᨿ［xeu³］牙齿，ᨡᩥ᩠ᨿ［xeu²］镰刀。

（8）“ᩬ” 及其变体同音字。

“ᩬ” 与 “ᩈ” 复合时，有时变形为 “ᩮᩬᩈ”。

如：ᩮᨹᩬᩈ［phɒ⁷］相符、相称。

与下格有尾的声母相拼时，“ᩬ” 变成 “ᩳ”。

如：ᨡᩳ［xɒ¹］锄头，ᨶᩳ［nɒ⁶］笋。

“ᩬ” 与韵尾复合后与下格有尾声母相拼时，变形为 “ᩋ”。

如：ᩃᩬᩋ᩠ᨦ［lɒŋ¹］垫，ᨾᩬᩋ᩠ᨶᩉᩫ［mɒn¹ho¹］枕头。

（9）“ᩦ” 及其变体同音字。

“ᩦ” 与 “ᩳ” 复合时变形为 “ᩴ”。

如：ᨯᩬᩥᩃᩥ᩠ᨦ［dɒi¹liŋ⁶］陡坡。

“ᩦ” 与 “ᩩ ᩮ” 复合时有时变形为 “ᩩ ᩥ᩠ᨦ”。

如：ᩃᩩ᩠ᨦ［luŋ¹］错，ᨧᩥ᩠ᨦ［tseŋ²］城。

（10）“ᩨ” 及其变体同音字。

“ᩴ᩠ᨶ”与“ᩩ ᩪ ᨦᩮ ᩮᩮ ᩯ ᩬ ᩮᩬᩥ”复合时有时变形为“ᩁ”。

如：ᨤᩩᩁ［kun[6]］乘法，ᨤᩪᩁ［kun[6]］倒下，ᨣᩯᩁ［ken[6]］交，ᨠᩯᩅᩁ［vɛn[1]］手镯，ᩈᩬᩁ［son[1]］园地，ᨾᩮᩬᩥᩁ［mɯn[1]］麻木。

（11）“᩠ᨾ”及其变体同音字。

“᩠ᨾ”单独使用时变形为“ᩴ”。

如：ᨡᩴ［xăm[2]］金。

“᩠ᨾ”与“ᩥ ᩩ ᩪ ᨦᩮ ᩮᩮ ᩯ ᩬ ᩮᩬᩥ”复合时变形为“ᨾ”。

如：ᨶᩥ᩠ᨾ［nim[1]］静止，ᩃᩩ᩠ᨾ［lum[1]］松动，ᩃᩮ᩠ᨾ［lem[6]］棱角，ᨤᩬ᩠ᨾ［kɒm[1]］弯曲，ᩃᩮᩬᩥ᩠ᨾ［ləm[1]］蟒蛇。

（12）“᩠ᨠ”及其变体同音字。

“᩠ᨠ”有时变形为“ᩢ”。

如：ᨧᩢ［tsăk[7]］将，ᩁᩮ᩠ᨠᩅ᩶［rek[8]va[6]］叫做。

（13）“ᩨ”变形为“ᩨ”。

如：ᩉᩨ［hɯ[2]］嗯（ǹg，应答语）。

（二）声母当韵母用，韵母当声母用

傣文古籍中的巴利语借词很多，傣文拼写巴利语借词有它独特的拼写方法，与傣文的拼写方法不尽相同。它有以下几个特点：一是没有声调符号；二是基本不用韵尾；三是声母当韵母用，韵母当声母用。

1. 韵母当声母用，即把韵母（多数是韵尾）当做声母使用。

（1）᩠ᨶ当ᨴᨶ使用。

如：ᩅᩮᨴᨶᩣ［ve[2]tă[8]na[2]］怜悯，ᨡᨶ᩠ᨲ［xă[7]nat[9]］尺度。

（2）᩠ᨷ当ᨷ使用。

如：ᩈᨻ᩠ᨻ［săp[7]pă[8]］一切，ᩈᩩᨾ᩠ᨷᨶ［sum[1]pan[2]］福气。

（3）᩠ᨾ当ᨾ使用。

如：ᨽᩪᨾᩥ［phum[2]mi[2]］大地，ᨠᨾ᩠ᨾ［kăm[7]mă[8]］业果。

（4）᩠ᨿ当ᨿ使用。

如：ᨧᩁᩥᨿᩣ［tsri[2]ja[2]］品行，ᨴᩩᨲᩥᨿ［tu[2]ti[1]jă[8]］第二。

2. 声母当韵母用，即把字母作为尾辅音时，一般重叠置，不重叠置的，属于不规范使用，极少见；重叠的字母不管相同与否，在上的字母作韵母用，在下的仍作声母用。

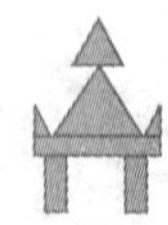

（1）ᨠᨡᨣᨥ可以当韵母“᩠ᨠ”使用。

如：သုၵ္ခ［suk^{1}xǎ^{7}］乐，သၵ္ဂ［sǎk^{7}kǎ^{8}］天国。

（2）ၵ当 ္ၵ 使用。

如：ဢင်္ၵ［ʔuŋ^{1}kǎ^{8}］肢体。

（3）ၶၸၿၺ္ဘၻၼတၷၸဎသဏ္ဍ当 ္ၼ 使用。

如：သၸ္ၸ［sǎt^{7}ʦ^{7}ǎ^{7}］信誉，ပိတ္တာ［bit^{7}ta^{1}］父亲，ဝတ္ထု［vǎt^{8}thu^{7}］物资，ဢာကာၵ္ၶ［ʔa^{2}kat^{7}］天空，ၸ္ဘၺ္ယတာ［tot^{2}ta^{1}］罪行。

（4）ၸည၈ၼလ当 ္ၼ 使用。

如：သဏ္ဍၼ［sɛn^{1}than^{1}］地方，သုညယော［sun^{1}jo^{2}］空虚。ၷိၯ္ၸ［ri^{4}pun^{2}］军队，မူလ［mun^{2}lǎ^{8}］起源，ပြကာ္ၶ［phǎ^{7}kan^{1}］事项。

（5）မ当ံ ္မ 使用。

如：ကမ္မ［kǎm^{1}mǎ^{8}］业果，ကုမ္မၼ［kum^{1}man^{2}］男孩。

（6）ဝ当 ္ဝ 使用。

如：ဇိဝ္ဟ［ʦiu^{2}hǎ^{7}］舌。

（7）ပၵၻ当 ္ပ 使用。

如：ဥပ္ပမာ［ʔuˇp^{1}pǎ^{7}ma^{2}］比如，ပြကူပ［phǎ^{7}kɒp^{7}］具有。ပုၵ［bu^{1}pǎ^{8}］东方，ၸွၵ္လၵ္ၶ［ʦok^{8}lap^{8}］佳运。

（8）ယည当 ္ယ 使用。

如：ၻေယျ［phǎi^{2}］灾祸，ၼေည္ယ［nǎi^{2}j］内涵。

（9）ၷ当 ္ၷ 使用。

如：ၷၵ္ၶူၼ［rǎk^{8}xɒt^{7}］亲密。

（10）ဿ相当于သ္သ。

如：ဝဿာ［vǎt^{8}sa^{1}］雨季。

3. 字母本身既当韵母又当声母，这种现象不多。

如：ဠ既当韵尾 ္ၼ 使用，又起声母လ作用。ၸုဠ［ʦun^{1}la^{2}］小。

4. 两个声母共用一个韵母或两个韵母共用一个声母。

如：သင္ၼ［suŋ^{1}san^{1}］人间，ၽ္သာ［pha^{2}sa^{1}］民族。

声母当韵母使用的情况是拼写巴利语时的专用拼法，由于傣语书面语中借用巴利语词汇较多，这种情况在傣语书面语中用于拼写傣泐语的现象也很普遍；而韵尾当声母使用则是傣泐文拼音法的特点之一。

（三）复合音连读

连读音节即复合辅音，是傣文经典古籍中的普遍现象，有以下几个方面。

1. 符号“ᩕ”的使用。这符号有三种作用。

一是带有“ᩕ”的字母，拼读时如果主体辅音为高辅音，“ᩕ”就读“ᩖ”音；如果主体辅音为低辅音则读“ᩃ”音。如：

ᨠᩕ读ᨠᩖ［klă^{7}］，ᨠᩕᩦ᩠ᨿᩣ［kli^{1}ja^{2}］情形。

ᨧᩕ读ᨧᩖ［tslă^{1}］，ᨧᩕᩢ᩠ᨯ［tslat^{9}］精明。

二是在实际使用中，并不完全遵照这个规律，由于现代傣泐语已很少使用有舌尖阻、颤音的音节发音，所以有的音节已发生了变化。如：

ᨻᩕ应读 ᨻᩁ［pă^{2}ră^{2}］，实际读 ᨻ［phă^{2}］。

ᨣᩕ应读ᨣᩁ［kă^{2}ră^{2}］，实际读 ᨡ［xă^{2}］。

ᨷᩕ应读 ᨷᩖ［bă^{7}lă^{7}］，实际读 ᨹ［phă^{7}］。

ᨠᩕ应读 ᨠᩖ［kă^{7}lă^{7}］，实际读 ᨡ［xă^{7}］。

ᨲᩕ应读 ᨲᩖ［tă^{7}lă^{7}］，实际读 ᨳ［thă^{7}］。

ᨴᩕ应读ᨴᩁ［tă^{8}ră^{8}］，实际读ᨳ［thă^{8}］。

ᩋᩕ应读ᩋᩖ［ʔă^{7}lă^{7}］，实际读 ᩰᩋᩡ［ʔo^{3}］。

三是用以区别容易混淆的音节。如：

ᩉᩕ仍读 ᩉ［hă］，只用于区别诸如ᩮᩉᩕ᩠ᨶ［hɛn^{1}］仰头—ᩮᨶ᩠ᨶ［nɛ^{1}］遣，ᩉᩕᩥ᩠ᨶ［hin^{1}］野猫—ᨶᩥ᩠ᨶ［ni^{1}］离去。

2. 两个字母连读组成复合辅音。两个字母连读，可以是两个字母重置，也可以是一个字母与一个韵尾重置。

（1）带“ᩅ”的复合音节，如主体辅音为高辅音，则读“ᩅ᩠ᩅ”；如主体辅音为低辅音则读“ᩅ”。如：

ᨠ᩠ᩅᩣ᩠ᨦ［kvaŋ^{1}］鹿，ᨸᩰ᩵ᨠ᩠ᩅᩢ᩠ᨶ［po^{1}kvan^{2}］管理，ᨠ᩠ᩅ᩶ᩣ᩠ᨦ［kvaŋ^{3}］宽阔，ᨣ᩠ᩅᩭ［xvai^{2}］水牛，ᨴ᩠ᩅᩣ᩠ᨶᨲ᩠ᨦᨠᩮᩢᩣ［tvan^{2}tăŋ^{1}kau^{3}］九窍，ᨳ᩠ᩅᩭᨴᩣ᩠ᨶ［thvai^{1}tan^{2}］贡献。

（2）带“ᩛ”的复合辅音，如果主体辅音为高辅音，则“ᩛ”读“ᩉ᩠ᨿ”音；如果主体辅音为低辅音，则读“ᨿ”音。

常见的有：ᨠ᩠ᨿ ᨡ᩠ᨿ ᨢ᩠ᨿ ᨣ᩠ᨿ ᩈ᩠ᨿ ᨲ᩠ᨿ ᨳ᩠ᨿ ᨴ᩠ᨿ ᨷ᩠ᨿ ᨸ᩠ᨿ ᨹ᩠ᨿ ᨻ᩠ᨿ ᨾ᩠ᨿ ᩁ᩠ᨿ 等。如：

ᨠ᩠ᨿᩡ［kjă^{2}］好，ᨡ᩠ᨿᩭᩈ᩠ᨿᩂ［xjai^{1}sɛŋ^{1}］播音，ᨣ᩠ᨿᩡᩉᩮ᩠ᨦ［xjă^{8}hɛŋ^{3}］水退，ᩈ᩠ᨿᩬ᩠ᨦ［sjɒŋ^{1}］腾飞，ᨳ᩠ᨿᩢ᩠ᨯ［thjat^{8}］自在，ᨻᩕ᩠ᨿᩣ［phja^{1}］智慧，ᨸ᩠ᨿᩡ［pjă^{2}］展出，ᨻ᩠ᨿᩢ᩠ᨯ［phjat^{2}］疾病。

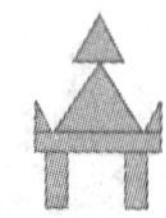

(3) 带“ᩖ”的复合辅音，如果主体辅音为高辅音，“ᩖ”则读“ᩉᩖ”；如果主体辅音为低辅音，则读“ᩃ”。

常见的有：ᨠᩖ ᨸᩖ ᨹᩖ ᨻᩖ ᨷᩖ ᨣᩖ ᨡᩖ ᨾᩖ ᨸᩖ ᩈᩖ ᨻᩖ ᨯᩖ等。如：

ᨠᩖᩣ [kla¹] 搭配，ᨠᩖᩢᨯ᩼ [klat⁸] 滑落，ᩋᩩᨠ᩠ᨡᩖᩩᨠ᩼ [ʔuk⁷xluk⁷] 凹陷，ᨧᩖᩢᨯ᩼ [tslat⁷] 精明，ᩈᩖᩡ [slă⁷] 放弃，ᨻᩖᩢᨯ᩼ [plat⁸] 滑倒。

(4) 带“ᩁ᩼”的复合辅音。即韵尾“ᩁ᩼”当声母“ᨶ”使用，与主体辅音组成复合音节。如果主体辅音为高辅音，“ᩁ᩼”则读“ᩉᨶ”；如果主体辅音为低辅音，则读“ᨶ”。

常见的有：ᨧᩕ ᨩᩕ ᨡᩕ ᨡᩕᩢᩁ ᩈᩕ ᨩᩕ ᨯᩕ等。如：

ᨩᩕ [tsă⁸nă⁸] 胜利，ᨡᩕᩢᩁ [xă⁷nan¹] 康朗，ᨩᩕᩪ [tsă⁸nu¹] 弓箭。

3. 有的音节变得可读可不读。

“ᩖ”“᩠ᨿ”在古代傣语是必读的音节，由于语音发生变化，现代傣语只起到区别词义的作用，可读可不读。如：

ᨠᩱ᩵ᨿ [kăi⁵j] 只读ᨠᩱ᩵ [kăi⁵]，ᨠᩖ᩶ᩣᩅ [klău⁴] 只读ᨠ᩶ᩣᩅ [kău⁴]，ᩅᩱ᩶ᨿ [văi²j] 只读ᩅᩱ᩶ [văi²]，ᨯᩱ᩶ᨿ [dăi3j] 只读ᨯᩱ᩶ [dăi³]。

（四）同音异形字的使用

同音异形字起源于古代傣语或巴利语借词。傣文字母来源于巴利语，有些读音有一点差异的字母到了现代已经没有差别了。傣泐文声母中有些来源于巴利语的字母的读音到现代已经变异，时代的变迁使一部分语言产生了变化，从而形成一些同音异形字母。这些字在读音上虽已失去原来代表的音素，但在使用的原规格方面却又遵循着巴利语的用法拼法而且还在延续不止。同音异形字母较多，声母与韵母没有严格区分，难学难记，而且还没有规范，但对同音字、词（一音多义）却有所区分，特别是对巴利语的拼法有专门的规定。

1. 声母同音异形。如ᨥ与ᨡ、ᨬ与ᨲ、ᨵ与ᨳ、ᨻ与ᨷ、ᨱ与ᨶ、ᨿ与ᨬ、ᩉ᩠ᨿ与ᨿ、ᩊ与ᨡ ᩊ等等。这些同音字中，ᨥ ᨬ ᨵ ᨻ ᨱ ᨬ ᩉ᩠ᨿ ᩊ ᩊ等字母一般在拼写巴利语借词时使用，而在现代傣语拼写中，一般使用ᨡ ᨲ ᨵ ᨷ ᨶ ᨿ ᨿ ᨡ ᩃ等字母拼写。如：

ᨮᩥᨥᩣ [ti²xa²]（巴利）长久，ᨡᩤ [xa²] 茅草；ᨷᩥᨭᨠ [bit¹tă⁷kă⁷]（巴利）藏经，ᨲᩣ [ta¹] 眼睛。

2. 韵母、韵尾同音异形。如：

ᨡᩮᩥᩣ [xo¹] 笑，ᨡᩰ [xo¹] 桥；ᩈᩦᩃ [sin¹] 戒，ᩈᩥ᩠ᨶ [sin¹] 跳；ᩃᩫᨠ [lok⁸] 汤，ᩃᩮᩣᨠ [lok⁸] 世界；ᨿᩢ᩠ᨶ [jan²] 松，ᨬᩣ᩠ᨱ [jan²] 智慧；ᨡ᩠ᨿᩮᨯ [xet⁷] 青蛙，ᨡᩮᨲ

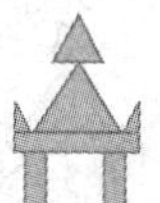

[xet^{7}] 边界。

（五）独体字的使用

独体字是不需要拼读，用一两个字母或字符来代表一个单词的简写方法，可直接读出字音。如：

လ [lɛ^{8}] လွ် [lɛu^{4}] ၵ် [kɒ^{4}] ဝ် [bău^{5}] ၆် [tsăk^{7}] ဥ၁် [ʔău^{1}] ယွ၁် [tăŋ^{8}lăi^{1}] ေလၵ္ [lɛu^{2}] ႙ [ʔăn^{2}va^{6}] ၵ္ [hɯ^{2}] ေၸ္ [həi^{5}] ၃ [dɒ^{2}]。

（六）合体字

合体字是一种拼写简略方法，即缩写。它为了读写方便而省去了应有的声母或韵母，代之以简略的字母符号；或者字母与字母重置，或者以字母代替声母、以韵母韵尾代替声母；或者两个声母共用一个韵母或两个韵母共用一个声母，以节省字数。老傣泐文书面语中缩写普遍存在，且有约定俗成的固定格式。如：

ၵ် [kɒ^{4}bău^{5}] ၵ် [kɒ^{4}tsăk^{7}] ၵ်ၥ [kɒ^{4}ma^{2}] ၵ္ [kɒ^{4}di^{1}] ၵ္ၵျ [kɒ^{4}dăi^{1}]

ပ်ၥ [bău^{5}ma^{2}] ပ္ [bău^{5}mi^{2}] ပ္ [bău^{5}di^{1}] ပ္ၵျ [bău^{5}dăi^{1}] ေၵ္ [tɛ^{4}nɒ^{2}]

ေၵွ်ာ [tɛ^{4}va^{6}] လို [lɛ^{8}nɒ^{2}] လွၥ [lɛ^{8}na^{2}] လွၥံ [lɛ^{8}tsăm^{2}] ၶွ်ၥ [tsɯ^{1}va^{6}]

ၵ် [tsăk^{7}bău^{6}] ၵ္ [tsăk^{7}mi^{2}] ၵ္ [tsăk^{7}di^{1}] ေမွ်ာ [mɛn^{6}va^{6}] ၵွ်ာ [tău^{6}va^{6}]

သွ်ျ [se^{1}va^{6}] ၵွ်ာ [kɯ^{2}va^{6}] ၽွ်ၥ် [phi^{3}va^{6}] ၸေၥ [tem^{2}ma^{2}] ဢွ္ၵ [ʔuŋ^{1}ʔat^{9}]

သွၥ [se^{1}na^{2}] ရွၥ [ra^{2}tsa^{2}] ၑွၥ [ve^{2}la^{2}] ၵျွၥ [ke^{1}sa^{1}] ၵွ္ [ka^{2}tha^{1}]

ေပွ္ၥ [po^{2}thi^{4}] ၜွၥ [pai^{2}ma^{2}] သွၥ [sa^{1}la^{2}]。

（七）词义发生变化

这里所说的傣泐文书面语是指用傣泐文记载的古典佛经、历史资料、公文、文学作品中所使用的傣泐文书面语。

傣泐语在长期的历史发展中，有一部分巴利语的字形、词汇、读音被保留下来，成为傣泐语书面表达的一个不可分割的部分，也是阅读和理解傣泐文书面语的最大难点。另外，傣泐语在长期的历史发展进程中，古今书面语的含义有的仍保持原来的词义，但有的词语的含义已发生了变化：一是含义已完全改变，即词义转变；二是仍保留部分古义，即词义缩小；三是在原来词义的基础上引申扩展，即词义的扩大。下文试图对傣泐文的以上特征加以分析和归纳，找出规律，以疏通老傣文的阅读障碍。

1. 演变自巴利语借词

傣泐语书面语中，有不少词汇来自巴利语，有的仍保持巴利语词汇的拼音方式，但有不少的巴利语词汇在使用过程中已演变成了傣语词汇，词义不变但拼音方式一般把巴利语词汇的最后一个字母改变为傣泐语词汇的韵母；有的省略一个

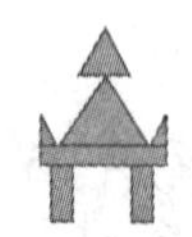

或几个字母，读音也随之改变。如：

巴利语名词 ဘ၃ᦵသက［ʔǎ^{7}so1kǎ^{7}］，即阿育；傣语演变成 ဘ၃ᦵသ္က［ʔǎ^{7}sok^{9}］。

巴利语动词 ဟါၚ［ta^{2}nǎ^{8}］，意为布施、施舍；傣语演变成 ဟ္ါ［tan^{2}］。

巴利语借词 ᦵဖသ［to^{2}sǎ^{7}］，意为罪、罪过；傣语演变成ᦵဖ္သ［tot^{8}］。

巴利语借词 ဟါပ［ba1bǎ^{7}］，意为罪孽、罪恶；傣语演变成 ပ်ါ［bap^{9}］。

巴利语名词ᦵလက［lo^{2}2kǎ^{7}］。意为：①地球，星球；②世界，天下；③人间，人世，世俗，尘世。傣泐语演变为 ᦵလ္က［lok^{8}］。

2. 使用过程中省略字母

巴利语副词 သဗ္ဗ［sǎp^{7}pǎ^{8}］，意为各种、各样、一切、全部、所有等；傣泐语演变为သဗ［sǎ^{7}pǎ^{8}］。

巴利语借词 သစ္စ［sǎt^{7}tsǎ^{7}］，意为真实、守信；傣语演变为သစ［sǎ^{7}tsǎ^{7}］。

古傣语ᦺဟ္ယ［tǎi^{2}j］，意为自主、自由；现代傣语演变为ᦺဟ［tǎi^{2}］。

3. 词义发生变化

傣泐语书面语经过几千年的发展，吸收了大量的巴利语、汉语、泰语等外来语，丰富了本民族的语言，也促使本民族的语言在延续使用过程中发生了一些变化。傣泐古代书面语与现代书面语的变化，一般来说有以下几种：

（1）词义转移

词义转移是指语言在发展变化中，词义产生了改变。如：

ခ္ဂဖ္ဂ［xɒŋ^{1}fak^{9}］古傣语指礼品，现代傣语指寄存物品。

ဝိစ္စရဏ［pit^{8}tsǎ^{7}rǎ^{8}nǎ^{8}］古傣语指：①检查，审查，研究；②斟酌，思考，考虑等意思。现代傣语指注意，小心谨慎。

ᦺဟ［hǎi^{1}］古傣语指罐子，现代傣语指瓶子。

（2）词义缩小、丢失

词义缩小、丢失是指词语的含义在发展进程中产生了变化，原来词义的部分含义丢失，词的适用范围缩小。如：

巴利语借词 ဝိပ္က［vi^{2}bak^{9}］，意为：①后果，结果，业果，果报；②痛苦，苦难；③老，熟，成熟；④【佛】异熟。现代傣泐语只有后果、结果、业果、果报之意。

巴利语借词 ဖဒေ္ဒ［phǎ^{7}tet^{8}］，意为：①区域，地域，疆域；②国，国家。现代傣泐语只有国、国家之意。

（3）词义扩大

词义扩大是指词语在使用过程中，产生适用范围变广、含义扩大的现象。如：

ᩋᩣᨣᩫ᩠ᨾ［ʔǎ²kum²］原意是符咒，现代傣语除了符咒之外，还含有魔掌、魔法、诡计、算计等意思。

巴利语借词ᨵᨾ᩠ᨾ［thǎm²］，原意是法，现代傣语除了法的含义之外，还有善、理、德、正、佛法、佛经等意思。

还有中性词转褒义、贬义或者贬义词转褒义，褒义词转贬义等转移变化，限于篇幅，在这里不再叙述。

傣族古籍贝叶经的书写极不规范，各地方的书写习惯也大不相同，因此拼写形式变化很大，但还是有规律可循的，综合起来就有上述几个基本特点。掌握了这几个特点，阅读贝叶古籍的困难才能迎刃而解，达到事半功倍的效果。

傣文贝叶经：一份珍贵的民族文化遗产

秦家华*

摘　要：傣族是居住于我国云南边疆的一个少数民族，历史上创造了大量用贝叶刻写的经典——贝叶经。贝叶经的内容除佛教经典以外，还包括社会、历史、哲学、法规、文学、艺术、历法、医药、科技等方面。新中国成立以来，对贝叶经进行了系统的资料抢救，翻译整理，集辑出版的工作，并取得了令人瞩目的研究成果。博大精深的以贝叶经为核心的贝叶文化，有待专家和学者去做进一步的深入研究。

关键词：傣族文化　贝叶经　贝叶文化　文化遗产

从2001年开始，经过近十年的努力，《中国贝叶经全集》共100卷，已由人民出版社出齐。2010年6月，人民出版社在北京召开了《中国贝叶经全集》出版发行座谈会，标志着这项巨大的民族文化遗产抢救工程的完成。

傣文贝叶经是南传佛教的经典。我国的南传佛教主要分布于云南省西双版纳、德宏等边疆傣族地区。傣族是一个充满智慧的民族，他们将起源于印度，后经斯里兰卡、泰国、缅甸、老挝等东南亚国家传入我国的佛教加以吸收、融合、发展、创造，形成了我国现存的唯一一支具有早期佛教特征的佛教流派——南传上座部佛教。佛教传入傣族地区并不断傣族化的过程，经历了一千多年，贝叶经就是这一千多年的历史进程中积累起来的。傣文贝叶经中有一部分是佛经原典的译文，如《三藏经》（傣语称“三彼达嘎”），是佛教经典的总称。下分“经藏”（傣语称“苏典达彼达嘎”），“律藏”（傣语称“维乃牙彼达嘎”），“论藏”（傣语称“阿皮堂玛彼达嘎”）。傣文《三藏经》，翻译难度较大，目前尚未全部译成汉文。只有“经藏”中的《增一阿含经》，《杂阿含经》，《小阿含经》，《中阿含经》，《长阿含经》等被译为汉文载入《中国贝叶经全集》。除此之外，收入《中国贝叶经全集》的大部分是当地的大德高僧根据佛教的基本理论和教义，结合当地傣族信众的实际情况而编写的本土著述，用来传播佛理，教化信众，如《佛祖

* 作者简介：秦家华（1938—2011），男，汉族，云南大学贝叶文化研究中心研究员。

巡游记》、《波罗蜜经》、《佛说吉祥》、《佛陀预言》、《菩提分法》三十七道品、《清净道论》、《大业处》、《布施论·戒论·行道禅修》等。

贝叶经是用铁笔在贝多罗（梵文 pattra）树叶上刻写的经文，它最早起源于印度。随着佛教的传入，我国傣族人民很早就懂得将贝叶制作成书写材料，用它来抄写佛经、记录历史。由于贝叶经过水煮、漂、晒等特殊工艺处理，可以防虫、防水、防变形，经久耐用。所以用贝叶抄写的佛经、记录的历史能够千百年流传下来。后来纸张传入，也有用绵纸和傣族自制的构皮纸抄写的经书，但贝叶的制作、贝叶经的抄写，被傣族人民当做一个神圣的传统继承下来，至今仍然存活于民间，视贝叶经为全民族的宝贵财富而倍加珍视。

那么我们从贝叶经中能看到一些什么内容呢？

贝叶经并不全都是宗教经典，它的内容十分广泛。除了有关宗教方面的著述之外，但凡社会生活的方方面面，历史上有价值的东西，民间流传的文学艺术，甚至生产技术、医药卫生等等，都会记录在里面。因此可以说，傣文贝叶经是傣族传统文化的集大成。

从贝叶经中，我们首先可以看到傣族古代哲学思想的萌芽。贝叶经中有一部史诗《创世史》，具有浓厚的哲学色彩，在解释天地的形成、人类的起源、万物萌生、社会的发展等问题时，体现出朴素的唯物辩证思想，从中我们可以看到人类是怎样从蒙昧、野蛮走向文明，看到在这样的历史进程中怎样形成自己的宇宙观。贝叶经《论傣族诗歌》中，还讲到人类最初的语言、思维、心理如何产生，人类社会经历过什么样的发展阶段，有过什么样的社会关系，以及这些社会关系对艺术（如诗歌）的影响，等等，有的还讲到最初的神如何产生，人的信仰如何形成，人的思维如何发展等问题，哲学意味很浓。它是古代傣族人民智慧的结晶。

与这种哲学思想相关联的是，我们从贝叶经中还可以看到傣族人民在历史上形成的社会观、历史观、生态观、道德观、审美观、智慧观、礼仪观等等，他们都具有丰富的哲学内涵，值得我们去深入研究。

这里要特别提到的是傣族的生态观。西双版纳之所以中外闻名，很大程度是由于这里还保留着世界上为数不多的热带雨林自然景观，到处是一片葱茏景象，是傣族人民繁衍生息的绿色家园。这里虽然有地理环境方面的因素，但更重要的是人文因素，即傣族特有的生态观所造成。贝叶经中有许多人是自然界的一部分，人要与自然和谐相处，人伤害自然就是伤害自己的论述。比如："有树才有水，有水才有田，有田才有粮，有粮才有人。"这是一个完整的生物链，缺了哪一环都不行。又如："不要把鸟捉来关在笼子里，说不定将来有一天鸟也会把人捉来关在笼子里。"这是对人类发出的精辟警示。贝叶经中的有些作品，还将自然界神圣化，告诫人们要敬畏自然、崇尚自然、保护自然，不然将会受到惩罚。

贝叶经中还记载了一些封建领主法规，其中就有保护森林、保护水源、兴修水利等内容，对乱砍滥伐者要给予处罚，特别是对砍伐带有佛教色彩的菩提树者，要治以重罪。佛教还提倡信仰者要广种五树六花，美化环境。这一切，经过久远的历史传承，已经潜移默化地融入人们心中，形成自觉的行动和良好的风俗。正是这些人文因素，才使西双版纳这颗绿宝石千百年来熠熠生辉。

人与自然要和谐相处，人与人之间也要和谐相处，这是贝叶经倡导的另一个重要内容。人心和善、家庭和睦、社会和谐、世界和平，是佛教所追求的目标，贝叶经所阐释的南传佛教的神圣信念、戒律教义、礼仪规范等处处充满着这种以和为贵的精神，并已化为傣族社会普遍的风尚习俗，并逐渐形成傣族社会共同的价值取向。贝叶经中说："世间的人，不论男女，跟别人讲话要有礼貌，话要说得温柔甜美有分寸，这样才能被别人接受，也才会受到别人尊重，才能脱离全部罪孽。"要知恩图报，"哪怕天天把父母背在背上一百年，也报答不了父母的恩德"。人们总是按照贝叶经的要求，自觉地多做好事，礼貌待人，帮助别人。贝叶经还载有各种礼仪、规则，以规范个人与社会的关系，使人们明白自己的言谈举止，待人处世，必须符合社会的要求。贝叶经中还有对信仰者提出的各种戒律，要求人们通过自身的学习修持，戒除、脱离那些邪念、恶语、劣行，达到净化心灵，洁身自好的目的。社会是由一个一个的人组成的，如果每个人都能做到这些，那么社会也就和谐美好了。贝叶经反复阐述、倡导的这些思想，是有积极意义的。它与我们今天所进行的精神文明建设、和谐社会建设在本质上是相通的，值得我们认真地去加以吸收、改造，使之适应今天的需要。

贝叶经里还记载了大量的傣族民间文学作品，如神话、史诗、叙事长诗、传说故事、歌谣等。在已出版的100卷《中国贝叶经全集》中，文学方面的作品约占三分之二。古代傣族的民间文学作品本来就十分丰富，佛教传入之初，僧侣们就很善于利用这些流传广泛、老幼皆知的民间文学作品，加以改造，渗进佛教内容，用以宣讲教义，争取信众。在这个利用、改造的过程中，古代印度佛经文学的内容、形式、表现手法、艺术技巧等等，又滋养了傣族文学的成长，使其不断提高，出现了空前的繁荣，史诗、叙事长诗是其中的杰出代表。贝叶经《论傣族诗歌》中提到的"五大诗王"，实际就是五大史诗。被列为五大史诗之首的《乌沙与巴罗》，成书于北宋时期，距今已有约一千年。这部作品深刻揭示了佛教传入傣族地区以后，如何在傣族社会中扎根、生长的曲折过程。它描写了古代傣族各个方面广阔的社会生活，从中反映了古代傣族人民追求和平、自由、幸福生活的美好理想，表现了人类从愚昧走向文明，从邪恶走向正义，从假恶丑走向真善美的这样一个历史过程。这部史诗规模宏大（约七万行），内容丰富，想象奇特，表述生动，在思想上、艺术上都达到了很高的水平。另一个被称为"五大诗王"之一的作品是《兰嘎西贺》。有学者认为这部作品来自印度的大史诗《罗摩

衍那》，因为这两部作品中的许多地名发音相似，人物之间的关系也比较相似，故事情节和结构安排上也有许多共同的地方。但经过细心的比较研究，两部作品毕竟是不同的。《兰嘎西贺》从《罗摩衍那》中吸取了题材和主要情节，经过傣族人民的再创造，变成了具有傣族风格和特点的作品，这是中外文化交流的一个成果。

除了篇幅宏大的史诗之外，贝叶经中还记载有大量的叙事长诗，这是傣族诗歌中最受群众欢迎，最引人注目的部分，也是译成汉文出版数量最多的部分。据傣族民间传说，佛祖成佛之前经历过五百五十世的修炼，每一世的修炼，都形成了一本叙事诗歌，所以傣族的叙事长诗就有五百五十部之多。已经翻译成汉文出版的单行本有《召树屯》、《松帕敏与嘎西娜》、《粘响》、《相勐》、《朗京布》、《苏文那和她的儿子》、《娥并与桑洛》、《三牙象》、《三只鹦哥》、《葫芦信》、《一百零一朵花》等，再加上这次《中国贝叶经全集》收入的叙事长诗，数量已近百部。这些作品大多以动人的爱情故事揭示深刻的社会问题，展示了古代傣族的历史画卷，记录了傣族人民的喜怒哀乐。其田园牧歌式的生活环境，丰富而细腻的感情世界，似水柔情般的民族性格，再加上独特的高超的艺术感染力，曾令不少读者为之陶醉，为之神往。

除此之外，贝叶经还载有傣族古代法律法规、格言谚语、语言文字、天文历法、农业生产、建筑工艺、医药卫生、音乐舞蹈、星相占卜等方面的著作。正因为它具有百科全书式的性质，再加上信仰过程中贝叶经被神圣化，所以贝叶经在傣族佛教信众中具有至高无上的地位，甚至被当做法物来供奉。佛寺里设有藏经阁保存贝叶经，家庭中要把贝叶经供奉在最尊贵的位置。有的信众还把抄写贝叶经赕到寺庙当做虔诚信佛的善举。

贝叶经是一份珍贵的民族文化遗产。对于这笔珍贵的文化遗产，中华人民共和国成立六十多年来，根据中国共产党的民族政策，各级政府做了大量的抢救、整理、翻译、出版、研究、保护工作，主要表现在以下几个方面。

一是对资料的抢救。

20 世纪 50 年代、60 年代、80 年代，云南省宣传文化部门曾组织大规模的专业队伍，对傣族和其他民族的文化遗产进行了广泛的搜集，积累了大量的资料，其中就包括了傣族的贝叶经。后来各地又成立了专门从事这项工作的民族古籍办公室，发动、组织更多的文史工作者投入民族文化遗产的抢救工作。就西双版纳一地而言，搜集到的贝叶经就达三千多部，德宏、临沧等地搜集到的贝叶经也达数千部之多。这些资料，除了妥善保管、防止流失损坏之外，还按内容分类，登记造册，写出书目和内容提要，以供查询。

二是翻译出版了贝叶经中的主要作品。

前面提到的傣族著名史诗、叙事长诗，都是 20 世纪 50 年代至 80 年代翻译出版的。还有贝叶经中记载的各种神话、传说、故事、寓言、歌谣、谚语等，分别收入傣族故事集成、歌谣集成、谚语集成等公开出版。从21世纪开始，西双版纳州政府以建设民族文化大省的战略眼光，决定组织翻译出版《中国贝叶经全集》100卷。经过近十年的努力，这项工作已经完成，它的出版，具有重要的历史意义和现实意义。

三是对贝叶经的研究工作同时展开。

首先是综合性的研究专著陆续问世，接着是专题性的研究论著纷纷出版，这些都是基础性的工作。20世纪80年代初，云南人民出版社出版了《贝叶文化论》，该书收录了早期研究贝叶经的文章，可以说开启了贝叶经研究的先河。2000年，云南省和浙江大学开展了一个名为“云南旅游文化资源开发研究”的合作项目，其中的一个子项目就是贝叶经的研究。云南方的研究由云南大学承担，云南大学也因此与西双版纳州共同组建了贝叶文化研究中心。从此，贝叶经的研究才进入了较为全面系统的阶段。在紧张进行贝叶经翻译出版工作的同时，十年间共召开了四次贝叶文化研讨会，参加学者达数百人，收到论文二百多篇，已分三辑分别出版。2010年4月，由云南大学和西双版纳州主办、云南大学贝叶文化研究中心和西双版纳州贝叶文化研究中心承办的“首届贝叶文化国际研讨会暨第四届全国贝叶文化研讨会”在景洪成功举办，除本国学者外，还有德国、法国、西班牙、泰国、尼泊尔、老挝的学者参加。这标志着贝叶文化研究已经吸引着越来越多的中外学者，标志着贝叶经研究的国际交流平台已经初步形成。贝叶文化研究中心周娅等一批年轻学者承担了与贝叶经有关的三个国家社科基金课题，前景令人欣喜。

但是，从民族文化的长远发展来考虑，我觉得贝叶经的研究还有几点需要加强。

一是贝叶经的搜集、整理、翻译工作还要继续坚持下去，不能停顿。

我们现在出版的一百卷《中国贝叶经全集》，只收录了一百四十多部作品，比起西双版纳、德宏等地已搜集到的数千部作品来说，这只是少数。大量的作品还有待于我们去挖掘，去发现。有相当一部分作品仍流散于民间，如不及时抢救，随时都有散失的危险。我们应该尽最大的努力，保护这些遗产，这是我们这一代人义不容辞的责任。

二是要加强人才的培养，特别是翻译人才的培养。

从2001年开始，我有幸参与了《中国贝叶经全集》的译文审定工作，深感翻译水平的高低对译文文本的质量有着至关重要的关系。这包括译者的文史知识素养、傣语、汉语的理解和表述能力，以及相应的文采等方面。贝叶经上的文字是老傣文，由于现在通行的是新傣文，一般年轻人已经读不懂了，只有傣族的老知识分子才能读懂。有些老傣文中还穿插了古印度的巴利文，能读懂的人就更少

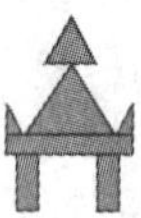

了。所以亟须培养一批年轻的这方面的专业人才，这是最重要的。

三是要加大宣传力度，让更多的人知道贝叶经。

贝叶经是我国民族文化的一块瑰宝，但是就目前而言，知道这块瑰宝的价值的人并不多。这个价值，我看至少表现在四个方面：①贝叶经作为傣族传统文化的载体，它的精华部分，可以在今天的精神文明建设中发挥积极作用；②以贝叶经为核心的贝叶文化，可以为西双版纳旅游品牌的提升和持续发展提供文化依托；③记载着佛教经典的贝叶经，就像一根无形的文化纽带，可以连接我国同东南亚、南亚各国的文化认同，有利于对外开放、文化交流和国际合作；④贝叶经是一块有待开发的富矿，文化产业诸如出版、影视、动漫、歌舞、美术、工艺等，都可以从中找到自己所需要的创新元素。目前，一些有识之士在这方面已经开始谋划和行动。

现今，云南省文化厅已经将傣文贝叶经的刻写制作技艺申报并经批准列为国家级“人类非物质文化遗产保护名录”，并正在积极筹划将其申报为联合国的“世界人类非物质文化遗产名录”。在党和政府的关心下，傣文贝叶经这份珍贵的民族文化遗产，必将抖落历史的封尘，绽放出更加绚丽的光彩。

浅议傣译本《清净道论》疑点及多义词的翻译

刀金平*

摘　要：《清净道论》是南传上座部佛教一部著名的作品，其作者为公元5世纪中叶南传巴利语系佛教杰出的学者——觉音。随着佛教的传入，《清净道论》传入傣族地区并出现了傣译版本。或许是由于时间、空间的差异，也或许由于版本、文化理念的不同，笔者发现傣译本《清净道论》与汉译本《清净道论》两者之间存在较大的差别。本文首先对两部译本进行了比照，并提出傣译本中存在的问题；其次，该文多义词变化繁杂，在翻译中不易把握其要点，笔者对如何翻译好多义词也作了粗浅的探讨。

关键词：清净道论　觉音　汉译本　傣译本　多义词翻译

巴利语系佛教典籍《清净道论》［傣语：ᩅᩥᩈᩩᨴ᩠ᨵᩥᨾᨣ᩠ᨣ（*visuddhimagga*）］是综述南传上座部佛教思想的一部最详细、最完整、最著名的作品。在笔者翻译的如《吉祥经》［傣语：ᨾᨦ᩠ᨣᩃᨷᨬ᩠ᩉᩣ（*MangalaPañha*）］、《羯磨说》［傣语：ᨠᨾ᩠ᨾᩅᩣᨧᩣ（*Kammavācā*）］等几部巴利语佛经典籍中，它们内容上、巴利语引用上以及文章结构上虽然有各自的特点，但不论内容上、佛教思想上、巴利语引用上以及文章结构等各个方面，都没有《清净道论》的丰富与严谨。当然，由于文化上的差异，对事物的不同理解，一部译品不可能是完美的。在笔者翻译的这部作品中，通过与叶均翻译的汉译本相比较，就发现该作品（傣译本）存在着一些疑点和问题。据此，本文拟就该作品中发现的疑点以及一些多义词作初步的探讨、分析，以达到抛砖引玉之目的，并希望得到专家、学者们的指正。

* 作者简介：刀金平，男，1966年生，傣族，西双版纳州少数民族研究所翻译，西双版纳州贝叶文化研究中心研究人员，主要研究方向为傣族古籍研究、翻译。

一、汉、傣两部《清净道论》译本的简单对照

笔者在译完傣译本《清净道论》后，通过与叶均翻译的汉译本《清净道论》比照，发现两者之间存在着较大的差异，主要表现在：

1. 篇幅上傣译本缩减了许多。在叶均翻译的汉译本《清净道论》中，该书所述内容分为二十三品，依照戒、定、慧三大主题次第叙述，亦即前二品说戒，中间十一品说定，后十品说慧。而对照傣译本，也许是选用的版本不同的缘故，该译本所叙述的内容仅为十章（该书所称的“章”，或称为“章”或称为“品”，有待专家们论证。为便于论述，这里暂称为“章”），篇幅的缩减程度由此可想而知。

2. 内容上傣译本也不够完整。从整部书（傣译本）来看，或许是为了便于传播和接受的缘故，或者由于传入途径与版本的不同，傣译本在内容上削减了许多。如汉译本所述的前二品说戒篇，傣译本就没有。不仅如此，内容叙述上也较为简略，就以傣译本说定篇的第一章（该章节已是汉译本说定篇的说取业处品）为例：这一章所叙述的内容是说取业处，从内容的叙述上看，主要叙述了业处的种类、怎样修习以及适于修习的地方等三个方面的内容。虽然如此，文章也仅仅是对内容所涉及的术语和修习方法作一些简略的解释和叙述，如：在怎样修习的这个问题上，应该说这个“怎样修习”是应当针对“说取业处”这一章而言，但文章所述并非这样，而是在简略地叙述了适于修习的地方、适合于人修习的地方应具备的五项条件后，就采取概而全的方式，囊括了业处的修习法、地遍修习法、十遍修习法、十不净修习法、十随念修习法，以及对四梵住的观察等等进行统论，并没有像汉译本那样依各品的修习方法次第而详细地展开论述。

二、傣译本《清净道论》存在的疑点与问题

以上所述两个方面的差异，本文列为一个疑点。也就是说如果傣族译者按照传入的巴利语典籍《清净道论》所译，《清净道论》作为一部论述佛教思想的重要著作，应该在译者心中占有重要的位置。根据该经书的陈旧程度看，该贝叶经《清净道论》傣译本已有相当的历史了。不论是以前还是现在，傣族对经书是无上地虔诚、敬仰的。按照傣族对佛经的这种虔诚程度，译者是不会冒犯神圣的信仰而轻易地改动经书内容的。然而不论章节或者内容上都削减了那么多，是由于版本不同，还是译者自已知识所限，或者为了便于传播，使教众易于接受？令人费解。

疑点二，该傣译本第七章在论说神通智讲到：“前世已积修有福分的名门弟

子，如果修习安止品的止业处，进而得证安止禅时，也将成就四神通智或六神通智。在佛教创立一千年后，从那以后到现在的佛教，是无法获得五神通智的，由于世尊已经以那时候为界限了。因此，我们不可能再证得神通智。如果想知道，就去看论说神通智的经典，如《清净道论》吧。”大家都知道，该译本本身就是《清净道论》，缘何叫人再去看《清净道论》呢？以笔者看来，该译本的译者必定具有广博的佛学知识以及巴利语知识，不然是不会译出这部巴利语著作的。那么，是译者有意而为还是无意而为？其用心是什么？为何犯这样显而易见的毛病？缘由何在？在翻译这一段时，笔者也颇为疑惑，初始也认为是自己错解了该句子的意思，进而译错了句子。然而再三地细读、细看，原文确实是如此，也只能在尊重原文的基础上这样翻译了。

疑点三，该译本第九章在论说“阿罗汉果”结束时，其结尾是这样说的：“作为得证涅槃之道的清净道，是名为智所依的精通三藏经并长期居住在森林的智者，升为长老后从清净道中提出来的。从王历戊午六十年到六十五年，乃至到壬戌年，摩诃优婆离长老在雨安居期间说：‘摩诃尼拘律在勐勇六个地方，才刻写出来留传后世，使之有益于佛教的发展。刻写时间为王历壬戌九百二十五年，佛历二千一百零六年。’”这里，且不说经书《清净道论》从何地而来，单从所讲到的时间来看，笔者以为问题有二：①该段中所说的时间是否可以理解为该译本《清净道论》的刻写、成书时间？以傣族成书时间的刻写习惯来说，一般都刻写在经书的末章的。如果说是成书时间，那么从习惯上是说不过去的。②西双版纳的傣族现采用的是ᨧᩪᩊᩈᨠ᩠ᨠᩁᩣ᩠ᨩ（祖腊桑堪）纪年法，公元 2009 年为祖腊桑堪（傣历）1371 年，佛历 2553 年。译本中讲到的王历（ᩈᨠ᩠ᨠᩁᩣ᩠ᨩ）纪年，是应该在“祖腊桑堪”纪年之前的，然而它又说为王历壬戌 925 年，佛历 2106 年。从佛历 2106 年到现今的佛历 2553 年（公元 2009 年），时间也就是 447 年，倒推回去亦即为公元 1562 年，傣历 934 年。从时间上算，它也在“祖腊桑堪”纪年之内，缘何来的王历纪年？这样的矛盾，实在令人费解。

三、多义词翻译探讨

俗话说：“一句话，百样说。”同一句话或同一个词，在生活中我们可以用不同的话语来表达，这是常有的事。无独有偶，我们在翻译过程中也会常常遇到这样的情况，特别是多义词（针对傣文经书而言），它在经文中随意性很大，很难把握它的变化要领。因而，能否正确地翻译多义词、选用恰当的词语，成为直接关系到经书翻译质量的关键因素。笔者在翻译傣译本《清净道论》时，在关键时候常常被一些多义词所困扰，不得要领。为此，在简略地叙述了几个疑点后，笔者还想通过自身的体会，简单地谈谈傣译本《清净道论》中的多义词

翻译。

论述佛教理论、佛教思想的作品，其说理性很强。不仅如此，论句中采用的名词术语也较多，这种状况无疑地在无形之中给翻译带来了一定的难度。尤其是多义词的运用，译者常常因无法正确地选词、用词，往往事半功倍、达不到预期的效果。在傣译本《清净道论》中对多义词的翻译，笔者主要采取了以下几种方法：

1. 正确选词，准确表达含义。说到正确选词、准确表达含义，其实说起来容易做起来难。对于如何正确地选词、准确表达含义，笔者在翻译多义词时，首先，在多读、多看、多问这几方面多下工夫；其次，从具体地语言环境入手，准确地理解和把握词义；另外，对于工具书不过分迷信。那么，如何看待多读、多看、多问，不过分迷信工具书呢？①多读。所谓多读，并不是说死读，而是通过多读以后，再联系上下文选用正确的词语。②多看。所谓多看，并不是说单纯地"盯死"，而是在多看原著的基础上，多阅读其他参考书，取长补短，准确用词。③多问。所谓多问，就是多问身边的人。俗话说："当局者迷，旁观者清。"在迷茫的时候，自己应多问身边的人，旁人的一句点拨，往往会让自己受益无穷。④不过分迷信工具书。所谓不过分迷信工具书，并不是说工具书解释得不对，而是说在工具书中确实找不到相应、贴切的词语，就不胡用、乱用，而要通过不同方法参考其他书籍，从具体的语言环境入手，准确地理解和把握词义，选用最恰当的词语。如多义词"[illegible] [săiˈtsăi¹]，在这里"[illegible]"[săiˈtsăi¹]《傣汉词典》（傣泐）解释为"努力"，《泰汉词典》解释为"关心、关注、关切、牢记在心"；"[illegible]"[penˈ]《傣汉词典》（傣泐）解释为"是、当、成"，《泰汉词典》解释为"是、做、作、为、当、充当、担任、能、会"。傣译本《清净道论》有几句有关"[illegible]"、"[illegible]"的句子，列举如下：(a) [illegible]. (b) [illegible]. (c) [illegible]. (a) 的译文为："有智者应当知道前面所说的以观××而生起的道。"(b) 的译文为："按人的耐心的定和信而××蕴。"(c) 的译文为："一方面，如果依无常相和无苦相而××道那样。"首先，从 (a) 段译文来看，译文是这样的："有智者应当知道前面所说的以观思维而生起的道。"句中"[illegible]"应译为"思维"才妥当，而如果采用了词典中的词语，不用细说，一看便知任何一个词语都是无法对得上号的。其次，再从 (b)、(c) 二段译文看，(b) 段译文为："按人的耐心的定和信而忆念蕴。"(c) 段译文为："一方面，如果依无常相和无苦相而生起道那样。"从两段译文中可以看

出傣、泰词典中所解释的词语在句子中是无法选用的。为什么说翻译时应多读、多看、多问，不要过分迷信工具书，应该从具体的语言环境入手，准确地把握和理解词义，正确选用词、句，原因就在于此。

2. 保持佛教用语的特性。这里说的“佛教用语的特性”是针对翻译佛教理论、佛教思想的典籍而言，而非针对非佛教理论或佛教思想的典籍。傣族佛经号称“别闷细版龛”（八万四千部），所涉及的内容多种多样，因而也决定了对作品翻译的不同要求。也就是说在翻译作品时，应该视作品的不同要求，或者说作品的不同题材，相应地采用不同的翻译手法。同样的，在了解了作品的内容及题材，确认了作品的所属类型后，应该根据作品的要求，在句词翻译中作出相应的调整，以适合这部作品的要求。例如：ဖွတ်ဝါန္တဒိ，လၢ်ဝံဍျ်ပွိဍဝါဘဒိဝတောာ、ဖုကတောာ、ဘဒတ္တတောာ ၂ပွိဍဒိဝါဘဒိတ္တာပျေဖိ်သူဒ这一句，译文为：“按次第先论说无常、苦这两段，最末说无我。”这里的“လၢ်ဝံဍျ်”在《傣汉词典》（傣泐）中解释为“连贯”，《泰汉词典》解释为“顺序、次序、次第”。通俗地讲，在上段译文中用“顺序”也行，用“连贯”也无可非议。如句子可以更换为：“按顺序先论说无常、苦，最末说无我或按连贯的方法先论说无常、苦，最末说无我。”然而，从传统的佛教用语习惯以及佛教用词结构来讲，用“连贯”和“顺序”似乎太通俗，完全不能反映出佛教用语所固有的一贯特性。再如：ဖွ်ာယောဂါဍူဂငဲဒကွဝံဏျအဘာဝဇဉ်ာသခ်ာအဝဖ္ဍ်လပျေဘာအဖွဏဍျ်ဝိပဿဇဝါဖုကွံငဲဇငဲဝ်လ，ငဲဍ်ဩဖဂ္ဂဍ်，ဘာဝဇဍျ်ဝိပဿဇဝါဘ ဒတ္တငဲဇငဲဝ်，လငဲဍ်ဩဖဂ္ဂဍ်，ယောဂါဝဝအဍူဂဍ်，ငဲဍ်ဌ်ာတိကွာသဖြ္ဌြိယောဖိသဖာဓိဘ္ဒက်ာဂြ္ဂ这一段的“ကွဝံဏျအဘာဝဇ”，笔者以为应该译为“修行”才妥；而有的译者则没有理解词义或句子意思，主观地把它们切割开来，译成了“做、修养、坐禅”。还有如词语“က်ာဂြ”，有的译成了“锋利、锐利”。若以词典所解释而言，译成“锋利、锐利”是没有错的，问题是在译文中采用“锋利”或“锐利”是否妥帖？如果我们从另一个角度去思考，把这一词语译成“坚固”是不是可以呢？笔者以为是可以的。现在再回过头来看看译文，译文是这样的：“哪位观行者在修习时以诸行为所缘，依观而常常忆念‘苦’，获得道也好；依观的修行而常常忆念‘无我’，获得道也好；那些观行者就叫有坚固的定的锐利智慧者。”在译文中如果选用了“做、修养、坐禅”或“锋利、锐利”等通俗的词语，是无法表达出词义，难以译成一段完整的话。再如：ပလ္လဖုဲငဲဒဘာဝဇဝိပဿဇဟိ်ငဲဍ်ဩဖဂ္ဂဍျ် ဘဒတ္တာလကွာဏပျေဖိ်သုဒ，ဂီဝံဝံဆျိပ္ပိ ဌ်ဝေ်ဖွာ，ဍျ်ဘ္ဒ်ပလ္လဖုဲဌ်ဌ်ာဖိပြျာဆ္လေ္ကလ，ငဲဍ်ဌ်ာတိကွာပညိဌြိယလ。译文为：“哪位观行者按最后的无我相以观修习而获得道，即避开那个人而勤行那一段，名为有智慧至极，叫做利慧根。”译文中“ဝံဝံဆျိ”《傣汉词典》（傣泐）解释为“进步、繁荣、成

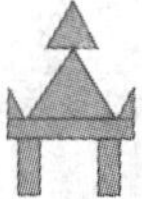

长、茁壮、增多、增长、祝愿幸福”；《泰汉词典》也同样解释为“进步、繁荣、成长、茁壮、增多、增长、祝愿幸福”。翻译时有的译者选用了“增长”，结果译文就变成了“哪位观行者按最后的无我相以观修习而获得道，即避开那个人而增长那一段，名为有智慧至极，叫做利慧根。”乍看起来选用“增长”也无不妥，然而细究起来选用“增长”并不能准确反映出原文含义，笔者以为选用“勤行”较为妥当。“勤行”谓（行事）“勤行善法也”。又：僧家定时于佛前读经礼拜，称为勤行。“惟有勤行，才能达智。”所以说在翻译佛教理论、佛教思想的典籍时，保持佛教用语特性也很重要。

无需多言，翻译一部作品，必然离不了“信、达、雅”三字原则，这是翻译最基本的要求。在遵守“信、达、雅”的同时，我们在翻译时也不能忽略了不同作品的不同要求，只有了解了作品的类型、属性，才能更好地选词、用词，成就一篇好的译作。

参考文献：

叶均．清净道论：汉译前言［M］．北京：中国佛教文化研究所，1995.

浅谈对傣泐文贝叶经典《中阿含经》的翻译

依旺的*

摘　要： 西双版纳傣泐文版本的《中阿含经》是南传上座部佛教《阿含经》之一。此经主要讲述佛教基本原理，如四谛、八正道、十二姻缘、四禅、六界、六处、涅槃等，以及它们之间的相互关系；阐述善恶因果报应，鼓励人们止恶行善。随着佛教的传入，《中阿含经》在傣族地区已经流传久远。由于地域、文化、语言、环境等因素，傣译本的《中阿含经》与宋版、北传的《中阿含经》译本在词汇、语法结构、表达方式上有很多差别。本文首先分析傣译本《中阿含经》的语言结构及特点，结合笔者自己的翻译实践及体会，提出把傣泐文译本的《中阿含经》翻译成汉文时，应注重保持傣译本原文特色，不能照搬汉译本的语法结构及表达方式，尽量避免词义转换的观点。

关键词： 贝叶经　《中阿含经》　直译　意译

引　言

《中阿含经》是南传上座部佛教经典之一。又称阿铪、阿含暮、阿笈摩等。意译为“法归”，指此类基本经典为佛陀教说之所持、所归、所聚。主要讲述佛教基本原理，如四谛、八正道、十二姻缘、四禅、六界、六处、涅槃等，以及它们之间的相互关系；阐述善恶因果报应，鼓励人们止恶行善。由于地域、文化、语言、环境等因素，西双版纳傣泐文译本的《中阿含经》与宋版北传的《中阿含经》译本在词汇、语法结构、表达方式上有很多差别。

在参与《中国贝叶经全集》翻译的实践工作中，笔者有幸获得翻译《中阿含经》的机会，并在翻译过程中总结出自己不甚成熟的意见，以此就教于各位专家学者。

* 作者简介：依旺的，女，1981 年生，傣族，云南西双版纳州少数民族研究所助理翻译，西双版纳州贝叶文化研究中心研究人员。主要研究方向为贝叶文化与民族语文翻译。

一、傣泐文译本《中阿含经》的特点

在西双版纳地区，目前流传着的《中阿含经》傣泐文译本主要有贝叶和绵纸两种手抄版本。据史料记载，佛教传入西双版纳傣族地区已有上千年历史。而在佛教传入以前，作为古老民族之一的傣泐人，早就已经形成了本民族系统的思想理论、观念和信仰。而傣泐文译本的佛经典籍大都来源于民间，译文的语言表达方式已经口语化、通俗化，即便是理论性强、说教严谨的佛学经典，也都带有浓重的民间口语色彩。因此，不管是贝叶或者是绵纸的手抄傣泐文译本《中阿含经》，在文字的表达上都具有以下的特点：从叙述方法上看，傣泐文译本的《中阿含经》采用顺叙的方式，把佛祖讲经的过程娓娓道来，把本来枯燥无味的佛教教义以讲故事的方式叙述出来，引导读者的思维循序渐进，不会产生迂回难解之意。从语言表达上看，傣泐文译本的《中阿含经》采用“白话”的方式表达文本意思，除了必须音译的偈语部分，其余内容均用傣泐的通俗语言表达，言语朴实，通俗易懂。从某种意义上可以说，只要懂傣泐文（老傣文）的人，都能看懂傣泐文译本的《中阿含经》。

通过以上分析可知，傣泐文译本的《中阿含经》，不论在叙述或者语言表达上，都是以“白话”的方式，生活化、口语化地把佛教典籍以通俗读物的方式呈现给读者的，这与北传汉译本的《中阿含经》所采用的文言文表达方式大相径庭。

二、对傣泐文译本《中阿含经》的翻译方法

根据南传佛教传入西双版纳地区的过程可以推断，目前流传的傣泐文《中阿含经》，大部分是由当地的高僧大德从缅甸文、泰文或者老挝文版本的《中阿含经》转译过来的。所以，傣泐文版本的《中阿含经》，内容中依然还夹杂着缅甸语、泰国语或者老挝语。为了使翻译更加准确，笔者在对傣泐文版本的《中阿含经》进行汉文翻译时，除了配合使用《汉・巴利文词典》以外，还参考了《泰汉词典》。因此，在把傣泐文版本的《中阿含经》翻译成汉文时，笔者所用的注释都以《汉・巴利文词典》或者《泰汉词典》为依据。

在把傣泐文版本的《中阿含经》翻译成汉文时，主要采用直译和意译两种形式。为保持原文特色，再现原文的语法结构和词汇特点，在直译部分就“字对字”、“句对句”地翻译；意译部分也不对原文作出太大的删改和修饰，只把原文意思表达完整即可。例如：

[illegible]

[puk^{1}kă^{4}lă^{4}laŋ^{4}phɒŋ^{1}năi^{4}lok^{5}ni^{6}pen^{1}kăp^{1}doi^{3}mi^{3}măn^{4}kɒ^{4}ru^{4}dam^{1}ʔ ấn^{4}mi^{3}năi^{4}tun^{1} va^{5}daŋ^{2}ni]

人有些里世界是由于秽他就知道随那秽有里身说这样

在西双版纳傣泐文版本《中阿含经》内容结构中，一般是巴利语和当地傣语相结合，即前半段若是纯巴利语，后面一定紧跟着傣泐语解释。为此，在翻译过程中，巴利语部分就用“音译”，即用读音相近或者相同的汉字标注原文读音，然后再把傣泐语的解释直译或者意译。从某种意义上讲，在《中国贝叶经全集》100 卷的翻译整理工作中，对于类似《中阿含经》这样的佛经典籍而言，实际上就是“巴利文→泰、缅、老文→西双版纳傣泐文→现代汉文”的翻译过程。

为达到直译的目的，对傣泐文版本的《中阿含经》主要采用“字对字”、“句对句”的翻译方式。在直译过程中，翻译者不对直译内容进行修饰和添加，不对词汇、语法结构进行转换或替代，严格地按照原文内容，用汉字表达出来。

由于傣泐文版本的《中阿含经》既是一部佛教典籍，又是一部通俗化了的文学作品，它的语言表达方式时而严谨精练，时而又带有浓重的民间口语色彩。所以，该对其采用怎样的汉语语言表达进行意译，是翻译者首先必须明确的问题。从电子佛书《南北传〈中阿含经〉对照》来看，该书译者采用的均是汉语文言文的表达方式，句式虽然精练，但是生涩难懂。而傣泐文版本的《中阿含经》，虽属佛教典籍，但由于具备通俗、生活化、口语化、地域化的特点，所以若要保持原文特色，大可不必用汉语文言文的方式表达出来，而以白话现代文的方式，把原文意思准确表达即可。再者，与其他傣族文学相比较，傣泐文版本的《中阿含经》作为佛经理论书籍，语言结构相对严谨，没有其他文学作品的华丽辞藻，所以，不宜对其作出太大的修饰和改动。例如：

[illegible]

[puk^{1}kă^{4}la^{4}si^{2}tsăm^{2}pok^{4}kɒ^{4}mi^{4}năi^{4}lok^{5}ni^{4}lɛ^{4}du^{4}da^{4}tsău^{3}tăŋ^{4}lai^{1}ʔăn^{4}va^{5}puk^{1}kă^{4}lă^{4} si^{2} tsăm^{2}pok^{4}năn^{6}tsa^{1}dăi^{3}]

人四种类就有理世界了听吧众人即说人四类那将得

[illegible]

[ʔăn^{4}dăi^{1}tsa^{4}tsău^{3}tăŋ^{4}lai^{1}ʔăn^{4}va^{5}puk^{1}kă^{4}lă^{4}laŋ^{4}phɒŋ^{1}măn^{4}kɒ^{4}pen^{1}kăp^{1}doi^{3}mi^{3}kɒ^{6} bău^{2}rʊ^{6}tam^{1}ʔăn^{4}mi^{4}]

那得呢听吧众人即说人有些他就由于秽就不知道随那

[illegible]

[mi^{4}mi^{3}năi^{4}tun^{1}mi^{3}bău^{2}mi^{4}năi^{4}tun^{1}kɒ^{6}ru^{6}doi^{3}kăm^{4}va^{5}daŋ^{2}ni^{4}ʔăn^{4}va^{5}mi^{3}kɒ^{4}bău^{2} mi^{4} năi^{4}tun^{1}lɛ^{5}va^{5}ʔăn^{4}kɒ^{4}ju^{2}lɛ^{5}]

有秽里身秽没有里身就知道于这样即说秽就没有里身了说那样就在了

[illegible]

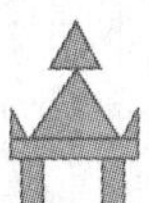

[puk^{1}kǎ^{4}lǎ^{4}laŋ^{4}phɒŋ^{1}nǎi^{4}lok^{5}ni^{6}pen^{1}kǎp^{1}doi^{3}mi^{3}mǎn^{4}kɒ^{4}ru^{4}dam^{1}ʔ ǎ́n^{4}mi^{3}nǎi^4 tun^1 va^{5}daŋ^{2}ni]

人有些里世界是由于秽他就知道随那秽有里身说这样

ᨾᩦ᩠ᨠᨾᩦᨶᩱᨲᩫ᩠ᨶᨠᩪᩃᩅ᩵ᩤᩋᩢ᩠ᨠᨿᩪ᩵ᩃ

[mi^{3}k mi nǎi tun^{1}kul va ǎn^{3}k ju^{2}l]

秽就有里身我了说那样在了

以上这段话，在电子佛书《南北传〈中阿含经〉对照》里这样翻译："诸贤！世间有四种人，云何为四？曰：于此处，有人【心】有秽而不如实知'内'【心】有秽，又有人无秽而如实知'内有秽'……"（录自《无秽经》)。从形式上看，这种文言文的表达方式字句精练、言简意赅。但在《中国贝叶经全集》的意译部分及傣泐文版本《中阿含经》的汉译本里，笔者这样翻译："众比丘，这世间有四种人，那么，到底是哪四种人呢？听吧！众比丘，有的人内心有秽却不知道自己内心有秽，有的人有秽而知道自己本身有秽……"笔者这样翻译，并非想要对南北传汉译本的《中阿含经》作出挑战，只是根据傣泐文版本《中阿含经》的原文特点，作出相应的解释。

通过以上分析可知，笔者认为，对于流传在西双版纳傣族地区的贝叶典籍《中阿含经》，在翻译上不能照搬汉语文言文译本的语言表达形式，而应以现在白话文形式，把原文内容以通俗易懂的方式翻译出来。试想，如果译者采用汉语文言文的形式翻译，将面临以下两个问题：①译文与原文的语言结构、表达和叙述方式不相符合将会失去民族性、地域性等的特点。②将增加翻译的难度，因为如果那样做，译者首先必须用现代白话文的形式把原文内容翻译出来，然后再按文言文的语言表达去转换译文。从某种意义上讲，这不仅是画蛇添足，还将影响翻译的进度。

翻译傣泐文版本《中阿含经》的目的，就是要把傣族千年佛学经典呈现于世人，让广大读者得以最直接的方式了解傣族贝叶经、了解傣族优秀传统文化。由于白话文的表达方式更适合不同年龄结构、文化结构的读者阅读，所以在翻译这部经典时采用白话文的语言表达方式比较适合广大读者的要求。

参考文献：

[1] 中国贝叶全集编辑委员会．中国贝叶经全集，第 99 卷 [M]．北京：人民出版社，2010.

[2] 电子佛书 chm 格式．佛教经论，南北传中阿含经对照．官方主页：Home Page.

《巴塔麻嘎捧尚罗》的叙事语境简论

——一个民族的历史与叙事记忆

肖丽芬*

摘　要：作为傣族创世史诗的集大成者，《巴塔麻嘎捧尚罗》历尽千年沧桑依旧熠熠生辉。《巴塔麻嘎捧尚罗》可直译为“神王开天辟地，开创人类”，它用诗一样的语言讲述了傣族先民初探宇宙的过程，包罗了开天辟地、万物起源、人类形成、社会演进、风俗传统、天文历法、伦理道德、生产劳动等方面，折射出傣族先民对宇宙、天地、人类、万物的朦胧认知和生活方式，勾勒出人类如何从蒙昧、野蛮走到了文明的漫长征途，充满了奇幻的想象与真挚的情感。本文尝试运用综合研究的方法对《巴塔麻嘎捧尚罗》进行解读，将文本的细读与语境的研究结合起来，既重视神话自身语言的分析，也强调神话与社会生活的密切联系，以求用一种更为全面的视角探究其中的真意。

关键词：巴塔麻嘎捧尚罗　叙事　语境　傣族文学

引　言

《巴塔麻嘎捧尚罗》不仅被誉为“傣族五大诗王之首”，在傣族文学史和文化史上有着重要地位，也是少数民族创世史诗中不可多得的范本。经典何以成为经典？常读常新是关键之一。本文尝试运用综合研究的方法对其进行解读，既重视神话自身语言的分析，也强调文本与语境之间形成的互动关系，使阅读与研究呈现出一种有机开放的状态。

一、《巴塔麻嘎捧尚罗》文本略说

人类最本能的好奇心驱使我们探索自身世界与外部世界的脚步不曾停息，时

* 作者简介：肖丽芬，女，1988 年生，汉族，北京师范大学文化人类学与民俗学研究所硕士研究生。主要研究方向为民俗学、民间文学。

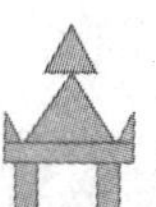

代的局限与认识的幼稚不会阻碍人类先民感知和理解自然与社会的热情，在原始宗教的激发下，沉淀为进入文明的萌芽。傣族神话正是傣族先民透过原始思维对世界和人类自身进行幻想性阐释的产物，透过《巴塔麻嘎捧尚罗》这个棱镜感悟傣族创世神话，无疑是最有价值的。

《巴塔麻嘎捧尚罗》有两个版本，即贝叶刻本与绵纸抄本，在文体上也有散文体和韵文体两种。这里所讲的是韵文体的，选本是岩温扁翻译，由云南人民出版社 1989 年出版的《巴塔麻嘎捧尚罗》。其汉译本长达一万三千多行，分为十四章，从创世神英叭的来历讲起，经历了英叭开创天地、创造各路天神的艰难历程，包括了人类的三代起源、前两代人的毁灭与第三代人的迁徙与定居、大兴旺等内容。内容可谓包罗万象，从中我们可以清晰了解到傣族社会从开天辟地到万物起源，从洪水泛滥到岁时制定，从谷物起源到家畜饲养，从大迁徙到大定居的全过程，故事的主人公也从众神跨越到历史人物，给人强烈的植根于现实的真实感。《巴塔麻嘎捧尚罗》不只是一部民族的创世史诗，也是傣族古代神话的大集成。傣族地区流传的神话、传说大都可在其中寻觅到最初的身影。

本文的主旨在于运用综合研究的方法讨论《巴塔麻嘎捧尚罗》这部傣族创世史诗的叙事语境，首先得陈述何为“语境”。“语境”二字涵盖十分广泛，简单的可分为“叙事语境”和“社会历史语境”两大类。“叙事语境”指的是“超社会身份的叙事规约或文类规约，深入叙事文本内在的组织结构，探究其内在形式上的构成、组合以及各个部分如何发生作用，各个部分组合在一起如何产生效用”①。要求以一种客观的态度去对待研究对象，可以说是科学地观察而不艺术地欣赏。“社会历史语境”则范围更加宽泛，涉及“族群、性别、阶级等社会身份相关的意识形态关系，透过叙事文本形式审美的层面，将其范围延伸至文化意义上的叙事作品”②。经典叙事学热衷于形式上的叙事研究，后经典叙事学则展开一种批判与反思，越来越强调此二者的有机结合，认为叙事是一种历史性的社会存在，追求的是综合的关系，打开了叙事学的新视野。

二、《巴塔麻嘎捧尚罗》叙事分析

（一）叙述声音

《巴塔麻嘎捧尚罗》是谁讲出的故事？在序歌部分，有这样的称呼“听吧，

① 谭君强：《叙事学导论——从经典叙事学到后经典叙事学》，高等教育出版社 2008 年版，第 194 页。

② 谭君强：《叙事学导论——从经典叙事学到后经典叙事学》，高等教育出版社 2008 年版，第 194 页。

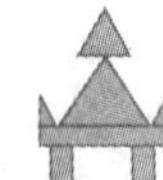

乡亲们"①，而在尾歌部分也是同样的称呼"傣家人啊，我亲爱的乡亲……"② 可知讲述这首创世史诗的正是傣族乡民中的一位，他也许阅历广、见识多，可能博闻强识、谈笑风生。这首史诗的声音不来自神灵，也不来自统治者，而是和最广大的普通大众有着一致的根基，因而也更显得那么朴实真切，娓娓道来。

要讲叙述者类型就不得不谈叙述情境。斯坦泽尔将叙述情景分为三类：作者"无所不知"的叙述情境、叙述者为人物之一的叙述情境和根据一个人物的视点所做的"第三人称"叙述③，也就是"全景式"、"参与式"和"旁观式"。

最初的这个大神/由于是气浪变成/福名就叫英叭/他母亲是气浪/他父亲是大风/它们是远古时代的神种④

纵观整部史诗，均采用的是第三人称叙述方式，作者没有参与故事进程，从始至终均不是故事中的任何角色，只是作为一个纯粹的旁观者、见证人，或者说转述者对读者讲述着"曾经发生过"的事情。这种讲述不是胡思乱想，也不是道听途说，而是"按照老人口头相传……"⑤ 这就为故事的讲述涂上了一层权威的底色。这个讲故事的人无疑是可信的，他的声音是单纯而明晰的，没有像其他作品那样给读者留下悬念或是故意制造蹊跷和矛盾。拿布斯的话来讲，这是位"可靠的叙述者"⑥，他的讲述与作品所要传达的价值、判断、道德意识是一致的，是一位好的向导，引导读者往他想要的方向走下去。

从开天辟地到万物起源，从人类形成到社会演进，叙述者始终处在一种"无所不知"的叙述情境当中，不论是众神的所思所想，还是万事万物的因果缘由，都是通过叙述者的声音传达给读者的，世界在叙述者眼前毫无遮拦地呈现出来，这个处于故事之外的叙述者始终处于其所叙述的故事的"上面"，以俯视的姿态细数天上人间的兴衰更替。这种全知全能的叙述所带来的最好效果，就是权威性和说服性。史诗中也不时渗入类似"据贝叶经记载，听祖先相传……"⑦ 的实证性语句，增强神话的可信度。读完这些，应该没有任何一个读者会质疑这段话的真实性，我们之所以继续阅读这部史诗，正是基于对这些故事的"信以为真"。

关于叙述声音的研究还有一个重要的方面就是叙述者干预，也就是"叙述者

---

① 《巴塔麻嘎捧尚罗》，岩温扁译，云南人民出版社 1989 年版，第 1 页。

② 《巴塔麻嘎捧尚罗》，岩温扁译，云南人民出版社 1989 年版，第 486 页。

③ 谭君强：《叙事学导论——从经典叙事学到后经典叙事学》，高等教育出版社 2008 年版，第 55 页。

④ 《巴塔麻嘎捧尚罗》，岩温扁译，云南人民出版社 1989 年版，第 4 页。

⑤ 《巴塔麻嘎捧尚罗》，岩温扁译，云南人民出版社 1989 年版，第 486 页。

⑥ 谭君强：《叙事学导论——从经典叙事学到后经典叙事学》，高等教育出版社 2008 年版，第 66 页。

⑦ 《巴塔麻嘎捧尚罗》，岩温扁译，云南人民出版社 1989 年版，第 360 页。

对人物与事件做出评价性评论是试图使隐含读者接受其所作的判断和评价，按照他或她所给定的意义去对事件和人物加以理解，以使隐含作者与叙述者在价值判断上保持一致。”①《巴塔麻嘎捧尚罗》的叙述者是隐含的，但没有现身不代表就是纯客观叙述，而是叙述者争取每一个能够展露的机会发表评论，以表明自己的观点，以最直接的方式表明自己的褒贬。

要是神不作安排/不给人提供生产条件/人类呀怎么活下来/后代又怎么兴旺呢/是神天天指点人/是神让人变聪明/不仅指点盖房子/不仅给人送谷种/神还教会人饲养/指点人套动物犁田/指点人收割播种②

读者再清楚不过地了解到了叙述者想要传达的意思：神是人的祖先，人是神的延续，没有神所开创的从前，就没有人所享有的今天。很多时候叙述者都会跳出正在讲述的故事，以一个评论员的口吻发表一通感悟，类似“创世的神最勤快，创世的神不会老”等，这温和地将叙述者的意图灌输于其中，让读者在耳濡目染间接受了叙述者给出的信念和规范，潜移默化地影响着读者的阅读和对故事的理解，以唤起读者一致的情绪，达到信服的效果。

还有一类是介乎评价与哲理之间的叙述者干预，如：

在天地间/在万物中/无论植物和动物/还是人类和神仙/都由神主宰着/万能的神啊/给天地万物/恩赐了生存条件/也给人与神/规定了死亡的路③

这样的话语给人一种厚重感和普遍性，似乎是富有哲理的教义，仿佛跳出了讲故事的那个叙事情境进入了日常的生活环境。这种超越神话世界而进入真实世界的哲学观照，拉近了故事与生活的距离，让神话的过去与今天衔接在一起，具有更多的现实意义，也打上了神圣的印记。

（二）叙述聚焦

“说”与“看”紧密相连，《巴塔麻嘎捧尚罗》所呈现出来的是怎样一种视角呢？读者是透过谁的眼光和心灵感受到作者所要传达的信息呢？也就是要考察“在叙事文本中所表现出来的一切受到谁的眼光的‘过滤’”④。

“一个人对于感知客体的位置、光线、距离、先前的知识、对于客体的精神心理态度等，所有这些以及其他众多因素影响着一个人形成并传达给他人的图

① 谭君强：《叙事学导论——从经典叙事学到后经典叙事学》，高等教育出版社 2008 年版，第 77 页。

② 《巴塔麻嘎捧尚罗》，岩温扁译，云南人民出版社 1989 年版，第 419 页。

③ 《巴塔麻嘎捧尚罗》，岩温扁译，云南人民出版社 1989 年版，第 302 页。

④ 谭君强：《叙事学导论——从经典叙事学到后经典叙事学》，高等教育出版社 2008 年版，第 84 页。

像。在故事中，素材成分常常以一定的方式表现出来，我将把所呈现出来的诸成分与视觉之间的关系称为聚焦。”① 对于同样一件事情的转述，一千个故事家有一千种讲法。所谓聚焦就是故事透射在讲故事的人的眼中的图景。主要的聚焦类型划分有固定式聚焦、不定式聚焦、多重式聚焦和集体式聚焦②。热奈特从“视点”这一范畴出发，将叙述聚焦分为三类：无聚焦或零聚焦叙事、内聚焦叙事和外聚焦叙事。

《巴塔麻嘎捧尚罗》与多数传统的叙事作品一样采用的是无聚焦叙事。这种聚焦方式最大的好处就是眼光不受任何局限，知晓古今，叙述者在讲述故事时没有不能够看到或无法感受到的任何东西，这是一种无所不知的聚焦模式，热奈特描述之为“（叙述者）人物”。它的视点可任意转换，超越时间和空间，随故事发展的需要，进入每一个人物的内心世界，看到人物心中所思所想的一切，得到叙述者想要得到的一切答案。

他是神仙的始祖/他是创世的天神/天地是他开辟/万物是他创造/福气使他智慧无穷/寿命长达八万四千嘴

对于远古时代发生的神话故事，叙述者用的是一种肯定直接的讲述方式，仿佛就是他亲眼所见一般，把亲身经历的故事讲述给听众。对于神灵们的行为和喜怒，叙述者采取俯瞰的方式，毫无遗漏地诉说出来，没有猜测和估计，以一种不容置疑的权威口吻，告诉听众事实就是如此，不由得你不相信。

此外，《巴塔麻嘎捧尚罗》也常采用叙述聚焦者的视角与故事中一个人物的视角重合的叙事方式，故事中所表现出来的一切都以这一聚焦人物的视线为转移，但若仅仅只有这一种方式，那么当这个人物消失或死亡，叙述也就中断了，由于还有零聚焦的补充，在人物的视线之外读者还有另一个无所不知的视角，这对于读者完整地把握人物内心世界提供了一种便利。

英叭左思右想/我要用什么物造天/我要用什么物造地/太空是什么也没有啊/英叭想了十万年/曾想出许多主意/他自言自语说道/“难道在太空底层/就没有别的物体/为何不去看个明白”

这里，叙述的视角聚焦在英叭身上，让读者跟随着英叭的进程，时而思考，时而行动，世界也在英叭的语言和活动中呈现出来。对于英叭内心的细枝末节读者都能看得一清二楚。而当英叭老了逐渐退出舞台后，叙述者的聚焦又转移到了

---

① ［荷］米克巴尔：《叙述学·叙事理论导论》，谭君强译，中国社会科学出版社2003年版，第168页。

② 谭君强：《叙事学导论——从经典叙事学到后经典叙事学》，高等教育出版社2008年版，第86页。

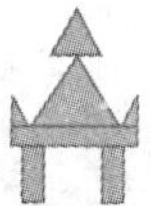

儿子玛哈捧身上：

玛哈捧下不去/服侍不了父亲/他感到悲伤/他感到忧虑/举目茫茫宇宙/声声哀叹道/"如今我下不去/要是我有儿有女/这该有多好啊/派他们下去/去护理父王"①

在之后的视角也是如此，从神到人，从第一代人到第三代人，一代代传承下去，多采取以核心人物为聚焦叙述者，叙述者与人物合二为一，全知全能的故事外叙事作为辅助的方式，既总揽全局又洞察人心。这样，听众可以细微地感受到人物的思想及其变化，叙述者又灵活地跳出人物，以全知的眼光对此进行分析和评论，使读者对特定人物有一个较全面的把握。

（三）人物描绘

《巴塔麻嘎捧尚罗》对其中人物和角色所采取的描绘方式是直接界定的方式。与大多数传统的叙事作品一样，在人物第一次出现的时候，叙述者就开门见山地给予了最直接的形容。英叭刚由气浪、大风和大水变成的时候，叙述者说"天地是他开辟，万物是他创造，福气使他智慧无穷，寿命长达八万四千嘎"。帝娃达神刚被捏造出来时，叙述者就说他"心坚硬如石，他的胆子大，什么也不怕"。天神下凡投胎成为帕雅桑木底时，叙述者形容他"美男子，有福气，有主意，有办法"。这些话语都让读者在阅读之初心中有了一个对于人物的基本铺垫，且依情节的展开，角色的善恶美丑基本没有变化，都延续了这个第一印象，更加加深。

直接形容的人物描绘方式将人物的基本特征和核心特质直截了当地呈现在人们面前，使读者在形成审美期待视野时对人物就有了一个总体的把握。这种描绘方式常采用直接形容的方式，最常把形容词摆放在人物前，形成直接的标记与界定，如英叭是"有智慧、有威力"，帝娃达是"口出狂言，乱编胡说"，桑木底是"聪明的男子"……这种简洁而又明确的口吻，"为人物在以后的情节事件中的种种活动与表现找到某种根源"②，避免了不必要的猜测，听众对神话中的人物的基本性格有了直观的把握，这还为讲述这一文本的语境增添一种权威的气氛，这就是"真实的"叙述。叙述者的评价就是权威，就是事实，给人一种不得不信服的力量。听众不知不觉中接受了讲述者的理念与道德，完成讲述者所想要的成功的交流与对话。

---

① 谭君强：《叙事学导论——从经典叙事学到后经典叙事学》，高等教育出版社2008年版，第66页。

② 谭君强：《叙事学导论——从经典叙事学到后经典叙事学》，高等教育出版社2008年版，第168页。

三、历史语境与叙事记忆

后经典叙事学推崇的是一种泛叙事学的理念，即文化研究语境下的叙事理论。“一部作品不可能离开创作主体，离开与其他作品的参照而存在，也不可能游离于特定的社会文化语境之外。”① 在对文本进行研析的时候，不妨有机地结合与之相关的其他要素，也就是在探讨作品“如何说”时还该注意他“为什么这么说”。不要忘记叙事学也是对于文化的解读。“要更深入理解作品，就该在对结构形态进行深入细致研究的同时又关注结构形态背后的文化符码，关注更大范围内文化审美的问题。”② 文本固然不是一个封闭的模式，但就此摒弃传统叙事学研究难免因噎废食。文本与语境并重，形式意义与历史意义相融，系统考虑读者、语境以及读者的接受等要素，使阅读与研究呈现出一种有机开放的状态是民间文学解读中应该推崇的态度。

自从马林诺夫斯基于1923年首次系统地提出语境思想以来，学界对此抱有热议又莫衷一是。国内外语言学界的语境研究在20世纪80年代至90年代打开新的篇章，从不同的角度对语境研究进行反思，取得了不少进展，使语境早已超越了最初的语言学意义，不简单是语言表达的环境和“文本”与上下文的关系，而具有更宽泛的范畴。语言的发生、发展、存在、变化受到主客观多种因素的制约，民间文学的特殊性使得在民间文学研究中语境的问题是不可避免的。以鲍曼为代表的表演理论也将民俗学的研究视野从“以作为事项的民俗”带到了“作为事件的民俗”③，认为表演是一种社会性质的交流模式，更该关注口头艺术在特定语境中的动态形成过程和实际的应用。民间文学被视为置于语境中的民俗表演，文本与语境之间形成了互动的关系，在语境中考察民间叙事成为近来兴起的具有极大潜力的研究方法。

（一）《巴塔麻嘎捧尚罗》的重要语境形式：赞哈口语形态

口头传承作为民间文学的重要特征，是民间文学存在并区别于其他文学形式的重要因素。“文本固然是十分重要的，但是离开了语境，故事也就没有了生命。”④ 赞哈的口语形态就是《巴塔麻嘎捧尚罗》最重要的语境形式，从片断的口头流传到有章法的创新演唱，傣族歌手赞哈功不可没。正如陈中梅所言“在那个粗朴和充满神秘气氛的年代，诗人既是历史的记叙者，又是宇宙观的阐释者；

① 谭君强：《叙事学导论——从经典叙事学到后经典叙事学》，高等教育出版社2008年版，第187页。

② 谭君强：《叙事学导论——从经典叙事学到后经典叙事学》，高等教育出版社2008年版，第187页。

③ 杨利慧：《表演理论与民间叙事研究》，载［美］理查德·鲍曼著《作为表演的口头艺术》，广西师范大学出版社2008年版，第249页。

④ 马林诺夫斯基：《巫术、科学与宗教》，上海文艺出版社1987年版。

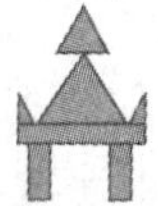

既是原始神学的奠基人，又是各种玄奥和实用知识的传授者。"① 与其他时代及民族的诗人一样，赞哈使民间文学的口耳沿袭成为可能，使民间文学与人民大众始终保持密切联系，保持其喜闻乐见、常变常新的品质。

产生于农耕社会的傣族歌手，因生产与祭祀的需要应运而生。随着农耕经济社会的分工，专门负责祭祀活动的盘摩分化为了专管主持宗教仪式的摩赞和专管唱歌的赞哈。赞哈就是会唱歌的人，傣族比之为吃饭时的盐巴，阶级社会的到来提升了歌手的地位，原因在于傣族封建领主政权更加加紧了对人民思想的控制，歌手在民间生产生活需要之上又有了服务于封建领主的作用。不错的待遇促使赞哈队伍逐渐壮大，为在傣族文学史上留下了光辉印记带来可能。

与其他民族的歌手一样，赞哈是傣族社会文化发展的必然产物，是傣族古老的精神文明的传承者。掌握着大量生产生活的知识和智慧的赞哈，对同时期和后期的傣族文学均有深远影响。很多学者认为赞哈的诞生是傣族文学兴起的一个显著标志，加速了傣族文学的日趋成熟。

民族诗人赞哈拥有着属于自己的一套诗学，对于神话史诗的整理和叙事长诗的创作有着决定意义。赞哈来源于群众，是人民的诗人，通过赞哈之口，我们听到了属于最广大人们的心声，感受到了百姓最真切的喜怒哀乐。节日时，贺新房时，劳作时，竹楼上，田野中，没有时机场合的拘束，不需要复杂的形式，傣族就是这样一个"诗歌的民族"。

包括时间、空间、传承人、受众等在内的语境构成要素在每一次讲述过程中均有不同，时空的转变、歌手的个人风格、听众的需求都使每一次的讲述成为独一无二。表演与再创作的合二为一使得故事拥有了历史的沧桑和现实的可信，呈现出流动的活态。

叙事长诗是傣族歌手们的唱本，比如《召树屯》就是他们主要演唱的内容之一。而能够讲唱《巴塔麻嘎捧尚罗》一类篇幅长难度大的创世史诗的则属于更加有声望有实力的杰出赞哈。在赞哈的比拼和选拔中时常选用《巴塔麻嘎捧尚罗》作为最后的较量。

（二）宗教语境的借用

在《巴塔麻嘎捧尚罗》全篇的结尾处安排了一段尾歌②，有着承上启下的转折意义，"帕塔嘎"时代指佛的新纪元，果达麻就是佛祖释迦牟尼，"巴塔麻嘎时代已完/佛的洪福时代开元了"宣告着神创世时代的终结与佛光普照大地的开始。这里增加了一段佛祖的讲经，让人嗅到了佛教文化的气息。前文只关乎原始宗教，篇末却抹上了佛教的色彩，这可能与这部创世史诗最后阶段的搜集整理有

① 陈中梅：《言诗》，北京大学出版社 2008 年版，第 123 页。

② 参见《巴塔麻嘎捧尚罗》，岩温扁译，云南人民出版社 1989 年版。

关。这段新年告词预示着原始宗教与佛教在傣族社会中的关系，即妥协后的共融。尽管社会发展给佛教的传播与壮大带来空间，但佛教的渗入没有导致原始宗教的完全消亡，而是选择了披上原始宗教的外衣，让原始宗教与佛教衔接起来，实现佛巫合一。尽管不能简单地把傣族文学等同于宗教文学，但在解读《巴塔麻嘎捧尚罗》时，仍应该考虑到宗教语境的借用问题，与《巴塔麻嘎捧尚罗》宗教融合不同，后世叙事长诗在对待宗教的态度上有了分明的棱角。在叙事长诗中捧为至高无上的就是佛的教义，颂扬佛教成为主题之一。多数作品均把信仰佛教的国家歌颂为山好水好人更好的地方，而依旧信仰原始宗教的则是“魔鬼国”“妖国”。例如《相勐》中描述勐维扎虽弱小，但“好牛好马在那里生长，百姓知书达理。”是礼仪之邦。勐荷傣虽强大，但人人贪图富贵，君王不顾百姓疾苦，充满了邪恶。结局也往往是佛教熏陶下成长起来的杰出人物战胜了反面人物并且恩施四方，是佛的教义得到发扬光大。但在悲剧叙事诗中对佛教的态度又有了不同。在讨论傣族文学中有关宗教渗透的问题时，还是应该坚持历史的头脑。

（三）由《巴塔麻嘎捧尚罗》看傣族民间文学的特征

傣族文学之所以成为少数民族文学中不可多得的一部分，靠的就是独树一帜的特色。《巴塔麻嘎捧尚罗》正是延续了其中的精髓，才保有了不可取代的珍贵品质，以独立姿态闪耀在傣族文学的一代代浪潮中。

傣族文学是介于神与人之间的一座桥梁，阐释的是各个时代的神人关系以及自我认识。浓厚的宗教色彩背后隐藏的是作者对于此种关系的理解以及憧憬。

在对于神人关系的理解上，《巴塔麻嘎捧尚罗》试图建立的是在傣族原始宗教视野中的世界图景，把人所生存的世界纳入原始宗教的背景中去，运用宏大超群的想象力，利用语言的想象力，营造出想象的帝国。

“古人传下来/天生水/水生雾/雾生气/气生风/气还生神/神变人/万物又是英叭传”。究竟谁是“古人”无从考证，但神转化为人，神是人的始祖，人是神的子孙，神人关系乃源流关系已不容置疑。英叭具有至高无上的话语权威，他说过“曾听祖先说/人有头有脸/模样像天神”，神人同源，人神相似相通，神与人之间是祖先与后代的关系，神高于人但不超越人。当英叭看到神柱不稳固时，他说“原来我无能/原来我没智”，可见他不是无所不能的；在英叭年老时，叙述者说他“累极了”，可见这至高无上的天神也如一般人一样有局限。神的历史就是人的历史。这不是与我们毫无关联的荒唐传奇，而是所有傣族人民关于祖先的集体记忆，在人类文明的童年时期，除了把神当做真理外再没有别的选择。

《巴塔麻嘎捧尚罗》的自我认识正是通过认识神而实现的。神人同源，突出了人在自然万物中的特殊位置，反映先民朦胧的自我意识，对自身价值与力量的肯定。神对劳动、局限、怜悯、恩赐、狂妄、诱惑的态度正是作者为人类设定的理想。这种理想试图成为人类社会的一种信仰，过滤着人类世界的道德与制度，

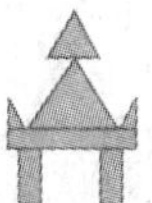

约束着每个人的言语和行为，以达到稳定生活、治理混乱分散的目的，这是原始时候维护社会秩序的常用方法。

神是完美的尺度，是道德秩序的维护者。

英叭开创天地没有任何工具，仅凭头脑和双手；对于责任，从不推诿。这暗示着人类改造大自然的决心和毅力。有正面的宣扬也有反面的批判。恼羞成怒的捧麻远冉神、口出狂言的还有帝娃达，无不受到上天的惩处。神性道德伦理同样适用于人间，神的蛮横、骄傲、目中无人使他们没有好下场。狂妄是毁灭的开始，不论对于天上的神，抑或地上的王，人们都该保有最基本的敬畏。“在天层里呀/神规天法凌驾一切/连神王天王都得遵守/谁也不能擅自逾越”，在神和王之上，还有规则，这是正义的秩序，是良心的法则，是最高的律令。

当帝娃达冒犯天规被赶下天来后，他变成大绿蛇，爬向果园，引诱守门的兄弟俩。兄弟俩在绿蛇的美言前遗忘了英叭的交代，陷入绿蛇的诡计之中，“让我俩变得比蛇美”，并且“吃完一个还不够/接着又添了一个”。贪婪导致他们违反天规，偏听偏信让他们失去了神性，这又引出了关于人该如何抵制诱惑的思考。

神的意义不在时间中完成，而这种意义也就具有永恒的力量。神的世界与人间之城在本质上是一致的。神话是神的故事，更是透过神的世界观照人的故事。

在这部创世史诗中，神一共造人三次，前两次均因愚蠢惹怒天神，“这代人不好/美丑都不分/比动物要蠢/他们不是人”，遭到了毁灭性的惩罚。从野蛮、蠢笨、人兽混战到贪婪、无知、善恶不分再到农耕、劳动、改造自然、创造生活，人类走过了漫长的进化历程。从亲子乱伦到兄妹婚姻再到配偶婚姻，更是人类自我认识的一大进步。单是肢体的成熟不是真正的成熟，唯有在神的指导下实现心智的成熟，才可进化成真正的人。

“天下人不和/天上神不安”，神的世界与人的世界是一个和谐的整体。人神自然界是关联的，过去现在和将来，历史和现实都是相关的，人之本能在于追求善和幸福，神的言行便是通向幸福的范本。

对神话的解读即对世界的解读。

对古老的文本的阐释目的在于解放文本在当下的困境——一种由时间所造成的理解上的困境——以寻求其与当下情景的联系，缓解文本与时代的紧张关系。在把握史诗的意义的时候不要忘了其中的时间维度，有着一双历史的眼睛，拒绝机械的反映。《巴塔麻嘎捧尚罗》就是对人与神的关系处在新旧两个不同阶段所造成的紧张的调和，从原始神灵到佛祖，这则创世史诗告诉民众人与神该处在一种怎样的关系才算合适。

四、结　语

纵观傣族文学发展的五个分期，各种文学样式均有出现，但诗歌不论在数量

上还是质量上均占有优势，《巴塔麻嘎捧尚罗》的卓越成就也为诗歌在傣族文学中的地位增添了砝码。是傣族社会对诗歌的重视和对诗歌的积极发展造就了这部创世史诗的辉煌成就，没有这样一片诗歌的土壤，就没有承前启后的里程碑《巴塔麻嘎捧尚罗》，也没有后世对傣族诗学的延续与拓展。民间文学研究是一种开放性的研究，故事文本本身与不同语境的影响都该纳入民间文学的研究范围中来。《巴塔麻嘎捧尚罗》是一个文本，更是一种交流，不仅看到它的“过去”，也看到它的“过去与现在”。叙事学的独到眼光看到了语言的别出心裁，语境的研究又把它置于文学史和社会的大关系网中，这一静一动两种视角，从不同角度展示了神话的存在状态，让读者更好地置身于史诗之内，全面地理解神话的存在何以成为可能。神话就是一个民族对世界的认知模式，感受神话的过程就是对世界赋予意义的过程，对民间文学的解读传达出的就是一种生活态度。《巴塔麻嘎捧尚罗》就是这样一部即独立又承启，既自成体系又有机联系的傣民族圣经，尽管其自身缺乏理论的自觉，然而每一次的阐释与重构都是为了更好地理解。

参考文献：

[1]［美］雷蒙德·范奥弗编．太阳之歌：世界各地创世神话［M］．毛天古译．北京：中国人民大学出版社，1989.

[2] 岩峰，王松，刀保尧．傣族文学史［M］．昆明：云南民族出版社，1995.

[3] 巴塔麻嘎捧尚罗［M］．岩温扁译．昆明：云南人民出版社，1989.

[4]［荷］米克巴尔．叙述学；叙事理论导论［M］．谭君强译．北京：中国社会科学出版社，2003.

[5] 谭君强．叙事学导论：从经典叙事学到后经典叙事学［M］．北京：高等教育出版社，2008.

[6] 马林诺夫斯基．巫术、科学与宗教［M］．上海：上海文艺出版社，1987.

[7] 陈中梅．言诗［M］．北京：北京大学出版社，2008.

[8]［美］理查德·鲍曼．作为表演的口头艺术［C］．杨利慧，安德明译．桂林：广西师范大学出版社，2008.

[9]［美］华莱士·马丁．当代叙事学［M］．伍晓明译．北京：北京大学出版社，2005.

[10]［美］约翰·迈尔斯·弗里．口头诗学：帕里－洛德理论．韩戈金译．北京：社会科学文献出版社，2000.

[11]［美］阿尔伯特·贝茨·洛德．故事的歌手［M］．尹虎彬译．北京：

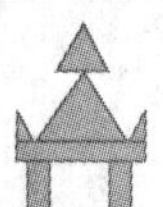

中华书局，2004.

［12］杨利慧．神话与神话学［M］．北京：北京师范大学出版社，2009.

［13］刘守华，黄永林主编．民间叙事文学研究．武汉：华中师范大学出版社，2005.

［14］钟敬文．民间文学概论［M］．上海：上海文艺出版社，1998.

［15］万建中．民间文学引论［M］．北京：北京大学出版社，2006.

［16］岩温扁．关于傣族创世史诗《巴塔麻嘎捧尚罗》的几个问题［J］．思想战线．1988（2）：52－62.

［17］刘辉豪．创世英雄与氏族英雄在傣族人们心目中的地位：傣族神话史诗《巴塔麻嘎捧尚罗》评介［J］．民族文学研究，1990（3）：85.

［18］王松．傣族长诗与傣族赞哈［J］．思想战线．1980（3）．

［19］李子贤．傣族民间叙事诗的繁荣与小乘佛教［J］．云南教育学院学报，1992，8（1）：69－74.

［20］秦家华，周娅，岩宰香主编．贝叶文化与民族社会发展［C］．昆明：云南大学出版社，2007.

贝叶文化与南传佛教

论德宏傣族佛教信众吟诵的艺术化、文人化与市民文化趋向

杨民康*

摘　要： 根据近年来的田野考察资料，在德宏州傣族佛教节庆及仪式过程中，由长者（布奘、贺露）为信众吟诵傣文佛经的部分活动内容里，呈现出明显的艺术化、文人化与市民文化现象。以往在德宏与西双版纳的寺院里，均是由佛爷和主持人（波占、布奘等）各管一块，各有分工，即僧侣主要诵巴利语经典，主持人或其他长老则吟诵傣文经文咒语。但是，无论是在佛教念诵风格及内涵的本土诵经艺术特点方面，还是文人化、城市化和内部传承等社会性因素方面，德宏地区都存在着明显有别于西双版纳、临沧等地区的情况。例如，在芒市镇菩提寺（有僧侣驻寺）的佛教仪式里，僧侣和布奘所念诵的经文及内容各有分工，僧侣主要念巴利经典，布奘、贺露除了主持仪式外，还同其他信众中的长者在仪式的首尾和间隙，用傣语为佛众唱诵长篇佛教故事经文。若从艺术化倾向看，布奘、贺露的经文吟诵经过长期的仪式性积累和在文人圈内的切磋交流，已经形成一套比较规范的演唱程序，已产生了比较严谨的词曲对应关系和较完整、丰富的音韵、旋律形态。从文化角度看，此类活动则显现出文人化和市民文化的种种外部特征。

关键词： 德宏傣族　佛教吟诵　仪式音乐

在我国傣族地区，伴随着封建领主制度的长期延续，也曾经历过官方传统与民间传统同时并存和本文（佛教经文）传统与口头传统同时并存，以及这两对传统轴线互相交叉、彼此作用的时期。至20世纪中叶，由于封建领主制度的消亡，官方传统与民间传统这一对关系只剩下民间传统存留，但本文传统与口头传统则仍然相对完整，并且存在一种由佛经—经腔唱词的转译而带来的傣文书写经

* 作者简介：杨民康，男，1955年生，白族，中央音乐学院研究员、博士，主要研究方向为中国少数民族民间歌舞音乐、民族传统仪式音乐。

书的文本与口诵经的文本相互依存、并行不悖的文化现象。在傣文书写经书中，一般包含用巴利语唱诵和用傣语唱诵的两类经文，本文将主要以当代云南德宏地区傣族的情况为例，涉及南传佛教安居节期间运用后一种经文举行仪式活动的情况。

一、傣族佛教信众吟诵采用的经文、经腔及其历史文化背景

（一）巴利语经文（腔）与傣语经文（腔）

如今，各国佛教学者均认为，中国和东南亚的南传上座部佛教直接继承了古代印度原始佛教的文化传统。上座部佛教经斯里兰卡传播至东南亚和中国云南，至今一直沿用巴利语作为该派佛教的经典用语。目前在云南与东南亚南传佛教的各种封闭性佛教仪式里①，使用着一部分纯宗教性的，最为精华、实用而稳定性强的佛教诵经仪式音乐，即主要用巴利语唱诵②，涉及三藏经的佛教经典内容。除此而外，傣族南传佛教还有各类在节庆仪式里僧俗共享的经文和经腔，一般采用以傣文记写的傣语佛经或口诵经内容为基本唱词，有时也杂有一些巴利语成分。其具体内容以佛经里记载的佛教本生经故事、传说、寓言及祝祷词、赞颂词为主。这类傣语经腔与用缅甸、泰国等国语言唱诵的南传佛教经腔一样，其产生和存在皆有特定的社会历史原因和仪式适用范围。在南传佛教经腔中，使用傣语和其他民族语种唱诵的经腔，在宗教性的纯度、深度和使用经典语言的含量上不及巴利语经典，从其与佛教文化之间关系的远近程度及所具有的宗教功能作用上看，居于南传佛教文化丛系统的中介层次；然而，因其采用民族语言而据有的群众性优势，在促使佛教文化在不同民族地区广泛传播和普及方面，则起到了巴利语经腔所不可替代的作用。

（二）傣语经腔与南传佛教的民族化和本土化

将话题转到本文主旨——佛教音乐之上。作为中国南传佛教文化的一个面相，我国南方傣、布朗、德昂、佤、阿昌等少数民族的佛教音乐，是集本民族自然宗教文化和外来的佛教文化两方面因素而成的艺术文化混融体。它也像南传佛教文化一样，一方面带有跨民族性、跨地域性（亦即区域性）和人为文化等文化属性，同时也含有种种地域性、民族性宗教的文化素质。至于该地佛教音乐的现状，笔者与一些南传佛教文化学者均有以下共识：由于众所周知的原因，几十年来，云南各地区的南传佛教文化传统均不同程度地产生断裂，原有的佛教流派

① 笔者主张把与佛教有关的各种仪式活动分为三类：封闭性仪式——僧侣内部举行的崇拜仪式；开放性仪式——僧、俗共同参与的崇拜仪式和非佛教仪式场合——节庆期间的公众庆典活动。

② 均使用巴利语语音，但有可能采用民族文字转写，例如傣族便使用以傣文记写的南传大藏经。

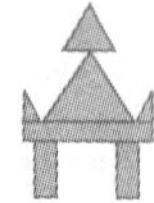

多已经产生变化，上述佛教音乐的地方音调在仍然保留各地特点的同时，也在不断地互相融合，风格差别正在慢慢地缩小。此外，在过去，云南各地南传佛教与缅甸佛教有较多的联系，近年来由于东南亚邻国的政治、经济状况和我国对外关系上的种种变化，这种状况也在逐渐改变。其中，西双版纳地区的佛教正在向与泰国佛教加深联系的方向发展，在佛教音乐方面，近年来显然也受到了不少泰国佛教音乐的影响；而以德宏为代表的其他地区，则仍然保持着同缅甸佛教有较密切联系的传统发展趋向。

（三）傣语经腔与巴利语经腔的不同应用范围和文化意义

南传佛教音乐里与早期佛教历史有关的，还有一个佛经—经腔唱词的转译，以及由此而来的书写经文与口诵经文并行不悖的特殊文化现象。从音乐形态上升到文化形态层面来看，佛教经文主要是用来传达神、佛旨意的工具，其具体内容主要是通过经文所用的文字语言来表达。故此，用傣语转译的经文及其经腔曲调，与用巴利语原文唱诵的经文及其经腔有着不同的文化意义。从此意义上看，如今包括中国云南及泰国、缅甸、老挝、柬埔寨、斯里兰卡等国在内的各南传佛教的传播地，均在使用原始佛教时期产生、用巴利文符号系统记载的三藏经原传经卷的同时，还都流传着用当地语言和本民族佛经文字直译、转译和意译的不同经文及各种变异了的佛经文学文本，它们与直接在佛经语言基础上建立的各地不同诵经音乐变体相结合，形成了一种风格色彩极其丰富多样的，民族化、地方化了的“方言”话语体系。

可以说，在准确、原样地表达佛教教旨方面，巴利文（含用傣文注音的巴利语）的佛经有着傣文转写佛经所不及的优势。但是，由于傣语为傣族的母语，也是傣族与相邻的布朗、德昂、佤、阿昌等民族之间共同使用的族际语，经用傣文翻译或转写后，不仅能使其所载的宗教意义更易于为不同少数民族的普通信徒所知晓和接受，而且，还能借助于傣语的语调、声调及节奏与民族音乐之间的特殊关系，将传播佛教音乐所迫切需要的艺术性音乐语言要素倾其所能地发挥出来，并借此较好地达到用佛教文化中的音乐因素去感染、吸引教徒与非教徒，增强其宗教感情和信仰的目的。同时还兼具有一定的娱乐和情感功能。对此，没有声调及语调因素的巴利语显然是力所不及的。

就中国的情况来说，这种地域性佛教音乐风格格局主要体现在以下两个微观的层面上。首先，在云南省西双版纳傣族自治州和德宏傣族景颇族自治州两地的南传佛教及其音乐文化之间，便各有自身的地域性、民族（或支系）性风格，而形成中国南传佛教的两大分支系统。其次，在其他州市的景谷、耿马、孟连、沧源等市县，也存在一些较小的地域性佛教文化次圈。与此相应，在宗教语言和文字记载符号上也形成了傣泐文（西双版纳）、傣那文（德宏）、傣绷文（瑞丽、耿马）和傣端文（金平）等四种老傣文系统，并在此基础上产生了不同的佛教

诵经音乐地方风格类型。以上宗教语言、文字和诵经音乐诸文化要素相结合，致使在傣（云南各地）、布朗（西双版纳、双江）、德昂（德宏、保山）、佤（沧源）、阿昌（德宏）等不同民族组成的中国南传佛教文化圈内部，形成了以地域性而非民族性为划分标准的多种地方风格话语子系统。

（四）傣语经腔与唐代“俗讲”“变文”的相似性特点

在此须强调的是，上述南传佛教经文的傣化过程，其作用和意义与早期历史上北传佛教经文的汉化过程极为相似，其在宗教艺术文化方面的重要历史意义，亦与中原隋唐时期北传佛教的“俗讲”、“变文”可相提并论。不同的是，二者发生的历史时期前后相距数百年。如今，发生于佛教北传初期的汉化过程及数百年前的“俗讲”、“变文”早已成为历史，而发生在南传佛教中的同类现象却至今在现实社会里鲜活地留存。每当我们眼见到后者，就能够在脑海中极其逼真地拟构、浮现出前者所代表的古代宗教与艺术文化历史。所以说，我们在此论述南传佛教音乐中尚存的早期佛教原生文化风格因素问题，无论对于中国传统音乐文化现状和历史的研究，或对少数民族与汉族宗教音乐文化之间关系的比较研究都有着非常特殊的意义。

二、从德宏傣族佛教吟诵看其艺术化、文人化与市民文化现象

根据近年来的田野调查资料，在德宏州傣族佛教节庆及仪式过程中，由长者（布奘、贺露）在寺院为信众吟诵傣文佛经的部分活动内容里，呈现出明显的艺术化、文人化与市民文化现象。这类现象与西双版纳、普洱等其他地区的傣族佛教诵经艺术在风格特征及吟唱者身份、传承方式等方面均表现出某些不同特点。在展开相关的讨论之前，有必要先对德宏傣族佛教节庆仪式里长者吟诵经文的活动过程予以简略描述，以为读者提供一个可从中寻求间接体验的活态文本。

（一）安居节仪式中长者吟诵经文的过程及行为特征

安居节是佛教的重要节日。德宏傣族称“进洼”。按当地老人的说法，这三个月是雨水天，佛祖会来到各地寺庙巡礼。在这三个月里，逢傣历每月的八、十五、二十三、三十，傣族的老年人都要上奘（入寺）“赕信”，接受五戒、八戒等佛教戒律。“赕信”期间的仪式活动一般延续三日。其中，前两日活动内容比较多，每日下午均有一场拜佛仪式，时长约半小时至40分钟不等，分为三个阶段，以信徒的日常修持为主。

2008年，德宏州芒市镇傣族的安居节于7月17日正式开始。现以笔者8月7日和8日参加的两天仪式为例，略述其中的长老诵经活动过程及内容。

7日是进洼（安居节）期间本次上奘（入寺）赕信的第一日，中午，人们渐渐来齐。约下午16：30，预备程序开始，有近百位中老年信徒齐聚大殿，两位老

人（诵经师）坐于前方，一人面前铺列经文，另一人坐于一侧（起主持及提示的作用），开始为大家诵经。据笔者身旁一位老人告知，这是教育人的经书。佛教经书号称有八万四千部，载入大藏经里的本生经有500多部，这一天要念其中之一。该经内容大意是：某有钱人，因为富不仁，不善，遭到报应，变成了一头黑牛，尾巴上还长了一百朵花……一位年约50岁的较年轻者先诵，音调不甚流畅，有时还会念错，看来在诵经艺术上还处于学习阶段。这时，两位老人（本寺长者方老和银老）一直坐在其后方位置，凡有不顺的地方，老人就小声地提醒和纠正。大约半小时以后，银老接替念诵，情况就要好得多，显得流畅、舒展而带有明显的民间语言与音乐风格。在有些重要的段落，老人还会用傣语给予简短的内容解释。只是由于老人几天来过于劳累，嗓音有些嘶哑。诵经间隙，布奘介绍此次仪式的信徒及来宾捐献情况，笔者还能从中听出“从北京来的杨民康捐100元”的字句。

8日上午的仪式较长，大约100分钟左右，分五个阶段，为全寺管辖范围内的佛教赕信仪式。早上7：21，菩提寺内赕信仪式已经开始。当日的仪式人数较多，场面较大，时间较长，比上一天的仪式更为隆重一些。整个过程基本相同。7：51，仪式进入第三个阶段，即信徒们自由献诗以赞颂佛祖的阶段。开始时，三位献诗者均以平诵方式来念，后来一位年约60岁的信徒，唱起了一首带有傣族民歌风格的赞美诗，据事后了解，这是一位姓虎的新参加者，原为州傣剧团演员，他代表一批刚从各政府机关退休，开始来佛寺参与活动的老人们献上自己的赞美诗作品。该曲不仅音调柔美，节奏齐整，富于地方与民族风格，而且诵者还有较好的嗓音和唱功。仪式至此掀起了一个艺术化的小高潮。

下午16：14。仍然如上一天一样，长者们开始为信徒们念诵经文。银老独诵了几段，因咳嗽嗓子不好，由方老接念。据长者相告，这样的场合，一般是应赕佛主人家的请求，由其选择内容，并出钱请人抄写经书，再由长者在这里为主家及众人念诵。此时，一般应该由诵经师问及须念何经，几本经书，是否对诵经师有所选择，等等。的确，由于诵经师个人佛教学识、念诵经验乃至音乐才能的差异，其诵经过程中表现出来的艺术感染力也大相径庭。听众对于诵经师诵经艺术水平的评价，通常会以物质奖励的多少来体现。因为在他念诵的过程中，听众中的老人和妇女会向托盘中放入钱币，面值有一元、几角的不等，这既是听诵后给经师的酬谢，也是个人诚心赕佛的一种方式。

（二）信众吟诵的艺术化、文人化风格及其变异特征

据笔者观察，佛寺内以布奘为代表的佛教徒们对佛教诵经的艺术风格的追求，明显不同于一般佛教寺院僧人对于诵经所持有的观念。根据几天来对菩提寺仪式主持人及诵经师的诵经方式及诵唱风格的实际体验，感觉虽然它们大体保持着某种一致性，但仍然呈现出较明显的艺术性及个人化风格。就艺术性来说，这

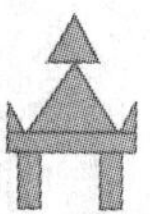

种差别主要表现在仪式主持人与普通佛教徒在不同仪式环节中的唱诵里。例如，在正式仪式里，仪式主持人的诵经方式有直诵和唱诵两种，其中的唱诵方式同8日下午各位诵经师为许多信徒诵经时的声腔比较吻合，两者都有较明显的傣族地方语言及音乐风格；但前者通常较为严谨，领（主持人）、和（信众）之间彼此唱法比较接近和一致；后者则由于采取独诵方式的原因，往往旋律性更强，情绪更为活泼流畅，且通过长期的个体传承，已经形成一些典型的经书调类型。当笔者带着这个问题请教银老时，他说在当地的诵经师中，的确存在着多种不同的经文唱诵方法，并且时常处于诵经风格的新旧更替之中。同一经文，不同人来诵，会有不同腔调，表现出各人领悟和艺术素养的差异。诵经虽然是持戒者的日常功课，但能够在大庭广众之下带领大家诵经，或为信徒念诵者，必有一定的唱诵能力（按：包括佛教知识和艺术修养）。善此道者，多半是由于个人有此爱好，才肯去下工夫钻研。再就个人化因素来讲，此类吟诵艺术不仅在同辈吟诵者之间存在某些润腔、音色乃至唱诵风格之分，而且在不同辈分吟诵者之间，也由于受到代际关系中个人经历、文化身份等差别的影响，而产生了艺术风格上的异化。比如在8日上午的仪式过程中，傣剧团演员出身的虎姓唱诵者所唱诵的经腔，比起前述老一辈吟诵者来说，则又更加通俗、活泼，且渗入了较多的民歌曲调因素。他们的到来和参与，显然为菩提寺的诵经活动注入了一些崭新的音乐艺术元素。

从文人化角度看，据笔者观察，能够在仪式中为大家吟唱经文者，多是兼通汉、傣文化的长者。比如上述仪式里，参加诵经者约有四五人，年长者如八十余岁的方老、近八十岁的银老，年轻者也有五六十岁了，且都为男性长者。方老告诉笔者说，他自已在平时常常同精通佛教文化及汉族文化的老者（如傣族文化学者龚肃政）一道讨论、推敲诵经艺术。可以说，在他们中已经形成了一个以切磋佛教诵经艺术为旨趣的文人圈子。同时还值得注意的是，这些傣族老人常常在自己所唱诵的佛经曲调里融入某些民歌、滇戏、傣戏或说唱艺术的腔调，而且所用的手法、风格各有不同，这便与德宏地区的民族文化较为开放，这些老人均具有较深厚的汉文功底和较高的传统艺术素质有关①。另据一位老人告知，本寺信众近年来正在策划和募集资金，准备为银曼罕等几位擅长诵经的老人录制音像专集，以供大家学习、欣赏和传于后世。当笔者也表示想要录制他唱诵的经腔时，他非常高兴，也很在意。可见在佛教诵经师的职责和本分之外，对于唱诵者具有某种音乐才能的说法，他本人是非常认同的。此外，笔者发现在各位仪式主持人中，也并非人人都能够掌握这种较专门化的诵经艺术。例如有一位年约60岁的安居节仪式主持人，其主要职责是在仪式过程中带领人们诵经，但却不能像银、

① 与西双版纳傣族比较而言，德宏地区的傣族一直受汉族文化的影响较深，尤其是当地的方姓多为过去的土司亲属或民族上层，通常有较好的汉文教育背景，汉族戏曲和说唱等对傣、德昂等少数民族音乐也产生了一定的影响。

方等人那样，在仪式结束后的其他场合里为中老年居士们念诵长篇经文。据告之，其原因在于他的傣文、汉文水平及诵经艺术修养还比较有限。

（三）佛经吟诵的传承方式及其城市文化特点

如前所述，德宏州傣族佛寺信众的佛经吟诵艺术得以世代流传，既不是靠传统的师徒传承，也并非靠一般的学校教育，而是靠寺院的仪式诵经实践，同时也在一定程度上得益于傣族文人圈内深厚的文化与艺术氛围。而上述种种，又同傣族乃至于许多少数民族地区特殊的城市化及市民文化特点有关。

20 世纪 50 年代，德宏州府芒市和西双版纳州府景洪的城市规模大约只相当于现在的一个乡镇。今天，这两个城市都已发展为 10 万以上人口的新兴旅游城市。在这类以少数民族居民为主的城市里，每年的泼水节都会有大批的当地人和外来旅游者参加①。当代民族音乐学家认为，城市多元音乐文化中的“次级都市性”（secondary urbanization）和文化个案（individual cultures）等因素的研究已经形成该学科关注的焦点之一。特别是在对第三世界国家音乐文化的研究里，往往将其城市化（urbanization）及多元文化的起步阶段纳入考察的视野②。稍有中国当代城市生活经验的人都知道，凡新兴的中小型城市，其发展一般都是从一两个微型的乡镇社会开始起步。当城市发展壮大之后，这原有的乡镇便作为所谓“城关”地区，大多保留与该城市相同的名称，其居民则具有类似于“原住民”的性质，并且往往会在较长的一段时间内仍然维持一种地缘性村落群体的居处方式，及采用半农半商（工）的谋生方式。同时，“城关”地区往往还是当地最重要的传统文化保留地和辐射中心。社会学所谓的地缘关系，系指一种由于地理上的接近而引起的人际关系，比如邻里关系、同乡关系，在非城区有村落社会，在城镇有街坊市井。以德宏州芒市为例，作为城关的芒市镇紧挨着市区，外表上看只是市区的两条街道，街面上店铺商家比肩相邻，市民游客来来往往，如果他们没有留意到全州最著名的三座傣族佛寺——菩提寺、五云寺和佛光寺就坐落在街面上的话，这些街道也许就像城里的其他街道那样，给人一种已经汉化的城镇风格的印象。但是，当你走进一条条小巷，便会看到一幢幢傣族风格的庭院或砖房，傣族农村日常生活的本来面目一览眼底。这里的居民多以务农为生，当然也有一定比例的政府工作人员、城镇居民混居其间。到了传统佛教节日泼水节、安居节期间，“城关”地区的傣族村寨及市井便会焕发出特有的社会文化活力与艺

① 在与西双版纳州政协和宗教局人士座谈时得知，据有关部门统计，至 1999 年末，景洪市总人口为 36 万余人，其中非农业人口 9 万余人；芒市总人口也多达 32 万余人，故两地的城区人口估计如今都已超过 10 万之数。若连同流动人口计算在内，还远远不止这些。在景洪市，以傣族为主的少数民族人口约 23 万余人，约占总人口的 66%。

② Nettl，Bruno. 1992. *Recent Directions in Ethnomusicology.* Helen Myers - ed.，*Ethnomusicology*：*An Introduction.* New York and London：Norton，pp. 375 - 399.

术文化功能①。

若将西双版纳与德宏的“城关”略作比较，可知在前一类地区，由古代至20世纪50年代以前一直存在着由僧侣、宗教长者（波占）和村寨头人结合而成的，政教合一的基层政权组织，他们管理着包括仪式和仪式音乐活动在内的所有僧俗事务。20世纪80年代改革开放以来，通过遍布城乡各地的佛寺和僧侣群体，这种地缘性的典型政治特征，仍然作为一种传统遗留的文化惯性重新出现。而德宏州傣族的情况却不完全是这样，尽管那里的傣族也信仰佛教，以往也曾有过前述僧俗并举、政教合一的基层政权，如今此类具准政权性质的社会关系也一样存留下来。但由于如今许多傣族村寨（如芒市的情况）不仅没有僧侣，也没有佛寺，这种社会关系便通过集神权和族权功能于一身的长者——布奘、贺露等对村寨的实际掌控表现出来。

据笔者观察，尽管当地佛寺内部的长者——诵经师的诵经方式各有不同，但整个传承过程及梯队状况暂时还比较稳定。换言之，此类诵经方式及其唱诵艺术仍是当地人——傣族长者，而非外来者（僧侣）的事情。这种状况的产生，某种程度上便与上述傣族长者们在这类“城关”地区的市井地缘群体中拥有的传统社会地位和文化地位有关。笔者曾就此事问过方老，他告诉说：“和尚来来去去，一会走人，一会还俗，仪式还是要靠老人来做嘛！”因为方老精通汉文，笔者就问他，是否像俗话说的“铁打的营盘流水的兵”，他笑了起来，颇有赞同之意。确实，在当地佛寺，主持诵经的老人一直没有怎么换过，十年前笔者在这里见到的主持人是方老、银老，十年后见到的还是银老、方老，只是由于年龄的关系，互相有所交接而已。所不同的是，佛寺里的佛爷几年一换，来自德宏州各县及境外（缅甸为主）皆有。仅只是笔者近二十年同当地佛寺打交道，就不知见到过多少异地前来驻寺的佛爷。上述情况导致了在本地佛寺里，虽然佛爷从来是以佛爷的地位为尊，但多年以来在当地佛教仪式里，作为主持人的长者们一直是最重要的角色。许多佛寺甚至没有佛爷，日常寺务均由长者掌管。此外，据笔者观察，以往以诵经师为主体的上述地方傣族文人群体，在传统的土司制度下似与世俗的社会上层还有着千丝万缕的联系。对此，从目前最年长的诵经师——方老所拥有的傣族土司贵族血统及其身上显露的上一辈经文吟诵传承者特有的文化、艺术旨趣及社会身份等可以看得出来。

与芒市镇的情况相比，同样是德宏州境内，在离边境比较近的瑞丽、陇川等市县，傣族、阿昌族等村寨佛寺及中心佛寺（如瑞丽县喊沙佛寺），其佛教僧侣队伍及仪式活动则较大程度依靠来自缅甸的缅籍僧侣维持，其诵经音乐在风格上也就比较倾向于缅甸化。而靠近内地的州府芒市的中心佛寺如菩提寺、风平佛寺

① 参见拙著《贝叶礼赞：傣族南传佛教节庆仪式音乐研究》，宗教文化出版社2003年版。

以及三台山的一些德昂族佛寺，虽然也存在由缅籍僧侣加盟甚至主持的情况，但其基本的佛教仪轨和仪式音乐风格却仍然保持了本地的风格特征。

三、不同傣语方言区诵经艺术的些微比较

2007 年在德宏菩提寺的实地考察，更加深了十年前留下的印象，即无论是在佛教念诵风格及所包含的本土诵经艺术特点方面，还是文人化、城市化和内部传承等社会性因素方面，德宏州的芒市地区都存在着明显有别于本州其他地区以及西双版纳、临沧等地区的情况。

与上述德宏州的情况相比，在西双版纳，凡总佛寺或中心佛寺，一般都有佛爷及和尚，在仪式里，佛爷及和尚所起的作用及其影响也大得多。而在地方佛寺或村寨佛寺，一般也必须有僧侣驻寺，但本村佛教长者（通常是波占）在维持本地宗教文化教育及诵经风格的传承上，也像德宏州那样起着较大的作用。在这类地区，尽管僧侣与长老（波占）在诵经内容和仪式角色上各有分工①，但由于通常仪式里主要是由僧侣诵经，凡经腔旋律里包含的音乐性、歌唱性等艺术化倾向，便主要是显现在僧侣的唱诵曲目，如安居节赕坦仪式里必须唱诵的《维先答腊》② 经书中。同时，该地的典型佛教吟诵风格主要由僧侣吟诵的佛教仪式课诵梵呗经腔体现出来，其内容用傣泐文书写。因此可以说，在西双版纳地区的佛寺仪式里，至今尚未形成像德宏那样以文人、长老组成的吟诵群体及相应的文人化仪式经文吟诵风格。但是，两地有一个比较明确的共同点，即本土诵经风格主要由长老（如波占、布荚、贺露等）负责予以延续和传承，外来风格则尽显于僧侣的诵经之中。此外，西双版纳的佛经唱诵风格因素还部分地包含在世俗化了的民间赞哈演唱艺术中。产生上述状况的一个重要原因，即在于长者们作为本地人士，始终要驻守在当地，不会轻易流动；来源各异的僧侣则在境内境外，不同地域间不断地出出进进、来来去去，就像俗话说的“铁打的营盘流水的兵”。就此可以说，无论他们怎样流动，也无损于长期以来本土诵经风格的传承和延续。这也许就是为何本土与外来两类诵经风格能够在这类地区长期并存、协同发展的一个重要原因。

在云南省的普洱、临沧等市，傣族及部分佤族、布朗族在过去历史上曾同时接受了西双版纳和德宏两地的佛教文化元素，上述文人群体持有的文人化吟诵风

① 参见拙著《贝叶礼赞：傣族南传佛教节庆仪式音乐研究》，宗教文化出版社 2003 年版。

② 《维先达腊》（*Vessantara* 或 *Wetsundawn*）是西双版纳地区南传佛教大赕时必念的重要经典之一。此经有三种傣文译本，分别为 32 册、24 册和 13 册（或为 16 册），在“大赕”里较常使用后者。此经源自南传佛教经典《佛本生经》（*Jataka*）。收入《南传大藏经·经藏·小部》第十类《本生经集》，共有 547 个故事，末篇即《维先达腊王子本生》。汉传佛教本生经集《六度集经·布施度》卷二中第四则《须大拿太子本生》也与此同源。

格和僧人群体持有的课诵梵呗风格两者兼有，其经文内容分别用傣那文（主要在德宏流传）、傣泐文（主要在西双版纳流传）两种傣文记写，而僧侣则是在佛寺里吟诵两类经文的主体。一般情况下，在僧侣的内部修持和巴利语课诵经文上，主要是采用西双版纳傣泐文系统的经书；而在用来与俗众沟通交流的傣文经文方面，又较多采用的是德宏的傣那文系统的经书。如今，这种外来佛经本地化的状况仍然较完整地保持下来。

综上所述，德宏、西双版纳、普洱等地如今在佛教寺院的信众结构、仪式传统及相应的经文传习制度上存在着事实上的差异；而各傣族地区本土佛教文化由于受到各种外来文化（如汉文化、境外缅甸、泰国文化乃至西方文化）的不同程度影响，而使自身在表现内容、传承方式及吟诵者的知识结构上发生变化和彼此拉开距离，乃是导致上述傣族各地佛教文化结构产生变革，并进一步形成社会性、制度性和文化性差异的一个直接而重要的外在原因。对此类宗教、社会与文化现象进行较深入的考察分析，将有利于我们进一步去开展有关中国南传佛教文化的整体性研究。

中国南传上座部佛教抄本概况研究①

周　娅*

摘　要： 中国南传上座部佛教的基本情况，国内外学界都知之不多，尤其是南传佛教抄本在中国的流存状况，由于语言文字等障碍，直到近年随着《中国贝叶经全集》（100 卷）的出版发行，才逐渐引起国内外学界的日益关注。本文拟对中国境内南传上座部地区的佛教抄本情况作一概要介绍，并进一步以西双版纳为个案，对我国南传上座部佛教抄本的源流、形制、存量、文字、内容结构以及濒危状况等方面作一简要论述。

关键词： 南传佛教　贝叶经抄本　西双版纳　傣族

2010 年 8 月，笔者受邀赴澳大利亚悉尼大学参加“早期佛教国际研讨会”（ISEB2010，即 the International Seminar on Early Buddhism 2010），就“中国的南传佛教抄本”一题做学术发言。在会后交流中，一位印度学者对我说：“听了您的发言，我才知道原来中国有 Theravada② 啊！”他的感慨让我想起今年 1 月我在泰国最高佛教学府马哈朱拉隆功佛教大学参加由该校与世界南传佛教大学联合会主办的“第二届佛学大会”时，也曾听到这样一些疑惑的声音：“中国也有 Theravada 么?”

佛教在中国，并非只有一种形式。除了为大多数国人所熟悉的汉传佛教（Chinese Buddhism）外，还有另外两个部派——藏传佛教（Tibetan Buddhism）

---

① 本文为 2006 年度国家社科基金青年项目“中国南传佛教地区贝叶经典籍调查研究”（项目编号：ZJ2006003）的阶段性成果。

* 周娅，女，1975 年生，云南大学发展研究院贝叶文化研究中心副主任，助理研究员，博士研究生。主要研究方向为贝叶文化与社会发展。

② Theravada，即南传上座部佛教，简称上座部佛教。它是部派佛教时期形成的，其教义内容被认为与释迦牟尼所创立的早期佛教最为接近。现今主要流传在东南亚的缅甸、泰国、老挝、柬埔寨，南亚的斯里兰卡等国家以及我国的云南省。上座部佛教在中国西南云南省境内的西双版纳、德宏、耿马、孟连、景谷等傣族地区广有分布。其信众人数达 130 余万人，根据相关数字分析，傣族至少占信仰人数的 70% 以上，此外也包含部分布朗族、德昂族、阿昌族、佤族和彝族同胞。

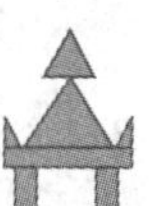

和南传上座部佛教（Theravada Buddhism）①。而其中较少为人所知的、在我国境内仅存在于云南省的南传上座部佛教，就是“Theravada”。中国的 Theravada 国内学界所知不多，与其在国内分布地域偏远、影响范围有限有关；而国外学界对其知之甚少，则恐怕是由于中国的南传佛教抄本研究的人极少，且很少公开相关信息的缘故。

我国对南传佛教抄本较大规模的收集整理始于 2001 年。在此之前，没有对这些抄本进行收集整理编目的原因，一是由于这些抄本散存于佛寺和民间，收集难度大；二是因为抄本里的文字是老傣文和用老傣文拼写的巴利语，懂得的人很少，整理翻译的工作难度太大。可见，就连国内学界对我国南传佛教抄本的介绍和研究都十分有限，国外学界就更无从知晓了。基于这一窘况，本文拟对中国境内的南传上座部佛教抄本的基本情况作一概要介绍，并进一步以西双版纳为个案，对我国南传佛教抄本的源流、形制、存量、文字、内容结构以及所面临的问题作一简要论述。

一、中国南传佛教抄本概况

中国的南传佛教抄本主要留存于云南的傣族聚居区。其中，又以西双版纳最为多见，存量也较大。目前发现的抄本数量众多，内容涉及三藏和藏外部分。以下分别简论之。

（一）地理范围

中国的南传佛教抄本主要藏于中国西南隅云南省的傣族聚居区。云南是中国境内唯一有南传上座部佛教流传的省份，其主要流传地区包括西双版纳傣族自治州、德宏傣族景颇族自治州、普洱市、临沧市和保山市等地。其中，信仰人数达 100 余万的傣族，是中国南传上座部佛教最主要的信仰族群。在傣族聚居区，几乎村村有佛寺，佛教信仰与傣族社会生活紧密联系在一起。南传佛教抄本也多见于这些傣族聚居区域的佛寺中。

（二）中国南传佛教抄本的源流

中国的南传佛教抄本，从内容上辨别，源流地应是斯里兰卡。而从文字上判断，其传播途径主要由泰国和缅甸两地传入。其中，西双版纳的抄本主要从泰国北部传入，而德宏的抄本则经由缅甸传入。

内容上，“从傣文巴利语佛贝叶经来看，它沿袭了斯里兰卡觉音（Buddhagosa）时代的巴利文三藏经典，这部经典及三藏注释都用铁笔刻于贝叶上，保留着

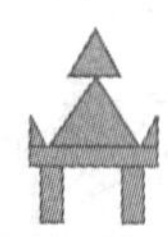

① 南传上座部佛教属于通常所说的小乘佛教部派；而汉传佛教与藏传佛教则属大乘佛教部派。

许多原始的佛教成分”[①]，例如“四谛”、“五蕴”、“八正道”、“十二因缘”等早期佛教义理。信众也多注重以“赕”为核心的佛教信奉与自我修持。因而，中国的南传佛教地区也是中国境内早期佛教义理保存最为完整典型之地。其源流应是源自斯里兰卡上座部佛教部派传统。

从抄本文字上看，中国的南传佛教抄本所用的文字有老傣泐文、傣泐文拼写的巴利语、傣那文、缅傣文等几种。另也散见少量其他国家文字的抄本。西双版纳地区最常见的是用老傣泐文（也被称为 Duo Tanm “经文”[②]）所记载的抄本。此种抄本中的一部分甚至有大量用老傣泐文拼写出的巴利语词汇。因巴利语部分[③]在一部抄本中所占比例的多少有别，也可将版纳的抄本分为老傣文抄本、傣—巴混合抄本以及巴利抄本三种。老傣泐文的字形结构与兰纳文极其相似，仅是在两个声母的字形写法上有差异而已。可见其源流之一应是古兰纳王国所在地，即从现在的清迈、清莱等泰国北部地区传来的；同时，这种文字能被老挝北部地区的佛爷和一些中老年男性读懂，这也说明西双版纳地区用老傣泐文记载的佛教抄本，也与老挝北部有着渊源[④]。而德宏的抄本使用的文字多是德宏傣文即傣那文，以及或圆形或长形的缅傣文，因而可以判断其源流是经由缅甸传入的。

（三）抄本形制和数量

西双版纳发现了相当数量的佛教抄本，主要是贝叶经抄本（palm - leaf manuscripts）和构皮纸抄本（Saa - paper manuscripts）。从 2001 年开始，西双版纳傣族自治州人民政府的宗教管理部门，便依据国家重视少数民族[⑤]地区宗教文化保护和发展的相关精神，开始着手搜集整理散存在佛寺、州档案馆、各学术机构以及大量在民间的佛经抄本，其中包括贝叶经抄本和构皮纸[⑥]抄本。共收集到散落

---

① 牛军：《论贝叶文化中的宗教审美精神》，载秦家华、周娅、岩香宰主编《贝叶文化与民族社会发展》，云南大学出版社 2007 年版。

② “经文”傣语即“多坦”（Duo Tanm，在这里指与兰纳文、老挝北部琅勃拉邦等地文字在字形字义上极其相近的老傣泐文。据傣学专家高立士先生回忆，他到琅勃拉邦时随身带了本西双版纳的贝叶经，结果拿出来给老挝那边的佛爷和村民看时，那些人都能诵读，说这就是“经文”，跟他们在贝叶经上见的文字是一样的。

③ 这些巴利语部分基本都是由老傣文拼写而成的。

④ 老族是老挝的主体民族之一。老族被视为东南亚傣泰民族的同源民族。尤其是在老族北部，这里有些村寨据考是从西双版纳迁去的，这些村寨的居民自称为“Dai”，即傣族。

⑤ 中国的主体民族是汉族，傣族在中国是 55 个少数民族之一。依据 2000 年中国人口普查官方公布的调查结果，中国的傣族总人口为 115.9 万余人，98.55% 的傣族人口居住在云南省，其中西双版纳州傣族人口为 296 930 人，其余主要分布在德宏傣族景颇族自治州（2002 年 32.58 万人）、耿马、孟连、景谷、元江、新平、金平等地。

⑥ 西双版纳当地生产的一种纸张，它以构树皮等材料为原料，经久耐磨，写入的文字清晰隽永，适合长期保存。因为这一特征，西双版纳几乎每个地方都有构皮纸的经书抄本。由于它轻便性、实用性更好，已在很大程度上取代了历史上贝叶经在这些地方的经典载体地位。

在各地的抄本400多部（其中贝叶经152部、构纸经书211部、赞哈唱本40部）①。据西双版纳州民族研究所所长、州贝叶文化研究中心岩香主任介绍，全州的贝叶经抄本数量应该在1 000部左右②，构皮纸抄本更不计其数。笔者在2005年曾跟随西双版纳州大佛爷祜巴龙庄勐长老至勐海佛寺等地调研，仅勐海佛寺就藏有贝叶经数十册和构纸抄本数百册。值得一提的是，西双版纳州政府自2001年开始组织全州力量收集整理南传佛教抄本，并从收集到的1 000余部抄本中遴选了131部较具代表性和影响力的，经过艰苦的9年时间翻译整理，于2010年4月由人民出版社将100卷本③的《中国贝叶经全集》全部出齐。这部巨著以贝叶抄本或构皮纸抄本扫描、老傣文、新傣文、国际音标、汉文直译和汉文意译“六对照”的形式，首次将我国境内的南传佛教抄本情况④较为细致和规模性地呈现在世人面前。

除西双版纳之外，云南的德宏、耿马、孟连、景谷等傣族聚居地，也存在大量的南传佛教抄本。根据尹绍亭教授、唐立教授等编写的《中国云南德宏傣文古籍编目》⑤、《中国云南耿马傣文古籍编目》⑥ 等材料以及笔者对尹绍亭教授的访谈资料来看，这些地区的南传佛教抄本都有一个特点，即贝叶抄本极其少见，大多为纸质抄本。

虽然这些地区的贝叶抄本较少，但在抄本形制上仍有其特点。以云南傣族人口最多的德宏为例，这里的南传佛教抄本的形制即抄本材质类型相当丰富。根据德宏州对古籍经书第一阶段的普查统计，德宏州共有古籍经书2 203卷，其中主要有象牙片写经、象骨片写经、贝叶经、构纸经、绵纸经等。目前德宏州图书馆正在做翻译抢救保护工作⑦。德宏和其他几个地方的贝叶抄本少，或许与这些区域离内地汉文化区相对较近，受汉文化影响比西双版纳更大有关。据尹绍亭教授介绍，他在上述地区作调研取抄本文样的过程中，都没有见到过新的贝叶经。也

---

① 岩香宰：《谈谈西双版纳傣族贝叶经的编译整理》，载郭山、周娅、岩香宰、岩香主编《贝叶文化与傣族和谐社会建设》，云南大学出版社2008年版。岩香宰先生时为西双版纳州人民政府民族宗教局局长，主管佛教抄本的搜集整理工作。

② 又有一说为3 000部，见《中国贝叶经全集》内容简介宣传材料。但笔者认为这个数据不应是贝叶抄本在西双版纳的存量，而应是包含了部分构皮纸抄本数量的数据。

③ 有些卷本实际包含2到3部抄本内容，所以总共100卷中实际共有131部抄本的内容。

④ 虽然其中也有天文、历史、文学、占卜、医药、法律法规等世俗性的内容，但大量的佛本生经故事和其他与佛教信仰有关的伦理道德等方面的内容，依然反映出这些抄本的佛教性质。尤其是从第95卷至100卷的五部《阿含经》，呈现的是中国境内南传佛教五部尼柯雅的内容，是南传佛教最根本性的重要作品，直接反映了南传佛教在我国的传播。虽然此五部作品与东南亚、南亚诸国所藏的五部尼柯雅相比，内容不完整，但它依然具有极其重要的研究价值。

⑤ 尹绍亭、唐立、快永胜、岳小保编：《中国云南德宏傣文古籍编目》，云南民族出版社2002年版。

⑥ 尹绍亭、唐立主编：《中国云南耿马傣文古籍编目》，云南民族出版社2005年版。

⑦ 参看张云《云南省德宏州傣族景颇族自治州傣族古籍文献第一阶段的调查情况》（首届贝叶文化国际研讨会参会论文）。

就是说，这些地区现在已基本没有贝叶经的制作刻写技艺的流传迹象。如果实际情况确实如此，那么现今在中国境内，唯有西双版纳一地还保有这种珍贵的技艺了①。

（四）内容结构

西双版纳的佛教抄本的内容，主要由四个部分构成。一是傣族巴利三藏和三藏疏②，以五部《阿含经》（*Nikaya/Agama*）、《清净道论》（*Visuddhimaga*）为代表；二是傣族从巴利三藏中遴选、编写而成傣族常用巴利语佛经，以《出家业经》、《比丘业经》为代表③；三是一些以本生经为蓝本的融入傣民族和地域特色、经过傣族再创作的南传上座部佛教经典，以《召树屯》、《兰嘎西贺》等一些本生经为代表；四是一部分融入佛教思想的世俗典籍，如大量的反映佛教思想的民间文学作品，如民间谚语格言集《松帕雪》，依据佛教四塔五蕴理论所著的傣族传统医药典籍《四塔五蕴阐释》（*Hantadangha Tadudanxi*）、《药典》（*Danghaya*）等。因为涉及佛教抄本的搜集整理工作还在进行中，到目前为止，还无法准确判断其内容结构。但从目前所收集抄本的内容结构特点上看，本生经故事比重较大，藏外部分也有相当比例。以目前已出版的比较具有中国南传佛教抄本代表性的精选集《中国贝叶经全集》为例，其所收上座部佛经抄本100余部，大体可分为《阿含经》④ 5部；律藏和论藏（含翻译和本土著述）约30部；本生经约40部；世俗经典约25部。其中的本生经部分实际是藏内《小阿含经》⑤的典籍⑥。

值得一提的是，西双版纳地区发现的《阿含经》并不完整。例如《小阿含经》，本应包含《小诵》、《法句经》、《如是语经》、《经集》、《天宫事经》、《饿鬼事经》、《长老偈》、《长老尼偈》、《本生经》、《比喻经》、《佛经史》等等⑦。而依据近年来所搜集到的贝叶经抄本和构皮纸抄本所编译出版的《中国贝叶经全集》的第98卷《小阿含经》，则受所搜集到的抄本限制，篇幅上仅包含了《经集》、《长老经》与《长老尼经》三部。但本应包含在《小阿含经》里的近40部本生经已另辟为《中国贝叶经全集》的其他卷本出版。

① 由西双版纳州政府申报的“贝叶经制作技艺”，已于2005年获批成为我国第二批“非物质文化遗产”。现正积极筹备申报联合国教科文组织（UNESCO）“急需抢救的濒危非物质文化遗产”。

② 参看姚珏《对云南西双版纳现存傣族南传上座部佛教巴利语文献特殊价值暨研究方法的几点认识》，载郭山、周娅、岩香宰、岩香主编《贝叶文化与傣族和谐社会建设》，云南大学出版社2008年版。

③ 实为《尼柯耶增支部》。

④ 实为南传《尼柯耶》。

⑤ 实为《尼柯耶小部》。

⑥ 参看本书《中国贝叶经的学术空间》一文。

⑦ 实为《尼柯耶增支部》。

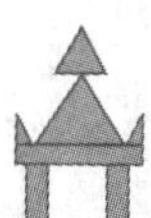

二、对西双版纳中国南传佛教抄本的个案调查和研究

下文将从抄本的载体形制、书写格式、文字、制作来源、地理来源和内容等方面，对西双版纳地区的南传佛教抄本进行个案研究探讨。

（一）载体形制

西双版纳地区的佛教抄本，从载体上看，分为贝叶经抄本和构皮纸抄本两种。但在形制上，构皮纸抄本又有多种类型。

首先是贝叶抄本（Palm-leaf manuscripts）。总体上看，凡是佛教经典或比较有价值需要长期保存的内容，大都记载在贝叶上。例如《中国贝叶经全集》中所收录的最重要的抄本——五部《阿含经》①，均为贝叶经抄本。第95卷《清净道论》亦是统一的五行式贝叶经抄本。但就版纳来看，并非所有重要典籍都刻写在贝叶上，也有例外。例如日常课诵经文，佛爷们往往愿意抄写在构纸抄本上，以方便翻看使用。其他的大多数世俗经典部分、特别是平时常用内容的抄本载体，也多为构皮纸。但贝叶经在体现佛教神圣尊崇地位上的象征意义，却是构皮纸抄本难以替代的。

西双版纳地区南传佛教抄本的另外一类是构皮纸抄本（Saa-paper manuscripts）。这种抄本的质地类似于绵纸，不过纸料是由西双版纳本地人就地取材后加工制成，多用于抄写佛经以外的世俗典籍。西双版纳的佛经抄本，除记录在贝叶上的部分外，其余全部是抄写在这种构皮纸上。此种材质的抄本，质量轻、容量大、白纸②黑字清晰明朗、便于阅读，而且其保存时间也可上百年，不失为贝叶抄本一种很好的替代品。与贝叶经抄本更为典型的佛教专用性质相比，傣族人民用构皮纸记录一些世俗性强的内容，例如天文历法、传统医药、法律法规、工艺技术、民间传说、叙事长诗以及赞哈唱本等文学作品。值得一提的是，虽然构皮纸抄本严格意义上说不是佛经，但傣族人民仍将其视为与佛教紧密联系的经典，因此在西双版纳，构皮纸抄本与贝叶经抄本都可以被赕进佛寺收藏供奉③。

构皮纸抄本轻便、实用且价廉的特征，使其在西双版纳有着贝叶经难以企及的普遍性。例如一些佛教经典方面的内容有些一时找不到贝叶抄本，却可以从构纸抄本中轻松获得。例如，《中国贝叶经全集》第19卷《佛陀教语》（*Buddha's Edification*），是一部重要的佛教经典，但在搜集整理出版《中国贝叶经全集》的过程中一直没有找到贝叶经抄本，最后用的就是一部构皮纸抄本。从形制上细分，西双版纳地区的构皮纸抄本共有三种。一是最为常见的普通宽幅抄本，长约

① 实为五部《尼柯耶》。

② 纸的颜色以白色为主，也有一些呈微黄、浅褐或深褐色。

③ 除少部分世俗性过强的内容，如赞哈唱本和爱情诗歌等之外。

18cm，高约25cm，顶上用线绳装订，每页抄录的文字从14行到20行不等；二是折叠式构纸抄本。折叠式构纸经书也是西双版纳地区流行的一种佛教抄本。它一般页面长30～45cm，单幅宽12～17cm，材质为褐色构皮纸，而形制类似于贝叶经抄本的折叠翻页式，每页抄录文字7行（如《中国贝叶经全集》第15卷的《召相勐与喃宗布》的原抄本影印件即为这种抄本格式）。这种抄本因为保留了贝叶经的形制特点并具有构皮纸抄本页面宽舒、字迹较大的优点，因而受到佛寺僧侣的青睐。在举行一些仪式或活动需要念诵、讲解经文的时候，佛爷们往往手持这类抄本；第三类是经特殊工艺制作的构皮纸抄本。据西双版纳州民族研究所暨州贝叶文化研究中心的刀金平同志介绍，西双版纳地区还发现了一种用牛血等多种材料浸泡后制成的构皮纸佛经抄本。这种抄本外表呈深棕黑色，质地较硬。在西双版纳州民族研究所藏有两本这样的经书，是同一部经书《羯磨说》的两个版本，分别用金、银粉写成。这种抄本较为罕见。民研所的同志介绍说，在西双版纳也只见过这两本特殊材质的经书，估计这种制作工艺都已经失传了。

（二）格 式

西双版纳的贝叶经抄本的格式有4行式、5行式、6行式、8行式四种。其中前三种较为常见。例如，记载南传上座部佛教重要教义的、在西双版纳地区发现的保存较好的五部《阿含经》，均为贝叶经抄本。其格式分别为：第96卷《增一阿含经》①（*Ekottara Nikaya*）为4～5行式；第97卷《杂阿含经》②（*Samyutta-Nikaya*）、第98卷《小阿含经》③（*Khuddaka-Nikaya*）和第99卷《中阿含经》④（*Majjhima-Nikaya*）均为5～6行式抄本；第100卷《长阿含经》⑤（*DIgha NikAya*）为统一的5行式抄本。此外，本生经《维先达腊》在我国傣族地区是流传最广、最具影响力的佛教经典，在“赕”佛的诸多活动中赕此部经书，都被视为信奉佛教、布施修行的最高功德。笔者所在的研究中心收集到的一部梵夹庄《维先达腊》贝叶经，即为统一的5行式抄本。

构皮纸抄本的格式则不拘一格，常见的有14、15、16、17、19、20、21行等多种，其中较为多见的是17行式。这种格式尤其多见于一些本生经抄本中。如《中国贝叶经全集》中收录的傣文抄本的佛本生经《千瓣莲花》（*BoHuan BanGa*）、《玉喃妙》（*Yu Nan Miao*）、《笨人吃斧》（*Ai O JinHan*）等抄本，均为这种格式。

折叠式构纸抄本的行数则在5～11行间。其中，7行式则比较常见，如《中

① 实为《尼柯耶增支部》。
② 实为《尼柯耶相应部》。
③ 实为《尼柯耶小部》。
④ 实为《尼柯耶中部》。
⑤ 实为《尼柯耶长部》。

国贝叶经全集》第15卷《召相勐与喃宗布》(*Tam XiangMeng ZongBu*)。上文提及的用牛血等材料经特殊工艺制作的构皮纸抄本《羯摩说》的两个版本，也是这种折叠式，每页4~5行。

（三）文 字

西双版纳所发现的南传上座部佛教抄本，全部是老傣泐文及用老傣文拼写的巴利语所记录的。老傣泐文是我国傣族的传统文字，由于一直被用于抄写佛经，故而这种文字也被称为“经典文字”或“经文”（Duo Tam）。而西双版纳的现行文字主要是20世纪60年代改革简化后的新傣文。虽然在西双版纳也提倡“新老傣文并用”，但国家为保护民族文化而开展的民族地方小学“双语教学”课本里，只能学到新傣文，而老傣文现在只能在佛寺里学到。这也意味着，只有进佛寺当过小和尚和佛爷的男性，才有机会接触和学习这种历史悠久的文字。绝大多数傣族女性和没有进过佛寺出家的傣族男性，是没有机会学习老傣文的。而新傣文，由于没有巴利语所具有的一些弹舌音和连续音如读sla即“湖”、sli即“吉祥”的字母，因此是不能用于拼写巴利语的。现在西双版纳的贝叶经和绵纸经古籍中都是老傣文及用老傣文拼写的巴利语。20世纪50年代后出现了一些用新傣文抄写的赞哈唱本和叙事长诗，但因为其明显的世俗性特征，这已经不是真正意义上的佛教抄本了。

值得注意的是，在云南的西部的德宏傣族景颇族自治州，那里同样聚居着傣族，也存有大量南传佛教抄本。与西双版纳不同的是，德宏的贝叶抄本十分少见，多数为构皮纸抄本（Saa paper manuscripts）和绵纸抄本（Chinese paper manuscirpts）。文字则是以德宏傣那文和缅傣文为主。

（四）制作来源

历史上，贝叶经的制作与刻写，是佛寺里的佛爷和尚出家修行学习的一种重要方式。在佛寺里，佛爷教，小和尚学，贝叶经的制作刻写技艺在佛寺里一代一代地自然传习。这样，佛寺自然成为贝叶经最大规模的产生地，而佛爷、和尚则是贝叶抄本（贝叶经）最主要的制作和抄录人。但这种历史现象在西双版纳地区已越来越少。现在很多的佛教抄本主要由为数不多的几位僧侣和还俗后的康朗所抄录（构纸抄本）或刻写（贝叶抄本）。他们制作这些抄本要么是作为自身修持的一种行为，要么是信众为了赕佛出钱邀请他们抄录、刻写。

（五）地理来源

从地理上看，西双版纳地区的佛教抄本主要来源于本土、泰北和缅甸。本土抄本是本地佛爷、身怀贝叶经刻写技艺的康朗或者当过小和尚学习过贝叶经刻写技艺的还俗傣族男性所刻写，大量的抄本多来自“赕经书”仪式；泰北的清迈等地传入的抄本在佛教向西双版纳传播的历史上起到过重要作用，但现已不多见；而缅甸抄本则主要由缅僧从缅甸带入境内。笔者在勐海景真佛寺调研时，该

佛寺的二佛爷都西即是一位从缅甸来的 22 岁年轻佛爷。他向笔者展示的僧房里的唯一一部贝叶经，即是他从缅甸带来的贝叶抄本。

（六）抄本数量

与卷帙浩繁的汉地佛教抄本相比，中国境内的南传佛教抄本数量要少得多。以存本数量较多的西双版纳为例，全州约存在南传佛教抄本约数万册①，其中贝叶抄本近 4 000 册（约 2 500 部），其余均为构皮纸抄本②。这些抄本之中内容有一些是重复的，例如，在当地最受珍视的佛本生经《维先达拉》（傣语为《坦维先》），其版本就至少发现大本、景谷本、勐龙本和勐罕本 4 种版本③。前两者分别来自缅甸和云南省普洱市景谷傣族彝族自治县，后两者则来自西双版纳景洪市大勐龙镇和勐罕镇（俗称“橄榄坝”）。可以推测，内容不同的西双版纳的南传佛教贝叶经抄本的实际数量可能在 1 500 部左右。构皮纸抄本的数量太大，而且每年不断有新的构皮纸抄本被赕④到佛寺，其数量在不断增加变化中，虽然具体数字无法统计，但总量不会少于数万册⑤。

西双版纳地区的佛教抄本还可以从内容方面进行分类，但其内容宽泛，所需论及的篇幅过长，此处难以一一论及。希望今后做进一步研究后另外撰文探讨。

三、中国南传佛教贝叶经抄本濒危问题

贝叶经抄本，本是西双版纳最具特点的佛教抄本，但现在当地的贝叶经抄本数量却在急剧减少，正面临严重的濒危问题。究其原因主要在管理、地理、文字及贝叶经本身适用性等方面。

管理不善。各个寺院散存，且没有进行系统管理，管理不善，家底不清。笔者跟随祜巴龙庄勐长老在勐海佛寺等地调查的时候，就发现，当地的佛寺大都藏有贝叶经，如勐海佛寺的经书分藏在两个藏经阁里。但佛寺主持和波章，都因为经书众多（部分是贝叶、部分是纸质的），无法一一登记造册，一问到经书的数量，谁都说不清。

地理因素。西双版纳有些地方不产贝叶树，取材困难，刻写贝叶经的习俗正

① 此处的“册”，指用线拴在一起的数片乃至约二十片贝叶经，或者是单本的构皮纸经抄本。而一“部”贝叶经往往由数册乃至数十册贝叶经所组成。

② 指用取材于当地材料经当地人手工制作的一种土纸。西双版纳的南传佛教抄本除数量有限的贝叶经外，更大量的是这种材质的抄本。它类似于绵纸，但当地人往往强调那是构皮纸抄本。

③ 参看拙作《〈中国贝叶经全集〉九大问题述略》，载《思想战线》2007 年第 6 期。

④ 赕，西双版纳傣语，意思是向佛寺、佛塔或佛敬献、布施供品或钱物。

⑤ 相关数据来自“中国南传佛教地区贝叶经典籍调查研究”课题实地调研中对西双版纳州贝叶文化研究中心、州档案馆、州文化馆等机构负责人的采访。因为抄本分布过于分散，且没有统一的主管部门和经费资助对这些抄本进行系统化的整理编目，故而以上数据均是当地有关部门负责人和当地傣族专家依据经验和学识所推论得出的大致结论。

逐渐消亡。例如笔者2010年4月在勐海最大的佛寺景真佛寺调研时，原本期冀的上百部贝叶经抄本的存量，其实不过区区7部55册①而已。据管理佛寺的前后两位波章康朗永和康朗香介绍，在康朗永管理佛寺的时候，还记得曾看见过上百部贝叶经，但到康朗香现在接任时，他只看到佛寺里有大殿佛像背后藏经柜里的不到十部而已，其他的贝叶经则不知下落。而且，勐海海拔1 400多米，气候较凉，不适合贝多罗树生长。当地也就没有方便取材的贝叶，这也是贝叶经越来越少的一个主要原因。两位康朗介绍说，最近十几年，当地都没有人赕过贝叶经，神圣的“赕坦”仪式中不再见到贝叶经抄本。

老傣文的濒危加剧了贝叶经数量的减少。西双版纳地区贝叶经上的文字都是老傣文及其所拼写的巴利语。然而老傣文并非现行西双版纳地区的官方民族文字，新傣文在傣族的国民教育体系中占据着“双语教学”（新傣文和汉文）的地位，而老傣文只在佛寺教育中占有其重要的地位。加之佛寺教育时间较短（视小和尚在佛寺出家的时间长短而定，短则三个月，长则一二十年。仅有极个别的傣族男性选择终身为僧），且仅只针对傣族男性，因而其普及性极其有限。现在西双版纳地区的傣族女性基本都不懂老傣文，男性中也只有少数人懂得它，精通老傣文的更是凤毛麟角。因此，仅只依靠人数越来越少的掌握老傣文及用其拼写巴利语的傣族知识分子来刻写贝叶经，在未来将更为罕见。若不加以重视，贝叶经抄本在西双版纳地区也会慢慢绝迹。

贝叶经的适用性不及其他抄本形式，且费工费时。赕贝叶经书的花费不菲，习俗正在被赕绵纸经的习俗所取代。勐海县的几个主要佛寺大殿内的灯光都很昏暗，在这样有限的光线条件下读贝叶经是不太适宜的。笔者曾试着持贝叶经在大殿内看，要看清楚字迹较小且密密麻麻的贝叶经上的黑色经文，的确十分吃力。与此相对应的是构皮纸抄本、绵纸抄本和折叠叶式抄本，因为页面较贝叶宽大，字形几乎是贝叶经上字形大小的三五倍，且白色底板与黑色经文对比强烈，诵读起来方便得多。佛爷在诵经时愿意持这样的抄本，而民众更是因为这样的抄本价廉物美——赕一部普通的（即篇幅不是太长的）绵纸抄本仅需人民币5元。而赕贝叶经少则几十元，多则数百数千元，因此在傣族民众中被视为神圣却难以普及的功德了。

四、结　论

中国境内以西双版纳为代表的傣族地区，存在着大量的贝叶和构皮纸佛教抄

① “部”为篇目名称，捆扎在一起的若干册贝叶经才构成一部；“册”为内容章节不同的一小叠贝叶经，由棉线穿在一起的数片到十数、数十片贝叶经组成。据笔者2010年4月底在勐海的调研，景真总佛寺收藏的七部贝叶经经目为：《维先达腊》（14册）、《宛钠法》（10册）、《松玛纳加》（8册）、《章凤》（8册）、《洪发罕》（6册）、《中布拉登秋》（3册）以及《西里能达贡曼》（6册）。

本。这些用傣族传统文字（如老傣泐文）及其拼写的巴利语所抄录刻写的佛教抄本，承载着南传上座部佛教的基本教义及其在中国的传播和发展历程，具有重要的学术价值。但因为历史上语言文字的限制，中外学术界对其知之甚少。2010年4月全部出齐的《中国贝叶经全集》一百卷是中国历史上第一次较大规模地搜集整理南传佛教在境内的抄本后，翻译出版的精选卷集。这项花费十年时间的成果，使得中国学术界第一次有机会相对集中地了解南传佛教抄本在国内的境况。可以预见，随着对西双版纳以及更多傣族地区南传佛教抄本的搜集、整理和保护力度的加强，更多的抄本将会被发现和认识。为了保护这些珍贵的贝叶经抄本，中国政府有关部门还需要借鉴老挝等国对贝叶经抄本进行数字化保护的经验，还需要认识到学习老傣文的重要性，还需要加强对这些珍本的管理。为了佛教文化，尤其是与早期佛教相近的南传佛教文化在中国的和谐发展，中国政府和傣族人民以及中国和国内外学界还有许多的工作要做，正所谓任重而道远。

西双版纳傣族佛寺建筑的地方性知识解读

李自会*

摘　要：文化在本质上是一种地方性知识，西双版纳傣族佛寺建筑同样具有地方性知识的特点，良好的自然环境和睦邻友好的多民族共生是其生长的基础，单纯真挚的宗教信仰和源远流长的社会历史是其孕育并延续的印记，而傣族人民的情感和族群心理则是其根本的实质。

关键词：傣族佛寺建筑　地方性知识　西双版纳

一、导　言

（一）傣族佛寺建筑

傣族是一个全民信仰南传上座部佛教的民族，佛教在全民的生产生活中具有举足轻重的地位，作为佛教活动场所的寺庙在傣族人民生活中就显得尤为重要。傣族地区南传上座部佛教寺庙建筑在布局、结构、用材和装饰等方面都体现出浓郁的民族性和地域性，是傣族人民的精心创造，是我国古代优秀文化的一部分，是中华民族建筑宝库中的珍贵遗产。

据有关部门2004年统计，西双版纳地区现有佛寺580座①。傣族佛寺建筑分为佛寺和佛塔以及其他附属建筑。佛寺的大殿傣语称为“唯憨”，是每一个佛寺的主体建筑。大殿的坐向一般是坐西朝东，纵深大于面阔，佛像置于西端第二间面东。入口在东端山面，由于山面有中柱，所以入口不在正中，一般偏向北侧。早期的大殿多数是竹篱笆挂墙草排盖顶，中、晚期的大殿又是土坯墙或砖墙小平瓦顶屋面。佛寺的进深一般是6～9间，屋架分主跨与边跨。主跨即为中堂部分，是抬梁式的屋架、双坡悬山屋面；边跨即为偏厦，是在中堂下部四周加一层副梁

---

* 作者简介：李自会，女，1986年生，汉族，云南大学人文学院中文系民俗学专业2008级硕士研究生。主要研究方向为文化人类学。

① 伍琼华：《民族文化传承的基石——中国南传佛教壁画在民族教育中的作用》，载《思想战线》2007年第6期。

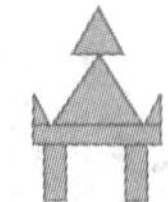

搭于檐柱上，在副梁上架半抱屋架，形成单面坡的屋面，于是大殿中堂的悬山式顶与四周偏厦构成了大殿的歇山式屋顶。在一般情况下，大殿的屋面是以歇山式顶为主的，有单檐，也有重檐。但个别地方也出现悬山式顶，在近现代的建筑技术发展中，还出现了多角和亚字形重檐歇山式顶的屋宇造型。

在西双版纳傣族聚居地区，佛塔的数目相当可观，从一个侧面反映出了佛塔在傣族群众心目中的重要地位。从选址上看，有三种情况：一是佛塔、佛寺合一。寺内佛塔一般布置在佛寺的经堂、佛殿侧面。塔寺所在的村寨往往是富裕的大寨，能单独负担建造佛塔的全部费用。二是塔、寺分开，但塔在寺的近旁，位置在村寨的最高点。这些塔大都是由几个村寨联合建造，以塔所在的村寨为主进行管理，并由该村寨的佛寺负责。三是独立建塔，全勐管理。这种塔是全勐性的大塔，由总佛寺直接派僧侣管理。西双版纳佛塔的组合，有单塔、双塔和群塔之分。其中以单塔的数目为多，双塔和群塔较少。西双版纳佛塔的建筑材料，主要是砖，但也有少数塔为砖石结构。塔身砌成实心，黏合、外敷材料有石灰、细砂和糯米浆或特制的植物胶砂浆，黏合十分牢固。有的塔身上还有绘画、贴金和雕刻。塔基下常藏有记录建塔年代的碑刻、“佛牙”、珠宝等物。从佛塔的立面上看，塔由塔基、塔座、塔身和塔刹四个部分组成。有的塔不设塔基。在平整的土地上直砌塔座及塔身、塔刹。一般塔基是在夯筑加固后的地面上，用砖或石铺砌出一台略高于地表的平台，其占地面积要比塔座宽得多，平面形状以塔形而定，多为方形，但也有圆形和多角形等几种。在方形塔基的四角之上，还常设有龙和蹲兽的雕塑像，塔基正四方砌有佛龛。塔座平面有方形、六角形、八角形、圆形多种。其立面多由一层或两层须弥座构成，有的塔座还做成多角的阶梯形。在须弥座的束腰间辟有小型佛龛或各种雕刻装饰。

（二）地方性知识

“地方性知识”是美国人类学家克利福德·格尔兹在阐释人类学中创造的一个概念，也有人称之为“土著知识”、“传统知识”、“社区知识”、“土著遗产”、“土著知识产权”、“无形文化遗产”等。格尔兹于20世纪70年代提出了阐释人类学，其理论的核心内容是用新的符号手段即“深描”和认识角度即地方性知识来认识文化。格尔兹深受韦伯社会学的影响，他将文化视为一张由人自己编织的“意义之网”，人是置身于这张网中的动物，于是，“文化的研究不是寻求规律的经验科学，而是一门寻求意义的阐释学科”①。既然是寻求意义的阐释学科，那么，对文化的研究理应专注于文本分析和意义诠释，并且“由于不同的文化是不同的民族对其所处世界的不同理解的产物，文化的形式、秩序、意义、方向等

① 叶舒宪：《地方性知识》，载《读书》2001年第5期。

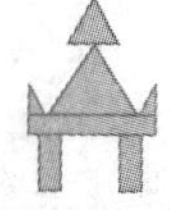

各种符号之间的关系取决于该文化中行为者的行为组织方式"①。因而文化模式并非普遍性规则，而是具有多样性的特殊意义系统，同时我们对文化的解读也应该是丰富多彩、变化多端的。由此就构成了所谓的地方性知识，一种具有地域文化特质的知识系统及构成方式，是一种对文化独特性、多样性与地域性的理解与强调。

格尔兹认为，人类学者与当地人一样在解释着世界，而他们的描述所能做的就是对当地人所作解释的解释，是"从本地人的观点出发"来解释本地被研究者的文化。这里所谓的"地方性"，并不仅仅针对地方、地域、时间、阶级与各种问题而言，并且还与"情调"有关。也就是说，凡事情发生经过自有其地方特性并与当地人对事物的想象能力相联系。"正是由于知识总是在特定的情境中生成，并得到辩护的，因此我们对知识的考察与其关注普遍的准则，不如着眼于如何形成知识的具体的情境条件。"同时，"地方性知识是具体的知识，是与之相联系才有意义的知识，是交流不经济并因此不一定值得批量文本化的知识"②。也就是说，作者眼中的地方性知识不具有超出文化和地域之外的普遍性，由此而形成的当地"亚制度"有它独立的生命力，这样的地方性知识具有不可交流的特征。盛晓明在《地方性知识的构造》一文中则更清晰地指出："所谓地方性知识，不是指任何特定的、具有地方特征的知识，而是一种新型的知识观念。地方性不仅是在特定的地域意义上说的，它还涉及在知识的生成与辩护中所形成的特定的情境，包括由特定的历史条件所形成的文化与亚文化群体的价值观，由特定的利益关系所决定的立场、视阈等。它要求我们对知识的考察与其关注普遍的准则，不如着眼于如何形成知识的具体的情境条件。"③

格尔兹虽没有给地方性知识下一个清晰的概念，但是通过他的描述，地方性知识至少囊括以下几点：一、地域性。任何地方性知识都存在于某个具体的地域中，包括生态环境、种族制度等知识生成的具体情境，这种地域性不仅是地方性知识的背景和组成部分，还造就了地方性知识的独特性。二、历史性。地方性知识是历史沉淀的结果，包括宗教、文化、风俗等诸多地方性知识的要素都是在历史的变化中得以成型并固化的，它与地域性的结合决定了地方性知识不是普遍意义上的抽象准则，而是具体的知识。三、群体性。也就是处于地方性知识下的群体价值观，这种由地域和历史所形成的集体的、同一的态度，包括立场、视阈、认识等，是非常稳定的。

---

① 连连：《文化现代化的困境与地方性知识的实践》，载《学海》2004年第3期。

② ［美］克利福德·格尔兹著：《地方性知识——阐释人类学论文集》，王海龙、张家瑄译，中央编译出版社2000年版。

③ 盛晓明：《地方性知识的构造》，载《哲学研究》2000年12期。

二、具体情境：西双版纳傣族佛寺建筑的地域性

正如格尔兹所说，任何知识的生成都依赖于具体的情境，作为知识的一种，文化是人类能动适应生存环境的社会成果，与生态密不可分。换言之，不同的生态环境决定了不同的文化文本——同样是佛寺建筑，禅宗寺院幽深空灵，密宗寺院神秘圣洁，而傣族佛寺则肃穆祥和，但即使是同为傣族佛寺的西双版纳和德宏两地，佛寺建筑在形制和布局上又各有不同。

任何建筑都离不开其周围的背景而存在，西双版纳傣族佛寺建筑文化也有着具体的情境。人类的生存环境不外乎自然环境、社会环境以及文化心理环境，它们既是人类社会的生态要素，又是文化产生不可或缺的基本条件，并有机地构成为文化的生成机制。人对环境的适应是能动的，决定了文化与生态的关系也是能动的：一方面，文化离不开其生成机制，文化生成机制对文化的类型、特征产生重要影响；另一方面，文化对这个生成机制又产生能动的作用，并随着文化自身的发展而越来越具决定意义。

（一）自然条件

正如《礼记·王制》所言："广谷大川异制，民生其间者异俗。"地理环境是人类社会和文化的重要组成部分，人类文化的形成都必定与其特定的地理学背景有着密切的联系①。西双版纳傣族自治州是我国向东南亚延伸最长的地区，全州地貌多系澜沧江下游及其支流深度切割而成的中低山地，整个地势由北向南倾斜，两侧高，中间低，丘陵广布，山谷盆地相间，面积 1 平方公里以上的盆地有 49 个。境内河流均属澜沧江水系，素有"东方多瑙河"之称的澜沧江—湄公河穿境而过，一江连中、老、缅、泰、柬、越六国，成为东南亚各国的黄金水道。从景洪顺江而下可直达缅甸、老挝、泰国、柬埔寨和越南。由于地处北热带边缘，横断山脉南端，受印度洋、太平洋季风气候影响，形成了独特优越的立体气候，具有大陆性和海洋性兼得的热带雨林气候，终年温暖湿润，高温多雨，静风少寒，终年无霜，史无雪痕，年均气温 18 ~ 21°C，年降雨量 1 200 ~ 1 900 毫米，是云南热区面积较大的地区②。又由于地处边疆，加上交通等条件的限制，因此，新中国成立之前，汉族文化对该地区的影响不大；历史上，傣族文化与南传佛教文化的有机融合，孕育出独具特色的傣族佛寺建筑文化。

（二）民族渊源

每个民族都有其特定的文化，每个地域的文化，也必定是居住在这个地域的

① 杨昌明：《东南亚与中国西南少数民族建筑文化探析》，天津大学出版社 2004 年版。

② 岩温扁、杨胜能、吴显能、罗庭振、李青：《贝叶文化》，四川民族出版社 2000 年版。

各个民族文化的复合体。换言之，地域文化都有着特定的民族学背景。

国内外考古资料证明，从远古时代开始，长期生活在澜沧江—湄公河流域的中国傣族、缅甸掸族、老挝老族、泰国泰族，以及越南西北部的泰族都是古代百越民族的后裔①。由于他们具有相同的族源（百越族群），共同信仰南传上座部佛教，其居住地域又山水相连，所以形成了一个东南亚文化圈，具有相同、相近或相似的共同特点。

同时，西双版纳是一个多民族聚居区，据2000年的全国第五次人口普查统计，全州总人口为993 397人，有傣族、汉族、哈尼族、拉祜族、布朗族、彝族、基诺族、瑶族、壮族、回族、苗族、景颇族、佤族等13个世居民族，还有八甲人、老品人等未识别群体。

尽管民族众多，但由于处于共同的文化圈内，因此各民族会形成主流的文化认同和辩护，因而傣族佛寺在西双版纳地区成为共同认可的符号；另外，西双版纳傣族佛寺是各民族文化交流的结晶，在许多细节构造上体现了不同民族的元素，比如佛寺壁画，除了佛教教义和傣族民间传说外，还绘有哈尼等其他民族的符号；同时，傣族佛寺建筑还体现了各民族之间的和睦友好，著名的曼合双塔，被当地群众称之为“姊妹塔”，据说大塔代表傣族姐姐，小塔代表布朗族妹妹，表示傣族与布朗族亲如姐妹之意。

（三）宗教背景

如果说前面所述的条件或多或少地反映出中国影响的优势，那么，在西双版纳傣族佛寺建筑的宗教背景上，我们看到的可能是东南亚的影响多于中国内地的影响。

西双版纳是宗教信仰较盛行的地方，宗教影响广泛而深入。境内的宗教有原始宗教、佛教、道教、伊斯兰教和基督教。宗教及其活动是西双版纳傣族群众生活的重要组成部分，宗教影响几乎渗透在人们生产、生活的每一个方面和每一个过程。傣族、布朗族群众全民信教，而且是“双重信仰”，既信仰原始宗教，又信仰南传上座部佛教。以至“村村有佛寺，寨寨有僧侣，佛经如山，佛塔如林，朝佛诵经活动终年不绝”。原始宗教是一种古老的多神崇拜、祖先崇拜和图腾崇拜，西双版纳境内的少数民族都有自己的原始宗教。不同类型的宗教，虽然有各自的传承历史和特点，但它们在历史上都和西双版纳各民族的社会、经济、文化、道德、风俗习惯密切联系，并在长期的发展过程中形成了独特的宗教文化，成为西双版纳民族历史文化的重要组成部分。

正是傣族民众信仰的结果才形成了独具风格的佛寺建筑艺术。西双版纳地区的能工巧匠们，以极大的宗教热忱，建造了许多举世闻名的宗教建筑，使他们在

① 罗廷振：《西双版纳佛塔的类型及源流》，载《东南文化》1994年第6期。

民居建筑中没有充分发挥的创造力得以展现无遗。至少在宋代时，已“南海诸藩国，皆敬圣佛……南蕃所居皆茅庐，唯圣佛庙甚整，黄金饰像，四驱为四殿，盖一佛而三夫也”（见宋·周去非：《岭外代答》）①。但在这些不凡的宗教建筑身上，也明显地散发出古印度文化艺术的浓郁气息，这也是整个东南亚建筑文化圈对西双版纳地区影响的一个显著特征。

三、历史印记：版纳傣族佛寺建筑的历史性

（一）宗教信仰的结果

宗教是一种通过言传身教、耳闻目睹的方式继承的传统文化，是由于“生存的困难，同自然斗争的困难使原始人受到十分沉重的压抑”而产生的，它是寻求解脱精神压抑的一种欲望表现。每一种宗教，皆产生于某一特定的民族或几个民族中间，由那一特定民族的精神乳汁孕育而生，哺育而长。故它总要或深或浅地打上该民族精神的烙印，折射出该民族某些内在素质、文化心理、审美观念和思维方式，反映出该民族的生活方式、外在环境、文化传统、风俗习惯和社会形态等多方面的状况。

一直以来，西双版纳傣族人民信仰南传上座部佛教和原始宗教。南传上座部佛教的信仰带有全民性，佛寺遍及各村寨。群众的斋僧赕佛（即布施）活动极为频繁，每到斋日、节日都举行盛大的赕佛活动。原始宗教活动，主要为祭寨神寨鬼，即对村寨的保护神每年不定期举行祭典。还有勐神勐鬼，此外还有其他鬼神，如家鬼、水田鬼、旱田鬼等等。

任何一种宗教文化只有受到广大民众的普遍认同才可能在社会中立足下来，这是宗教文化得以传播和发展的客观基础，信教群众对宗教所持的态度和倾向，通常是反映宗教文化力量强弱的一面镜子。因此，要认识人们宗教生活的世俗化趋向，首先就必须了解在社会中居于主体地位的广大信教群众对宗教生活所持的态度和倾向。当代西双版纳傣族宗教生活世俗化的一个显著特点，就是随着现代文明的传播和某些人为因素的影响，广大民众历史上形成的原始宗教观念逐渐趋于淡薄，原始宗教祭祀活动在总体上处于衰落的状态。南传上座部佛教传入之前，在西双版纳傣族社会生活中盛行的是以自然崇拜、图腾崇拜和祖先崇拜为特征的原始宗教。南传上座部佛教传入之后，过去的原始宗教仍较完整地保留下来，并与南传上座部佛教相互渗透，在傣族的社会生活中形成了以南传上座部佛教为主、原始宗教为辅的宗教文化结构。直到民主改革前，各种不同形式的原始宗教祭祀活动在西双版纳傣族的社会生活中仍普遍地存在着，既有集体性的祭寨

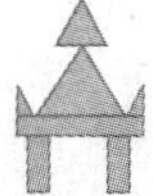

① 转引自杨昌明《东南亚与中国西南少数民族建筑文化探析》，天津大学出版社2004年版。

神和祭勐神等规模较大的祭祀活动，也有人们在生产、生活、生老病死等方面举行的各种小型祭祀活动，鬼神观念在人们的精神生活中占有重要的地位。

从实地调查的情况来看，目前西双版纳傣族地区的原始宗教祭祀活动不论其规模还是次数都呈现出弱化的倾向，但原始宗教的烙印已经深深地刻在了傣族群众的精神生活当中了。特殊的是佛寺大殿的前面或两旁通常建有两个供奉佛寺神和各位神的小龛，这是原始宗教中的“丢拉吾”（男）、“丢拉娃”（女）神，它说明傣族群众的信仰或某些宗教仪式和原始宗教的神灵崇拜有着千丝万缕的联系，傣族的宗教信仰具有二元化的特点。因此反映在南传上座部佛教的寺庙建筑中或多或少的也有两者相融合的迹象。

（二）社会历史的印记

长期以来西双版纳傣族社会的经济处于封建领主经济（有局部区域向地主经济过渡）。傣族建筑文化的经济基础不算雄厚，明朝以来傣族社会统治阶级推行南传上座部佛教，并以法律的手段将其合法化和社会化。① 在政教合一的封建土司制度下，傣族社会全民信教，因此一般村寨都营建小佛寺，中心乡镇营建大佛寺，宣慰使驻地营建总佛寺和专用佛寺。教权机构设置与政权机构设置是对等配套的，但是教权置于政权控制下。由于教权的地位仅次于政权的地位，傣族佛教建筑文化十分发达。除了建筑用材质量高于民居外，其形制、造型都为佛教专用，民间、包括宣慰使官邸亦不得采用。由于“政教合一”的政治统治，寺院的组织形式就与政治统治组织机构紧密地联系在一起，自上而下有一套完整的寺院等级组织机构。在历史上，西双版纳的佛寺分为四个等级，最高一级的佛寺叫“瓦玛哈拉扎探”大总寺，设置在封建领主召片领的所在地——“允帕钪”（宣慰街），它是统领整个西双版纳所有佛寺的总佛寺；第二级的佛寺，是指十二个版纳中各个版纳的总佛寺，一般称为“瓦毫勋”，即一个版纳或一个地方的总佛寺；第三级的佛寺是分片的中心佛寺，即由四个以上村寨的佛寺所构成的布萨堂佛寺，即一个片的中心佛寺；第四级的佛寺就是指属于一个村寨的佛寺②。此外，在宣慰府城内除了“瓦拉扎探”大总寺外，还有两座副总佛寺和其他数座内佛寺，都是直属于总佛寺管辖之下。

傣族佛教建筑文化所受的影响主要来自于社会环境，傣族佛寺主要是傣族社会精神生活的中心和象征。傣族佛教徒追求精神生活甚于物质生活，使傣族佛教建筑文化有着雄厚的经济基础。傣族社会的意识形态主流，除了明代开始大众化的南传上座部佛教外，还受源远流长、植根于本民族几千年历史的原始宗教的影

① 陆泓、陆浩：《华夏建筑文化地理学研究》，载《云南民族大学学报》（哲学社会科学版）2002 年第 5 期。

② 罗廷振：《西双版纳佛寺及其附属设施的民族特色》，载《云南民族大学学报》（哲学社会科学版）1994 年第 1 期。

响。这些来自于不同历史和民族渊源的意识形态经过几千年的摩擦整合，逐渐融合、彼此渗透，形成了傣族社会上层建筑的框架，并充分反映和表现在傣族佛寺建筑文化上。

四、情感共鸣：傣族佛寺建筑的群体性

（一）傣族情感的表现

在西双版纳佛寺建筑的修建中，村民们总是将他们对生活的体验、对佛教教义的理解，以建筑符号的方式表达出来，所表现出的情感是以建造主体体验、理解而表现的人类情感，是傣族人民对客体事物是否满足自己或社会需要的主观心理反应。傣族佛寺建筑艺术符号的含义，就在于建筑艺术是以直观的感性形式去表现人的情感生活的现实。建筑符号的形式层面和意义层面在建筑艺术中之所以成为重要的载体，是因为建造者不仅生活在现实世界中，在实践的经验中，而且还生活在情感的现实中。

傣族人民既是佛寺建筑的建造主体，也是佛寺建筑的使用主体。佛寺修建的过程也是他们审美感情的表现过程。在佛寺的修建中既反映傣族地区普遍的客观世界，又表现傣族人民的主观情感世界。只不过无论客观世界还是主观世界都是经过了他们的思想感情浸润了的产物，因此西双版纳傣族地区的佛寺建筑都罩上了当地人民的浓厚的主观感情色彩。这种形式能唤起欣赏者的审美感情，建造者、欣赏者通过有意味的形式达到相互交流感情的目的，从而使艺术品具有不朽的生命力。

因此，佛寺建筑艺术是寄托傣族人民情感的物质实体，包含了傣族思维的表达形式，而形式本身的演变又是靠物质为媒介传达人的不同感情，人的感情是建筑艺术真正要表达的内容，诚如柯布西耶所言："建筑就是以天然的材料建立起动人的协调。"

（二）族群心理的反映

建筑是一个民族文化载体，是反映一个族群心理的一种重要形式，是一个民族文化的重要特征，是一个族群不同于其他民族或族群的一个重要方面，是一个族群自我认同的一种自我体验和外在表现。西双版纳傣族具有自身民族特色的佛寺建筑是其文化传承的载体，是其族群心理的反映，是其民族心理的外化。通过其佛寺建筑可以深入了解一个族群的自我认同，进一步探视其审美心态、价值观、宇宙观等等。西双版纳佛寺建筑体现了他们的生活习俗，并且蕴涵了他们建造过程中对佛寺的设计、营造以及与建造佛寺建筑的相关活动。从其建筑与信仰习俗中我们可以看出他们对自然的热爱、尊崇与敬畏。

从佛寺建筑上也可以看出傣族人的审美心态——自然和谐的审美观。远望傣

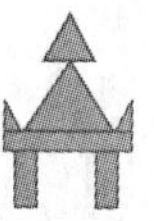

族的佛寺建筑，掩映于傣族村寨的竹楼之间，在蓝天白云的映衬下，更为傣族古朴的村寨增添了一分古意，也把宁静的自然画图点缀得更加绚丽多姿。这种与自然的和谐，一方面反映了傣族人民的自然观，另一方面也反映了傣族人民的价值观。在自然观方面，傣族是一个农耕民族，历来与自然和谐相处，与自然界处于一种动态的平衡状态，傣族的建筑适应了当地的自然地理条件。在价值观方面，反映了以和为贵的傣族价值取向。

同时，傣族的佛寺建筑是与其他族群相区别的一种符号、一种象征，也是其本族群内部自我认同的一种符号、一种象征。他们的佛寺建筑既与中原佛寺建筑不同，也不同于同为信仰南传上座部佛教的德宏地区的佛寺建筑，而有其自身的特色。西双版纳佛寺建筑及造型艺术具有独特的风格，它以本民族特色的民居建筑为基础，同时吸收了泰国、缅甸和中原地区的建筑特点，形成了西双版纳傣族地区宗教建筑的鲜明特色，也成为西双版纳地区傣族自我认同的符号、象征。

五、结　语

建筑的发展，见证了人类社会经济文化的发展，折射出特殊地理环境下人与自然密不可分的关系。不同国家和地区有着不同的建筑形式，同时各地建筑又向人们展示着个性化的地域文化。傣族佛寺建筑作为傣民族文化的载体，在西双版纳傣族的文化发展进程中发挥着重要的作用。它吸取了中原地区、东南亚和南亚地区的建筑文化精华，反映了南传上座部佛教文化兼容并蓄的思想内涵，形成了独特的建筑艺术风格，为中国的文明发展作出了巨大贡献。

对文化的考察可以有多种视角，从地方性知识这一视角出发。西双版纳傣族佛寺建筑之所以有着与众不同的艺术特色，良好的自然环境和睦邻友好的多民族是其孕育的基础，单纯真挚的宗教信仰和源远流长的社会历史是其延续的印记，而傣族人民的情感和族群心理则是其根本的实质。

西双版纳傣族的佛寺建筑掩映于傣族村寨的竹林竹楼之间，为傣族古朴的村寨增添了一分古意，也把宁静的自然画图点缀得更加绚丽多姿。它以无字的碑铭，无声的韵律，年复一年地影响着一代又一代人，折射出傣族人民的智慧和生活风貌。暮鼓晨钟，经声佛号，营造出一个恬静沉思的境界，佛寺建筑的美，就蕴涵在这教你消除尘念、彻悟人生，做一个心灵净化的人的过程里。

参考文献：

[1]［美］克利福德·格尔兹．地方性知识：阐释人类学论文集［M］．王海龙、张家瑄译．北京：中央编译出版社，2000.

[2]［美］托马斯·E. 希尔．现代知识论［M］．刘大椿等译．北京：中国

人民大学出版社，1989.

[3] 杨昌明．东南亚与中国西南少数民族建筑文化探析［M]，天津：天津大学出版社，2004.

[4] 岩温扁，杨胜能，吴显能等．贝叶文化［M]，成都：四川民族出版社，2000.

[5] 赵世林，伍琼华．傣族文化志［M]．昆明：云南民族出版社，1997.

[6] 伍雄武，岩温扁．傣族哲学思想史［M]．北京：民族出版社，1997.

[7] 赵世林．云南少数民族文化传承论纲［M]．昆明：云南民族出版社，2002.

[8] 张增祺．云南建筑史［M]．昆明：云南美术出版社，1997.

[9] 张公瑾，王铎．傣族宗教与文化［M]．北京：中央民族大学出版社，2002.

[10] 王松，王思宁．傣族佛教与傣族文化［M]．昆明：云南民族出版社，1998.

[11] 叶舒宪．地方性知识［J]．读书，2001（5）.

[12] 盛晓明．地方性知识的构造［J]．哲学研究，2000（12）.

[13] 连连．文化现代化的困境与地方性知识的实践［J]．学海，2004（3）.

[14] 伍琼华．民族文化传承的基石：中国南传佛教壁画在民族教育中的作用［J]．思想战线，2007（6）.

[15] 罗廷振．西双版纳佛塔的类型及源流［J]．东南文化，1994（6）.

[16] 杨玠．西双版纳的佛塔［J]．云南民族大学学报（哲学社会科学版），1988（1）.

[17] 曾晓红．建筑美学漫谈［J]．福建建筑高等专科学校学报，2002（3）.

[18] 杨福清．试论傣族佛寺文化与原始宗教信仰［J]．创造，2005（1）.

试论南传佛教文化与傣族自我认同

彭多意　张学俊*

摘　要：傣族在民族形成的历史过程中积淀了深厚的以南传佛教为核心的傣族贝叶文化，即南传佛教文化。这种文化特质涵化了傣民族，其中以南传佛教寺院教育为主的教育使记载着傣族历史格言、知识、历史记忆等文本得以延续。通过“同质、空无的时间”，通过共同的仪式使傣族发生心理上的共鸣，唤起共同的历史记忆，从而产生了稳定的族群认同感。

关键词：南传佛教文化　傣族　自我认同

在中华人民共和国56个民族的大家庭里，傣族作为单一民族位列其中。傣族同胞世代聚居在云南省西双版纳傣族自治州、德宏傣族景颇族自治州及与之相邻地区，一部分跨境而居，与东南亚有着地缘、亲缘、文化缘的天然联系。作为同源民族的不同共同体，傣族有着本民族鲜明的文化特质，具体说来就是在民族形成的悠久历史过程中积淀了深厚的以南传佛教为核心的傣族贝叶文化，即南传佛教文化。这种文化特质涵化了傣民族，而傣族个体也在这一文化氛围中完成了自我认同。著名傣学专家张公瑾教授有“傣族佛教化，佛教傣族化”的论断。

关于“认同”，长期以来，相关的议题一直是社会学家和心理学家关注的焦点。国内外很多社会学家通常又将其译成同一性、统一性或身份，它是对“某一事物与其他事物相区别的认可，其中包括其自身统一性中所具有的所有内部变化和多样性。这一事物被视为保持相同或具有同一性”①。在社会科学领域，这个概念的使用范围日益扩大，包括社会认同、文化认同和民族认同等，它们分别指个人认为自己与所处的特定的社会地位、文化传统或民族群体的统一②。而族群

* 作者简介：彭多意，女，1958年生，云南大学贝叶文化研究中心研究员，硕士生导师，主要研究方向为民族社会学；张学俊，男，1986年生，云南大学发展研究院2009级社会学硕士。

① 周晓红：《认同理论：社会学与心理学的分析路径》，载《社会科学》2008年第4期。

② 吴泽霖主编：《人类学词典》，上海辞书出版社1991年版，第302页、348页。

认同是“社会成员对自己族群归属的认知和感情依附”①。因此，这里所说的“认同”不是一个认知问题，而是一个身份和文化的认同问题。关于“文化认同”，它所回答的是“我们是谁?”而其要素也从文化逐渐走向历史记忆。

从20世纪80年代开始，许多学者皆注意“历史”与族群认同间的关系——“历史”在此是指一种社会集体记忆②。亨廷顿曾指出，不同民族的人们常以对他们来说最有意义的事物来回答“我们是谁”，即用“祖先、宗教、语言、历史、价值、习俗和体制来界定自己”，并以某种象征物作为标志来表示自己的文化认同。亨廷顿认为“文化认同对于大多数人来说是最有意义的东西”，“文化认同”是人们在一个民族共同体中长期共同生活所形成的对本民族最有意义的事物的肯定性体认，其核心是对一个民族的基本价值的认同，是凝聚这个民族共同体的精神纽带，是这个民族共同体生命延续的精神基础。

族群认同是以共同的（或者构建的）历史记忆为基础的不同人群之间的认同方式③。因此共同的历史和遭遇是族群认同的基础要素，而语言、宗教、地域、习俗等文化特征也是族群认同的要素。

傣族是一个受到南传上座部佛教深远影响的民族。南传上座部佛教传入后，傣族为了便于记录和传写佛教经典，在巴利语基础上，结合傣族发音创造了傣文（老傣文，又称经文）。傣族使用老傣文，以贝叶或绵纸为书写载体，发展出傣族本民族的文献体系。正是南传上座部佛教的传入，使得傣族社会的语言、文化、政治、经济、教育、天文历法、地理历史、传统法规、伦理道德、传统医药、文学艺术等乃至社会形态有了本质性的跨越，使傣族成为一个佛化的民族，傣族社会成为一个佛化的社会。傣族社会的文化核心就是南传佛教文化。因此，我们在分析傣族社会文化中的个人自我认同时就不能离开佛教文化的社会背景。在这种社会、文化背景下，本文以一个人的生命周期和一年的社会活动为分析框架，来分析南传佛教主要的仪式及历史记忆在维持傣族族群认同中的作用。

一、基于仪式的傣族认同

康纳顿认为仪式是社会记忆维系和传递的方式。一个族群，常以共同的仪式来加强集体记忆，仪式的“重演特征”对于塑造和维持族群的共同记忆和族群认同起着重要的作用。由于南传上座部佛教的傣族化和傣族的佛教化。傣族社会

① 王希恩：《民族认同与民族意识》，载《民族研究》1995年第6期。其文章中用民族认同表示ethnic identity。

② 王明珂：《族群历史之文本与情境——兼论历史心性、文类与模式化情节》，见《西北民族论丛》第五辑，第25页。

③ 高源：《历史记忆与族群认同》，载《青海民族研究》2007年第3期。

中有着众多的维系傣族共同情感的仪式，这些仪式则是以南传佛教教义及其表现的仪式为核心，贯穿于傣族社会的每一个人。通过这些个人的仪式，不断地串起整个族群的历史记忆，完成傣民族个体的认同。

（一）傣族取名仪式

名字不仅仅是一个称呼，还是“我是谁”的最直接的标志，因此，取名就是获得自我身份的第一步。傣族信奉佛教，取名也带上佛教色彩。当和尚还俗在原乳名上加“迈”，“迈”意为“新”，意味着已成新人；当过佛爷还俗在乳名上加“康朗”二字，大佛爷还俗后称“康朗弄”，意为“大康朗”；当过祜巴因特殊原因还俗的，称为“康朗厅”。凡获得“康朗”称号的人，标志着其已有一定的学识和修养。僧阶至祜巴级的人不多，而且一般都不还俗，所以，“康朗厅”在社会上是很少见的。

在西双版纳，傣族佛名是指七八岁到佛寺里当和尚时所取的名字。“佛名”一般是指对小和尚的尊称“帕”，与本人的乳名连在一起。例如，原来乳名叫“岩英”的，佛名便叫做“帕英”。原来乳名叫“岩甩”的，佛名便叫做“帕甩”。还有一种情况是根据佛教典故来取名的，例如“宛细利”是“太阳照着菩提树”之意，“贺坦”是“藏经亭的楼阁”之意。与佛教有关的还有还俗名。在西双版纳的傣族，凡是年龄未满 20 岁，又尚未升为佛爷的和尚，还俗后称为“岩贺”；如果年龄已满20 岁，已经晋升为佛爷了，还俗便称为“康朗”，是有渊博知识的人，带有崇敬而尊重之意。

瑞丽地区的傣族多数没有姓氏，小孩出生后即取乳名，随年龄增长就请佛爷、寨中老人或家族长辈取“帕嘎”。如果在奘房当过和尚或大和尚，还俗后在名后加上和尚、大和尚，佛爷还俗名字后加“塌”。如在进洼拜佛期生的加“路”，小孩生病拜佛要加“路”，在奘房打过杂的加“奘”。

如在“豪洼”（关门节）期间出生的人，必须在顺序排行的后面加个“洼”字，如岩洼团，是指吉利的、又在洼期出生的老大。以瑞丽地区的傣族取名为例，取乳名通常是按传说中七天一周期的属相来取的，即以属虎、狮、象、鼠、牛、蛇、鸟，分别取名为喊、静、坐、灭、散、吞、旺。

虽然这些仪式针对的是傣族的个体，但是这些个体的仪式中，却有着共性，每一代傣族人都经历着共同的仪式，也外显于不断重复的表演仪式中，使族群成员获得了连续的传说记忆。

（二）节庆仪式

除了上述个人的仪式外，在傣族社会中还有众多的公共的仪式，这些仪式的多数主题是与佛教有关，或者说是因为南传佛教，傣族社会有了更多的共同仪式来加强群体成员之间的共同情感和联系。在傣族社会中，几乎一年到头都有宗教节日及活动，如“浴佛节”（泼水节）、“关门节”、“开门节”、“豪干节”、“献

经节”、“祭佛塔”、“赕白象”和“白牛”、“烧白柴”、“做帕戛”等等。除了节日活动外，傣族民众喜欢做摆，旨在以此布施来满足愿望，按“摆”的顺序、次数冠以不同佛名，其低高顺序是坦、帕嘎、累、体、约。如果做了第一、二次“摆”的，就加“坦”、“帕嘎”，如“坦究”意为佛祖保佑，“帕嘎根丁”意为“富裕的帕嘎”。如果再做第三、第四、第五次“摆”，就必须在前面加“帕嘎”，如帕嘎累（功德如山的帕嘎）、帕嘎体（功德如高山的帕嘎）。以做“摆”来取名不能跳级，须从最低的“坦”起始。他们设宴做摆是为了积累功德，不惜用尽平生的积蓄。

送孩子入寺为僧成为傣族家庭生活中的一件大事，入寺时要举行热烈而隆重的升和尚仪式。这是傣族男子一生中极其荣耀的大事。当确定当一名小和尚后，就选择吉日，举行仪式。小和尚虽有亲生父母，但在举行仪式时还要请教父教母，未婚的称为“小伙子教父”，“姑娘教母”。

由家里请教父教母 15 人左右，被请到的教父教母对“小和尚晋升仪式”一般要给予一定的资助。农村举行这样的“摆”，参加者也像过节一样，一般都有数十人，主人家会摆上几桌饭菜，以示庆贺。中午在本村举行游行，游行前，教母给小和尚化妆，脸上描成粉红色的，头上戴塔形尖顶帽，骑在教父脖子上游行。锣鼓队在前敲着象脚鼓，教母要向小和尚头上撒米花和零钱，这叫“金雨银雨”。

佛寺里的杂役和“贺露”抬着托盘，接受村民的捐赠。然后大和尚和新来的小和尚一起进餐，热闹的场面犹如举行婚礼。穿袈裟之前和尚要念经，小和尚也念，以表决心，然后大和尚教小和尚穿袈裟。

从家庭到寺院，不仅仅是生活空间的改变，更是翻开人生新的篇章，因为如果哪一个男子未在少年时期当过和尚，那就会被称为“岩里”（野人），是没有文化的人。作为孩子来面对人生如此大的转变是有压力的，而举行这种仪式，傣族社会中使孩子第一次经历社会的场景来帮助孩子形成自我认同，认教父教母，强调了父母和子女的关系和责任伦理；上街游行，使孩子从小获得了安全感和自我的成就感，是对自己的一种肯定，如果在举行仪式以前已有个人的生活目标及意义，那么通过仪式就进行了强化。同时，透过人们的展演、观看与诠释，文化反映、强化与改变社会的认同与区分体系，或反映、强化与改变相关的社会情景与历史记忆，同时在同一时间、同一地点按照一定的规则行事，“集体节奏”把人们的活动置于共同的分类体系中，使他们的主观世界和客观世界整合，视现存文化和制度为自然，并把这种认同“融化在血液中，落实在行动上”，通过民间的仪式和庆典被记忆和重塑———人们通过这种参与表达自己的身份认同。

二、以语言文字为载体的历史记忆的延续

在族群认同的要素之中，语言与文字是极为重要的，语言和文字还是族群历史记忆的最重要的载体。南传佛教的传入使傣族的语言文字得以区别于其他族群，傣族信仰南传上座部佛教，在傣语中体现出不少。这部分词语为傣语所独有，而在壮语、布依语等同语族语言中是没有的。这部分词语有的已进入傣语常用词的范围，已经完全为当地一般民众所了解，并在唱词和民歌中广泛使用①。

此外，生活谚语规范着人们的日常生活，对一个族群的日常生活起着引导作用，强化在一定社会情境下的人的行为。尤其是南传佛教传入傣族地区后，以其教义教律为主的傣族谚语在傣族生活中扮演着重要的角色。在规范家庭关系方面的有：不要强词夺理，要尊重父母长辈。不要翻三年前的旧事。不要披花布让狗咬。不提旧情人让妻子生气，那样做吃不香睡不着，烧香拜佛也不灵，向僧侣布施斋饭他们也不吃②。在个人人格养成方面的有：能战胜自己的人即是强者。自己作恶自己烦恼。只看到自己利益的人，是不清净的人。贤者总是反省自己。有修养的人，总是克制自己。有好修养的人，一定会有依靠。如果想自己受人爱敬，就得呵护自己那颗善心。不要自杀，白白死去不好。贤者以自重为荣。恶事最好不要去做。善事，要抓紧去做。要保护自己的长处，如同盐一样保存自己的咸味③。生活谚语、历史与个人经验记忆，都是一些经由口述或文字传递的社会记忆。它们是在某种社会情境中被流传的“文本”，呈动态存在。透过语言、文字的文化符号意涵，以及其特定的叙事结构，影响人们的个人经验建构，强化相关的社会情境与此社会情境中人们的集体行为，因而造成社会现实与历史事实。

三、基于寺院教育的傣族认同

除了文本影响人们的个人经验建构，强化相关的社会情境与此情境中的个人行为外，南传佛教的寺院教育则为傣族个人设定了一种规范的行为模式。

教育的过程其实就是一个帮助个体进行社会化的过程，实际上也就是一个帮助个体塑造自我的过程，帮助个体塑造自我是教育的任务、目标之一。人的一生都在受教育，都在进行着社会化和重新社会化，都在塑造和重新塑造着自我，通过教育，个体从自然人转变为社会人，可以明是非，辨善恶，能更好地处理自己

---

① 张公瑾：《傣文〈维先达罗本生经〉中的巴利语借词——以〈十愿经〉第一节为例》，载《民族语文》2003 年第 4 期。

② 《中国贝叶经全集》第 10 卷《嘎里罗嘎里坦》，人民出版社 2006 年版，第 329 页

③ 《中国贝叶经全集》第 10 卷《佛教格言》，人民出版社 2006 年版，第 462 ~ 463 页。

与周围环境之间的关系，更快地在这个社会中找准自己的位置，更加能动地把握自己在这个变动的社会中的命运。教育在塑造个体的自我的同时，它还要处理与社会的关系，因为，教育的发展，除了它本身的继承性和历史性外，主要的就是处理它与社会及与个人之间的关系，而教育活动得以进行和开展依托于它所在的外在的这个社会，以外在的这个社会为其背景和平台。因此，每一个社会的教育都有着独特的帮助个体进行自我认同的机制，都有其独特的塑造自我的机制。

传统的南传上座部佛教地区的教育都是由寺院来完成的，由于云南上座部佛教地区男子都要出家一次。男孩到 8 岁左右，父母就会送他们到寺院出家。佛寺既是当地宗教活动中心，也是社区教育文化中心。出家本身既是一种修行，也是进行传统教育、陶冶道德情操的重要方式。学习的内容主要是傣族文字、学习傣族文化、佛教知识、信仰礼仪等，做早晚功课，并负责做一些杂事。经过一年以上的见习，学僧掌握了基本的教义、教规和礼仪，如果要求出家继续接受更多的教育，家里同意、村寨佛寺管理处批准后就可以举行晋升沙弥仪式。

虔诚信仰佛教的傣族民众，非常关心孩子的教育、成长以及“出家”等环节，将“受佛洗礼”视为人生重要一课，对他们来说，离开佛教，人生就没有意义了。西双版纳傣族孩子的重大教育，就是慎重对待他们的“出家”，否则，他们就会被社会看不起。

西双版纳出家人的必读书是《十五诵经》（*Pancadasavara*，需十五天才能诵完）。傣族僧侣通过背诵和学习《十五诵经》及相关的知识，就可以掌握南传佛教的仪轨，也学到了文学、史学、哲学、艺术等方面的基本常识。《十五诵经》称得上是南传佛学的精髓，是佛教在傣族地区得以全面普及的重要著作。通过这种规范的寺院教育，使文字记载的傣族的历史、文化等记忆得以流传，不至于由于时间的改变而流失，在每一代傣族人中唤起共同的族群情感。

四、总　结

历史记忆被认为是凝聚族群认同这一根本情感的纽带，南传佛教的传入使傣族地区的历史记忆主要以南传佛教为核心的文化形式在一代代傣族群体中得以延续。正是通过上述的一些共同的仪式、以寺院教育为主的教育使记载着傣族历史格言的文本、知识得以延续。通过“同质、空无的时间”，呈现为一部伸向无限久远的过去和未来的历史。利用文字构建过去的历史，能够有效地培养集体认同，也使社群的想象成为历史主题。族群共性及其内聚机制，体现在神话的艺术感染力中。这些格言、仪式表明这个族群是怎样观察世界，怎样看待过去、现在与未来，怎样寄托自己的情感和愿望。通过共同的仪式使他们互相发生心理上的共鸣，从而产生了稳定的族群认同感。

贝叶文化与傣族社会生活

弘扬傣族文化 构建和谐社会

高立士*

摘 要：新中国成立以前，召片领是西双版纳地区的最高封建领主和统治者。从一世叭真于1180年统一西双版纳，至1956年进行和平协商土地改革，这个家族对这一地区实行了长达近800年的统治。在这段时期内，西双版纳既无农民起义造成的改朝换代，也无民族之间的战争，这种现象在中国历史上实不多见。本文分析这一现象的成因，希望对今天建设和谐社会起到一定的参考作用。

关键词：傣族文化 和谐社会

新中国成立前的傣族封建领主土司世袭制，是建立在农村公社基础之上的，只要村民承认“南召领召”即水土均为土有，“金纳把尾”即吃田背负担，保证向领主提供劳役、贡赋，官租、杂派，召片领及各召勐不改变也不干预农村公社制，反而利用农村公社平均分配土地来平均分配封建负担；凡事征求民意，民主运作，从而调和阶级矛盾，巩固封建领主土司世袭制。

召片领对西双版纳境内山区的各民族，也同中原皇帝对西双版纳一样实行“以夷治夷”的羁縻政策，只要向召片领称臣纳贡，不谋反犯上，即给予很大的自主权，不改变其内部经济体系、政治制度、宗教信仰和生产、生活方式；任命原有山区各族头人为地方统治者，授予官职，并承认其特权剥削；与山区民族联姻和亲，划干戈为玉帛；遵奉山区民族领袖和英雄为勐神，有利于社会稳定，有利于维护其统治；将傣族信仰的佛教向山区民族传播，使傣族文化逐渐向周边民族潜移默化；促成了历史上的民族融合，虽有外来的侵略及王位继承引发的战争，却无境内民族之间的战争。

笔者有幸于1949年7月被组织派往西双版纳开辟工作，目睹了未开垦前的西双版纳原貌，那时的傣族农村还保存着较完整的土司统治下的农村公社制及召片领对山区各民族的统治。在这个环境下，笔者生活工作了八年，至1956年全

* 作者简介：高立士，男，1934年生，白族，云南民族大学民族研究所研究员，云南大学贝叶文化研究中心兼职研究员。主要研究方向为傣泰民族历史与文化、民族生态学。

州进行和平协商土地改革，封建领主土司世袭制才被废除。

西双版纳召片领自一世叭真于宋淳熙七年（1180 年）统一西双版纳，至 1956 年进行和平协商土地改革，召片领才被废除。当然封建领主制度必须废除，民族陈规陋习必须改进，但从历史的角度来探索，一个家族统治一个地区长达近 800 年之久，在中国历史上实属罕见，既无农民起义造成的改朝换代，也无民族之间的战争，其成因值得研究，其经验值得借鉴。当时农村公社的村社文化及召片领对山区各民族较为温和、宽容、和谐的政策，对今天建设和谐社会值得参考，现整理几条，以求教于学者和行家。

一、“西双火圈”制

召片领为了加强对山区各民族的统治，把全西双版纳的山区划为“西双火圈”。“西双”为十二，“火”为头，“圈”为区域或范围，即“十二个区域头”，与“西双版纳”即“十二千田”同时设置，同为负担单位，山坝分开摊派对中原王朝及缅甸洞吾王朝的贡赋。为从政治经济诸方面进一步控制山区，各“火圈”委派一名“勒司廊”议事庭官员为“波朗”，各勐又委派若干名“勒贯”议事庭官员为山区各寨的波朗，形成重叠交错的统治网，但各“火圈”的“召圈”即“火圈”之首领，却封赐其担任本民族之大头人，授予“帕雅龙”官衔，并赐纸质金伞一把，汉称“金伞大叭”。金伞作为权力的象征，统治居住在“圈”内的本民族及其他民族，召片领不改变或干预各民族的内部事务，并给予很大的自主权。如召片领封任布朗山曼桑寨布朗族头人达光为“召圈”，除委任状外，还赐给象牙柄长刀及纸质金伞各一把，鼓一面、铁链子一根，命其统治“火圈”布朗山内的布朗族及哈尼、拉祜等民族，并给予处理内部事务的自主权，如辖区内各族村寨头人由其册封，辖内的民事纠纷、刑事案件由其全权处理，每年的钱粮贡赋由其收取，并给予殊荣，如“召圈”下坝时，可骑马打金伞，敲锣打鼓，过傣族村寨不下马，上召勐（土司）家的楼房不脱鞋，直到宣慰街召片领的宫门前才下马。勐腊土司客厅的木床，官至一人之下，万人之上的帕雅诰即“勒贯”议事庭长都不能坐，而土著补过人之头人却可以与土司平起平坐。又如受召勐遮（土司）节制的哈尼族景很头人“帕雅龙景很”，被召片领委任为该山区“召圈”后，充当“朗目乃”特殊使命，即为召片领之心腹、耳目，命监视周边各勐之召勐、头人、百姓，若有异心或事变，为其通风报信。傣族各勐之召勐只能打一把金伞，他可以打 4 把。召片领将基诺山划为两个“火圈”，封有两个“召圈”（金伞大叭），分别由司土寨及巴普寨的两位长老担任，其殊荣及特权与布朗族、哈尼族“召圈”同。山区的“召圈”犹如坝区傣族的召勐，只是不能世袭而已。

二、与山区民族联姻和亲

古代召片领，曾和被征服的土著民族联姻。傣文《召片领四十四世始末》载：召片领九世名召坎勐，曾娶基诺族女为后，生子名召西拉罕，父死继位，为十世召片领。召西拉罕尚幼时，母后被诬陷，携其返回基诺山，王子为基诺族舅舅养大，故称基诺山司土寨长老为“波灵”（养父）。自此以后，凡召片领登基继位或贺新房时，必须请司土寨长老到场，召片领要曳着其腰带登宝座或登上新楼。另外，傣族结婚或祭祀时，需用鲜绿色芭蕉叶，折成仿基诺妇女戴的三角帽，摆设在结婚拴线的篾桌上或祭祀祖先的供桌上，据说是为追念历史上嫁与召片领的基诺族王后。布朗族也有同样的传说，且布朗族王后与基诺族王后同名，均名“楠三飘”即“三色螺公主”，即头髻插“三色螺尾簪”为饰。召片领娶基诺族女及布朗族女为后妃一事，在基诺族、布朗族及傣族中传为佳话，流传至今。

古代傣族统治集团以美女献给山区民族首领为妻的故事，在傣、布朗、基诺、哈尼诸民族的民间传说和傣文手抄本中常有记载。比如，传说景洪召片领和土著布朗族先民“桑西双欢”（即三十二个部落）交战不能取胜，遂献美女给其首领召法细达；勐腊傣族召勐与土著克木人（今识别为布朗族）在么锡盐井后山“凸补法”（直译为天峰山，据传为克木人京城）交战，久攻不克，遂献美女给克木人首领峨朵朵为妻；基诺族首领白腊切曾娶妻七个，其中一人为傣族姑娘。这些传说都不外乎为取胜对方而施的“美人计”，但其后果确似乎达到化干戈为玉帛，导致古代西双版纳民族矛盾的缓解，不仅有利于统治阶级的政权稳定，而且也符合当时各族人民的愿望，促成了西双版纳境内民族之间世代友好、和睦相处的关系。就这一点而言，与中原历史上的“昭君出塞”、“文成公主进藏”的目的及效果是一样的。

三、尊奉山区民族领袖和英雄为勐神

古代西双版纳及各勐的傣族统治者，为获得在该地区的统治，曾和当地土著民族有过复杂激烈乃至流血的斗争。取得统治地位后，又几乎无一例外地将被征服民族中被杀戮的民族领袖尊奉为勐神，立其神宫，世代祭祀。景洪祭祀的最大勐神“竜南”，传说是和傣族先民首领“帕雅阿腊武”相斗的“阿腊瓦伽牙”（魔王），其原形无疑是土著之首领；传说召片领战胜布朗族先民“桑西双欢”之后，尊奉其王“召法细达”（直译为“四眼天王”）为勐神，在勐养乡与景讷乡之间的布朗族欢满寨立神宫，委托“召法细达”之后裔为祭司，常年供奉，

一年一祭，并免除该寨一切徭役，世代相传至今。勐遮、勐满、景洛等地的勐神为佤族先民的首领；勐阿、勐往、勐混等地的勐神为布朗族先民的首领；勐腊的勐神为土著补过人先民和傣族先民的首领神位并列，同时祭祀，但务必等补过寨头人及百姓代表到场始行礼仪；勐腊县尚勇、么锡及勐捧的勐神，则为克木人先民的首领，由傣族出钱买猪、牛等祭品，由克木人主祭，祭品由克木人分享；勐龙城子的勐神叭吉、叭庄，传说是“卡细先满麻”（泛指山区民族）之首领，所以祭祀之日，要邀请山区布朗、哈尼等族的头人及百姓代表，一道参加祭神和娱神欢宴活动。类似种种，不胜列举。这不仅对被征服民族在精神上是极大抚慰，更主要有利于社会稳定，有利于维护其统治。

四、将傣族信仰的佛教向山区民族传播

傣族信仰的佛教，首先向布朗族传播（也有新说称布朗族信仰佛教先于傣族）。在西双版纳的布朗族，包括景洪的克木人及曼布、曼缅人，同属南亚语系孟高棉语族。他们与傣族一样，信仰南传上座部佛教。村村有佛寺，户户男孩（11～15岁）都要出家当和尚，长则三年五载、短则三个月半年再还俗务农；因佛经是傣文，所以布朗族除讲母语外，也使用傣语，成年人都能讲一口流利的傣语；取名也模仿傣族，男子一生至少有乳名、和尚名、还俗名、父母名、官名或职业名等五个名字；通过佛经及傣文手抄本，傣族民间故事也渗入布朗文学；服装及住房也向傣族看齐。

哈尼、拉祜、基诺等民族虽不信仰佛教，但住房却向傣族学习，盖干栏式竹木结构瓦顶或草顶楼房，成年人均会讲傣话，傣语成为西双版纳各族交流的通用语言。拉祜族妇女已穿傣装，改裤子为筒裙，长衫为窄袖紧身短上衣。傣族每年的五大宗教节日，热情款待周边山区民族来做客，山区诸民族也喜欢下坝来参与，傣族文化逐渐使周边民族潜移默化。

五、促成了历史上的民族融合

综上所述，古代召片领对山区周边诸民族的这些政策和策略，虽然其基点是建立在维护统治者根本的利益上的，但也促成了历史上的民族融合。西双版纳各地都广泛流传有历史上的土著民族融合于傣族的故事。如勐腊就有土著的“岔满”人（自称克木人）与进入勐腊的傣族融合而成为今天勐腊傣族之说。原任勐腊土司司署“勒贯”议事庭四大臣之一的帕雅龙奔（曾任勐腊县政协副主席），早在20世纪50年代就说：“我的祖先是岔满人，由于通婚而变成傣族的。”与勐腊相邻的勐伴傣族末代土司刀兴汉（生前任政协副主席）也说：“我们勐伴

原是卡贺敲（直译白头人，据说也是岔满人），被傣族首领召东帕洛征服后，才逐渐演变成傣族的。”50年代初，笔者在勐龙作社会历史调查时，得知勐龙的傣族与布朗族通婚，布朗族曼散寨无佛寺前，还与傣族曼景利寨共一佛寺赕佛。在称谓上也平等亲切，不称布朗族为“卡”（即奴隶或被征服者），而亲切地称“傣曼散”，傣族青年称布朗老人“波龙”（大爹），自称“怀”（小的），除上层头人外，两族农民之间互无歧视之称。1956年和平协商土地改革后，傣族曼占宰第一任乡长波罕卫，是1950年以前入赘傣家的布朗族。1958年农村合作化时，担任傣族曼贡农业生产合作社第一任社长康朗岭也是1950年以前入赘傣家的曼播克木人。当然这种历史上的民族融合是局部的、有限的。

六、不改变山区各民族的社会经济形态

召片领对其辖区内的山区各民族，只要向其称臣纳贡，为其统治下的庶民百姓，不谋反犯上，即给予很大自主权，不改变其民族内部的社会制度和生产、生活方式，在召片领封建领主大土地所有制下，山区各民族的社会经济形态仍被保持下来。

（一）布朗族的大家族公社“戛滚”制

布朗族是西双版纳最古老的世居民族，有34 923人（1997年，后同），三县均有分布，但绝大多数分布在勐海县的布朗山、巴达、西定等乡。语言属南亚语系孟高棉语族佤德昂语支，无文字，借用傣文。

布朗族村寨即是一个“不曼”农村公社。村寨之间以山岭、大树、巨石、河谷等自然物为界，村寨辖区内的一切土地、山林、牧场、园地、宅地所有权均属村社，凡是村社成员，均可分得一份山地进行开垦，长期占有使用。若迁出村社，即自动丧失使用权，不论开垦耕种的生地、熟地、乃至果树、茶园、水田，均无条件归还村社，无权转让、典当或出租，更不许买卖或跨村越界耕种。

在村社公有制下，有三种占有制：

第一种为“丕戛滚”即大家族公社占有制。其土地属村社公有，由“戛滚”大家族长期占有使用，定期分配或抽补调整给族内各户，家族集体垦荒，小户个体耕种，个体消费。以布朗山加章寨为例，1950年还有7个“丕戛滚”即大家族公社，39户，204人，占有耕地面积2 500亩，占全寨耕地总面积的27%。这些耕地全属刀耕火种轮歇地，每年由家族长带领全族男劳动力，集体砍地、烧地，家族长“高戛滚”和继承人先挑选好地，然后才按年龄、辈分依次挑选，逐级分配给小户耕种、收获、消费。若单户迁离村社土地归家族，若家庭迁离村社或人口死绝，土地归还村社，家庭没有转让或买卖权。

第二种为“折甲”即小家族占有制。仍以布朗山章加寨为例，1950年全寨

有7个父系大家庭“戛滚”其下有41个小家族“折甲”，占有耕地面积为6 325亩，占全寨耕地总面积的66.2%，说明此乃主要占有形式，其特点是：①村社集体占有的耕地面积更小；②小家族占有及使用权比大家族“戛滚”更稳定；③由于小家族“折甲”成员长期占有使用，这就为土地由公有制向私有制过渡创造了条件。

第三种是私人占有地“丕开”。这种土地在村社内有买卖权，但不能卖给外村，迁离村社也不能带走，所以这种私有权也是有限的，约占总耕地面积的7.5%。

（二）基诺族的大家族公社“埃莫”制

基诺族自称“基诺”或“雅诺”，他称“攸乐”，有17 735人，主要居住在基诺山乡的43个村寨，此外，勐旺乡的补远村公所有1 000多人，语言属汉藏语系藏缅语族彝语支，无文字。

基诺族寨一般由两个以上家族公社“埃莫”组成，如龙帕寨由4个大家族公社组成，其中兹肖家族公社1950年以前四代同堂，共有108人，共同居住在一间长达40多米的大竹楼上，屋内设置28个火塘，围成28间，即为28个小户。以年龄最大辈分最高的男性老人为“着勒”（族长或长老）处理族内事务，每个村社又推出一个寨公“着巴”，一个寨母“着奢”管理全寨事务。

村社内部有三种土地占有形式：

1. “达来达岔”即村社公有地。每年旱季（1～2月）砍地时，由寨公“着巴”、寨母“着奢”按各家族人口的多寡分配土地给各家族耕种，轮歇丢荒之后，土地仍归村社所有。

2. “达波迷岔”即家族公有地。是各自家族集体开垦，世代继承下来的土地，在家族内分各户耕种，轮歇丢荒后，土地仍归家族所有。

3. “阿奢迷岔”即小户私有地。在村社内有买卖、转让、赠与权，这是土地私有制的萌芽，但仍很有限，迁出村社，仍归村社所有。

以上三种土地占有形态中，家族公有地为主要经营形式，由家族长老“着勒”按户将土地分配给家庭成员耕种，各小户自由结合组成协作共耕，平均出籽种、劳力，收获物按户平均分配，各小户将自己分得的粮食储存在各家的小仓库里，自行消费。这就形成了土地集体占有，集体劳动，平均分配的原始社会生产特点。

直至人民公社化25年后的1984年，龙帕寨的腰兹家族（即兹肖大家族的后裔），还有6个小户，分6个火塘，共14口人共同住在一间长18米、宽11米的竹木结构草顶的长楼房里。他们虽然是现代人民公社的社员，按工分分配粮钱，但仍按照昔日家族公社的习惯生活，这是古代家族公社走向崩溃时的残余形态。

（三）拉祜族的大家庭公社“底页”制

“拉祜”是烤吃虎肉的意思，以此命族名是“猎虎”的民族之意。拉祜族有

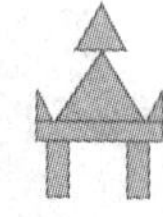

42 725 人，主要分布在勐海县的布朗山、西定、巴达乡，景洪、勐腊两县山区也有少量分布。语言属汉藏语系藏缅语族彝语支，历史上无文字。据说他们是近几百年才从澜沧、孟连等县逐步迁入西双版纳定居的。

拉祜族还保存着原始的大家庭公社“底页”制，每个村寨由 7 ~ 20 个大家庭组成，基本的生产资料——土地，属大家庭公社“底页”所有，耕牛、农具为各小家庭“底谷”所有，共同劳动，平均分配，大家庭“底页”既是生产也是生活的单位。例如勐海县布朗山乡巴卡囡寨，50 年代由 7 个大家庭公社组成，经过农业合作化后，至 1964 年已分解为 18 个大家庭，全寨共有人口 293 人，平均每个大家庭 16.2 人，其中最多的两个，即扎岛陶 37 人，扎迫囡 47 人，包括父、子、孙三至四代组成。家长称“屋维高”，管理大家庭公社内的生产、生活、纠纷等事宜。每个大家庭公社内以火塘为单位形成若干小户，称“底谷”即小家庭，以扎岛陶大家庭为例：1964 年共 37 人，分成 4 个火塘，即 4 个小家庭，占有水田 12.5 亩，旱地 70 亩，在大家庭里设一个大火塘，一个大仓库，在“屋维高”家长的率领安排下，集体种植水稻旱稻，水稻收获后，储藏在大仓库里，旱地离村较远就设 4 个“班考”，即 4 个小仓库。集体大仓库的粮食吃完，凡大家庭内部成员都可到 4 个“班考”小仓库背粮食。所售余粮现款由家长扎岛陶统一管理，每年主持分配二次，按各小户劳动力的多寡分配，各小户都有自己的粮食、牲畜、家禽和日用品，平时按小户自行消费，猎得野味或过年过节或每一小户杀猪，整个大家庭成员都来分食，因此，小家庭仍未脱离其母体（大家庭“底页”）的脐带，血缘关系仍很紧密。大家庭公社里父系“屋告”与母系“屋卡”并存，子从父姓，女从母姓，男家长死后，女家长有权继承管理本大家庭公社之权，这个大家庭公社之名，就以女家长之名命取。

（四）哈尼族农村公社向私有制过渡

西双版纳哈尼族自称僾尼，内分“鸠为”、“吉座”、“莫达”三支，人口约 15.8 万，主要分布在勐海县格朗和、南糯山、西定山、巴达山，勐腊县勐满山区、易武山区和景洪县南联山、勐宋山区。语言属汉藏语系藏缅语族彝语支，无文字。

勐海县的西定、巴达、勐混，勐腊县的勐仑、勐捧，景洪市的勐宋、勐罕山区的哈尼族，其水田极少，主要靠种旱地为生。其土地所有制，在傣族领主大土地所有制下，还保留着较多的农村公社土地所有制特点，即每个村寨都有一定的土地范围，除少数水田、茶园和宅旁园地已归属个体家庭所有外，其他的全部山林、旱地均属村社公有，只要是村社成员，均可在村社地界内自由开荒种地，若因迁离本寨或犯了“规矩”（如生兔唇、六指、双胞胎婴儿）而被赶出“竜巴门”者，其所耕种的土地则归村社所有。此外，有些村寨还保留着少部分家庭共有地，其收入归家族祭祀用。耕作方法基本上是刀耕火种，耕地及使用权均不固

定，砍地、播种、收获均采取亲属自愿协作，在村社成员中，虽然已经出现了生产资料占有不均的现象，但阶级分化不明显，直至1950年也没有产生相当于地主阶级的阶层。

勐海县的格朗和、南糯山、苏湖、勐宋，勐腊县的易武等地哈尼族，阶级分化比较明显，水田、茶园、果园全部私有，可以自由买卖，土地的村社公有制日趋瓦解，已进入地主经济阶段。在这些地区里，土地占有比较集中，头人和富裕户不仅占有相当一部分水田和茶园，而且把村寨附近的山林和荒地也据为己有。据苏湖村的统计，占人口11.3%的富农，就占有32.1%的水田，而占人口46.9%的贫农，仅占9.11%的水田。南糯山有569块茶园，1956年产茶2 322.2担，占人口仅11.1%的地主富农就占有产量50.7%的茶园，而占人口51%的贫农只占有产量11.5%的茶园。土地典当、买卖的关系早在20世纪40年代即已发展起来，丫口寨在1947年有8户农民出卖水田，由一户头人买进，从而这一户就集中了全寨40%的水田，由此可以看出各阶层占有耕地的数量已很悬殊，而质量的差距更加突出，地主、富农占有的土地，多为稳产、高产的水田和茶园，贫苦农民占有的几乎全是旱地。

七、村社领导　民主运作

西双版纳傣语称村社为“曼”（也有写做“芒”、“漫”、“蛮”的，现规范为“曼”），一个村社少则10～20户，多则60～70户，一般为30～50户，上100户的较少，景洪84寨，超过百户只有曼迈竜一寨，勐龙62寨，超过百户的只有曼康湾一寨。每寨均有较完整的农村公社组织和内部的社会分工。村社保存有“朋昆曼”即“村社议事会”和“朋曼”即“村社民众大会”。“村社议事会”由“昆曼”（寨上头人）4人及“涛吉”（直译为老人，即民意代表）2人共计6人组成，村社议事会的6名成员必须经“村社民众大会”直选产生，然后将“昆曼”4人，景洪的报召片领“勒司廊姆”（州级议事庭），各勐的报召勐“勒贯”（勐级议事庭）加封为叭、鲊、先三级头人，“涛吉”2人系民意代表不属“昆曼”（寨上头人），不需报批加封。正村长称“波曼”（寨父），副村长称“咪曼”（寨母，意为副职，并非女性）。“村社议事会”处理村社日常事务，由寨父主持开会；村社民众大会由全村各户之男户主组成，会议由寨母主持。村社的重大问题，诸如接收外来户、新立户、调整分配土地、兴修水利沟坝、分配封建负担、选举或更换头人等事项，均要召开村社民众大会，以民主运作形式解决。

八、社会分工　尊重人才

村社除有一套维持自身运作的行政组织外，还有一套旨在保证村社自给自足所需要的社会分工。现以1953年11月在景洪作社会历史调查时的曼峦典寨为例，

（1）村社行政组织

波　曼：受封为叭龙，即叭龙峦典；

咪　曼：受封为鲊龙，协助波曼工作；

鲊　欠：受封为鲊级文书；

鲊　悍：受封为鲊级武官，农闲时节教村社青年学习傣族武术；

涛吉龙：正民意代表；

涛吉囡：副民意代表。

（2）村社专业分工

波　板：为村议事会服务的通信员、招待员、杂役工；

乃波很：管理已婚男人的头目；

乃咪很：管理已婚女人的头目；

乃　冒：管理未婚男青年的头目；

乃　少：管理未婚女青年的头目；

召社曼：人与神的中介，祭祀寨神的祭司；

波　占：人与佛的中介，管理群众佛事活动的祭佛师，兼占卦吉凶、为婚丧建房择吉日等项服务；

波　莫：人与鬼的中介，识鬼，为病人祭鬼、送鬼；

板　闷：水利管理员；

咪底蛹：女巫，寨神（氏族祖先）、勐神（部落祖先）附其身说话，为神之代言人；

赞　哈：民间歌手；

赞　筚：笛手，为歌手演唱时伴奏；

赞　很：竹楼建筑设计师；

赞　列：铁匠，打制刀、镰等铁质农具；

赞　梅：木匠，制作犁、耙、矮凳、榨花机、榨糖机等木质工具、用具；

赞　肯：金、银匠，会打制金银质地的耳环、手镯、头簪、腰带、银盒、银盘等傣族首饰、手工艺品；

赞　広：陶匠，制陶器、烧土锅；

赞　劳：酿酒师；

赞　盘：狩猎师；

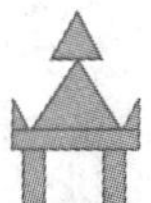

赞　拉：屠宰师；

摩　雅：医生；

波　炸：厨师。

这个分工，以人为本，尊重知识，尊重人才；充分尊重个人的兴趣和爱好，充分发挥个人的才干和专长。各种专业人才，利用村社提供的这个平台，在为村社服务的实践中，随着时间的推移、专业知识的积累和提高、知名度和社会地位也随之提高。如原村社的赞哈，后来成为勐级赞哈，由民间歌手成为有官阶头衔的歌手。如鲊纳宛、叭温勐、叭勒等均是；又如原村社的赞肯，后来受封为鲊肯、叭肯等有官阶头衔的管理金银匠的官员。这个当年仅 62 户，329 人的村子，即有各种专业人才的社会分工 22 项，在不脱离农业生产的前提下，以满足村社物质生活和精神生活需要的各项专门技能。

九、村社资源　合理分配

每个村社都有严格的地域界线，村社地界内的水田、旱地、山林、河道等一切自然资源均为村社集体所有，只要是本村社员，就有权享有同等的一份，若迁出村社，必须交还村社。不准买卖，不准越界耕种，当权头人除多占有一份薪俸性质的“纳昆”即头人田外，不准利用特权买卖、转让、多占村社集体土地，管理透明，不得暗箱操作。每年泼水节后（公历 4 月中、下旬）各村社均要召开村民大会，大会的议题、时间、地点定了以后，由“波板”（通信勤杂）通知，每户的男户主都要出席，大会由咪曼鲊龙主持，议题是：①今年有几户新立户？②有几户迁入户？③有几户迁出户？迁出户需将所种的“纳曼当赖”即寨公田交还村社，新立户及迁入户需由村社分一份同等面积的寨公田给他耕种。若迁入迁出户相等，就不需调整；若迁出仅 2 户，迁入有 3 户，新立户有 2 户，两抵后还有 3 户无田种，就要按照顾原耕基础前提下，抽补调整出面积相当的寨公田给 3 户新户。这样的调整，新老户的水田占有，由基本平衡逐步拉大差距，面积相当但产量相差 1 ~2 倍，约 30 ~40 年要打乱平分一次，从而使新老户的水田占有由不平衡又趋向平衡。这个在历史上 30 年平分一次水田的周期，与今天土地承包到户 30 年不变的政策时间相吻合。

十、政策倾斜　弱势群体

新立户、外来户与丧失主要劳动力的农户一样，为村社的弱势群体，他们无田地、无住房、无口粮、无生产垫本。汉族农村由父母分给或自己解决，于是贫困户就只有受租佃、借贷的剥削，加速两极分化。傣族的村社传统政策就是要解

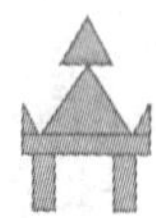

决他们的这些实际问题：

（一）盖竹楼

新立户、外来户的第一栋竹楼，由村社集体无偿提供，由村社议事会确定建房日期，由波板通知到户，一般每户出男女劳力各1人，出大龙竹1棵，梅散竹5棵，草排20片，削好备用的干竹篾扎条（用时浸水使韧性特强）长、短各数把，一栋小竹楼一天即盖好，当晚即迁新居贺新房。老户有的送大米、有的送小母鸡、小母猪，关心备至，倍感亲切。这栋竹楼一般住三年，三年以后建新的，除自己备料：选柱，伐木，解板，编草排，买砖瓦、石灰、水泥、钉子外，运木料由全寨出动，4棵大柱用水牛拉，其他木料用人扛，乃波很、乃咪很，乃冒、乃少亲自率领所管辖劳动力，全部出动一天即运回；户主请“赞很”即竹楼设计师，按傣俗备篾桌一张，上置装满稻谷的竹箩一个、红白布各一丈、黄白蜡条各4对、人民币5~10元，“占很”给木料画线设计毕，由寨上老人按设计师要求凿眼、锯榫；通过“波占”择吉日，报“村社议事会”同意，由“波板”通知各户男女主要劳力盖房子；请“乃少”率未婚女青年为户主舂新米，找野菜，当招待；请“召拉”杀猪或宰牛，请“波炸”烹饪传统傣味招待众乡亲，请“赞哈”歌唱助兴，感谢乡亲帮助，祝贺乔迁新居，全系统工程均是村社出劳动力无偿相助。

（二）送口粮

新立户、迁入户分到了田，有了住房，但从春耕插秧到秋收割稻，还有3~4个月，这100多天的口粮怎么解决呢？按汉族的传统惯例是父母给、亲朋送、市场买，要不就只有借贷。而傣族村社的传统是由村社无偿提供20挑稻谷作秋收前的口粮，不需偿还。村社有公谷就用公谷支出，无公谷就每户凑一箩（25斤）。平时借贷，秋前借10挑，秋后还11~12挑，借乾还湿，不计重利。傣族农村无专靠放债为生的高利贷者。

十一、有福同享　有祸同当

（一）猎物，见者有份；杀猪，全寨平分

傣族农村有秋后狩猎的习惯，由“乃盘”即狩猎师组织，出猎前需杀红公鸡一只先祭猎神，打得猎物，需吹牛角，打击竹筒，抬着猎物进寨。除开枪击中猎物者及发现猎物并追出的猎犬，多分得头、尾及四只脚外，其余按出猎人数、猎犬数，人犬同等各分一份。见者也分一份，不分民族、官民，机关干部、工作队员下乡碰上也分得一份。傣族的家禽及水牛、黄牛、马等大牲畜，私有观念较强，任何人不得以任何方式侵犯。但饲养的肥猪，每户一头归村社，第二头以上肥猪，无论出售或宰杀才全归自己。这归村社的第一头肥猪，不论谁家宰杀，户主

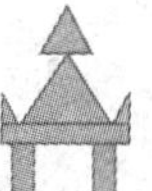

除留下头、脚、内脏外，其余按户平分，一家一份，驻村工作干部也分一份，若有的户无人在家，就把肉挂到该户楼梯头的柱子上。20 世纪 60 年代，猪肉供应紧张，为了照顾国家、集体、个人的三者关系，对养猪户实行吃卖各半政策，即出圈一头肥猪，杀了后一半卖给国家（即当地供销社）供应市场，一半留给养猪户自食。养猪户仍将这一半在村社内按户平分，直到 1980 年以后，实行土地联产承包责任制，取消肉票、粮票供应，改为市场经济后，才取消养猪的平均主义分肉制。落后的平均主义要克服，但有福同享、无私奉献的精神应弘扬、提倡。

（二）病危，轮流守护；病故，凑柴火化

傣族一户有病人，牵动全寨人的心，有的送鸡蛋，有的送鸡汤，有的送草药，有的送秘方，均为病人早日康复而奔忙。若病危，根据病人性别、年龄，亲朋好友自会安排轮流守护；不幸病故，一家凑木柴一捆，在村社坟林“坝消”用丢鸡蛋来选墓地，然后架柴火化。傣谚说：“有吃大家分，死了大伙抬。”

十二、道德规范　共识共守

傣族村社的传统道德归纳起来，也有“八荣八耻”的荣辱观：

以劳动致富为荣，以偷盗行为为耻。傣谚说：“想吃好饭选谷种，想吃鲤鱼勤挖塘。”“丢脸胜丢背银。”20 世纪 50 年代，笔者下乡住在傣家竹楼，没有遗失过钱和物。在水井边或下河洗澡，把手表及钱包忘了，群众拾了送回。

以家庭和睦为荣，以夫妻吵架为耻。在傣族农村，看不到邻里、夫妻吵架打架，有夫妻离婚，却无家庭暴力。

以尊老爱幼为荣，以不抚养父母为耻。傣族社会尊敬老人，结婚、贺新房、祭祀寨神、勐神等活动，先设老人席；有酒、有肉，先敬老人；楼下有老人，晚辈不能上楼走动；要从老人面前过，必须躬腰（妇女要夹着裙）口说“书麻、书麻！”即“得罪、得罪”，始轻轻走过；傣谚说：“建筑水坝靠红土，管理地方靠老人（靠老人参政议政，献计献策）。”傣谚又说：“做爷爷要爱护儿孙，当头人要爱护百姓。”老人对子孙、父母对子女关心爱护，子女做错事，耐心教育，从不打骂。在傣族农村，养老送终的往往不是亲生儿女，而是收养的子女。

以男女平等为荣，以性别歧视为耻。西双版纳的傣泐平民无姓，除召片领及召勐有长子继承父位之封建法规外，农民无长子优先继承遗产之说，谁养老送终，谁继承老人遗产。没有姓氏也就不存在某姓氏无子传承继嗣将断子绝孙的顾虑，因此在傣家的观念中，生男生女一个样。婚姻形式不同于汉族的男讨进、女嫁出，而相反是“男嫁出、女讨进”，即男人上门为婿三年，才能将妻子接回或另立门户。因此第一个孩子希望生女孩，长大到 18 岁，招个女婿进门，父母就可不干农活；若第一个生男孩，长大到 18 岁，入赘女方，父母仍需下田干农活。

以自由恋爱为荣，以包办索彩为耻。西双版纳的傣族恋爱自由，青年男女双向主动互动，男的主动“要哨”（串玩姑娘），女的也主动回应“要冒”（串玩小伙子）。情投意合暗定终身，才告知父母，请媒说亲。双方父母均尊重子女的选择。结婚形式是女方招婿，床上用品：蚊帐、垫褥、床单、枕头等均由女方准备。新郎上门劳动三年，才能将新娘接走，所以要的是劳动力，不要彩礼。

以热情待客为荣，以无客登门为耻。傣谚说：“菜园不常进变草场，亲朋好友不来往变外人。”因此每年秋收毕、开门节后，均要走亲访友。傣谚说：“两座山，不会碰头；两个人，总会相遇。”“有客自远方来，不亦乐乎?”客人来访，均热情接待，火塘烧茶做饭，篾桌四菜一汤。有客在家，家人说话要轻声细语；家人走动要慢步低头；家人放屁要到室外进行；大声喧哗或挺胸阔步、在室内放屁是对客人的不恭。客人告辞，要送点自己生产的土特产，不能让客人空手出门。逢年过节以宾客满堂为荣，客人稀少会感到不光彩，没有面子。

以诚信待人为荣，以说谎骗人为耻。傣谚说：“路走错，可回头；话出口，不能收。”又说：“可失一背银子，也不失一次面子。”傣族认为面子即诚信比金钱重要。

以保护森林为荣，以乱砍滥伐为耻。（详见下文）

十三、人与自然　天人合一

傣族是一个以水稻为主要农作物的民族，在以大自然的长期相处过程中，傣族人民深刻认识到：没有森林就没有水源，没有水源就没有水田，没有水田就没有人们赖以生存的鱼和米，人类就不能繁衍生息。这是傣族人民在长期生产生活斗争和社会实践中总结创造的灿烂文化之精髓，是傣族人民淳朴的自然生态观的具体体现。为了保护森林水源不被破坏，为了子孙后代可持续性利用和发展，他们把村社的水源林敬奉为“竜社曼”即寨神林；把勐的水源林敬奉为“竜社勐”即勐神林（以下简称“竜林”），顾名思义，“竜林”即是寨神（村社氏族祖先）、勐神（部落祖先）神灵居住的家园，“竜林”内的土地、林木及一切动植物均是神圣不可侵犯的，严禁砍伐、狩猎、采集、开垦，即使是风吹下来的枯树枝、干树叶、熟透的果子也不能捡，任其腐烂。为了乞求寨神勐神保佑村民人畜平安，五谷丰产，每年还要以猪牛定期祭祀。若到时不祭或违反以上禁忌，将受到祖先神灵的惩罚，给个人及村社带来灾难。将“竜林”当做村社乃至整个民族的老祖宗、生命线加以保护，成为全民族的共识，虽无今天的国家森林法、森林警察，大家均自觉遵守，没有人敢犯禁。全州30多个坝子、600多个傣寨因此四周青山常驻，溪水常流，雨季无洪涝（较大的洪灾均为澜沧江洪峰所致），旱季不断流，大片森林得到保护，生态环境保持平衡。

傣族村社传统农业生态系统以“竜林”—坟林—佛寺园林—竹楼庭园林—人工薪炭林—经济作物种植园林—菜园—鱼塘—水稻田组成。“竜林”位于村寨背靠的大山上，作为村社的保护神居高临下，全村的农舍、人畜、果林、农田均在其视野之内，由于“竜林”在整个农业生态系统中，地理位置最高、占地面积最大、功能最多，只有“竜林”的所有功能得到充分发挥，才能启动整个系统的正常运转，形成良性自然循环，因此它是这一系统的首要环节。

傣族不仅重视保护自然森林、水源林，而且也很重视植树造林，美化环境。佛寺主要种植释迦牟尼成道树菩提树、佛经载体贝叶棕树、观赏的“五树六花”及敬佛的花卉水果等，佛寺成为一座佛教园林；每栋竹楼的房前屋后种有竹蓬、果木、花卉，果木有高棕、槟榔树、椰子树、木瓜树、酸角树、芒果树、荔枝树等，高矮不齐，错落有致，成为人工植物群落。说一个傣族村寨就是一个村社植物园，一点也不夸张。

十四、先尽义务　始享权利

农村公社的社员享有社员的平等权利，是以承担同样义务为条件，平均分配土地是以平均分配负担为前提条件。即负担一个门户的村社事务“甘曼”、地方事务“甘勐”，才能分到一份田。

甘曼：修沟筑坝、修路搭桥、建栏围篱、祭祀寨神、修建寺塔、社员建房等村社公共事务，需出钱、粮或出劳力均按户平摊。

甘勐：一天、三天、五天的公差劳役，含送信、割马草、当挑夫、当向导、“育黑暖贺”宫廷杂役；十五天的公差劳役，傣称“黑奢”即战争差役；招待上司官员、过往公务人员（新中国成立初期的武工队、工作队队员），吃一餐以“么考黄”直译为“热饭桌”（即快餐）招待，按户轮流由波板通知，一名客人派一户，每户准备四菜一汤，即两个荷包蛋、一盘炸花生米、一盘干巴或干鱼、一盘酸菜、一碗小青菜汤，外加一盒糯米饭、一瓶自酿米酒；若住下来即以“考喜木介海”直译为“急米快鸡”招待，几名客人派几户，每户需出大米、带壳花生各一竹筒、鸡一只、盐巴、辣子、葱、姜、蒜等作料各一小包，木柴三五根；祭祀勐神的开支。

由于传统村社文化的实施，西双版纳村村有佛寺，户户有纺织捣米声；年年分田地，月月有节庆，夜夜有“赞哈”的歌声；耕者有其田，农户有竹楼；日出而作，日落而息，虽不富裕，但无乞讨，路不拾遗，夜不闭户；没有杀人犯、强奸犯，少有盗窃案；家庭无暴力，村寨无斗殴，成为一个名副其实的和谐社会。民族学家、人类学家称其为原始共产主义社会、东方乐土。此说虽不敢苟同，但却不无道理。

二十世纪西双版纳傣族文化传承与变迁的启示

邓永进　刀晓勤*

摘　要： 回顾20世纪西双版纳傣族文化传承与变迁的历史，不难发现：西双版纳傣族文化发展具有不少有别于其他民族文化发展的地方，即一方面其传统文化顽强传承，另一方面其民族文化不断拓展。这种情况，对于各民族文化发展有着一定的借鉴作用和启发意义。为此，笔者将其可能对民族文化发展有所借鉴和启发的部分作大致归纳，以飨读者。

关键词： 西双版纳　傣族文化　传承与变迁　启示

20世纪，是人类社会由“世界大战”逐渐走向“和平发展”的世纪。在这百年间，中国社会发生了巨大的变化。作为我国“保留古越人文化最多和受汉文化影响最少地区”的西双版纳，自然受到了前所未有的洗礼、冲击、震荡和影响，那里的傣族文化自然也经历了选择和发展、传承与变迁。

文化传承与变迁，对一个民族的整体发展会带来重大的影响。文化传承涉及的是一个民族传统文化的延续以及该民族的命运，而文化变迁则关系到一个民族的文化创新以及该民族的前途。

20世纪西双版纳傣族文化传承与变迁的历程，对新世纪的西双版纳傣族文化发展乃至其他民族文化的发展，有一定的借鉴作用。换言之，总结20世纪西双版纳傣族文化的传承与变迁的特征，对现在及未来的西双版纳傣族乃至其他民族文化的发展，具有重要的启示作用。那么，其启示作用有哪些呢？

一、当今社会青睐“多语者”

当今社会，民族语言文字问题是一个关系到民族传统文化是否能够得以顺利

* 作者简介：邓永进，男，1962年生，汉族，云南大学旅游研究所副所长，云南大学贝叶文化研究中心兼职研究员，主要研究方向为民族风情旅游、傣族文化；刀晓勤，女，1963年生，傣族，云南民族大学国际合作交流处干部，主要研究方向为傣族文化。

传承的问题。民族语言消失，民族的一些传统文化可能就会随之消失。因为它既是民族的一种传统文化，又是民族传统文化的一种传承工具。然而，同样的道理，拒绝外来语言就意味着拒绝外来文化、拒绝一种发展。因此，面对着激烈的生存竞争，尤其是竞争对手是汉族、国外先进民族，面对着汉语、外语和数学、物理、化学等等，本来这些知识基础就“先天不足”或薄弱的少数民族怎样才能实现母语和汉语、外语多全呢？“双语教学”也好，佛寺教育也罢，总之，如果激励机制扩大到较为理想的程度，那么，“多语者”是不是就会越来越多呢？多语者增多意味着社会文化的多元和丰富，意味着民族经济发展和进步。我们鼓励汉族学习英、法、德、俄、日等语，前提是学习掌握好汉语；我们也主张兄弟民族间相互学习语言，前提是不要丢弃自己的母语。其目的在于处理好传统与发展的关系问题。事实上，正如汉族学习外语并不影响汉语的传承一样，只要处理得当，母语和外来语并非水火不相容。

二、宗教问题非常复杂

由于宗教问题往往具有民族性、普遍性、国际性和长期性等特点。因而可以肯定地说，在未来很长的一段时期内，宗教依然将在不小的范围内传承，我们的宗教政策应该坚定不移。又由于宗教除了主要有负面影响外，它仍有一定的积极因素，诸如南传上座部佛教中的“佛寺教育”、“节日”、“乐善好施”等，加之它对傣族传统文化的传承和傣族社会的安定均有一定的促进作用，因此，我们对待宗教问题也应当实事求是。

三、生态旅游能够保护民族文化

针对大众旅游给社会环境带来了污染甚至破坏的现实，生态旅游应运而生。作为全球旅游产业可持续发展的一种战略，生态旅游主张保护自然环境和人文环境，强调保护自然景物和人文景观。事实上，由于旅游业会带来旅游目的地的经济繁荣，而生态旅游资源开发者、经营者和消费者又引导旅游目的地人民积极抢救保护自己的传统文化，开发营销民族文化旅游产品。20 世纪后半叶云南出现了不少生态旅游抢救、保护甚至发展民族文化的例子，诸如：西双版纳傣族的“泼水节”（除保护弘扬往昔节日内容外，还挖掘了放孔明灯、斗鸡等习俗）、曼景兰“傣味一条街”（大力弘扬了傣族饮食、服饰、歌舞、礼仪、居住等习俗）和橄榄坝“傣族文化园”（保护开发了傣族的缅寺、佛塔、村寨、饮食、居住、手工产品、娱乐、婚礼、铁刀木薪炭林等）等；大理白族的“大理古城”、“三道茶”和“扎染工艺”等；丽江纳西族的“大研古镇”、“洞经音乐”和“丽江

粑粑”等；迪庆藏族的松赞林寺、“酥油茶”和“哈达”等，楚雄彝族的“太阳历文化园”、“彝族服饰展演”和“酒文化”等。其中，在开发保护民族文化方面，西双版纳傣族自治州起步较早，在全省乃至全国都起到一定的示范作用。而大理白族自治州的“三道茶”等，是对白族文化的挖掘和创新；丽江玉龙纳西族自治县的“洞经音乐”等，是对纳西族文化的抢救和弘扬；楚雄彝族自治州的“酒文化”等，是对彝族文化的整理和光大。因此，在一定意义上可以说，发展离不开传统，传承离不开创新。

四、电视为世界第一传媒

为数不少的人在电视机前通常是被动的接受者，电视机牵制了他们的活动，电视节目影响着他们的观念和行动。其中，特别是青少年，他们是社会和民族的未来，其世界观、人生观、价值观的形成受电视文化的影响不小。好在电视节目毕竟是人制作的，一个社会想倡导什么、弘扬什么，完全可以通过电视人来实现。通过电视而家喻户晓的傣族舞蹈“雀之灵”，其文化意义远远超出了舞蹈艺术审美的范围，它是对傣族文化的一种弘扬，是对傣族文化传承的一种促进。同样，通过电视而尽人皆知的“奥林匹克运动会”，其文化意义也远远超过了体育比赛本身，更重要的是它代表着一种平等、参与、团结和拼搏精神。因此，建议电视人摄制、译制、播放更多的既弘扬民族传统文化又有利于各民族间取长补短、共同繁荣进步的节目，诸如制作、播出关于西双版纳傣族的生态观念与薪炭林、生育观念与节制生育等各种片子；译制、播放美国的《本能反应》、《巨猩乔·扬》；重播《小象西纳》、《丹顶鹤》等片子，目的在于为了全球的可持续发展。

五、任何民族都不可拒绝发展

曾几何时，为了保障一个民族的传统文化的传承，有学者提出不让异族文化和现代生活“侵蚀”个别典型民族村寨。但是，正如20世纪每一个民族都不能拒绝现代化一样，少数民族也要现代化。事实上，当外来文化涌入时，人们通常对自己民族的文化都会有一种保护意识，对外来文化也会有一种选择意识。所以，西双版纳傣族虽然在接受收音机、电视机、自来水、拖拉机、摩托车、组合柜、节柴灶的同时不能避免汉文化和快节奏、新观念等的冲击，但是，正如日本的家用电器不可能使汉文化被大和文化同化一样，这些“舶来品”也没有使傣文化在主流上西化和汉化，加之，广播电视中的傣语节目和傣文化艺术作品还促进了其传统文化的传承。从发展的角度出发，现代高科技的确对任何民族的传统

文化都有冲击。以汉族为例，由于计算器和微型计算机的普及，传统的珠算已渐渐成为历史，传统的书写方法也逐渐发生变化。然而，正如我们没有因为要保住传统的毛笔字而拒绝使用钢笔一样，我们也不会因为要保住传统的算盘和手稿而拒绝使用计算器和电脑。民族要发展，民族文化要发展，传统文化也不可能一成不变，套用一句名言："发展才是硬道理。"

六、理想的传承应当是发展中的传承

民族文化的创新、发展和民族传统文化的保持、传承是相互关联的。要使民族文化始终保持其活力和生命力，就要对其传统文化加以新的发展，使传统文化适应当代社会发展的需要。西双版纳傣族的传统文化之所以能够以强势传承，原因之一就是因为傣族人民依据不同的时代和不同的情况，将自己民族的传统文化同现代化作一些衔接，吸收外来文化和时代精神的养分，对自己民族的文化作一些重组。诸如傣家竹楼在一直保持着一楼一底的干栏式建筑特点的同时，其建材从竹草发展到木瓦；其妇女的衣裙在一直都保持着其传统"紧身上衣、直筒长裙"的服饰特点的同时，其布料从棉布发展到的确良再发展到乔其纱、真丝，衣领从无到有，从翻领到西装领再到圆领，筒裙下摆从直筒式到小喇叭式再到直筒式。此外，将传统上送小孩入寺做和尚的马变成了摩托车，将佛爷带读经书、傣文的习惯做法部分地变成用录放机带读，将迎亲中的传统鸣枪变成鸣鞭炮，将傣家风味变为"傣汉全席"等，都是其传统文化在变化发展中传承的例证。

七、政府主导是民族文化传承与发展的推动力量

民族文化的传承，通常是一个民族自愿选择的结果，但是，政府怎样看待民族文化、如何处理民族文化问题，政府提倡什么民族文化、宣传什么民族文化，对于民族文化的传承和发展都有重大影响。中华人民共和国政府一向主张各民族不分大小一律平等，在平等的基础上团结互助、共同繁荣发展；一向认为中国各民族共同缔造了祖国的历史和文化，各少数民族文化都是中华民族文化的一个组成部分。为了保证各民族，特别是少数民族文化的健康发展，全国人大制定颁布了《民族区域自治法》，制定实施了一系列关于少数民族文化发展的政策，国家建立健全了从中央到地方的民族研究、教育、文化、新闻、出版机构，各自治区、自治州（盟）、自治县（旗）依据《宪法》和《民族区域自治法》以及有关的民族政策，制定建立了关于本地区民族文化发展的政策法规和机构部门。以西双版纳傣族自治州人民政府为例，为促进傣族和其他少数民族文化的发展，政府制定出台了一系列政策和建立完善了一整套机构，并且取得了十分显著的成

绩。仅以直观的为例，城市建筑风格总体呈现傣族化，《西双版纳报》分傣、汉文版，国家机关、行政单位的标牌一律傣汉文对照，州、市（县）电视台、广播站有傣语新闻、文艺节目，州、市（县）歌舞团（队）经常创作演出民族歌舞，政府每年定期成立泼水节庆祝活动办公室，州委书记、州长、市（县）委书记、市（县）长等带头穿已经濒于消失的傣式男装，女性导游和服务员着傣式女装蔚然成风。

如此，笔者大致概括了 20 世纪西双版纳傣族文化传承与变迁的特点，亦即阐述了 20 世纪西双版纳傣族文化发展历程留给我们的启示。

从称呼看傣族的伦理道德

岩　贯*

摘　要： 傣族的称呼语，体现的内涵就是平等、友爱、谦和、尊重，是傣族人民传统美德的体现。千百年来，傣族人民长慈幼孝，尊老爱幼，夫妻恩爱，家庭幸福，邻里和睦，在祖国大家庭里和其他民族融合共处，共存共荣，傣语在交际中的称呼语以及所呈现的傣族传统美德，发挥了巨大的作用。

关键词： 傣族　称呼语　伦理道德

语言是人类最重要的交际工具。傣语是伴随着傣族人民的诞生发展，在一千多年劳动生产、社会交往中，随着社会历史的发展而产生发展，并不断完善的民族语言。而且，它在发展过程中，汲取佛教中积极因素以及迅猛发展的现代科技内容，使它在具有深厚的历史积淀的基础上，更增加了广泛的社会内涵，使它成为传承民族文化、促进社会交流、促进民族团结和谐、促进社会科学发展的有力工具。人类社会的生产、生活，总是与人际交往密不可分，而在交际活动中，双方的称呼语显得尤其重要。准确、得体的称呼，往往在交际过程一开始就营造一种亲切融洽、友好和谐的氛围。一种语言在交际过程中的称呼语及称呼语在交际过程中的使用，往往最能显现出使用这种语言的民族特性，文明程度。傣语中的称呼语正折射出傣族人民世代相传的古老习俗和优秀传统，尊老爱幼、追求文明、促进民族团结、家庭幸福、社会和谐发展的优秀传统美德。在傣族一千多年的历史发展中，有的陈规陋习已经被人们抛弃，但是，承载着傣民族古老、文明、优秀的传统美德的称呼语，却世代相传，一直承袭至今。

本文就傣语中的称呼语及其在交际环境中的运用，作一些肤浅的探索，并对它在运用过程中蕴涵的民族文化略作展示。

傣语称呼语，可归为“自称”（第一人称）、“他称”（第二人称）两类。自称有：“呃”（ᨡ᩶ᩣ）、“怀”（ᨡᩬᩂ）、“咕”（ᨠᩪ）、“皋”（ᩉᩮᩢᩣ）、“哈”（ᩉᩣ）、

* 作者简介：岩贯，男，傣族，1959 年生，西双版纳傣族自治州少数民族研究所副译审，西双版纳州贝叶文化研究中心研究人员。主要研究方向为贝叶文化和贝叶经翻译。

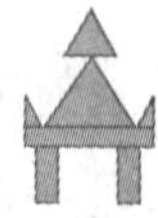

"都"（တဓေ）等；他称有："醒"（ᩉᩨ：你）"孟"（ᩉᩲ᩠᩵ᨾ：你）、"咪国"或"咪秀"，（ᩅᩢᩫ᩠ᨠ、ᩅᩢ᩠ᩈᩥ᩠ᩅ）、"岩龙"（ᩋᩣ᩠ᨿᩃᩬ᩠ᨦ）、"喃少"，（ᨶ᩠ᨦᩈᩣ᩠ᩅ姑娘）、"喃农"（ᨶ᩠ᨦᨶᩬ᩶ᨦ：姑娘、妹妹）、"农"（ᨶᩬ᩶ᨦ）"妹"、"玉少"（ᩋᩦᩈᩣ᩠ᩅ姑娘、妹妹），等。无论是"自称"还是"他称"，在实际使用过程中都不是简单的运用，都是根据实际语言环境，根据交际双方的年龄、性别，根据历史发展中约定俗成的规矩使用的。例如，同样是自称（第一人称），小辈对长辈的自称，必须是"呃"（ᩅᩢᩋ），或是"怀"（ᨡᩬ᩠᩶ᨿ），这样才显得懂事有礼貌。如"妈妈！我放学回来了"这句话，在傣语中就要这样说："ᩋᩦᩃᩯ ᩅᩢ᩠ᩋ ᨠᩮᩢ᩠ᩋ ᨸᩅ᩠ᩁ ᩉᩬ᩠ᨦ ᨲᩬᩢ ᨾᩣ ᨧᩢ᩠ᨠ ᩅᩢ᩠ᨯ ᨾᩣᩃᩯ᩠ᩅ"又如："爷爷！我想吃饭。"傣语为"ᩋᩦᩃᩯ ᨸᩮᩢ᩠ᩅ ᨡᩬ᩠᩶ᨿ ᨠᩥ᩠ᨶ ᩃᩢ᩠ᨾ ᨡᩮᩢ᩶ᩣ"再如："奶奶！我要去上学了。"傣语为"ᩋᩦᩃᩯ ᩋᩩ᩠ᨿ ᩅᩢ᩠ᩋ ᨩᩢ᩠ᨠ ᨸᩅ᩠ᩁ ᩉᩬ᩠ᨦ ᨲᩬᩢ ᨾᩣᩃᩯ᩠ᩅ"再如："爸爸、妈妈！我要到同学家去复习功课！"（ᨻᩬ᩠᩵ ᩅᩢ᩠ᨯ ᩅᩢ᩠ᨯᩯ ᩅᩢ᩠ᩋ ᨩᩢ᩠ᨠ ᨸᩅ᩠ᩁ ᩉᩬ᩠ᨦ ᨠᩩ᩠ᨶ ᩅᩢ᩠ᨯ ᩉᩬ᩠ᨦ ᩉᩬ᩠ᨦ ᩃᩥ᩠ᨠ ᩅᩢ᩠ᨯ ᩉᩬ᩠ᨦ ᨠᩖᩢ᩠ᨦ ᨠᩢ᩠ᨶ）这里的"我"，傣语可以用"怀"（ᨡᩬ᩠᩶ᨿ），也可以用"呃"（ᩅᩢᩋ）。

自称还有"咕"（ᨠᩪ：我）、"皋"（ᨣᩪ：老子）。年幼的、晚辈，对年长者对长辈，是绝对不能用的，因为这种自称是狂妄自大，高傲无礼的。如果谁对自己的妈妈、爷爷、奶奶这样说："ᩋᩦᩃᩯ ᩅᩢ᩠ᩋ ᨠᩮᩢ᩠ᩋ ᨸᩅ᩠ᩁ ᩉᩬ᩠ᨦ ᨲᩬᩢ ᨾᩣ ᨧᩢ᩠ᨠ ᩅᩢ᩠ᨯ ᨾᩣᩃᩯ᩠ᩅ"（妈妈！我放学回来了。）"ᩋᩦᩃᩯ ᨸᩮᩢ᩠ᩅ ᨠᩪ ᨠᩥ᩠ᨶ ᩃᩢ᩠ᨾ ᨡᩮᩢ᩶ᩣ"（爷爷！我想吃饭。）"ᩋᩦᩃᩯ ᩋᩩ᩠ᨿ ᨠᩪ ᨩᩢ᩠ᨠ ᨸᩅ᩠ᩁ ᩉᩬ᩠ᨦ ᨲᩬᩢ ᨾᩣᩃᩯ᩠ᩅ"（奶奶！我要去上学了。）这就是最没有礼貌的，他就会遭到人们的白眼，被人们看不起，无论他走到哪里，都会遭到人们的指责和唾弃，一辈子抬不起头。

傣族长辈们为了教育下一代讲文明，懂礼貌，尊老爱幼，不知道从哪个年代起，就编写下这样的谚语："ᨠᩪ ᨶᩯ ᩃᩯ ᨸᩫ᩠ᨠ ᨾᩣ ᨾᩩ ᨡᩮᩢ᩠ᩋ ᨲᩣ᩠ᨿ ᩅᩢᩉ"（自称"老子"，是被别人捆绑宰杀的猪）；"ᨠᩪ ᩃᩯ ᨸᩫ᩠ᨠ ᨾᩣ ᩉᩩ ᨡᩮᩢ᩠ᩋ ᨲᩣ᩠ᨿ ᩅᩢᩉᩨ"（自称"我"，是被别人捏死的虱子）；"ᩅᩢᩋ ᩃᩯ ᨸᩫ᩠ᨠ ᨾᩣ ᩅᩢ᩠ᩉ ᨡᩮᩢ᩠ᩋ ᨲᩤ ᩉᩯ"（自称"呃"，是被别人拿去撒鱼的网）；"ᨡᩬ᩠᩶ᨿ ᩃᩯ ᨸᩫ᩠ᨠ ᨠᩥ᩠ᨶ ᨾᩣ ᩋᩬ᩠᩶ᨿ ᩃᩫ᩠ᨦ"（自称"怀"，就像得吃又长又粗的甘蔗一样甜）。又一谚语说："ᨣᩴᩣ ᨯᩦ ᩉᩪ ᨠᩮᩢ᩠ᩋ ᨷᩴ᩵ ᨶᩰᩢ᩠ᨶ"（说好话顺耳，别人听后不会生气）；"ᨣᩴᩣ ᩁ᩶ᩣ᩠ᨿ ᩉᩪ ᨡᩮᩢ᩠ᩋ ᨲᩣ᩠ᨿ ᨠᩮᩢ᩠ᩋ ᨶᩰᩢ᩠ᨶ"（说粗鲁话逆耳，别人听后就会生气）。这个谚语时刻提醒人们，要多说别人的好话，少说别人的坏话。要讲文明，懂礼貌，要尊敬长辈老人，尊敬同辈男女，爱护幼儿晚辈。所以，傣族先辈们把尊敬长辈父母，说话客气有礼貌的人，叫做有礼貌懂事的人，即用尊称称呼别人，是有礼貌懂事的人。这样的人，无论他走到那里，都会被别人尊敬和赞誉。这是傣族人民自古以来，世代相传的优秀习俗

和传统美德。

另外，还有谦卑的自称：“ၶႃ”哈（奴），例如：贝叶经里，平民百姓对国王时自称说：“ၶႃလေႃႉၽြႃးတၢင်းဝႅၼ်ႇၸဝ်ႈၽိူၼ်”（傣语：哈列，帕雅顿纳货宾芽！汉语：奴仆的大王是主啊!）这里用“哈”自称，是古时候平民对国王、大臣、官员、寨长、长辈、老者谦卑的自称。现在，西双版纳傣族地区几乎已不用这个谦卑的自称。

“တူဝ်ၶႃ”多哈（小奴），这个谦卑的自称，在傣族地区，无论在什么场合都普遍使用。例如：“ၼၢႆးမၢၼ်ႈဢေႇ တူဝ်ၶႃ မီၵၢၼ်မႃႁႃတူဝ်ၸဝ်ႈ”（傣语：乃曼嗨，多哈米甘玛蛤多召莱！汉语：村长啊，我有事来找你!）。这里，无论村长的年龄比你大小都要用“တူဝ်ၶႃ”（多哈）自称。这里的“တူဝ်ၶႃႈ”多怀（我）或（奴）和“တူဝ်ၶႃ”多哈（小奴）这个谦卑的自称差不多。

“တူဝ်ၶႃႈၶႃ”多怀哈（小奴仆），这个谦卑的自称也很常用。一般在开会时，发言的人常用，因为参加开会的人有老有少，为了尊重对方，发言的人就用“တူဝ်ၶႃႈၶႃ”多怀哈（我或小奴）这个谦卑的自称。例如：“ပီႈၼွင်ႉ လႅင်ၵၢၼ်ႇ တူဝ်ၶႃႈၶႃ လၢႆးမႃပိူင်ၽဵင် ၵေႃႈၸႂ်သုၵ်ႈ ၸိူဝ်းလႅဝ်”（傣语：比农当莱！宛尼多怀哈赖玛朋彭，果仔苏任迭了！汉语：朋友们！今天我能来参加这个会议，感到很荣幸!）

傣族对同辈也倡导相互尊敬，称呼对方也很有礼貌。傣族对同龄的男子称为“波国”或“波秀”（ပေႃႈၵေႃႉ ပေႃႈသိူဝ်），即老庚。用“哈”ႁႃ（我）自称，用“醒”ၸဝ်ႈ（你）尊称对方，而不用“ၵူး咕”（我）自称，一般也不用“မိုင်း孟”（你）称呼对方。例如：“你要到哪里去?”（ၸဝ်ႈၸိူင်ႇ ပႆတီႈၼႂ်）“醒利拜帝乃?”，不能说：“မိုင်းၸိူင်ႇ ပႆတီႈၼႂ်”（孟利拜帝乃?）。对方回答说：“ႁႃၸိူင်ႇ ပႆမၢၼ်ႈယၢင်ႇၸဝ်ႈ”（傣语：哈里拜曼听。汉语：我要到曼听去。）不能说：“咕利拜曼听。”在这里，如果使用“咕”和“孟”在傣族语境中是不礼貌的，显得你没有教养，不尊重对方。

傣族同龄人之间也用“ဢၢႆႉလုင်”（岩龙）称呼。两个同龄的老庚，就可以用“岩龙”（ဢၢႆႉလုင်）称呼对方。例如：有两个老庚，一个名叫岩叫，一个名叫岩香。岩叫问道：“ဢၢႆႉလုင်ဝႆႈသူမႃ ဝႆႈၵၢၼ်သင်”（岩香老庚！你来了，有什么事情吗?）岩香回答说：“ဢေႃႉ ဢၢႆႉလုင်ဝႆႈၶႃ ႁႃမႃႁဵတ်း ၼင်းသိူဝ်ပိူၼ်ႈ ပႆမိူင်းထႆး ၸဝ်ႈ”（唉！岩叫老庚啊！我来办理到泰国的护照啊!）这里的“ဢၢႆႉလုင်”（岩龙）。从字面上理解，是“大哥”的意思，而在这个语境中，实际上不是“大哥”的意思，是“老庚”的意思。在傣族地区，同龄人之间这样称呼对方是最有礼貌的，也

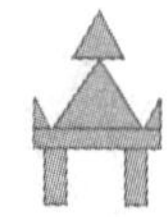

是最普遍的。

傣族十分尊重妇女，对女士的称呼也很有礼貌。傣族对同龄的女子称为“[illegible]”或“[illegible]”，（咪国、咪秀）即女老庚。自称时用“哈”[illegible]（我），称对方“[illegible]”（你），对年纪较大者也可以用“咪涛”称呼对方。但是，不能用“咕”[illegible]（我）或“孟”[illegible]（你）。

傣族男子称呼女士是非常温柔有礼貌的，这种文明礼貌的良好习俗，在傣族地区很普遍。例如：傣语“[illegible]”（喃少！农鲁帝乃玛哈？汉语：姑娘！你从哪里来？）这里的“喃少”和“农”是对年轻姑娘的称呼，非常温柔动听，姑娘听后，非常顺耳舒心，心里感到美滋滋的，就会甜甜地回答说：“[illegible]”（傣语：岩龙嘿！怀鲁勐腊玛，利拜勐海莱。汉语：大哥啊！小妹从勐腊来，要到勐海去。）如果你这样问：“[illegible]”（傣语：咪尹！孟鲁帝乃玛？利拜帝乃？汉语：女人！你从哪里来？要到哪里去？）姑娘听后会非常生气，她要么会恶狠狠地回答你，要么就不理睬你，她认为你这个人不懂礼貌，没有必要回答你。

“喃少”[illegible]（姑娘）是对小姑娘的美称。小伙子看到漂亮的小姑娘，想和姑娘搭腔就会说：“[illegible]”（小姑娘真漂亮啊！妹在哪个寨子呢？）姑娘就会羞答答地回答说：“[illegible]”（大哥啊！农村的姑娘不漂亮唉。）如果你这样问：“[illegible]”（唉！真漂亮啊！你在哪个寨了？）姑娘听到这话就会扭头走开。因为“哎”和“孟”称呼姑娘很不礼貌，姑娘认为你狂妄高傲，不懂礼貌，不会尊重姑娘，不会赢得姑娘们的心，姑娘们就不理睬你，更看不起你。这就是傣族谚语说的“[illegible]”（说好话顺耳，别人听后不会生气；说粗鲁话逆耳，别人听后就会生气）。

“喃农”[illegible]（姑娘、妹妹），是对小姑娘的爱称。小伙子看到漂亮的小姑娘，就讨好姑娘说：“[illegible]”（妹妹说话真是温柔动听啊！）姑娘就会温馨地回答说：“[illegible]”（大哥啊！妹妹呢话也不会说，人也长得不漂亮。）这里用“喃农”称呼小姑娘，小姑娘就会很有礼貌地自称“怀”（妹）用尊称“比”（哥）回答你。这就是你温柔有礼貌的话赢得的甜美的回报。

“玉少”[illegible]（姑娘、妹妹）也是对小姑娘的爱称。小伙子看到小姑娘们来了，想逗姑娘们玩，就会有礼貌地调情说：“[illegible]

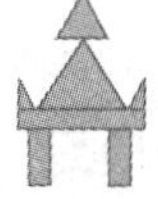

ၯႆၵဝဝဘီ ဘႅၸ်တၶႄၵ"（小妹妹啊！你们要到哪里去？来和我们一起玩吧！）小姑娘听到小伙子们热情有礼貌的邀请，就会有礼貌地回答小伙子们说："ဘီႈ ဝၢ်ဘၼ်ၵ်ဘ်ၺတၶေ ၵၵဘ ဘီၸ်ၵ်ဥၵဝဝဘီ ဘီႈ သၸ်ၵိၸ် ၵဝဝဘီ ဘီႈ သၶေ"（哥哥啊！谢谢了。今天我们有一点事情，不能和大哥们玩了，下次再来和哥哥们玩吧！）如果你这样问："ဝၵ် သၶေ ၵ်ဥၸ်ၵ ၵဘဝဝဘီ တၶေၶေ"（哎！你们要去哪里？来和我们玩吧！）姑娘们听到这个话，是不会与你搭腔的，只会赶快走开。这里用"哎"和"苏"（你们）称呼小姑娘是最不文明、最不礼貌的。姑娘们会为与这种不懂礼貌的人搭腔感到很害羞，感到非常没有面子，会降低自己的人格。所以，不会用尊称称呼别人，高傲自大，说话粗鲁，不懂礼貌，人家更看不起你，特别是小姑娘、小媳妇们。

"少农"သၼ်ႉၼွင်ႉ（小姑娘、小妹妹），同样是对小姑娘的爱称。小伙子看上小姑娘了，就会主动温柔而有礼貌地与小姑娘打招呼说："သၼ်ႉၼွင်ႉဝၢ်ၵ်ၵၼီ ၯၼ်ယၶ ၸၵ်ဘီ ဥပသၸ်ဝဝၯၶ"（小妹妹啊！要去赶集吗？等一下吧！哥哥送你去。）如果小姑娘喜欢你，她会羞答答地回答你说："ဘီႈလွင်ဝၢ်ဘၵ်ၼ ဘီႈလွင်ဥၶၺၵ်ယၶၸ"（哥哥啊！如果哥哥有心，妹妹就等待吧！）这样，一个温馨的称呼，哥哥有心，妹妹有意，一起去赶集，以后，也许会变成一对恋人，甚至会成为一对恩爱的夫妻。

如果小伙子是这样问："ဝၵ် သၼ်ၵ်ဥပၵၼီ ၯၼ်ၵၵ်ဥပ ၵၺၺ ၯ ဥပၵၵဘဝဝ"（哎！姑娘！你要去上街吗？我也要去上街，我们一起去吧！）姑娘听到小伙子用"孟"称呼她，就会觉得这个话很刺耳，觉得小伙子不懂礼貌，也不会说话，跟这样的人在一起，会感到脸红，很没有面子，姑娘就会婉言拒绝说："ဘီႈလွင်ဝၢ်ဘေယၶဥၸ် ဘီႈလွင်တဝၵၵၺၶ"（大哥啊！有人在等我，大哥你自己一个人去吧！）姑娘用尊称婉转地回答小伙子，也不因为小伙子的粗鲁、无礼貌而刺伤他的心。

傣族夫妻之间的称呼也是很讲礼貌的。傣族姑娘、小伙子在没有结婚以前，男女双方的称呼，女方称呼男方"岩比"ဘီႈ（哥哥）或者"岩龙"ဘီႈလွင်（大哥）；男方称呼女方"农"ၼွင်ႉ（妹）或"农英"ၼွင်ႉယိင်း"农少"ၼွင်ႉသၼ်ႉ（小妹）。例如："ဘီႈဝၢ်ၵၵဘ"（哥哥啊！来吃饭了！）；"ၼွင်ႉဝၢ်ၵ ၵၺၯၵိဝၯဘဝၯဘ"（妹妹啊！我们回家去了！）结了婚以后，双方还是这样称呼如果丈夫的名字叫岩温，妻子就称呼丈夫"岩比温"ဘီႈဘၶ（岩温哥。）丈夫可以直呼妻子的名

字，叫“ဘွဥ်ၸ ဝဝၵ္ခ”、“ဘွဥ်ၸ ဝဝသျ”、“ဘွဥ်ၸျ”（玉叫、玉香、玉罕）等等。

夫妻俩有了孩子以后，称呼就改变了。女方称呼男方叫“ပေါ်သေ”（孩子他爹），男方称呼女方“ဝဲ့သေ”（孩子他妈）；如果生得男孩，就相互称“ပေါ်ၸ”（男孩他爹）、“ဝဲ့ၸ”（男孩她妈）；如果生了女孩，互相称呼“ပေါ်ၺျ”（女孩她爹）、“ဝဲ့ၺျ”（女孩她妈）。如果孩子的名字叫岩罕，他的父母称“ပေါ်ၵျ”（波罕）、“ဝဲ့ၵျ”（咪罕）；如果孩子名叫玉香，相互就称“ပေါ်ဝဝသျ”“波香”、“ဝဲ့ဝဝသျ”（咪香）。夫妻间这样称呼，显得十分亲密无间、彬彬有礼。

尤其值得称道的是傣族媳妇，她们十分尊重丈夫，即使在夫妻双方发生争吵的时候，妻子对丈夫还是用“怀”或“都”等谦称，不会因为生气而滥用“咕”、“孟”自称。傣族自古以来的优良品质和传统美德，在他们的言语行动中得到最完美的体现。

傣族长辈对晚辈也十分慈爱呵护，对晚辈们的称呼也都很讲究。称呼比自己小的男子为“岩龙”（ဢၢႆႇလူင်）ˇ，字面上叫“哥哥”，而实际意思是“小伙子”或“年轻人”。也用“醒”（ၶ），“你”的意思。晚辈听到长辈这样称呼自己，也不会像同辈那样，用“醒”（ၶ）和“哈”（ၯၢ）来回答长辈。如果晚辈用“醒”（ၶ）和“哈”（ၯၢ）来回应长辈，就大为不敬，没有教养，不懂礼貌。一个人狂妄自大、庸俗低贱，他会被人们看不起。在日常生活中，傣族的小辈们，听到长辈这样称呼自己，就会很自然地用“怀”（ၶ）和“呃”（ဝဝာ）回答长辈，十分尊敬长辈们。

傣族的长辈，出于对晚辈的热爱，都会用爱称称呼晚辈。例如：“ဢၢႆႇလူင်သူ ...”（傣语：岩龙苏鲁迪乃玛哈？利拜迪乃？玛维进南囊布苴洛！汉语：小伙子们从哪里来？要到哪里去？到家里来喝口水吧！）话说得很温柔，饱含爱意。“岩龙”在这里不是“大哥”的意思，是“小伙子或年轻人”的意思，是长辈们对晚辈男子的爱称。如果你认为人家这样称呼你，就觉得人家年纪比你小，就用“咕”“皋”对长辈自称，人家就会说你高傲自大，不懂礼貌，不会尊敬长辈。长辈们甚至可以当着你的面说：“ဢၢႆႇ...”（傣语：岩多尼甘滚过冒呼，细盖南芒过冒呼。汉语：你这个人不懂事，大小长幼不分。）长辈说出这句话，让你羞悔得无地自容。

傣族长辈对年轻妇女的称呼显得亲切、关心和爱护。长辈们看到年轻的小媳妇们走过来，就会打招呼说：“ဝဲ့ ...”（傣

语：咪阿嘿！呃苏利佐甘拜迪乃哈？汉语：媳妇们，你们大家要到哪里去呢？）这里的“ᩅᩫ᩠ᨯᨽᨠ”，字面上的意思是“姑妈”，实际的意思不是“姑妈”，而是“媳妇”。这样称呼小媳妇们是最有礼貌的，小媳妇们听了以后，心里感到美滋滋的，就像吃了蜂蜜一样。

傣语在交际中使用的称呼语，体现的内涵就是平等、友爱、谦和、尊重，是傣族人民传统美德的体现。千百年来，傣族人民长慈幼孝，尊老爱幼，夫妻恩爱，家庭幸福，邻里和睦，在社会大家庭里和其他民族融和共处，共存共荣，其中傣语在交际中的称呼语及其所呈现的傣族传统美德，无疑是发挥了巨大作用的。今天，在我们与时俱进，共建和谐社会，促进社会安定团结，促进经济发展、文化繁荣，把我们祖国建设成繁荣昌盛的社会强国的时候，我们更要把傣族的这一传统美德发扬光大，让它在新的历史发展中作出更大的贡献。

让我们牢记傣族深入人心、饱含哲理的谚语：“ᨠᨶ᩠ᨶᩢᨸ᩠ᨠᩣᨾᩮᩬᩥᨿᩣ᩠ᨶ ᨧᩘ ᨠᨶ᩠ᨶᩢᨸ᩠ᨠᩣᩉᩪᩬᨿᩣ᩠ᨶ ᨧᩦ ᩅᩅᨶ᩠ᨶᩢᨸ᩠ᨠᩣ ᩅᩅᩉᩬᨿᩣ᩠ᨶᨲᩦ ᨶ᩠ᨶᩢ ᨯᩥᨠ᩠ᨠᩣ ᩋ᩠ᨿᩃ᩠ᨿ”（老子是被别人宰杀的猪，我是被别人捏死的虱子，“呃”是别人撒鱼的网，“怀”得吃又长又粗的甘蔗。）

浅谈傣族特色文化

岩　罕*

摘　要：西双版纳傣族文化是在中原华夏文化和东南亚文化以及南传上座部佛教文化的交汇点上形成的，它的本土文化和周边文化的结合，形成了多元文化的历史交融。傣族人民在进行对外文化交流中表现了自己卓越的智慧，既不保守，又不全盘引进，而是既热情欢迎外来文化的传入，又注意消化和吸收外来文化的精华，使外来文化变成发展本民族文化的有效营养。人文自然的融合，多元文化的共存，历史与现实的链接，构成了西双版纳傣族文化与众不同的特色。

关键词：傣族　特色　文化

在历史上，西双版纳一向被认为是蛮荒之地，被披上一层神秘的色彩，其真实面目鲜为人知。如今的西双版纳已经是驰名中外，为人们所向往的旅游胜地了。然而，人们对西双版纳的认识，也多半还是只停留在“动物王国”、“植物王国”一类笼统的观念上，即使是到过西双版纳的海内外游客，也多是被直观的自然风光和民族风情所吸引而发出惊叹，但是对西双版纳魅力的真正精神内核——贝叶文化，却还知之不多，体悟也不深。如果仅仅停留在这个层面上去认识西双版纳，那至少可以说是不全面的，甚至可以说是肤浅的。西双版纳的魅力，不仅在于其自然风光秀丽、民族众多，更重要的还在于其历史文化底蕴的深厚，民族文化的绚丽多姿，而那些秀丽神奇的自然景观，也被赋予了丰富的文化内涵。人文自然的融合，多元文化的共存，历史与现实的链接，构成西双版纳傣族文化与众不同的特色。当然，这里所说的“特色文化”，也很难作出十分准确的概括表述，还需要具体问题作具体分析，但是就大体而言，西双版纳文化有几个突出特色是显而易见的。

首先是地域文化的多元性。西双版纳地处祖国西南边陲，其周边与缅甸接壤，与老挝毗连，与泰国为近邻。向内则与汉族地区山水相连。因此，西双版纳文化是在中原华夏文化和东南亚文化以及南传上座部佛教文化的交汇点上形成

* 作者简介：岩罕，男，傣族，1953 年生，西双版纳州政协文史委员会主任。主要研究方向为傣族传统历史文化。

的。它的本土文化（包括各少数民族的原生文化）和这些周边文化的交融，就形成多元文化并存的格局，最显著的莫如南传上座部佛教文化与其他宗教文化的并存、多民族文化的并存、原生态文化与现代文化的并存等等，这就使西双版纳的文化呈现出百花竞放、千姿百态的异彩。

其次，由于特定的历史条件，产生了具有鲜明的地方特色的历史文化。例如勐巴拉娜西和古勐泐时期创作出大量的傣族叙事长诗，充分体现出这个历史时期有过光辉的文化，出现了西双版纳历史上的一段独特而辉煌的文化。著名的傣族民间叙事长诗《召树屯》、《兰嘎西贺》、《章巴细顿》、《松帕敏和嘎西娜》等，它不但在西双版纳广为流传，同时也在泰国、缅甸诸国民间广为流传。它源生于何地？后又如何流传到其他地区？这一切都应作深入细致的科学研究，它或许源于勐巴拉娜西时期或古勐泐时期，流传国外；或许源生于泰、缅等国，后传入境内；或许它源生于印度，后随佛教流传四方；也有可能是境内外诸傣族先民在远古共同创造的精神财富。但无论如何，有一点是可以肯定的，即这些优美叙事诗的广为流传，是主要通过南传上座部佛教的传播而被傣族地区的民众所接受的。

佛教传入西双版纳并成为傣族的精神支柱后，促使傣族社会和习俗产生了根本的变化，最明显的有三点：一是傣族封建领主的统治系统与佛教僧侣的组织系统融为一体，使傣族社会变成了政教合一的地区；二是原始宗教的神权体系与佛教的佛教体现融为一体，使傣族社会变成了具有双重信仰的神佛世界；三是古老的原始习俗与佛教的宗教仪式融为一体，使傣族整个社会习俗从祭祀化逐渐变为佛教化。这些变化不仅推动了傣族社会的进步，同时也促进了傣族文化的发展。

佛教带来了大量印度文化，扩大了傣族的视野，促进了傣族对外文化的交流。印度是世界文明古国之一，印度先民创造了数量众多的光辉灿烂的古代文化，如丰富多彩的神话传说，蜚声世界的史诗《摩诃婆罗多》和《罗摩衍那》等等。这一系列优秀文化通过佛教高僧和商人的来往，逐渐被带到傣族地区介绍给傣族人民，极大地开阔了傣族人民的眼界，使他们得到很大启发。这是傣族人民能够创作出数量众多的长篇叙事诗的一个重要因素。当然，傣族在进行对外文化交流中，也表现出了自己卓越的智慧和强烈的民族意识，既不保守，抵制外来文化的传入，又不全盘引进，让外来文化全盘取代本民族的传统文化，而是既热情欢迎外来文化的传入，又注意消化和吸收外来文化的精华，使外来文化变成发展本民族文化的有效营养。

傣族自古就是中华民族大家庭的成员，对中原有深厚的感情，从远古时代起便与之往来密切，在中原汉文化与各少数民族文化的进一步交融中，产生了极具地方特色的文化现象。傣族很早就有人研究天文、地理和星象，不仅能科学地解释月食、日食，还能用自己的方法准确地计算出月食和日食的时间。从目前所保存的傣文历法书籍来看，傣族的历法形成也相当久远，并且运用十分纯熟。这除

了傣族本身是一个有悠久传统文化的民族，有智慧和能力创造自己的历法外，还有一个重要原因，即傣族先民在西汉时期就吸取了夏历中的干支纪时法，而且在不同时期又继续吸收了夏历中干支的其他用途。因此，傣历和夏历一样，都使用干支纪年，即也以十天干配以十二地支，组成六十年一个周期，等于夏历的一个甲子，夏历和傣历的干支纪年正好一致。傣历和夏历一样都采用十二生肖，即子鼠、丑牛、寅虎、卯兔、辰龙、巳蛇、午马、未羊、申猴、酉鸡、戌狗、亥猪。只是傣族则改猪为象，其他类相同。傣语干支的读音，基本上都是古代汉语的借词。这说明，傣历源于夏历，即傣族先民在吸收夏历成分的基础上根据自己的本民族文化创制的。由此可看出傣族原始文化和中原汉文化融合的历史发展的轨迹。

再次，表现在社会习俗方面，傣族早有过傣历新年和祭祀寨神、勐神等社会习俗。佛教传入以后，又增加了“关门节”和“开门节”两大宗教节日。随着与内地交往的频繁，中原地区过春节和端午节的习俗也逐渐传到傣族地区，不少傣族地方兴起过春节耍龙灯、祭祖以及“五月端午包粽子”的习俗。

中原文化对傣族社会的上述影响，在傣族文化中均有鲜明的反映，因而在傣族文化中，包含着中原文化的因素。此外，促使傣族文化发展的还有其他一些因素。如傣族文化与生产活动有密切关系，傣族人民常用诗歌的形式来总结生产经营，以及佛教宣传教义也需要利用诗歌，等等。这些方面也是重要的，但都属于社会因素方面，因而不需再赘述。

傣族文化得到发展主要体现在创造了数量众多的诗歌，创作了近五百部叙事长诗。在这五百部叙事长诗中，最长的五部当属被文学界称为“五大诗王”。傣族群众认定佛典“别闷细版龛”（四万八千部），其中“召西塔”（释迦牟尼）成佛前轮回转世五百五十时产生的释迦牟尼《本生经》，又经傣族诗歌化了的有五百部。到目前为止，已收集到傣文版本或抄本的有三百多部。经典文学化、诗歌化，有故事情节，人们易懂易记，传播也就快了。佛经文学化诗歌化是它得以在西双版纳傣族地区传播而成为傣族特色文化的主要原因。傣族之所以能创作出如此之多的叙事长诗，是个了不起的奇迹，对中国文学亦是一大贡献。傣族文学，贯穿于整个傣族文化发展史，要想深刻地全面地认识傣族文化特色，应先深刻地全面地了解傣族文化的整个发展过程。

西双版纳有 12 个世居少数民族，每个民族都有自己独特的文化，而且多是原生态文化，是真正的特色文化，其形态神奇美妙，异彩纷呈。但是，各民族的这些文化现象所蕴藏的文化内涵是什么？这还有待于专家学者们去研究。每一种文化现象的外在特色，都是这种文化内容的表现，所以，我们必须透过五光十色的民族文化的形式美，去深入探讨其内在的美。只有这样，我们才能从形式到内容真正认识某种特色文化的特色所在，才能使这种特色文化得到更好的保护、弘扬，使之成为中华文化和世界文化中永放异彩的奇葩。

“塔玛扎嘎”集中教育活动与傣族和谐社会

焦　丹*

摘　要：在强势文化的影响下，即使是最基层的傣族村寨青年人也慢慢远离了傣族文化。面对年轻人不懂得傣族文字，不了解本民族文化的现状，部分傣族知识分子自发组织起来，成立了“塔玛扎嘎”诵经团，主动要求佛爷和还俗僧侣给年轻人传授本民族文化，这就是瑞丽市近三年来兴起的“塔玛扎嘎”教育活动。每年举行的“塔玛扎嘎”教育活动规模大，影响面较广。它不但传授傣族传统文化、增强村寨凝聚力，还维护了村寨社会和谐，促进了各个层面的文化交流。

关键词：南传佛教　傣族　塔玛扎嘎　和谐社会

宗教与社会之间的和谐，不仅是社会稳定的基础，也是顺利开展宗教活动的首要条件。“宗教应该适应社会、融入社会、服务社会，成为促进社会和谐的积极因素；宗教活动应该体现和谐教义、符合政策法律、促进公序良俗。宗教的发展，既要发扬长期形成的优良传统，又要紧跟社会发展的步伐，适应时代提出的新要求。”①“塔玛扎嘎”活动以其扎根于傣族基层社会的优势践行着这一要求。

南传上座部佛教传入傣族社会后，对傣族政治和经济的影响远远不如对教育的影响。佛寺教育是傣族社会唯一的正规教育，它改造了傣族的文字，丰富了傣族的语言，创新了傣族传统文化，发展了傣族的文学，更重要的是它强化了傣族伦理道德教育，是傣族文化的核心内容。现代学校教育的兴起取代了佛寺教育，在汉族强势文化的影响下，即使是最基层的傣族村寨青年人也慢慢远离了傣族文化，傣族文化传承出现了断层危机。面对年轻人不懂得傣族文字，不了解本民族

* 作者简介：焦丹，女，1973 年生，德宏师范高等专科学校中文系副教授，主要研究方向为民族教育和南传佛教。

① 国家宗教局党组理论学习中心组：《宗教和谐——宗教工作的新境界》，载《人民日报》2010 年 1 月 13 日。

文化的现状，一些年长的傣族知识分子自发组织起来，成立了“塔玛扎嘎”诵经团，主动要求佛爷和还俗僧侣传授本民族文化，这就是瑞丽市近三年来兴起的“塔玛扎嘎”教育活动。活动得到瑞丽江畔广大村民的积极响应，据组织者估计每年参与的人数都上万。这种针对年轻人开展的集中教育活动在傣族地区前所未有，因此，对此现象的研究也还未见于公开发表的文章。像“塔玛扎嘎”教育活动这样力争在傣族文化传承出现困境时发挥一些积极作用的新事物是特别值得关注的。回顾南传上座部佛教的教育样式，分析“塔玛扎嘎”活动产生的时代背景，考察“塔玛扎嘎”活动组织及教育形式，探究“塔玛扎嘎”集中教育活动的现代教育价值是有意义的，而且这样的研究不仅有助于我们发现目前南传佛教集中教育在当地傣族文化传承中的作用，还会拓展现代佛教的教育变化研究领域，从而加深对这一问题的认识。

一、南传上座部佛教的教育样式和“塔玛扎嘎”活动

南传上座部佛教最早由瑞丽传入德宏地区。瑞丽，位于云南西部，德宏州西南，与缅甸接壤。瑞丽历史悠久，被誉为德宏傣族文化的摇篮和发祥地。大约在公元前568年，在瑞丽江河谷地形成根兰、根仑两个部落，开创了犁耕农业和稻作文化。据傣文史籍记载，公元前364建立果占壁国（勐卯国），解开了瑞丽古史的篇章。公元11世纪，南传佛教由缅甸传入瑞丽境内。据傣文经书《掸养广母雷奘相》（即《芒约佛寺的传说》）与《召扎随朵它》（即《释迦牟尼经历》）记载：在佛祖出家传教的第36年，他自撒洼体王国（印度）的新城来到木邦，然后再入果占壁（以今瑞丽为中心的德宏等地区）传教。果占壁的大富翁贺扎嘎皈依佛门后，捐功德建立了河西塔寺（即雷奘相，因建于瑞丽江西岸而得名），供高僧居住，这是瑞丽市最早的寺院。

南传上座部佛教传入之初，傣族仍处在原始社会阶段，对自然界有直观、朴素的认识，虽然已有较为成熟的犁耕农业和稻作文化，但盛行原始宗教，教育样式主要是家庭教育和原始宗教教育，就其文化形态来说是一种较为落后的原始文化。佛教的传入带来先进的语言、文字和经典，与傣族原始文化交融，佛教教育在很长的历史中逐渐成为傣族社会唯一的正规教育。

从佛教在民间采取的教育形式看，主要有三种：一是寺院教育，二是佛教节日及活动中对信徒的集中教育，三是家庭中的个别教育。（刀波，1998：27）寺院教育是傣族教育的主要形式，德宏地区并不要求男子人人入寺为僧，但出于宗教情感和想学习文化的意愿，早期的僧侣人数较多。在寺院里僧侣们学习傣文、缅文和巴利语，抄写经文，刻写贝叶经，训练书法和阅读能力，学习算术。对于天资聪慧的儿童，长老们传授天文历法及医学等知识。在课余时间可以阅读文学

作品。（刘岩，1993：145）三至五年的学习期满后，僧侣可以自由选择留下继续学习或者还俗。这些僧侣及还俗僧侣成为了傣族的知识分子，傣族文化的掌握者和传承主体。由于接受的是本民族的教育，他们对传承本民族的文化有巨大的作用。佛教节日及活动中的集中教育是傣族佛教教育的一种重要形式，傣族佛教节日活动非常之多，几乎一年到头都有节日及活动，如浴佛节（泼水节）、入洼（关门节）、出洼（开门节）、干朵、做帕嘎等。众多的宗教节日及活动，使这种集中教育经常化、制度化，人们在这些活动中均自觉接受佛教道德的熏陶，遵守其行为规范，形成良好的道德风尚。

由于九年义务制教育的普及，适龄儿童进入寺院学习的情况减少了，集中教育和个别教育就成为南传上座部佛教对信众教育的主要方式。

“塔玛扎嘎”活动就是非常典型的集中教育形式。“塔玛扎嘎”为巴利语音译，“塔玛”意为经书，“扎嘎”意为念出来，是纪念佛祖释迦牟尼悟道后第一次宣讲佛法的活动。相传佛陀在35岁时证得圆满菩提以后决定对从前同修苦行的五位朋友说法，在鹿野苑向他们解释了四圣谛与八正道，这就是史称的“初转法轮”。四圣谛与八正道是佛教的基本教义，一切佛教典籍所讲的内容，都离不开这个范畴。“塔玛扎嘎”活动在缅甸以讲经布道的方式开展已有几十年的历史，瑞丽自2007年开展以来，受到教育的傣族村民数以万计，参与的包含瑞丽江畔的近百个傣族村寨。活动开始的2007年，瑞丽市佛协需要通知附近村寨的群众来学习，而到了2009年，许多村寨都慕名前来邀请僧侣去讲学。

二、“塔玛扎嘎”教育活动流传的现实背景

随着“塔玛扎嘎”教育活动的开展，傣族村民学习傣文的积极性越来越高，分析这一现象，我们不能忽视教育活动产生的现实背景。

（一）傣族文化传承中的困境

文化传承的关键在于语言与文字这两个载体的生命力。语言文字一视同仁地为所有的人服务，对社会的进步和发展有很大的作用。但是如果文字及建立在文字基础上的优秀文化只为少数人掌握和垄断，对于社会的进步和语言的传承都是不利的。反之，如果文化教育得到普及，民族文字和文学艺术得到推广，这就会对社会的进步和语言的发展传承产生巨大的推动作用。

傣族特有的语言文字作为傣族重要的民族识别符号，其生命力是傣族族别认同的关键因素。傣语属汉藏语系壮侗语族壮傣语支，经典傣文的传播与宗教的传播有直接的关系。据张公瑾教授研究认为，印度字母的传入与婆罗门教的传播有联系。中南半岛泰、缅、老、柬等国和我国傣族、布朗族都信仰南传佛教，他们的文字也都采用印度字母，其文字形式也都是从纪元前印度所使用的婆罗米字母

演化而来。

虽然傣族居住地邻近缅甸，极易受到外来文化的浸染，但因为宗教信仰和文化的共通性，傣族文化在与邻近各国文化交流融合之后，仍以寺庙的形式得以很好地传承。一直以来，南传佛教僧侣都是傣族文字传播的主体。直到 19 世纪末期傣族地区的汉文化学校开始萌芽，这才意味着傣族文化的传承不再单以傣语傣文为依托。现代学校教育出现以前，寺庙就是傣族少年的学堂。在这里，他们能够学到与本民族相关的传统文化，更能在一种共生共存的文化空间中形成一条连接过去与未来的民族情感之链。不能否认，现代学校教育的确培养出了大批认知现代世界，适应现代语境的新人，而他们却又更多地成为只接受汉文化熏染而失去了自己民族文化个性和民族文化认知的一代。加之现在双语教学发展不如早年有成效，现代的傣族村寨，青少年一代的傣语词汇量减少，傣语水平大大降低，只能适应日常生活的需要，懂得新老傣文的人数也大幅减少，这必然加剧民族语言的消退现象，同时还会带来傣族民间文学、传统曲艺、绘画艺术等傣族文化样式的传承困境。这种文化生态环境的缺失意味着傣族社会将失去许多传承民族传统、有文化认同感的青年。针对这样的现状，许多傣族年长者都认为傣族人学习自己的文化还是应该向僧侣学习。

（二）宗教信仰存在形式的变化

考察近年来瑞丽市的傣族佛教信仰变迁主要有以下四个特点：一是影响的范围缩小。现在的宗教影响对象主要是傣族非城镇居民，尤其是文化层次较低的农民。二是傣族的佛教信仰存在形式如佛寺、僧侣、教育、戒律方面等都发生了变化。入寺和尚越来越少，僧侣们对经文的学习、传播以及戒律的遵守也不如从前用功，甚至百姓有“白天穿袈裟，晚上串姑娘”的戏谑话语。现代技术手段也融入宗教活动中，经书可以复印和出版，大众传媒技术也引入到佛教教育中。三是傣族对佛教信仰的虔诚度有所变化。一般来说，城市、机关的傣族和村寨的傣族青年宗教意识和宗教感情淡漠，农村的傣族和中老年、女性傣族的宗教观念和情感相对强烈。老年人在思想上及生活规范中过多地遵守传统，除操持家务、做些传统的手工活计外，更多的时间花在宗教活动中。青年人除了劳作之外，则热衷于交际、各种文娱活动、梳妆打扮及参加学习等。四是傣族在宗教活动仪式上的形式化也较为突出，许多信众参与各种佛寺活动时对世俗内容更感兴趣，于是活动中就有了请外来的现代歌舞团队表演，繁荣的集市贸易，甚至于赌博的行为也公开出现。五是村寨的教职人员多来自缅甸。尽管瑞丽与缅甸仅一江之隔，僧侣到缅甸学习是由来已久的事实，多数僧侣学成之后会回到家乡服务，但现在僧侣却越来越少，宗教人才缺乏，教职人员青黄不接，文化水平偏低，满足不了信教群众的需要，各村寨到境外邀请缅甸籍教职人员的现象较为突出，使得境外人员到瑞丽任教职的人数越来越多，据 2004 年统计，瑞丽市 108 名佛教教职人员

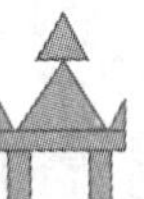

当中缅甸籍的就有47人，约占教职人员总数的44%。在瑞丽市小等喊村，“贺露”① 是缅甸人，平时就居住在缅甸，村中有需要处理的事务时又过来。这种现象在瑞丽市较为普遍。

现代技术深入社会生活的各个领域，人们的视野扩大了，佛教对一般行为的影响不断下降，一些信徒们不再认同佛教学说，人们可以从多种途径获得各种宗教知识。但在外部影响较小、传统势力很强的傣族村寨，佛教仍在人们的生活中占有重要地位，佛教组织不仅努力使“不信教者”皈依，而且还努力加深信教者对佛教基本教义的理解。南传上座部佛教在适应现代社会发展的同时，也在不断改善自身状况，推行“塔玛扎嘎”这样的教育活动使之与所立足的社会进一步靠近。

（三）宗教政策与民族工作的需要

实行改革开放以来，党的宗教信仰自由政策的落实，使得少数民族的宗教活动得到尊重。但是，由于瑞丽市跨境民族的文化背景，民族关系具有国际性这一特性，傣族村民很容易受到境外因素的影响。傣族的宗教信仰、村寨文化，民族认同感都很强，有时政府在宣传各种政策时，不但必须使用民族语言，有时还需要借助于宗教活动场所来进行宣传，这样的效果往往比派外来干部驻村要好得多。

总之，年轻人对傣文化的学习不足、宗教信仰存在形式的改变等因素都是“塔玛扎嘎”教育活动得以开展的现实背景。

三、“塔玛扎嘎”教育活动的内容及教育形式

“塔玛扎嘎”教育活动实施三年来，形成了较为成熟有序的组织模式。

“塔玛扎嘎”教育活动有两个日常管理的组织：瑞丽市佛协和村民推选的“塔玛扎嘎”协会。佛协负责培训教师（僧侣及“贺露”、“散玛替”②）、选定和编写教材、解决教学和管理中遇到的问题。“塔玛扎嘎”协会负责村寨的联系及教育活动组织、诵经团的管理等。活动制定了10条必须遵守的规定，如“要爱国爱教，团结和谐”、“言行一致，互相尊重”等。

教育活动以中青年傣族群众为教育对象，自愿参与学习。学习一般利用休息日和晚上，时间可持续半年左右。主要内容是学习傣文、佛教“五戒”、佛教礼仪、佛经里的“四圣谛”和“八正道”，学习的过程中还会穿插尊老爱幼、和睦相处、勤劳自律、以理服人等伦理道德教育和“禁毒防艾”等政策宣传。为了

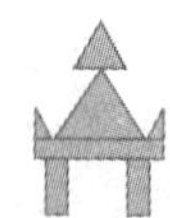

① “贺露”为傣语音译，意为傣族村寨的宗教活动组织者。

② “散玛替”为傣语音译，意为傣族村寨老人组织的头领，傣族村寨尊老爱幼，老人们对村寨事务管理有着绝对的权力。

便于记忆和增加村民学习的兴趣，佛协特别用“芒市山歌”调来唱部分经文，把教材制作成光碟发放给群众。这受到了许多文化程度不高，愿意在家里加强文化学习的村民的欢迎。

群体的相互影响以及学习的效果使得参加的村寨由 2008 年的 54 个增加到 2009 年的 68 个。随着参与人数的增多，师资明显不足，2009 年参与学习的傣族村寨只好被分为上、中、下三个阶段，8 月 22 日在场地较宽阔的喊沙奘房进行总结性的交流暨“为维护团结稳定和谐社会迎建国 60 周年祈福法会”，活动持续 3 个小时，参与者包括云南省佛学院僧侣团、怒江州信教团、陇川县傣学会、缅甸木姐地区佛教僧侣团、缅甸南坎地区僧侣团及周边 68 个村寨 3 000 余名信众代表、80 多名僧侣。信众代表身着统一的服饰，佩戴统一的标志，使用瑞丽市佛协编制的统一教材，虔诚地念诵指定的重要经文。这种类型的活动不但在南传佛教中国境内从未开展过，即使在汉传佛教地区也少见，它独特的传播对象决定了活动的与众不同。傣族村寨的老人们在“入洼”期间一定要上奘，由此形成了老人们成为宗教信仰主体的现状，而中青年人，正如前面的分析，奘房教育的单一形式难以吸引他们，作为家庭的主要劳动力也没有时间来学习傣文和佛经。傣族有句谚语：“老了才来学，汗流浃背也记不住。”“塔玛扎嘎”活动改变了在节庆或重要宗教节日才进行集中教育的传统方式，僧侣们利用中青年人的农闲时间，尤其是晚上，先教会他们学习老傣文字母，这大约需要花费一个月的时间，然后教授“塔玛扎嘎”的念诵内容，包括傣语与巴利语的念诵，中间还会穿插着傣族的故事、诗歌、音乐、文学、礼仪、伦理等内容的传授。笔者在调查中常常看到佛爷们举生活里的例子深入浅出地告诉大家各种道理，引起大家会心的微笑。

四、“塔玛扎嘎”教育活动与傣族和谐社会

佛教教育是一种特殊的社会教育活动，就瑞丽市的“塔玛扎嘎”教育活动而言，宪法规定的公民享有宗教信仰自由权是傣族佛教教育得以顺利开展的政治保证，社会经济的飞速发展为佛教教育的实施提供了丰富的物质基础和便捷的科技手段，村寨的群体参与也为佛教教育的实行营造了气氛，“塔玛扎嘎”活动在傣族文化传承与宗教教育中放射出自己独特的光芒，促进了傣族和谐社会的建设。

（一）傣族传统文化教育的重要力量

“由于宗教是世界观，又是人生观，对社会具有解释和实践的功能，因而它渗透到了民族文化的各个层面，成为塑造文化生活的重要模式。尤其对一些宗教盛行、信教历史悠久的民族而言，宗教不单纯是形式外壳，而是其现实存在中不

可分割的一部分。宗教已成为民族文化存在、发展、传播和保存的重要方式，它是民族文化的荟萃点，甚至是核心部分，它不仅反映着而且创造着民族文化的特殊性。”（时光、王岚，2003：184）瑞丽市的傣族全民信仰南传佛教。南传佛教传入傣族地区已有一千多年的历史了，在长期的传播过程中，它对傣族人民的思想文化、伦理道德、价值标准、社会经济产生了全面的影响。傣族群众的日常生活、风俗习惯、言谈举止，几乎都和佛教有关。傣族的天文、地理、法律、建筑、文字、教育、绘画、音乐、舞蹈无一不和佛教相关，宗教色彩十分浓厚。佛教文化不仅促进了傣族社会经济的发展，对傣族社会进步也起到了重要作用。

学会傣文，不但可以研读佛经，宣传佛教教义，传播佛教文化，更可以使傣族的口头语变为书面语，推动傣族文学艺术的繁荣，科学技术的进步，生产力的发展。现有佛寺的傣族村寨的佛爷们都为今天的傣族传统文化教育承担起应有的义务，不但在“塔玛扎嘎”活动期间对村寨里所有想学习傣文的男女老幼系统教授傣文，也欢迎在校学生利用假期到佛寺学习。受教育面广、学习系统、方法简单、时间自由、能相互交流、扩大人际交往等优势都是吸引村民来学习的原因。许多年轻人学习了傣文，学会阅读傣文作品，更懂得傣族文化和风俗习惯，在学习中，养成团结友爱，恭谦有礼的良好习惯和修养。

（二）促进文化交流

傣族是一个历史悠久的民族，同时也是一个跨境民族，与缅甸的掸族、泰国的泰族、老挝的老族及印度的阿萨姆邦的阿洪姆人均同源于古代百越族群，在历史、语言、宗教、习俗、经济等方面有着悠久的渊源关系。尽管目前他们生活在不同的国家，但大多自称“傣”，掸族则是缅甸的克钦族对当地傣族的他称。掸族在缅甸的支系较多，分为傣卯、傣泐、傣腊、傣亨、傣定、傣润、傣撒等多种。这些不同自称的傣族，绝大多数是在不同时期先后从德宏地区迁入。因此，他们与德宏各地傣族的关系极为密切，有着共同的根，共同的祖先，共同的文化语言特征。在历史的发展进程中，这种同根同祖同文化的血肉联系并未受到削弱。在民族关系上，中国的傣族和缅甸等国家的掸傣民族长期交往，情同手足。傣族有谚语说“根源别丢失，线别扯断”，瑞丽江两岸的胞波情谊在这样的活动中得到加强，促进了中缅文化的交流。他们虽然早已在各自的国家发展成为独立的民族，但彼此之间仍是亲密的同胞兄弟。正是这种同根同祖的民族关系和共同的文化渊源，使得民族之间的传统情谊不断深化，成为德宏与缅甸等东盟国家友好往来的天然纽带。

（三）纯净心灵，强化伦理道德教育

教育和戒律的功能是相似的，都是“防非止恶”，是为了避免人们遭受烦恼与痛苦而采取的理性的自我约束行为，是理性的安全带。遵守佛教戒律和傣族的伦理道德意味着维护自尊，意味着弥补自身的漏洞，意味着做一个守法的公民，

意味着成为一个内心和谐、正直而善良的现代人。它与现代文明的宗旨相协调，与本能的欲望和丑陋的生活习惯相背离。“塔玛扎嘎”教育活动利用它的内容的重复性，使人类社会生活中必不可少的基本规则牢牢地印刻在参与者的心中。这样的教育活动具有灌输和令人付诸行动的能力，蕴涵着强大的内在动力，通过教育，世界在人的心目中不再是混乱无序的，而是一个有组织、有目的的，充满意义的世界。人生活在这样一种井然有序的世界里，不再感到迷茫彷徨，他不仅在无限的宇宙中找到了自己的位置，而且明确了自己生活的意义，从而有了强烈的安全感和稳定性，会有一种心灵得到净化的感受。

（四）增强村寨凝聚力，维护社会和谐

这样大型的教育活动不但可以传播文化、传授宗教知识，还可以在活动的组织中整合信仰、提高村寨的集体意识，增强成员对其群体的崇敬感和依赖感，有助于民族的亲和及社会的稳定。不管“塔玛扎嘎”教育活动是否借鉴了缅甸的形式，也不管它是以传播傣族文化为主还是传播宗教文化为主，这个每年持续半年多的教育形式都试图把傣族村寨中的村民都统一到学习这一个层面上来，通过潜移默化和相互影响引导人们的精神生活，是社会稳定不可忽视的深层次因素，在挽救传统文化的同时，“塔玛扎嘎”树立了一种新的宗教集中教育模式。

参考文献：

[1] 刘岩．南传佛教与傣族文化［M］．昆明：云南民族出版社，1993.

[2]［斯里兰卡］毗耶达西．南传佛教基本教义［M］．方之译．法音杂志社，1993.

[3] 弘学编．部派佛教［M］．成都：巴蜀书社，1999.

[4] 刀波．试论南传上座部佛教对傣族教育的积极影响［J］．民族教育研究，1998（3）.

[5] 时光，王岚．宗教学引论［M］．北京：中央民族大学出版社，2003.

浅析贝叶文化的和谐思想与社会功能

段其儒*

摘　要： 傣族是一个历史悠久、文化积淀深厚、民风淳朴、勤劳勇敢、心地善良、热情好客、包容性极强的民族。他们创造的贝叶文化蕴涵着优秀的人生哲理，其中的和谐思想在傣族社会的和谐发展方面发挥着重要的社会功能。

关键词： 贝叶文化　和谐思想　现实功能

笔者在西双版纳工作和生活了40年。在长期与傣族同胞接触的过程中，笔者发现，是贝叶文化的思想指导和支配了他们的行为与生活方式，最后形成了西双版纳傣族社会与其他各民族之间的和睦友好相处，从而维护了西双版纳的民族团结、边疆稳定。

一、人与自然的和谐

傣族的祖先极具超前的生态和环保意识，很早以前就有了“有树才有林，有林才有水，有水才有粮，有粮才有人”的训导教育自己的后代并一直流传至今。作为一个身居茫茫热带雨林之中的民族，不光是建寨选在不破坏森林，不影响种庄稼的地方，而且还在村寨旁大量种植供烧火做饭的薪炭林，减少对森林的砍伐，这在世界各民族当中，可以说是并不多见的。

在现实生活中，过去傣族是不买卖木材的，他们对待自然和森林有着一种敬畏的心理。凡是建房或做龙舟、木船需要砍筏树木，除了要向召勐请示批准，走到森林边时，也要向山神祈祷，请求对他们进入森林砍树给予宽恕。选好了要砍的树，要向其中的一棵进行苏玛（道歉），讲明要砍伐的原因，说明冒犯山神进山砍树纯属生活需要，只为建房或造船，不作他用。由此可见，傣族对待森林的态度是如何的严肃，他们对自然历来都只是按照需要索取一点，而不进行大规模

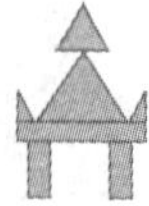

* 作者简介：段其儒，男，1954年生，汉族，云南省墨江县人。西双版纳傣族自治州文化馆馆长，副研究员。主要研究方向为西双版纳傣族及其他民族的非物质文化遗产的申报与保护。

的掠夺。用现代的观点来看，对不了解傣族文化的人，会认为他们是搞封建迷信。但从历史发展的角度来看，在远古时期，在人们还没建立法制之前，利用宗教的力量保护自然，也不失为傣族祖先的一种先见之明。正因为有了他们的这种影响并世代相传，西双版纳才保存下了这片北回归线上唯一的绿洲。

二、人与社会的和谐

傣族因宗教信仰的关系，养成了一种与人无争，与人为善，与世无怨，以善为本的良好心理。在现实生活中，村寨与村寨之间，如果有矛盾发生，他们会在老人的主持下，以平和的心态协商解决，历史上少有恶性事件的发生。在同一村寨中，就是几百户的大寨子也能做到邻里和睦相处，人们有事互相帮助，极少发生为鸡毛蒜皮而吵架的事。有时就算是有大的过节难以消除，也可以在长辈或村中长老的牵头下，以苏玛（对不起、道歉的意思）的形式进行解决。

在家庭中，傣族孝敬老人和教育子女的方式也是非常文明的。对老人他们特别尊重，从来不说无礼貌的话，做没礼貌的事，从老人面前经过，都要放慢脚步轻轻地走，嘴上还会不停地说“苏玛，苏玛”。在傣族每年的关门节期间，晚辈们还要在家中，就一年来在生活中照顾不周或做得不对的事、说错的话向老人进行道歉，请老人给予谅解并向老人祈福。除了向自己家的父母苏玛，他们还会向村中长老也苏玛祝福。尊敬老人在傣族中成为一种天经地义的传统，所以，在傣族上千年的社会发展中，极少有无人赡养的孤寡老人。

在教育子女方面，他们只是讲理而从不动手打骂，在他们的习俗中，认为打骂子女是教育无能的一种表现。用他们的话说，如果孩子有错，那是因为父母教育不好所致。如果要打孩子，那首先应打的是父母，是父母教育不好孩子才会出现过错。这与儒家“养不教，父之过”有着异曲同工之处。

傣族人与社会的和谐还表现在其婚姻、生育和赡养老人方面。众所周知，受传统观念的影响，在现代社会保障机制没有健全的情况下，许多民族都存在着如果结婚后没有生个儿子，自己的养老将得不到保障的问题。但在傣族地区，对傣族文化有所了解的人都知道，傣族婚姻有着女婿上门的习俗。结婚上门当女婿，在傣族中作为一种天经地义的事，在女方家的时间可根据男女双方的家庭情况决定长短。如果是只有女儿无儿子的家庭，女婿则必须留下，继承财产，承担起赡养老人的责任。上门的女婿，到了新的村寨后，只要勤劳善良，尊敬和孝敬父母，同样会受到欢迎而不受歧视。这种习俗经过数千年的传承并一直延续至今，解决了其他许多民族难以解决的后顾之忧，我们不得不敬佩贝叶文化的独到之处。

特别值得一提的是，在傣族过去的上层人士制定的法典当中有一条规定：如

果发现傣族欺负山区的少数民族，要罚五百罢滇（傣族过去的货币单位）；如果山区的少数民族触犯了傣族的禁忌，则只罚三百罢滇。由此可见，傣族先民们为了维护社会稳定，实现多民族和睦共处，所作出的对弱势民族宽容，对自已要求严厉的保护弱势群体的规定是有其先进性的。

三、贝叶文化和谐思想的现实意义

贝叶文化，从产生到现在，延续了上千年，它的早期虽然是伴随着南传上座部佛教从外面传入的，当时的宗教色彩也较浓，但经过傣族人民的消化吸收，改良和发展，成为本土的东西并为已所用，从而形成了傣族人民独特的文化现象，形成了完整的贝叶文化体系。随着时光的流逝，许多宗教的成分早已经被淡化，而先进的文化和礼仪却被当做生活当中不可缺少的成分留传下来，影响和教育着子孙后代。

温故而知新，读史而知鉴。全面地分析和理解傣族贝叶文化的内涵，就能看出它不但对傣族社会的发展与进步作出了重要的贡献，对于我们今天实现党中央提出的共建和谐社会，增进社会各阶层之间的相互理解、人与人之间的包容与谦让，增进团结互助，也无疑有着积极的现实意义。

浅谈西双版纳傣族的婚姻观与丧葬观

岩香宰*

摘　要：傣族是聚居在中国西南边陲的古老民族，有几千年的历史。本文介绍了傣族较为自由的婚姻与家庭观念，并对傣族与灵魂崇拜观念紧密联系的丧葬观及独特的丧葬仪式进行了探讨。

关键词：西双版纳　傣族　婚姻观　丧葬观

一、关于傣族的族源、称谓及人口

傣族源于古代的百越族群。公元1世纪的汉文史籍已有关于傣族先民的明确记载。汉代称为“滇越”、“掸”；唐代称为“金齿”、“银齿”、“黑齿”、“茫蛮”、“白衣”；宋代沿称“金齿”、“白衣”；元明称“白夷”或“夷”；清代以来则多称“摆夷”。在西双版纳，因居住地区和文化方面的某些差异又分别被称为“水摆夷”，“旱（汉）摆夷”和“花摆夷”等等。上述都是他称，至于傣族自称，则 直为“傣”。中华人民共和国成立后，按照傣族人民的意愿，正式定名为“傣族”。

西双版纳州是全国唯一的傣族自治州，世居着傣、汉、哈尼、彝、拉祜、布朗、基诺、瑶、苗、回、佤、壮、景颇等13个民族。2010年全州总人口为112.5万人，其中，户籍总人口为94万多人，少数民族人口占全州总人口的77.2%。傣族是这里的主要民族，据2010年的统计，西双版纳傣族自治州傣族的总人口为32万多人，占全州户籍总人口的34.9%。

二、傣族的社会形态

据傣文史书记载，西双版纳傣族历史曾经历过3个时期：第一个时期称为

* 作者简介：岩香宰，男，1961年生，傣族，西双版纳州人大常委会副秘书长、办公室主任。主要研究方向为民族事务与傣族宗教问题。

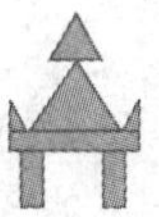

“滇腊沙哈”，意为橄榄时期，那时没有阶级，没有剥削，人类刚进入氏族公社，属于蒙昧时代；第二个时期称为“滇米腊沙哈”，即农耕时期，属于农村公社阶段；第三个时期称为“米腊沙哈”，那时“有主子，有佛寺，有负担”，已经进入了阶级社会。据《泐史》记载：1180 年，帕雅真建立景陇王国，实行君主专制的封建领主经济制度。元、明、清朝廷设置土司，就是上至宣慰使，下至各“勐”的大小领主。傣族社会虽然出现了高居于村社之上的专制君主，但并没有彻底破坏村社制度，也没有让广大村社成员沦为家庭奴隶，实行奴隶占有制。君主对村社成员的掠夺，不是直接占有村社成员本人，而是让村社成员为其耕种私庄田，并将本质上属于被领主占有的各村寨的田地，以“寨公田”的形式，平均分配给村民社员，使之在原村社制度下进行个体生产，向领主、土司上缴贡赋。社会的生产方式，仍然是农村公社独立小生产者的性质。同时，还保留着农村公社原有的某些民主性质的制度。其中最主要的是寨内生产、宗教、民事等方面的重大问题，通过召开村社民众会议解决。新中国成立以后，彻底废除了民族压迫和阶级剥削，在西双版纳地区实行民族区域自治政策。1956 年，根据傣族地区社会经济发展情况，采取了与内地不同的方式，即用和平协商的办法进行土地改革，废除了封建领主的特权。

三、傣族的婚姻家庭观

西双版纳傣族的恋爱、结婚、离婚都较自由。择偶的方式很多，男女青年可通过“串寨”、“串门”和“贺新房”等的方式互相倾吐爱心；每年的节日里，小姑娘和小伙子们通过“赶摆”、“丢包”、“泼水”等传统方式进行交往。从前，到了春暖花开的季节，男女青年就互相邀约成群结队地上山去打柴，采茶，摘野菜、野果、野花等，在野外，通过对唱山歌的方式加深了解，增进感情。每逢金秋时节，男女青年通过互相赠送礼品、信物和寄“凤凰情诗”的方式互相传递情感，牵姻结缘。进入 20 世纪 80 年代以后，男女青年通过赶街、看电影、看电视等方式选择意中人。一旦男女青年相爱、定情之后，均由男方父母委托媒人去女方家里说亲；订婚之后，则选择“良辰吉日”举行婚礼。在婚礼桌上举行“拴线”仪式，傣语称为“树欢”，即拴魂。表示把新郎、新娘的魂拴在一起，夫妻命运相连，白头偕老，永不分离。傣族青年男女结婚后有从妻居习俗，即丈夫要到女方家上门做女婿。两至三年后，经男方父母提出要求，女方父母同意，就可携带妻子回到自己父母家中居住。若男方兄弟多，而女方是独生子女或者家中缺少劳动力，男方可以长期在女方家，在女方家里享有和儿子一样的权利。而今，从妻居的婚俗仅是象征性地住几个月或几天，就可以把妻子带回自己的家。

尊老爱幼和男女平等是西双版纳傣族在男女性别价值观念方面的特点。傣家

人认为，生男生女都一样，当然，最好是儿女双全。在傣族人家里，生男生女，父母同样都很高兴，因为，傣族的婚姻制度并没有硬性规定只能女嫁男娶，而是嫁女或招婿都比较自由，女孩长大后也可以招女婿，不存在劳动力问题。傣族人民性格温柔善良，家庭中夫妻子女和睦相处，很少有吵架和打骂孩子的现象，邻里之间也是如此。老年人很受尊重，调解家庭和村寨纠纷，必须有老年人在场。

傣族家庭的基本形态，是一夫一妻制的个体家庭，一般有父母和子女两代，少数也有祖孙几代同堂的。儿子长大结婚以后，便与父母分居另立家庭。父母大都随幼子或幼女居住，幼子女负责赡养父母，家庭财产由幼子女继承；已分居的儿子也可以得到部分财产。傣族离婚也很自由，夫妻不睦，提出离婚，经双方家族长者和村民小组负责人商谈同意即可完成。20 世纪 50 年代前，离婚手续只需备一小桌宴席请村里的头人和家中长者，在席间互递一对蜡条就算离了婚；如果男方离家数月没有音讯，女方可以另找配偶；夫妻中任何一方去世，都要简单地办理“离婚手续”。手续简单，有的用一根白线系在棺材上，由老者把线剪断；有的以一对蜡条放在死者棺材上，将棺材送至楼梯口，即表示与死者分离。

四、傣族的丧葬观

丧葬习俗流传至今，已经有几千年历史。世界各个民族都有自己的丧葬习俗。虽然丧葬品准备及丧葬程序不断简化，但是主要内容并没有太大变化，并且流传至今，家家躲不开，离不了。丧葬文化，也是中华民族几千年文明史中的一部分，它涵盖了儒家、道家、佛家三大教派的思想理念。就目前情况看，懂丧葬习俗的人不多，但是，做白事司仪行当的人却不少。

每个民族都有自己独特的丧葬习俗。傣族先民早期认为，世间万物，包括人和一切动物、植物都有灵魂，而且灵魂是不死的，它可以离开物而存在。认为生病是灵魂受到了某种伤害，而死亡则是灵魂离开肉体不再回来了。人们出于对各种疾病和灾害的恐惧，也出于对制服病痛，战胜灾害的强烈愿望，通过叫魂的方式把受到伤害或游离在外的灵魂招回来。不仅可以为人招魂，也可以为家畜家禽和谷物等招魂。

据了解，西双版纳傣族共有 81 种叫魂的方法。傣族先民们非常崇拜灵魂。他们认为每个人都有 32 个灵魂，这 32 个灵魂只能忠实地陪伴着人而不能离开人半步，假如其中有一个魂离开了人的肌体，人就会生病，甚至死亡。所以说，灵魂虽不会作祟于人，可是稍有不慎，它却会无缘无故地离开人体，人们必须小心翼翼地对待它，管好它。而管好的方法，莫过于用绳来将它拴住，不让它跑掉。这就产生了傣族耐人寻味的拴线系魂的仪式。为了治病，就要用 81 种招魂方法中相应的一种来进行招魂。所以，傣家人认为，死人的灵魂无处不在，因此，敬

奉灵魂就成了整个葬礼过程中最重要的头等大事。

西双版纳傣族的传统殡葬有火葬、水葬、土葬等多种形式。居住在景洪市和勐海县的傣族基本上都实行火葬，居住在勐腊县的傣族一般都实行土葬，但如果在村寨外面死亡的人都要实行火葬。从前，西双版纳傣族的村寨都有“成人坟地”、“僧侣坟地”和“儿童坟地”之分，不同身份的人按不同的墓地进行埋葬。随着形势的发展变化，人们的思想观念也在发生新的变化，村寨里若是有人死亡，埋葬的地方就不是很讲究了。按照傣族的风俗，如果村寨里有人在村外面死亡或因烧、杀、溺等而凶死者，则一律不得将逝者的遗体抬回本寨本家，更不得将遗体葬入村寨的墓地中。在寨内凶死的要在当天埋葬，属凶死的都不举行葬仪。妇女因怀孕难产死亡，要从死者体内取出婴儿尸体，然后分别埋葬，这种风俗习惯一直延续至今。

西双版纳傣族人家里若有人去世，首先是向亲戚朋友报丧。按傣族的习惯，死者一咽气，近亲和子女将尸体抱去靠坐在中柱上，立即为死者洗澡、梳头、洗脸（洗脸时，由下向上，以示区别于活人），穿上新的衣、裤、鞋、袜，包新头帕。还要在死者嘴里放入一小砣金或银，称为含口钱。接着先用一块约四五尺长的白布垫于死者的背部，将布头倒折蒙住死者的头脚，把死者的双手放于胸前，并将 5 对蜡条置于手掌之下，再用另一段白布将尸体包裹起来。尸体入殓后，封棺加钉，停于死者生前睡处。凡寨子里死了人，全寨人都要停下手上的活计，不准从外面拿东西进寨子。停柩期间，村寨里每户人家都要来一名男子参加守灵。据传说，如果死鬼看到有人往寨子里搬运东西，或是听到砍柴、舂米、纺线声，就会给寨子带来危害和灾难，寨子里的人将会染上疾病，继续死人。死者家里还要把水缸里、罐里的水统统倒光，认为如果不倒光，死者会来洗脸、洗脚和洗衣物，让活人不得安宁。

送葬要择吉日。一般停尸一天或半天。其间，请村里的僧侣到家中诵念《指路经》超度死者。同时，家人还要举行“关魂”仪式，把自己的帽子、包头巾全都拿来放入捕鱼兜内，到屋里放好。表示关住灵魂，不让死者带走。出殡那天，要把房屋彻底清扫一遍，搬掉火塘上的三脚架，把余烬清扫一空，将死者生前常用之物清理出来焚化或丢到江河里让其漂走。同时，还要备办一只砂锅，一个三角形的布袋，装上各种种子送至坟地里。临出殡前，与死者为夫妻的生者还要与死者举行简单的断绝夫妻关系的仪式。寨子里的乡亲和外寨的亲戚们都主动来帮助。出殡时，僧侣们走在前头，为死者引路，亲友及寨人排成长队跟在灵柩后面。送殡队伍中没有哀乐声，也没有爆竹声，就这样抬着棺材，默默地朝村子外的墓葬地走去。提砂锅、三角布袋的人和大多数送葬者到达墓地后，留下数十名壮年男子挖坑堆柴进行遗体火化。在行火化前，人们把棺材停放在柴堆的左侧，将棺材盖板掀开，用从家里带来的一个竹筒里的水朝死者脸上倒。给死者洗

脸，帮他打扮。然后，大佛爷开始念经，经文的大意是："山上的神啊，我们的亲人到这里居住，你们要好好待他，把周围看管好！邪恶的鬼啊，这里是我们亲人应有的地盘，你们不得侵犯，你们不要来扰乱！"念诵完毕，佛爷们先返回。然后，人们双手合十，掌中紧握一对蜡条，围着死者要转三圈，妇女们也先回家。剩下的男人将棺材抬上柴堆，将用白布裹着的死者，头朝寨子，脚朝外——意思是你已从寨子出来了，以后再也不准回寨子了——用柴压着，又把棺材砸碎，将棺材碎片也堆放上去，有人就拿来一个塑料桶，开始往上浇油并将其点燃，一会儿，熊熊的大火便燃烧起来。送葬结束后，还要请村里的佛爷再来念诵一部《芒嘎拉经》保魂，送家神，为家人和亲戚朋友们拴线祈求平安。至此，丧事才算办理完毕。

如果死者是儿童，则不举行送葬仪式。通常用篾笆或竹席将死者包裹好，由父亲、哥哥和几个亲戚背到儿童坟地，挖坑用干柴进行火化了事。凡是在村寨以外的死者，不论死因如何，尸体一律不许抬进村内，并要于当日埋葬，也不举行葬礼。如果是非正常死亡，无论何人都不许葬入公共坟地。西双版纳傣族的各村各寨坟地里一般都不修坟不立碑。

葬礼的第二天，还要举行隆重的滴水仪式，连续三天或七天为死者超度。死者亲属带上死者生前的衣服和一些生活用品去村寨佛寺赕佛超度。寨子里的长者手捧葫芦，一面把葫芦里的净水倒在地上，一面吟诵《吟水词》："圣洁的水呀，像两行滚落的热泪，滴滴洒向悲哀的土地，来祭那离我们而去的亲人，来祭那离家园而去的亲人。"傣家人认为，通过滴水，死者能收到亲人祭奠的物品，并以此表达对死者深深的怀念之情，寄托不尽的哀思。至此，一个人已走完了他一生的所有历程，在人生的安魂曲中，永远离开了他的亲人和他眷恋的故乡。

五、结束语

在傣族的历史上，曾出现过土葬和水葬的习俗。佛教传入后，傣族上层社会和德高望重的人开始实行火葬并逐步在民间流行和沿袭下来。他们认为，死者的灵魂可以在火光中得到新生，顺利地到达极乐世界。总之，傣族人民是淳朴善良的，他们热爱大自然赏赐给自己的一切，如今这种淳朴的理念仍在傣家人的生活中传承。笔者认为，在构建社会主义和谐社会的今天，西双版纳傣族的这种婚姻观和丧葬观仍值得研究和借鉴。

论傣族传统经济生活对家庭生育观念及行为的影响①

——以西双版纳勐海景村②为例

郭　山　刀晓勤*

摘　要：“多生、生男”被认为是中国农村家庭的传统生育行为特征，但这一命题在西双版纳傣族中得不到历史实证材料的支持。本文通过历史文献记载与人类学田野调查相结合的方式，对20世纪前半期（1950年以前）西双版纳傣族的经济生活从日常消费、农产品及农业生产技术、家庭手工业、商业及家庭养殖等方面进行记述、分析，旨在说明生活于传统农业社会中的傣族家庭呈现“不追求多生，无男性性别偏好”生育观念及行为形成的机理。

关键词：农业社会　傣族家庭　生育行为

恩格斯曾经说过：“人们首先必须吃、喝、住、穿，而后才能从事政治、科学、艺术、宗教等等；所以，直接物质生活资料的生产，从而一个民族或一个时代所达到的经济发展的一定程度，形成一个基础，人们的国家组织、法律观点、艺术以至宗教观念便是从这个基础上发展起来，因此也就必须由这一个基础来加以说明。”③ 生育的物质动机对于生育观念的形成和行为的具体实施有着重要的影响，通过对20世纪前半期傣族传统经济生活的了解，我们可以知道生活在传统农业社会中的傣族的生育观念及行为是建立在一个怎样的经济基础之上，养育孩子能给他们的物质生活带来哪些效用。

---

① 本文系国家社科基金项目“中国低生育水平的文化多样性影响因素研究”（项目编号：09BRK010）的阶段性研究成果。

② 按照学术规范，本文在行文时对作为田野调查对象的村名、人名等均进行了文字处理。

* 作者简介：郭山，男，1963年生，汉族，云南大学贝叶文化研究中心主任，主要研究方向为民族文化与民族经济发展；刀晓勤，女，1963年生，傣族，云南民族大学国际合作交流处干部，主要研究方向为傣族文化。

③ 弗·恩格斯：《马克思墓前演说》，见《马克思恩格斯文选》第二卷，外国文书籍出版局（莫斯科）1955年版，第166页。

一、傣族的日常消费

通过对吃、穿、住、用等人们日常消费状况的了解，我们能知道他们的生活水平。任何一个家庭的正常生活必须要满足一定的物质条件，而这种必要的物质条件的满足是激励家庭成员进行生产的根本动力，生育的物质动机也在于此。

（一）住　房

据傣史文献记载：公元927—959年，勐海首领召光勐在位期间，制作缅瓦的技术始传入勐海，勐海城子开始有了瓦房。但是，当时只有土司、议事庭官员及其亲属、村寨头人的住宅和缅寺才能建盖瓦顶，平民百姓的房舍均为竹木结构的草房，且房屋比较矮小，这种情况一直持续到20世纪50年代①。关于20世纪50年代以前西双版纳傣族村寨普通傣族家庭的居室结构和建盖方式，文献的描述大同小异，而以江应樑先生在《摆彝的文化生活》中的描述最为全面、细致。当时，一个傣族家庭在住的问题上是无须花费什么财产和气力的，可以说，一个傣族新家庭一建立，这个家庭的住房问题就由全村寨人共同出力为其解决了，“安居”在傣族农村从来就不成问题。

摆彝村落都在大平原中近水之处，小溪之畔，大河两岸，湖沼四周，凡翠竹围绕，绿树茵茵的处所，必定有摆彝村寨，大的寨子积聚到三二百家人，小的村落只有十数家人，房子都是单幢的，四周有空地，各人家自成院落。思普沿边，则完全是竹楼木架，上以住人，下楼牲畜，式样皆近似一大帐篷，这与淮南子所记“南越巢居”的情形完全符合，这算是摆彝固有的典型建筑。这类竹楼下层高约七八尺，四无遮拦，牛马拴束于柱上，上层近梯处有一露台，转进即为一长形之大房，用竹隔离出一个角来做主人的卧室并重要钱物的存储处；其余便是一大厂（敞）间，屋顶不甚高，两边倾斜使屋沿（檐）及于楼板，故无窗。若屋沿（檐）稍高者，则两侧亦有小窗，后面亦开一门，楼的中央是一个火塘，无论冬夏，日夜燃火不息（熄），煮饭烹茶，都在这火上，主客集谈，也都围炉而蹲或坐，屋顶用茅草铺盖，梁柱门窗楼板全部用竹制成。此种住宅的建筑，极为便易，只须伐来大竹，约集邻里相帮，数日间便可造成；但也极易腐毁，每年经雨季后，便须重加修补。土司头人的住宅，便多不用竹而以木建，式样仍竹楼，只略较高大，不铺茅草而改用瓦盖顶。十二版纳境内，摆彝自己能烧瓦，瓦如鱼鳞，三寸见方，薄仅二三分，每瓦之一方有一勾（钩），先于屋顶椽子上横钉竹条，每条间二寸许，将瓦挂竹条上，如鱼鳞状，不再加灰固，故摆彝屋顶是不能

① 云南省勐海县地方志编纂委员会编纂：《勐海县志》，云南人民出版社1997年版，第478页。

攀登的，若瓦破烂需要更换，只须在椽子下伸手将破瓦除下，再将新瓦勾上就可，凡住此类房屋的，便算是村中的大户了，就是车里宣慰衙门，建筑式样也不过如此，只是间格面积较一般摆彝地中的木楼大得多，楼上隔为大小若干间屋，四周有走栏，但不开窗，故黑暗无光，楼下空无遮拦，只见整齐的一百二十棵大柱排列着，任牛马猪鸡自由地在其中活动，这就是摆彝最高领袖的官衙兼住宅了。①

笔者20世纪90年代第一次到景村时，村寨和院落的分布及格局与前述的情况基本上没有大的变化，只是部分院落的“围墙”已由篱笆换成了砖墙，竹架草顶的“干栏”（也称传统竹楼，第一代竹楼）几乎都换成了当年土司头人住的木架瓦顶式“干栏”（也称第二代竹楼），个别的家庭是砖木、钢混“干栏”（也称第三代竹楼）。据老人们回忆，民国时期景村的住户没有现在多，各家的住房四周都用竹、木编成篱笆围出一个院落，栅栏与栅栏之间要留出可以供人畜通行的通道。竹楼都是典型的傣家干栏式竹、木结构的楼房，呈方形，以二十多根木桩为柱撑离地面约2米左右，上层住人，下层无墙，用以饲养牲畜及堆放杂物。顶为双斜面，上盖草排，有个别人家盖的是钩瓦，傣族称缅瓦。沿楼梯上去有走廊，走廊再延伸出去有一个竹笆铺的阳台，傣语叫“展”，是日常洗、晒物品的地方。室内用竹篱笆或木板沿纵向隔成两个空间，靠阳台一侧的空间是客室，另一侧是卧室。隔板上设有两个门，靠楼梯一侧的门习惯是供女性进出卧室的门，另一门习惯由男性进出。卧室内不再分隔，全家人同宿一室，室内不用床，每人一个“帕垫”席楼而卧，非本家庭成员是禁止进入卧室的。客室是日常起居和接待宾客的活动场所，在近门处设有火塘，如外来的宾客要留宿，就在火塘旁边就寝。楼壁上或无窗或开一个小口，采光和通风主要靠火塘和四壁木板、竹片间的缝隙。

村里的老木匠岩康说：寨子里只要谁家建房，从进山运料到平地建房、立架盖顶、上梁铺板，全寨各家各户的成年人都会自带工具来帮忙，男的负责立架盖顶、上梁铺板，女的负责找菜做饭、烧水煮茶。小的房子只须一天工夫，大的房子也不超过三天就能落成。从文献资料上看，建房要经过的几项程序及各项的开支如下表：

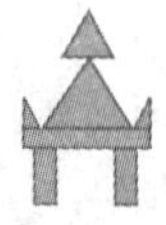

① 江应樑：《摆彝的生活文化》，中华书局（上海）1950年版，第164~166页。

表1 傣族建房程序及开支状况表

顺序	名 称	内 容 及 开 支
1	上山选中柱	用两对蜡条（傣语称丁），一串槟榔，一碗酒祭祀被选中做房屋中柱的这两棵树。
2	向村寨头人献礼求助运料	用一串槟榔和一瓶酒向村寨头人“乃曼”请求，通过乃曼出面通知全村成员帮助将盖房的木料从山中运回寨里。
3	向木匠师傅献礼	请木匠师傅设计房屋要送蜡条四对，谷、米各一碗，土白布二丈，红布五尺或半开①三个。若木匠师傅是本寨的，礼物从简，只需一串槟榔和一瓶酒。如果房主人自己会设计，此项程序就免了。
4	新宅地的献礼	对新找的宅基地，要请“波章”（即佛寺中参与管理寺务和安排佛寺活动的宗教职业者）或佛爷来念经，要开支一碗米，一对蜡条和铜板一二十个或银币一二角。
5	向头人再次献礼求助建房	在平整宅地完毕起房立柱建新房前，要再次报告乃曼请求其出面通知全村成员帮助建盖。届时，要送给头人一串槟榔、一瓶酒。
6	向召片领买建房占用土地的献礼	小傣楼，缴三个半开；大傣楼，缴五个半开；石基垫柱瓦顶傣楼，缴十九个半开或三十三个半开。另外，要向召片领购买手、脚印，挂在新建房屋的中梁上，以示新居主人按照“房屋立地，必成负担户”的规章，正式成为召片领的顺民。
7	贺新房	新房落成当天晚上，主人和全寨乡亲要欢庆一番，第二天方正式入居新房并宴请远近亲戚。欢庆、宴请要杀一头猪，富裕的人家要杀一头牛，用酒约五六十斤，消耗稻米约百斤。饭桌上要用猪头或牛头酬谢木匠师傅，用猪或牛的脊肉献给村寨头人。积蓄较少没有猪可杀的人家，也必须以鸡待客。

资料来源：云南省编委会编：《西双版纳傣族社会综合调查》（二），云南民族出版社1983年版，第74~76页。

① 即当时的滇铸银币，一个半开相当于当时的国币五角。

当笔者将上面文献中查阅到的情况口述给景村老人们听时，他们说："各个寨子的情况基本都差不多，建新房是件大事，该办的事大家都会办的（指祭树，向乃曼、波章献礼等事）。村里的人建房，主人家不需要支付任何工钱，只须备些酒、菜，让帮忙的人吃上饭就行。当然，贺新房时一定要杀只猪。因为家家都要建房，只是早晚而已，今天你帮了别人，以后别人家也会来帮你的。"

（二）衣　着

穿衣是生活中的大事，但由于傣族妇女都既会纺又能织，当地还出产棉，因此，这件生活中的大事在当地很容易解决。日常生活中，他们考虑的不是有没有穿的问题，而是怎样穿得漂亮、好看的问题。江应樑先生对20世纪40年代傣族服饰特点所作的总结是："简单、清洁，式样美观，色调调和，这是摆彝服饰的特点。"①

傣族的服饰简单而有特点，男性着上衣下裤，颜色多深暗，女性均穿筒裙，色泽以亮丽、明快为多，老年妇女则上穿紧身小褂，下着筒裙，以浅衣深裙较流行。据老人们讲，因为本地出产棉花，过去家里穿、用的布都是自家纺的。清末民初，由于茶叶的缘故，来这里的季节性马帮比过去有增多，内地及缅甸的客商有时会带一些好看的布料来，女人们也会买好看的来做衣服。纺纱、织布、缝衣是傣族妇女的基本功，家中的穿、用基本上都是自己缝制，这种情况至今都没有大的变化。

傣族妇女非常喜欢以各种饰物装扮自己，她们说："我们身上从头到脚从来都不会是空着的。"（意思是身上的装饰物是必备的）据笔者观察，在打扮方面，她们发上的簪子、耳上的坠子、颈上的链子、手上的镯子、腰上的带子等装饰物几乎是不会少的，逢年过节时更是极尽展示，充满了想象力。材质则以金、银及玉石为多。爱美、漂亮作为傣族妇女的最大亮点，一直以来都是西双版纳旅游业一张最靓丽的名片，那些头插鲜花，身着筒裙，面带微笑，身材苗条，举止婀娜的傣族女子身影常常使游客流连忘返。

（三）饮　食

食品是家庭消费的一个主要项目。与住、穿不同的是，这项消费每天都存在，为了维持正常生活所必需的一定数量的食物在家庭消费中是一个相对恒定的项目。为着吃和穿，人们常常要付出艰辛的劳动，这是生育的物质动机中最大的动力源。但是对傣族来说，充足的饮食从来不缺少，而且还能达到"种类丰富、营养全面"，这一点，姚荷生先生的记录最有说服力。

姚荷生先生所著《水摆夷风土记》中，记述了他1939—1940年间在西双版纳的所见所闻，其中对傣家餐饮极其细致的全景式描写，为我们再现了当时他们

① 江应樑：《摆彝的生活文化》，中华书局（上海）1950年版，第176页。

在食物方面的丰富与特殊：

最有趣的是他们只吃糯米饭，不吃籼米饭。每天吃饭没有一定的顿数，也没有一定的时间。清晨起来蒸好一锅饭后，每人把自己的扁圆形的篾盒装满。出门工作时将盒子带在身边，坐在家中的把它放在灶旁。什么时候饿了，就用手抓几把，吃下肚去。

说到他们的菜肴，实在可怜。平时几乎看不到一点菜，几块槟榔，一匙蜂蜜，或几只野生水果，就可以下一顿饭了。

在菜的质料方面，肉类以猪肉、鸡肉、水牛肉为最普通，麂、鹿，鸟等野味和鱼类也偶或能尝到。蔬菜非常缺乏，除了野生植物（如树头菜等）外。几乎没有绿色的菜，瓜豆更是罕见了。

让我们在这里写一页名贵的菜谱：（一）拿煞（或叫金煞）。把牛大肠（当为小肠，加工方式亦与下述有所不同。——编者注）和其中的废物一起煮熟后，倒入剁碎的生牛肉里，加盐，辣椒，葱等作料拌匀后食之；（二）巴格罗里。把猪肉切成小块煮熟，加牛大肠中的废物，青菜，和作料，再煮一次食之；（三）拿密。把煮熟的青菜密封于瓦罐中，听其发酵，待酸味臭气很浓时，取出晒干，加盐和辣椒拌匀食之；（四）拿腊。把竹笋装在罐中，封紧，变酸后食之；（五）煞勒。把猪肺切成小块，在锅中略炒后，取出加生猪血，再加冷水，放阴凉处，待其冷凝成块状取食之；（六）拿波。将蟹去壳，放竹筒中捣碎，待其发臭变黑后，加盐，辣椒等拌食之；（七）金屋勃。用刀背把鸡肉捣松，加盐和辣椒，用青菜包之，扎紧，放火上烤熟，淋油于其上食之；（八）丐。采取江中石上所生的一种淡水藻，制成直径约五寸的极薄的圆饼，晒干后收藏，食时取数张切碎，用猪油煎熟，极香脆可口。

他们很爱吃数种昆虫，最普通的有（一）幼蝉；（二）竹虫（三）白蚁后。此外，还有一种名贵的而且味道确实美的菜是鸡棕（㙡）菌。

除了饭和菜外，还有许多种零食，为太太小姐们所嗜好。这些零食全是用米粉做的。

夷人很爱喝酒，就是小姐们，喝上一二十杯，也毫无醉容。他们的酒是由米酿成的，酒性猛烈，但味不醇，而且没有香气。

十二版纳虽然遍地有茶树，可是夷人并不爱品茶。口渴了就到水罐旁舀一瓢冷水喝喝。①

据景村老人们说，“当时的家庭饮食中，平时主要就是糯米饭和简单的菜蔬，

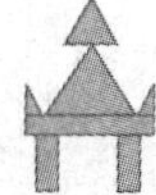

① 姚荷生：《水摆夷风土记》，云南人民出版社 2003 年版，第 144 ~ 147 页。本文引用时有所节录。

不是太讲究，但傣历年和关门节、开门节①时就大不一样了，过赕时吃的也很丰盛，猪肉、牛肉、鸡、鱼、虫都有。不过，这些都是自家种的、养的或山上抓的，都不用花钱买，当时也没什么农贸市场。”据笔者调查，姚先生上述“名贵菜谱”中的许多品种，今天已成为傣家饭桌上的家常菜品种了。

作为一个稻作民族，稻米现在仍是傣族的主粮。他们最喜欢食用的是米质软、黏性好的糯米，籼米只做米干（即米粉），在早餐时食用。过去，傣族是储稻而不贮米的，每天食用的大米都是当天清晨现舂。在游客看来，清晨的寨子里从各家传出的舂米声再配合着鸟鸣、鸡啼、犬吠，曾经是傣族村寨一道独特的风景。肉食方面，傣族多食猪、牛肉和鸡、鱼，还有捉自田中、山中的各种蛙、虫；菜蔬方面，现在常见的青菜、瓜、豆类等蔬菜品种都是民国以来逐渐传入当地的，在这之前，傣家的菜食均取自山野；另外，他们还喜欢吃烧、烤、煎、炸、蒸、腌、剁②的食品，米酒也是饭桌上常有的饮品。由于独特的味道和制作方法，“傣味”已经成为云南饮食业中最具特色的品种之一。

（四）其他生活用品

由于近水而居，又处在热带，竹、木等植物易于生长，因此傣家的家庭生活用品中取材于竹、木的非常多。无论桌、椅、箱、柜，提篮、食盒、筐箩、水桶等等，都是竹编竹制的；盛水用的陶器，做饭用的锅、铲、刀等也多是本村寨的匠人生产的，既可以在集市上买，也可用稻谷交换。这样的生活用品，就是到了今天，也仍然是傣族家庭中常用的。笔者在景村作田野调查时看到，虽然很多家庭已经住进了钢筋混凝土结构的傣楼（可称为第四代傣楼），但家庭中的饭桌、椅凳仍旧是用竹木编制的传统型制，老年人仍喜爱使用竹箱、柜盛物。看得出，厨房是傣族妇女日常生活中的主要场所，不管是出于使用方便还是生活习惯，妇女们对“干栏式”木结构及内部传统竹木器具等摆设仍是情有独钟的。

（五）做　赕

傣族是一个被称为“全民信教”的民族，与佛教相关的活动在他们的日常生活中占有着非常重要的地位，“做赕”作为一项专门的事项，其投入的时间、财产和精力是相当巨大的，这一点常令初到傣地的人无法想象。关于傣族的宗教生活，本文不作专门论述，仅涉及日常消费中“家庭消费”方面的内容。从这项消费中可以看出，傣族在物质生活上要求不高，但在精神生活里却有“丰富的追求”。

---

① 傣历年即傣族的泼水节，在农历三月中、下旬，谷雨节令之前；关门节、开门节即“雨安居”的第一天和最后一天。是傣族一年中最大的三个佛教节日。

② “剁”在傣族地区是一种肉食类的烹饪方法，称为“剁生”。日常中有鱼剁生、牛剁生等，制作方法是将生肉切碎剁烂，和上辣椒、盐、香菜及各种调味料反复调和，拌成糊状即可食用，具有香、辣、鲜的特点。

"赕"（Dan）即布施，是南传佛教流行地区特有的称谓。一般指用财物奉献给佛寺以祈福消灾。当然，傣族一年中所做的赕不仅仅限于佛教活动，其中还有自然宗教的内容，如赕寨心、赕寨神、赕谷魂、赕水神等等。做赕分布在一年中的各个月里，有时一个赕与一个赕之间的时间间隔短，比较频繁，每个赕所持续的时间不长，规模也不大，而有时一个赕要做几天。做赕分为定期、不定期和日常活动三类，定期类如赕新年、赕关门节、赕开门节等，是依傣历固定在每年的某一天举行的；不定期类是可在一定时间范围内，根据当年的实际情况推算后选择进行的，如赕塔、赕袈裟等；日常活动类是指各个家庭根据自家的情况可能发生的赕事，如家人过世、婴儿出生、上新房、出远门等等，都要做赕。

每次做赕，糯米饭、蜡条[①]、帕巾（小块的手工制粗布）和少量的小面值钱币是必须的，另外还有毫糯嗦[②]、贺嫩[③]等食品。如是泼水节、开门节、关门节、赕经书、赕萨拉等节日时，还要扎花篮、送一桌饭菜，晚上要放火花（礼花）、升孔明灯，等等。所有这些项目付出的物品累计起来，一年的花费是不少的，但他们却乐此不疲，谈起来都是津津乐道。因为对他们来说，每做一次赕就是种一次"福田"[④]，不仅自己快乐，在村寨里也很风光。江应樑先生在《摆夷的经济生活》中有一段这样的描述：

摆夷的经济生活所以和宗教不能分离的原因，有一个基本要点，便是他们把一个人终生辛劳所获得的报酬，都认为应归之于所崇敬的佛爷，再则他们的思想中有一个佛的世界，认为这才是生命的永久归宿地，一切人生的欲望与享乐，要在佛的世界中才能真正的享受到，所以他们都愿意把现实的生活淡泊化甚至苦行化，把所有的精神与金钱用在宗教上，以图取偿于将来。这在摆夷们看来不啻是一种利息优厚的储蓄。有了这么一个中心思想，于是宗教消费便成为每个摆夷经济支出中最大的一宗了。[⑤]

这段描述呈现了做赕这项活动在傣族家庭生活中的重要地位。田野调查中可以看到，傣族家庭中的用品、用具，在制作工艺上一般都不太考究，但对赕到佛寺中的物品却都制作得非常精心，在内容、装饰上表现出他们丰富的想象力，赕品可以说是集民间艺术之大成。从对这项消费的了解可以让我们看到，傣族家庭

---

① 一种傣族家庭自制的蜡烛，以棉线裹上蜂蜡而成，黄色，很细，略软。如以手指用力按可以竖着粘在墙的立面上，傣语称"丁"。

② 一种将糯米粉拌上红糖、花生等，然后用芭蕉叶包捆着蒸熟，类似汉族的粽子一样的食品，味道像糍粑。

③ 将牛肉剁碎，拌上作料，用芭蕉叶包捆后上火蒸熟，制作方法同毫糯嗦，即牛肉粽。

④ 向佛寺僧侣施舍作供养在佛教社会是一件极为向善的举动，称为种福田，意即现在的耕种是为了将来收获福果，得到福报。

⑤ 江应樑：《摆夷的经济生活》，岭南大学西南社会经济研究所1950年印行，第72页。

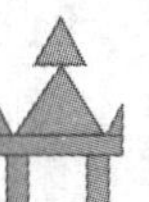

的财力不仅完全能满足日常衣、食、住的消费，还有能力来实现他们的精神享受。

（六）贡　赋

除去上述为着生存所需的衣食住行和为着精神所需的做赕必须付出的财物外，傣族家庭日常生活中还有一项付出就是对“召”的贡赋。

在1954年民主改革前夕对西双版纳各勐村寨的田野调查所获得的资料中，有《各勐向清王朝缴纳钱粮的负担册》、《宣慰使为征派招待天朝官员费用的指令》、《宣慰使向十二版纳征派办公费的负担册》，还有《1921年2月宣慰使婚丧礼仪及献礼和服役的规定》，等等。从这些历史资料中可见，其中的贡赋内容既有劳役性的，也有实物性的，还有货币性的。如《勐遮土司杂役分派册》中这样记载道：

> 土司建新房，嫁姑娘或出巡各寨时，每寨要出猪一支（只），银三两。曼垒背鱼网跟土司上新房。
>
> 每寨缴土司的谷子，分给管寨的“波郎”，管多少户就送多少挑。
>
> 关门节、开门节时的仪仗队：景铳、允竜抬红色花旗一对，走在土司前面；抬豹头花旗一对，跟在红旗后面……宰竜抬长刀一对，在土司左右，另外还抬轿。……山头上的寨子当炊事，帮土司挑行李及炊事家具。哈那挑油盐。
>
> 山头上每寨负担豆子五碗，芝麻五碗，籽花十斤。……曼卖兑是扫竜，编席子一床，每天割象草二挑。西定是少囡，每天挑水二挑给土司和宣慰使洗澡，由傣历三月挑到四月底。①

一份1938年的议事庭关于收税的通告中这样写道：

> 议事庭遵照宣慰使最高命令，宣布所有作生产买卖的男男女女，所有一切拿到街上卖的肉、鱼、烟、酒、茶、辣椒、姜、盐巴，一切蔬菜、草烟、槟榔、米线、米干、凉粉、水果、薯类等，自布告之日起，一律遵照命令上税，不准违抗。水牛每头交一斤，黄牛每头交一斤，猪每头交八两，酒每人交一碗，米线米干每人交一碗，盐巴交一两，草烟交一两，槟榔、水果、蔬菜适当征收。
>
> 傣历1300年6月1日②

归纳来看，民国时期的贡赋有两个层次，即领主对政府的赋税和百姓对领主的贡赋。前者以货币形式为主，后者则货币、实物、劳役三种形式都有。就村寨

① 云南省编委会编：《傣族社会历史调查》（西双版纳之三），云南民族出版社1983年版，第72页。

② 云南省编委会编：《傣族社会历史调查》（西双版纳之三），云南民族出版社1983年版，第75～76页。

而言，贡赋只对领主，分别是：办公费、赡养费、谷租、差役、供应和特殊的征纳，所谓特殊的征纳包括领主家的嫁娶费、丧葬费、生育费、袭职费、祝寿费、年节费和修建费等①。

上述对贡赋的历史记载虽然不是针对景村的，但作为一个在统一的政治制度统治下的村寨，其所要承担的贡赋，在形式上和数量上是不可能有大的例外的。

上述以景村为代表的傣族家庭1950年以前日常生活主要开支项目状况表明，当时的傣族家庭日常消费有以下特征：

（1）从来源看，占主导地位的是自产的实物，通过货币支出从市场换得的物品所占比例非常小，仅限于购买服饰中的装饰品、做赕时的部分赕品及贡赋等；

（2）从内容看，食物足够丰富，而居住、穿着和使用的却很简单，无须多大开支；

（3）从获取消费品的难易程度看，房屋是村寨人共同帮建的，衣服是自纺自织的，屋里的用品也主要是自编自制的，都比较容易获得；

（4）从收入与支出的比例看，强制性的贡赋支出所占比例不大，日常生活支出也很小，更多的是自愿性的宗教支出。

上述情况说明，迟至20世纪前半期，傣族社会仍然是一个以自给自足为主的农业社会，商品经济的痕迹还相当浅淡；当地的物产能满足基本生活需要，以传统农村生活标准来衡量，已是衣食无忧。因此，不会产生靠多养孩子来增加家庭收入的思想。

二、傣族的农产品及农业生产技术

由于特殊的自然地理环境及气候特点，傣族的日常生活与内地农村是有很大差别的，而这种差别在农产品及农业生产技术上也有表现。由于当地得天独厚的环境条件，加之傣族主要集居于坝区，因此，其物产异常丰富，这一点，在昔日学术前辈的著述中多有论及。“昔人说边疆是不毛之地，但云南的摆彝区域，正相反，却是膏腴锦绣之乡，因为多平原地区，故一般说来，农林植物产是最丰。”② 张凤岐先生对于当地的农产品有这样的描述：

以农产言，当首推谷类。谷类植物有白糯谷、紫糯谷、香糯谷……猛海、南糯、倚邦、易武、攸乐以产茶著。大猛笼产棉，猛笼、橄榄坝等地产紫梗，猛遮、猛海一带产樟脑。此外，全境均产冰片、树胶。单就农产植物言，车里全区

① 江应樑：《傣族史》，四川人民出版社1983年版，第486～489页。

② 江应樑：《摆彝的生活文化》，中华书局（上海）1950年版，第67页。

（西双版纳）已经是取之不尽，用之不竭的宝库了。

……其次是樟脑。产地在猛海、猛遮、顶真、猛阿、猛宋一带。我由车里城子赴猛宋的旅途中，只见漫山遍野，尽是茶树和樟脑树。

……还有一种植物是紫根。亦产于车里、六顺、镇越等县。僰人用以制成土靛，作染料之用。

……说到橘柑，除供本地吃，还可推销到思普一带。

……车里的茶，是全国驰名的普洱茶。①

至于当地的农业生产技术状况，张先生以猛混坝为例，说："农业生产状况概系'一种制'。农历三四月犁田，仅一犁一耙；四五月耙田；四月泡谷，需时两月零二日。四月栽秧，七月开花，九月收割。灌溉则主要恃诸河水，无水旱之灾。虫害间或有之，有红头黑身虫及黄身虫吃秧。一概不施肥料，亦不除草。……因为全境人少田多，即以此种原始耕耘方式，亦大感满足。"

江应樑先生对当地农产品及农业生产技术的调查更为详细，并对其田间耕种的情况进行了归纳描述。他说：

摆彝的生活文化在西南边疆各族中可以算是最先进的民族之一，他们不仅完全脱离了狩猎与畜牧阶段，进步到纯粹的农耕生活，而且就农业技术言，他们也已抛弃了边地习见的刀耕火种的原始方法，而进步到锄耕及园艺阶段了。不过，若从另一方面看，今日摆彝的生活文化，仍全部停滞于农业社会中，尚未兼及工商业。……

摆彝区内的主要农产品有下举诸种：

（一）谷　米

谷是摆彝农村中的主要生产，所以它便在此为摆彝经济的重心，凡认真对待一切含有经济价值之事物，皆用谷米量来定价值的标准。土司署的职官，不给薪酬而给谷米，雇用佣工，也只讲年给谷子若干，评论某家富有，某家贫穷，都根据所收入谷米多少为贫富的准绳。一般说来，摆彝区总的谷米产量，大体上是供过于求的。……（过去）遇到境内产米过剩时，确曾有过以谷子当燃料来烧毁的事实。现在虽已少有此种焚毁过剩谷产之事，但谷米在该区中确不似在汉地内那样的宝贵。……自昆明至摆彝地，西部除了祥云、保山、弥渡，南部除了玉溪、元江而外，就看不到三二十里纵横的大平原，人民十之六七是以燕麦、苦荞、玉蜀黍作经常食粮的，吃到一餐大米饭，那是稀有的事，甚至有些山里的居民，生平就未曾尝过大米饭味。而在摆彝地中，不仅任何人家常年吃的都是大米

① 节录自张凤岐《一个原始农业生产的边区——车里》，见《西南边疆》第二期，1938 年 11 月，第 15 ~ 21 页。

饭，而且牛马都用谷子代替豆料来喂饲，这情形，实令沿边汉人无限艳羡。……

(二) 豆 类

摆彝所种杂粮，以豆类为主，出产最多的是蚕豆与豌豆……落花生在民间栽种的也很多，除用以榨油外，间或出售。

(三) 棉

在十二版纳境内产量最多……每家都只是零星生产，没有大规模的棉田。

(四) 蔗

凡摆彝村落中都有种植，民间以土法制糖大体可供本境需用。

(五) 茶

车里、佛海、南峤各地所产的茶叶，便是驰誉中外的普洱茶……对于茶树的栽培非常容易，只要种下后，便不须再加管理，长成后，每到春天，便只须提筐入内采取，自有汉人设置的茶厂和汉地来的茶商来收购。每年秋冬，千万马匹出入该地驼（驮）运茶叶，甚至有西藏来的藏人马队，行百十天路，到佛海、车里来购茶叶的盛况。

(六) 果 类

该地盛产水果……车里佛海有菠萝田，成为地方上重要的经济产品。

…………

摆彝的主要农产物是稻谷，以土壤及气候来说，很多地方都可以年种稻禾两发的，但因为地广人稀，产量过剩，所以都只是年种一发，让耕地有半年时间荒芜休养，摆彝耕种的情形和技能略如下记：

1. 就平原开为田亩，阡陌相连，各有范围，田亩范围不以方丈计，而是以能播种谷种数量的多少计，如称一箩谷种田，意思就是此田面积之大小，足够播下一箩谷种。

2. 对水利的建设及沟渠河道的管理，均有一定制度，善能利用天然河流，开为若干纵横的沟渠，使田亩不仅可以得到灌溉的便利，而且可以防涝救旱。

3. 不施用肥料①，如果觉得稻谷的生产量减少，那就是地力减弱，便移地种植，让原地荒芜三数年后再种，所以，肥料在（摆）彝地中是不需要的。

4. 不种小春，稻谷收割后便任其荒芜，待到翌年下种时，始放水犁田。

5. 耕种工具有犁、耙、锄、镰刀，皆用铁制，以竹或木为柄，形式与内地用者大体相同，犁田亦用牛，多用两头水牛并犁，间亦有用黄牛犁田者。

① 江应樑先生的《摆夷的经济生活》中还说："在撒种，插秧，收割，这一时期，其工作所最不同于内地之处，即是一不施肥，二不除草，所谓春耕夏耘，摆夷是只有耕而无耘的。不仅稻谷不施任何肥料，即蔬菜，豆类，甘蔗，棉花，也一概不用肥，他们听说内地种植要加粪便为肥料，令他们惊异不已，以为这样污秽之物撒在田地中，则生长出来的物品，如何吃得下口？"参见江应樑《摆夷的经济生活》，清华印书馆（广州）1950年版，第45页。

6. 每年约在农历四月间播种，五六月插秧，九十月收割。秧苗插入田中后，直到成熟这一个时期中，完全可以不打理田里工作，不施肥，也不除草。若所种的田距自己住地较远，则种下后便不再到田中看视，估计可以收割之时，在街集中遇到从这方向来的亲友，顺口问一句自己田里的谷子可以收割否，知道已经成熟了，便呼亲唤友，帮忙去割谷。……

7. 摆夷割稻时，腰部亦懒于弯下，故留存田地上的稻秆，有尺多长，因为稻草在（摆）彝地中并无用处（牛马不喂稻草，皆饲青草，故该地马匹一到汉地，便常因冬季无青草饲养而饿损），故任其留存田中。

这是稻谷耕种收获情形，其他农作物的种植，也极简单随便，一不施肥，二不除草加土，三不知选种及防害虫，但都可得到丰富的收获，这便全由于土壤与气候的优良，诚所谓得天独厚了。①

笔者在景村调查时也看到，作为傣族主要口粮的糯稻在水田中占了80% ~ 90%，另有一些硬稻和少量紫稻，硬稻只用于做米干、米线及一些小食品，紫稻做紫米糕，在做赕时常用；旱地种玉米、花生、豆类及部分薯类，玉米主要用来烤酒和做猪饲料，花生是日常的零食，豆类以黄豆为主，有的家庭也种些蚕豆、豌豆、豇豆等品种，黄豆在当地主要做豆腐和酿造酱油；茶叶是勐海的大宗经济作物，景村家家都有茶园，山地上除茶叶外还种樟树、棉花，小块的园子里也会种一点烟叶供自家用；果类主要是菠萝、梨、橘、柚。各家的菜园子中的菜蔬只有青菜、白菜及茴香、芫荽、薄荷、葱、姜等作料，更多的菜食都是山上、埂旁、沟边采来的野菜。

在栽种的时节、方式、工具方面也均如江先生的描述，而收割时不弯腰，在田里留下很长的稻秆的情形则一直延续，至今如此。今年78岁的老人岩劳向笔者详细讲述了当年这里的农田耕作情况。首先，水田、旱地在栽种时都不施任何肥料，均采用休闲制来恢复地力，水田只种一季大春就任其荒到次年，旱地则轮歇。他们觉得用农家肥种出的稻谷怎么吃得进口，尤其是还要拿稻米来做赕，那真是大大的不敬之事。其次，在栽培和田间管理方面比较简单，只需整田、育秧、栽种三个过程就等着收割了。整田分为犁田、堆田、翻堆、耙田和平泥五道活计。每年4月下旬开始犁田，5月雨季到来，大田泡水后开始开犁，犁后10至15天进行堆田、铲埂，用木耖耙将翻犁过的泥土堆成一条一条的土垄，将杂草、稻秆等捂在泥里慢慢变成肥料，堆垄能促进土壤熟化。堆垄后10到15天又用耖耙进行翻堆，再次使杂草、稻秆等腐化，让土块细碎，翻堆后10天左右就可耙田了，待垄田耙平后，在耖耙上装一根长竹筒来回拉，将田泥擀平即可关水栽秧（俗称白水秧）。傣族的水稻育秧方式称为湿润秧田育秧，秧畦不必太规范，但

① 江应樑：《摆彝的生活文化》，中华书局（上海）1950年版，第137 ~ 140页。

下种量要密一些。也有的栽寄秧，相当于二次育秧，将大丛（10～20苗）移栽一次过后，等30天左右再正式栽插到大田中，这种方法虽然多了一道工序，但可增产1～2成。栽完秧后用木桩、竹篱笆将田一围，防止牛马等进入，只需管好水，也不用薅草，就等着成熟收割。最后，收割分为割、晒、堆、打4道工序。人站着用锯齿镰割谷，只把稻穗及部分稻秆割下，稻秆留在田里的近30厘米长，稻子割下后就摊在田里晒，一般晒3天左右，然后进行堆谷，堆放三五天后再打谷脱粒。脱粒时在地上铺一张大竹席，其上安放掼板掼打，再用弯棍敲打余谷，用笋叶扇去瘪谷杂物，即可装袋挑运回家。收割后的水田常用于放牛，水田中的稻秆在次年犁田时已基本腐烂，再犁入水田中浸埋，就是很好的肥料了。

概而言之，当地的农产品及农业生产技术总体表现出“物产丰富，技术不精，爱惜地力，单产不高”的状况。由于田多人少，食物品种多，获取容易，可以一年种两季的田也只种一季，不进行田间管理也能有好的收成。故而他们不必有靠养儿子来为家庭提供农田劳动力的想法。

三、傣族的手工业、商业和家庭养殖

（一）手工业

新中国成立前，当地可以算得上手工业的只有建房、烧制缅瓦、造铁木农具、小五金、陶器制作、编制竹藤器具、纺织缝纫、造纸制伞、制糖、酿酒及制作娱乐用品、宗教用品等。从总体上看，村寨中有这类手艺的人很多，其精巧程度也不低，这是农业社会的共性。一般说来，制作日常生活必需品的手工技艺是村寨中绝大多数男人都掌握的，其制成品也主要是自己制造来供自己使用，即便有一些制成品必须通过合作来完成，例如打制刀具的师傅和制作刀鞘的师傅要合作制刀具，他们之间的合作也是以互惠的方式在生产，彼此之间是不用付报酬的，可以说这种手工技艺还没有能成为一种专门的职业。又如建房子，村寨中没有谁是专门靠替他人设计、建造房屋为职业的人，男人们个个都可以做建筑师，也可以做泥木匠。如果那家要建房子，只需备好材料，通过波章出面请寨里的人来帮忙，三五天便可建成。对来帮忙的人也不必付报酬，只需记住某家这次帮我做了一天工，下次我也去帮他做一天工，相互的帮助便报还了。在这样互惠的工作下，大家都不必花钱，但各家的房子都建造起来了。再如造家具，各个家庭中的竹桌、木凳，基本上都是自己造了自己用。当然，正如江应樑先生所言：

摆彝中也有几种手工业是一部分人的专长，并非人人都能做，但这种人却并不倚靠这种专长来维持他的生活。所以严格的说来，摆彝的手工业，实只能算是农村的副业。几种摆彝特长的手工业如下：

1. 竹工：竹的制作，可以算为摆彝的工艺代表，其应用的普遍与制作的精

巧，远非汉人所能及。住宅几乎完全是用竹来构成的，梁、柱、墙壁、楼板、楼梯、门、窗，无一样不用竹来做；家里的用具，桌椅板凳是竹制的，箱笼提篮食盒是竹编的，水桶是一节天然的大竹，甚至江面上的桥也是用大竹造成的。

2. 织工：摆彝家中的女孩子，长到十一二岁时，便须教以织布绣花的技能，不能织绣的女子，是不为男子所喜爱的。因此之故，摆彝妇女，可以说人人都是善织布的工匠，能刺绣的好手。摆彝织布的技能很高，白色粗布上能织出凸凹花纹，绣品中最精美的一种叫“织锦”，可算是摆彝妇女的艺术代表作，常用作赕品。

3. 陶工：南部摆彝能烘砖瓦，佛寺及土司头人住宅，皆全用摆彝砖瓦建盖。

另外，摆彝还有银工、铁匠等，这几种手工业在摆彝群中都可以说很发达，但我们却只看做摆彝的农村副业，而肯定摆彝社会中没有工人阶级，这便因为他们虽有这些发达的手工业，精美的制作品，但却全都是农人的附属技能，没有依靠这一项手艺来维持生活的人，所以，由这种情形上所产生的手工业制作品，也便只能视作农家的副产品了。①

（二）商　业

《十二版纳志》中这样记载：“十二版纳出口商品，以茶叶为大宗，分外销及内销两途。……又由佛海外销到缅甸之樟脑，年约五百驮，值滇银十三万元。……由车里、佛海外销至缅甸及暹罗之紫梗，多年前，年约二千驮，值滇银三万六千元。由车里、佛海外销至缅甸及由倚邦内销至思茅、宁洱之柑橘，年约一千驮，值滇银二万四千元。内销至思茅、宁洱方面之梭罗布，年约二千疋，值滇银一万二千元。由佛海外销至缅甸边境，及由六顺内销至思茅之红糖，年约三百驮，值滇银六千元。”② 可见，当时勐海县向国内外销售的物产主要有茶、樟脑、紫梗、柑橘、梭罗布和红糖等几种。但就景村而言，只有茶叶、樟脑两项和定期的农产品小集市（当地称草皮街，五日一市）能算得上带有商业的性质。每年，村里人通过卖茶叶和樟脑能得到一份相对稳定的货币性收入。据村里的老人说：“过去每到冬天，都有商人来收樟脑，对我们来说是一笔收入。在战争时期，由于要用大量的樟脑做药材，樟脑的价格曾经一度比茶叶还贵。过去勐海的茶叶好就好在茶园子里种樟脑树，它们会相互影响，现在把樟脑树都砍了，是非常可惜的，主要是因为没有人来收购，老百姓种了没有用。”

民国时期，习惯上以澜沧江为界将西双版纳地区的产茶区分为江内、江外二大茶区。澜沧江以西的佛海、南峤、宁江设治局、车里的南糯山、勐宋产茶区统称“江外茶区”。而勐海就是“江外茶区”的中心，凡坝区边缘的丘陵和海拔

① 江应樑：《摆彝的生活文化》，中华书局（上海）1950 年版，第 146～149 页。
② 李拂一：《十二版纳志》，正中书局（中国台湾）1955 年版，第 107 页。

1 000米以上的山区均有茶树生长，其中又以佛海（即今勐海）的茶区分布最广，产量亦最大。上引李拂一先生描述的商品外销，基本上都是季节性地将当地的散茶贩运至思茅揉制，然后销往西藏，规模不大，也没有形成稳定的商业市场。清宣统二年（1910 年），石屏商人张堂阶在勐海城子开办了勐海县的第一家茶庄——恒春茶庄，从思茅请来汉族揉茶师开始在当地揉制紧茶，后来又带出了一批傣族和布朗族的揉茶徒弟，从此，勐海城子的茶庄似雨后春笋般纷纷出现，至1930 年，勐海城子已有 11 家茶庄，形成了稳定的茶叶购销市场，村寨中各个家庭的毛茶、鲜叶也有了相对稳定的送收渠道。

表 2　1930 年勐海城子茶庄一览表

名称	开办人		开办时间	茶灶数（盘）
	姓名	籍贯		
恒春	张堂阶	云南石屏	1910 年	2
洪记	董耀廷	云南腾冲	1924 年	7
可以兴	周丕儒	云南玉溪	1925 年	2
恒盛公	张静波	云南鹤庆	1928 年	4
（不详）	苏兴元	云南	1928 年	1
掸民茶叶合作社	刀宗汉	云南勐海	1928 年	2
云生祥	李云生	云南腾冲	1930 年	2
复兴	李拂一	广西柳州	1930 年	2
时利和	王球时	云南石屏	1930 年	2
利利	罕荣帮	云南景谷	1930 年	2
鼎兴	马鼎臣	云南蒙自	1930 年	2

资料来源：云南省勐海县地方志编纂委员会《勐海县志》，云南人民出版社 1997 年版，第 210 页。

李拂一先生民国时期在勐海开有茶庄，关于毛茶的采摘、制法及销售，他在所著的《十二版纳志》中有这样的记载：

茶产季节约自清明前半个月左右开始，到霜降止，即由小历六月起，至十二月止，凡阅七月。除中间稍有间断之外，随时皆可采摘。产于清明之前后半个月者，通称春茶。清明前产者，嫩芽皆被白毛，因又名白毛尖，或简称毛尖，或曰春尖。春茶之后，叶色转为乌黑，水色最为浓艳，称曰黑条。黑条之后，雨水盛发，茶质淡薄，叶较粗大而色微黄，是为二水茶。二水茶之后曰粗茶。粗茶叶老色黄，茶质尤淡，品质最劣。粗茶出产之后，须间断一个时期。至稻子扬花之时，茶树复抽放嫩芽，与春尖相似，惟茶质较淡，芽尖亦较粗大，是为谷花茶，盖以其萌芽于稻谷盛花之时而得名。谷花茶之后，再产一次粗茶。于是冬季来临，采摘停止，农家料理收割稻子去矣。盖茶仅为十二版纳农家之副业也。

…………

茶叶采摘回家之后，先置于釜中炒使凋萎，倾竹席之上，用手往复揉捻成条，然后摊放竹席，就阳光下曝干，干后即可担入市区货卖。或装入竹篮，待价而沽。每篮装茶三十公斤，两篮共重旧衡百斤，适合马匹驮载，称为一驮，是为散茶。①

据岩罕应（生于1936年）回忆："当时寨子里家家都自己晒青毛茶，只要将采来的鲜叶放在锅里炒去水分，然后摊在竹篾笆或簸箕里用手揉捻，揉成条状后用太阳一晒就可以了，晒好的毛茶放着，寨里的老叭会来收的。从3月份春茶起来时一直可以采到10月份谷子熟。春茶的采制时间一般从3月到6月份，清明前后的茶叫'春尖'，价格最好；谷雨至立夏期的称'春中茶'，又叫'黑条茶'或'二水茶'，从6月可采到8月头，因为雨水多，味道比较淡；8月以后还可采一点秋茶，到10月份就不行了，叫'谷花茶'，虽然数量不多，但价格比'二水茶'要好。"史料也记载："以1939年为例，茶叶每担市价10元半开，这是'号家'的收购价。'号家'收购茶叶（包括买青）都是通过当地人，每年，商会商定好价格，分配好各'号家'（茶庄）的收购地点后，各'号家'就到各自的寨子里去请头人老叭吃饭，送一些盐巴、粉丝、毡帽等作礼物，把规定的价格告诉老叭，由老叭代为收购。茶农把茶卖到老叭处，'号家'再到老叭处去取运。"②

除茶叶外，樟脑也可算是本村各家的一项商业性收入。岩丙约（生于1940年）告诉笔者："卖樟脑的钱没有卖茶叶挣得多，但家家都还有一点。这里的樟树有黄樟和毛樟两大类，毛樟只有这里有（指此为勐海特有树种，现已被国家列为保护树种）。有的家在茶园里种一些，有的专门开片地种。制樟脑很简单，用两口锅就可以搞了（指民间的土法蒸馏，可得含水量较大的粗制樟脑粉，晾干即可出售），搞好后放着，到时会有人来收的，一砝（相当于3市斤）可卖2.5个半开。"

景村紧邻勐海县城，村里的老人颇为自豪地说他们这里是勐海最早的街子，也是当年最热闹的地方。据《勐海县志》记载："明崇祯年间，傣族群众在以物易物的交换过程中，逐渐在勐海景竜佛寺前形成了一个简易的露天市场。清同治年间，在今象山镇定居了一户景谷籍傣族居民叭雅克掌，经营饮食业。此后，内地商人逐渐来此开店经商，形成一街，称'曼嘎街'（即今老街）。清末，已有张堂阶、王显之、李润亭、周丕儒等数十家坐商店铺和摊点，成为县境内第一个

① 李拂一：《十二版纳志》，中正书局（中国台湾）1955年版，第99～100页。

② 云南省编委会编：《西双版纳傣族社会综合调查》（一），云南民族出版社1983年版，第49页。

商业集贸市场。民国年间，勐海制茶业兴起，推动了商业贸易的迅速发展，勐海象山集市成为边地的主要商业中心，曾有‘小上海’、‘小昆明’之称。抗日战争期间，日军侵占缅甸后，运销境外的茶叶通道受阻，茶叶滞销，境内屡遭日机轰炸，各厂家商号停业疏散，市场萧条。抗日战争胜利后虽有所恢复，但大不如前。”① 上面提到的景竜佛寺当年就是村里的佛寺之一。逢草皮街天，清晨，附近村寨的傣族，周边山区散居的其他各民族群众是打着火把来的，从内地来的汉商通常是坐商，他们有固定的店铺，可以掌灯交易，交易期间市场里非常热闹。傣族所卖的是自己田地里的产品和自己制作的手工艺品，如谷米、土布、竹制用具、银制饰物、酒、糖、蔬菜、水果等；周边山区的民族带来的则是一些山货，如柴火、草药、山果、棉、麻、茶叶、野味、山禽等；内地汉族贩来的是绸缎、洋布、呢绒、化妆品、香烟、牙膏、火柴等，但日出后，交易的人就开始走了，日头到顶上时就基本结束了。笔者发现，每当老人们回忆起那时的情景时，他们脸上都会洋溢出一种油然而生的快意，或许那是他们最值得回忆的往事吧。

从老人们描述来看，就商品而言，当时的街场与现在许多小县城里的农贸市场上的商品种类没有多大的区别，但性质却有很大差别，因为“这种市场的性质都不能算是商业活动，原因有二：1. 这种街子上的交易品多是自己农田里的生产品，或用自己的能力采集寻觅到的物品，或以自己的技能制作成的工艺品，携来售卖后，把卖得的钱又转买了自己生活上所需要的物品，这一类交易就其本身性质而言，实在含有初民社会中‘物物交换’、‘以有易无’的迹象，买卖双方都不是从中取利的中介人，而是生产者与消费者的直接交换；2. 另一类用固定的资本从事货物贩运从中取得赢利的人，也仅是靠这赢利来维持自己的生活，凡街场中所见汉人的经营，都属于这一类。由此可见，摆彝虽然在街场中有买卖行为，但却不能算为商人”②。事实上，当时傣族家庭仍然以自给自足为主，草皮街对村民来说与其说是做买卖，不如说是一个谈天说地的娱乐场所，同样功能的场所在村寨中还有水井边，那是妇女们的交际场。

（三）家庭养殖

据《傣族简史》记载，当地以牛耕田始于一千多年前的东汉时期。水牛主要用于耕田，黄牛作为肉牛和驮牛，耕牛是当地的主要生产工具。史料记载，民国时期出租耕牛是可以获得一笔不小的收入的，20 世纪 50 年代所做的民族调查资料也显示，村中的一些富裕人家在春耕时通过租耕牛，到秋收时能获得 30～50 担的谷米③。牛的饲养都是自然放牧，收获季节结束后，有的把牛赶上山，多数人家把牛放在田坝里，对母牛则采用“吊牧”的方式，即在田里找一片水草好

① 云南省勐海县地方志编纂委员会：《勐海县志》，云南人民出版社 1997 年版，第 354 页。
② 江应樑：《摆彝的生活文化》，中华书局（上海）1950 年版，第 150～151 页。
③ 云南省编委会编：《西双版纳傣族社会综合调查》（一），云南民族出版社 1983 年版，第 54 页。

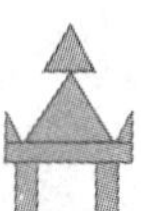

的地方插一根木桩，木桩上再绑一根长长的竹竿，竹竿的一端绑上绳子拴着牛鼻子，另一端挂一块石头作配重，让拴着牛鼻子的一端始终悬空着。这样，一方面牛的活动范围被限制在以木桩为圆心的一个有限区域内，另一方面牛在围着木桩吃草的过程中不会因为绕桩往复走动而出现绳子缠绕木桩，最终长度缩短至使牛无法活动的现象。据笔者观察，这种“吊牧”是西双版纳独有的放牛形式。

养猪是家庭副业中的主要项目，景村几乎家家都养。养猪通常不用猪圈，少数人家在楼下围一个简易的竹木栅栏晚上圈一下，白天都是自由敞开放养。喂猪的饲料以米糠拌野菜或芭蕉杆等青绿饲料煮熟后掺些冷水稀喂，每天只早晚各喂一次即可，不需投入多的劳力。

家家都有鸡鸭。“茶花鸡”是勐海县内分布较广的一个小型鸡种，系由红色原鸡驯化饲养或野鸡与家鸡交配而得的一个优良品种，是当地最喜欢食用的一种鸡。除自食外，烹饪好后在街子天带到集市上出售是傣家妇女最普遍、最易得的零花钱来源。

多数人家都有狗。村里人养狗一是看家，二是玩耍，三还可以带去狩猎。

由于景村周围河沟众多，因此捕鱼也是男人们常干的事。新中国成立前村里没有人家养鱼，都是捕捞野生鱼类。他们用竹制的纺锤笼、圆锥笼、鱼罩、三角捞兜等自制渔具捕鱼。除自家食用外，妇女们也会做成熟食到集市上卖，香茅草烤鱼至今都是傣味中一道独具特色的风味饮食。

由此可看出，由于当时手工业、商业的不发达，农田劳作之外的一切劳动都只能是“副业”，家庭手工业和养殖主要用于自用，少量销售后用于零花，因此，傣族家庭中也不可能有什么“业”需要儿子来继承，他们最大的“业”就是农田劳作，这不需要付出太多的劳力。

通过上述将历史文献记载与人类学田野调查相结合进行的全景式扫描，我们可以对 1950 年以前傣族的经济生活作一个总结：

（1）就生产方式而言，他们尚处于典型的以手工劳动为主的农业生产方式阶段，生产、生活资料几乎完全来自于自家的土地，农业生产技术粗放。严格意义上的手工业、商业和养殖业还没有形成。自家消费剩余的农产品、经济作物、手工制品及家禽等销售所得可用于补充当地没有或自家不能生产的少数生活用品、生产用具，如食盐、铁锅、花布及砍刀、犁铧等。由于土壤与气候的得天独厚，只需向田亩投入较少的劳力，就能得到充裕的粮食，菜蔬、果品等其他食物来源也非常丰富；日常所用之布匹、衣物靠自纺自织；住房由村寨共同体“公建配给”；生活器具均可自造自用，按照传统农业社会的生活标准，可谓“丰衣足食”。

（2）就生活方式而言，他们过着典型的传统农业生活，尚没有任何人能够脱离农业而生存。由于生活资料得来不难且足以满足日常消费需要及上交贡赋，他们在物质方面享受着衣食无忧的快乐。又由于笃信南传佛教，故而，他们对财富没有过多的奢求，生产的目的只求够用即可，亦即仅以使用价值为目标，而将更多的时间和财富用于做赕以追求自我精神的享受。

用传统农业社会的生活标准来衡量，傣族的上述经济生活已经完全摆脱了物质资料匮乏对生存造成的压力，因此，在生育问题上，他们不需要靠多生养子女来为家庭获取生存资料，不需要靠生养男孩子来补充家庭劳动力的不足，家庭也不会积攒下一份像样的产业由儿子来继承。正是从这个意义上，笔者认为传统农业社会中的傣族都享受着“安居乐业、衣食无忧”的生活。他们在那片富庶的土地上过着一种简单而宽松的农村生活，享受着一份悠闲、舒缓和安定。

参考文献：

［1］弗·恩格斯．马克思墓前演说［M］//马克思，恩格斯．马克思恩格斯文选：第二卷．莫斯科：外国文书籍出版局出版，1955.

［2］云南省勐海县地方志编纂委员会．勐海县志［M］．昆明：云南人民出版社，1997.

［3］江应樑．摆彝的生活文化［M］．上海：中华书局，1950.

［4］姚荷生．水摆夷风土记［M］．昆明：云南人民出版社，2003.

［5］江应樑．摆夷的经济生活［M］．广州：岭南大学西南社会经济研究所，1950.

［6］云南省编委会．傣族社会历史调查：西双版纳之三［R］．昆明：云南民族出版社，1983.

［7］江应樑．傣族史［M］．成都：四川人民出版社，1983.

［8］张凤岐．一个原始农业生产的边区：车里［J］．西南边疆：第二期，1938.

［9］李拂一．十二版纳志［M］．中国台湾：正中书局，1955.

［10］云南省编委会．西双版纳傣族社会综合调查（一）［R］．昆明：云南民族出版社，1983.

傣族村落中的传统权威：细哨老曼

——一个傣族村寨的传统文化、权威与社区和谐

伍琼华　闫永军*

摘　要：“细哨老曼”是指傣族村寨中德高望重、有权威的老人。他们的权威不但来源于贝叶文化中的道德法律，还来源于村民的权力授予。随着社会经济的发展，细哨老曼的权威和发挥作用的领域也发生了变化。细哨老曼作为传统权威的代表，负责村中的传统事务，同时也承担起纠纷调解的角色，在传承和维护贝叶文化、促进傣族社区和谐、建立良好社会秩序方面发挥了重要作用。本文以傣族M村的田野调查为基础，对细哨老曼的权威来源、社会变迁对他们权威的影响以及细哨老曼调解纠纷的方式和作用等方面进行了研究。

关键词：贝叶文化　细哨老曼　傣族　民间调解

傣族社会的传统组织在促进傣族社区和谐与发展上发挥着很大的作用，而对傣族村寨传统组织以及社会控制方式进行深入的调查和研究，对于构建社会主义和谐社会具有借鉴意义。“细哨老曼”作为中国境内南传佛教地区传统权威的代表，无论对于贝叶文化的传承与发扬，还是对于傣族社区的稳定与和谐都起着非常重要的作用。

M村是一个傣族自然村，隶属于勐腊县勐仑镇城子村委会。全村有56户人家，共276人，其中傣族人口272人，其他4人是上门的汉族。村寨东边濒临罗梭江，紧靠热带植物园，南面有213国道穿过。作为以血缘和地缘社会关系为主要纽带连接的初级群体，社区组织模式非常完善，由以下三者组成：村落正式权威的代表是村长（村民小组组长），传统权威的代表是村里的“细哨老曼”，宗

* 作者简介：伍琼华，女，壮族，1969年生，云南文山人，云南省民族研究所副研究员，硕士生导师，云南大学贝叶文化研究中心兼职研究员，主要研究方向为民族文化与社区发展；闫永军，男，汉族，1984年生，河南周口人，云南民族大学民族研究所硕士研究生，主要研究方向为民族传统社会与发展。

教权威的代表是“波章”① 和“召曼”②，他们分别担负不同的职能，共同管理村寨，维护村寨祥和。其中，细哨老曼作为一种非正式权威，其职能既要协助村长工作，也要配合村寨的宗教事务，同时还担负着村民调解员的角色。

一、细哨老曼的权威来源

“细哨老曼”本意是“村寨里的四根柱子”，其隐意是指代“村寨里有权威、有影响力的四位老人”，分别代表了村寨东、南、西、北四个方向的四根柱子，亦即傣族聚落空间里的家有男柱和女柱才能成为一个完整的家，一个村寨也须有四个方向的柱子才能撑起长久的空间观。细哨老曼一般为有威望、有品德、有思想、有能力、作风正派、精通傣族风俗习惯的男性长者。他们在日常事务中担当了“自然领导者”的角色，他们的权威由傣族传统文化即贝叶文化所神圣化，具有传统权威的特性。（何明、陶琳，2008）而细哨老曼又通过对村寨事务的参与，在一定程度上承担了传播和维护贝叶文化的角色。贝叶文化是傣族的传统文化，不但包括佛教文化和贝叶经形成的成文法，还包括代代相传的习惯法，体现了傣族人民的民族性格、思维方式、伦理观念，并反映了傣族社会的历史以及社会控制方式。贝叶文化正是通过家庭、社区、寺庙以及村寨组织在傣族社会各个阶层进行学习和传承。（岩温扁等，2001；秦家华，2006）细哨老曼通过对村寨事务的参与，在一定程度上承担了传播和维护贝叶文化的角色。贝叶文化中的政治法律和伦理道德正是细哨老曼权威的来源和基础。贝叶经中许多具体的规定由于社会的变迁，已经发生了许多变化，但是作为一种传统文化已经深入到傣族社会的肌理之中，至今仍然在影响傣族人民的生活方式和社会交往。

贝叶文化中的政治法律内容有很多，其中《谢哈南拎海纲》是针对土地分配与管理的法令、《腊扎干巴卖和谢赏》是判罪之罚教和奖赏法、《腊扎干旦是广蚌》讲的是政治和管理制度。（巫咏红，2005）《傣族民刑法典》，是一部比较完整的维护封建领主制度及其道德标准的法典。比较而言，《民事纠纷调解法规》对傣族当代社会依然有着它的影响力，这些影响力更多地体现在村规民约上。如《法规》中规定：“没有什么事，到议事庭乱敲鼓的，罚款九十九元”，“没有什么事，夜间乱吹牛角号的，罚款十元五角”，“没有什么事到村寨惹是生非的罚款十元”③，等等，对于人们的行为和纠纷的解决都做了具体的规定。而现在，经过全体村民讨论并通过的《M 村社会主义新农村建设文明公约》（以下

① “波章”为管理村寨佛寺者，亦叫宗教管理。

② “召曼”负责管理村寨寨神。召曼在寨心举行祭祀仪式，向寨神祈祷，请祖宗保佑。寨心的小房子即是寨神人住的地方，傣语叫“霍丢布哒”。

③ 资料来源于《傣族的近代社会形态》（http：//www. cnpuerh. com）。

称文明公约）规定："不打架斗殴，不酗酒滋事，严禁侮辱、诽谤他人"，"自觉维护社会秩序和公共安全，不扰乱公共秩序"，对于违规的，要"酌情罚款，罚金归入村小组积累资金"。

贝叶文化中的道德伦理对当今的傣族社会仍有重要的规范。南传上座部佛教对傣族道德伦理影响深刻，佛教强调仁善平等，因而傣族道德伦理中非常注重德行、智慧和互助。例如，《舒帕西塔》作为一部伦理道德教科书，为人们解决生活中的现实问题提供依据和行为准则。（吴之清，2008）不偷、不骗、不抢、不盗，尊老爱幼、和睦共处、热情友爱、互帮互助等成了傣族普遍崇尚的民风。傣族传统文化中非常注重社会伦理，例如《爷爷教训孙子》、《父亲对儿子的训示》、《妇女做媳妇的礼节》等等，反映了提倡人与人、人与社会之间建立和谐关系的思想。（周娅，2006）可以说，贝叶文化是法制文化、和谐文化、道德文化。

傣族社会对老人的敬重，也是细哨老曼权威获得认同的一个来源。傣族谚语说："田中土丘是谷魂，村上老人是寨宝。"比如，《布栓兰》教育年轻人，"要尊重长辈和老人，听长辈和老人的话"，"老人在楼下，你不要在楼上来回乱走动"，等等。走路要让老人走在前面。老人进屋，年轻人要站起来问好，待老人落座后，才能坐下。饭桌上，要让老人坐首位，好菜先敬给老人。（岩温扁等，2001）这些尊老的传统通过教育得以传承，并成为一种共同的行为。如，在《文明公约》中规定，"对丧失劳动能力无固定收入的老人，其子女必须尽赡养义务，保证老人有吃有穿有住有医"。傣族对老人的重视还表现在生产生活以及重大的节庆和祭祀活动，老人都发挥了很大作用。因此，细哨老曼作为德高望重的老人，在村寨中更受到重视。

社会主义制度的建立和完善，导致成文法在傣族社会有了很大的改变，但习惯法却以民族风俗、社会习惯的形式更多地保留了下来。习惯法的保留对于细哨老曼的权威具有重要的意义。例如，在恋爱婚姻习俗方面，傣族青年保持了自由恋爱的传统，但是在订婚、结婚时都离不开细哨老曼的参与，细哨老曼承担了协调者和证人的作用，使婚姻关系获得村民的集体承认。而在婚前性行为、非婚生子、重婚、通奸等不正当男女关系方面，在傣族社会是禁止的，传统习惯赋予了细哨老曼对此酌情进行处罚的权力，而通过处罚等措施，延续了细哨老曼在傣族社会中的权威。在M村，一位细哨老曼告诉笔者，对于乱搞男女关系的，我们可以进行警示教育、纠正和处罚，在改革开放前处理过几起这样的事件。对于村民离婚，细哨老曼主要发挥调解的作用，如果调解不成，则协助公平公正处理财产分配。在村民出现纠纷时，细哨老曼根据各自责任进行处罚，一般进行教育，情节严重者则进行罚款，以保护村寨和谐与安宁。

贝叶文化是傣族人生活的一个重要组成部分，融入傣族社会中，不但深刻影

响了傣族人的生活方式，还确立了细哨老曼的权威性。细哨老曼在处理村寨传统事务上的公正性和公平性，树立了细哨老曼的威信和影响力，确立了细哨老曼的社会地位。可以说，细哨老曼和贝叶文化在一定意义上是相互依存的关系，即细哨老曼需要传统文化的影响力来加强自身的权威，传统文化也需要细哨老曼来传承与维护。正是这种关系，细哨老曼在村寨中可以发挥他们的影响力，同时也在一定程度上发扬了贝叶文化的精神。

二、社会变迁对细哨老曼的影响

细哨老曼作为傣族村寨中重要的社会力量和政治力量，享有训诫和惩罚的权力，同时也具有示范性的影响，从而对傣族社会发展产生重要的影响。细哨老曼作为一个特殊的利益群体，必然存在增进和维护其权威的倾向，并为之做出行动和努力。一是传播傣族传统文化。细哨老曼往往是村寨中比较有学问的人，精通傣文，熟悉传统习俗，掌握宗教礼仪和法律法规，他们自然而然担负着向年青一代传播傣族传统文化的使命。二是影响村民的行为方式。细哨老曼一般具有较高的道德操守，能够严格按照傣族传统行事，获得较高的社会声望，从而产生榜样的力量，影响村民的行为方式和做事风格。三是惩戒违反傣族社会传统和习俗的行为。傣族重视人与自然和谐共生，形成了保护森林资源的生态文化。例如，如果发现有村民违规乱伐森林的，细哨老曼可以根据情况进行处罚。傣族强调人与人和谐共处，如果有人在村寨里争吵打架，同样会受到细哨老曼的惩戒。通过这些方式，细哨老曼传承着傣族传统文化，进而影响村民的思想观念和行为。

细哨老曼影响傣族社会变化和发展，傣族社会的变化也会对细哨老曼产生影响。随着社会经济的进步与发展，人们面临选择的机会越来越多，傣族传统社会也发生了很大的变化。今天的傣族社会，人们更加注重生活方式的多样化以及对现代生活的享受，对“金钱”的追求超过了对“功德”追求。佛陀的权威性在人们心目中明显下降，取而代之的是“人性”地位的不断提升。（陈勉，2008）在M村，越来越多的人家新建了楼房，买了小汽车，享受现代生活带来的便利与舒适。根据佛寺里的佛爷介绍，“村里来庙房的人一般是老年人，年轻人都忙着工作挣钱，没有时间来”。让佛爷更忧心的是，村里现在没有小孩子来当和尚了，他们认为当和尚没有用，还会被其他小朋友笑话。可见，人们更加注重功利性，对傣族社会影响深远的佛教，日益呈现出世俗化、人性化的趋势，逐渐成为一种老人的宗教，一种精神生活的寄托。社会的变迁对细哨老曼也产生了重要影响。

一是选举标准的变化。经济重要性的提升在一定程度上削弱了细哨老曼的权威，同时，人们在选举细哨老曼的时候也会考虑到候选人的经济地位。德高望重

不再是唯一的标准，经济地位成为人们考虑选择细哨老曼的重要因素。在M村，四个细哨老曼中，有两个属于村里的富裕户。笔者访谈的一个细哨老曼认为："有一定的经济地位说话才更有分量，别人才会真正听。"由于个人权利意识的觉醒，人们对个人能力和魅力越来越看重，年龄并不是越大越好。在M村，四个细哨老曼中没有一个超过60岁，一个46岁，两个49岁，一个57岁。根据访谈，现在的细哨老曼也要换届了，他们希望有更年轻的人能出来主持。细哨老曼的口才越来越显得重要，要能说会道。细哨老曼要了解法律法规和传统习俗，在村民纠纷或者出现问题时能说服别人，才能起到调节作用。据村民讲："如果不会讲话，即便是年纪再老，也没有人听。"可见，社会变迁带来的人们观念和思想的变化，在很大程度上影响了人们选择细哨老曼的标准，经济地位、个人能力和口才成为很重要的影响因素。

二是村级自治组织的完备，使细哨老曼这一传统组织的权威退居二线。对细哨老曼的权威和作用影响最大的是政治制度的变革。新中国建立以后，摧毁了旧的封建制度，传统的规矩、惯例、习惯法也发生了很大变化。细哨老曼曾作为一种"封建残余"，在20世纪50年代至70年代"吃大锅饭"时、"文化大革命"时消失了。改革开放之后，随着召曼、波章等宗教权威的恢复，佛寺的重新建设，小孩子又回到寺里当起小和尚。90年代初，社会思潮和观念出现重大变革，在传统村落社会控制系统断裂和国家法律难以承担社会控制功能时，在一定程度上导致人们价值观念和思想的混乱，社会矛盾和纠纷增多，引发社会秩序危机。为应对社会危机，许多傣族寨子相继恢复了细哨老曼，M村也响应村民的要求，在村干部的支持下，由全体村民参加，开始恢复选举细哨老曼。从此，细哨老曼在M村又开始处理村里的传统事务和矛盾纠纷。

传统的道德伦理与民约习俗依然在影响傣族社会，细哨老曼的恢复表明了传统文化的脉搏依然强劲。韦伯认为权威的合法性主要有三个来源：一是建立在理性基础上的法规和章程，二是神圣的传统，三是个人的魅力素质，即法理型权威、传统型权威和魅力型权威。（韦伯，1998）细哨老曼属于传统型兼魅力型权威，不是国家正式制度下的权威。在M村，村长才是正式合法权威的所有者，村里事务的决定权和公共资源掌握在村长手里，村长是村落组织中多元并立权威的统帅（何明、陶琳，2008），细哨老曼更多的是配合村长做一些村里的事务，特别是与传统有关的事务以及村长不方便管理的工作，但是他们的权威与管理却是社区秩序的重要源头。

在笔者访谈的时候，村里的一位细哨老曼特别看重自己的正式权威，多次强调自己的调解员角色相当于副村长的位置。他说，从1984年开始，除1987年到1990年没有当之外，他一直是村里的副村长。1996年到1999年期间，他还当过镇里的人大代表。从他的谈话中可以看出，正式权威的力量要远远高于传统权

威，这也表明细哨老曼在村落权力中的从属地位。从细哨老曼对村长违规的处理上要跟村长协商上，也可以看出村长的权威要高于细哨老曼的权威。

三是政治制度的变迁，也使细哨老曼的产生方式发生了改变。在 M 村，村长由村民选举产生，每三年一届，村民民主意识在村干部的民主选举中得到提升。在新的政治体制下，细哨老曼的权力也需要得到全体村民的授予。根据村长和细哨老曼的介绍，本届细哨老曼是和村干部一起选举产生的。由村长提名 6 名候选人，经村民大会选举产生 4 位细哨老曼。细哨老曼和村民代表①一样没有工资，但每年有 200 元的误工补贴，由村集体支出。这里可以将细哨老曼看做一种傣族的社会控制机制，村民通过选票和选举这一过程，授予细哨老曼管理村中传统事务和调节民事纠纷的权力。

传统文化、政治法律和社会制度共同构建了傣族的社会结构，细哨老曼在其中发挥了传播者、影响者和执行者的作用。细哨老曼作为傣族传统力量的象征，通过参与村寨管理影响村民的价值观念和行为方式；而村民的集体意识和经济现代化也相应地推动傣族传统文化发生变迁，进而影响了细哨老曼的产生办法以及权威作用方式。

三、细哨老曼的作用——调解民间纠纷，促进社区和谐

经济地位、政治权力、社会威望的不同造成了村民利益的分化，进而加速了农村社区的分层。现代社会中不断强化的利益分化与社会分层使农村社区内部的利益矛盾和纠纷呈现多样化、复杂化的趋势。傣族社区在婚姻、家庭、邻里关系、村务管理、生产合作、特别是征地补偿等方面容易出现矛盾和纠纷。在出现矛盾和纠纷的时候，就需要有一种低成本的解决方式来处理这些问题。民间调解作为一种省时省钱、注重情理和实效的纠纷解决方式，在建立和谐的社会生活秩序中起着不可替代的作用。

赵梦桃、任大翻认为，民间调解是指建立在血缘、亲缘、地缘和业缘关系的基础之上的，依赖乡村社区内的权威人士解决纠纷的解决方式。（赵梦桃、任大翻，2007）民间调解主要包括宗族调解、亲友调解、乡里调解和行会调解等。细哨老曼调解机制是一种经由村民授权的传统权威调解。尽管贝叶文化是一种人与自然、人与人、人与社会的和谐文化，它反映在人际关系上，就是诚信、友善、互助和尊老爱幼、男女平等。（秦家华，2006）但是，在经济发展过程中，由于需要的不同和利益的分化，难免会发生一些纠纷和矛盾。在傣族村寨，细哨老曼

① M 村有 5 位村民代表。在 M 村，以 10 ~ 12 户为一个单位，选举一个村民代表。由每个单位自己选举产生。村民代表的作用之一是在分工或者投工投劳时要发挥带头作用。

则承担起民间调解者的角色，以传统文化的力量来化解矛盾、解决纠纷。

在M村，细哨老曼管理民族风俗，配合村长工作，“一个人说了算不好管理，大家共同管理比较好”。细哨老曼和村长的管理的侧重点也不一样。他们以相互协作为主，但也存在权力的竞争关系。根据对M村村长和细哨老曼的访谈，细哨老曼管理的范围包括：结婚、离婚、夫妻不和、邻里纠纷、偷盗、不正当男女关系、打架、吵架、晚上哭喊（影响邻居休息）以及其他事务。细哨老曼在处理问题或解决纠纷时的原则是：不能违反党和政府的方针政策、不能违反乡规民约、罚款数额较大的交给上级司法部门处理。惩罚措施以教育为主，写保证书，屡教不改罚款。罚款，依情况罚10～500元，罚款上交村集体。第一次罚得少，第二次就多了，是第一次的10倍，第三次又是第二次的10倍。基本上没有犯第二次的。

处理问题的程序是：得到举报后，首先通知村长，询问村长意见。接下来由选举出来的细哨老曼的组长召集其他三位集体处理，在寨心举行纠纷处理传统仪式。如果情况复杂或当事人不服从，细哨老曼处理不了时，由村长出面处理。村长再处理不了的，交给上级政府处理。一般情况下，细哨老曼都能处理的。根据细哨老曼的介绍，在处理矛盾或纠纷时，都要举行一个仪式：

在寨心的小房子（傣语“霍丢布哒”），前面放张桌子，桌子上面放5支蜡烛，代表傣族村寨东西南北四门及中间。细哨老曼把事情告诉祖宗，并向祖宗道歉，“做不好的地方请多多原谅”，之后是双方当事人在现场表示和解与否。一般情况下，都会和解。据一位细哨老曼讲，到现在为止，还没有出现不和解的情况。

细哨老曼处理问题是以傣族社会民间通行的社会规范、传统习俗以及村规民约为依据，通过对当事人的说服、劝解以及举行神圣的传统仪式，促使当事人相互谅解，消除矛盾和纠纷。为了保证解决的公正性，在处理问题的时候，至少要有两个细哨老曼去处理，在M村还没有过单独处理的情况。细哨老曼处理问题的公正性还表现在村里没有特权阶层，不论谁违反了村规和传统习俗，都会受到惩罚，村长和细哨老曼也不例外。

由于村民都非常遵守村规民约，很少发生纠纷。据细哨老曼介绍，“夫妻不和闹事的，好几年没有了”。他又接着说：“希望没有的好呢！”对于喝醉酒，只要不闹事也是不罚款的。如果有通奸的，则是处罚双方，他说他还没有处理过这方面的纠纷。但他也认为：“现代社会要讲证据，证据不足，没有人承认，就没办法处理。所以，男女关系方面的事情基本上是没有办法处理的。”近些年来，细哨老曼处理的纠纷并不多，这也反映了傣族社区的和谐。

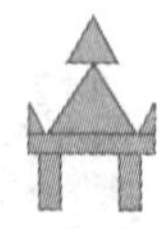

一个49岁的细哨老曼给我们介绍了他们处理过的两个例子：一个是村长家的，一个是他自己家的。

村长被罚是2003年。“他老婆的女儿和男朋友来村里做客，不知道什么原因吵了起来，在村子里打架，闹得寨子不得安宁。有村民向我们举报。那是村长就任的第二年，为了村里面好，他也只能顾全大局，以身作则。由我们4个细哨老曼共同处理。在寨子中间（寨心），请来管祖宗的波摩（70多岁）向祖宗献酒，向祖宗道歉。罚了村长25元。规定今后再发生，就要罚10倍，250元。”

还有一次是他自己家被罚。“2004年，我去勐仑开会，喝了酒，夜里3点才回来。由于我和老婆刚结婚不久，她对村里还不熟悉，我没有回来之前，她因为害怕就哭了，被邻居听到了。也是罚25元，因为自己是细哨老曼，自己犯了错误，更应该严格要求，我就多加了5元钱，一共给了30元钱。”

除了调解纠纷，细哨老曼还可以起到协调村干部工作的作用。根据对村长和细哨老曼的访谈，M村村长和村会计合不来，村会计干工作不积极，村里的有些事务难以正常开展。其中一位细哨老曼（相当于副村长）就从中协调，努力使矛盾减少，同时作为一个沟通的桥梁来使村务正常运行。细哨老曼作为傣族社会力的权威长者，他们对矛盾和纠纷的处理不但有传统文化和习俗的支持，也有正式权威（村长）的支持，同时也得到了村民的授权（选举），因而，他们处理纠纷和矛盾具有不伤感情、注重情理、尊重习俗、调解成功率高以及处理结果受尊重的优势，对于村寨社区和谐和良好秩序的构建具有重要的意义。

四、结　论

传统村落权威的权威是由学识、公共身份和富有所决定的。（张健，2007）傣族社会的细哨老曼的权威还来自传统文化即贝叶文化的授予，同时也得到了村民的授权。尽管现代乡村社会的个人自主意识越来越强，人们更注重个人好恶和个人感受，加上民主选举缩小了权威政治、强人政治的认同空间，以及村民面临的发展机会、选择机会越来越多的情况，使细哨老曼的权威无疑受到了一定的冲击。但是，细哨老曼顺应社会的变化，努力在维护传统和追求现代上保持平衡，尊重个人自主和尊严，从而赢得村民的信赖和支持，在现代日益变化的社会，仍然具有很强的生命力。

细哨老曼作为一种传统社会组织，是农村多元社会控制格局下的重要力量，它和国家力量在村寨中进行了有机的结合，各有管辖范围，同时又互助互惠，共同发挥作用。（徐胜萍、孙迎娣，2007）他们作为纠纷解决的主导者，在化解纠纷、预防犯罪、维护社会秩序、宣传教化方面发挥了重要功能。细哨老曼结构变化和行为方式直接影响了村民们的态度、行为方式、利益分配、社会地位、社会关系和价值观念。（张跃、刘娴贤，2007）特别是我国正处在社会转型、社会矛盾多发期，细哨老曼作为一种民间调解组织，在维护社会安定、精神生态平衡以及构建社会主义和谐社区方面具有独到的作用。

细哨老曼是一个值得研究的课题，本文仅仅对其做了一个探索性的调查和研究，对细哨老曼的权威来源以及社会变迁对细哨老曼的影响作了一个简要的分析，对细哨老曼的管理范围，处理村寨矛盾和纠纷的原则和方法作一个说明。作为一个既有传统又有现代气息的社会组织，从不同的角度和学科探讨其发展方式、对社会和谐的作用以及如何实现传统和现代的有机结合，还需要进一步深入的调查和研究。

参考文献：

[1] 何明，陶琳．村落权威再生产的人类学分析：以边疆民族地区城中村老龄协会成立仪式为中心的讨论 [J]．思想战线，2008 (3)．

[2] 岩温扁等编著．贝叶文化 [M]．成都：四川民族出版社，2001.

[3] 黄惠焜．“贝叶文化”十论 [J]．思想战线，2000 (5)．

[4] 秦家华．贝叶文化的内涵和特点 [J]．思想战线，2006 (3)．

[5] 巫咏红．民族档案之瑰宝：傣族贝叶档案 [J]．西南民族大学学报：人文社会科学版，2005 (4)．

[6] 吴之清．贝叶上的傣族文明：云南西双版纳南传上座部佛教社会研究 [M]．北京：人民出版社，2008.

[7] 陈勉．论傣族村社南传上座部佛教的世俗化与发展趋势 [J]．云南社会科学，2008 (理论专辑)．

[8] [德] 韦伯．学术与政治：韦伯的两篇演说 [M]．北京：生活·读书·新知三联书店，1998.

[9] 周娅．贝叶文化的社会经济价值 [J]．思想战线，2006 (3)．

[10] 尹可丽．傣族村寨的组织管理模式及社会取向 [J]．云南民族大学学报：哲学社会科学版，2005 (4)．

[11] 赵梦桃，任大翻．纠纷处理的乡土情结：民间调解在新农村建设中的存在原因、功能和定位 [J]．新西部，2007 (6)．

[12] 徐胜萍，孙迎娣．民间调解与和谐社会的构建 [J]．思想战线，2007 (4)．

[13] 韩良良．民间调解制度调查研究 [J]．中州大学学报，2009 (1)．

[14] 杨军，刘娟．少数民族习惯法与少数民族地区社会控制 [J]．思想战线，2008 (社会科学专辑)．

[15] 张跃，刘娴贤．社会调控在少数民族社会运行中的作用：以西双版纳

曼刚傣族寨为例［J］．思想战线，2007（6）．

［16］李晓琴．我国传统调解制度价值之探讨［J］．山东广播电视大学学报，2005（4）．

［17］张健．现代化进程中乡村权威基础的嬗变［J］．中国农村观察，2007（3）．

云南傣族德昂族是贝叶文化的传承者

施　洪　李茂琳　熊甜芳*

摘　要：贝叶经广泛流布于包括缅甸、泰国、柬埔寨、老挝和中国云南在内的澜沧江—湄公河地区，贝叶文化作为南传佛教文化的“根”，影响着傣族、德昂族社会生活的方方面面，云南思普地区的西双版纳及普洱的景谷、孟连和德宏傣族德昂族地区是承传这一文化的中心区域。德宏傣族德昂族全民信仰南传佛教，出于对佛教文化辉煌历史的宁静回响，僧众将制作与使用贝叶经和传播贝叶文化作为对佛法与梵音的一种弘扬，这些古籍文献，是我们今天对这一特质文化宝藏进行深入研究的根基。

关键词：傣族　德昂族　贝叶文化　传承

贝叶文化作为一个有着深厚民族文化的积淀，对人类文明的多样性无疑起着举足轻重的作用，贝叶文化是中国西南几个少数民族和东南亚诸族传统社会的百科全书。贝叶是在印度等国及我国南部西双版纳、德宏、临沧、普洱等地区生长的贝多罗树和露兜（塔扇）树等棕榈科植物的叶片，傣族和德昂族人民将其采摘下来，经过修剪、水煮、擦洗、压平、风干等工序，制成可供书写的材料。千百年来，将自己信仰的佛教经典、自己民族的历史和文化刻写在上面，称为贝叶经。贝叶文化，是对以贝叶经为核心的傣族和德昂族传统文化的一种概括。

贝叶经最早起源于印度，后来随南传佛教传入我国傣族和德昂族居住区。千百年来经世世代代的传承，直到今天，我们在西双版纳、德宏、普洱等傣族和德昂族聚居地还可以看到大量的贝叶经。现在一部分被文化档案机构、研究机构所收藏，一部分收藏在佛寺中，但大量的流散于民间，其数量有数千卷之多。傣族和德昂族人民十分珍爱这份宝贵的历史文化遗产，在寺庙佛堂，在家居竹楼，贝

* 作者简介：施洪，男，1957 年生，德宏师范高等专科学校教授，主要研究方向为热带亚热带作物和民族历史文化；李茂琳，男，1965 年生，《德宏师范高等专科学校学报》编辑部副编审，主要研究方向为德宏世居民族特质文化与传承；熊甜芳，女，1983 年生，德宏师范高等专科学校科研处干部，主要研究方向为少数民族宗教学。

叶经被视为神圣之物而精心保护，有些经典还在民间辗转传抄。在佛事重大节日，人们向寺庙敬献这些传抄的经书，被视为崇高的善举。直到今天，我们在傣族和德昂族村寨里，还可以看到人们制作刻写贝叶经的全过程。贝叶经在傣族和德昂族人民心目中之所以有这样重要的地位，是因为它是傣族德昂族文化的“根”，它是集傣族与德昂族思想、智慧、情趣、技能、法规、理想以及如何做人处事等等为一体的生动阐释。贝叶经被称为傣族德昂族传统文化的百科全书，是“运载傣族历史文化走向光明的一叶神舟”。

贝叶文化是中国少数民族传统文化多样性的重要体现，是云南民族文化大省建设的重要资源。是中国汉传、藏传、南传三部派佛教信仰并存的人文奇观。这种深具特色、独树一帜的文化类型不但是云南省民族文化大省建设的重要资源和依托，同时也是中华民族悠久灿烂的传统文化的有机组成部分，是东方文化和世界文明的珍贵财富和遗产。是联系中国和东南亚各国的文化纽带，是多民族地区和谐社会构建的重要组成部分。

一、傣族德昂族受缅甸佛教影响

早在两千多年前，壮傣民族的先民就频繁活动和定居于云南大部及东南亚邻国的泰、越、缅、老等地，由于掸傣民族历史上创造的“贝叶文化”，加之历史上从云南经东南亚邻国到印度及罗马，一条被称作“古南方丝绸之路”的通道，长期以来一直发挥着商业往来和文化交流与宗教传播的历史作用。佛教在印度阿育王时代传入缅甸，后传入云南德宏与西双版纳等傣族地区，据《善见律毗婆沙》等记载，公元前3世纪，阿育王在华氏城结集后派出使团到各地弘法。在这些弘法使团中，高僧苏那迦和郁陀罗二位长老被派往金地传教。缅甸和欧美一些学者根据卡里亚尼等碑文记载，认为金地就是缅甸南部萨尔温江口附近的直通。首先传入的是大乘佛教。3～8世纪，斯里兰卡的一些比丘为逃避国内僧团之间激烈的派系斗争和外族迫害，来到下缅甸直通地区。5世纪中叶，佛教长老在斯里兰卡编纂三藏经典之后，从斯里兰卡带巴利三藏全部经典来缅甸直通弘扬佛法，上座部佛教开始传入直通地区。后通过西南丝道和中老、中泰边境传入中国的西部。

《新唐书·骠国传》记载，公元7～8世纪时，其国城“有十二门，田隅作浮图”，“明天文，喜佛法”。义净《南海寄归内法传》记其国“极尊三宝，多有持戒之人”。可见唐代缅甸佛教已很兴盛。近代缅甸佛教史上值得一提的是1954—1956年在缅甸召开上座部佛教第六次结集大会，参加者有印度、斯里兰卡、尼泊尔、柬埔寨、泰国、老挝、巴基斯坦等国的比丘共二千五百人。会上，根据各国的各种版本和缅甸第五次结集的总结，对巴利文经典进行严谨的校勘，从而产生了目前最完善的巴利文大藏经版本。因此，“贝叶文化”在广大的东南亚地区传播，然后又拓展到云南西部与南部地区，并对这些地区产生了深远的影响。

据统计中缅边境的云南西双版纳、德宏地区南传佛教从业情况得知，2000年西双版纳全州有90多座寺院，德宏州也有寺院90所，其中德昂族村寨寺院有5所，分别在德宏州畹町、潞西（今芒市）和瑞丽的德昂族村落中，这些地方，长期以来由于寺校合一，寺院教育构成了传统基础教育的支柱，传承着贝叶民族文化。即使在现代教育比较先进完备的今天，寺院教育在传承佛教文化，培养高素质僧侣方面仍然有着不可或缺的地位。同时，缅甸寺院教育及其现状对与之毗邻的我国云南西双版纳、德宏南传佛教也存在着不可忽视的影响，双边宗教文化不断进行着互补。

二、云南傣族德昂族居住区是贝叶文化的主要承传地

贝叶经最早起源于古代印度。据专家考证，贝叶经是公元7世纪前后入传缅甸、泰国后又传入我国云南德宏、西双版纳等西南边疆少数民族地区的。目前发现存有贝叶经的国家有中国、印度、泰国、缅甸等。傣文贝叶经是我国珍贵的文化遗产，记载有佛教经典、天文历法、社会历史、医药、文学艺术等多方面的文献。

德宏傣文历史悠久，作为一种传写经书的经典文字，现在仍在国内外的其他民族宗教人士中流传，影响甚为广泛。如今，缅甸、印度等国的同源民族都用圆形缅傣文书写经书。在造纸术发明前多用贝叶刻写经书。傣族德昂族掌握了土制造纸术后，开始书写在绵纸上。因此，用贝叶刻写经藏一度是历史文化的主要承传方式。明清时期制作的贝叶经卷现在德宏州的梁河县档案馆、瑞丽市档案馆、德宏州档案馆及许多佛寺奘房、私人等都有收藏，内容有的是佛经，有的是佛教传说故事，有的是医学书等。由于傣族地区气候炎热潮湿，历史上战乱频繁，又没有完善的保藏设备，散失损毁的情况十分严重，因而现存的贝叶经数量不多。由于贝叶经多记载佛典，所以它在傣族人民和其他民族佛教徒的心目中被视为圣物，不仅是古代傣族文化的重要组成部分，也是中华民族文化的重要组成部分，而且是我国文化遗产中极其宝贵的财富。现在西双版纳和德宏均有懂老傣文的专家学者在进行整理翻译研究，但大多数老傣文经书还有待组织专家学者进行翻译。

古籍普查中发现德宏州的大多贝叶经还未译成汉语，只知道刻写了佛教经典《三藏经》、《召为善达纳》、《召玉托达纳》、《兰嘎西贺》、《召树屯》及傣族的三大悲剧《线秀》、《月罕佐与冒弄养》、《娥并与桑洛》等，德宏州人大原副主

任方吉龙先生就曾亲眼目睹过其叔父刻写过贝叶经函。这些藏经形成了中华文化中极具特色的地方民族文化，成为傣族文化的百科全书。2007 年 7 月，由德宏州图书馆牵头对德宏州民族文字文献古籍进行普查，掌握了一批民族文学文献古籍。2008 年以来，以勐巴拉娜西珍奇园为首的一些单位和个人又于缅北和民间收集了 10 多函贝叶经文，其中多数被中央电台鉴宝栏目认定为文物，颁发了证书。可见在造纸术发明前，无论东南亚诸掸国，或西南傣族德昂族先民多用贝叶刻写经书，从事佛法传播。德宏德昂族是全民信仰南传佛教的一个世居民族，由于其悠久的历史和对佛教的早期接受，出于对佛教文化辉煌历史的宁静回响，他们也曾将制作与使用贝叶经和传播贝叶文化作为对佛法与梵音的弘扬。据芒市三台山云南民间民族文化传承人李腊翁回忆，他曾见识过用贝叶制作的傣文经书，并曾用过这类写经文本进行听诵传唱。

三、贝叶经的制作

贝叶经是云南西部傣族德昂族珍贵的文化遗产。贝叶经产生的历史源远流长，贝叶是名为贝多罗树和露兜（塔扇）树的热带、亚热带地区棕榈类植物的叶子，印度许多地方有分布。德宏州有露兜（塔扇）树和传说中的贝叶棕分布。公元 4 世纪的《湛显传》中就写有“菩萨前到贝多罗树下，敷吉祥草，东向而坐”，可见这种树与佛教活动早有关联。段成式《酉阳杂俎・广动植之三》中提到：“贝多出摩伽陀国，长六七丈，经冬不凋。此树有三种……西域经书，用此三种皮叶。”摩伽陀在印度北部，相传释迦牟尼逝世不久，他的弟子就在摩伽陀国首都五舍城举行集会，由几位上首弟子诵出释迦牟尼所述的“经藏”和“律藏”。到公元前 1 世纪，有人用巴利文记录了这些佛典，摩伽陀既然产贝多罗树，当时记录这些佛典的工具可能就是贝叶。从上述记载中我们还可以了解到用于制作贝叶经的植物原料：一为贝叶棕，一为露兜（塔扇）树，还有一种或几种未知名的棕榈类植物。这些植物广泛生长于热带、亚热带地区，它们即为掸傣民族与德昂族佛教徒用以制作传播佛教文化的初选原料。

德宏的贝叶经分为两种，一种是用贝多罗树叶制成，另一种是用露兜（塔扇）树叶制成。贝叶经就是用铁锥笔刻写在经过特制的叶片上而成的。贝叶经的制作有四道工序：取贝叶→制匣→刻写→装帧。即，冬天将老熟的贝叶从树上砍下，一片一片修割整齐，三至五片卷成卷捆好，放入锅中用淘米水煮数分钟，待变黄取出擦洗干净，然后晾干。用长约一尺半、宽约四寸的两片木尺为标准各钻一个小孔夹紧，用特制的钉子沿木匣两端的小孔将贝叶钻通再穿上搓好的麻线绳，按 120、250、300、500、600 片贝叶订为一匣，用刀沿木匣把贝叶修光滑，使其每片大小相同并弹好墨线，用铁锥笔把傣文镌刻在贝叶正反两面。然后用香

油掺锅底的黑烟灰、木炭灰，拌成墨汁涂抹在刻好字的贝叶上，再用粗糠、锯末或用扭干水的湿布擦拭一道，使贝叶上的文字清晰显现，把刻写好的贝叶装订成册，再在成册的贝叶经册边缘涂上金粉或墨粉，比较讲究的再漆上金漆，在两片木匣里外两面用金粉画上精美的莲花或梅花图案做装饰，配上布包、席包或木盒即成。经过水煮等特殊工艺处理的贝叶，可以防虫、防水、防变形，比用纸张和笔墨书写显优，经久耐用，可以保存几百年甚至上千年。但由于贝叶经制作工序复杂费时，经济效益低，会刻制贝叶经的艺人越来越少，到“文化大革命”前，德宏还有极少数佛寺里的佛爷偶尔制作几册，现在会制作的人几乎没有了，如不加以拯救和保护，贝叶经这个傣族文化的宝藏将面临消亡和失传。

四、德宏州傣族与德昂族贝叶经收藏情况

现今收藏有傣文贝叶经的国家主要有英国、法国、美国、俄罗斯、德国、泰国、缅甸等，其中美国国会图书馆、英国的大英博物馆收藏有数量较多的贝叶经。在德宏发现的傣族德昂族贝叶经，有巴利文、德宏方形老傣文和圆形缅傣文等。据资料统计，德宏州收藏有贝叶经的单位有：德宏州档案馆共 250 片，初步鉴定年代为元代；梁河县文物管理所共收有 450 片，为清代咸丰年间制作；瑞丽市档案馆收有 600 片，年代为清代；另盈江县档案馆、盈江县文物管理所、陇川县图书馆、德宏州民语委等单位也有部分收藏。德宏州大量的贝叶经及绵纸经、构纸经收藏在奘房里，大的奘房专门设有藏经房；部分贝叶经在私人手里，属私人收藏；还有部分贝叶经等傣文古籍经书散存于民间。目前德宏州图书馆民族古籍工作人员正在进行统计。德宏州的这些贝叶经内容非常丰富，珍贵难得，但部分贝叶经已流失国外。

德宏州档案馆、瑞丽市档案馆、盈江县档案馆等单位还设有专门的库房保护贝叶经等民族古籍。具体措施包括：1. 贝叶经等民族古籍的库房保管：①防火、防光、防尘、防虫、防鼠，对库房电源、线路、开关等定期检查，定期清洁、除尘，定期放置除虫草药和灭鼠药等日常工作；②将库房的温湿度控制在贝叶经等民族古籍保存的最佳环境中，这是避免遭受损坏的关键所在。2. 贝叶经等民族古籍载体的防护措施，就是采取再生保护，将古籍内容转移到其他载体上，这类措施和方法一般有：复制、缩微、扫描、数码照相、数字化处理等。德宏州民族语言委员会就将其所收藏的贝叶经等少数民族古籍采取缩微技术作再生保护，这样就可使少数民族古籍的源远流长变为现实，从而达到“形”逝而“神”留，世代相传，永不消失。

五、濒危的云南傣族德昂族贝叶文化的抢救与保护对策

从20世纪50年代以来，根据党的民族文化政策，各级政府和有关部门做了大量的工作。一是对贝叶经典籍的搜集与整理，目前已达6 000余部；二是选择其中有代表性的作品进行翻译，正式出版；三是对贝叶文化进行研究，目前已有多部著作和大量论文发表于国内外报刊上；四是根据贝叶经提供的素材，创作出许多新的艺术作品。但是，与数量众多、内容广博的贝叶经相比，我们的工作还做得很不够。一是大量的贝叶经还没有被搜集起来，许多贝叶经还散落于民间，随时都有消失的危险。二是已搜集到的贝叶经，大部分还没有译为汉文，它的多方面的价值还没有被我们所认识。三是对贝叶经和整个贝叶文化的发掘利用还停留在低水平、低品位的状态。这些问题，必须采取有力措施来解决，才能使贝叶文化在建设民族文化大省中发挥积极的作用。

贝叶经是傣族德昂族珍贵的文化遗产，是中华民族文化的瑰宝。傣文贝叶经号称有84 000部，其中“经藏”21 000部，“律藏”21 000部，“论藏”42 000部。由于傣族地区气候炎热潮湿，历史上战乱频繁，又没有完善的保藏设备，散失的情况十分严重，而现存的贝叶经数量不多。目前其制作工艺将面临消亡和失传的危险，有必要加以发掘、整理、拯救和保护。

目前，德宏及西双版纳等地的佛寺里收藏着内容极为丰富和珍贵的贝叶经典，西双版纳已将所存的贝叶经进行系统的翻译，已整理为100部文化长卷《中国贝叶经全集》出版，出版的100卷贝叶经包括《十世轮回》、《结集法藏》、《佛陀语录》、《佛教传入史》、《松帕敏》等20余部佛教经典，《巴塔麻嘎捧尚罗》（《创世纪》）、《召树屯》、《葫芦信》、《凤凰情诗》、《粘响》、《乌纱麻罗》、《四棵缅桂花树》等贝叶经经典文学作品，以及《帕雅芒莱》（《芒莱法典》）、《帕雅兴安龙》（《兴安龙法典》）、《档南亚龙》（《医典》）、《建城建寨》、《布栓兰》、《西双邦》、《苏顶》等涉及法律法规、伦理道德、建筑、医学、天文历算以及傣族社会发展等方面内容的贝叶经典籍。德宏州也计划出版“六对照”（贝叶经原件扫描图像、老傣文、新傣文、贝叶经汉语直译、意译、国际音标）贝叶经翻译作品。

中国未来的发展是经济、社会、文化的全面发展，文化发展是一切发展的魂。因此，大力发展我国文化产业以繁荣社会主义文化，满足人民群众精神文化需求，成为我国当前社会发展中的一项重要任务。民族文化产业化发展是民族文化存续的一种方式。贝叶文化的传承与弘扬也应走一条文化产业化发展之路。可见，积极探寻产业化发展途径是贝叶文化如何与当今社会发展实际需要和“现代化”发展目标相适应的重大课题。在全球化视野下，贝叶文化正处于一种相对弱

势的地位。一种文化能否成功地实现现代转型，跻身于现代民族之林，不仅需要国家在宏观政策上予以大力支持，更需要民族文化研究机构的精美打造，从文化传承与保护的高度，吸收现代文明的精华，不断创造出崭新的文化资源。根据贝叶文化的人文地理环境和区域发展实际情况，我们对其产业化发展提出以下思路，亦可归纳为“四大优选产业”，即出版业、影视业、医药业和旅游业。通过四大产业来开发贝叶文化，包含佛学、历史、文学、艺术、哲学、人文地理、伦理道德、天文历法、医药等诸多方面的内容，丰富中华民族文化宝库，以承载这个特质财富。

20 世纪 90 年代前期云南旅游业异军突起，发展至今，云南的旅游产业一直保持在全国 6 ~ 8 位、西南地区前列的位置。作为中国推向国际市场的重要旅游目的地，云南成为大量的外来游客文化消费、尤其是旅游文化消费的市场。毫无疑问，旅游市场是云南文化产业发展最广阔的平台。贝叶文化将在提升旅游形象、丰富旅游产品文化内涵、营造旅游地独特氛围和增加旅游纪念品的种类等方面对傣族地区旅游业的进一步发展产生巨大的推动作用。根据目前西双版纳和德宏旅游产品开发现状，完全可以考虑推出贝叶文化中所蕴涵的包括“贝叶经的制作和刻写”，“学写傣文，学刻傣文贝叶经”体验，制作“微缩贝叶经”、“佛寺壁画和傣锦工艺品”藏品等潜在旅游产品，直至将来在傣族和德昂族地区建立贝叶经博物馆，作为永久性文化旅游项目。我们要从贝叶经中开发佛教（仪式）音乐，形成独特的风格、韵味和内涵，弘扬佛教音乐，于贝叶经中发掘傣族医药和德昂族医药来造福人类。

参考文献：

［1］江应樑．傣族史［M］．成都：四川民族出版社，1983.

［2］张公瑾．傣族文化研究［M］．昆明：云南人民出版社，1988.

［3］贺圣达．东南亚文化发展史［M］．昆明：云南人民出版社，1996.

［4］缅甸佛教·佛教百科：http：//wiki. fjdh. com/index. phpodoc – view – 37194. html.

［5］杨寿川主编．云南特色文化［M］．北京：社会科学文献出版社，2006.

［6］张云，任伟，张德焱．贝叶经：德宏傣族文化的宝藏［J］．德宏师范高等专科学校学报，2009（3）．

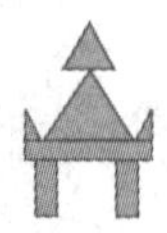

贝叶文化与傣族文学、语言

傣族古代文学中的和谐思想及其社会功能

刀承华*

摘　要：傣族古代文学通过生动的艺术形象和真切的话语表述，表现了丰富的思想观念，其中一个重要的思想是和谐的思想，如家庭和谐的思想、村寨和谐的思想、人与自然和谐的思想、宽以待人的思想、自律行善的思想等。傣族古代文学中的和谐思想培养了社会成员尚"和"的性格特征，起到了协调家庭关系、维系村寨和睦、保护生态的社会功能。

关键词：傣族　古代文学　和谐思想　社会功能

傣族社会自古是文明、礼仪、和谐的社会，究其原因，除了村社制度严密，个体和村社关系密切，佛教提倡的容忍、宽厚以及戒律对傣族群众的思想、行为起到一定的约束作用等原因以外，笔者认为，更为重要的是古代文学多处强调和突显的和谐思想发挥了巨大的潜移默化的教化作用。本文试图对这一问题进行探讨，以期起到抛砖引玉的作用。

一、家庭和谐思想及其协调家庭关系的职能

家庭和谐是傣族古代文学反复强调和突显的一个重要思想，通过这一思想的强调和突显来发挥自身调节家庭关系的职能，以促成夫妻关系、家庭关系乃至整个社会关系的和谐，力争使每个成员在和谐的家庭氛围里获得更加美满的人生，以实现生命的价值和意义。相关作品中所强调和突显的家庭和谐思想表现在以下几个方面：

首先是夫妻间的相敬相爱，这一内容在婚姻仪式上表述最直接、真切。德宏傣族从古代一直流传至今的婚礼仪式上念诵的一首《新郎新娘祝词》这样告诫新郎新娘：

* 作者简介：刀承华，女，1952 年生，傣族，云南民族大学民族文化学院教授，主要研究方向为民族语言文学、傣泰语言文化。

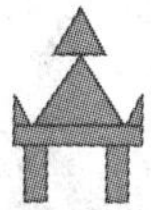

不要互相离心离德，
要像筷子和枕头一样成双成对。
…………
你们要成恩爱夫妻到老，
夫妻关系像山崖一样牢，
像巨石一样厚。
…………
由于前世一起用同一枝花献佛，
这辈子才能生成同一辈的伙子和姑娘，
生成同一蓬树木同一根竹笋，
两颗心紧紧相连。

一首《婚宴祝词》教育新郎新娘说：

团结一心过日子，
恶语不要有，
好话说不完。

若干世纪以来，这样的教导伴随着仪式的频繁举行，在傣族社会得到反复强调、反复突显，深深扎根于傣族群众的精神世界之中。

傣族著名的故事《茉亚海占 南亚海浑》，含意是不要弄破荷叶，不要搅浑池水。故事说有一对夫妻天天吵架，另有一对夫妻从不吵架。国王把两对夫妻叫到王宫里，命令天天吵架的夫妻停止吵架三天，命令从不吵架的夫妻三天以内吵架一次，如若做到要重赏。天天吵架的夫妻双方都尽量克制，互不争吵，直到第三天晚上睡觉时，以为第二天可以到王宫领奖了。妻子说：明天国王奖赏我们金子以后，你要给我做这么大的手镯，她边说边做手势，做手势时手打在老公的鼻尖上，老公疼痛难忍，起身和老婆又打又闹。从不吵架的夫妻，丈夫尽量寻找岔子想和老婆吵架但总是吵不起来，最后他捡来空的螺蛳壳让老婆煮吃，老婆买来瘦肉剁细加入调料塞进螺蛳壳里煮好让老公吃，老公终究没能和老婆吵架。第二天两对夫妻到王宫向国王汇报，国王重奖不吵架的夫妻，号召民众向他们学习，狠狠批评天天吵架的夫妻。这个故事通过风趣的情节表现了要求夫妻和睦的思想。

夫妻关系，是社会关系的最小核心单位，夫妻关系的和谐与否，关系到家庭的和睦以及家庭成员的幸福，直接影响着一个家庭的兴衰，乃至影响着社会的进步、和谐与安宁。所以，傣族极为重视夫妻互敬互爱的和谐关系，傣族古代文学对夫妻互敬互爱的强调与突显，显而易见，其目的是为了家庭关系的和睦，社会的和谐与稳定。

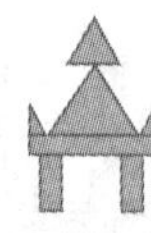

关于家庭关系，傣族古代文学除了要求夫妻互敬互爱以外，还对新娘提出了

更为全面、严格的行为范式要求，通过对新娘的谆谆告诫向人们传达媳妇应遵守的维护家庭关系的准则。

在德宏地区流传的《新郎伙伴念的婚宴祝词》告诫新娘说：

新娘啊！
你去哪里不要走得慢，
挑水不要双手扶扁担听人家说婆母的背后话，
你要赶快进厨房烧火。
吃饭的时候你别去邻居家串门，
人家说你想说管家婆母的背后话。
如果有鱼和肉你要拿到桌子上，
哥哥吃歪了嘴脸上露笑容；
如果有鱼和肉你不要藏在锅底，
被婆母打开看见会说你小气。
如果父母生病你不要毫无顾忌地走动，
妈妈睡觉感觉寒冷你要帮盖好被子，
你要赶紧到厨房烧火。
…………

不说婆母背后话，有鱼有肉全家共享，甚或照顾好生病的婆母等，都是傣族家庭关系中媳妇最为基本又是最为关键的行为准则。

《新郎新娘祝词》教导新娘：

听父母的话，
回报父母用奶水养育的恩情；
进家要会喊，出门要会说，
永远不要忘记天经地义的传统习俗。

回报父母恩情，听父母的话，进家叫父母，出门向父母报告，这是傣族社会媳妇尊重父母最起码的行为要求。

《哭嫁时念的词》中新娘母亲对新娘说：

如果人家的儿子衣服脏了你要去买肥皂来洗，
如果婆母衣服脏了你要滤灰水帮洗干净。
我的女儿挑水别把两手伸展放在扁担上，
要是你回家慢了人家说你在路上说婆母的背后话。
你要赶快进厨房烧火。
我的女儿离开家，

只因你妈贪吃人家上万的银子，
要是人家的妈妈说难听的话，
你不要顶撞啊我的女儿。

在这里，除了上面提到的行为要求以外，还有为丈夫、婆母洗衣服，进厨房做家务，不顶撞婆母等内容。对媳妇的要求是严格的，但这是傣族社会维护家庭和谐的重要法则。

傣族古代文学还要求男方家以包容的态度接纳媳妇，将媳妇作为自己的亲生孩子看待，营造一种亲和的家庭关系。如一首《把新娘交给男方时的念词》中说：

孩子（指儿媳）不懂事要一起教育，
不黑一起染，不红一起染；
画肉不画骨头，
好口袋要一起缝；
砍芭蕉叶不要砍到叶柄，
骂人不要骂到家族；
她去地里要会找她，
她去田里要会叫她。
我们按照传统风俗习惯，
把她交给长老们了，
把她交给她的父亲母亲了！

要求男方家长教育、关爱迎娶进门的媳妇。此外，念词还要求男女双方的家庭友好相处。一首《送结婚礼箩到女方家时念的词》中说：

他们双方的父母从今以后成为亲家，
一方是婆母，一方是岳母。
天天相亲，日日相好，
相依相靠到永远，
恶语不要有，好话说不完。
…………

一首《新娘回门归来长老念的词》中说：

我们的新媳妇回来了，
愿你们成为恩爱夫妻，
永不提以前的旧话题。
说错的话做错的事让黄牛水牛牢牢踩踏，

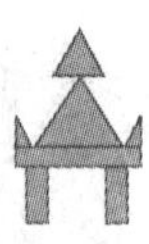

双方做亲家到永远。
我逆水而上你顺水漂来，
你送肉来我送鱼去。
愿你们好吃好在，
长长久久！

新郎新娘的互爱、男方家庭成员和新娘的关系牵涉男女双方的家庭、家族关系，甚或村寨之间的关系，新郎新娘双方家庭的友好与否，同样直接影响着双方家庭、家族乃至更大范围内的人际关系，关系到社会的和谐、稳定，最终关系到生命意义能否圆满实现的核心问题。因此，傣族古代文学不仅要求男方父母以正确态度、包容之心接纳和对待新娘，而且要求男女双方的父母也要互相认可，友好相处。

傣族古代的长篇文学也有不少表现了处理好家庭成员关系的主张。譬如流传在德宏地区的《阿娜哇乍哇》教育人们说：作为子女，如果与年迈的父母生活在一起，不管遇到什么不顺心的事，一定要压住心中的怒火，不要轻易发泄出来，要会将心比心，要明白将来自己也会老。如果与妹夫或弟媳一起生活，说话要温和，不要有互相排斥的思想，更不要在背后说别人的坏话，家庭才美满幸福。

这部作品提倡通过谦和互让来营造家庭的和谐氛围。

可见，傣族文学对家庭和谐关系的行为要求，并不是单向性地苛求某一方达到某种标准，而是从各个不同的角度和身份来规范家庭成员的行为，让每个成员各得其所，各尽其职，各守其伦。

可以说，傣族夫妻融洽、长幼有序、尊老爱幼、成员和睦的家庭关系，并不是凭空产生的，它与傣族的社会形态、社会对家庭的要求以及文学的宣传、教化作用是分不开的。

二、村寨和谐思想及其造就淳朴民风的作用

傣族自古生活在河谷平坝里，立村建寨，聚落而居，自然村落是相对独立的人群整体。在过去，“村社制度十分牢固。整个社会是由一个个相对独立的村寨组成，每个村寨就是一个完全自给自足的单位，人们的生产生活及一切活动都难于超出村社的范围。”村寨里的任何家庭和个人，都是村寨里的重要组成元素，人们的活动和社交都难以完全脱离村寨而进行。村民依附村寨，村寨保护村民，村寨和村民密切相联，没有一户人家能脱离村寨而独自存在。因此人们很重视村寨地缘关系，同一村寨的人相互依靠、相互帮助，关系十分密切。“一家有事，全村帮忙”成为全体社会成员的共识。另一方面，傣族还十分重视亲戚关系，傣族俗话说：“破箩筐可以扔，穷亲戚不可丢。”“臭鼻子不能割，穷亲戚不能丢。”“园子无人进就会成杂草地，亲戚不往来就会成外人。”提倡亲戚之间相帮相助。

长期以来，人们凭借同寨地缘关系和亲戚血缘关系维护着人与人之间相互依存、相互帮助的关系，这种关系又通过传统的互助互爱、公平合理等伦理道德原则得以维护和世代延续。加之傣族从事水稻种植，单家独户难以完成繁重复杂的田间活计，相互间的合作与帮助显得尤其重要。于是，傣族重视群体，重视群体和个人的关系，个人不能脱离群体或村寨的思想便自然形成。傣族民间流传着许多表现这一思想的谚语，如“一只脚难走路，一个人，难成户”，“一棵树不成林，一家人不成寨”，“一棵树不能破成一堆柴，一户人不能建成寨”，“独木桥难行，独一人难言”，“独木搭桥人难去，众木成排好渡江”，“一人不抵二人计，人多能出好主意”，“同心石成玉，协力土变金”，“齐心能把山推倒，团结能把海填平”，“脱离家族朋友，如同晒死的藤”，“人没有朋友就像树没有根”，“田园不锄长野草，亲友互不交往疏远了”等等，直截了当地告诫人们个人不能脱离群体的道理。流传在西双版纳的伦理道德教育作品《布栓兰》教育子孙后代说：

一棵树不成林，
一根木架不起桥；
一个人本事虽大，
也难抵御漫天而来的灾难和风沙。

在这里，强调的是个人与群体的密不可分的关系。因此，傣族在日常生活中待人客气，礼貌谦让，与人为善，尽力维护个人与群体、村寨的和谐融洽。

在傣族的人生礼仪念词里，则是要求社会成员互助互帮，尤其是人生礼仪等活动的互帮互助，以促成地缘关系和血缘关系和谐。《把新娘交给男方时的念词》里说：

她父母才叫我们夫妻双方健在的人和活泼的伙子姑娘，
代表她的父亲和母亲，
带着姑娘成群结队，
走过荆棘丛生的高山，
跨过好几条江河，
才一起来到家，
来到尊贵的各位祖辈父辈跟前，
来到他（指男方）父母跟前，
把她交给你们做儿媳妇。
…………

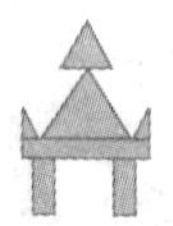

姑娘出嫁需要乡亲邻里帮忙陪送到夫家，以显示新娘父母家和村寨的实力及密切关系。

《新娘向本寨伙子告别时边哭边念的词》中说：

我们寨子的伙子啊，
谢谢了谢谢你们，
谢谢你们挑土来帮我垒灶蒸饭；
谢谢了谢谢你们，
谢谢你们腰别刀子帮我切肉。
…………

《新娘向姑娘伴告别时边哭边念的词》中说：

谢谢了我的姑娘伴们，
谢谢你们把泡涨的大米捞起放在水桶上，
谢谢你们在红红的太阳下为我蒸饭。
我的姑娘伴们啊，
烦请你们替我收拾，
我的姑娘伴们啊，
你们为我烧火弄脏了衣服，
事情办完你们再滤灶灰水洗涤吧！
…………

筹办婚事离不开亲朋好友的帮忙。通过筹办婚事消除村寨成员之间的隔阂，拉近人与人之间的心理距离，实现凝聚人心、协调社会关系的目标。

丧葬礼仪念词中同样有许多强调互助行为范式的词句。《老人返乡（死亡）时念的词》中说：

人家说树有丛，
人有亲亲戚戚，
粽子叶依靠枝干，
同寨人相靠相依。
准备了烟箩高脚盘，
去找懂行的人，
代表寨老和全体社干社员，
赶快把大家召集来，
带着锋利的大刀和匕首，
来到家里面。
有的去砍竹子来破，
做成捆绑用的篾子，

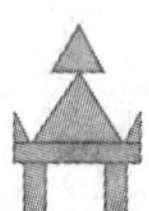

做成抬杠和“干召”瓦房；
有的剪纸花做吊钱树，
涂上面浆贴上纸，
扎成一大棵；
…………

在失去家庭成员的悲痛时刻，全体成员前往相帮，折射出傣族“一家有难全寨帮忙”的互助之风。

回想昨天，
社干领导来安排四、五、六个人，
准备礼品去到盘根错节的亲亲戚戚家，
还有姑妈阿姨家，
到勐腊占达去报信，
所有同宗同族的人，
都来服侍照料您老人家。
…………
哎！母亲啊母亲！
我们的家族人拿布来为您盖上了，
我们众多的亲戚来帮忙了，
人人带着钱来哀悼您，
家家都拿一袋袋的大米来帮忙，
近亲们拿一肘宽的白布来赞助。
一丈丈的白布啊，
让它成为我母亲在阴间刷石灰的大房子，
让它成为我母亲在鬼界镶玻璃的楼房。
母亲啊母亲！
亲戚们带来了香和阴间的黄钱。
年迈的爷爷奶奶们来到了，
我的母亲你要从金色的棺材里出来和他们说话；
大伯大叔们来到了，
我的母亲你要从灿烂的棺材里出来和他们聊天。
家族人和亲戚们都来了，
来帮准备做功德的贡品和待客的饭菜，
准备了干招（鬼房）和干洁（鬼房）。
…………

对众人纷至沓来，送钱送物，帮忙操办各种相关事项的表述，实际就是对傣族村寨地缘关系互助互帮行为范式的倡导。这种表述，既是对死者阴魂的告慰，对生者心灵创伤的平抚，同时也是对公众的教育，还是傣族营造村寨和谐与稳定的特殊方式。

在世代传承的古代文学的反复突显和倡导下，村寨和谐的思想变为傣族人民的自觉意识，傣族群众自然而然形成了热爱村社、与人为善、互帮互助、互相体恤的淳朴民风，人们常说的“路不拾遗、夜不闭户”就是这种民风的具体体现。傣族村寨处处散发着一种祥和、悠然、温馨的气息，邻里之间的争斗极为少见，人与人之间尽量避免矛盾和摩擦，人际关系基本处于友善和谐的状态。

三、宽以待人的思想及其铸就宽广胸怀的功用

傣族自古是热爱和平、待人友善、乐于助人、强调和谐的民族。后来，南传上座部佛教传入傣族地区，佛教的“忍”、“仁”、“善”等主张又给傣族传统的互助互爱，公平和谐上升为伦理的高度。于是傣族形成了律已忍让、善待他人的宽广胸怀。傣族民间流传着不少有关讲宽容、求和谐的谚语，譬如“话到嘴边留半句，事从礼上让三分”，“忍一会不迟，等片刻不久”，“与人共事要学会吃亏”，“欲丢的东西要收好，欲气必忍”等等；有的谚语以缺少宽容忍让而引起的严重后果来警示人们不能自我失控，要为和谐而尽量克已，譬如“让则两相得利，争则两相俱败”，“两相抵必升矛盾，双方不让必起火”，“家不和要败，国不和要亡”，“小事不忍，必招灾难”，“父子不和家不旺，邻里不和是非多”，“一争两丑，一让两有”；有的谚语以宽容带给人的理想结果来教育人们宽以待人，譬如“忍字当头，肚里有火舌头要甜……夫妻恩爱苦也甜”，“夫妻和则益，兄弟和则富”，“必能忍人所不能忍，方能为人所不能为”，“忍得一时更，终生无烦恼”，“三忍是青瓜，九忍成黄金”，“能忍让像条大金锭，不能忍让像棵芭蕉茎”等；有的谚语则劝导人们言行谨慎，尽量避免伤人，影响和气，譬如“莫让荷叶破损，别把池水搅浑”；有的谚语要求人们说话要讲究方式方法，忌用尖酸刻薄的言辞，譬如“热饭能吃，过激话不能听”。总而言之，傣族谚语倡导人们通过克已忍让、宽以待人来求得人际关系的和谐。

叙事长诗《相勐》更表现了通过忍让以避免战祸的思想。作品主人公勐威扎王子相勐救了被妖魔抢走的勐荷泰公主楠占补，反而被楠占补的哥哥诬陷他就是抢走楠占补的魔鬼，要将他处死。守城门的将官向楠占补的哥哥讲了一个说明在没有弄清事实真相以前不能贸然杀人的故事，他才放了相勐。相勐被天神救助，回到家乡勐威扎把事情报告了父王和大臣，大家都很愤怒，请求国王攻打勐荷泰，但相勐为了避免战祸，坚持先派人到勐荷泰求婚，结果受到对方的侮辱，

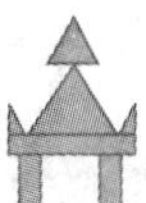

于是奋力反抗……故事中的不到迫不得已不动兵，表现的是一种自我克制、仁至义尽、宽以待人的思想。

傣族文学中的宽以待人的思想通过若干世纪的传承，铸就了傣族的宽广胸怀，于是，傣族在和他人的相处中重视情谊，讲求和谐，宽容忍让，善待他人，以和谐融洽为人际关系的价值追求。

四、自律行善的思想及其塑造向善人格的职能

在社会生活以及人与人、人与社会的相处和交往中，傣族人主张自律，用礼貌礼仪、乡规民约、伦理道德、佛法佛规等严格要求自己，多做好事善事，并努力创造条件和智者善者接近，以获得他们的影响和熏陶。这种思想在傣族谚语中表现得非常普遍。譬如“好人心善，人不送天送”，“积善逢善，积恶逢恶”，“恶人会有人制服，坏人自有人惩处”，“积德行善，人神共帮；作恶多端，天怒人怨”，表现了对善有善报恶有恶报的信仰，明确强调从善的必要性和重要性。“奉长者为师，以贤人为老”，“勤接近师长，落后事少生”，“与妖魔同住变妖魔，与扑思共居成扑思鬼”，告诫人们“近朱者赤，近墨者黑”，倡导以师长为尊，与善者为伍；“不能正己，焉能正人”，“律己足以服人，量宽足以得人”，强调自律和自我完善的主张；“这座山高，比这座山高的还有”，“自我吹嘘，害人害己”，“做人要明智，要多行善”，教导人们要谦虚谨慎，戒骄戒躁，弃恶从善。

自律行善的思想在傣族长篇文献里也表现得非常突出。如流传在德宏地区的《五种教育方法》说，道德修养好的人，经常教育子孙不要嗜酒如命，不乱说乱讲，不打架斗殴，不吸食鸦片，不男盗女娼，勤勤恳恳种田地，用良心去做生意，不欺行霸市。道德修养差的人，总是脱离不了低级趣味，横行霸道，动刀动枪；私心重，贪得无厌；做生意用两个斗两杆秤，买进卖出不一样，喜欢寻找别人的差错，傲气冲天，什么事都要比别人高一等，经常行凶滋事等①。这部文献教育人们辩明善恶，用善的标准严格要求自己；《阿谢哇拉札巴那南》说，不要与坏人相处、合作，更不能与他们交朋友，否则会把自己带坏的。要多与纯洁的人、高尚的人接触、往来、合作、交朋友，向他们学习，取长补短②。这部作品教育人们远离恶人，崇尚善人好人；流传在西双版纳的《布栓兰》教育小伙子：“要诚实，不要说谎，要守规矩，不要去赌博和打架斗殴，不要去酗酒闹事，不要去偷鸡摸狗”③ 等等，从正面引导青年弃恶从善，走正道。

傣族古代文学对社会成员自律要求的又一个重要内容是，为人处世要留有余

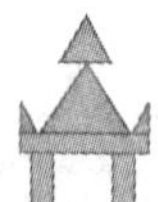

① 尹绍亭、唐立：《中国云南德宏傣文古籍编目》，云南民族出版社2002年版，第776页。

② 尹绍亭、唐立：《中国云南德宏傣文古籍编目》，云南民族出版社2002年版，第785页。

③ 伍雄武：《傣族哲学思想史论集》，民族出版社1993年版，第86页。

地，把握尺度，以适中为理想境界。傣族谚语说，“太强必折，太张必缺”，“太刚则折，太柔则卷”，强调在处理人际关系时要强弱适度，不能太强硬也不能太软弱；“话不要说死，事不要做绝”，“说话要有分寸，喧哗要适度”，“话不说绝，你来我往”，“话不能说满，路不能走绝”，“话不要说绝，树木要留权”，“砍芭蕉不要砍叶杆处，骂人不骂其同宗家族”，“心里有话不能乱讲，背上有纹不能让人看见”，强调与人交往要留有余地，说话做事都不能过激，力争在复杂的人际关系中能进能退，游刃有余，求得人际关系的协调以及社会环境的和谐。“勇猛者受伤，暴烈者受损”，“太高了，冒顶刺青天；太低了，脸膛贴地面”，以太强硬和太软弱两方面得到的反面后果来向人们灌输留余地、求适中、求和谐的思想。

这种思想对塑造傣族的向善人格，起到了积极的作用。在这种思想的熏陶下，傣族形成了内敛而讲求自我修养的性格特征，尊老尊师，为人谦和、礼貌，不喜欢自我张扬，不喜欢突出和夸赞自己的优点和长处，在碰到人际关系问题时都会首先从自身寻找原因，找到解决问题的最佳方法。

五、人与自然和谐的思想及其保护生态的价值

在傣族古代文学里，人与自然和谐的思想首先表现为对自然众神的崇拜，其中包括对天公“法皮”、太阳神“昆宛”、星神“昆牢”、月神“昆愣”、地神“召令”、水神“召南”、树神“皮磡卖”等的崇拜。在古代傣族人的传统观念中，上述各种神，虽然属于另一个世界，不食人间烟火，但却对人间的各种事情明察秋毫，能施恩予人，亦能加害予人，因此傣族人对自然众神敬畏有加，人生礼仪念词是傣族自然众神崇拜的集中表现。在人的生命历程中的重要环节一般都举行祭祀上述神祇的仪式，并在仪式上念诵念词请其帮助实现生命的意义。譬如在《婴儿满岁祭天神念词》中说：

天四面天八方的神啊，
村寨四个角的神啊，
家舍四个角的神啊，
守护家园的四位神啊，
大榕树神啊，
守护金顶塔银顶塔的神啊，
月神、星神、太阳神啊，
今天是光辉吉祥的日子，
三十天中最圆满的一天，
三百天中最吉祥的一天。

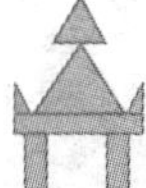

人间的奴仆来向你们敬供，
有成双的鸡，
有红冠的鸡。
小孩满一岁了，
向各位天神祈求寿命，
让小孩吃得寿命长，活得年龄久，
长命百岁兴旺发达，
活到头发白如星星，
活到头发白如蚕丝，
吃得寿命长达一千年，
活得寿命长达一百岁。
让小孩乖乖地成长，
快快长大，快快长大！

在这里，表现了祈求各种自然神佑护幼小婴儿健康成长，突破重重关卡，实现生命长久的愿望。幼嫩生命的存活和成长需要仰仗自然众神的呵护。

新人喜结良缘也要祭祀自然神，一首《新郎新娘在男方家拜众神时念的词》说：

哦！各位神仙啊！
天四方的神，天八方的神，
寨子四个角的神，
家四个角的神，
守护玉顶塔金顶塔的神，
守护大榕树的神，
今天是清吉灿烂的吉日，
某某大爹家娶来了新孩子（儿媳妇），
没有忘记你们各位神仙。
有稻笼蛋笼来祭献，
有紫冠的红公鸡和红冠的紫公鸡，
有甑子里蒸熟的颗粒饱满透亮的米饭，
有炸肉装在金盘里，
有金鱼装在瓷盘里，
有甜蜜的糖果点心，
有香茶和醇酒。
各位神仙啊，

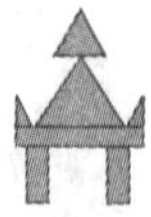

请你们一起来享用，一起来高兴，
保佑一对新人。
让两个孩子相爱不尽，相恋不完，
像筷子成双，像枕头成对，
鬼来扯人来拉都不散；
让他们有宝贵的好儿好女，
做生意卖得好价钱，
种田谷穗硕大颗粒饱满，
像沙滩一样舀吃不尽，
像白蚂蚁窝一样舀吃不完。
哦！各位神仙啊，
请你们保佑！

很显然，祈求自然众神保佑新郎新娘婚姻幸福美满是这首念词的中心内容。一首《找墓地时念的词》中说：

母亲啊，
你的儿女为你准备了三生（大块炸猪肉），
装在宽大的背箩里，
还准备了胖胖的鸡装在背箩里。
你要去向红土黄土的神乞求，
你要拿金酒去倒在地上，
你还要接着拿茶水倒。
…………

葬地属于土地神掌控权限范围，选葬地需要向土地神请求允许，对土地神的崇敬不言而喻。

可见，自然众神在傣族心目中占有重要位置，在生命运动的各个重要环节都要祈求自然众神的佑护和帮助。

在古代，傣族认为自然众神是自然的主宰，请求自然众神的保佑，其实就是希望得到大自然的宽容，希望人类自身能与自然和谐相处，在自然界中获得幸福生存的空间。

傣族神话还表现了对水的崇拜，流传在德宏地区的《混桑造天造地》、《古老的荷花》，流传在西双版纳的《英叭开天辟地》等傣族创世神话都说远古时候没有天地，只有一片汪洋，神仙来到汪洋中造天造地。傣族的人类再创的神话，如流传在德宏的《人从葫芦出》，印度阿洪泰的《葫芦神话》，泰国清迈的泰泐神话《太初宇宙》等，都说远古时候洪水泛滥，水淹世界，人类灭绝，躲在葫

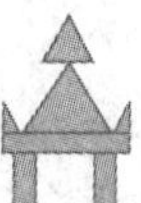

芦里的两兄妹重新繁衍人类，或者天神又创造了人类。上述神话都涉及水，但都不提水的来源，说明在傣族先民心目中，水是世界的原始物质，先于世界而产生，可作用于世界，影响世界。傣族先民对水的崇拜无以复加。傣族谚语说，“先有水沟后有田，先有百姓后有官”，“建寨要有林和箐，建勐要有河和沟”。对水的依附性表现得如此直白。于是，傣族人傍水而居，特别重视水源的保护和水资源的管理。

流传在西双版纳的《寨神勐神的由来》一书则表现出对森林的崇拜，此书在论述傣族原始宗教时说：“大地是母亲，森林是父亲，只有从父母那里才可以获得食物。”“世间的一切动物和植物，大到大象和野牛，小到蚂蚁和花草，都有它们自己的灵魂，都遵循着它们各自的祖宗的阴魂生活在大天底下。”这种万物有灵的观念，使得傣族对动植物有一种特殊的感情，尤其是对森林更是由衷崇拜和重视。该作品还说：“没有森林就没有水，没有水就没有田地，没有田地就没有粮食，没有粮食就无法生存。”视森林为生命存在的根基。所以傣族崇拜和爱护森林，注重森林的保护，并形成一系列约定俗成的森林保护法规，人们自觉遵守，无人犯禁。

可见，傣族古代文学在促进人与自然和谐共存、保护生态方面的价值是非常明显的。

综上所述，傣族古代文学充分体现了“文以载道”的特质，蕴涵着丰富的和谐思想，具有不可低估的对社会成员的教化功能，在长期的传承过程中起到了协调家庭关系、村社关系、人与自然关系及人格塑造等方面的作用，在客观上潜移默化地发挥着社会控制的职能，是一种宝贵的精神财富。然而，在当今社会转型、各种思想混杂于意识形态领域、价值观念发生转换、物欲横流的形势下，世代相传的傣族古代文学，面临着被冷落和失传的危机。如何采取措施抢救、保护这宗难得的精神资源，充分挖掘其中的积极因素，利用其中的和谐思想为构建和谐社会服务，改善日趋恶化的生存环境，是摆在我们面前的重大课题之一。

参考文献：

[1] 孟尊贤．傣族谚语［M］．昆明：云南民族出版社，1985.

[2] 方吉龙，张政宏．傣家谚语［M］．芒市：德宏民族出版社，2003.

[3] 艾罕炳．警句箴言［M］．昆明：云南民族出版社，2008.

[4] 尹绍亭，唐立．中国云南德宏傣文古籍编目［M］．昆明：云南民族出版社，2002.

[5] 伍雄武．傣族哲学思想史论集［M］．北京：民族出版社，1993.

傣族谚语蕴涵的生态观念解读

王军健[*]

摘　要：丰富的傣族谚语蕴涵着傣族的传统生态观，其思想内核为敬畏神圣的自然，其价值判断为依赖外在的万物，其行为准则为保护美好的生态，其目标定位为构建和谐的家园。

关键词：傣族　谚语　生态观

谚语是构成语汇的重要元素，具有“用简单通俗的话反映出深刻的道理”的功用。高尔基曾说：“谚语和歌曲总是简短的，然而它里面却包含着可以写出整部书的智慧和感情。”段玉裁在《说文解字注》中将“谚”注为“传世常言”，即“世代流传的（蕴涵深刻哲理的）熟语”。傣族是一个历史悠久、文化发达、语言优美的民族，傣语的一个重要特点是拥有丰富多彩的谚语。谚语在傣语中称为“甘哈开”。傣族人民认为，谚语是人类社会实践的产物，即“饱满谷粒见于簸箕中，正确谚语来自实践中”，它是人们千百年来对社会、对自然的深层次思考和充满哲理的人生体验。正因为如此，傣族人民十分重视“甘哈开”即谚语的教化作用，认为“林间百花梭腊批（一种野花）最香，人中语言谚语最精练”，“皎玛哈宁（一种珠宝）是金石之玉，谚语是智慧的闪光”，“矿石百炼成黄金，谚语是智慧的结晶”。傣族歌手“赞哈”对谚语的重要意义有这样的吟诵：“假若语言中没有谚语，我们的生活会显得平淡无奇。”“我们的谚语啊，是闪闪发光的星星撒满宇宙空间。”由此不难看出谚语在傣族文化中的重要地位和深刻影响。

语言是文化的载体。一个民族的语言，必然承载着该民族丰富的文化信息；通过对傣族谚语的分析研究，我们可以解读出傣族特有的文化传统和思想观念。一段时间以来，笔者以林川、刀文学两位先生整理翻译的《傣族谚语手册》（西双版纳傣文、汉文对照）和岩温扁先生主编的《西双版纳民族谚语集成》（傣族

* 作者简介：王军健，男，1952 年生，汉族，云南墨江人，西双版纳职业技术学院教授，主要研究方向为汉语言文学及少数民族文化。

部分）为主要研究材料，试图对傣族谚语中蕴涵的世界观、人生观、价值观作较深层次的解读和分析。研究表明，尽管许多傣族谚语通俗简单，译成汉语后直白如话，但丝毫不影响它成为傣族传统文化博大精深的思想宝库。其中，相当多的谚语集中反映了傣族传统生态观念。这种传统生态观，其思想内核为对神圣自然的敬畏，其价值判断为对外在万物的依赖，其行为准则为对美好生态环境的珍惜保护，其目标定位为对人与自然友好相处的和谐家园的憧憬和追求。

一、思想内核——敬畏神圣的自然

在漫长的历史时期，傣族和其他民族一样，信奉的是万物有灵的原始宗教。佛教传入西双版纳后，得到傣族人民的普遍信仰。但傣族人民对原始宗教的信仰仍较为完整地延续下来，形成了南传佛教与原始宗教同存并奉的格局。原始宗教万物有灵的思想必然对傣族的观念和意识产生巨大的影响，反映在谚语中就是“山有山神，树有树神，林有护林神”，“寨神勐神护山水”，自然界的万事万物都有神灵或鬼怪在主宰，人类对自然万物不能随意役使，必须持敬畏之心。这种对自然万物的敬畏必然有效遏制人们对自然界的过度掠夺，同时生成许多有利于保护自然的禁忌。“要进山，先祭神”，只有在征得神灵的“许可”后，才能进入森林中狩猎、采集或砍伐；各村各寨都有自己的“竜林”和“神树”，“神树”是不能随意砍伐的，“竜林”（逝者灵魂安息之地）内严格禁止狩猎、采集和其他有害活动。谚语告诫人们“狩猎不要进神林，撒网不要进龙潭”，因为“保住龙山风水林，美景长在水长清”。这在客观上起到了保护森林、保护生态的作用。

在西双版纳，还有一条傣族谚语流传甚广，即“森林是父亲，大地是母亲”。在这条谚语里，尽管森林和大地从至高无上的“神”凡化成了世俗的“父亲”和“母亲”，但其间仍贯穿着人们对自然万物的敬畏之心。“父母”不是“儿女”，更不是“孙子”，你不能任意役使，更不能随意掠取和恣意损害，而应该心甘情愿地去孝顺和奉养。我们认为，正是这种对自然万物的敬畏心理，构成了傣族传统生态观的思想内核。

二、价值判断——依赖外在的万物

在涉及人与自然万物的关系时，传统汉文化更多的是强调“和”与“合”，即人与自然万物的浑然一体，“天人合一”。而在傣族传统文化中，更多的是强调自然万物先于人类而存在，人类对自然是一种依附关系、依赖关系。在广为传播的一条谚语里，傣族人民把人对自然的依赖关系和森林、水源、田地、粮食、人类之间的关系作了极为精练、准确而又深刻的表述。这条谚语就是：“有林才

有水，有水才有田，有田才有粮，有粮才有人。”其中，森林、水源、田地、粮食是人类赖以生存的必要条件，缺少了诸如此类外在的生态元素，人类将无法生存和发展。从这条谚语里，我们不难解读出傣族传统生态观对自然万物的尊重、崇拜、敬仰和依赖。此外，世界上恐怕还没有哪一个民族能用如此简洁直白的谚语把人对外在万物的依赖关系描述得如此准确到位。

对森林、水源乃至田地、粮食的崇拜和依赖像一条红线贯穿于傣族传统生态观念之中。类似的谚语还有“有水就有鱼，有田就有谷”，人类的食物鱼和稻谷必须“有水”、“有田”才能生产出来，“没有水不能养鱼，没有田不会撒秧”。要有“好田”和好收成，水是必不可少的，“树好靠叶茂，田好靠保水”，水在农耕社会里具有十分重要的地位，正所谓“水创世，世靠水”，所以“牛马随草走，傣家随山水落寨”。而“寨子风水好，全靠林来保”，森林在整个生态系统中作用特殊，十分重要，“山上没有好的森林，好比孔雀没有彩屏”，因此，“林是金，水是银，林好水美地才灵”……总之，就像“稻谷离不了田，鱼儿离不开水”一样，人类一刻也离不开赖以生存的自然万物，因为“鱼离水难过，鸟离树寂寞”，人类一旦失去森林、水源，就意味着失去了田地和粮食，也就意味着人类自身的灾难和灭亡——这种人对外在万物的依赖关系和依附关系，是傣族传统生态观中最具民族特点的价值判断。

三、行为准则——保护美好的生态

自古以来，傣族一直居住在生态优美、环境友好的河谷地带，“四面绿树青山，金色田坝落中央”，“绿林连天，怀抱万顷田园”，生于斯、长于斯的傣族人民对这种生态美好的生产生活环境十分珍惜。为了保护这片森林茂密、水源充沛、物产丰富的热土，谚语规定和规范了人们的行为准则，充分发挥了劝世、警世的教化功能。

一是禁止乱砍滥伐。“大青树不能砍，菩萨不能辱”，“砍掉一棵大青树，像杀一个小和尚”，把砍伐大青树与神圣的佛教联系起来，足见傣族人民对禁止乱砍滥伐的高度重视，这是因为“傣族自古爱森林，毁树一棵如毁心”；如果乱砍滥伐，就会“砍倒一棵树，失掉一股泉”，“砍光一山树，涸了一条河”，出现“林毁麂流泪，花败蝶忧伤”和“无林年年遭灾荒”的严重后果。

二是必要的采伐要符合时令。应该在“打春前伐木，雨季前挡坝”；如果在树木生长旺盛期进行砍伐，就会大大损伤森林的元气，因此要遵守“三月不用刀，五月不用斧”、“春末不伐木，月明不砍竹”的禁忌。这与汉文化中的“斧斤以时入山林”是异曲同工的。

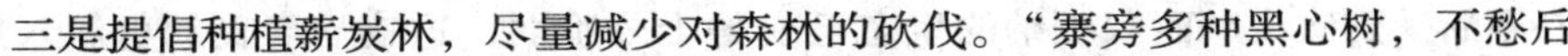
三是提倡种植薪炭林，尽量减少对森林的砍伐。“寨旁多种黑心树，不愁后

代无柴烧”，“家种十蓬铁刀木（即黑心树），烧柴不用上山砍”。在砍黑心树做柴时，“砍树梢，留树根，长得旺”。应该说，傣族种植薪炭林的习俗对保护西双版纳的热带雨林发挥了十分重要的作用。当然，植树造林不仅仅限于黑心树一种。谚语还告诫人们：“祖辈栽树木，子孙享厚福”，“淘金十条河，不如栽十蓬竹子”，“今年多种竹，明年有笋吃”……

此外，诸如“三年大塘不放水，三年森林不砍伐”、“三年的鱼塘不捞鱼，一年的树木不能砍”、“不要在三月下河，不要在十月串姑娘”、“生火别在捂火时，下河别在三月天”、“劝你莫打寻食鸟，儿在巢中盼母归”等谚语，从不同角度表现了傣族在鱼鸟繁殖间禁止捕捉以保护生物种群延续的先进生态观。

四、目标定位——构建和谐的家园

傣族的传统生态观不仅表现在对自然万物的敬畏、依赖和保护方面。在他们看来，理想的家园必须环境友好，人与自然和谐相处。在谚语里，“爱水又爱鱼，爱田又爱谷”的傣族人民理想中的家园被描述为“田里有谷，水里有鱼”，“莲不变色，水不污染”，“水清莲花浮湖面”，“水净莲花香，国泰民安宁”。可以说，追求环境友好、人与自然和谐相处的理想家园是傣族传统生态观中最为直接和现实的目标定位，在傣族人民长期的生产生活实践中具有重要的影响。

更为难能可贵的是，傣族人民还自觉地把这种构建和谐家园的理想积极付诸社会实践，从自家的庭院和所在的村寨做起，全力打造和构建人与自然和谐相处的人居环境。很多谚语这样描写傣家人居住的地方：“竹楼前后花果香，防风防火又遮凉”，“寨子是大果园，楼院是小果园，浓荫下面才住人”，“窗前种果，晒台栽花，椰子槟榔围篱笆”，“客人上竹楼，窗外果子伸进头”……可以毫不夸张地说，傣族村寨“无园不成院，无果不成家”。这种对美好生态的追求与营造还具有重要的社会意义，得到了普遍的认同和重视。“谁家花果艳，儿女身价增”，因为“叶茂之树鸟爱栖”，人与自然和谐相处的生态环境是傣家人共同的理想和追求，即使是谈婚论嫁也要考察一下对方的生活环境是不是“园地千丘，种果成林”。

还要指出的一点是，傣族谚语中所蕴涵的生态观念和所描述的理想家园并不是镜花水月，即使是今天，来自四面八方的中外游客仍然可以在西双版纳领略到森林茂密、绿树成荫、鲜花盛开、稻香鱼肥、人民安居乐业的美好情景，这是千百年来傣族人民崇尚人与自然和谐相处、注重生态环境保护和建设的必然结果。令人忧虑的是，在现实经济利益的驱使下，当前，人们的许多作为正在越来越多地背离傣族谚语所表述的先进的生态观念，“枝繁叶茂，鸟兽藏身”的热带雨林在不断受到砍伐，西双版纳的生态已变得十分脆弱，这就需要我们更深入地解

读、领会和实践傣族谚语中蕴涵的生态观念，全面实施“生态立州”战略，保护好西双版纳的生态环境，把西双版纳建设成为环境友好的生态之州、和谐之州，这是笔者和西双版纳各族人民的共同愿景。

附记：本文承蒙傣族学者征鹏、刀瑞廷两位先生审阅，谨此深表谢忱。

参考文献：

[1] 林川，刀文学整理翻译．傣族谚语手册（西双版纳傣文、汉文对照）[M]．昆明：云南民族出版社，1985.

[2] 岩温扁主编．西双版纳民族谚语集成 [M]．昆明：云南人民出版，1992.

[3] 王军健．傣族谚语蕴涵的和谐理念解读：傣族文化研究论文集 [M]．昆明：云南民族出版社，2007.

略谈佛教格言中的为人思想

征　鹏*

摘　要： 贝叶文库《佛教格言》集中反映了佛教“善有善报、恶有恶报”的思想，而这一思想的重要内容是如何做人、做事的问题。这一思想与孔夫子的“己所不欲，勿施于人”、“克己复礼为仁”、“非礼勿视，非礼勿听，非礼勿言，非礼勿动”的思想不仅有异曲同工之妙，而且对当今构建和谐社会、教育青少年如何为人，也是很有意义的。

关键词： 南传佛教　格言　傣族　思想

南传上座部佛教（简称南传佛教），是佛教中的正统派、先期教，在佛学中被称为“声闻乘”。据说，这一教派最早的僧侣曾经亲耳聆听过佛祖释迦牟尼的讲经和教导。南传佛教宣扬“人空”、“生空”、“我空”，把人的生、老、病、死都说成是“苦”，主张通过布施“赕”来积个人的善行，修行来世，以达到自我解脱的目的。其经藏、律藏、论藏“三藏”经，不仅收入了佛祖释迦牟尼所传播的佛经，也吸收了印度、尼泊尔、斯里兰卡、泰国、缅甸、老挝，中国云南傣族、布朗族地区的先进思想和文化，形成了包括佛学、哲学、文学艺术、科学技术、历史、风俗民情、医药知识等方面内容的号称八万四千部的佛教经典。南传佛教传入西双版纳傣族、布朗族地区后，其思想、文化与当地的民族文化相结合，形成了博大精深、浩如烟海的贝叶文化。云南民族出版社 2007 年出版的贝叶文库《佛教格言》（刀林荫主编，玉腊波翻译），是贝叶文化的一个重要内容，它集中反映了佛教“善有善报，恶有恶报”的思想，而这一思想的重要内容是如何做人、做事的问题。这一思想不仅与孔夫子的“己所不欲，勿施于人”、“克己复礼为仁”、“非礼勿视，非礼勿听，非礼勿言，非礼勿动”的思想和古今中外先进思想家们的思想，有异曲同工之妙，而且对当今构建社会主义和谐社会、构建和谐西双版纳、教育青少年都具有十分重要的意义。

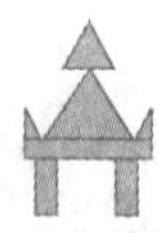

* 作者简介：征鹏，男，1943 年生，傣族，原西双版纳州政协副主席，主要研究方向为西双版纳民族历史文化。

一、佛教格言中的克己思想

在《佛教格言》中，随处可见佛教教育人如何做人、如何战胜自己的格言，如：在《人品·第一》中就有这样的格言：

能战胜自己的人，即是强者。

没有其他的爱比爱自己更甚。

自己作恶，自己烦恼。

自己不做坏事，则自己明净超脱。

只看到自己利益的人，是不清净的人。

贤者，总是反省自己。

自己应当告诫自己。

不要为了自己的利益而违背良心，应当考虑他人的利益。

要让自己受人敬，就不能掩饰自己的“恶事”。

受到良心责备的事，就不该做。

这些格言，不仅言简意赅，集中反映了佛教僧侣及信徒勇于战胜自己、争做强者的思想，而且十分通俗易懂，易于流传，易于被广大群众所接受。它们说明了月有阴晴圆缺，人有喜怒哀乐、悲欢离合，既有一帆风顺的时候，也有举步维艰的时候；既有扶摇直上的时候，也有一败涂地的时候；既有鲜花和掌声，也有被人讽刺诬蔑的时候。因此，每当你顺利的时候，要随时告诫自己、反省自己，“受到良心责备的事”、“违背良心的事”不要去做，要最大限度地克制自己的私利，这样就可以使自己“明净超脱”了。当你身处逆境的时候，应当克服困难，设法“战胜自己”，使自己成为顶天立地的“强者”。

这些格言也完全符合南传佛教僧侣所遵守的“巴纳”（禁杀生）、“阿顶纳”（禁偷盗）、“阿明”（不玩弄女性）、“茂萨”（不说谎，不记前仇）、“书拉”（不酗酒）、“唯嘎拉”（不吃夜饭）、“咱污”（不坐高处）、“省打鲁”（不经商赌博、不掌握经济）、“拉杂儿”（不欢蹦乱跳）、“麻拉”（禁戴花、打扮）的十条戒律的。对僧侣的要求尤为严格，例如：不许僧侣谈恋爱、结婚，不许僧侣与异性发生苟且之事，否则将勒令其还俗，让其身败名裂。有的男子从“帕”（沙弥能士）晋升到“都”（比丘），再从“都”晋升至“祜巴”（长老或都统长老），可以说他已走完了僧侣生活的全过程，已经功成名就了，成了广大僧侣和信徒仰慕的高僧了，但如果他不能洁身自好，不能战胜自己的情欲，做出了不光彩之事，那么他这一辈子的修行就前功尽弃，被迫脱去神圣的金黄色的袈裟，成为众人鄙视的“康朗厅”。“康朗”本是“都”一级的僧人还俗后的名称，得到

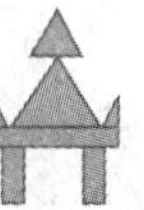

这一名称的人，说明他是受过多年教育、有知识有文化的人，带有一定的褒扬。但“康朗厅”就不同了，它是僧人因犯戒被勒令还俗的名字，带有一定的贬斥，说明了此人不能严于律己，不能告诫、反省自己，以至于违犯了佛教的戒律，越过了雷池，偷吃了禁果。

二、佛教格言中严禁做坏事的思想

《佛教格言》在《业品·第三》中说：

善事，恶人难做。

恶事，最好不要去做。

恶事，将来一定会焚烧所做的人。

无论做什么事，做了以后心里烦恼的那件事，便是坏事。

存心走向毁灭的人，不要为他谋利益。

不要做会产生罪恶的业果的事情。

作善得善报，作恶得恶报。

这些格言完全符合南传佛教一再宣扬的“善有善报，恶有恶报”的思想，同时说明了善人是不会去做坏事的，恶人本性难移，他是不会去做善事的。

南传佛教对人生提出了一种因果报应的理论，它宣扬人生有三世轮回，即过去“前生”，现在“今生”，未来“来生”。这三次轮回都在天堂、地狱、人、阿修罗、畜生、饿鬼之间轮回。倘若今生布施行善，来生就能升入天堂，享受天伦之乐；倘若今生不修行积善，甚至干了恶事，来生他就会掉进地狱“模姆纳轰”，遭受油煎、火烧、箭射、分身等酷刑，或者变成饿鬼和畜生。因此，在信奉南传佛教的傣族、布朗族地区，多数人对佛教十分虔诚，大家都争做善事，不做恶事，更不会谋财害命，死后都想升入天堂，甚至想升至第十六层天，只有少数人才会宁可下地狱，变成饿鬼和畜生也要干恶事。因此，这里社会和谐、安宁、稳定、道不拾遗，夜不闭户，很少发生打架斗殴的现象。夫妻吵架，总有一方会忍让，让自己变成水，用水把对方的火泼熄，决不会让火越烧越大，形成燎原之势；孩子做错了事，父母中的一方大发雷霆，另一方就变成水，用水把火泼熄。由于西双版纳人与人之间、各民族之间和睦相处，很少见到你死我活的刀光剑影，故被称为“没有侵夺的乐土”（见姚荷生著《水摆夷风土记》，唐西民著《美丽丰饶的西双版纳》）。

三、佛教格言中的修身养性思想

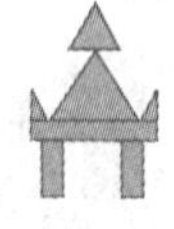

在《佛教格言》的《忍耐品·第六》中，突出了修身养性的思想，告诫佛

教僧侣和信徒们要学会忍耐，“忍耐是修行者的力量”，“忍耐，是最好的修行”，“忍耐，是学者的武器”，“会忍耐的人，一定会得到别人的喜爱和称赞”。也就是说，“好事多磨”，只有多忍耐，才能取得成功；如果不忍耐，本来可以办好的事反而办砸了，甚至一句话或一件小事就会酿成大祸，正如《论语·卫灵公》所说的“小不忍则乱大谋”。这些佛教格言不仅在民间传播，而且不断被僧侣和信徒们加以发挥，出现了许多傣族谚语、歇后语和俗话。如有句傣族民谚道：“忍三次得当官，忍九次能坐金椅子。”说明只要忍耐，就能化解许许多多的矛盾，就能达到自己的目的。

《佛教格言》告诫人们要学会修身养性，要有好的心性，不要患得患失，怨天尤人。“心忧愁，就会有恶道纠缠。”“被权欲驱使的人，一定苦恼。”“要在社会上做聪明人，首先应净化自己。”“有智慧的人，重在护心。”“罪恶在哪样的境界里产生，就要克制心不要往那个境界里去。”这些朴实无华的格言，说到了要害处，也说到了人们的心里，它告诫人们：患得患失的人，必然走向罪恶的深渊，一辈子会有苦果让他吃，有罪让他受；明知有罪，就要克制增加，千万不要去犯罪；要在社会上做一名强者，做一个聪明人，就必须净化自己。

《佛教格言》在《胜利品·第八》中指出：“布施佛法佛经，比布施其他一切物品都要好。”就是说，布施精神食粮比布施物质财富好，因为精神食粮一代一代往下传，就像澜沧江—湄公河一样后浪推前浪，永远奔流不息，它是无价的，几十代人都享用不尽，而物质财富用一点就会少一点，总有用完的时候。《佛教格言》还指出：任何社会变革，都必须得民心，顺民意，“随民意的胜利，才是真正的胜利”，“违背民心的胜利，那是失败”。这样的格言，是从南传佛教在各国流传的历史风云中总结出来的，它不仅适用于古代，也适用于现代和未来。

爱因斯坦指出：“请记住，人是为别人而生存的。我的精神生活和物质生活都依赖着别人（包括活着的人和死去的人）的劳动，我必须以统一的分量来报偿我所领受了的和正在领受着的东西。”《佛教格言》来源于佛教僧侣和佛教信徒创造性的劳动，同时又通过广大僧侣、信徒的千锤百炼、口传身授得以广泛传播，至今仍有旺盛的生命力。我们要遵循毛泽东同志关于“古为今用”、“取其精华，弃其糟粕”的教导，努力宣传和应用优秀的佛教格言，为构建社会主义和谐社会，教育青少年，为构建和谐、文明的西双版纳而努力奋斗。

试论西双版纳州“傣汉双语文结合教学”模式的教学原则

岩香伦*

摘　要：傣汉双语文教学是指对在学校学习的傣族学生进行的傣语文与汉语文对译教学的教学活动。其目的是使傣族学生通过两种语文的学习，达到“傣汉双语文兼通”、“传承贝叶文化”的目的，充分体现“中华民族文化多元一体格局”的思想。“傣汉双语文结合教学”模式的教学原则是“以傣为主，傣汉结合，以傣促汉，傣汉兼通”。十六个字的双语教学原则是一个有机的整体，它完整地反映了傣汉双语教学的全过程，环环相扣，缺一不可。“以傣为主”是前提，“傣汉结合、以傣促汉”是方法，“傣汉兼通”是目标。

关键词：傣汉双语文　教学原则　文化传承

西双版纳州是以傣族为主体的少数民族自治州，全州在校少数民族小学生有64 133人，占全州在校小学生总数的80%。长期以来，我州少数民族学生尤其是傣族学生普遍存在着学习成绩不理想、辍学率高的现象，严重制约着全州教育教学质量的提高，影响普及九年义务教育的巩固、提高，从而妨碍了少数民族素质的提高。其主要原因之一是少数民族学生学龄前汉语言未过关，进入小学学习用汉语文编写的“九义”教材，学习难度大。随着年级的升高，学习的难点、知识点积累负效应增大，学习信心不足，导致初中阶段教学质量低下和辍学严重。要从根本上解决这个问题，必须在学龄前让少数民族学生过基础汉语言关，使他们在进入一年级时与汉族学生在学习上基本处于同一起跑线。为此，明确“小学前傣汉双语文结合教学”模式（简称“双文结合教学模式”）的教学原则成为提高傣汉双语文教学的关键。

“双文结合教学模式”是在以傣族学生为主体的汉语言基础欠缺的村级小学，从学前阶段就开设傣语文课程，实行以傣语文教学为主，汉语言会话为辅；

* 作者简介：岩香伦，男，1960年生，傣族，西双版纳州教育局编译室教研员，主要研究方向为民族语言学。

进入小学阶段转为以汉语文教学为主，傣语文教学为辅的双文对译教学模式。笔者认为，“双文结合教学模式”的教学原则应该是“以傣为主，傣汉结合，以傣促汉，傣汉兼通”。这十六个字的教学原则是一个有机的整体，完整地反映了傣汉双语教学的全过程，环环相扣，缺一不可，“以傣为主”是前提、基础，“傣汉结合、以傣促汉”是方法、手段，“傣汉兼通”是目标。

一、以傣为主

“以傣为主”是在学前班阶段以傣文为基础、媒介，同时兼开设汉语言会话课，引导傣族学生学习汉语文，傣文在起点和终点之间发挥桥梁或媒介的作用。为了让傣语当好这个媒介，学前班开始学傣文，掌握傣文的声、韵、调和拼音知识，打好傣文基础，为一年级开始的“傣汉结合，以傣促汉”的双语同步教学作准备。在语文学科方面，学前班只上傣语文课，不上汉语文课。

二、傣汉结合，以傣促汉

在小学阶段实行“傣汉结合，以傣促汉”遵循以下教学原则：

（一）傣文课与汉文课各司其职

傣汉双语教学从语义入手，对教学内容进行分解。在进行汉语文的生字、生词教学时，汉语比较容易完成的教学内容由汉语来完成，汉语不容易完成的内容由傣文来辅助完成，目的是充分发挥母语的优势，激发学生的学习积极性，减轻学生学习负担。

实验学校同时使用两套教材，汉文教材采用全国统编的“九义”教材，傣文教材是将全国统编的汉文“九义”教材翻译而成，除了汉文古诗词和涉及汉字结构这部分内容傣文教材不翻译外，傣文教材教学的内容与汉文教材基本一致。双语教学将每篇课文的教学任务分解成两部分，一部分的教学任务由傣文课来完成，另一部分的教学任务由汉文课来完成，两者各司其职，各有侧重点，共同完成课文的教学任务。例如语文课的字义、词义、段意、傣语文的具体应用、学生思维能力的培养、审美能力培养等教学内容主要由傣文课来完成；汉文课的教学重点放在完成国家统一的课标任务。

（二）先傣后汉

双语教学对译中要用傣语解释汉语，不是用汉语解释傣语；上课的时间顺序是先上傣文课，后上汉文课。

（三）课时同步

傣文课和汉文课两个教学环节在授课时间上要相互衔接，同一篇课文，上完

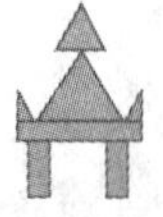

傣文课后要接着上汉文课，两课之间不宜插入别的课程，中间时段间隔也不宜过长。

（四）教学内容不重复

傣文课讲过的内容，汉文课不宜再重复讲解，两课的教学内容要脉络清晰，泾渭分明。

（五）傣文课与汉文课由同一教师担任

傣文课与汉文课应由同一教师担任，不分傣文课教师和汉文课教师，以方便两课内容讲解的连贯性。

（六）保证课时

傣文课与汉文课都要有一定的课时保证，两个教学环节的课时安排应根据各自教学内容的多少、易难程度来确定，不搞平均主义，不要求傣文课的课时一定要与汉文课时相同，但每一篇课文都要安排傣文课时和汉文课时。

三、傣汉兼通

这是傣汉双语教学的目标，它要求学生毕业时，傣语文成绩和汉语文成绩都能达到教学课标要求。

几年的试点情况证明，“十六字”双语教学原则是目前开展傣汉双语教学中较为有效的教学方法，它符合我州傣族聚居区小学的教育教学实际，有利于提高教学质量。

四、双语教材的使用

（一）学前阶段

使用云南省学前教材，西双版纳州傣语学前教材。

（二）小学阶段

同时使用教学内容基本一致的两套教材即人教版小学“九义”教材和西双版纳州傣汉语对译小学教材。由于学生一般都能读懂傣文版教材，从而对学生的预习和复习能起到辅助作用。

五、“双文结合教学模式”的教育教学效果

景洪市教育局、勐海县教育局从 1995 年开始进行“双文教学模式”实验，通过 15 年的教学实践，得到了以下结论：

（一）景洪市教育局“双文结合教学模式”实验结论

1. 双语教学使学龄前民族儿童在进入小学前达到了听、说和基本能用汉语进行简单语言思维，汉语成绩明显高于普通班，效果良好。

2. 傣族学龄前儿童已基本能掌握傣文拼读、拼写，有利于弘扬民族优秀文化，培养懂傣文的民族人才。

3. 由于民族儿童学龄前解决了学习汉语言的初级障碍，减少了因成绩跟不上而引起的辍学，为普九夯实了基础，提高了少数民族儿童的汉语文化素质。

（二）勐海县教育局“双文结合教学模式”实验结论

从双语实验班与非实验班的成绩对照情况看，双语实验班的教学成绩明显比非实验班高。

1. 语文平均分，双语实验班比非实验班高 14.3 分；及格率，双语实验班比非实验班高 25.9 个百分点；优良率，双语实验班比非实验班高 19.8 个百分点；评比分，双语实验班比非实验班高 20.7 分。

2. 数学平均分，双语实验班比非实验班高 12.2 分；及格率，双语实验班比非实验班高 25.1 个百分点；优良率，双语实验班比非实验班高 16.3 个百分点；评比分，双语实验班比非实验班高 21.2 分。

由此可见，开展傣汉双语文教学，有利于传承、弘扬优秀的傣民族文化。在进行傣文教学时，教师向学生介绍傣族的谚语、成语、诗词、天文历法、民风民俗、道德礼仪以及手工艺制作等，使傣族学生对本民族的文化内涵有进一步的了解和认识。开展傣汉双语文教学，也得到了傣族学生家长的认同和支持，众所周知，作为一个民族成员，连自身的文字都不知晓，这对融入这个民族的社会本身就是一种缺憾。因此，在以傣族学生为主体的学校，通过开设傣汉双文结合教学，教学中贯彻傣汉双语文教学的原则，能起到开发少数民族儿童智力，激发少数民族学生的学习积极性，提高教育教学质量的效果，同时，也传承了贝叶文化精神，受到学生的欢迎，得到家长的支持和社会的好评。

实施"傣汉双语文"教学模式有利于提高傣族聚居区基础教育质量及傣族文化的传承

依拉罕*

摘　要："双语教学"是指对在学校学习的少数民族学生进行的民族语文与汉语文结合教育教学的课堂教学活动。开展"双语教学"起到了开发少数民族儿童智力的作用，激发了少数民族学生的学习积极性，少数民族学生班级的汉语文教学成绩比普通班级高出15%左右。教师向学生介绍傣族的谚语、成语、诗词、天文历法、民风民俗、道德礼仪以及手工艺制作等，使傣族学生对本民族的文化内涵有了进一步的认识，有利于传承、弘扬优秀的傣民族文化，得到了傣民族家长的认同，也符合社会发展的需要。"双语教学"开展以来受到了学生的欢迎和家长的支持，并获得了社会的好评，对普及九年义务教育的控辍保学起到了积极的作用。

关键词：傣汉双语　傣族教育　文化传承

一、实施背景

西双版纳州是以傣族为主体的少数民族自治州，根据2008年统计，全州在各级各类学校中有少数民族学生151 333人，其中傣族学生40 700人，占全州在校少数民族学生总数的27%，只有10%左右的傣族学生接受傣汉双语文教育。长期以来，我州傣族学生存在着学习成绩低、辍学率高的现象，严重制约着全州教育教学质量的提高，影响普及九年义务教育的巩固、提高，从而妨碍了傣民族素质的提高。其主要原因之一是傣族学生学龄前汉语言未过关，进入小学学习用汉语文编写的"九义"教材，学习难度大。随着年级的升高，学习的难点、知识点积累负效应增大，学习信心不足，导致初中阶段教学质量低下和辍学严重。

* 依拉罕，女，1960年生，傣族，西双版纳州教育局党组书记，主要研究方向为傣汉双语教育。

要从根本上解决这个问题，必须在学龄前让少数民族学生过基础汉语言关，使他们在进入一年级时与汉族学生在学习上基本处于同一起跑线。为此，景洪市教育局和勐海县教育局在州教育局教育研究所的指导下，开展了“双语教学”实验研究。

二、实验教学模式及教学理念

（一）教学模式

实验模式采用“学前—小学傣汉双语文结合教学模式”（景洪市称为“双语学前模式”，勐海县称为“双语文分—合—分教学模式”）简称“双文结合模式”。本模式是从学前阶段就开设傣语文课程，实行以傣语文教学为主，汉语言会话为辅，进入小学阶段转为以汉语文教学为主，傣语文教学为辅的双语文结合教学模式。在学前阶段只是实行傣语文教学，进入小学一年级至四年级实行汉语文与傣语文同课对译教学，从而达到开发少数民族儿童智力，提高汉语文教育教学质量，传承弘扬民族优秀传统文化，培养“民汉双文兼通”人才的教学目标。

（二）教学理念

学前阶段，开设傣文课，符合少数民族儿童的语言思维认知规律。因为少数民族儿童从小生活在本民族的语言环境中，在民族传统的熏陶下成长，当他们进入学校后直接学习与母语区别甚大的汉语言文字，首先面临的一大困难就是语言障碍。任何一个民族都要运用母语思维。离开母语运用第二种语言进行思维，需要经过一段时间的学习、训练才能做到。学前班开设傣文，是先用母语思维，再逐步过渡到汉语思维。到小学阶段学习“九义”教材时，用民族语言文字作为“媒介”进行汉语文教学，符合“从易到难，由浅入深”的教学规律，有利于开发民族学生的智力。傣文在小学阶段是学习汉语文的“向导”、“媒介”、“桥梁”，所以学前阶段的傣文教学质量是关系到进入小学阶段之后能否进行傣汉语文对译的关键所在，是提高汉语文教学质量的重要保障。

按字形结构认读汉字，是汉语文教学的一个重要环节。少数民族学生学习汉字只有“形”的机械记忆，缺乏“形”、“意”结合记忆。因此，通过“双语教学模式”，即进行汉语文的字、词教学时，运用傣文对译教学，以加快汉语文的学习速度，提高汉语文的学习质量。

三、实验教学目标

汉语教学的目标是让学前儿童能够听、说汉语和基本能用汉语进行简单语言思维；傣文教学的目标是让学前儿童能够掌握傣文书写规则、拼读方法。通过母

语思维的开发、汉语会话让少数民族学生能够与汉族学生在小学阶段学习上基本处于同一起跑线，增强学习信心，进而提高少数民族学生的学习成绩，为全州普及九年义务教育夯实基础；同时也是对优秀民族文化的传承与弘扬。

四、实验教学的组织

为了保证实验的成功，景洪市教育局、勐海县教育局都成立了“双语”实验领导小组，由分管教学的副局长挂帅，县教研室、“双语”实验学校负责人为组员。景洪市教育局制定了《景洪市双语、傣汉双语文学前班教学实验实施计划》，勐海县教育局制定了《勐海县村级小学傣汉双语文“分—合—分”教学模式课程设置方案》，明确实验的目的、步骤及评估方法，规范实验行为，使实验顺利开展。

五、实验过程

（一）实验对象（范围）

勐海县教育局于1995年8月在广泛宣传“双语”实验目的、意义的基础上，选定4个乡（镇），6所学校，6个学前班为“双语”实验班，实验时间从1995年9月至2000年9月，其中学前实验为一年，小学实验为一至四年级。景洪市教育局于1997年7月选定5个乡（镇），6所学校，进行学前一年的“双语”实验。通过与学生、家长交谈，了解学生基本情况，填写有关表格，作为实验前测数据。实验时间从1997年9月至1998年9月。

（二）课程设置及教学要求

1. 学前班

实验以傣文教学为主，汉语言会话课为辅，使用州编傣文教材第一册。上学期学习傣文的声母、元音韵母及基本拼读方法，在四线格上写得正确、工整，能写简单常用的字、词；下学期重点学习傣文复韵母及基本拼读方法，在四线格上写得正确、工整，能熟练地通读简短的课文。同时进行汉语言会话课教学，学习课堂常规用语及日常生活用语。能听懂教师简单的汉语提问，为转入小学阶段学习汉语文统编教材打下汉语思维的基础。在课时安排上，傣文每周10节，汉语言会话课每周2节，数学每周4节，美术、社会、科学、活动等课程每周各2节，一周总课时数为24节。

2. 小学一年级至四年级

按国家小学语文教学大纲要求进行教学，重点学好汉语文，兼学傣文。在汉语文课堂教学中对难点、重点的汉语文字、词、句用傣文进行对译教学、傣汉双

语文同课教学。汉语文每周 10 节课，傣语文每周 2 节课。傣语文使用州编汉傣对译教材第一册至第四册，汉语文使用国家审定教材。

（三）教师培训

为了实施好“双语教学”实验，勐海县教育局于 1995 年 7 月举办了“双语”教师培训班，使任课教师掌握“双语教学”的目标、任务及教学方法。景洪市教育局、科学技术局也于 1997 年 8 月联合举办了“双语”教师培训班，对教师进行业务培训，且长期跟踪指导学校教学。

（四）教学指导

注重教育教学管理，做到每学期双语教研员到班听课一次，检查教案一次，教师集中进行教学研讨交流一次。勐海县教育局在 1996 年和 2008 年，先后两次组织了“双语”实验班教师到德宏州进行“双语教学”观摩，学习到德宏州的“双语教学”经验，提高了教师的教学业务能力。景洪市教育局组织“双语”实验班教师进行教学经验交流，认真总结“双语教学”的经验，把经验上升为“双语”教育教学理念，其“双语教学”经验成果，在 1999 年获得景洪市人民政府科技进步一等奖、西双版纳州人民政府科技进步一等奖。

六、实验班与非实验班成绩对比分析

（一）景洪市双语文教学实验班与非实验班成绩对比

1. 学前班汉语能力前测、中测、末测成绩统计

班级名称	人数	民族	前测		中测		末测	
			汉语	傣文	汉语（分）	傣文（分）	汉语	傣文
勐龙勐宋	525	哈尼	差	—	93.29	—	优	—
勐龙戈龙	25	哈尼	差	—	96.08	—	优	—
景哈	24	傣	差	—	82.40	—	优	—
基诺	27	基诺	差	—	93.38	—	优	—
嘎拱曼迈	50	傣	差	未接触	—	84.54	优	92.54
勐罕曼厅	30	傣	差	未接触	—	88.70	优	85.53
合计	208	—	差	—	91.29	86.62	优	88.04

2. 实验班与非实验班汉语、傣文横向比较

班级名称	人数	民族	前测		中测				末测			
			汉语	傣文	优	良	中	差	优	良	中	差
勐罕曼厅	30	傣	差	未接触	12	9	7	0	22	5	2	1
勐罕曼嘎★	10	傣	差	未接触	0	0	3	7	未接触			
景哈	24	傣	差	—	23	0	0	0	—			
景哈★	33	傣	差	—	0	16	15	2	—			

说明：a. 前测是通过教师与学生交谈与家长了解得到；b. 中测为上学期期末考成绩，采用州教研室命制“学前双语教学实验班学生听说能力考查表”统一进行，单人面试；c. 末测为下学期期末考成绩，采用州教研室命制“学前双语教学实验班学生听说能力考查表”统一面试；d. 傣文为景洪市教研室命制试题；e. 打 ★者为非实验班。

（二）勐海县一至四年级学前双语文实验班与非实验班统考成绩对比

一至四年级成绩汇总对比表

项目/年级	班级类别	班级数	语文				数学				傣文			
			平均分	及格率%	优良率%	评比分	平均分	及格率%	优良率%	评比分	平均分	及格率%	优良率%	评比分
一	实验班	6	68.6	70.6	43.8	71.3	77.7	89.2	57	83.8	—	—	—	—
	非实验班	6	50.7	47.3	11.4	52	60	61	26.9	62.5	—	—	—	—
二	实验班	6	66	70	36.9	69.1	64.7	70.8	23.9	62.5	—	—	—	—
	非实验班	6	48.4	39.3	13.6	45.3	55.9	52.6	15.9	50	—	—	—	—
三	实验班	6	67.3	77	23.7	73.1	65.6	67.8	31.5	68.4	—	—	—	—
	非实验班	6	56.4	50.2	17.7	52.8	52.2	42.4	16.2	41.9	—	—	—	—
四	实验班	6	70.9	78.2	40.9	61	67	75.6	23.4	57.8	—	—	—	—
	非实验班	6	59.6	55.7	23.4	41.3	58.2	47.3	11.8	38.4	—	—	—	—
合计	实验班	24	68.1	74	36.3	68.6	68.8	75.9	34	69.4	—	—	—	—
	非实验班	24	53.8	48.1	16.5	47.9	56.6	50.8	17.7	48.2	—	—	—	—

统计员：岩罕（勐海县教育局教研室双语教研员）

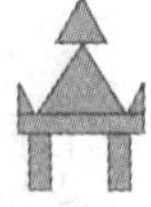

七、实验结论

1. 从双语实验班与非实验班的成绩对照分析上看，双语实验班的教学质量明显高于非实验班。

双语实验班的汉语文平均分高于非实验班 14.3 分，及格率高于非实验班 25.9 个百分点。

双语实验班的数学平均分高于非实验班 12.2 分，及格率高于非实验班 25.1 个百分点。

2. 实施双语教学使傣族学龄前儿童已基本能掌握傣文拼读、拼写，为培养“傣汉双文兼通”人才打下了良好的基础，有利于弘扬傣族文化。由于民族儿童学龄前解决了汉语言障碍，必将减少由于成绩跟不上而引起的辍学，为普九夯实基础，促进了傣族聚居区基础教育教学质量的提高。

西双版纳新老傣文计算机键盘布局与输入技术研究

刀福祥　殷建民　袁振德　玉康龙*

摘　要：ISO/IEC JTC1/SC2/WG2 于 2005、2008 年分别通过西双版纳新老傣文编码字符集国际标准之后，西双版纳报社和潍坊北大青鸟华光照排有限公司合作研究了基于国际编码标准的新老傣文键盘布局，并开发了相应的新老傣文输入法。本文介绍了基于新老傣文编码字符集国际标准的傣文键盘布局和傣文输入法的设计思想和实现过程。

关键词：新老傣文　键盘布局　输入法　Unicode　IME/IMM　TSF

一、引　言

西双版纳傣文分为新傣文和老傣文。新傣文为新中国成立以后发展起来的，老傣文主要用于贝叶经以及寺庙中。为了加强傣族与其他兄弟民族之间的相互理解和相互交流，学习和掌握世界上先进的科学技术，跟上信息时代的发展步伐，必须发展和研制傣文信息处理工作，因此开发和实现适应现代要求的傣文输入法是十分必要的。为此我们开发了基于国际标准码的傣文输入方法。

这次开发的傣文输入法基于 ISO/IEC 10646：2003/Amd. 1：2005 和 Amd. 5：2008 中的新老傣文编码字符集国际标准。ISO/IEC 10646 编码标准是一种通用的字符编码标准，覆盖了世界五大洲的主要的语言以及古文字和专业符号。作为一个计算机的多字节字符表示系统，ISO/IEC 10646 编码基本支持世界上所有语言的编码和转换。国际标准化组织（ISO）分别在 2005、2008 年通过了西双版纳新老傣文的国际编码标准，而支持傣文国际标准编码的输入系统的研制无疑会促进

* 作者简介：刀福祥，男，1958 年生，傣族，西双版纳报社社长，主要研究方向为傣文数字化信息处理、傣族语言文学；殷建民，男，1962 年生，汉族，潍坊北大青鸟华光照排有限公司专家委员会主任，主要从事中国少数民族文字电子出版系统的研究开发；袁振德，男，1978 年生，汉族，潍坊北大青鸟华光照排有限公司工程师，主要从事民族文字信息处理技术；玉康龙，女，1962 年生，傣族，西双版纳报社副总编辑，主要研究方向为傣族语言文学、傣文数字化信息处理。

傣文信息处理的进一步发展。

二、新老傣文键盘布局

2002 年，在西双版纳新老傣文编码字符集国际标准制定之前，西双版纳报社和潍坊北大青鸟华光照排有限公司的语言文字专家与计算机专家一起根据傣文的声母、韵母的音序规则制定了新老傣文的键盘布局，并开发了相应的新老傣文输入法——纳鸟傣文输入法。西双版纳报社在日常的报纸排版和贝叶经排版中一直使用该输入法。

纳鸟傣文输入法是针对新闻出版单位的傣文专业录入人员研发的，主要目标是提供最大的输入效率，但由于需要一定的记忆和学习时间，不易于在非专业人员中推广应用。目前，傣文数字化应用技术已从专业的电子出版转到了面向大众的网站等领域，迫切需要一种面向非专业人员、易学易用的新老傣文输入法。

2009 年，傣文信息技术标准国家工作组合作制订了基于傣文编码字符集国际标准的西双版纳新傣文键盘布局国家标准，该标准采用键盘分级的技术思路，将新傣文编码字符集分布在 1 个主键盘和 2 个辅助键盘上。根据规则性与灵活性相结合的原则，标准只规定了键盘布局而没有规定输入法的具体实现。

2010 年，西双版纳报社和潍坊北大青鸟华光照排有限公司在深入了解傣语言学知识的基础上，研究确定了基于傣文编码字符集国际标准的西双版纳老傣文键盘布局。

老傣文键盘布局的确定原则为：

1. 由于 ISO/IEC 10646 中的西双版纳老傣文（Tai Tham）是以名义字符编码的，而现有的国内外老傣文信息化系统均直接输入老傣文显现字符，为保持用户的长期使用习惯，我们首先找出了老傣文编码字符集所对应的显现字符集，然后按照显现字符集确定了键盘布局。

2. 由于字符远多于通用键盘的键位，键盘的设计采用分级的方法，用四级键盘分配所有西双版纳老傣文字符。

3. 根据老傣文字母读音，把傣文字符放在与英文字母对应音标读音相似的键位，以降低使用者的记忆强度；傣文元音字母尽量对应英文元音字母，傣文辅音字母尽量对应英文辅音字母。

4. 有相同或相近英文字母读音的元音和辅音放在对应的键位，重辅音放在一级键盘，轻辅音放在二级键盘；短元音放在第一键位，长元音放在第二键位。

5. 辅音字母的韵尾放在第三键盘。

6. 与英文读音差异大或相似音字符较多的字母中使用频度少的放在第四键盘。

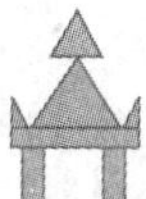

新老傣文键盘布局确定之后，我们开发了对应的新老傣文输入法。

为方便普通傣族群众使用，我们还研发了一种完全依据国际标准的傣文语音而不进行键盘分级的傣音输入法，这种输入法无需学习、无需记忆，只要输入傣文字母的读音字母，就可根据软件的提示选择所要输入的傣文字母。

三、新老傣文输入法关键技术应用

Windows 系统下傣文输入法实际上是把通过键盘输入代码串按照一定的编码规则转换为傣文字符串，传递给应用程序窗口。由于应用程序各不相同，用户不可能自己去设计转换程序，而是利用 Windows 系统提供的输入法管理器和编辑器来完成傣文的输入。这次我们开发的新老傣文输入法中主要使用了输入法管理器（IMM/IME）技术和文本服务框架技术。

输入法管理器（IMM）的作用是统一管理 Windows 平台的输入法。IMM 面向开发人员，允许开发人员设计新的输入法并添加到系统中。为此，微软公司开发人员提供了一整套用于开发输入法的工具包。利用 Windows 提供的输入法管理器，使用输入法开发包进行输入法编程的实现，是规范而方便的实现方式。我们开发的傣文输入法使用了这种实现方式。IME（Input Method Editors，简称 IME）就是通常意义上讲的输入法，允许用户通过标准的键盘输入各种不同的字符，从而达到输入非拼音文字的目的。在 Windows 平台下，一个 IME 的结构必须符合 Microsoft 提供的一整套输入法接口规范，当输入法运行时，它实际上是一个多文种的键盘布局，通过它我们可以把键盘的英文字符映射为傣文文字编码，从而达到输入傣文的目的。基于 IME 开发接口的傣文输入法主要由 IME 转换接口、IME 窗口、UI 窗口、状态窗口、编码输入窗口等组成。

文本服务框架（TSF）技术是一项从 Windows XP 开始提供的系统服务，它为高级文本和自然语言输入技术提供了一个简单和可扩展的框架。可以在应用程序中调用 TSF 服务，也可以把程序开发为一个 TSF 文本服务。TSF 文本服务可以提供多语言支持和键盘输入法、手写识别及语音识别等文本输入服务。TSF 是一个设备无关、语言无关和可扩展的系统，用以向文本输入和语言处理技术提供服务。支持 TSF 的应用程序可以从任何支持 TSF 的文本服务中接收文本输入，但并不需要知道有关文本来源的任何详细信息。文本服务以何种方式向客户端程序输送文本时，并不需要知道对方是如何接收或处理这些文本的。比如文本服务可以通过语音或手写的方式提供文本内容，客户端程序即使完全不知道如何使用语音或手写设备也不妨碍它正确接收到这些文本。TSF 最终是通过输入法编辑器（IME）机制来完成文本内容的输送工作的，TSF 向文本服务提供持续文档缓冲区访问状态下正确和完整的文本转换支持。文本服务使用 TSF 的好处在于能够避

免把程序功能划分为输入模式和编辑模式。因为这种输入机制可以动态改变缓冲区和文本流汇聚，所以能够提高键盘输入和文本编辑的效率。由于老傣文编码国际标准是在 2008 年才被通过，很多使用微软新技术例如 WPF、WCF 等实现的应用程序软件上不支持使用 IME 方式实现的老傣文输入法，并且使用 TSF 支持的输入法为以后通过手写笔或者语音输入的方式来输入傣文文字提供了很好的扩展，因此我们也实现了使用 TSF 技术的新老傣文输入法。

四、新老傣文输入法的实现

为了用户更方便的使用傣文输入法，我们将新傣文和老傣文集成到一个输入法中，用户通过选择输入法面板上的输入法状态来选择使用新傣文或者老傣文。例如输入法在 ? 新傣 傣 状态下输入的为新傣文文字，在 ? 老傣 傣 状态下输入的为老傣文文字。用户可以通过使用鼠标点击的方式来回切换新、老傣文的输入状态。

1. 傣文输入法的数据结构

新老傣文输入法同时可以运行多个实例，每个实例分别属于不同的应用程序，所以傣文输入法的各个实例间有共有的数据，也有针对特定应用程序的数据。输入法局部数据结构为每个傣文输入法实例特有，用于保存键盘状态，各个窗口的句柄等内容。傣文输入法的不同实例间也需要通信，所以需要在输入法的全局数据结构中保存各个输入法实例可以共享的数据，用于在各个实例间建立联系，包括输入法的设置信息、输入码表、输入法使用的字体大小、状态窗口的布局和选择窗口的布局等公共信息。

2. 傣文输入法码表

在新老傣文输入法中使用了输入码表，输入码表分别保存在 Windows 的系统目录下，用户可以修改和配置输入码表，建立适合自己使用习惯的新、老傣文输入法。码表文件的一行作为一个输入状态，分别记录傣文字的国际标准编码和此编码对应的输入方式。在用户切换到傣文输入的时候，输入法导入码表，并创建一块全局内存存放此码表文件，所有输入法实例访问此全局内存并通过用户的按键输入法来获取对应的傣文编码。

3. 新老傣文的输入

用户在输入过程中，程序可以自动根据傣文码表切分键盘输入，并用分隔符隔开，方便用户非常直观地看到当前的输入状态，新老傣文的输入状态分别如下图所示：

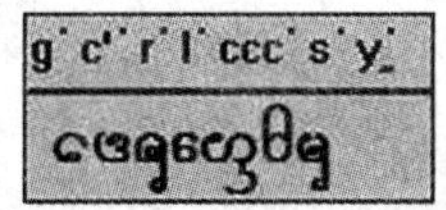

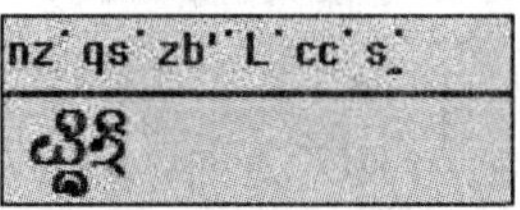

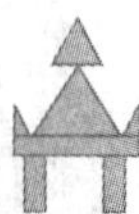

五、结　论

本文提出了基于 ISO/IEC 10646 编码的新老傣文的键盘布局和输入方法。这次开发的傣文输入法分别采用了 Windows 系统所提供的输入法管理器（IMM）管理的方式和微软文本服务框架两种技术来实现的。输入法与傣文编码国际标准的接轨对开发傣文国际标准码为编码体系的傣文信息处理平台和使傣文字与其他国际上各种文字能够在相同的平台环境下工作提供了一条新的思路。

当然这次开发的新老傣文输入法也存在其缺点。一个是因为傣文字母较多，因此需要用户记住所有这些字母的键盘位置，可能会使用户在刚开始使用的时候录入速度较慢。另外目前的傣文输入法在词组输入、联想记忆等功能上尚欠缺，那将会是我们傣文输入法下一步的努力方向。

傣文输入法是傣文信息处理工作的一个非常重要的环节，它对云南傣族地区的科学技术，文化事业具有重要的实际意义，而支持国际标准码的傣文输入法为以后的傣文信息处理工作打下了必要的基础。在以后的研究中，我们会把傣文词组录入、联想记忆等功能整合到输入法中，让傣文输入现代化真真正正走向民间，发扬光大。

参考文献：

[1] 殷建民．基于 ISO/IEC 10646 的中国少数民族文字排版技术研究 [C] //第十一届全国民族语言文字信息学术研讨会论文集：西双版纳．北京：西苑出版社，2007。

[2] 殷建民．藏文书刊、公文电子出版系统研究 [J]．信息技术与标准化，2007 (8)．

[3] 吕强，夏晓燕，朱巧明等．试论 Windows 3. 1 中文平台上汉字输入法的实现 [J]．计算机研究与发展，1995：32 (11)．

[4] 胡宇晓，马少平，夏莹等．基于 IMM－IME 输入法接口的实现方法 [J]．计算机工程与应用，2000 (1)．

[5] 张胜男，张霞，黄有群等．基于 unicode 码的中英文字符的区分方法 [J]．沈阳工业大学学报，2000：22 (2)。

[6] 陈柏润．为 Windows 创建 Unicode 内码输入法 . 1999.

[7] 红梅．基于 Unicode 编码的智能蒙文输入法 . 2003.

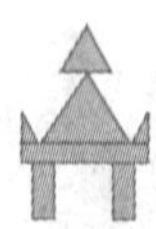

贝叶文化与旅游业

西双版纳贝叶文化对和谐旅游区的构建断想

龚　锐*

摘　要： 贝叶文化是典型的西双版纳民族文化，是西双版纳开展旅游业活动的灵魂所在。本文对贝叶文化的文化特质进行了分析，提出了利用贝叶文化这一宝贵文化资本构建和谐旅游区，让旅游者切实感受贝叶文化所呈现的人与自然和谐相处完美画面的主张。

关键词： 贝叶文化　文化资本　和谐旅游区

贝叶文化有广义和狭义两种含义。广义的贝叶文化，是指全球范围内南传佛教传播区域的文化，其范围覆盖了南传佛教的所有传播区域，包括东南亚、南亚和中国云南省南部的部分区域；狭义的贝叶文化，则指中国的南传佛教文化传播区域的文化，其范围主要集中于云南省的西双版纳傣族自治州、德宏傣族景颇族自治州以及临沧市、普洱市等部分区域。无论是广义的贝叶文化还是狭义的贝叶文化，均由两个主要部分构成，一方面是以贝叶经为象征符号的南传佛教文化，另一方面是南传佛教传播区域的民族文化和区域文化。这两个贝叶文化的部分之间，是一个相互渗透和互动的关系，从而建构起贝叶文化的基本主干。① 贝叶文化的内涵和特点主要表现在它的和谐性、兼容性和开放的多元性，其在道德文化、人口文化、美学文化、饮食文化、住宅文化、耕作文化、医药文化、诗歌文化、佛寺文化等十多类文化体系方面具有较高的价值。

一、贝叶上的傣族文明

傣族是一个开放的民族，具有很强的包容性；傣民性格开朗、热情待人、乐

---

* 作者简介：龚锐，男，1960 年生，汉族，贵州民族学院旅游学院院长、教授、博士后，主要研究方向为民族旅游文化。

① 何明：《走向阐明：学术研讨会综述的解构与建构》，见《学术界》2008 年第 4 期，第 131 页。

于接受新事物。而傣族信奉的上座部佛教是一种比较入俗的宗教，它面向社会，接近民众、贴近生活。在傣族思想发展过程中，佛教文化已经深深渗入傣民的思想层面，成为傣民心理素质的重要组成部分，强有力地铸造了民族的灵魂。傣族通常把佛教的兴衰与自已联系在一起。一方面，云南上座部佛教在傣族地区是一个复杂的文化体系，包罗万象而条理清晰。佛教文化得以普及是因为信众于其中汲取了养分：其一，三藏经标志着宗教伦理道德的规范化；其二，天文、历法、建筑等方面的科技标志着生产力的发展；其三，文字和文学艺术的推广标志着文化教育的普及。可以说，这三方面的精神力量是使南传上座部佛教在傣地站稳脚跟并发展壮大的基础。

贝叶文化的存在和发展正是受到西双版纳的地理环境、自然条件以及历史上的傣族原始宗教文化、南传上座部佛教文化等诸多因素的影响，是西双版纳地区各民族在社会生活和社会实践基础上多种因素交叉作用的结果。

贝叶文化以贝叶经为核心，记载了许多佛教经典、社会历史、生产生活和文学艺术等内容，并从思想观念、道德意识、精神信仰、生产生活方式和风俗习惯的各个方面，造就了傣族人民的个性和心理素质，促成了特有的思维方式、人生哲理、宗教信仰观念和伦理道德观念，从而使社会达到一个相对合理、全面进步的发展要求。因此，贝叶上的文化承载了傣族人民从古至今的众多精神文明成果，体现出傣族社会文明的进程。

二、贝叶文化的社会人文价值

（一）贝叶文化体现了人与社会的和谐相处

人与自然的和谐，是贝叶文化的精髓之一。贝叶经中有许多关于人是自然的一部分、人与自然和谐相处的内容。傣族人民在长期与大自然相处的过程中深刻认识到有森林才有水源，有水源才有稻田，有稻田才有鱼米，有鱼米人类才能生存、繁衍生息。并且由于西双版纳是水稻的发源地及最早种植水稻的地区之一，因而傣族先民在从事农耕的实践中形成了“没有森林就没有水”的朴素的自然生态观。森林是他们赖以生存和发展的最基本的物质与环境条件，也是崇拜的对象。森林崇拜成为民族的共同心理，朴素的生态观通过森林崇拜而体现和世世代代相传。

西双版纳郁郁葱葱的热带雨林，展示出西双版纳的“绿”，是人与自然的和谐。在傣族村寨附近都有一片保护得比较好的森林——竜山。竜山从其现象看是原始宗教祖先崇拜，而实质上却体现了傣族人民的环境保护意识。它像沙漠里的绿洲一样散落在村寨、耕地之间，被称为“植物多样性的储存库”。由于对“没有森林就没有水”具有较深刻的认识，善待自然成为西双版纳民族的习俗和传

统。“板闷”制则是西双版纳人民对水资源的持续利用的集中体现，“种田必须有水渠”，傣族传统的灌溉系统是由许多引水渠组成的。每条水渠流经若干个村寨，每个村寨供水多少，必须由管理水资源的“板闷”确定定量。分水时，依据田地的多少，由“板闷”将竹筒分水器放在堵水坝上，田多的寨子竹筒就粗，田少的寨子竹筒就细。而村寨的沟水分配则在竹筒上开大小不同的洞，依据田地多少分配水，使水资源得到有效合理的使用。正是由于西双版纳的民族所具有的朴素的自然生态意识，使得这里的居民千百年来与大自然协调相处、共同发展。

（二）贝叶文化凝聚着社会传统的道德力量

贝叶经所传播的南传上座部佛教劝导人们“诸恶莫作，众善奉行”的教规教义以及道德法律对现今的傣族社会生活仍有深远的影响。流传至今的南传上座部佛教，对傣族民众来说不单是宗教信仰的问题，而是渗透到社会生活的各个方面。信徒最大的功德就是布施。布施因缘是难得的，一旦有这份因缘，就要珍惜，并诚心诚意地行动，不可有丝毫怠慢，否则，来世不会富有，甚至会过上穷困潦倒的生活。为此，虔诚信仰上座部佛教的云南傣族在现实生活中就有如下实践：①因果报应，生死轮回；②烧香设供，祈祷许愿；③建寺造塔，供养僧侣；④设宴做摆，积功积德；⑤赕佛积德，专修来世。

此外，傣族人民对南传佛教的信仰以及对本民族传统文化的尊重，在调适傣族社会人与人、人与社会、人与自然等关系中仍发挥着不可忽视的作用，而这种见之于傣族人民的生产、生活方式的文化形态与当地亚热带雨林自然环境的完美组合所产生的魅力在现实的村寨中就有很好的展示。长期以来，他们把“不偷、不骗、不抢、不打、不骂、和睦相处、尊老爱幼、热情好客、与人方便、互助互爱、诚恳善良”等优良品行，作为做人的道德标准；把热爱劳动、热爱自然、爱护家园作为自己的责任；把男女平等、自由恋爱、一夫一妻、赡养父母等品质，视为民族所固有的传统思想和高尚精神。

（三）贝叶文化呈现出少数民族文化的多元性

贝叶文化源远流长，它不仅是傣族的文化财富，而且也是中华民族文化宝库中的一颗明珠。傣族的贝叶文化不是在封闭、孤立的状态下生存的，它吸收了内地汉族和东南亚各国的文化，加以融合和创造，形成了自己独具特色的文化。其最突出的表现就是对从印度到斯里兰卡再到泰国、缅甸、老挝传入的南传上座部佛教文化的吸收，并与自身原有的丰富的民族文化融为一体，逐步形成了一套有十分广泛的群众基础的文化。可以说，它是一种兼容的、开放型的多元文化。

贝叶文化有着与其他民族相异的地方，这主要是指它“多元文化”因素并含的特殊现象。从总体而言，它主要是傣族原始宗教文化与南传上座部佛教文化相融并存的产物，即傣族原始宗教文化的独立存在，南传上座部佛教文化的独立存在，傣族原始宗教文化与南传上座部佛教文化相融合的“融合体文化”的存

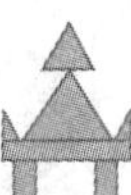

在。除此而外，傣族本身还吸取和融汇了汉族文化的营养酿造贝叶文化的氛围，从秦汉时期就和内地历代封建王朝频繁交流，所以傣族文化深受中原文化的影响，也正因为它具有这样的特点，贝叶文化才在世界人类历史文化中独树一帜，显示出其影响和价值。

（四）贝叶文化赋予了傣族民族风情的神韵

民俗节庆活动是傣族民俗风情中的一个亮点，而节日文化又是贝叶文化的一个重要组成部分。傣族节日多与佛教有密切联系，如“泼水节”、“关门节”（进洼）、“开门节”（出洼）、“做摆”、“赕佛”等传统节日，但是最隆重的要数傣历新年的泼水节。其节日中包含着悠久的历史，动人的传说，独特的情趣，反映了傣族人民的生活习惯、文化特色、道德风尚和宗教观念，是傣族人民一年一度最隆重的传统节日，也是一年中最盛大的佛教集会和一次广泛的文化交流活动。在泼水节期间举行的赛龙舟、放高升、赶摆、丢包、斗鸡、堆沙、浴佛、放水灯、放孔明灯、泼水等一系列活动，是傣族习俗与佛教文化结合的结晶，有着深厚的贝叶文化底蕴。

“泼水节”为迎接岁首（傣历六月六日与七月六日之间）的节日。在傣族地区有这样一个禁忌：在关门节期间（傣历九月十五日至十二月十五日）不准结婚。关门节期间是僧侣们到寺内念经及信众赕佛、听经的时期，人们一直认为在关门节期间结婚是不吉利的。佛教不仅对傣族的生活习俗有诸如此类的影响，还渗透到其政治、经济、意识形态当中。这些丰富的民族节日展示出了西双版纳民俗风情中的异域情调，是贝叶文化交响乐中跳动的音符。

三、贝叶文化对和谐旅游区的构建

从贝叶文化的作用上来看，它促进了傣族社会的进步、加强了傣族与外界的联系。贝叶文化在傣族思想发展过程中，已经深深渗入傣族民众的思想层面，成为傣族民众心理素质的重要组成部分，强有力地铸造了民族的灵魂。除此而外，贝叶文化对西双版纳旅游业的发展起到关键性的推动作用。旅游业已经成为西双版纳经济发展的一大支柱产业，“西双版纳”这四个字，已经成为国内外旅游的一个名牌，这些都是尽人皆知的事实。但是，从旅游的发展过程来看，旅游从最初的观光休闲到自然体验，再进一步发展到文化体验。旅游者在旅游区追求的是对自然环境和人文环境的一种探索、一种感受、一种挑战、一种在心理上的彻底放松。也就是说，从旅游的本质特征来看，现代旅游已经沿着与文化旅游活动紧密结合的方向发展。旅游发展到高级阶段，文化成为旅游的核心和灵魂，旅游业的生存发展必须以文化为土壤。

西双版纳正是这么一片为贝叶文化所润泽的土地。在西双版纳，贝叶文化是

西双版纳旅游之魂。绚丽多彩的贝叶文化，使西双版纳的民族风情充满浓郁而神秘的异域情调；热带雨林充满魅力和灵气。旅游是西双版纳贝叶文化的载体。游客通过领略西双版纳美丽的自然风光和丰富多彩的民族风情，品味西双版纳贝叶文化的内涵。针对这得天独厚的优势，以贝叶文化作为文化资本，构建和谐旅游区，让旅游者感受一种新的旅游观念，无疑正是贝叶文化所呈现的人与自然和谐相处的完美画面。

旅游的发展，使傣族文化走向市场，而文化的再生产受政府、市场、民众和外来文化的影响。在这当中，傣族文化的传承所依赖的文化场域正是贝叶文化的文化特质所能呈现的，贝叶文化体现出的和谐之美要求旅游区在开发过程中必须协调政府、旅游企业、民众三者的相互关系。在旅游区场域内，民众拥有丰富的文化资本，政府占有较为广泛的政治资本，而旅游企业持有一定力量的经济资本，三者的关系相辅相成。其中，政府是旅游开发的组织者、协调者和管理者，为其提供政策和财力等方面的支持。同时旅游活动的开展又离不开旅游企业的支持与合作，旅游企业在民众持有文化资本的场域内成为旅游开发重要的利益相关者，他们为民众提供资金支持，就是经济资本。虽然傣族民众是文化的主体，但是在资本运作过程中处于弱势地位，受到政府、市场和外来文化的左右。和谐旅游区的意义就是引导民众把大量的文化资本投入到旅游的开发中，通过政府的指导开发，旅游企业的资金运作，文化资本顺利的转化为经济资本。那么，如何能让各种资本在旅游场域内不断通过运作转化成各自利益者所需的资本类型呢？

首先，政府应重视“贝叶文化”的建设。

西双版纳的历史说明，贝叶文化中可持续发展思想通过当地少数民族持续利用资源的传统实践而展现。当地民众对自然资源、自然景观、热带森林和生物多样性的保护，使西双版纳成为北回归线旁一颗璀璨的“绿宝石”。政府加强对贝叶文化的建设，就是要着重于贝叶文化中传统的环境知识和持续利用方式的研究，弘扬贝叶文化中科学的、具有现实意义的生产方式、生活习俗，特别是对于传统的优良方式要赋予时代的科学性，并加以宣传，让其继续发扬光大，在保护生物多样性和实现可持续发展的现代实践中发挥重要的作用。

其次，旅游企业要建立“绿色”的文化运营模式。

建立绿色的文化运营模式，就是要在现有产业的基础上，不断提高传统产业的质量，建立在良好的生态环境基础上以人与自然为主题的生态旅游和以热带雨林与民族风情、贝叶文化为主题的特色旅游的绿色旅游业。西双版纳的旅游资源蕴藏着以宗教文化为代表的贝叶文化，是吸引世界各地旅游者到西双版纳游览的主要文化资源。只有旅游企业在合理开发旅游线路的同时充分挖掘贝叶文化的内涵，组合成独具特色的文化产品，旅游产品才能在营运过程中与西双版纳的民族历史发展过程及热带雨林和谐相处、协调发展。

最后，要强化民众的“贝叶意识”。

贝叶文化是傣族同胞生命的象征，是西双版纳旅游经济发展的内在动力。民众作为贝叶文化的持有者，是文化资本的直接参与者和受益者。因此，要通过广泛地宣传和教育，使贝叶文化是西双版纳的民族之魂，贝叶文化与民族旅游的融合构成西双版纳的人与自然和谐的思想成为人们的共识。只有让民众参与到旅游发展中来，才能真正达到和谐旅游区的构建，只有各种资本的持有者积极地投入到民族文化的保护和传承工作中，文化才能良性地变迁和重构，民族旅游业才能保持可持续发展。

贝叶文化与西双版纳旅游产品体系建设

——兼评入住式贝叶文化体验旅游产品

杨　军　李俊霖*

摘　要： 西双版纳旅游业以其独特的自然资源与民族文化特色在云南省的旅游业中占有十分重要的地位。然而，目前西双版纳的旅游产品尚处于产品结构单一，层次初级的状态。深度开发利用贝叶文化资源，建立结构完整的旅游产品体系，以“入住式贝叶文化体验旅游”为核心，开发高层级旅游产品是西双版纳旅游业发展的当务之急。

关键词： 西双版纳　贝叶文化　旅游产品体系建设

一、西双版纳旅游业的现状与特点

（一）资源存量居全省前列

云南省有着悠久的历史文化与丰富的旅游资源，素有“动物王国”、“植物王国”和“有色金属王国”的美誉。更以其冬暖夏凉，四季如春的气候特征和多姿多彩的民族特色成为各方旅游者的追捧胜地，“彩云之南”、“七彩云南”恰是一方充满神奇的净土，散发着神秘的光芒。云南省作为国内旅游大省，浓郁绚丽的民族文化、多姿多彩的自然风光与良好的区位条件造就了大量人文景观与自然景观。北有雄伟壮丽的雪山冰川，南有广袤的热带雨林和珍稀动植物，西有蜿蜒奔腾的“三江并流”奇观，东有壮观的喀斯特地貌，中有众多的高原湖泊和四季如春的气候条件。形成了滇中旅游区、滇东南旅游区、滇东北旅游区、滇西旅游区、滇西南旅游区等多个各具特色的旅游区，涵盖了观光型生态旅游、探险旅游、民族文化和乡村旅游、度假旅游、健康疗养旅游、边境旅游、基于生物和考古及古生物资源的特殊兴趣旅游、会展旅游等等多种旅游产品。

* 作者简介：杨军，男，1955 年生，云南大学国际关系研究院副教授；李俊霖，男，1985 年生，云南大学国际关系研究院世界史学专业研究生。

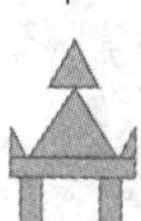

西双版纳州在云南省旅游发展总体规划中处于滇南旅游区，旅游资源极为丰富，堪称云南之冠。区内主要旅游资源有气候旅游资源、热带动植物资源、岩溶地貌资源、峡谷地貌资源、湖库水景资源、人文景观资源、地热资源等，富有鲜明特色的民族文化旅游资源更是西双版纳旅游业得天独厚的优势所在。西双版纳东西宽 188 公里，南北长 143 公里，北部西北部与普洱市相连，东侧以海拔 100 ~1 500 米的山地分岭与老挝毗邻，南侧的西半部在澜沧江以西，以海拔 1 000 ~1 400 米的分水岭与缅甸接壤，西侧以南览河为界与缅甸隔河相望，距离泰国较近。与外国接壤的边界线总长达 966.29 公里，是我国与老挝、缅甸、泰国等邻国往来的主要通道，也是我国通向东南亚国家和南亚国家的南大门，为开展国内国际旅游提供了良好的条件，这些是西双版纳旅游业可持续发展的基础与优势。

（二）产业建设基础特色明显

对于西双版纳旅游业的发展，云南省政府给予了极大的支持，西双版纳州政府提出了“文化立州，文化兴州”的口号，以支撑和发展旅游业。经过多年的不断探索与发展，现在的西双版纳已经融五项“桂冠”于一身：动植物王国、孔雀之乡、国家级重点风景名胜区、国家级自然保护区、世界生物圈保护区。西双版纳以珍贵独特的热带雨林景观和傣族等多民族文化为主要特色，拥有以热带雨林为中心的自然景观的典型性与多样性，有傣、哈尼、拉祜、布朗、基诺、瑶等少数民族民俗风情的独特性与多彩性，构成了独具特色、丰富多彩的旅游资源。区内旅行社，旅游客车，旅游船只，涉外饭店，标准客房，星级饭店等都有较大幅度的增加。与旅游业相关的产业也随之快速发展，交通、能源、通信、建筑等基础建设有重大改观。州内主要分为景洪、勐海和勐腊三大旅游区。现拥有旅游风景名胜区 19 个，旅游景点 40 个，但规模大、档次高、文化含量丰富、配套设施和服务设施齐全的旅游景点却尚未形成。西双版纳旅游业要可持续发展，应该积极升级现有景点和着手新建一批文化价值高的旅游景点，尤其是要打造能够体现西双版纳贝叶文化价值的旅游景点并使其形成独具特色的旅游品牌。

（三）产品单一急需提升

西双版纳旅游产品尚处于初级而且单一的观光型产品层次，旅游六要素吃、住、行、游、购、娱一条龙服务的方式简单，品种老化，形态粗浅，文化含量低。现有的主打产品多数是为了满足游客想在短时间内游览多个旅游景点的心理，打包型的蜻蜓点水型观光产品。从旅行社提供的旅游线路中可以看出，大多以一日游为主，一天要游览四五个景点甚至更多。以民族风情园为例：民族风情园位于景洪西南 1 公里处的流沙河畔，占地面积 66.7 万平方米，整个园区为南园和北园。南园分为植物标本、热带水果、沙滩日光浴游泳三个游览区，北园又分为民族风情展示和民族游乐活动两部分，它将西双版纳珍贵的热带的动植物和浓郁的民族风情融为一体，是美丽而又神奇的西双版纳的一个缩影。但是按线路

游览时间算下来，游客在风情园中逗留的时间平均只为 3 ~4 个小时，这么短的时间游客只能走马观花，而不能达到对当地文化的参与和体验的目的。另外，旅游配套产业如旅游商品、工艺品、香料、水果、加工业发展缓慢，远远跟不上旅游业发展的需求。这些都不利于西双版纳旅游业的可持续发展。

二、西双版纳旅游产品体系建设的基本思路

（一）树立系统观念，建立结构完整的产品体系

要改变西双版纳旅游业发展中的问题，就必须从实际出发，针对资源丰富而产品落后的问题，利用一切有利因素，以科学发展观为指导，坚持系统论，树立整体观念。充分认识资源优势不等于产品优势，高度重视资源向产品转化的问题。积极做到深度开发利用优质旅游资源，推进旅游产品升级。依托丰富、立体、特色、优质的资源，建设结构合理的产品体系。突出文化亮点，强化贝叶文化品牌意识，从完善产品结构，提升产品层级入手，开发出顺应世界旅游发展规律，具有国际国内市场并独具特色的旅游产品，建立以贝叶文化为核心内容的西双版纳旅游产品体系，实现西双版纳旅游业的可持续发展。

旅游产品是为旅游者提供吃、住、行、游、购、娱六大要素服务的集合，并贯穿于旅游者消费的全过程。旅游产品依据旅游地的自然与人文景观类型以及旅游者的消费目的与方式，一般可分为三大类：观光旅游、休闲度假游和特种旅游。

观光旅游是一种普及最广的大众型旅游产品，是现在各旅游地及景区的主要产品形式。这种旅游产品的内容与项目是拼盘式的，以满足游客的观光要求为目的，具有短时、综合、面广、浅表等特点。是旅游产品的初级形态，处于旅游产品体系金字塔的底端。对游客的经费、时间、文化等消费条件有一般要求。

休闲度假旅游产品相对于观光旅游为升级产品，游客以休闲为目的，以酒店、度假村或居民农舍等为居住形式，有较长的度假时间，在慢节奏的生活过程中，修养身心，体验当地文化，具有长时、定点、项目单一的特点。这种旅游产品需要有较高的文化含量与旅游资源的深度开发与支撑，是旅游产品的中级层次，处于旅游产品体系金字塔的中间层，对游客的经费、时间、文化等消费条件有较高的要求。

特种旅游，指高级层次的专项旅游活动，它以满足游客高层次的特殊化需求为目的，具有专业性、特殊性、个性化、高级化等特点，它是最能凸显旅游地特色的产品，是旅游产品体系中的塔尖产品。本文所讨论的入住式贝叶文化体验游就是属于这一类旅游产品。特种旅游对游客的经费、时间、文化等消费条件要求最高。

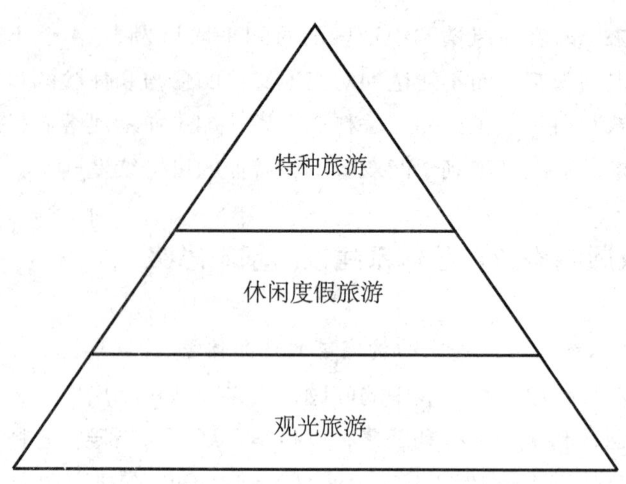

旅游产品体系示意图

我们主张在西双版纳旅游产品体系建设中，一定要结合自身文化特点，充分发掘贝叶文化的丰富宝藏，开发出以观光旅游为基础，以休闲度假旅游为主体，以特种旅游为核心的产品系列，建构合理完整的西双版纳旅游产品体系。这样才能真正实现西双版纳旅游的二次创业，实现“文化立州，旅游兴州”的目标。

（二）树立文化观念，开发贝叶文化旅游产品

文化是旅游的灵魂，是旅游振兴的发动机。西双版纳各少数民族在历史的不断推进中创造了如贝叶文化等多种灿烂而多彩的民族文化，然而在旅游景点的开发定位上却没有使这种文化充分的体现。因此，要使旅游者感受到一种与自己居住地不同的风土人情，品尝风味迥异的饮食，欣赏具有特色的音乐舞蹈等旅游项目与景观以及体验到傣族人民在日常生活背后的文化，认识其体现的精神，就一定要在旅游开发过程中，注重对西双版纳主导文化——贝叶文化的深度开发利用，这是提升西双版纳旅游产品的关键。针对目前社会中形形色色的丑恶现象，人们可以从传统的民族文化中得到启示，找到一些化解的办法，寻求心灵的安慰。贝叶文化融合了一些宝贵经典，从此意义上来讲，它既是传统的，也是现代的。它的内涵是丰富的，形式是多样的，特色是鲜明的。同时，从旅游资源与产品开发的角度来看，贝叶文化具有可开发性和可利用性；从社会发展的意义而言，贝叶文化又具有开发的可持续性。贝叶文化在文化传承方面所表现出的传统与现实并存、静态与活态相辅的优势更是支撑西双版纳旅游多层次产品体系可持续发展的源泉。

（三）树立核心产品观念，打造文化体验示范产品

随着商品经济的不断发展，人们物质生活水平的不断提升，对精神文化需求也不断的增加，消费者的品位也得到了提升。人们更加注重人类自身的和谐，更需要人与人、社会、自然的协调发展。现代社会生活的多元化、快节奏、竞争

强、压力大、远离大自然环境、生活空间狭小、环境污染严重等问题。也导致人际关系紧张、人们身体疲惫、精神焦虑、心理异常、处于亚健康状态等社会现象，找到合适的途径寻求缓解与释放成为当务之急。人们对环境好、空气佳、人际关系和谐、生活节奏慢、能释放心理压力的旅游地的需求也日益增加。现代旅游者对“快生活”到“慢生活”转变的需求已成强趋势。西双版纳正是和谐、自然、平衡的以慢的生活节奏为特征的蕴涵着丰富文化与思想内涵的代表之地，然而西双版纳并没有发挥自身的种种优势，现今的旅游业仍以初级的景观观光旅游为主，已远远不能满足游客的需求，游客迫切需求一种集娱乐性、体验性、享受性、文化性等为一体的多重旅游。利用贝叶文化促进西双版纳的旅游产品的升级，就成为适应市场需求，顺应旅游业发展方向的必然之举。针对于西双版纳旅游产品的现状和贝叶文化的特点，可以在西双版纳建设以“逃离城市喧嚣的另一个心灵家园”为定位的旅游度假村，推出入住式贝叶文化体验游。

三、贝叶文化在旅游产品体系中的作用

关于贝叶文化的定义在西双版纳傣族自治州首府景洪召开的“首届全国贝叶文化学术研讨会”上，总结出“贝叶文化是傣族社会的全部历史，是傣族古代社会的百科全书”。可以说贝叶文化的内容涉及傣族社会生产生活的方方面面，充分反映了傣族人民对生活的认识及对美好生活的向往与追求，贝叶文化是傣族人民认识世界的根基和渊源，对傣族社会的影响十分深远。它不仅影响了傣族人民千百年来的生产生活，而且在今后相当长的时期内还将继续影响傣族人民的精神信仰和物质生活。以贝叶经为载体所保存下来的贝叶文化是西双版纳拥有自己文字的主体民族——傣族的传统文化，也是人们对傣族文化的象征性称谓，代表了整个傣族社会历史的全部内容，是傣族人民在历史长河的不断实践过程中所创造的物质文明和精神文明的宝贵财富。贝叶文化以贝叶经为主要载体，包含有佛教经典、宗教信仰、哲学历史、政治经济、生产生活、民情民俗、文学艺术、天文历法、医药医典等，涉及稻作文化、生态文化、水文化、中原文化等多方面内容，可谓包罗万象，博大精深。其中还反映了勤劳善良的傣族人民在历史发展过程中逐渐形成的社会观和价值观，如：保护生态、修身养德、和谐共生等等，具有现实意义和道德价值的观念。

贝叶文化的内容博大精深，坚持以贝叶文化为内核，开发有贝叶文化特色的系列产品，应该是西双版纳旅游业发展的战略核心。在近期旅游产品开发中，可优先围绕以下五个方面的内容开发贝叶文化旅游产品系列：

1. 农耕文化产品的内容。农耕文化是由某一地区的农民在长期农业生产中形成的一种风俗文化，以为农业服务和农民自身娱乐为中心。是中国存在最为广

泛的文化类型，也是西双版纳最为主流的文化类型。傣族人们围绕水稻种植日出而作日入而息，男耕女织，简单、纯美、和谐的生活是大部分傣家人的生活写照，农耕文化便在这样一种如诗如画的生活状态中逐渐形成。傣家人的生活是悠闲的，亲近自然的。生活节奏较之现代都市人慢了许多，也健康了许多。正是因为如此，才会对在大都市中面对环境严重污染，生活压力紧张的旅游者产生吸引力。

2. 水文化产品的内容。傣族是爱水的民族，时时处处表现出对水的依恋和信仰。傣族人出生用水、治病用水、丧葬礼仪用水①，选址建寨的首要条件就是要临近溪流江河及有水的地方。傣族人民爱水的最直接体现就是在每年4月13日到15日之间举行的庆祝傣历新年的泼水节。这一天，傣族人民身着盛装，先到寺院浴佛，然后互相泼水，彼此祝福，之外还有划龙舟，跳孔雀舞，象脚鼓舞等节庆活动。泼水节已经成为傣家节日的象征、游人到西双版纳最期待参加的盛典。水文化是一个民族基于对周围自然环境的认知与调适而创造出来的一种文化现象。它通常包括对水资源、水环境的认识与信仰，利用水资源的技术，管理水资源的制度这样三个方面。事实证明，傣族人民对于水的敬畏也可被理解为利用超自然的威慑力和对水的崇拜意识来保护水源的一种巧妙而高超的智慧。正是傣族历史上形成的水文化，有力地保障了西双版纳数千年来人与自然的和谐发展，使其成为地球北回归线上仅存的一块绿洲。这种蕴涵的理性与智慧的水文化不仅在开发成旅游产品后可以对游客产生强烈的吸引力，更对当代可持续发展的实践具有重要学术和应用价值。

3. 生态文化产品的内容。傣族人民对生活和生态系统的感知、认识和保护的知识与实践，是贝叶文化中极为宝贵的内容。生态文化就是从人统治自然的文化过渡到人与自然和谐的文化。在工业文明高速发展的今天，带来经济效益的同时也造成了日益加深的全球性生态危机。各种自然灾害和生态灾难的发生，使人们越来越清醒地认识到保护生态、保护自然是一项功在当代，利在千秋的关键之举。例如傣族传统的护林方法就是把一些重要的水源林和风水林都叫做“神林”，借以保护其不受破坏，“万物土中长，森林育万物”，“森林是父亲，大地是母亲”，这些民间谚语就是傣族人民护林意识的直接反映。这样看来贝叶文化可以说是提倡人与自然和谐相处的典范之一。美好而和谐的生态环境，朴素而智慧的生态保护观念，体现在旅游产品开发过程中，势必会带来更大的经济效益与社会效益。

4. 修身文化产品的内容。修身文化是指傣族男子小时候必须到寺庙中做小

① 出生用水：傣族婴儿出生后就用温水洗净，请求神灵保其清吉平安。治病用水：傣族人们普遍认为清水能治病，泡米水加草药更能治病。生病时就会去请“摩雅”（傣族医生）采用各种方法用水治疗。丧葬礼仪用水：有人去世时，傣族人会用水清洗尸体等，寓意避邪驱鬼，求得清吉平安。

和尚，通过在佛寺中学习贝叶经中的内容，达到学知识、懂文化、修身养性的目的。只有当过和尚，接受过佛教教育，才能成为“熟人”，即为有教养有道德的人，没有当过和尚的男子常被称为“岩里”，即不文明没有教养的人。并受到大家的鄙视。傣族是一个全民信仰南传上座部佛教的民族，佛教的一些教义深刻的影响着傣族人民的道德思想、价值观和言行举止。佛寺是学校，贝叶经是教材，通过学习贝叶经，傣族人民形成保护自然、和谐共生的世界观和价值观。如《布栓兰》① 认为，做一个有道德的人应具备三个方面的品德：热爱劳动，尊重劳动；注重仪表，诚实谦逊；团结友爱，互相帮助等②。在新的历史时期里，把这种傣族特色的“修身文化”加以发展，形成具有西双版纳特色的旅游产品，一定会对旅游者产生更大的吸引作用。

5. 宗教文化产品的内容。宗教文化是整个中国传统文化的有机组成部分。傣族更是全民信奉南传佛教，佛教融入了傣族社会生活、文化等各个方面，贝叶文化的主要载体贝叶经中记载的故事、寓言、警示大多与佛教有关，所以说，佛教文化与贝叶文化密不可分。

四、入住式贝叶文化体验旅游产品开发方式

入住式贝叶文化体验游即旅游者到达西双版纳后，入户到当地居民家中，与当地居民一同生产和生活，了解当地居民的生产方式、生活方式与社会习俗并体验其中内含的贝叶文化。同时，它也是一种在参与的过程中使身体与心灵得到调理的综合性旅游形式。入住式贝叶文化体验游在形式上具有旅游度假村和乡村游的集合体，两者的概念如下：

世界旅游组织（WTO）将度假村概念定义为：度假村是为旅游者的较长时间的驻留而设计的住宅群。在它的全价中，除了住宿费外，还有公共设备、体育及娱乐设施的使用费。也可以说旅游度假村是环境质量好，区位条件佳，以满足康体休闲为主要功能并为游客提供高质量服务的综合性旅游区。

乡村旅游则为在乡村开展的旅游，田园风味是乡村旅游的中心和独特的卖点。它也被称为“绿色旅游”、“生态旅游”和“可持续性旅游”。国内学者们对乡村旅游比较普遍的认同是：以农民为经营主体，以农民所拥有的土地、庭院、经济作物和地方资源为特色，以为游客服务为经营手段的农村家庭经营方式。日本农林水产省对绿色旅游的看法则是：旅游者在拥有丰富的绿色农村地域，享受着当地的自然，文化并和居民进行交流，进而过着悠闲的假期生活的停留型休闲

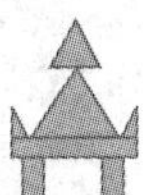

① 《布栓兰》又译《布算兰》，意为“爷爷教育孙子”。

② 岩温扁、杨胜能等编著：《贝叶文化》，四川人民出版社2003年版，第32页。

活动。大致上就是作为一种生活方式，利用假期到农村的一个活动。

同样，入住式贝叶文化体验游就是更加注重旅游者主体的文化体验，让旅游者在亲身参与中去体会西双版纳当地在贝叶文化影响下形成的良好生态与民族文化特色，并强调旅游者与接待者互动，文化体验者与文化承载者的交流，使旅游者获得有益的身心感受的一种功能型旅游。

结合西双版纳自身的特点，可以把贝叶文化融入入住式贝叶文化体验游这一新型的旅游产品之中。在贝叶文化中有许多操作性很强的民族民间的戏剧、歌舞、音乐等文化资源和宗教礼仪活动内容，只要稍作改动就可以用于旅游项目中。所以，在策划旅游节目时，除能够让游客满足感官享受外，还让他们能领略到浓厚的贝叶文化精神，引起共鸣，自觉自愿地参与节目活动，感受到傣族贝叶文化博大、真诚、宽容、和谐的人文关怀。

对于入住式贝叶文化体验游村寨的建设，要征求当地居民意见，尊重他们的意愿。可采用由当地居民的自主式开发建设与由政府或企业资助式开发建设的两种方式。无论采取什么开发方式，都要注意保留傣族村落原有的特点。游客来到这里可以入住于傣家竹楼中亲身体验傣家人的食、住、行、游、购、娱等各个方面，在亲身经历中体会贝叶文化的精髓，得到身心的净化与洗涤。在入住式旅游度假村中，可以建设提供商务会展服务的场所，开设学习了解贝叶文化内容的学校，推出不同时间长度的心灵进修班，以进入心灵进修班学习的产品形态让游客在度假村内放松身心，聆听有人生启示的故事，欣赏参与民族歌舞、住傣家竹楼、品尝美食、运用“四大民族医药”①之一的傣医药，来治疗疾病等等内容。游客在与傣家人接触过程中，融入对傣族人民观念的沟通和情感的体验，从而获得对傣家人民传统文化——贝叶文化的深刻了解和感悟，从民俗民风所蕴藏的传统中汲取智慧。并在亲近自然、淡泊宁静、悠然自得的桃源生活中获得身心的全面调理。

对于心灵进修班，可以针对于不同的旅游者推出相应的旅游产品以供选择，时间上游客可以根据自己的情况选择一天到几个月不等的进修时间，加入班级后，可以参加不同的课程，例如：

1. 听故事课程。从贝叶文化中的“修身文化”汲取内容，即倾听贝叶经中所记载的寓言、故事，如《佛祖巡游记》、《九尾狗》等等。从最朴素、神奇的故事中体会对自己有帮助的精神与内容，从而得到心灵的净化与安详。

2. 歌舞学习课程。西双版纳拥有众多的少数民族，他们大多能歌善舞，这些歌舞独具特色，受到很多人的喜爱与欢迎，例如孔雀舞，象脚鼓舞等等。在这

① 四大民族医药即藏医药、蒙医药、维医药、傣医药。傣医药具有 2 500 多年的悠久历史，是中国传统医药学伟大宝库中的重要组成部分。

项课程中，游客不仅可以欣赏还可以亲身参与到其中，更进一步的学习了解不仅可以调节心情，而且可以达到锻炼身体的作用。

3. 农作物种植课程。生活在城市中的现代人，越来越少人体会过亲身耕作，亲手收获的乐趣，而西双版纳正是拥有植物王国之称的绿色天堂，5 000 多种植物在这里繁茂生长。对于种植农作物这门课程，也可作为“亲子游”的一项，游客可以带领孩子选取种子，亲手耕种，既可以认识更多的植物种类，也可了解各种蔬菜等植物给身体带来的好处，在劳动的过程中学习知识，增进与孩子、家人的感情。对于所耕种的土地，可以采取租用制，游客可以选择亲自打理，也可以由工作人员带管，等蔬菜成熟后邮递到家中，或通知游客亲自来收获，这种方式对重游率有很大的提升作用。

4. 医疗疗养课程。傣族医药作为我国四大民族医药之一，已有 2 500 多年的历史，对多种疑难杂症都有很好的疗效，例如“萝芙木”① 具有很好的镇静，降血压，镇痛等功效，制成的降压丸已经出口国外。游客可以针对自身的疾病，采用西双版纳独有并具有神奇疗效的药物在当地医生“摩雅傣”的指导下进行治疗。在良好环境中放松心情，体验傣医药疗效。

5. 饮食疗养课程。西双版纳的饮食也很有特色，并且具有食疗的功效，竹筒饭，烤罗非鱼等等种类繁多。例如“撒撇”是用牛粉肠水和脊肉为主要原料，经加工搅拌在牛肠、牛肚、牛肝等牛杂碎中制成的上好菜肴，是东南亚许多民族的传统食品，有清热去火等作用。游客在品尝美食的同时还可以亲手制作竹筒饭、烧烤、各类点心等等。学习各种菜肴的制作方法。

心灵进修班这一旅游产品形态具有很大的弹性，选班的多少，逗留的时间长短可以让游客根据自已的情况而定，并可根据游客不同的需求而有明确的针对性。当然，入住式贝叶文化体验游的内容远远不止这些，在结合贝叶文化的旅游产品开发中，可以结合西双版纳当地傣族生活的情况，推出多种形式不同，独具特色的旅游产品。相关部门也要在理解和掌握市场需求的情况下，充分利用自身的资源条件，开发多种适应旅游者需求的特色旅游产品。使入住式贝叶文化体验游这一旅游产品得到不断的优化和升级，形成独具特色的品牌优势。

综上所述，开发入住式贝叶文化体验游有利于保护文化资源的原生态，可以体现对文化主体的尊重，有利于旅游者对贝叶文化真实而深入的了解，有利于旅游主客体之间的互动，能促进贝叶文化旅游资源的可持续开发利用。总之，开展入住式贝叶文化体验游，对于贝叶文化来讲，既是开发利用，又是保护与传承。也更有利于实现西双版纳经济、社会、文化与自然资源的可持续发展。

① 萝芙木：傣语称为“麻三端”，原有野生种，可用于治疗高血压，眩晕，失眠等症。

五、结 论

深度开发利用贝叶文化，建构西双版纳旅游产品体系，打造入住式贝叶文化体验旅游核心产品的建设可以说是顺应旅游业发展方向，凸显西双版纳贝叶文化特色，实现“文化立州，文化兴州”战略目标的必由之路。也势必会给西双版纳带来很大的经济效益、社会效益和环境效益。对实现经济、文化协调发展，建设西双版纳和谐社会有积极作用。同时，在以观光旅游为基础、以休闲度假旅游为主体、以特种旅游为核心的西双版纳旅游产品建设中，既有利于西双版纳原住居民的经济创收和扩大劳动就业，也有利于社会有效地进行贝叶文化传承和保护性开发民族文化旅游资源，实现经济、社会、文化与自然资源的可持续发展。

西双版纳是绿色的、灵性的、朴素的、和谐的、充满智慧的。傣族人民世世代代流传下来的对自然界最原始的信仰，无不体现出天人合一，和谐共生的大生态文化。西双版纳就像是一个充满阳光的和谐天堂，可以让人得到放松的心灵故乡，游客在陶醉于美景，参与到各类民俗活动的同时，学习到贝叶文化中那些朴素中蕴涵的深刻道理，获得健康、自然、平静的抚慰和疗养。使游客在品尝到“心灵鸡汤”的同时对西双版纳印象深刻，流连忘返。西双版纳也正带着她特有的微笑，迎接着八方游客。正如慈爱的母亲张开温暖的双臂，迎接着远方游子的回归。

参考文献：

[1] 郭家骥．西双版纳傣族的水文化：传统与变迁——景洪市勐罕镇曼远村案例研究．社会学人类学中国网，2006－08－14.

[2] 周娅，袁天娥．贝叶文化与西双版纳旅游业可持续发展［C］//贝叶文化与民族社会发展．昆明：云南大学出版社，2007.

[3] 王瑞花，张兵等．国外乡村旅游开发模式初探［J］．林业经济问题，2002（5）．

[4] 陈理．民族历史文化资源与旅游开发［M］．北京：民族出版社，2007.

[5] 包继刚．旅游开发研究［M］．北京：科学出版社，1996.

[6] 征鹏，杨胜能．西双版纳风物志［M］．昆明：云南人民出版社，1999.

[7] 张公瑾，王锋．傣族宗教与文化［M］．北京：中央民族大学出版社，2002.

[8] 李庆雷，明庆忠．旅游规划技术方法：理论·案例［M］．天津：南开大学出版社，2008.

试析贝叶文化在旅游产品中的核心价值

岑　怡　龚　锐*

摘　要：西双版纳以"理想而神圣的乐土"而闻名于世，旅游业已成为西双版纳的重要支柱产业之一。但是，作为旅游业中重要组成部分的"文化产品"却比较落后，这对于西双版纳保持完好的原始生态系统和神秘的民族风情及人与自然和谐相处所构成的对外旅游接待地形象，无疑是一个亟待解决的问题。

关键词：贝叶文化　文化特质　旅游产品

一、文化旅游产品的特质及类型

旅游产品是一种特殊的产品。它的完整生产过程是旅游消费和旅游供给同步实现的过程。文化旅游产品是应文化旅游的需求而生的。旅游者出游主要是出于"乐生"的需要，出于了解异地文化的动机，旅游既是文化的消费过程，也是文化的创造过程。文化是旅游的内涵和深层表述，是旅游者的出发点与归结点。从旅游者的消费方式和特征来看，文化旅游产品应该是一条完整的文化旅游线路。这条线路包含了旅游者文化旅游过程中所需的各项要素——文化旅游吸引物的文化蕴涵与主题、文化旅游设施的文化内涵与风格、文化旅游服务与管理的文化指向、文化旅游产业的文化定位等等。核心因素是文化旅游吸引和文化旅游服务。

从旅游者的心理来说，到一个新的地方，总是想看到那里独特的、其他地方没有的不可替代的东西。如果这一点得不到满足，那么千里万里迢迢而来，岂不扫兴而归？根据旅游者的需求和消费指向，笔者认为文化旅游产品可以分为五类：适应精神放松需求的休闲型文化旅游产品；满足旅游者文化好奇心的奇异型文化旅游产品；满足旅游者求知、学习需求的修学型文化旅游产品；满足旅游者文化憧憬和追求的理想型文化旅游产品和满足发现自我潜能，挑战"文化极限"

* 作者简介：岑怡，女，1985年生，汉族，贵州民族学院社会发展学院硕士研究生，主要研究方向为旅游社会学；龚锐，男，1960年生，汉族，贵州民族学院旅游学院院长、教授、博士后，主要研究方向为民族旅游文化。

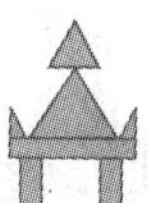

的发展型文化旅游产品。

二、目前西双版纳旅游产品现状

如是问：西双版纳独特的、不可替代的东西是什么？那么回答是：这里的空气清新；这里风景迷人的原野；这里造型别致、色彩和谐的建筑；这里好客的民风；这里崇尚自然、和谐、恬淡的乐观生活。都对，但这只看到了事物的表层，没有看到事物的深层。西双版纳深层的东西就是长期润泽这片土地的贝叶文化，贝叶文化作为傣族的传统文化，是傣族人民在长期的历史发展过程中所创造的，它至今仍在傣族人民的生活中发挥着不可替代的作用。可惜的是我们对此没有给予足够的重视，殊不知一个民族、一个地区的自然风光、风土人情，总是在一定的文化环境中生成，在一定的文化背景中存在，它有自己发展的根基，有自己世代传承的血脉，这些就是深层的东西。如果离开了这一点去开展旅游活动，生产旅游产品，那么旅游将成为一种走马观花的旅游参观，其生命力当然也不会长久。

一直以来，西双版纳以其多姿多彩的民族风情和迷人的热带风光，成为享有较高声誉的旅游胜地。在旅游业日趋激烈竞争的今天，这种产品已经显得缺少后劲。近年来，西双版纳旅游产品的“老化”问题越发突显，其旅游产品存在的问题主要体现在：①部分旅游景点文化含量少，多处于浅层开发，形式单调而乏味，造成“慕名而来，扫兴而归”的现象。②传统文化逐渐消退，傣家传统服饰已不再为青少年所青睐，许多传统节日、习俗有汉化的趋势。③质朴民风退去，商业气息渐浓。西双版纳一些淳朴、重情义的良好人文精神在受到挑战，销售伪劣商品牟取暴利，甚至坑蒙拐骗，强买强卖。导游无心为游客讲解，却热衷于带游客去购物点以收取回扣现象日益突出。④旅游商品缺少民族特色。虽然在西双版纳到处都能感受到商业文化的气息，但真正想要购买特色旅游商品时却无多少值得购买的，旅游商品流于一般化，与国内其他旅游地的商品大同小异，民族特色不鲜明，而且做工粗糙，文化艺术价值不高，吸引不了游客。⑤提供给游客的产品和服务以交通、住宿和餐饮为主，虽然游客在傣家竹楼观看歌舞、参与婚礼和就餐，但文化附加值不高。这对于与亚热带气候晚间凉爽的特征相适宜的微风轻拂月影朦胧的迷人夜色而言少了些令人遐想的舞台空间。因此，着力推出既能吸引游客、占领市场，又能反映傣族人文风情和传统文化的新产品，应成为当下傣族地区优化旅游产品的当务之急。

三、贝叶文化在旅游产品开发中的核心价值

（一）贝叶文化的文化特质

贝叶文化是南亚、东南亚南传佛教区域普遍存在的文化现象。但它对傣族地区的影响，从广度上说，不仅跨越数百近千年时间，而且覆盖几乎所有我国傣族聚居的地区；从深度上看，傣族社会从属于观念、精神层面的哲学思想体系，到属于制度层面的法规条令、道德伦理，再到属于行为、物质层面的生产生活、民风民俗乃至文化艺术无处不在。这些文化内容所体现出的南传佛教文化与傣族传统文化的高度融合，无一不是贝叶文化在我国傣族社会所具有的典型性和特殊性的具体表现。贝叶文化本身所承载的丰厚文化内涵以及傣族人民对传统文化的尊重和珍视，是这种古老的文化形态至今散发活力的源泉。今天，我们不仅仍可以从这种文化形态中感悟精神世界的清澈恬静，更能够从中获得对于当今社会发展的有益启示。

（二）贝叶文化在旅游产品中的开发价值

贝叶文化资源是一种具有鲜明的民族性和地域性的特色文化资源，依赖这种具有民族性、地域性的特色文化资源加工制作而来的文化产品和旅游服务，是具有民族性和地域性特色的文化产品及服务。贝叶文化在提升旅游形象、丰富旅游产品的文化内涵、营造旅游地独特氛围和增加旅游纪念品的种类等方面对傣族地区旅游业的进一步发展产生了巨大的推动作用，基于贝叶文化的旅游产品有助于提升西双版纳村寨的文化资源价值。笔者认为，贝叶文化与西双版纳旅游产品有非常密切的关系。西双版纳旅游产品要进一步发展，必须加强对贝叶文化的研究，让它发挥应有的开发价值。这种开发价值至少有四个方面：

首先，以贝叶文化的“和谐之旅”来充实、深化“西双版纳”这一旅游名牌。“西双版纳”这块牌子，早在20世纪六七十年代就开始通过电影、歌曲、文字、图片、电视等传媒对大众进行传播。人们一提西双版纳，首先想到的是热带雨林、动植物王国、傣族风情，而没有作更深一层的思考，即西双版纳特有的绚丽多彩的贝叶文化。其实傣族贝叶文化更能准确地、形象地概括西双版纳的特点。贝叶文化所呈现出的人与自然和谐相处及促使傣族人特有的关爱、淳朴气质是完全可以作为西双版纳旅游的主题形象的。

其次，以贝叶文化作为依托，深化傣族风情的民族色彩，增加国际吸引力。近几年，西双版纳在旅游线路安排上忽略了贝叶文化的开发及保护，造成接待地民族色彩和传统文化逐渐消退的发展趋势，昔日里傣家精湛的传统服饰已不再为青少年所青睐，许多传统节日、习俗被人们所遗弃，比如许多傣家餐馆基本上是汉族的饮食，菜肴也并非正宗傣家风味，让游客感受不到傣族独特的饮食文化。

为此，游客因得不到深层次的感受而转移到其他文化氛围浓厚的旅游地，造成了旅游业严重的客源流失。而这一文化缺失现象，正是西双版纳丰富博大、底蕴深厚的贝叶文化所能弥补的。

再次，以贝叶文化丰富民族节日，开展节会之旅将不再单调。在西双版纳，丰富的民族节日是吸引游客进入的重要媒介。傣族每年盛大的“泼水节”，“普洱茶茶会”为丰富西双版纳旅游产品，延长游客的停留时间，增加旅游收益等提供了有力的文化资源。如果利用贝叶文化来丰富当地多样的旅游节日，并通过举办一定的节会活动来丰富游客的行程，将更好地宣传贝叶文化，为旅游发展带来广阔的空间。

最后，以贝叶文化的内涵来宣传神秘版纳的神圣之旅。旅游发展到今天，已经成为一种现代的朝圣活动，旅游者之所以开展旅游活动，是为了到异地去寻求一种真实的、属于自己心灵的家园。南传上座部佛教流传在傣族、布朗族、德昂族、阿昌族和部分佤族之中，而西双版纳的傣族是云南上座部佛教的主流，当地的贝叶经就是用傣文书写的。贝叶经与佛教三大系汉传佛教、藏传佛教、南传佛教都密不可分，其中尤其是云南的南传上座部佛教，由贝叶经的传写而生成贝叶文化。贝叶文化与上座部佛教的渊源，是高层次文化旅游者追寻的乐土。

四、小　结

在当下，没有文化或文化品位不高的旅游产品是缺乏生命力和缺少开发价值的。西双版纳旅游业要在激烈的旅游市场竞争中得到大发展，就必须提高贝叶文化在旅游业中的含量。文化是一个国家最重要的软实力，文化也是旅游的灵魂，是提高旅游档次的重要内容，旅游是展示文化的平台，旅游与文化产业相互交融，相伴相生，相得益彰。选准贝叶文化的“亮点”，拓展贝叶文化的地域特色，展示贝叶文化的文化底蕴，营造贝叶文化的民族内涵，是提高西双版纳旅游产品整体水平的迫切需要。

贝叶文化与东南亚

泰北与西双版纳关系浅析[①]

饶睿颖*

摘　要：泰北兰那与中国西双版纳（车里）境域邻近，泰北泰庸人和西双版纳傣泐人属同一族群，为傣泰民族分支当中关系最近的两个分支，在语言、文化、风俗习惯上极为相近。在泰庸人接受了佛教文化之后，形成了以泰北为中心，并以西双版纳地区、缅甸掸邦南部及老挝部分地区为覆盖点的兰那文化圈。兰那文化圈是以贝叶经作为载体的佛教文化圈，是泰北与西双版纳之间的重要纽带，它的形成，进一步加强了两地之间的关系。了解泰北与西双版纳在历史上因民族、文化的因素形成的亲密关系，可增进我们对两个地区傣泰民族政治、经济、文化和社会诸多方面的了解，增进中泰双方共识，促进两个地区的交流合作及两地区的和谐发展。

关键词：兰那　西双版纳　文化关系　泰庸人　傣泐人

泰北的泰庸人与西双版纳的傣泐人属同一个族群，有着共同的渊源，他们是傣泰民族向中南半岛迁移的过程中分化较晚的两个分支。从地域上看，泰北与西双版纳山水相连，泰庸人与傣泐人也在风俗、语言、文化上有着很大的相似性。虽然两地归属不同的国家，他们在不断的发展当中也有了具有其地缘特色的文化，但是从根本上来看，他们还是属于同一个文化圈——贝叶文化圈。

一、13世纪前泰北与西双版纳的关系

13世纪前有关泰北的历史记载尤其是地方志的记载几乎都是后人的追记，不少地方志掺杂了很多的佛教色彩。这些地方志最主要的目的不是记载历史，而

① 本文系2008年度云南省教育厅课题《泰国兰那与中国车里历史关系研究》（项目编号：08Y0262）的前期研究内容之一。

* 作者简介：饶睿颖，女，1980年生，汉族，云南民族大学东南亚南亚语言文化学院讲师，主要研究方向为东南亚语言文化。

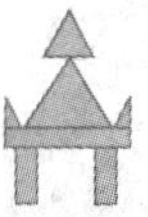

是为了宣扬宗教，导致部分地方志中篡改了史实，西双版纳的傣文史籍也存在类似的问题。其他相关的史料也只有在中国古代史籍中才找得到零星记载。这就给研究该时期的历史关系带来了一定的难度，因此笔者根据傣、泰文资料辅以中、英文资料对该时期的历史关系进行一定的考释与分析。

（一）传说中的叭真与坤真考释

《泐史》中记述了叭真于1180年入主勐泐，并接受了其父赐予的虎头金印，命为一方之王，称景龙金殿国至尊佛主。叭真战胜此方各地政权之后，兰那、猛交、猛老，皆受统治。各地推叭真为大首领，举行滴水礼①。从《泐史》的这段记载来看，确实有不少地方令人质疑。第一，提到叭真入主勐泐，说明叭真并非本地领袖。那他究竟来自何方？第二，叭真入主勐泐的时间为1180年，当时为南宋淳熙七年。叭真占领了那么多的地方尤其是猛交②，而12世纪时安南是一个远比勐泐更为强大的国家。但中国宋代史籍却对这些事件无任何记载。第三，从名称上来看，叭的发音为披耶，披耶是傣泰民族对其头领的称呼，是一个头衔。且这种称呼是从公元15世纪后西双版纳地区全面接受佛教文化后才有的。所以从时间上来看，叭真出现的时间也是疑点之一。第四，提到兰那受其统治。12世纪的时候，兰那根本还不存在，那个时候的泰北充其量也只是一个较为强大的部落联盟。泰北的地方志称其为恩央小国。所以13世纪前他就统治兰那是不可能的。

在泰北的《清盛纪年》、《兰那纪年》、《恩央清盛纪年》及《清迈纪年》，这些重要的地方志几乎都有关于坤真的记载，坤真是恩央王国的第19代国王，又称披耶真。坤真时代大约是在公元11世纪末至12世纪初。坤真之父名披耶仲，是泰北勐帕邀之王。而其舅父名乘，是恩央王国的国王，他是清迈王国的缔造者芒莱王的祖先。

坤真有雄才大略，他使恩央王国统一稳定，疆域广阔。曾与大泰、泰泐、泰艮斗争过，其势力范围曾一度到达了中国的西双版纳、老挝、越南北部，最后在与越南王进行的战役中战死③。他曾派自己的九个儿子分别去统治恩央王城、猜那莱城、南掌城、交趾以及西双版纳的景洪城④。坤真的事迹在傣泰民族的传说中几乎都有记载，尤其是在泰北、泰东北、中国的西双版纳、老挝和越南北部⑤。在泰北勐普叻的猛莫寺和中心寺还有关于坤真传说的巴利文版本及译本，

---

① 转引自江应樑《傣族史》，四川民族出版社1983年版。

② 猛交，即安南（今越南）。另据《中国历史地名大辞典》（中国社会科学出版社2005年版），猛交为宋大理国所置，属景昽，治所在今缅甸景栋南部的孟皎，与西双版纳及泰北较为接近。

③ ［泰］布拉空·尼曼贺敏：《真憨：泰族诗歌中的英雄》，庆祝布拉塞教授90诞辰学术会议学术论文，2009年3月。

④ ［泰］素那·习览布：《稻作与泰人》，曼谷：稻作文化研究院1999年印行，第12页。

⑤ ［泰］素那·习览布：《稻作与泰人》，曼谷：稻作文化研究院1999年印行，第12页。

据说是来源于老挝琅勃拉邦的手抄本。另外，在越南的黑泰民族中有一些巴利文的文学作品也记载了坤真或真憨的传说，老挝的贝叶经中也记载过陶真憨的传说故事。

关于叭真与坤真分别在傣文史料和泰文史料中的记载，内容相似。另外“坤”的含义与叭的含义相同，都是对头领、头目的称呼。泰北、老挝、越南北部傣泰民族传说中的坤真的“坤”，谢远章先生认为源于汉语“君”的头衔。叭真与坤真一样都是表示君长，因为傣泰民族曾经在很长的一段时间内深受古代华夏文明的影响①。还有则是关于“真”的称呼，在整个东南亚傣泰民族以及孟高棉语民族的传说中都出现过关于“真”或是“真憨”传说，它的意思为“令人崇拜的英雄祖先”②。

因此，笔者认为傣族文献中的叭真与泰文文献中的坤真或真憨为同一人。他应该是傣泰民族在西双版纳、缅甸景栋地区、泰北和老挝北部等地区历史发展的某个阶段中出现的一个通过征战扩张领土、兼并众多部落从而建立统一政权的英雄人物，而西双版纳的傣泐人和泰北的泰庸人都认为叭真（坤真）是自己的祖先，也正好反映出居住在这一带的傣泰民族有着共同的文化关系和共同的渊源及天然血肉相连的密切关系，至于孟高棉语民族也推崇坤真，则说明坤真的影响较为深远。

（二）政治联姻与民间往来

虽然从史料中没有找到两地在同一年代的文字记载，但有部分泰北的地方志还是零星地记载着在13世纪初期有关泰北与西双版纳交往的情况。泰北地方志曾经提到，泰北恩央国的泰庸人与西双版纳的傣泐人关系密切，他们如兄弟般亲密，甚至到了“相互无仇杀，过错无惩罚”③ 的程度。13世纪中期，恩央国的老孟娶了西双版纳勐泐景洪国公主娘蒂康咯嫣为妻子，娘蒂康咯嫣后来生下芒莱王④。泰北当时与勐泐的联姻是有其政治目的的，一来可以稳定内政，二来还可以获得军事方面的支持。也是由于这种姻亲关系，使得芒莱王在后来的扩张征战中得到了景洪傣泐人首领的支持⑤。

据推测，泰庸人与傣泐人在13世纪前甚至更早或许在10世纪的时候就已经有相互交往了。由于景洪与泰北的恩央清盛同在湄公河畔，两地的人们可以通过

① 谢远章：《泰族：其历史与文化》，载《泰傣学研究六十年》，云南民族出版社2008年版，第174页。

② ［泰］布拉空·尼曼贺敏：《真憨：泰族诗歌中的英雄》，庆祝布拉塞教授90诞辰学术会议学术论文，2009年3月。

③ 参见兰那学研究会议论文《兰那与清迈的政治比对》，清迈大学，1985年。

④ 芒莱王就是后来曾辉煌一时的兰那王国初期的开国国王。

⑤ Andrew C. Shahriari：*Khon MUANG Music and Dance Traditions of North Thailand*，White Lotus Press，2006，P. 2.

湄公河作为主要交通要道相互往来。在民间，两地人们的往来几乎没有间断过。彼此间的往来以简单的山货贸易为主，如漆、蜂蜜、香料、布帛、盐等当地产品①。

二、13世纪中后期泰北与西双版纳的关系

13世纪中后期，由于元朝的建立使得泰北与西双版纳关系发生微妙变化。与此同时，13世纪中后期也是西双版纳开始接受贝叶文化的初级阶段。在此期间，由于佛教在泰北的全面奉行，逐渐以泰北为中心向周边地区传播。而西双版纳的佛教就是在这一时期通过泰北逐渐传入的。

（一）忽必烈平大理对泰北与西双版纳的影响

公元1253年忽必烈南征平大理，1296年左右，元朝在西双版纳设立“彻里军民总管府”，以景龙政权首领为总管，实行世袭的土司制度。景龙的辖区正式成为云南行省的组成部分。恩央王国的领土就与中国的边境接壤，这无疑给了佬氏王朝恩央王国巨大的外部压力。且元朝在进兵交趾时，得知有八百媳妇国，这个八百媳妇国其实就是以清盛为中心的恩央王国，当时正值芒莱王在位时期。《明史·云南土司三》中记载：“八百，世传部长有妻八百，各领一寨，因名八百媳妇。元初征之，道路不通而还，后遣使招附。”从以上记载来看可以得知，元朝确实派兵征服八百媳妇，但因路途遥远，耗费了大量的财力兵力，并未取得效果②。

1. 泰北芒莱王朝对元朝的抵抗

芒莱王不甘屈服于元朝，他先与帕邀的昂孟王及素可泰的兰甘亨结盟。随后，还发兵援助被元朝征服的周边地区。在西双版纳，他利用泰庸人统治者与车里统治者间的姻亲关系，对车里内部进行分化。使车里的统治者分化成了降元与反元两派。不愿归附元朝统治的，便联合泰庸人来抗元，这也有可能是车里分化为大小车里的原因之一。除此之外，泰庸人本身为了抵抗元朝，也主动攻打车里，或联合车里的部分力量。

《招捕总录·八百媳妇》载：“大德元年（公元1297年），八百媳妇国与胡弄攻胡伦，又侵缅国，车里告急，命云南行省以二千或三千人往救。二年，八百媳妇为小车里胡弄所诱，以兵五万与胡龙甸土官及大车里胡念之子汉纲，争地相杀，又令其部曲混干以十万人侵蒙样等，云南省乞以二万人征之。”

《元史·成宗本纪》：“大德元年八月甲子，八百媳妇叛，寇车里，遣也先不

① 对清迈大学社会研究院兰那研究中心傣泰古文字学研究专家班扎那先生的采访，2009年1月。

② ［泰］黎道纲：《八百媳妇请属元廷考》，载《东南亚》1995年第1期。

花将兵讨之”《招捕总录·车里》又载：“大德二年（公元1298年）三月，小车里结八百媳妇为乱，经时不下，数遣使奉诏招之，不听。”①

从上述所引史料当中可以看出，从1296年至1298年间，泰庸人数次联合小车里进犯大车里，对抗元朝。

2. 元朝对泰北及西双版纳关系的影响

由于元朝对车里的征服，使得车里与泰北之间的关系变得较为复杂。由原来的联姻之盟变为了既有姻亲关系，又体现出元朝对车里的政治影响。车里统治者内部，出现了降元派与反元派。从上面的史料来看，反元派就是从中分化出来的小车里。它与八百媳妇（泰北芒莱王朝）多次联合抵抗元朝。而元朝也因此出兵征讨或招降。虽然西双版纳已被纳入了中国的版图，但元朝在西双版纳的政权在这个时期也一直不稳，这种纷乱的状况一直延续到了14世纪中期。

（二）泰北接受佛教及对西双版纳的影响

13世纪后期，芒莱王朝征服了哈里奔差王国，从此，泰北泰庸人全面、系统地通过哈里奔差接受了佛教。哈里奔差是个重要的地区，由于靠近宾河，从地理优势上来说，也很容易接收外来文化。② 所以哈里奔差就成为一个易与外界进行交流的天然窗口。湄南河下游盆地的罗斛与哈里奔差之间有着长期友好的商贸往来关系。罗斛是孟人的国家，孟人的地区是最早皈依佛教的地区之一，佛教文化在该地区已繁荣多时，在该地区还发现了大量的婆罗门教文物③。随着商贸往来关系的不断发展，孟人也将其文化不断地传入哈里奔差。在孟人的文化当中，不但有其自身的文化，也还包括了印度文化因素，比如婆罗门教和佛教。而且这种宗教文化传入不是一次性的，而是延续不断的。

根据《宗教本源志》、《占玛黛维的传说》、《庸那迦纪年》、《清甘玛里匿》等具有一定历史价值的纪年、传说中的记载：公元8世纪来自堕钵罗底国（孟人的王国）罗斛（今泰国中部华富里）④ 一位名叫占玛黛维的公主，由于受到哈里奔差地区当地土著拉瓦头人的邀请，带领着500名婆罗门教师、佛教僧侣及各行各业的熟练工匠沿宾河北上泰北的哈里奔差建立王国⑤，唐朝樊绰的《蛮书》称之为女王国。而且，占玛黛维北上建邦已有确切的碑铭记载考证其真实性⑥，我

① 转引自江应樑《傣族史》，四川民族出版社1983年版，第195页。

② ［泰］萨兰萨瓦迪·翁素恭：《兰那历史》（第四次修订本），因陀罗出版社（曼谷）2008年版，第67页。

③ ［法］赛代斯：《东南亚的印度化国家》，商务印书馆2008年版，第257页。

④ 罗斛在8世纪时可能还是堕钵罗迪国的一个封邑，约在10～11世纪时发展成为一个大城市，后来独立为国。之所以叫做罗斛可能是统治这个地方的君主名叫罗斛，罗斛也可以说是读堕钵罗第的继承。见陈序经《猛族诸国初考》（东南亚古史研究之二），第51页。

⑤ ［泰］《宗教本源志》，第124～140页。

⑥ Emmanuel Guillon：*The Mons*：*A Civilization of Southeast Asia*，in James V. Di Crocco（trans. and ed.），The Siam Society，p. 101.

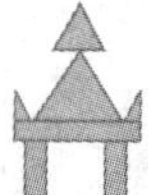

们可以通过这段史实对当时的历史背景进行推测：部分孟人从湄南河下游盆地由南向北地进行过迁移或扩张。而他们向北迁移或扩张的目的是为了传播上座部佛教。占玛黛维的北上建邦，是孟人将佛教有组织、大规模地传入哈里奔差地区的典型事例。也是继之前孟人向泰北传播印度文化的一个叠加式传播。从此，佛教在泰北地区落地生根奠定了更为坚实的基础。既然哈里奔差具有天然窗口的地位，它不仅可以从罗斛接收孟人的文化、印度文化，从缅甸接收缅甸文化因素①，而且还可以通过窗口的作用将这些文化因素向泰北其他地方进行外传。在清迈成为佛教文化中心之前，每次的宗教文化传播应该都始于哈里奔差，并依次向清莱、恩央、清迈等地区传播②。

恩央、清盛一带当时已经是泰庸人的主要居住地区，虽然佛教很早就连续不断地传入到那里，但当时人们信仰佛教是与信仰原始宗教并行的③，佛教还并未在泰庸人社会中占主导地位。外来宗教的传入需要经过选择、过滤和审核的过程，并与本地原有的风俗习惯和信仰相结合，取长补短，形成能够适应本地人需要的宗教。统治者意识到这种宗教的重要性，才开始推崇并发扬。佛教之所以在公元 13 世纪能够得到统治阶级的认可与采纳是与佛教本身的先进性分不开的。佛教未传入之前，泰庸人社会并无文字，民族的发展、统一国家的形成，文字有着很重要的作用。因为佛教的理论都以文字为载体，泰庸人文字的出现与佛教的传入息息相关。泰庸人社会的佛教是通过孟人而传播的。他们的字体就是由古代孟人的字体演变而来。④ 另外，佛教中的天文学、医学、哲学等思想比那些产生于部落时代的原始宗教文化更具有吸引力⑤。

作为与泰北山水相连的西双版纳，在泰北不断接受佛教的同时，笔者认为西双版纳也应该早就通过泰北陆续地开始接受佛教了。只是在 13 世纪之前陆续传入泰北及西双版纳的佛教还未被统治者认可，所以之前所传入的佛教只能是佛教文化因素，并非作为一种全面系统的宗教而存在。当泰北后期开始全面接受佛教之后，西双版纳也逐渐开启了接受贝叶文化的初级阶段。之所以称其为初级阶段，是因为该时期佛教虽为泰北全面接受，但是还未在泰北扎根，佛教在泰北还需要一个发展壮大的阶段。因此不可能一开始就将佛教系统地传入西双版纳。

---

① ［泰］萨兰萨瓦迪·翁素恭：《兰那历史》（第四次修订本），因陀罗出版社（曼谷）2008 年版，第 71 页。

② Hiram W. Wood Ph. D. Thesis, Yale University, 1975, p. 130.

③ ［泰］萨兰萨瓦迪·翁素恭：《兰那历史》（第四次修订本），因陀罗出版社（曼谷）2008 年版，第 60 页。

④ 转引自 G. Codes, Tamnan Akson Thai, *A History of Thai Alphabets*, Bangkok, 1925, p. 138.

⑤ ［美］华思文：《泰傣民族发展史中的勐文化》，云南大学博士学位论文，2000 年，第 94 页。

三、14世纪下半叶至15世纪末期兰那文化圈的形成及对西双版纳的影响

14世纪下半叶，泰庸人的国家已经形成了较为统一的兰那王国。由于国家的稳定发展，泰庸人社会意识形态也有所上升，原来从哈里奔差所传承的佛教已满足不了泰庸人社会的变更。随着锡兰教派和新锡兰教派的传入，上座部佛教在泰北发展到了极盛，佛教文化融合了泰庸人本身的民族文化形成了具有兰那特色的兰那文化。并向其他地方传播，形成了以清迈为中心，西双版纳地区、缅甸掸邦南部及老挝部分地区为覆盖点的兰那文化圈。

（一）佛教在兰那的扎根及传播

披耶格那为了促进佛教的进一步发展，通过素可泰接受了锡兰教派，为了纯净当地佛教，他还从素可泰请高僧拍颂纳僧到清迈传教，并主持佛事活动。① 格那王修建了花园寺，作为佛教研究的中心，创建了花园寺派（锡兰教派）。② 自披耶格那之后，泰北的佛教中心，逐渐从哈里奔差移到了清迈。在披耶三纺更时期，创建了红林寺派（新锡兰教派）红林寺派的戒律要比花园寺派的戒律更为严格。在帕召迪洛嘎腊时代，佛教达到了极盛，通过清迈，佛教被进一步地传播到了兰那以北的地区。两大教派传入西双版纳之后，花园寺派被称为“摆孙”，而红林寺派则被称为“摆坝”。

西双版纳的材料曾有记载，花园寺派有僧侣曾经到景栋建立了瓦法叫、瓦法岗等佛寺，后又以景栋为中转站，向景洪、勐罕、勐腊、勐捧、勐旺等地区传播锡兰教派佛教。而红林寺派于1446年以景栋为中转站，派僧侣到勐混、勐海、勐遮、布朗山等地建立佛寺传播新锡兰教派佛教③。从兰那向西双版纳传播佛教的路线来看，每一次的传教都是以景栋为中转站，最后才传入西双版纳的。

（二）兰那文字的普及

兰那文字最迟在13世纪末就已经创立④。由于佛教的传播，文字作为宗教典籍的重要载体，也就随之传入了西双版纳地区。兰那文字传入到西双版纳地区之后被称为傣泐文（老傣文）。从字形上来看，兰那文字与傣泐文有95%以上都是相似的，只是个别字母有所区别。其最主要的功能就是记录佛经，并且大部分的

① ［泰］巴差吉功扎：《庸那迦纪年》，王文达译，简佑嘉校，云南民族学院和云南省东南亚研究所1990年印行，第166～167页。

② ［泰］萨兰萨瓦迪·翁素恭：《兰那历史》（第四次修订本），因陀罗出版社（曼谷）2008年版，第150页。

③ 转引自谢远章《傣泰学研究六十年》，云南民族出版社2008年版，第134页。

④ 谢远章：《傣泰学研究六十年》，云南民族出版社2008年版，第139页。

佛经都是记录在贝叶上的，因此兰那文字是贝叶文化中最重要的一个载体及传承媒介。除了兰那文之外，还有一种文字是素可泰文，在传入兰那后与兰那文相接触产生了变异，被称为“多发堪”，俗称“豆荚文”或“酸角体字母”。但这种文字在兰那并未如兰那文一样流行。兰那文字不仅传播到了西双版纳地区，还流传到了泰东北部、老挝及缅甸南掸邦地区。这些地区也正好是从兰那传播佛教文化所覆盖的区域。

（三）兰那文化圈——贝叶文化的缩影

兰那佛教及兰那文字的普及和传播，使得泰北兰那在14世纪中叶至15世纪末对周边地区产生了深远的影响。佛教在兰那扎根之后，与其自身的原始宗教和文化特征相融合，形成了具有兰那特色的佛教文化。这种独具特色的佛教文化又向周边地区传播，使得周边地区在文化发展过程当中具备了深受兰那文化影响的因素，使兰那与周边地区，尤其是西双版纳地区的语言文字相通，文化风俗相似。另一方面，西双版纳从14世纪中叶后也开始深受中国文化的影响。但是兰那对西双版纳在文化方面的重要影响却是不可忽略的。这也就是后来西双版纳在文化发展当中吸收了佛教文化，也改造了佛教文化，使它更符合自己的需要，更具有傣族的特点。形成了既有兰那佛教文化特色，又有当地文化特征，并且还融入中国民族文化影响因素的三元文化特征。因此，笔者认为西双版纳的贝叶文化内涵更为丰富，不仅包含了佛教文化的因素。而且是以佛教文化为主流，其他文化因素为基本组成部分的具有傣族特征的贝叶文化。

兰那文化圈的形成，是贝叶文化在传播普及过程当中的一个缩影。贝叶文化涵盖范围广阔，覆盖了东南亚及南亚的很多地区，是一种国际文化现象。兰那文化圈就是其中的一部分，它的形成，以清迈为中心，泰庸人的特色文化为核心。泰庸人作为泰北的主体民族，其文化属于强势文化。这种强势文化通过统治阶层的结盟、联姻，民间的商贸往来等，逐渐传播到了周边地区，形成了以兰那清迈为中心，西双版纳等地为覆盖点的兰那文化圈。因此，兰那文化圈的产生，归根到底还是贝叶文化在历史上发展过程当中的一个缩影。它的形成和发展进一步促进了泰北与西双版纳之间人民的亲密关系，成为连接两个地区人民的重要精神纽带。

四、兰那（八百媳妇）归属元朝后至缅甸入侵前与西双版纳的政治关系

兰那泰庸人由于内部王位纷争不得不归顺元朝。公元1331年5月，元朝在八百媳妇设置了八百等处宣慰司，从隶属关系上来说，从1331年开始一直到缅甸占领兰那，兰那已归属中国，虽然有独立的政权，但在实质上已经成为中国的藩属。同时，元朝已经巩固了在西双版纳的统治政权。自此，西双版纳与兰那共

同作为中国的土司而为中国中央王朝效力。两地都被纳入中国中央王朝的朝贡体系当中。但是由于封建经济的发展，两地在此期间都发生过兼并土地或掳掠人口财物之类的纠纷，中央王朝也会进行干预。有时，一方为了表示对中央王朝的效忠，就会对有损中央王朝利益的一方出兵征讨①。因此，在这段时期内，二者的关系是一种共同效忠中央王朝，又因各方利益而相互制约的关系。

五、16 世纪缅甸入侵后泰北与西双版纳之间的关系

16 世纪后兰那和西双版纳曾先后被缅甸占领，由于缅甸政权的剥削压榨、掳掠人口，使两个地区的生产生活都遭到了严重的破坏。18 世纪，南邦召勐帕召嘎维拉入主清迈，急于恢复清迈的生产力，但清迈人口稀缺，只能通过“放菜入篮，驱民入城”② 的政策来增添人口、劳动力。他攻打大泰地区及西双版纳，掳掠了当地的不少人口，尤其是傣泐民族，迁入清迈。之所以大量掳掠西双版纳的傣泐人口迁入兰那，是由于傣泐民族在语言文字、风俗习惯方面与兰那的泰庸人非常相似，比其他民族更容易与当地的泰庸人相处、融合。

18 世纪后，泰北脱离了缅甸的统治被并入了泰中，成为今天泰国版图的一部分，而西双版纳也重新成为中国版图的一部分。两地之间的关系演变成为两个国家不同地区的关系。虽然两地有着相似的文化，但是各自的文化也因为不同的政治归属而受到了各自国家主体民族文化的影响，形成了自己别具特色的民族文化。傣泐人和泰庸人虽然在文化认同上有共同点——贝叶文化，但是最终却在历史发展进程当中完成了各自不同的政治认同。

六、总　结

泰北与西双版纳在历史上的关系，大多是联盟、联姻为主的友好关系，虽然在某些时期由于政治利益的缘由，两地曾经发生过战争，而更多的历史则是友好往来。再加上有贝叶文化作为两地人民意识形态的共同基础，令两地人民在历史上、当今及以后更有利于沟通、交流与合作。了解两者的历史关系，可增进我们

① 《明史》卷三百十五“列传第二百三云南土司三”载：“永乐元年，刀暹答令其下剽掠威远知州刀算党及民人以归。西平侯沐晟请发兵讨，帝命晟移文谕之，如不悛，即以兵继。又以车里已纳威远印，是悔过之心已萌，不必加兵。晟使至，暹答果惧，还刀算党及威远之地，遣人贡马谢罪。帝以其能改过，宥之。自是频入贡。朝廷遣内官往车里者，道经八百大甸，为宣慰刀招散所阻。三年，刀暹答遣使请举兵攻八百，帝嘉其忠。八百伏罪，敕车里班师，复加奖劳。”“成化十六年，交趾黎灏叛，颁伪敕于车里，期会兵共攻八百，车里持两端。云南守臣以闻，遣使敕车里诸土官互相保障，勿怀二心。”

② “放菜入篮，驱民入城”即通过战争将战败方的人口掳掠到战胜方，来增加战胜方的人口劳动力，以此种方式来促进当地的生产力。

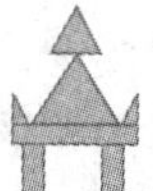

对傣泰民族政治、经济、文化和社会诸多方面的了解，增进中泰双方共识。还可以阐明傣泐民族及泰庸民族作为跨境民族的民族认同与国家认同，以及跨境民族与国家疆域之间的关系，有助于我们在反对民族分裂势力利用跨境民族这一阶段性的民族历史现象进行分裂活动的基础上，从正面利用同源民族和跨境民族这些国际纽带，进一步加强我国与周边国家的政治、经济和文化的交流，促进国与国之间的和谐共荣发展。

从贝叶经中探寻傣泰民族共同的文化内涵

——以“白乌鸦”故事为例

岩温罕*

摘　要：“白乌鸦”是一则记载在贝叶经上的佛本生故事，在东南亚傣泰民族地区广泛流传。通过对西双版纳傣族和泰国清迈泰人“白乌鸦”故事对比研究，将有助于了解傣泰民族的故事内容，理解傣泰民族民间故事与文化习俗互渗相生的关系，解读风俗中所反映的思想内容。本文以“白乌鸦”故事为例，从贝叶经中探寻傣泰民族共同的文化内涵。以及由此折射出来的傣泰民族的思维方式、民族心理、民族性格等深层次问题，从而了解同源民族的文学作品、宗教艺术、文化习俗和价值观念。

关键词：贝叶经　“白乌鸦”故事　傣泰民族　文化内涵

贝叶经是指用硬笔刻写在贝叶上的南传上座部佛教的经典，是信仰上座部佛教的傣族保存其历史文化的载体。除记载佛教经典外，还记载了傣族的社会历史、天文历法、法律法规、风俗民情、医药卫生、伦理道德、文学艺术等诸多方面的内容，是傣族传统文化的象征，堪称傣族人民的“百科全书”。贝叶经不仅存在于中国西双版纳、德宏、孟连傣族地区，在东南亚、南亚各国，如泰国、缅甸、老挝、柬埔寨、印度、斯里兰卡等国也都存在。

傣泰民族是跨境而居的民族，也是东南亚地区分布较为广泛的民族。从百越的源头到傣、泰、老、掸、阿洪泰等分支，虽然有着不同的称谓，但其历史文化渊源同一、一脉相承。在悠久的历史中孕育了多姿多彩的文化，创造了许多优秀的文学作品，其中民间故事数量巨大。《嘎鹏》是南传上座部佛教文化圈①东南亚傣泰民族地区普遍流传的一则民间故事，来源于《佛本生经故事》中的《嘎

* 作者简介：岩温罕，男，1984年生，傣族，云南民族大学民族文化学院教师，主要研究方向为傣泰语言文学，西双版纳傣族与泰国民间故事。

① 贺胜达：《东南亚文化发展史》，云南人民出版社1996年版，第195页。

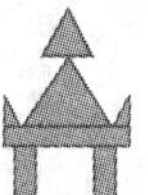

鹏本生经》。“嘎鹏”一词为傣语音译，“嘎”意为乌鸦，“鹏”意为白色、神圣之意。“嘎鹏”可直译为“白色的乌鸦”或“白乌鸦”，意为吉祥神圣的白乌鸦。《嘎鹏本生经》被东南亚傣泰民族用本民族文字刻写或传抄在绵纸或者贝叶上，现存主要有西双版纳傣文（傣泐文），德宏傣文（傣那文），泰文，兰那文，老挝文和掸邦傣文（傣艮文）几个版本。经文的类型主要为贝叶经和绵纸经两种材质，一般保存于较高一级的中心佛寺或藏经阁里。

西双版纳傣族地区和泰国清迈府虽然分属两个国家，但傣泰民族作为跨境而居，共同信仰南传上座部佛教的同源民族而言，保留了许多相同或相近的文化习俗。佛教文学作品中的《佛本生经故事》流传较为广泛，深受各族信众的崇奉，无论在佛事活动或日常生活、文化艺术、风俗习惯等方面，都有很大的影响。寺庙内的壁画及民间绘画，基本上都是以《佛本生经故事》为题材。傣泰民族的习俗、信仰又和民间故事有着密切的关系①。“白乌鸦”故事正是民间故事与风俗信仰有密切关系的一部文学作品，傣泰民族的许多崇拜和习俗都源于“白乌鸦”故事。从这则故事中，可以探寻傣泰民族“帕帝顶嘎”灯芯、火焰崇拜和佛塔崇拜的来源。可以说，流传于两地的“白乌鸦”故事，不仅是一则充满教育意义的佛本生故事，还是探寻两个同源民族共同文化内涵的载体。

一、故事蕴涵的风俗信仰

傣泰民族语言相近，习俗相同，共同信仰南传上座部佛教，居住的地域恰好又处于中南半岛上座部佛教文化圈范围，在宗教活动和日常生活中，有很多相同或相近的习俗来源于“白乌鸦”这则故事。在这则故事里，主要有“帕帝顶嘎”灯芯、火焰崇拜；佛塔崇拜；乐善好施、广积功德的风俗信仰。

（一）“帕帝顶嘎”灯芯火焰崇拜

“帕帝顶嘎”中的“帕帝”为巴利语，意为火炬、灯、烛光、灯光；“顶嘎”为傣语，“顶”即脚、脚趾，“嘎”即乌鸦，“顶嘎”为乌鸦脚趾。“帕帝顶嘎”意为乌鸦脚趾火炬或乌鸦脚状灯芯。“帕帝顶嘎”被东南亚傣泰民族广泛运用在宗教活动里。凡佛寺里有宗教活动，如：“赕坦”（布施经书）、诵经祈福、祭拜佛塔、点长明灯等，都会在寺庙里点燃“帕帝顶嘎”。为的是感激母亲的恩德，获得一生福气、吉祥平安，将会获得涅槃的运气。

西双版纳“白乌鸦”故事中说：

五位苦行僧，听了母亲嘎鹏的讲述后，个个心中欢喜，急忙行合十礼，跪拜

① 刀承华：《民间故事选译》，民族出版社2007年版，第1～2页。

母亲。他们都对母亲说："自出生来到今世，还没有机会照顾过母亲。"他们告诉母亲将足迹留下，留给孩儿们朝拜和供奉，作为回报母亲的恩德。嘎鹏于是对儿子们说："善哉，善哉，吉祥安康。为了让你们有机会报恩母亲，现将母亲的足迹留给你们，希望你们保护好，把它传承下去。"

哈帝嘎大梵天说完，拿出一块棉布，沿棉布边撕下一条棉线，先搓卷成棉线，再将两线头对折，搓捻成棉绳。从棉绳的三分之一处，抽拉出两边棉线，顺势用手捻成两条棉绳，与原棉绳头构成均匀三条绳头，如同嘎鹏的三趾脚。做好后递给五个儿子，把它叫做帕帝顶嘎灯芯。还说："你们要经常点燃朝拜和供奉，永远牢记每位孤独的母亲，直至你们将来都证得通晓一切的智慧。谁点燃朝拜和供奉帕帝顶嘎，谁将一生吉祥，获得涅槃的运气。"诸位仁者听了佛世尊的讲述后，知道了朝拜和供奉帕帝顶嘎习俗起始和依据，这个习俗一直传承到现在。①

泰国清迈"白乌鸦"故事：

天神知道他们五人的志向之后，就在钝叶榕树的附近分别为他们建造了五座修行禅定的凉亭。他们的行为感动了担任梵天一职的母亲——白乌鸦，便下凡与他们相见，并给了他们用棉线结成形状像乌鸦脚的"帕帝顶嘎"灯芯作为信物。五个男孩就专心地修炼基本法业，日夜膜拜"帕帝顶嘎"灯芯。②

火焰崇拜也是东南亚傣泰民族普遍的信仰。火焰崇拜风俗可以通过东南亚傣泰民族的"香"来诠释。东南亚傣泰民族的寺庙里一般供奉佛祖释迦牟尼，信仰上座部佛教的信众往往是"逢佛必礼，逢塔必拜"，在寺庙里虔诚膜拜。除了膜拜三叩首，信众们一般还要点燃三炷香（三炷香代表尊敬佛、法、僧三宝）。东南亚傣泰民族的"香"，傣语叫"典"，是用棉线浸染过黄色蜂蜡风干后的小蜡条。这种"香"需要点燃后再供奉在佛祖面前的香案上。在泰国、缅甸、老挝也同样如此，只要进庙烧香礼佛，都能看到一根根点燃的小小的蜡烛、蜡条和供奉在佛像面前的巨型蜡烛，这些都是东南亚傣泰民族"火焰崇拜"的具体表现。

（二）佛塔崇拜

东南亚古代的文化艺术所体现的佛教思想，在古代建筑和雕刻艺术上，表现得最为充分。这是因为用形象化的实物来进行感召，本来就是上座部佛教传播的重要的方式。在东南亚各地随处可见的佛寺、佛塔，便是佛教传播的标志③。东南亚地区的佛塔来源于古印度，原是埋葬佛祖释迦牟尼和高僧大德舍利的建筑

① 中国贝叶经全集编辑委员会：《中国贝叶经全集》第3卷，人民出版社2006年版，第377页。
② 泰国文学辞典编委会：《泰国文学辞典》（北部卷），曼谷出版社佛历2542年版，第187页。
③ 贺圣达：《东南亚文化发展史》，云南人民出版社1996年版，第228页。

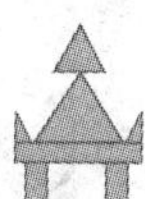

物，一般由基座、塔身和塔刹组成。东南亚地区的佛塔塔基下往往供奉高僧大德的毛发、舍利、金银和宝珠等等。东南亚傣泰民族对上座部佛教的崇拜，通过形象地物化，发展到对佛塔的崇拜，反映了傣泰民族以佛教思想为中心的各种文化因素得到了高度的汇集和交融。

西双版纳“白乌鸦”故事中说：

佛世尊接受布施的食物后，拔下自己的八根头发，分别送给他们每人四根。商人两兄弟得到头发后，急忙向佛世尊行合十礼说：“我通晓一切的佛世尊，您所给的头发，让我兄弟俩拿去安放在哪里供奉呢?”通晓前世和来生的佛世尊这时才开口说：“商人兄弟听着，你们必须把我如来的头发，拿去安放靠近人间的信谷达啦山供养。那里是我三个哥哥即拘留孙佛、拘那含牟尼佛和迦叶佛进入涅槃的地方，也是我们五个兄弟前世同生为嘎鹏儿子时许下的誓言。”①

泰国清迈“白乌鸦”故事中说：

投胎到白乌鸦蛋里的第一位佛世尊名字“嘎谷仙塔达提萨瓦提”，其起名由来，是为了纪念养母母鸡。为了纪念养母母龙，投胎到白乌鸦蛋里的第二位佛世尊名字“郭纳扩玛诺”。为了纪念养母母乌龟，第三位佛世尊名字“嘎萨波”。为了纪念养母母黄牛、母狮子，投胎到白乌鸦蛋里的第四位、第五位佛世尊名字都用养母名字命名，分别叫做“郭达摩”和“阿力亚灭代哟”。五个男孩为了铭记养母的恩德，修筑起五座金色的佛塔供奉五位仁慈的养母。②

（三）乐善好施、广积功德

所谓积功德，就是把个人的财富用于宗教上，如向僧侣提供食宿，为他们建造佛寺佛塔。施舍越大，功德越大。而佛教理论认为，世界上没有什么东西是永恒的，一生积累的财富并不永远属于自己，不如奉献出来，求得涅槃。东南亚佛教文化圈从发展、形成到现在一直都保持了在中南半岛的“独尊”地位，佛教的影响非常广泛，几乎渗透到社会生活的各个层面。由于佛教的教化作用，傣泰民族的民族性格变得更加平和，在日常的生活中自觉不自觉地遵循着佛教的思想和理念。在东南亚各地，随处可以看到当地的人们乐善好施、敬佛斋僧、布施金银、捐建佛寺佛塔，广施功德的场景。

西双版纳“白乌鸦”故事中说：

如果哪位想求得福业，不管路程有多远，只要心里不断地祈祷，或者功德抄写佛教经典书籍，保留着朝拜和供奉，或者是向大人小孩讲述本生经，上述各

① 中国贝叶经全集编辑委员会：《中国贝叶经全集》第3卷，人民出版社2006年版，第348页。

② 泰国文学辞典编委会：《泰国文学辞典》（北部卷），曼谷出版社佛历2542年版，第188页。

项，都将是功德无量，就犹如见到五位佛。供奉和朝拜嘎鹏脚迹，引导大家到达至上的大涅槃。①

泰国清迈“白乌鸦”故事中说：

他们五个人转世成为菩萨，为了成佛，需要他们再经历各种各样的生死轮回，需要贯彻完“十波罗蜜”（又称为超世之法），“十波罗蜜”包括施、戒、忍、精进、真谛、慧、中性、出离、慈、祈祷等，这是将所有的低层和高层的各种境界汇集成为十项“波罗蜜”，当他们五人贯彻完“十波罗蜜”便可以悟道成佛了。②

二、故事蕴涵的道德和价值观念

西双版纳和泰国清迈的“白乌鸦”故事，从故事的内容和主题上突出了一个崇高的母性光辉形象。故事通过白乌鸦、母鸡、母黄牛、母乌龟、洗衣女子、母蛇、大梵天这几个角色，赞扬了母亲的伟大恩德。让整个故事充满了感人的母子情怀。五位尊者长大后辞别各自的养母，出家到森林里修行，供奉膜拜着大梵天白乌鸦母亲传授的“帕帝顶嘎”火炬灯芯，为了回忆起白乌鸦母亲的形象，回报母亲的恩德。两则故事中，五位佛世尊的名字全都以养母名字为依据，主要是为了纪念五位动物养母的养育之情和无尚功德。故事的教育意义是让世人明白，做人需要知恩图报，尊重和孝敬母亲，为母亲布施恩德的价值观念。

表1　西双版纳与泰国清迈“白乌鸦”故事内容比较

版本	故事内容略述	相同点	不同点
内容	五位佛世尊佛名来历	五位佛世尊的名字分别为：拘留孙佛、拘那含牟尼佛、迦叶佛、释迦牟尼佛和弥勒佛；佛名是为了感激五位纪念养母的恩德。	
西双版纳	五位世尊，以养母母鸡首领、母黄牛首领、母乌龟、洗衣女子（乔答摩）和母蛇的名字为依据。		洗衣女子（乔答摩）—母蛇
泰国清迈	投胎到白乌鸦蛋里的五位佛世尊名字的由来，是为了分别纪念养母母鸡、母龙、母乌龟、母黄牛和母狮子。		母龙—母狮子

① 中国贝叶经全集编辑委员会：《中国贝叶经全集》第3卷，人民出版社2006年版，第379页。

② 泰国文学辞典编委会：《泰国文学辞典》（北部卷），曼谷出版社佛历2542年版，第189页。

表2　西双版纳与泰国清迈“白乌鸦”故事中养母角色比较

养母角色比较	西双版纳“白乌鸦”故事	泰国清迈“白乌鸦”故事
第一个男孩	母鸡	母鸡
第二个男孩	母黄牛	母龙
第三个男孩	母乌龟	母乌龟
第四个男孩	洗衣女子	母黄牛
第五个男孩	母蛇	母狮子

表3　西双版纳与泰国清迈“白乌鸦”故事中佛名比较

角色名	佛名	西双版纳“白乌鸦”故事	泰国清迈“白乌鸦”故事
		国际音标	国际音标
第一尊佛	拘留孙佛	[ka^{41}1 kŭ^{55} săn^{55} tha^{41}]	[pra^{55}ka^{22} ku^{22}san^{24}tha^{55}]
第二尊佛	拘那含牟尼佛	[ko^{55} nak^{41}ka^{41} mă^{41} nă^{41}]	[pra^{55}ko^{33} na^{33} khom^{33} ma^{55} na^{55}]
第三尊佛	迦叶佛	[kăt^{55} să^{55} pă^{35}]	[pra^{55} kat^{55} sa^{22} pa^{22}]
第四尊佛	释迦牟尼佛	[ko^{41} tă^{55} mă^{41}]	[pra^{55} khoː^{33} ta^{22} ma^{55}]
第五尊佛	弥勒佛	[ʔă^{55} li^{41} ja^{41} met^{41} tăi^{55}]	[pra^{55}ɿa^{22} ri^{55} jaː^{33} meːt^{41} trai^{33} ja^{55}]

上座部佛教传入东南亚后，对傣泰道德规范的形成与发展和完善起了重要作用。特别是佛教中的三皈依、五戒、八戒、十戒等，五戒甚至已经成为了世俗信众应该遵守的戒律。上座部佛教宣扬个人修行要有佛德慈悲心肠，讲求爱人、怜悯人，不杀不奸，不偷不盗，互爱互助，要相信佛教宣扬的“因果报应”。这样的价值观念使得东南亚傣泰民族都崇尚生前敬佛赕佛，积极行善，知恩必报，广积功德。傣泰民族认为，一个人的价值并不依据个人所获得的财富以及社会地位，而是看这个人对社会、对他人的贡献有多大，布施有多少。一个人一生积累的财富并不永远属于自己，因为世界上没有什么东西是永恒的。人们只有在现世不断地布施做“赕”，不断地奉献，施舍越大，功德越大，方能在来世共享前世积累的福荫。

三、“白乌鸦”故事相关的宗教艺术

佛教文学不仅为傣泰民间文学提供了丰富的素材，还对文化生活，建筑艺术方面产生了巨大影响。寺庙壁画就是宗教对傣泰民族艺术产生影响的一个缩影。寺庙壁画是南传上座部佛教文化的艺术符号，也是南传佛教本土化的具体表现形式之一，其中包含了南传佛教教义、傣泰民族的原始信仰、伦理道德、风俗习惯

以及民间传统工艺等内容，是傣泰民族外在的文化符号①。

佛寺壁画，顾名思义，它应是一种宣传佛教教义的壁画，是经画的一种表现手段。寺庙壁画主要绘于寺庙大殿内墙面或板壁之上，在泰国、老挝、缅甸及中国云南西双版纳、德宏、孟连等地的寺庙都有大量的寺庙壁画。寺庙壁画以宗教题材为主，包括反映佛本生经故事的内容、描绘民间故事和民间传说的内容、描写傣族的生活劳动以及与傣族生活相关的动植物等。

“白乌鸦”故事也常常作为寺庙壁画的题材出现在东南亚傣泰民族地区的寺庙壁画上。笔者在国内外开展田野调查，搜集“白乌鸦”故事佛经典籍时，就收集到了许多反映“白乌鸦”故事情节的壁画。画面通过简单易懂的线条描绘，勾勒出前世同生为白乌鸦儿子的五位佛世尊与各自养母的关系，五位佛世尊的名字与曾经收养过自己的养母相近或相同。壁画反映的内容及情节与两地“白乌鸦”故事里描述的情节和故事内容一致。

图1 西双版纳“白乌鸦”故事壁画

图2 泰国清迈“白乌鸦”故事壁画

① 伍琼华：《画中有话——中国南传佛教壁画述论》，载《贝叶文化与民族社会发展》，云南大学出版社2007年版，第397页。

寺庙壁画在傣泰民族中具有广泛而深刻的社会功能，它通过简单易懂的绘画艺术手段将南传上座部佛教的内容进行更加形象生动的传播，并介入信奉南传佛教的各民族的生活中，融入各民族的文化，渗透进各民族成员的心灵，具有一种全面一致的规范力。这种文化对培育和传承傣泰民族的优良传统美德和民风，调适心理状态及塑造民族性格等起到了积极的影响和促进作用。

四、小　结

西双版纳和泰国清迈的“白乌鸦”故事，都源于佛教文学作品中的《嘎鹏本生经》，是一则充满了离奇色彩、精彩动人的佛本生故事，同时也是一则宣扬佛教思想理念的具有教化作用的民间故事。在东南亚傣泰民族地区，类似“白乌鸦”故事这样的文学作品很多。在浩瀚的贝叶经里，有许许多多题材多样的佛本生故事、创世史诗、佛教格言、叙事长诗、民间传说等等。这些文学作品，不仅流传于中国，在邻近的泰国、缅甸、老挝、柬埔寨诸国也流传甚广。诸如家喻户晓的讲述佛祖释迦牟尼的本生经《瞿昙出家》（王子出家记）、《佛祖巡游》、《召树屯》（孔雀公主）、《维先达腊》、《金鲤鱼》、《千瓣莲花》等等，都是傣泰民族地区影响深远的佛本生故事，很多傣泰民族的做赕活动、民族风俗，无不与这些故事息息相关。作为一部文学作品，它不仅具有很高的文学的价值，还同样蕴涵着大量的文化内涵，研究它可以解释很多文化习俗、风俗信仰，分析它还可以增进对傣泰民族的民族性格与民族心理的理解。

这些源于印度的佛教文学作品，随着上座部佛教在东南亚傣泰民族地区的流传，不但去掉了原有的印度色彩，融入了傣泰民族的风俗民情，适时的地理环境，不断创作发展成为本民族喜闻乐见的文学形式。文学作品的内容由平淡、枯燥的讲述变为离奇、有趣的诵诗，由内容单薄、短小变为丰富、恢弘的巨制，主题思想更为深刻，故事情节更为起伏跌宕，语言风格更为丰富多彩。与此同时，佛教借助诗歌、传奇、故事等题材形式进行传布和弘扬，傣泰民族文学因佛教的这些影响得到了丰富和发展。傣泰民族虔诚信仰上座部佛教，这与佛教文学有着密切的关系。具体说，东南亚傣泰民族并不是受到巴利语三藏经影响或者是听了高僧大德乏味的讲经而向佛的。主要是在其自幼听到过许多佛经故事和佛教经典的基础上，经过熟知或点化，才逐渐热爱和信仰佛教的。

西双版纳傣族与泰国清迈“白乌鸦”故事，不仅仅让我们了解了同一部《佛本生经故事》在不同国家、不同地区、跨境民族之间流传的差异，让我们从两地的“白乌鸦”故事中挖掘出许多蕴涵在这则民间故事里的民族文化、风俗、信仰和价值观念，也使我们从一则民间故事中了解傣泰民族民间故事与文化习俗互渗相生的关系，探寻到东南亚傣泰民族许多风俗信仰的来源和依据，同时也折

射出在上座部佛教文化圈影响下不同国家地区间跨境而居的同源民族共同的思维方式、民族心理和民族性格。

参考文献：

[1] 刀承华. 泰国民间故事选译 [M]. 北京：民族出版社，2007.

[2] 刀承华. 傣族文学研究 [M]. 昆明：云南大学出版社，1997.

[3] 中国贝叶经全集编辑委员会. 中国贝叶经全集，第3卷：瞿昙出家嘎鹏 [M]. 北京：人民出版社，2006.

[4] 贺胜达. 东南亚文化发展史 [M]. 昆明：云南人民出版社，1996.

[5] 赵世林，伍琼华. 傣族文化志 [M]. 昆明：云南民族出版社，1997.

[6] 云南大学贝叶文化研究中心，西双版纳州贝叶文化研究中心. 贝叶文化与民族社会发展 [C]. 昆明：云南大学出版社，2006.

[7] 刀承华. 佛教对傣泰民族民间故事的影响 [J]. 中央民族大学学报，(哲学社会科学版)，2007，34 (2).

[8] 刀承华. 泰国民间故事与民俗的互渗相成关系 [J]. 云南民族大学学报（哲学社会科学版），2007 (5).

[9] 泰国文学辞典编委会.《泰国文学辞典》(北部卷) [M]. 曼谷：曼谷出版社，佛历2542.

国外贝叶文化研究

贝叶经：研究佛教文学与文化的一扇窗①

阿尼尔·释迦长老* 文 周娅** 译

关于贝叶经的重要性可以援引约翰·达格奈斯对欧洲经文的一段评论，即："现存的抄本不止是作为阅读的一个载体，可能随着时间的推移，在编纂和修订的过程中被丢弃，它其实是中世纪充满生气、同时又无序、混乱的现实世界的见证。"②

一、导言

作为佛教文明的一部分，贝叶经里蕴涵了丰富的关于佛教文化和文学的内容。在很多信仰佛教的国家，它们的图书馆、博物馆和佛寺都收藏了大量的贝叶经。历来人们都习惯把经书和一些重要的文献资料藏于佛寺和寺院。这些珍贵资料所包含的内容丰富广泛，包括了不同时代的佛教经文、文学、诗歌、历史、习俗、语言艺术、医药、动物科学、天文、民间习俗和文化等等。所有这些都有助于我们更加清晰地了解佛教文学与文化。

贝叶经的刻写技艺是东南亚和南亚所特有的。和东南亚相接的中国云南省也有这种技艺。而在亚洲西北部的巴基斯坦和阿富汗，远古时候的知识和信息多数是通过树皮记录下来的，中国则是用纸、竹片或木片。早在公元前5世纪就有使用贝叶记录文字的事例，直到19世纪晚期贝叶仍在被使用③。在贝叶经刻写技艺发明之前，很多知识都是口耳相闻流传下来。但是在字母被发明并传到南亚以

---

① 本文为2010年在西双版纳州景洪市举行的"首届贝叶文化国际研讨会"上的主题发言。译者注。

* 阿尼尔·释迦长老（Ven. Anil Sakya），泰国僧王 Somdet Phra Nyanasamvara 助理秘书，泰国马哈马库特佛教大学社会科学学院副院长，英国剑桥大学哲学硕士，英国布鲁内尔大学社会人类学博士。主要研究方向为宗教人类学。

** 周娅，云南大学发展研究院贝叶文化研究中心副主任，助理研究员。主要研究方向为贝叶文化与宗教社会学。

② 维德林格，丹尼尔·M.．达摩的传播：泰国北部书写、口述文本的传播．火努鲁鲁：夏威夷大学出版社，2006：103.

③ http：//www.cedar.buffalo.edu/~zshi/Papers/kbcs04_261.pdf

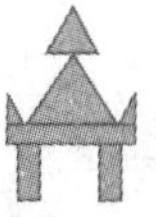

后，人们开始将文字记录于被晒干烟熏过的棕榈叶上。此后，贝叶经不仅包含了关于宗教知识的最原始资料，也包含了丰富的文学艺术和传统文化知识。它是我们了解人类祖先生产生活和世界观的一扇窗。

二、早期的贝叶经抄本

尽管贝叶经古老悠久，但是能够意识到它重要性的人却寥寥无几。尤其是在当今信息化的时代，网络上各种信息铺天盖地，传播速度也越来越快，人们自然而然地遗忘了曾经信息滞后的时代。随着中国造纸印刷术的发明，这种把文字书写在棕榈叶上的方式也被彻底改变了。因此，现在我们见得更多的是印刷在纸上的佛教经文，并且这些经文均被重复大量地印刷出版。此外，现在还有了储存在光盘上的电子版经书，通过网络也不难找到这些经书。我不禁要问：在这样的背景下，贝叶经还有什么作用，抑或它们仅仅是在文物爱好者或收藏者眼中有价值的古物？

可以肯定的是，贝叶经不只是适合博物馆的收藏品，它的意义远远大于我们所知。通过阅读巴利文，我们可以了解到使用棕榈叶是早在佛教出现之前就有的古老技术。在巴利经文中，棕榈叶都是很多处暗喻的喻体。比如在巴利经文中提到的 tālapakka 是棕榈果，tālapa 是叶，tālapatta 是皮等等。这也表明了在古老的佛教国家里，棕榈叶在日常生活中也是被广泛使用的。但是，笔者尚未发现有资料表明棕榈叶在当时是用来作为记录文字的工具。然而，在巴利文注解中有大量的记录表明贝叶（potthaka or pothi）① 被用来记录佛教的说明。例如：在《尼柯耶长部》（*Dīgha-nikāya*）《大本经》（*Mahāpadāna sutta*）的注解中，《大品》（*Mahāvagga*）提到了“即使是技艺精湛的艺术家也未必能在贝叶上作画”。由此可见，用棕榈叶作画是当时一项高超的技艺，这能作为古代贝叶抄本存在的一个例证。在《河水满本生经》（*Pu ṇṇ anadī Jataka*）中则提到了这样一个故事：“国王为了召回被驱逐出城的菩萨，他将一首藏头诗写在棕榈叶上寄给菩萨让他解谜。”类似的记载在《尼柯耶中部》（*Majjhima – nikāya*）的《摩健地耶经》（*Māga ṇ diya sutta*），《中分五十》（*Majjhimapa ṇṇ āsaka*）中也有《普行者品》（*Paribbājakavagga*）提到：释迦牟尼死后，一群乞丐得到了关于佛陀的诗文，这些乞丐把诗文都写到了贝叶上，自己只保留了两首诗文。后来所有诗文都属于平民百姓而不为贵族所独有，在《一切善见律》（*Samantapāsādikā*）② 中还提到

① 事实上，印度次大陆现代语言中的“书”一词来源于贝叶经的本意。巴利文中指贝叶经的“poṛhi-orpotthaka”一词在梵语、印度语、孟加拉语、尼泊尔语中变成了“pustaka ”，在僧伽罗语中变“pota”。

② 又译为《普端严》或《一切欢喜》。译者注。

“僧侣将字母写在叶片和贝叶上”①。这一相同注解也详尽地提到了制作贝叶经书的方法：有一些志同道合的僧侣决定要写一写关于死亡的看法，于是其中一个僧侣便爬上贝叶树砍下贝叶，其他人拾起叶子，另外几人负责烘干叶子，其他几个用尖笔把文字撰写到干叶子上，还有人在字上加上黑色颜料，之后再把这些叶子捆到一起……②这些例子都表明了用棕榈叶来记录佛经的文化和佛教一样悠久。

除了在巴利经典和注解中提到的这些例子，斯里兰卡4世纪编年史《岛史》（*Dīpavamsa*）、《大史》（*Mahāvamsa*）中记录了南传佛教典籍的教义和对其的注解最初是在 Vattagāmi ṇ i（c. 29 –17BCE）国王在位时记录下来的，主要是担心重要文献会由于战争、饥荒和宗教冲突而丢失。当时唯一在印度南部和斯里兰卡使用比较广泛的文字记录材料就是贝叶。因此，最早关于三藏 Tipitaka 的记录就是使用了贝叶。在编年史中也提到了使用贝叶来记录佛教经文的原因：由国王 Devānmpiya Tissa（247 –207BCE）修建的斯里兰卡第一个寺院大寺（Mahāvihara），和后来由国王 Va ṃ agām ṛ i 修建的无畏山寺（Abhayagiri）两寺院的僧侣之间产生了对戒律理解上的冲突，为了从佛陀的教义中寻找解决冲突的办法，因此决定将佛陀的言教刻写在贝叶上。属于大寺的僧侣们在经文中明确了他们偏向保守的教义，用来对抗无畏山寺僧侣所持的较为激进的教义。

这些史料都清楚地表明贝叶经是佛教史上深具意义且最可靠的佛教文学记录。根据现有的资料可知，最早使用贝叶记录文字发生在印度南部和斯里兰卡。这一假设可以通过巴利经文中的叙述得到例证。再者，大部分注解都可以称为印度南部和斯里兰卡僧侣们的文学创作。值得注意的是，最早的记录在贝叶上的婆罗门文学作品也发生在印度南部。此外，最早关于印度的艺术、建筑、数学、天文学、天体学、地理、历史、科技、社会学、宗教等等方面的内容在佛教贝叶经中都有记载，这一点已经得到很多研究印度的学者的广泛认同。

可以确定贝叶经是为了能够准确完整地保存佛教经文而产生的。佛教文化能够完整地延传至今，贝叶经的作用至关重要。自从贝叶经出现，前人便时时不忘对这一宝贵遗产的传承。由于自然条件的限制，贝叶在热带气候环境下最多能保存3～4个世纪。因此，定期制作抄写新的贝叶经文也成了佛教的传统。所以，在历史记载中也常有帝王颁布命令或拨款制作新的贝叶经来替换破损的经书，或命令增加新的贝叶经。引用佛教徒常说的一句话：“佛法（真理）是胜过一切的馈赠。”佛教徒们深信能有资格参与贝叶经的制作是对本人品德的一种肯定和嘉许。因而，直到19世纪还存有大量的贝叶经，因为在当时能参与抄写巴利文本仍是体现美德的一个重要标准。然而，在19世纪印刷术的广泛使用逐渐改变了

① Lekhañ chindatīti pa ṆṆ e vā potthake vā akkharāni likhati.

② The *Samantapasadika*, the Commentary on Vinaya, *tatiyapārājikavaīanā* p. 665（泰语巴利文版本）.

人们对贝叶经的依赖，尽管在斯里兰卡、缅甸、泰国仍存有成千上万的贝叶经，并且还有大部分贝叶经被传播到尼泊尔、中国云南省、老挝、柬埔寨、印度尼西亚和越南等地，但是到了20世纪后期，对贝叶经的保护工作便不再受到重视了①。

追溯历史我们可以发现被改变的是传播的媒介，从最初的把经书抄写在贝叶上，到后来通过纸张印刷，到现在用电子媒介储存。所有这些媒介所承载的内容其实都没有改变过。另一种改变就是接触经文的人群扩大了。在过去用贝叶记录经文的时代，人们都视它为圣物，将它供奉在庙宇、寺院和佛塔这些佛教场所。然而在当今印刷业发达、电子技术发展的时代，形形色色的人随时随地通过书籍或电脑就能阅读到这些佛教的经典。

三、早期佛教贝叶经的发现

最初的贝叶经文能够最真实地反映各地佛教文化的发展情况。然而，多数情况下这些经文不能保存很长时间。主要由于在印度南部、东南亚等地气候炎热且潮湿，这些地方的贝叶经文不能长期保存。因此，贝叶经要能够一代代传承下来就必须频繁地对经文进行修订和复刻抄写，并且要细心保存和维护。在斯里兰卡和东南亚，情况正是如此。这些地区存有大量的巴利贝叶经文，但只有极少数经文的保存时间能超过几个世纪。然而在印度大约13世纪时，随着佛教的衰落，保护和抄写经文的工作渐渐不受重视，只有极少数的经文能被保存下来②。在佛教仍占主要地位的尼泊尔，大量的佛教经文被保存了下来，但大部分经文都是在近几个世纪完成的，只有极少数古本经历了十个世纪的历史③。除了个别句子和一份两页长的文本是公元8世纪、9世纪时留下来的，最早的贝叶经文是14世纪晚期时留下的。公元18世纪以前的经文也是寥寥无几④。在斯里兰卡，现存的最早的贝叶经文是13世纪的⑤。在泰国，存于国家图书馆的最古老的贝叶经文仅能

① 科尔文，黛米尔；普尔彼什，查尔斯·S. 编. 佛学百科全书. 伦敦，纽约：泰勒·弗朗西斯集团，2007：290.

② “吉尔吉特”抄本是世界上最古老的手抄本，也是在印度能够保存下来的最古老的文本集。该抄本对佛学研究和梵语、汉语、韩语，日语和藏语文学的发展有着非同寻常的意义，虽然对抄本的具体时间还存有不同观点，但大约是在公元5~6世纪写成。在之后几个世纪里发现的一些抄本也被归类为“吉尔吉特”抄本。该贝叶经手抄文集于1931年在巴基斯坦的吉尔吉特被发现，文集包括佛经中的四本箴言集，包括著名的《莲花箴言》。文本用梵文抄写在桦树皮上。

http://portal.unesco.org/ci/en/ev.php-URL_ID=22448&URL_DO=DO_TOPIC&URL_SECTION=201.html

③ 所罗门，理查德. Gandhāra. 古代佛教文卷（英国图书馆 Kharoṣṭhī Fragments）. 伦敦：英国图书馆，1999：8.

④ http://www.asianart.com/articles/tamsuks/index.html

⑤ Gunawardana, Sirancee. 斯里兰卡贝叶经. 科伦坡. 1997.

追溯到公元1615年。但是泰国北部存有的贝叶经已是东南亚地区现存最古老的巴利经文。用兰那经文写的现存最早的巴利抄本是一部已经严重残损的《本生经》，主要讲述的是的佛祖前几世的生活①。根据对泰国贝叶经的研究，可以推测在西双版纳傣族自治州存有的贝叶经和兰那经文属于同种体裁，属于这一地区现存最早的贝叶经。缅甸存有的最古老的贝叶经仅能追溯到不到两个世纪之久。在老挝，现存最古老的贝叶经能追溯到公元15世纪。而在柬埔寨，由于当地潮湿的热带气候，最古老的贝叶经仅能追溯到20世纪，但当地用贝叶书写的历史要略长一些②。较为特殊的是，现在的新疆塔里木盆地在公元的第一个千年曾是一个重要的佛教中心，由于当地地处沙漠，气候干燥，非常适合保存由贝叶、树皮、纸张制作的经文。20世纪初对该地进行的一些探索，发掘出了一大批目前最为古老的来自佛教发展鲜为人知的重要时期的贝叶经，所发现的这些用梵语和当地语言写的经文大部分可追溯到公元7世纪或者之后，极少数可追溯到公元2世纪、3世纪。这一发现对学者研究佛教历史产生了重要影响，也削弱了传统的以巴利文为主的一派观点，促使学者重新审视传统观点③。

四、贝叶经对研究佛教的重要意义

的确，年代更久远的贝叶经未必总是比后期的经文更具价值、更真实或内涵更丰富，因为大部分经文都是誊抄了最原始的经文。但是历史越久远的经文在实际运用中越有更加宝贵的价值，不仅因为它们记录的经文更加准确，没有经过太多的变动，更重要的是它们能够提供在远古时代曾被使用的经文的最原始文本。在研究早期贝叶经抄本时，我们不仅可以发现一些与后期文本形式不同的文本，甚至能找到之前从未发现过的一些文本及全新的体裁。因此，对于当代研究佛教的学者来讲，现存的这些贝叶经抄本的确是他们了解研究早期佛教文学、文化及其发展史的重要途径。

所罗门阐述了这些贝叶经抄本对研究佛教的意义："佛经具有一定的权威性，这就限定了它被传播到其他语言区域时最基本的文体风格，其本身具有的这一标准主导了早期佛经的不同抄本及相关文学作品的风格。它们反映出了在历史上佛经教义的严谨，也不容任何的变更、分歧的存在。因此，在多数情况下，历史学家们只有发现并解读了这些早期的文本，才能洞悉这一有悠久历史的宗教的真正

① 维德林格，丹尼尔·M.．达摩的传播：泰国北部书写、口述文本的传播．火努鲁鲁：夏威夷大学出版社，2006：104.

② http：//www. southeastasianarchaeology. com/2007/09/27/the - leaf - books - of - cambodian - monks.

③ 所罗门，理查德·Gandhāra. 古代佛教文卷（英国图书馆 Kharoṣṭhī Fragments）. 伦敦：英国图书馆，1999：8.

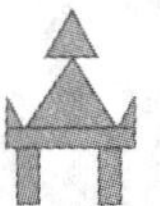

内涵以及它所折射出来的历史。”①

五、贝叶经抄本的保护工作

认识到贝叶经的重要性后，许多佛教国家都开始在一些佛寺甚至皇宫里设立专门收藏经书的书库。在缅甸和泰国的佛寺里常常可以看到藏有巴利经文的书库。多数情况下这些书库都是立在水池中央以防蚁类进入，或是建在佛寺中较为神圣、防护较好的藏经楼中。遗憾的是，在很多佛寺里这些贝叶经抄本都得不到良好的保护，很多时候经文都是被随意捆扎之后堆放在无人管理的角落。有了造纸印刷术之后，人们可能更加忽视这些贝叶经抄本，因为它们语言晦涩难懂且难得保管储藏。唯一一个例外是在泰国，因为僧侣做法事时诵读贝叶经是泰国的一项传统（需要说明的是现在大多数经文都是以贝叶经的形式印刷在纸张上的）。

公元19世纪晚期，随着人们意识到这一古代遗产的重要性，这一状况发生了改变。许多研究佛教的学者、人类学家、考古学家及历史学家开始关注对这一蕴涵了佛教历史、文学及文化的重要资源的保护。由于许多贝叶经都已接近保存的期限，面临消亡的危险，因此恢复、保护和翻译这些经文的工作迫在眉睫。有工作者已经将这些贝叶经文转化成电子文本储存下来，以便于后人学习。在笔者看来，这是保存这些宝贵经文的最好方式，也是我们留给后人的一笔宝贵财富，这不仅能让后人了解古代独一无二的文明，也有利于这些文明的传承。

六、结　语

在过去几十年里人们越来越关注现代信息技术对佛教经典保存及传播的影响，然而我们前人曾用何种方式记录这些佛学典籍却未被重视。众所周知，所有典籍都经历了从最初的口口相传到用文字记录的转变，其中必须强调的一点是：同样是用文字记录的方法，但前人采用的方式和当今我们采用的编辑、印刷文本的方式是截然不同的。因此，我们有必要探寻前人的方法，并且思索它所折射出的前人对宗教的感悟。正如贾斯汀·迈克丹尼尔在他关于泰语和老挝语抄本的著作中所言，这就需要我们审视贝叶经在不同国家、民族和群体中所起的作用②。这些典籍实际上是人类探寻自己的一扇窗，从那里，我们可以发现我们的过去、我们如何走到现在，又是怎样与地球和谐共存。

① *The Samantapasadika*, the Commentary on Vinaya, *tatiyapārājikavaīanā* p. 665（泰语巴利文版本）.

② 迈克丹尼尔，贾斯汀．探寻根源：尼萨雅抄本，泰国和老挝佛教中的教育及讲道．博士论文，哈佛大学，2003：88.

参考文献：

［1］Gunawardana，Sirancee. 斯里兰卡贝叶经抄本：泰语版巴利文注解．科伦坡，1997.

［2］科尔文，黛米尔；普尔彼什，查尔斯．S. 编．佛学百科全书．伦敦，纽约：泰勒·弗朗西斯集团，2007.

［3］迈克丹尼尔，贾斯汀．探寻根源：尼萨雅抄本，泰国和老挝佛教中的教育及讲道．博士论文，哈佛大学，2003.

［4］所罗门，理查德．Gandhāra. 古代佛教文卷（英国图书馆 Kharoṣṭhī Fragments）．伦敦：英国图书馆，1999.

［5］维德林格，丹尼尔·M.．达摩的传播：泰国北部书写、口述文本的传播．火努鲁鲁：夏威夷大学出版社，2006.

泰国的贝叶经抄本

——以泰国曼谷波瓦拉尼维斯皇家佛寺为例

阿尼尔·释迦长老* 文 周娅** 译

摘　要：在亚洲佛教文明的研究中，贝叶经抄本有着丰富的佛教文学和文化资源内涵。这些抄本大量存于许多佛教国家的图书馆、博物馆和寺院中。与其他许多国家一样，泰国也有在寺院里藏存这些典籍、抄本和其他珍贵资料的传统。而这些珍贵的卷集正是汇集不同年代的佛藏、文学、散文和韵文、历史和传统、语法和字典、艺术、本土医药和兽医学、天文学、科学、民俗学等知识的富矿宝藏，是了解佛教文学与文化的真正意义上的第一途径。本文是关于泰国曼谷波瓦拉尼维斯皇家寺院所藏的大量贝叶经抄本的分析。研究对象总计有1 415 捆15 351 册贝叶经抄本。其中年代最久远的抄本是1620 年的。这相较于泰国国家图书馆所收藏的泰国迄今最古老的1615 年的贝叶经抄本，在年代上只相差5 年而已。这一具有重要意义的研究发现揭示了贝叶经抄本不仅是佛教典籍和注疏的无价源泉，同时也把当代文学、历史、艺术、信仰、纺织、技术和文化作为一个整体涵纳其中。相应的，贝叶文化体现的不只是佛陀的说教，也是佛教与泰国和谐发展的社会文化的方方面面。

一、导　言

泰国散存着大量没有登记过的古贝叶经。这些古贝叶经是人们了解先人文化遗产、发展自身文明的第一手资料。这些抄本也向人们讲述着在各个历史时期和不同地域下古代社会的价值取向。它们对于人们学习了解历史、建筑、艺术、文

* 阿尼尔·释迦长老（Ven. Anil Sakya），泰国僧王 Somdet Phra Nyanasamvara 助理秘书，泰国马哈马库特佛教大学社会科学学院副院长，英国剑桥大学哲学硕士，英国布鲁内尔大学社会人类学博士。主要研究方向为宗教人类学。

** 周娅，云南大学发展研究院贝叶文化研究中心副主任，助理研究员。主要研究方向为贝叶文化与宗教社会学。

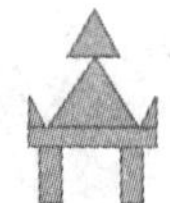

学、语言、古文学、宗教、文化、风俗以及其他与人类生活相关的问题极有助益，对于研究人们过去的生活方式也具有重要的学术价值。

古贝叶经通常有着百年或者数百年历史，因而大多数贝叶经的保存情况令人担忧，自然的老化、残损和遗失不全极其常见。所以，如果不能妥善管理保存，这些抄本很容易就会在辗转过程中遗失，这将导致我们的后代无法了解并珍惜这些可能荡然无存的宝贵文化遗产。因为我们现在已经停刻这些古贝叶经，这对于如此珍贵无价的历史迹象，无疑也是一种间接的毁灭。故而，对于当代人来说，去学习、研究和保存这些目前尚可获得的贝叶经抄本，是非常重要的。

贝叶经是一种用铁质尖笔刻写在贝叶上的抄本。贝叶取材于糖椰树（Palmyra palm）或是贝叶棕（talipot palm）。使用贝叶经抄本是南亚和东南亚国家独有的文化事象。制作贝叶经抄本的技术是从南印度传播到南亚次大陆其他部分的。从古时候开始，贝叶就已经被用于制作一些家用器物，例如用来包裹食物、制作扇子、雨伞、帽子、包、玩具、绳子等等。贝叶干燥后其颜色为乳白色。被用来刻写文字的贝叶一般为较成熟的老叶，且尺寸大小相当。制作贝叶抄本的步骤并不复杂。有趣的是，这一技术甚至在公元5世纪的巴利文注解中就已经有记载传承①。在泰国，贝叶经的制作步骤如下：

在从贝叶树上砍下贝叶后，去掉叶柄留下叶面。之后将叶子扎成一捆，浸入水中泡整整一夜。第二天早上，这些浸泡过的叶子被捞起来晾干（需要较长时间才能彻底晾干）。然后用木质夹板②在贝叶上标上穿洞的位置以方便之后用线穿钉绑定。将贝叶的四边按照木夹板的大小修裁成相应尺寸。完成后，将每片树叶分开，在这些分开的叶片上倒上热沙，用来打磨叶子表面直至光滑。之后，用烧热的铁尖在贝叶上先前标记好的两个位置穿孔。用线穿过这两个孔，就可以把这些分散的贝叶绑成一部或者一捆。最后，再用干布擦净，这些贝叶就可以用来刻写贝叶经了。

在刻写之前，习惯上还要用灯烟（灯黑）在贝叶上画上暂时的线条以方便在刻写时字迹能连成一条直线。之后，就可以将贝叶放置在专门的架子上，用尖铁笔刻写了。刻写一部由几十片乃至数百片叶子组成的作品是极其艰辛的。铁笔刻好后还要用拌入灯烟黑的油来抹擦树叶，这样灯烟的黑色就可以渗入刻迹，用一片布擦掉多余的灯烟，所刻写的字迹就清晰呈现出来了。经过以上程序，贝叶经即可诵读或是长期保存。令人遗憾的是，在今天的泰国，制作贝叶经已经越来越不受人重视。

① 在 *Samantapasadika* 中，见对戒律的注解 *tatiyapārājikavaṛanā*（泰语巴利文版本），第665页。

② 木质盖板压条一般宽5厘米，长53~54厘米，厚4.5毫米。

二、贝叶经的重要性

泰国现存最古老的贝叶经 *Samantapāsādikā vinaya kathā* （*dutiya*）*pācittiyavaanā* 目前收藏于国家图书馆。从语言学上看，这部贝叶经使用的是巴利语高棉文。确信无疑的是，它被归类为能在泰国找到的16种版本之中的“红版”。这部贝叶经制作于公元1615年的阿育陀耶时期，目前保存完好，清晰可读。不过，在泰国发现的最早的贝叶经却不是这部，而是可追溯到公元1472年的用巴利语兰那经文（古北方文字）刻写的 *tihsanipāta*。

在泰国，佛经典籍构成贝叶经的大部分，因而，它们也被看做是受人尊敬、不可冒犯的圣物，用来供奉和保存。相应的，泰国佛教信众也有着装饰贝叶经的习俗。捐献贝叶经的善男信女常常会在贝叶经的封面、封底和侧面进行装饰。有的捐献者甚至会在贝叶经的木质夹板和包装布料上做装饰。泰国人喜欢装饰贝叶经的习俗也有其重要性，因为装饰物本身就是一部贝叶经的象征，人们甚至可以通过一部贝叶经上的装饰物来判断这部贝叶经的年代、地域和社会背景。举几个例子：

1. 根据每部贝叶经的级别不同，贝叶经的封面装饰也互不相同，各具特色。其主要原因是为了将贝叶经区别分类。为了传播和保存，贝叶经被一次又一次地复刻是一种惯例，因此有些贝叶经的内容是相同的。但读者可以轻易地通过贝叶经封面不同的装饰来区别原本和复刻本。这些贝叶经总共被分作16种版型，每种版型都有自己的名称，例如“thongthub”、“longchad”、“larndin”① 等，并表示不同的制作时期。

2. 木质贝叶经封面刻有繁复的图样或绘有传统的图案和色彩。比如全贴金/镀金（thongthub），部分贴金/镀金（thong longchad），涂黑漆（lai rod nam），装饰镶嵌珍珠（pradab muk）等。这些装饰无不显示着布施者的社会身份地位以及他们对佛教的虔诚信仰。

3. 贝叶经通常都包以质量上乘、设计精美的布料。常用的面料有天然的棉布以及丝绸等。此外，人们也经常用竹条和色彩丰富的生丝线编织在一起来做美观漂亮的贝叶经外包装。这是为了保护贝叶经，防止它们在长时间里折成两半或是损坏②。

泰国的贝叶经大部分内容是佛教经典和佛经故事，学术研究也证明有一部分是泰国的民间故事、民间智慧集和本土文学作品。这些内容都反映出过去的人们

① 具体意思详见下文。译者注。

② 值得注意的是在尼泊尔发现的贝叶经是卷成一卷卷的，这在泰国是无法想象的。

生活在怎样的社会中，有着怎样的文化、伦理道德和价值观。这些都可视为现代社会和文化的根基而加以借鉴应用。贝叶经文化现今被视为一种人类智慧和文化遗产而被传播到不同的地区，并将继续作为一种珍贵的遗产被后辈们继承。

三、泰国贝叶经内容分类

泰国国家图书馆将他们收藏的贝叶经分为14类①。分别是：

1. 巴利经典（tipitaka）：由巴利三藏组成；

2. 注解部分（Atthakatha）：由对巴利经典进行的注评组成；

3. 次注疏部分（tiika）：由对巴利经典进行的次级注评组成；

4. 次－次注疏（Anutika）：由对论藏的次－次注评组成；

5. 新次注疏（Navatika）：由对经藏的新的次注评组成；

6. 解译（Yojana）：由对巴利原典的解释说明组成；

7. 别论（Ganthi）：由与巴利三藏相关的专论组成；

8. 专门的文学作品（Pakarana）：由与巴利原典相关的专门的文学作品及其注疏和次注疏组成；

9. 杂论（Pakinaka）：由巴利原典里没有包含的佛教故事组成；

10. 编年史（Vamasabvali）：由佛教编年史组成；

11. 传说和历史：由佛陀生平及类似的文学作品组成；

12. 世界科学（Lokasastra）：由关于世界或宇宙学的故事组成；

13. 念诵（Paritta）：由各类念诵组成；

14 语法和词典（saddavisesa）：由巴利语法书、字词典、散文和诗歌等组成。

尽管从文脉关系看，文字和语言在用法上同样重要，大多数贝叶经也有着相同的教义，但是，在不同的地域，贝叶经里使用的文字和语言却是不同的。

四、贝叶经的语言和文字

总体上看，在泰国用来刻写贝叶经的语言和文字共有9种，分别是：

1. 泰文（Thai script）。泰文贝叶经大都发现于泰国中部。其内容多由医药、天文和巫术组成。这种贝叶经里运用的语言是泰语和泰－巴利语。

2. 高棉文（Khmer script）。高棉文贝叶经在泰国随处可见，是泰国最普遍的

① Kongkaew Viraprachak，Virat Unnathornvarangkul 编．Ratanakosin 时期的皇家贝叶经（泰语版）．曼谷：国家图书馆艺术部，2003：8－9.

一种贝叶经。在古代泰国，高棉文字作为学习和记录佛经的工具曾被广泛使用。这些贝叶经所使用的语言为巴利语、巴利－泰语、巴利－高棉语、泰－高棉语以及泰语。有些贝叶经里，甚至同时使用三种语言，例如在一部贝叶经中同时使用巴利语、泰语、高棉语。

3. 孟文（Mon script）。孟文贝叶经多现于泰国中部的孟族聚居社区。这些贝叶经使用的语言为巴利语、孟语、巴利－孟语、缅甸语以及巴利－孟－缅甸语。

4. 兰那经文（Lan Na Dhamma script）。兰那经文贝叶经多数是在泰北地区发现的。这些贝叶经使用巴利语、巴利－兰那语和泰－兰那语。

5. 经（东北）文［Dhamma（Northeast）script］。在泰国东北部发现的贝叶经多数是经（东北）文，使用的是巴利语、巴利－泰东北语和泰东北语。

6. 泰诺伊文（Thai Noi script）。在泰国东北部也发现了泰诺伊文贝叶经，但数量并不太多。这些贝叶经中的大多数发现于泰国的老挝族聚居社区。语言上使用的是巴利语、巴利－泰东北语和泰东北语。

7. 缅文（Burmese script）。缅文贝叶经多数在泰国中部地区发现，数量并不多。所使用的语言为巴利语、巴利－缅语和缅语。

8. 僧伽罗文（Sinhalese script）。在泰国仅发现过数量极少的僧伽罗文贝叶经。泰国国家图书馆和一些曼谷的皇家寺院如波瓦拉尼维斯收藏的僧伽罗文贝叶经极其有限。这些贝叶经所使用的语言即为僧伽罗语。

9. 阿里亚卡文（Ariyaka script）。在19世纪早期，当孟固王还在寺为僧时，他创立了一种新文字，即阿里亚卡文。这种文字随即在那个时代在泰国和斯里兰卡被广泛用于书写巴利语。由于这种文字的创立刚好在泰国印刷术开始出现之时，因而用新文字印刷的书本很少。泰国也发现了一些用阿里亚卡文刻写的贝叶经，但这种文字的使用仅限于贝叶经标题的刻写。全文用阿里亚卡文刻写的贝叶经目前尚未见到相关记载。

很明显，这些贝叶古籍不仅是历史古物和往昔智慧的证明，而且是我们如何认识过去的反映和路标，以及我们认识和智慧的来源。它们在研究语言的发展流变方面也具有同样重要的意义。

五、贝叶经的价值

在现代社会，尤其是当今这个科技发达的数字化时代，很少有人能一眼看出贝叶经所具有的重要价值。由于计算机的普及，在线全文数据库琳琅满目，在这样一个几乎每个事物的资讯都可以顷刻获得的年代，人们很容易就忘记历史上信息的传播并不总是如此迅捷和容易的。贝叶经并不仅仅是一种文物，它对现代学者来说，还有着许多重要价值：

1. 参考文献来源。对现代佛学来说，贝叶经被视为仅次于古代石刻碑文的基本文献资料来源。与不记录详细情况的石刻碑文不同，贝叶经里有许多重要的细节性资料。巴利经典和其他佛经是通过贝叶经才得以保存下来。因此，贝叶经能够为我们提供许多真实可信的信息版本和学说诠释作研究参考和比较。许多中古的佛教文献和文学作品都记录在贝叶经里。因而，在研究者和学者们看来，贝叶经是学习佛教最好的文献渠道之一。

2. 历史、地理和考古资料来源。正是贝叶经记录了那些中古皇家时期的编年史、城市历史和故事。例如，《岛史》（*Dipavamsa*）这部贝叶经所记载的是斯里兰卡的历史。*Ayuddhayārājavaṅsa* 是关于泰国阿育陀耶历代国王的编年史等。仍然有许多贝叶经记载了过去人们是如何认识这个世界的或与宇宙学相关的内容，也偶尔能见到一些关于过去的人们对当地地理和古迹方面的记载内容。

3. 文字和语言的发展。贝叶经的另一重要价值在于可以让我们认识到我们所使用的文字和语言是如何从过去发展演变来的。语言是如何从过去演变来的呢？对于学习文科、语言学、词典编撰以及古文的学生来说，贝叶经可以让他们对其进行直观的了解和认识。泰国有大量关于巴利语语法和巴利语学习的贝叶经。这些都是准确学习和了解佛教的重要工具。

4. 文化影响。贝叶经是历史渊源深厚的文化事象。这不仅表示它有着复杂的贝叶经制作文化，还有其他因这种文化而产生的文化活动副产品。例如，一些艺术设计和图案，以及人们对佛教的信仰因此而伴生的宗教活动。它也为我们展示出祖先世界观的清晰图景。

5. 关于不同文字和方言。贝叶经是学习不同地理区域的各种文字的具体有形的文献证据。它为我们提供了一幅古代泰国语言使用的直观图景。此外，它还能为我们清楚地展示出不同时期在泰国的每个地域所使用的语言以及由此而构成的那种语言文明。

6. 世界遗产。贝叶经被认为是古老而艺术的。它们是非常珍贵的世界遗产，传递和表达着过去人们的智慧。这些文献遗产折射出语言、民族和文化的多样性。它是世间的镜子，也是人类的记忆。但这种记忆是脆弱的。每天，都有关于这些珍贵记忆的不可替代的部分在永远地消失。因此，联合国教科文组织（UNESCO）发起了防止集体遗忘的“世界记忆计划”（Memory of the World Programme），号召对世界各地持有的珍贵文档及图书馆馆藏进行保护，以确保它们得到广泛传播。

7. 艺术史的来源。不同的贝叶经，有着不同的装饰风格、包装材料和设计图案，这些都是学习艺术史的一种来源。用于制作贝叶经抄本的材料种类繁多，贝叶、象牙、木头、细线、布料、色彩、金银等等。为了安全地保存贝叶经免受虫蛀，它们通常被储存在建在水中央的专门的藏经阁（Hor Trai）里。这样巧用

心思的设计清楚地表明了民间的智慧、建筑的艺术，以及过去的建筑技术。

8. 国家认同的来源。贝叶经是十分重要的事象，是国家认同的来源。贝叶经是皇家圣谕、著作、文献和活动记录的来源。它显示出过去国家的行政体系、经济和社会状况。它清楚地显示了社会与文化的和谐发展。

9. 本土信仰的来源。贝叶经不仅是佛教的重要资料来源，而且记录了大量的本土信仰和巫术魔法。一些抄本是关于驱邪避害以及药物康复疗法的。还有一些抄本涉及占星术。这些内容让我们了解了过去当地的本土信仰体系。

10. 知识管理的来源。贝叶经是关于古代民间智慧、文化遗产以及过去的技术经验的知识管理的优秀媒介。在泰国有一些贝叶经记录了古代医药、不同仪式典礼的表演过程、驯养动物等的知识。它确实是我们的祖先所使用的最有效的知识管理方法。

曼谷波瓦拉尼维斯皇家佛寺的贝叶经——一个案例：

波瓦拉尼维斯皇家佛寺（Wat Bowonniwet Vihara）或简称为波瓦寺（Wat Bovorn）是泰国佛教法宗派传统位于曼谷的最高等级皇家寺院。寺院的名称来自于巴利语 Pavara + nivesa，意思是最优秀的寺院所在地。该佛寺建于1824—1832年间，由拉玛三世王朝的代理国王所建。寺院的第一位住持是孟固王，即后来的拉玛四世，只不过当时他还是位僧人。从那之后，波瓦寺成为了泰国历代皇族成员一生一次受命出家修行的地方，并延续至今。现在的泰国僧王苏达·法拉·尼拉那桑瓦拉（Somdet Phra Nyanasamvara），也修居于此寺院。

因为孟固王的学者身份，波瓦寺成为珍贵的古贝叶经的聚集地。寺院保存贝叶经至今已逾175年历史。它们被小心地储藏在专门的叫做 Hor Trai 或者藏经阁特制的藏经柜（tu phra dahamma）里。自从纸张印刷被引入后，这种贝叶经的使用就逐渐停止了。相应的，它们现在也只是作为寺院收藏的一种历史文物。

2009年，寺院经历了一次由皇家和泰国政府共同负责的大规模的重新装修。作为其中的一个组成部分，波瓦寺雇用了泰国国家图书馆的职员来对佛寺作调查、清理、保护、重整工作，并对珍贵且数目庞大的这些保存在寺院里的贝叶经在“抄本保护项目”的名目之下进行登记。

调查和保护工作共花费了15个月时间，总共发现了1 456捆，即15 351册收藏在18个藏经柜里的贝叶经。通过这项调查也发现其中最古老的贝叶经刻于公历1620年，与收藏在泰国国家图书馆的目前发现的泰国历史最古老的刻写于公历1615年的贝叶经相比，其历史只短了5年。该部贝叶经的内容是经文 *Parivārapāli*，是用高棉文和巴利语刻写的。

这1 456捆贝叶经在调查登记和重新清理后，被并为1 330捆、共15 351册贝叶经。从语言学方面说，波瓦寺所收藏的贝叶经包含了至今在泰国发现的用于刻写贝叶经的全部8种语言文字。然而，有趣的是我们也发现波瓦寺所收藏的贝

叶经所使用的语言几乎均为巴利语，只有极少数使用当地的语言。

六、波瓦寺贝叶经的种类

根据泰国国家图书馆的分类标准，泰国的贝叶经被划分为 16 种版本。这次在波瓦寺的调查，仅只发现了这 16 种版本里的 7 种，它们是：

1. 全红色版本（chabab chadthub）：贝叶经的侧面全被漆成红色。
2. 全金色版本（chabab thongthub）：贝叶经的侧面全被漆成金色。
3. 全黑色版本（chabab rukthub）：贝叶经的侧面全被漆成黑色。
4. 金色加红色版本（chabab longchad）：贝叶经侧面被漆成金色，并有红色画嵌其中。
5. 金色加红色轮廓图版本（chabab longchad khanglai）：这种贝叶经的侧面漆有金色，轮廓边还绘有精美的红色图样。
6. 金色加黑色版本（chabab longruk）：这种贝叶经的侧面为金色，中间是黑色。
7. 平装版（chabab larndib）：这种贝叶经的侧面无任何装饰，仅显示其本来的样子。

七、波瓦寺贝叶经木质夹板的种类

贝叶经的木质夹板是专门制作并用来捆扎保护贝叶经的。覆盖在贝叶经顶部和底部的木质封夹板可以使贝叶经保持完整品相，避免其卷曲或折损。由于木质夹板并不与贝叶经直接相关，它们通常被单独装饰。基于目前已知的所有装饰类型，泰国国家图书馆共将木质夹板的装饰风格分为 28 种。这次在波瓦寺的调查，仅发现其中 6 种，它们是：

1. 没有任何装饰的平装型；
2. 绘有红色、黑色和金色的平装型；
3. 泰式图案型；
4. 黑漆涂金型；
5. 红漆涂金型；
6. 其他图案型。

八、波瓦寺贝叶经的内容

正如上文所提到的，泰国国家图书馆把贝叶经的内容系统地划分为 14 个类

别。运用同样的分类方法，对波瓦寺贝叶经内容种类的调查发现了其中的11种，它们是：

1. 由486捆抄本组成的“经藏”亦即巴利语佛典中关于佛陀布道的典籍；
2. 由289捆抄本组成的“律藏”亦即巴利语佛典中关于戒律的典籍；
3. 由179捆抄本组成的“论藏”亦即巴利语佛典以外的论述或注疏典籍；
4. 由15捆抄本组成的内容不全的“律藏”；
5. 由22捆抄本组成的“杂藏”；
6. 由17捆抄本组成的编年史类；
7. 由36捆抄本组成的神化－历史类；
8. 由10捆抄本组成的世界科学类；
9. 由13捆抄本组成的唱诵类；
10. 由96捆抄本组成的语法类；
11. 由29捆抄本组成的内容不全的若干其他类。

九、结　论

对珍藏在波瓦寺藏经阁（Hor Trai）中逾175年的全部贝叶经的调查研究表明，其中80%的贝叶经是巴利佛经及其注疏。其余20%则混杂有稍晚的文学作品。然而这只是对这些抄本的本身的调查。如果有人能对这些抄本作一个彻底的研究并写出分析报告，就能对这些珍贵的文献作出更精当的判断。当然，从这些抄本中我们还能学到更多大概400年前就有的知识。这些文献集可以更好地回答诸如“400年前泰国的人们是怎样理解佛教以及佛教如何发展至今的”“什么在影响泰国佛教”“这些贝叶经的社会角色是怎样的”等问题。

波瓦寺是泰国佛教改革派也即法宗派（Dhammayuttika Nikaya）的中心，始建于19世纪中期的孟固王或拉玛四世时期。法宗派以减少僧侣考核和修行、提倡研读现有的泰国佛教经典为主旨。也因为这个原由，这种改革也被称为dhammayuttika或是“谨遵佛法”（adherence to the dhamma）。孟固王法宗派的创立者，尝试用多种方法来解释泰国（语）佛经（Thai canon）。首先，他将早期三藏成分与后期加入内容之间作出区分。第二，他尝试借鉴现代理性的概念重译其中神秘或是魔幻的元素。因此，在波瓦寺所发现的贝叶经大部分是巴利佛经及其注疏也就不足为奇。这与泰国其他佛寺收藏大量晚期文学类贝叶经形成了鲜明反差。一些在泰国非常普遍的具有很大影响力的抄本例如《泰国佛教宇宙学》（*Tribhūmikathā*）、《50个传奇本生经故事》（*Paññāsa－jātaka*）等，并没有在波瓦寺所收藏的贝叶经集里发现。这非常清晰地说明了法宗派理性和谨遵佛法的立场原则。正是从波瓦寺开始，所有现代泰国的佛寺教育都进行了改革并且沿用至

今。在过去175年中，波瓦寺的每一届住持都极有可能被所收藏的那些贝叶经的经文教义所熏陶影响。其结果就是，由波瓦寺前住持所设计的泰国佛寺教育的现行体制，就是其深受波瓦寺贝叶经集熏陶影响的一种良性反映。

这项深具意义的研究向我们揭示出，这些贝叶经文献不仅只是一些极具价值的佛教经文和注疏，它们同时还反映了现当代文学、历史、艺术、信仰、纺织、技术和文化之总体。相应的，贝叶文化所展示的不仅是佛陀的教育，同时也是佛教与泰国和谐发展的社会文化的方方面面。

参考文献：

[1]［泰］Kongkaew Viraprachak，Virat Unnathornvarangkul 编．Ratanakosin 时期的皇家贝叶经（泰语版）．曼谷：国家图书馆，2003.

[2] 国家图书馆．波瓦拉尼维斯皇家佛寺贝叶经名录调查报告．曼谷，2009.

老挝贝叶经数字图书馆

哈拉德·汉德斯[*]　戴维·沃顿[**]　文
云南大学贝叶文化研究中心　译

摘　要：2007年，老挝国家图书馆开始了一个为期三年的贝叶经数字化项目，即将一千余卷来自老挝全国各地的用微缩胶片拍摄的贝叶经稿件照片数字化，使它们成为通过互联网可以自由获得的国家文学遗产。因此项目申请的双语网站www. laomanuscripts. net已于2010年1月在万象正式开通运用。该网站已有超过一万二千个文本被存目，并可被搜索和下载。2010年还将增加大量的内容，预计总数将达到五十万帧本，包含了三百万至四百万页贝叶经和绵纸手稿。

手稿的大部分来自南传上座部佛教传统典籍，手稿中最常见的老挝本地语的翻译和评论为人们提供了比较清楚的巴利文本的解译。其中有一个特殊的类型就是极大量的佛教藏外作品，尤其是其中大量的如佛本生经故事等叙述文学作品。这些被认为源自东南亚地区传统文化并保留了许多该佛教文化社会和地区的社会生活和价值观，因而极具价值。另外一些手稿作品涉及面广泛，包括关于历史、习惯法和传统习俗、占星术、魔法、神话和仪式、传统医疗保健、语法和词典，也包括诗歌和史诗、民间传说和传奇故事等等。绝大部分手稿是用老挝经文（Lao Tham）写成，也有相当数量的手抄本是用古老的非宗教经典文字的老挝布罕文（Lao Buhan）写成。此外较为常见的还有泰北的兰那文（Lan Na），傣泐文（Tai Lue），傣那文（Tai Nuea）和高棉文等。

建立老挝数字图书馆的目的是为了补充老挝正在进行的手稿保护工作并使之完整，使这些广泛收集到的第一手资料能够为人们便利地使用，这也将促进海内外学者研究老挝的文学和文化，是这一地区这类数字化资源发展的重要一步。

关键词：电子图书馆　老挝手稿　老挝文学　数据库

[*] Prof. Dr. h. c. Harald Hundius, Digital Library of Lao Manuscripts (DLLM) Project Supervisor, Passau University, Germany. 哈拉德·汉德斯博士，老挝贝叶经数字图书馆项目负责人，德国帕绍大学教授。

[**] Mr. David Wharton, DLLM Researcher. 戴维·沃顿，老挝贝叶经数字图书馆项目研发员。

2007 年，老挝国家图书馆开始了一个为期三年的贝叶经数字化项目，即将 1 000 余卷来自老挝全国各地的用微缩胶片拍摄的贝叶经稿件照片数字化，使它们成为通过互联网可以免费查阅的国家文学遗产。

本文系统地介绍了老挝贝叶经数字图书馆（以下简称 DLLM）项目，包括老挝文学传统的背景介绍、前人的研究、老挝贝叶经的保护工作，以及所收集到资料的内容、语言、文本及网页的具体运用。

一、简　介

此项目申请的双语网站 www. laomanuscripts. net 已于 2010 年 1 月在万象正式投入使用。通过该网站可免费查阅接近 12 000 卷贝叶经的电子文本和其他传统经文。

老挝贝叶经数字图书馆建立的主要目的是为了促进老挝文学和文化在老挝的研究，在全国范围收集老挝文学作品后通过互联网使这些资料在国际国内得到更为广泛的传播。该项目也致力于加强和邻国及其他国家地区在贝叶经保护、开发尤其是建立数字图书馆等方面的合作。

该项目的资金由参加“发展中国家研究与合作”项目的德国研究基金、经济合作与发展联合会提供。该项目由老挝国家图书馆及德国帕绍大学共同主持，由 Staatsbibliothek zu Berlin 负责网络应用服务，由里斯咨询有限公司（Reese Consulting Co. Ltd.）负责数据库与网络开发。由 Herrmann und Kraemer GmbH & Co. KG 负责贝叶经稿件照片的数字化。

该项目也得到了老挝人民民主共和国政府对贝叶经经文收集工作的大力支持，老挝国家政府允许我们收集抄本，并通过互联网进行资源共享。

二、背景介绍

老挝贝叶经数字图书馆浓缩了老挝及周边国家 5 个世纪的文学成果。对老挝文学的调查及研究始于 20 世纪初期，在 1992 年组成了老挝贝叶经保护项目。

（一）老挝文学传统

老挝文学的历史可以追溯到公元 15、16 世纪。大部分文学作品都是通过反复抄写流传下来的，通常都是以贝叶经的形式被保存在佛寺的书库里。少部分的文本是抄写在桑树纸或构树纸这类不及贝叶耐久性高的材料上。成千上万宝贵的贝叶经文本在最近几十年已面临毁灭的危险。

几个世纪以来，在现在的泰国北部、缅甸东北部、中国云南省西南地区、老挝和泰国东北部各地之间的人口流动、文化、宗教、艺术和文学的交流较为频

繁。由于这些地区所使用的语言较为接近，推动了各地文学作品的交流。历史上，兰桑古国和兰那古国之间的关系较为密切。事实上，现在组成泰国北部八个省份的兰那地区，由于在历史和文化上与东部的邻近地区关系较为密切，被一些欧洲学者称作“老挝西部”。

此外，这些地区佛寺内所使用的贝叶经都是用经文（Tham or Dhamma scir-pts）写成，而不是用高棉文写成（直到19世纪末期，高棉文都被用于宗教），因此，这一具有共同文化传统的区域被称为“经文区”。印度、缅甸北部和西北部、中国云南省和越南北部也有类似的傣泰文化。从更广的角度看，老挝南传上座部佛教文化及文学和在斯里兰卡、缅甸、泰国和柬埔寨的南传上座部佛教文化文学一脉相承。在老挝，傣泐文（Tai Lue）和傣那文（Tai Nuea）是佛教文学中主要使用的两种文字。

（二）先前的研究

早在20世纪初期就有学者研究关于贝叶经的文学，所涉及的区域包括现在的老挝、泰国最北部的八个省份和东北部的十六个省份、现在缅甸东北部省份和中国云南省的西双版纳地区。

早期几乎所有贝叶经的研究和记录都是由法国学者和他们的老挝助手完成的。尽管这些资料已经很陈旧了，但对现在的研究者来说仍然很有帮助。于1917年出版的路易斯·菲诺特的《老挝文学研究》是用西方语言较为系统地介绍老挝文学发展史的著作。他的著作的最后一部分《老挝贝叶经概览》包括当时主要的两部文集：《琅勃拉邦皇家文集》（*the Bibliothèque Royale de Luang Prabang* 由M. 梅勒编录，收录了1 181项）；《远东法语学校列表》（*the Bibliothèque de l'Ècole française d'Extrême Orient*，收录了338项）。

其他一些对佛寺和书院的调研工作是于1900年到1973年间由老挝和法国学者共同完成，从九个省份的94个佛寺统计出的贝叶经共有3 678卷。值得一提的是僮哈宝佛教委员会（Chanthabouly Buddhist Council）的工作，在派特沙拉王（Chao Pehetsarat）的领导下在全国范围内号召各寺院住持提交所持有的1934—1936年间的贝叶经的目录清单。

除了上文提到的研究以外，在20世纪五六十年代，亨利·戴迪尔、皮埃尔·伯纳德·拉风特和查尔斯·陈宝特也做了对贝叶经手抄本的研究分析工作。在之前法国学者研究的基础上，1959年皮埃尔·伯纳德·拉风特主持了老挝贝叶经抄本目录的编纂工作，其中总共涉及83座佛寺：琅勃拉邦13座、万象25座、坎巴萨有45座。其他在这一时期完成的书目虽然有一定的价值，但数量有限，不具有代表性。其中有乔治·柯德于1966年编写的116卷抄本的目录。其中23卷是巴利文和兰那文抄本，存于哥本哈根皇家图书馆。

在第二次印度支那战争和老挝人民民主共和国于1975年建国后不久，老挝

国内陷于困境。直到20世纪80年代中期，随着全球政治局势的改变以及冷战的结束，人们才又开始重视文学作品。1988年3月，在丰田基金会的资助下，在老挝万象举办了一次由老挝境内的僧人及对贝叶经颇有研究的人士参加的会议。参会者探讨了贝叶经抄本在国内储备的现状，以及如何保护现存面临危机的抄本。会后，在丰田基金的资助下，信息和文化部发起了一个名为“老挝六省贝叶经目录”的项目。从1988年到1994年这一项目实施的几年间，共录入了来自琅勃拉邦（Luang Prabang），万象（Vientiane Vientiane）、波利卡塞（Bolikhamsai），甘蒙（Khammuan），沙湾拿吉（Savannakhet）和坎巴萨（Campasak）的250个佛寺的128 000册贝叶经。

（三）老挝贝叶经抄本保护项目微缩胶片的采集工作

老挝贝叶经抄本数字图书馆的数字影像来自老挝贝叶经抄本保护项目采集到的微缩胶片。该项目由老挝信息和文化部实施，德国外交部从1992年到2004年通过文化援助工程一直对该项目提供支持。这一工程的主要目的是帮助老挝保护其国家文学遗产，并使公众意识到它的价值，之后进一步建立保护、研究和传播各项资料的基地。

该项目的一个重要成果是采集了一万二千多个精选抄本的微缩数字图像，其中大部分是进行相关研究所必需的一些抄本。母本被存于老挝国家电影纪录录像中心。使用的版本被存于老挝国家图书馆，副本存于德国的 the Staatsbibliothek zu Berlin Preuβischer Kulturbesitz。这一数字图片集对进一步研究老挝文化具有极为重要的意义，也是迄今为止包括内容最为广泛，最能代表老挝文学遗产的资料。它包含有五十万帧内容，平均每帧包括了大概六至八页的贝叶经，总计录入了约三百万到四百万页贝叶经抄本的内容。

进行微缩胶片拍摄的贝叶经抄本从以下几个方面来进行挑选：具有历史文化方面的重要意义，具有文化多样性，具有区域特征，历史年代在150年以上，抄本质量较好。具备这些基本条件之后，只要抄本条件允许，首要考虑呈现本土文学传统的藏外文学作品和包括非宗教内容的文本。

对贝叶经抄本进行微缩胶片拍摄工作于1994年4月在首都万象开始，之后扩展到各个省份。使用 Zeutschel OK102 相机，35mm × 30.5m（100英尺）的富士胶卷。只要条件允许，胶片拍摄都是在设施配备较好的省文化办公室、省文化馆进行。此外，由于拍摄设备有可能在运输过程中受到损坏，用于拍摄的文本都是从佛寺或其他存放地临时调出，拍摄完毕后又归还。

为了获得影像最为清晰的文本，抄本在拍摄之前都由当地的志愿者辅助摄像的人员用酒精擦拭过。拍摄后胶卷被送往国家图书馆进行冲洗，之后使用柯达型号 Prostar I－L 处理器，柯达型号为 Prostar Plus 的冲相机和定影液，胶片原本经过检验后使用 Zeutschel 100L 复印机复印。其他在老挝国家图书馆使用的微缩胶

片拍摄设备包括两台 Zeutschel OL2 微缩胶卷显示器和一台佳能 NP980 打印机。

这一项目首次涉及老挝国内的各个省份以及一些偏远的佛寺，除了知名度较高的一些抄本以外，很多贝叶经抄本之前的研究都很少涉及。从开始到 2002 年 12 月该项目完成的这十年的过程中，有 800 多个寺院参与了贝叶经抄本现存情况的调查，统计出现存有的抄本约为 86 000 册，达 368 000 卷。所有这些文本的数据资料都存于老挝国家图书馆。

三、DLLM 项目的资料收集工作

该项目所收集的抄本包括了不同区域、不同历史时期、不同文学传统、不同学派、不同语言和文字写成的作品。由此可以看出历史上老挝与它邻国之间的文学的交流以及老挝境内居住的不同民族的文学发展传统。

（一）文本的内容

手稿的大部分是南传上座部佛教经典，有大量双语版本，最常见的是老挝本地语的翻译和评论为人们提供了比较清楚的巴利文本的解译。历史最悠久的抄本，是 16 世纪初的巴利单语文本。还有一个特殊的类型就是极大量的佛教藏外作品，尤其是其中大量的如佛本生经故事等叙述文学作品。这些手稿被认为源自东南亚地区传统文化并保留了许多该佛教文化社会和地区的社会生活和价值观，因而极具价值。另外一些手稿作品涉及面广泛，包括关于历史、习惯法和传统习俗、占星术、魔法、神话和仪式、传统医疗保健、语法和词典，也包括诗歌和史诗、民间传说和传奇故事等等。大部分文本都不为外界所知。由于原始的资料难以获得，基于这些资料的研究仍然非常有限。

在作品集中有解释的抄本数量有限，读者可以在 DLLM 网站查阅有解释说明的文本，甚至可以查询到包括出版信息的文本。

（二）DLLM 数据集中使用的语言

DLLM 数据集中大部分的抄本使用了老挝语、北部傣语、傣泐语、傣那语，这些都是泰傣 - 卡傣（Tai - Kadai）语系的西南分支，抄本也有巴利语—俗语的文本。有相当数目的文本使用了巴利文，少部分使用了中部泰文（Central Thai）。有单独的一卷使用傣端文（Tai Dam）。

总体来讲，对于当代熟悉传统文学术语、习语的某语种的使用者来说，他们能读懂较早的抄本中使用的方言。由于老挝语、北部泰语、傣泐语有共同的用词和句法，这几种语言的文字在很大程度上是相通的，仅仅在发音上区别较为明显。

最早的来自老挝和泰国北部的贝叶经抄本能追溯到 15 世纪末期，这些抄本是用巴利语抄写的。有大量的文本中包含了巴利语的俗语翻译和注释。

用于东南亚尤其是泰国、老挝和柬埔寨文本中的巴利语由这种语言的正统形式演变而来。在使用双语的文本中，俗语能够提供帮助当地人理解巴利语的重要信息。

（三）DLLM 数据集中使用的文字

数据集中的大部分抄本都是由用经文的变体写成，其他由老挝布罕文（Lao Buhan）、厘傣那文（Lik Tai Nuea）和高棉文（Khom）写成。少数是由中部泰文（Central Thai）和傣端文（Tai Dam）写成。所有这些文字都源于在东南亚被用于书写巴利语和日常用语印度南部的文字体系。

经文（Tham）和孟文（Mon）有着较大的相似性。孟文是古代的孟王国（今泰国北部的南奔府 Lamphun）所使用的文字，其历史可追溯到 13 世纪。最古老的经文文献发现始于 1376 年，是在素可泰（Sukhothai）发现的一份双语文本，其中包含一行巴利语，而方言则使用了素可泰—暹罗语和文字（Sukhothai Siamese language and scirpt）。经文在 15 世纪的清迈被用做当地方言的文字，并被传播到邻近的傣泰 - 老王国（Tai - Lao kindoms）。最古老的使用经文的贝叶经抄本是存于泰国北部南邦省瓦莱辛佛寺（Wat Lai Hin）的《本生经》Jūtaka - a□□hakathā - va□□anā，是写于傣（泰）历 833 年或公历 1471 年（CS 833 or CE 1471）的巴利语抄本。DLLM 数据集（使用老挝经文，in Tham Lao Script）中最古老的贝叶经抄本是现存于琅勃拉邦省博物馆（曾经的皇宫）的《附随》（*the Parivāra*）（贝叶经编码/PLMP Code 为 06018504078_ 00），写于傣（泰）历 882 年或公历 1520 年（CS 882 or CE 1520），经文的版本现在仍被老族（the Lao）、北方泰族（Northen Thai）、傣泐（Tai Lue）、傣艮（Tai Khuen）所使用。因此，我们可以把现在的老挝、泰北、泰东北、缅甸东北部和中国云南省西南地区称作“经文区”。

经文的老挝、兰那、傣泐版本非常相近，只要是使用其中任何一种文字的人都能读懂经文抄本。这些文本的特征是 33 个辅音和巴利语的相对应，辅音群中的第二个辅音写在第一个辅音下方。类似的，大部分位于音节末尾的辅音写在前一个元音下方。其中一些下标的辅音符号和标准符号有很大的区别。和傣语、老挝语的字母相反，在标注巴利语中作为首音节的元音时，经文会使用特殊的“自成一体”的音标。另外一个特征就是使用常用术语的各种连写和简写形式。用经文写的方言正字法文本比现代中部泰文的书写体系（the modern Central Thai writing system）更加清楚明确。

在老挝，与宗教相关的文本通常使用经文，而非宗教性的文本则由现代老挝文的前身老挝布罕文写成。有相当数量具有相同标题的作品既有经文的文本也有老挝布罕文文本。大多数情况下，老布罕文的版本是由宗教作品改编成的，旨在方便普通百姓阅读。经文和老布罕文都没有音调标注，由于老布罕文的变体较

多，要读懂这种文字有一定的困难。

泰（傣）那文（the Tai Nuea script）属于被称为“厘”（lik）的源于14世纪的印欧语文字。这类文字主要被中国云南省德宏地区的傣那（Tai Nuea），坎梯泰（也译为罕底泰，Tai Khamti）、帕克泰（Tai Phake）、艾通泰（Tai Aiton）、阿洪泰（Tai Ahom）及从缅甸北部一直到印度东北阿萨姆邦（Assam State）的其他泰傣民族也有使用。有一些辅音符号和经文相似，其他方面则不具有相似性。和经文相比，这些文字中的辅音符号仅有16到18个，可以看出这些文字的产生并非是为了抄写巴利语，也不是为了抄写本国的方言土语，辅音和元音符号的数量比音素列表里的少，加之表示音调的书写符号较少，因此难以确定这些文字的正字法，且只有个别的文字能确定出读音和词义。DLLM数据集里的所有傣那文抄本都保存在老挝北部的勐兴（Mueang Sing）区，抄本发源地包括中国西南的云南省部分地区、和缅甸东北部的掸邦（Shan State），居住于勐兴的傣那人就是从掸邦迁出，他们使用的文字也有相应的变化。很多文本使用的文字是傣卯（Tai Mao）曾经使用过的厘陀诺文（Lik tho ngok）或“豆芽文”（‘bean sprout’ script）。这和德宏老傣文和20世纪50年代中国制订的德宏新傣文不同。

柬埔寨和高棉的文字由印度南部发展而来。这种文字的高棉文体直到20世纪早期在泰国中部被用于抄写佛经和各种著作，之后逐渐被泰文（Thai Script）代替。DLLM数据集包含了大量巴利语、老挝语和泰语的手抄本都是用老挝南部高棉文字写的。和经文相同，高棉文包含了和巴利语相对应的所有辅音，它也使用下标辅音符号和独立的音节首字母元音符号。其他的辅音和元音符号被用于泰语和老挝语的书写。在泰国使用的高棉文字和现代用于出版物标题的柬埔寨文的阿卡萨高棉文（aksar khom）和阿卡萨穆尔文（aksar mul）字体很相似。

四、老挝贝叶经数字图书馆的网页运用

老挝贝叶经数字图书馆网页有老挝语和英语两种版本。通过网页可以查阅及浏览贝叶经抄本。网页于2009年9月在网络上进行了测试，于2010年1月正式投入使用，网页文本有HTML，CSS and Javascript格式，网页使用了Suse Enterprise Linux server服务器，由the Staatsbibliothek zu Berlin东亚事务部负责网络维护。相关的数据被储存于MYSOL数据库，可以使用Active Record进行检索。

（一）网页介绍

网页包括七个部分：主页、相关信息、资源、元数据库查询、帮助、网址地图和联系方式。“关于DLLM”包括三个部分的内容：背景介绍（介绍了老挝的文学传统、前人对老挝贝叶经抄本的研究及老挝贝叶经抄本保护项目），DLLM项目（关于该项目的信息，包括项目参与者、合作机构、相关人员、经费来源、

关于抄本和电子图像数目的数据、关于微缩胶片数字化以及数据库、网页的技术信息），DLLM 数据集（包括对抄本数据的概览，文本集所使用的语言和文字，详细数据和罗马体书写系统）。

“来源”部分包括 5 个部分：语言和文字（文本集中使用的语言及文字，包括参考的入门书籍、字典、语法及参考著作，摘录的文章以及与其他资源的链接）；PLMP 通讯（包括老挝贝叶经抄本保护项目中出版的 22 卷老挝语通讯的 PDF 格式的拷贝文本）；研究论文（“关于老挝文学遗产：保护、传播和研究视角”国际会议中提交的论文，包括老挝语、泰语和英语论文，所有论文的 PDF 格式的拷贝文本）；相片集（包括 360 张在“老挝贝叶经抄本保护项目”进行过程中拍摄的精选照片，其内容体现了抄本的储存，该项目进行的社会和文化背景，包括老挝境内的佛寺、佛像壁画和乡村生活、节日、贝叶经抄本的制作以及在老挝北部进行的田野调查）；链接（和相关网址的链接，包括在线字典和巴利文及其他语言的参考资料，在线的佛经的巴利文本及译本，以及与其他有相关课程和研究项目的大学和研究机构的链接，等等）。

网站也提供了大量的参考书目，在浏览网页过程中使用到的术语列表。注册的用户也可以将查询到的资料和文本连同笔记一起保存，以备将来浏览网站时使用。

DLLM 网页的注册用户可以对文本发表评论，所有的评论将被发布在独立的“DLLM 文本评论”页面上，所有用户都可以浏览链接评论文章的页面。注册用户也可以将个人联系方式和研究兴趣发布到 DLLM 目录页上。

（二）数据库

DLLM 数据库包括近 12 000 个文本和约 500 000 个抄本电子图像的详细数据。数据输入的语言使用了老挝语和英语，数据可以通过标题、补充术语、语言、文字、类别、材料、来源地、日期和文本代号查询。

每一份数字化后的文本都有一个 13 位数的文本代号，每个代号代表了文本的来源地、类别、初始文本所在的卷册。每一份数字图像的命名都包含了能够代表其在 PLMP 微缩胶片集中具体位置及文本代号的关键信息。

DLLM 列表是建立在手写的老挝语数据页的基础上的，这些数据页是“老挝贝叶经抄本保护项目”的研究者十多年的工作成果。在每一份数字文本开头和电子图像里都有这些数据页。参与这一项目的人员还对数据进行了修正和添加。DLLM 列表对手抄 PLMP 数据页和 DLLM 数据之间的差异进行了说明。然而，由于数据集的数目巨大，不可能在项目进行的时间期限内对每一个文本进行细致的分析，因此，希望数据库的使用者在发现错误时能及时告知以便进行更正。

（三）文本的查找

文本查询可以通过标题（标题可自动完成输入或生成字母列表）、补充术

语、语言、文字、类别、材料、来源地、日期和 PLMP 文本代号查询。查询结果也经过了筛选，因此只显示附有说明的文本或有出版信息的文本。

查询结果会列出关于标题、可替换的标题、语言、文字、来源地、日期、补充情况、页数及图像辨认度等信息以供读者从中进行挑选。文本一旦选定，文本浏览页面就会提供详尽的数据信息以及微型的图像，同时页面可以下拉移动。用户可以浏览全屏的页面，并可将附有详细注释的文本全文压缩后下载，或把文本添加为“个人喜好”，还可以显示相同文卷、相同来源地的其他文本或相关的文本。

除特定网页以外，谷歌搜索引擎还能让读者查询到数据库包含的更多信息，用谷歌搜索引擎，用英文或老挝文输入标题，显示的结果均来自 DLLM 数据库中的信息。这一点同样适用于提供谷歌搜索引擎的网页。

目前，对 DLLM 集的搜索范围仅限于列入数据库目录里的数据。该项目的工作人员计划对网页增加一项新的功能，即对手写贝叶经抄本的电子图像进行搜索，这样一来便能大大提高网站的搜索功能。增加这一功能是为了方便对六十多个医学方面的文本的研究。这一项对结核病的传统疗法的研究于 2009 年开始，芝加哥伊利诺伊大学联合老挝卫生部的传统医药研究中心现仍在进行该项研究，在研究文本内容，整理和呼吸道疾病疗法有关的关键术语的工作中，老挝国家图书馆负责抄本的工作人员付出了辛勤的劳动。

这项新功能增加以后，用户可以在线选取并保存术语或文本的电子图像，通过调整光学字符识别的标准获得最佳图像。在单个文本内进行的查询速度较快，查询结果可以在线显示；在多个文本范围内查询则可以通过服务器完成，查询到的结果可以通过自动回复邮件通知用户。

DLLM 网站的用户不仅能够搜索手写文本中的专用术语，还可以根据书写的笔迹辨别出特定的书写者抄写的文本，还可以根据书写的文字将年代不详的文本归类到特定历史时期，搜索地名、人名等等。

五、结　语

老挝贝叶经数字图书馆是东南亚地区唯一一个能够在线提供数量、种类众多的早期文学资源的图书馆。尽管它并未包括所有民族的文学作品，仍能称得上是民族文学遗产的代表。

在建立数字资料库的同时，该项目也将古代手抄文学的传统和现代技术联结了起来。这不仅是对古代和现代技术的一种挑战，也是对项目参与者的一种考验，地方的贝叶经研究专家大多不熟悉互联网的使用，而大部分年轻人则要重新学习自己的传统文化。

参考文献：

［1］文学艺术研究中心编 . *Sammana bailan thua pathet khang thi nueng*. 万象：文学艺术研究中心，1989.

［2］菲诺特，路易斯 . 老挝文学研究//远东法语学校名录 . BEFEO 17. 5，1917.

［3］哈罗德·汉德斯. 老挝贝叶经手抄本及传统文学//老挝文学遗产：其保护、传播及研究. 万象：老挝国家图书馆，2005.

［4］哈拉德·汉德斯. 老挝贝叶经的保护 . M. Lorrillard and Y. Goudineau 编 . 近代老挝研究 . EFEO：专题研究论文集，2008.

［5］达拉，坎拉雅. 老挝贝叶经抄本的保护//老挝文学遗产：其保护、传播和研究. 万象：老挝国家图书馆，2005.

［6］拉封特，皮埃尔－伯纳德 . 老挝手抄本目录//远东法语学校名录 . BEFEO 52. 2，1965.

［7］老挝国家图书馆，Bansi luang. 老挝贝叶经抄本保护项目非出版目录. 万象：老挝国家图书馆，1992－2002.

［8］老挝国家图书馆. 老挝六省贝叶经抄本目录. 万象：老挝国家图书馆，1993－1994.

［9］老挝国家图书馆. 老挝文学遗产：其保护、传播和研究. 万象：老挝国家图书馆，2005.

［10］社会科学研究院编 . *Vannakhadi lao*. 万象：社会科学研究院，1987.

老挝人民民主共和国“新构想时代”贝叶经的恢复发展

博凯·蓬帕占博士[*] 文　徐雁[**] 译

摘　要：老挝社会恢复发展贝叶经的工作，不管是“新构想时代”之前或之后都是“文化政治”性的。这项工作是用文化智慧遗产贝叶经来研究新时期之前的历史或者老挝地方志，创建老挝人民民主共和国新时期下的“国家形象”，恢复发展贝叶经工作成为“权力的剪刀”。这便于政府在逐渐变化的统治条件下来规范老挝人民的道德规范，约束人民日常生活行为习惯。

法国殖民时期（1893—1953）是法国殖民者与老挝各地人民争抢贝叶经的时期。1980年以来人民革命党和老挝人民民主共和国政府通过使用“构想时代”政策来发展国家，同时对外开放让老挝的社会与世界经济、文化接轨，导致国外文化大量涌入老挝。党和政府制定了在新时期促进文化发展、构建国家文化新形象的政策。老挝的社会变革进入社会主义时期，贝叶经以及相关的民族风俗，这些当地文化和财富没有引起足够的重视，缺乏有效的保护。需要进一步恢复贝叶经，抬高贝叶经的地位，使之上升到“国家文化遗产”的地位。或者说要重视构建“国家形象”。

关键词：国家形象　社会意识　文化政治

一、引　言

“新构想时代”之前与之后，老挝通过恢复发展贝叶经来重新构建老挝国家形象。贝叶经是各地人民、佛教徒的共同财富。恢复发展贝叶经，使其成为“国家文化遗产”，是新时期政府创建老挝国家形象的一部分。本文中研究的贝叶经是指地方志或当地人记录的历史，而不是以往大部分对贝叶经研究有兴趣的人研

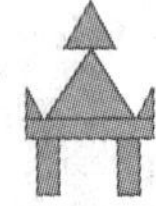

* 博凯·蓬帕占博士，老挝国家图书馆副馆长。

** 徐雁，云南民族大学东南亚南亚语言文化学院2009级泰语专业研究生。

究的故事或者史书上记载的历史。

本文论述了新时期以前老挝社会恢复贝叶经的定义及重点、法国殖民统治时期的贝叶经恢复工作、社会变革进入社会主义时期（1975—1985）和“新构想时期”贝叶经的恢复工作。

老挝的贝叶经，可能源于召法翁王朝时期，不过这没有确切的史料依据。公元1357年，自南传上座部佛教流传到老挝社会（相当于召法翁王朝时期），老挝国王通过把湄公河中游两岸的各个大城市统一起来，建立了以清通（琅勃拉邦古城）为中心的国家。老挝国王即奉上座部佛教为主要宗教，拜上座部佛教高僧为师，研究佛学，研习上座部佛教经典。还多次派遣僧侣、老师、学者带佛教三藏经（即经藏、律藏、论藏）、佛像、菩提树、本地乐器到邻国柬埔寨布教。上座部佛教在老挝的传播可以视为老挝新文化创建的开端。

14世纪老挝民族主要包括当地老族、老龙族、高棉人、老腾人和一些山地民族。当地人主要信奉鬼神、天地、太阳崇拜、月亮崇拜、祖先灵魂崇拜、重要人物灵魂崇拜，即祭祀家神、寨神、勐神，后来逐渐发展演变到信仰南传上座部佛教。召法翁王朝时期开始，老挝文字的出现及在贝叶上刻写文字成为一种普遍的趋势。老挝文字的发展，先后经历过把知识、资料、信息等刻写在石头、兽骨、兽皮、木头、树叶、绵纸上。召法翁国王在位期间，还大兴寺庙、教育。还为当地的百姓教授佛教经典、法律、天文、医药、占卜、建筑、工业、艺术、语言和文学等。寺庙成为老百姓接受传统教育的场所，也是山寨社区的中心，也成为保存和研习上座部佛教经典与当地资料、史料，保存民族文化风俗习惯的重要场所，以及建筑、工艺、壁画、技艺等学习和展示的舞台。如：佛寺的大殿、僧房、藏经阁、钟楼、鼓楼、佛像、壁画、藏经柜、画像、木雕技艺等。

南传上座部佛教的流传以及学习佛教经典得到大力发展，而这种影响力也遍及整个澜沧王国（即南掌王国）。历朝历代的老挝国王都继承并延续了召法翁国王的做法：兴建佛寺、佛塔、佛像，刻写石碑碑铭以及刻写贝叶经，传抄佛教经典。贝叶经的内容还包括当地社会的历史、故事、地方志、法律、天文学、巫术、占卜、传说、语言文字、诗歌等，以及大量的民族风俗、宗教礼节等内容。大量刻写抄录的作品使贝叶经得到了发展，其中最为著名的是《拉差提腊编年史》，这是现在许多专家、历史学家研究老挝历史最为重要的资料。

帕召菩提散王朝时期，创作了一部重要的贝叶经典籍《百线金》，它是新时期前老挝社会最重要的一部法律经书，它的法律条文多达227项，这部佛经使用的范围极广，还告诉了我们关于老挝佛教史的重要来源，比如帕邦史、玉佛史、帕些坎史、佛塔史、琅勃拉邦史、昆布隆拉差提腊史。这些贝叶经作品，告诉了我们老挝社会重要佛像和宗教的来源，提供给我们从历史上研究这些史料的依据，也为从事研究的学者在研究湄公河中流地理方面提供了参考。

帕召素丽亚撒坦王朝时期（1638—1695），被认为是澜沧王国最为强盛的时期，这段时期重要的佛经主要包括法律，即《帕坦撒》，包括了如何修复法律方面的经书内容，这是老挝新时期前最重要的法律文本，一直使用到新时期后以及现代老挝社会。此外，这一时期的经书还包括《编年史》、《药典》，记录在金片、银片、铜片上的铭文。

帕召南塔宣王朝时期，国王倡导的佛经的内容主要为诗歌，如：凤凰情歌、甘蔗情诗、撒里嘎情诗、男女择偶情诗。除此之外，还有《万象编年史》。这部佛经是这一时期最重要的作品，也被认为是地方文学的反映，反映澜沧王朝的政治统治，是一部最好的历史文学作品。

上述老挝社会各个时期、各个王朝创作的贝叶经有两个主要方面：宗教和政治。这两个方面是出于统治的需要，宗教方面主要是佛教经典，从价值观、道德观方面教育百姓，此外，贝叶经还有许多禁忌，如女子不能接触贝叶经、不能直接学习贝叶经上的内容。

贝叶经的制作有个特点，即按创作人群的不同分为统治阶级和平民阶级两个等级。统治阶级创作的贝叶经是以构建百姓团结、促进人们之间的和睦相处为主要目的。而老百姓创作的贝叶经是为了收集整理当地有价值的典籍资料和佛教故事，通过传抄或刻写贝叶经以期达到行善积德、祈福禳灾的良好愿望。人们认为布施经书的功德和布施佛像的功德相同，不会撰写经文的人会请求僧人和有知识的人帮忙抄录一部佛经，拿去寺庙布施，这样老挝社会出现了向寺庙布施经书的场景，并逐渐演化成老挝的一个宗教习俗“赕坦”（布施经书）。寺庙里保存了大量的佛经，当地的人们可以借阅。这些佛经还通常运用于社会生活的各个方面，如：上新房、拴线、叫魂、寻医问药、文娱生活以及丧葬仪式等。

老挝社会的佛经不仅包含历史、法律的内容，还包括风俗习惯、节庆仪式、教育药典、医药卫生、天文地理等内容，是反映老挝文化社会以及智慧的媒介。

二、法国殖民统治时期的老挝贝叶经

（一）殖民统治下的老挝社会

澜沧王朝是召法翁国王于 14 世纪建立起来的，这个时期国家繁荣昌盛，经历了三百多年。至 16 到 18 世纪时期澜沧王朝因权力斗争而导致了内乱。公元 1699 年，澜沧王朝分裂成为两个国家，即琅勃拉邦王国和万象王国。公元 1713 年，又分裂出另外一个国家，即占巴赛王国。三个王国国力渐衰，成为邻近强国侵略的目标。公元 1779 年，这三个小国分别被暹罗攻占。

19 世纪以来，老挝的领土一直处于被暹罗和越南两个强国瓜分的局面。在老挝成为暹罗附属国的时期，大量的人力、财物被掳掠到了泰国，著名的佛像和

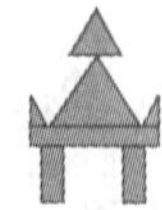

不计其数的佛经典籍贝叶经、黄金、红铜也被抢掠到曼谷，万象城中的许多寺庙被破坏，大量佛寺、佛塔被损毁。尽管暹罗焚毁了大量的寺庙、佛像和房屋，但是各地的老挝人民仍然将遗迹保护得很好，仍然继承了传统的习俗、文化，尤其是佛教文化上继续在日常生活中使用经文。而在老挝成为暹罗附属国的时期，其法律方面的经文里出现了大量泰文词汇混杂其中的现象。

琅勃拉邦王国、万象王国、占巴赛王国这三个小王国在成为暹罗附属国后，贝叶经中反映了大量斗争、抵抗的内容，这些贝叶经成为老挝人民抵抗侵略思想的载体。如：《万象本史》、《陶老罕》。19 世纪末，英国和法国侵略势力进入东南亚中南半岛，英国占领了缅甸和马来西亚，法国于 1863 年很快攻占了柬埔寨，1883 年占领越南。老挝 1893 年成为了法国殖民地，直到 1953 年才最终摆脱法国殖民统治。法国殖民统治最主要的原因是经济和贸易上的利益，及老挝丰富的自然资源如金、银、铁等以及野生动物制品如象牙、鹿皮、犀角。法国殖民者的统治对老挝产生了巨大影响，尤其是对其文化方面的影响。法国人不仅用武力征服了老挝，而且它的殖民统治还控制了老挝人民的精神。

对于老挝人而言，贝叶经就是知识，就是智慧。因此法国人也对贝叶经比较重视，并开始研究贝叶经来加深对老挝社会文化的了解。通过对老挝贝叶经的整理、抄录，殖民时期老挝的贝叶经得到了大力发展。

（二）法国殖民时期的贝叶经整理工作

贝叶经在法国殖民时期经历了多次整理工作。负责收集、整理者主要为老挝人和法国人，主要是在各个地方的中心城市，如北部的琅勃拉邦、中部的万象和南部的占巴赛。截至 1975 年，老挝贝叶经总共进行了 11 次整理。

截至 1975 年整理的贝叶经细目表

序号	年份	研究机构	整理者	收集及整理的地点	收集、整理的数量
1	1900	—	—	琅勃拉邦	13 寺，67 部
2	1900—1916	—	迈尔	琅勃拉邦	563 部
3	1912	法国远东研究机构	—	坎温	13 部
4	1914	—	—	勐宽、勐清陇、琅勃拉邦	9 寺，43 部
5	1917	法国远东研究机构	罗斯·非罗特	琅勃拉邦	1 163 部
6	1934—1936	佛教研究所	—	万象、老挝南部	526 部
7	1953	文化部	德迪尔	琅勃拉邦	13 寺，1 300 部
8	1958	—	科勒	万象、别地	1 163 部
9	1959	—	皮尔·伯纳德拉蓬特	琅勃拉邦、万象、占巴赛	83 寺，1 634 部
10	1960	文化部	科勒	万象、别处	526 部，543 部
11	1973	老挝议会	—	琅勃拉邦、万象、占巴赛	1 343 部

贝叶经在法国殖民时期的整理工作截至1975年，这为贝叶经的收集、整理确定了形式、方法。老挝的贝叶经的整理是从各个寺庙收集过来，放在图书馆或中心寺庙进行的，大部分原物在整理完毕后却没有归还各地寺庙。此外，法国政府还把部分贝叶经送到远东研究所，法国和越南也都把从老挝带走的贝叶经存放在国家博物馆里。老挝国内大量的贝叶经被转移到别的地方及文化族群之中，这样，贝叶经就被转移到不同文化圈的国家和地区，也因此而变成了博物馆、研究所中的珍贵材料及图书馆里的学习研究资料。

三、关于贝叶经

法国自从对老挝实行殖民统治开始，对其采取了更加强硬的政策，尤其是在1899—1941年期间征调了大量劳动力，征收高额赋税。老挝人民在一年中就必须有6个月受雇于殖民政府从事砍树、挖矿、修筑印度支那地区公路、疏通湄公河航道的工作，以便借助湄公河将木材和商品运到海外。此外殖民政府还征缴人头费和各种赋税，老挝人民生活在水深火热之中。

1910—1920年，法国殖民政府对老挝国内各个寺庙收藏的贝叶经进行了收集整理工作。贝叶经数量极为巨大，每个寺庙不少于20部、50卷。1930年，殖民政府命令老挝各村寨、各寺庙贡献经书，至此，殖民政府已收集了琅勃拉邦、万象和坎温几处的经书。官员们将收集整理过的贝叶经送到了法国国内及越南等地。法国殖民政府还同样要求占巴赛等地的各村寨、各寺庙贡献一部贝叶经，不过遭到了当地民众和僧侣的抵制，使法国殖民政府和老挝官员最后只有用武力将占巴赛的主要寺庙中收藏的贝叶经强制收集。

（一）贝叶经的变化和殖民统治下老挝国家形象的构建

为了增进对印度支那半岛各个国家社会文化，尤其是对老挝社会文化的了解，法国殖民总督根据要求，通过研究贝叶经来了解老挝人的思维方式，以达到方便统治这一政治目的。法国常驻印度支那远东研究机构是负责印度支那各国文化研究工作的机构，对老挝贝叶经、国内佛教等进行过研究，为当时的殖民政府提供了大量资料。该机构曾指出：1910—1920年老挝的佛教研究主要参照的是暹罗模式。因此法国政府试图改变这一局面，让老挝佛教与暹罗佛教的研究机构有所区别。

1929年，法国殖民政府开始调整对老挝的佛教政策，如远东研究机构出台了保护文物古迹、寺庙、佛像、佛塔、宫殿等方面的政策并派遣僧侣到柬埔寨学习。此外还资助了万象城内的佛教研究机构，兴建了巴利语学校、艺术学校、图书馆等。收集贝叶经并将其收藏在图书馆里。同时，在新时期下还改革了老挝语，调整了贝叶经里的老挝语言，改进了新的印刷方式。贝叶经的内容中开始出

现了佛本生经故事，讲述的是佛陀前世各个轮回转世的故事，并因在宗教活动中用于教育老挝人民辨别是非、明辨善恶、广积功德而被广为传颂。

佛本生经故事、各类文学作品、老挝新时期语言的调整，恢复南传上座部佛教文学作品，包括老挝文化的流传，以便让老挝文化得到普及，使老挝民众热爱自己的文化，让智慧遗产惠及子孙后代。

（二）老挝人民民主共和国在新意象时代采取的保护贝叶经措施

1975 年 12 月 2 日，国家政府在老挝人民民主共和国建国日首次提出了贝叶经保护计划，政府就建设新的文化体制发表了讲话，并提出了以下两点建议：

（1）重视挖掘、整理包括国家博物馆及文学、历史在内的文化因素，以显现国民建设和保卫国家的能力；

（2）修葺和保护作为国家重要遗产的宗教场所。

之后，普米·翁维吉先生（中央政治局常委，国家副主席，国会副主席，教育、体育和宗教事务部部长）在 1978 年 6 月 14 日发布命令："保护古迹、宗教遗产以及各种重要宗教物资。"各种文化单位，尤其是国家图书馆开始了对贝叶经的考察。经调查发现，现收藏在国家图书馆里的部分贝叶经秩序混乱，收藏专柜不足。负责单位于 1976 年至 1979 年间派了一些工作人员到地方进行专门调查发现：无论有无僧侣主持的寺庙都存在部分贝叶经缺失和缺少看管的现象。图书馆、博物馆和文物厅副厅长就此向上级申请贝叶经保护经费，但由于当时老挝政府正处于调整时期，大量经费都用于经济和教育，就提议他们申请国际机构援助。1975 年以前对老挝国家图书馆进行过资助的国际机构有：洛克菲勒基金会，亚洲基金会，国际藏书协会，美国信息服务会等，但正因为老挝正处于变革期间，政府有明确的对外政策：只接受社会主义国家的援助。因而除联合国教科文组织外，其他试图保护贝叶经的部门都无法同以上机构取得联系。

国家图书馆、博物馆和文物厅在 1982 年被分成两部分为：国家图书馆局和博物馆文物局。其工作人员和物资也被重新进行了分配。贝叶经还是收藏在教育、体育和宗教事务部。该部接到上级命令，在 1982 年至 1984 年间对贝叶经进行了整理工作。同年，宫登女士参加了联合国教科文组织在民主德国举行的宗旨为保护历史文献大会。会议要求与会国重视国内历史文献的保护。日本本田慈善基金会在会上表示将资助东南亚国家对国内历史文献的保护，宫登女士回国后即向本田慈善基金会递交资助申请。

国家图书馆 1983 年时隶属于文化部，因此该馆收藏的贝叶经全由文化部负责保管。本田慈善基金会 1986 年派代表赴老对老挝文化资料特别是贝叶经进行审核。第 41 届联合国大会 1986 年 12 月 8 日接受了联合国教科文组织关于"文化是个人和群体生活的重要基本条件之一"的建议，委任教科文组织执行这一提议，并将 1988—1997 年规定为"世界文化发展的十年"。教科文组织于 1987 年

举行第14次会议，呼吁全世界共同履行“世界文化发展的十年”决议，并要求各国成立专门委员会与教科文组织进行协商合作。日本本田慈善基金会1987年再次派代表赴老挝对老挝文化资料特别是贝叶经进行调查。老挝随后举行了“全国贝叶经第一次大会”，主席为文化部部长，国家重要领导人、重要人士、专家、学者、僧侣代表参加了此次会议。大会的主题是让与会人员意识到贝叶经的重要性，携手促进贝叶经保护工作。文化部下属各部门对当地贝叶经及文物情况作了报告。（国家文学艺术研究所，1989：58－192）。

此次大会揭开了“老挝政府贝叶经保护计划”序幕，使数十年缺乏保护的贝叶经正式被提名为“国家文化遗产”。

（三）新构想时代（1986年至今）老挝政府采取的贝叶经保护计划

老挝政府在新构想时代总共实施了两个相关贝叶经保护计划。在全国贝叶经第一次大会后，文化部部长向政府呈交了名为《贝叶经书目记录计划》的贝叶经保护计划的提议，该计划由本田慈善基金会资助，并组建了委员会进行负责，其主要目的在于考察、整理各个寺庙中的贝叶经，并统一进行登记，这样可方便对贝叶经借用情况进行查询，也可借此帮助群众了解贝叶经的内容及其重要性以促进对贝叶经内容的研究，并利用现代化传媒方式进行贝叶经内容的传播。该计划于1988年年底开始实施，至1994年结束，共历时6年，考察和收录了老挝6个地区、250所寺庙共127 636部贝叶经。

之后的1992年开始实施第二个贝叶经保护计划，此次计划在文化和新闻发布部部长的领导下进行，并得到了德国政府的资助。其目标比第一个计划更大，除了对贝叶经进行考察、登记外还要对整个老挝的贝叶经采取保护措施，包括对贝叶经的修复、对其内容以及相关的习俗进行保护。此外，旨在建立贝叶经资料库，成立贝叶经保护中心，并将其作为地方效仿的模板及贝叶经保护工作协商的中心。此外，还着力于促进贝叶经的研究，利用现代化的传媒工具把贝叶经的内容传播到更广的领域，让民众参与到学习研究贝叶经中蕴涵的古人智慧之中。

老挝的贝叶经保护计划于2002年正式结束，在这十年（1992—2002）中，计划并组织相关人员和学者对老挝17个地区，830座寺庙的368 260部贝叶经进行了考察、整理、登记和采取保护措施，建立了四处贝叶经保护中心，建立了研究贝叶经的资料库。并从各寺庙42 922部贝叶经中的7 417部中抽取了798卷（每卷长30米）进行首次“缩微法”拍摄记录，并存了两份副本，一份交由“老挝贝叶经保护计划”委员会保管，另一份交给德国政府。

“老挝贝叶经保护计划”还提议在全国僧侣学校中开设佛教知识、巴利文、老挝文学、佛法等学科，对13个地区的宗教事务中心共捐赠了87 843美元。并在1999—2002年四年间对老挝国立大学进行包括老挝文学专业学术研究经费补助在内的教育经费共计7 557美元。老挝政府进行的长达15年的贝叶经保护措施

保护了国内的部分贝叶经，但是就全国有僧侣主持的4 133座寺庙而言还有80%即3 303座寺庙没有进行贝叶经的考察、整理和登记。不过这15年的保护计划仍然是相当有成效的。要把握第一手资料是很困难的事，但它将全国17个地区寺庙里的贝叶经正式地进行了登记和拍摄记录。

经过研究、宣传，贝叶经中的许多故事还被翻译成了通俗文字写入了教科书。老挝在新构想时代实施的贝叶经保护恢复政策与以往的保护措施不同，比如：收集方式是把贝叶经资料从各个寺庙集中到某个中心地方以方便于研究、登记并制订花名册，这个中心可能是某所寺庙或国家图书馆。此外，贝叶经还被保存到设在越南河内的或法国本土的法国远东研究所。也就是说：贝叶经走出了本土，走出了原有的文化环境，揭开了新的文化背景。

四、关于恢复贝叶经保护的不同观点

很多老挝政府中央和地方的各级官员，包括老挝人民革命党中的部分人士在实施贝叶经保护计划的起始阶段（1989—1992），特别是刚提议实施《贝叶经书目记录计划》时，对此提出了质疑，认为这只是宗教上的事情，看不出对国家的发展有什么帮助。不过也有部分高层领导人支持对贝叶经保护的恢复活动。特别是普米·翁维吉（老挝人民革命党中央委员会常委）发表意见同意《贝叶经书目记录计划》的实施。他表达了自己的观点：“如果恢复蕴载着丰富知识的贝叶经，就能使我们祖先的知识和智慧得到重生，那些宝贵的遗产会再一次在老挝社会中发挥作用，这有助于抵制和摆脱其他国家长达几十年的对我们的文化控制。”新闻发布和文化部部长特别支持后来的贝叶经保护计划，与相关人员沟通，促进贝叶经保护计划在全国各地的正式进行。

新闻发布和文化部下属的官员1991年起纷纷开始重视贝叶经保护。多位国家议会领导、新闻发布和文化部官员、地方文化事务官员在贝叶经保护委员会开展各项工作期间密切关注贝叶经保护工作的进程，亲自参与贝叶经保护活动。可见，新体制下的政府官员高度重视与民众生活密切相关的文化，特别是贝叶文化。那些曾被认为是古老的、被社会遗忘的“封建文化”又得到了恢复。新一届政府正因此而得到了广大群众的信任和尊敬。

1993年，新闻发布和文化部部长在老挝与德国合作实施贝叶经保护计划而创办的《贝叶新闻》杂志上发表了一篇文章，名为《应受保护的遗产》，阐述了贝叶经的价值，作者亲自到地方调查，与村民交流。该文也是新体制下的领导人一反以往把贝叶经视为封建落后文化的常态，第一次强调贝叶经的价值。这代表官方把贝叶经正式列为“国家文化遗产”。

新闻发布和文化部部长早在1988年3月8～11日举行的老挝第一次全国贝

叶经会议上就首次对与会的国内外人士宣称：贝叶经是“国家文化遗产”。此后，国家文化方面领导人无论在演讲还是发表的各种文章中，只要提到“国家文化”就会提及贝叶经是“国家文化遗产”。自20世纪90年代中期以来，随着很多文化方面领导亲自到地方对贝叶经的接触和了解，各种反对保护贝叶经的声音就开始逐渐消失。

贝叶经保护的资助方也对一直资助其他国家文化遗产保护发表了自身的看法：“德国之所以要帮助其他国家，特别是对那些欠发达和发展中国家恢复及保护其自身文化，是由于之前德国以及欧洲各国是强国，他们曾把自己国家的文化传播到了别国，以扩大势力范围或破坏不发达国家文化。眼下是德国应该帮助其他国家恢复和保护自身文化并向这些文化学习的时候了。因此，德国国会议员决议政府每年要拿出1%的预算作为帮助其他国家保护文化的基金，资助老挝保护贝叶经便是其中的一项活动……以上提及的基金自建立至今已经有30多年历史了，虽然预算不多，但还是起了极其大的作用。”

五、老挝新构想时代贝叶经保护中的问题和困难

项目负责人在贝叶经保护中遇到了许多问题，尤其是在开始阶段。其中主要有以下两个方面的问题：

1. 思想方面的矛盾

不同地方的人对贝叶经保护和对贝叶经的理解和想法有矛盾。除了保护中心的公务人员和执行人员外，还有地方级的、市级的执行人员、公务员、军人、警察。项目负责人提高了贝叶经预算，执行调查的着手者在提高地方预算和贝叶经保护过程中必须特别关注和小心，否则就会产生严重的冲突或流血事件。也就是说，在举办第一次地方贝叶经保护会议前，必须先在地方进行贝叶经保护，以让地方的行政人员特别是文化方面负责人，包括公务员、军人、警察、僧人、尼姑、平民等了解贝叶经保护的政策和目的。即让地方继续接受贝叶经保护并合作，也可以说是为了不让矛盾产生，使贝叶经保护工作顺利进行。

为了让地方政府之间在恢复贝叶经保护方面达成共识，特别是让地方上的民众了解贝叶经文化保护的目的和政策，为了贝叶经保护项目的顺利实施，不让产生地方矛盾，新闻发布和文化部的代表、贝叶经保护项目委员会、中央宗教事务组织、项目学者协会的负责人应该致力于向地方民众进行解释。同时，项目负责人发觉在执行贝叶经保护项目的各村寨、各地方的人，包括僧人、尼姑和村民，对贝叶经保护有不合作和怀疑的态度时，村民如果还怀疑政府这次的贝叶经保护与1975年的一样，在中央的某个寺庙或在中央收集整理贝叶经做调查取走了寺庙和地方的贝叶经却不归还时，为了让地方和村民理解政府，项目负责人就必须

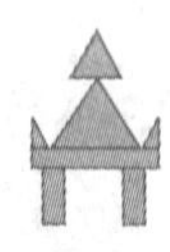

详细、反复地解释这件事。为了让地方的贝叶经和寺院不受到损害，调查贝叶经保护的学者在各地做贝叶经保护调查时，不论有何艰难困苦都必须留宿在寺院。

2. 寺院的僧人和尼姑对政府保护贝叶经项目的评议

针对以上的问题，新闻发布和文化部的负责人和贝叶经保护项目负责团体努力向地方人民解释、说明，以让每个有关的人都能达成共识。无论如何，保护贝叶经的政策已经执行一段时间后，地方的百姓，包括僧人、尼姑、村民、公务员、军人、警察等等，都为自己地方的文化遗产感到骄傲，并对政府放心。

此外，还有部分人在贝叶经保护初期反对过或者极度不同意对贝叶经的保护，到后来因为自己当初不了解政府保护贝叶经的政策和目的而认为对不起贝叶经保护学者或项目负责人。

参考文献：

[1] 文学厅．苏厘翁小说：第一册．万象：文学厅，1958.

[2] 新闻发布和文化部．提交德意志联邦共和国政府的贝叶经保护计划．万象：新闻发布和文化部，1992.

[3] 老挝历史：远古—当代．万象：新闻发布和文化部，2000.

[4] 教育、体育及宗教事务部．总理关于保护宗教财富贝叶经及各种重要宗教物资的指令．万象：教育、体育及宗教事务部，1978.

[5] 该宋·帕玛维汉．人民民主政府调整及加大国民维护及制度建设的影响．阿仑迈，1992，8（2）：5 –6.

[6] 文学委员会．利普孙公文．万象：文学委员会，1967.

[7] 老挝对联合国教科文组织国家小组委员会．世界文化发展的十年：1988—1997. 老挝对联合国教科文组织国家小组委员会期刊，1990，1（1）：14 –20. 1994，5（9）：9 –10.

[8] 堪培·汪娜索帕．老挝人民民主共和国宗教事务：政策与职责．万象：老挝国家建设中央宗教局，2005.

[9] 堪抛·蓬盖尔．老挝史研究：1893—1945 年间老挝研究．万象：万象师范大学心理学系〔印刷年不详〕，21 –100.

[10] 达拉·岗拉亚．老挝文学遗产——保护、传播及研究观点：老挝人民民主共和国的贝叶文字保护．万象：国家图书馆，2005.

[11] 托·汤玛什．108 卷功德集．曼谷：钟扎棱亮香印刷厂〔印刷年代不详〕.

[12] 他瓦·布恩挪托．蓬维·东北历史及著作研究．曼谷：政法大学泰学

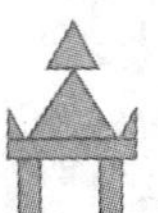

研究所，1983.

[13] 喃什育·玛述哈拉. 公元14—17世纪澜沧王朝由内陆贸易国到半商埠国的经济史·曼谷：民意报，2002.

[14] 什拉·维拉翁. 古代至1946的老挝历史. 万象：国家图书馆，2001.

[15] 老挝文字史. 万象：国家图书馆，1995.

[16] 厘拉·维那翁，努恩·吾腾撒达. 原版老挝史：帝王故事一. 万象：教育部，1967.

[17] 桑利·布什撒哈瓦. 日本丰田基金会　新闻发布和文化部贝叶文字财务建设项目：我们从贝页文字财务建设调查中获取了什么. 万象：贝叶文字财务建设项目，1994：19－21.

[18] 国家图书馆. 劳勘王. 万象：老挝王国图书馆协会，1973.

[19] 挨温·给浪恩. 老挝简史：东南亚大陆中心的国家. 清迈：Silk－worm Books，2006.

[20] Gesick. *Lorraine M. In the Land of Lady White Blood Southern Thailand and The Meaning of History*. New York：Southeast Asia Program Cornell niversity，1995.

[21] Grabowsky Volker. *Lao and Khmer Perceptions of National Survi－val：The Legacy of The Early Nineteenth Century*，in Nation－alism and Cultural Revival in South－east Asia：Perspectives From the Volker and the Region. Edited by Sri KuhntSapto－dewo，Volker Grabowsky and Martin GroBheim. Wiesbaden：Harrassowitz，1997：145－165.

[22] Gunn，Goeffrey C.. *Political Struggles in Laos 1930－1954*. Bangkok：Editions DuangKamol，1988.

[23] Pholsena，Vatthana. *Post－war Laos：The Politics of Culture，History and Identity*. Chiang Mai：Silkworm Books，2006.

[24] Pholsena. *Vatthana and Ruth Banomyoung*：Mekong Press，2006.

[25] Stuart－Fox，Martin. *Buddhist Kingdom Marxist State：The Making of ModernLaos*. Bangkok：White Lotus，2002.

（本文在翻译时有所删节）

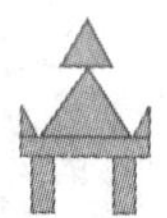

泰文和老挝文贝叶经中的经典故事

安纳托尔·派尔缇耶博士* 文 王丽娜** 译

摘 要： 这项研究是关于由泰国清迈皇家大学研究生院贝叶研究中心收集的泰国北部、老挝上部、缅甸掸邦的个人和寺院保存的古贝叶经文本的翻译和编辑。这项工作主要分为三步：资料收集阶段（从2008年到2009年），资料选择阶段和翻译阶段（从2009年至今）。在第一阶段，写在贝叶上或构皮纸（mulberry paper）上的各类《本生经》（佛经故事）手稿都通过当地贝叶研究中心的网络用图像和声音的方式收集起来。在收集之后，将贝叶经典进行分类，并挑选一些翻译、出版。这些贝叶经是用老挝文和五种泰傣文写成：傣泐文（中国西双版纳）、傣那文（中国德宏）、泰艮文、泰雅文（缅甸掸邦）、泰阮文（泰北）。这些文字被逐行翻译转写为泰文、法文和英文，以便让读者能够接触到原初的版本。

关键词： 贝叶经 老挝文 泰文 经典故事

近来，我们对泰族文学的了解只是凭泰文摘要或以西方语言文字的形式进行。文学的主要部分储存在手稿中，并由有识之士和寺院图书馆保存。

在对老挝文学和泰国文学进行长期研究之后，我们想到，把这些文本发表出来，以让更多的研究人员、学生和公众能够接触到它们。

20世纪80年代初在一种非常简单的形式下出版了第一版的文本。原始文本用泰艮文字书写，其后用泰文转写，用书写进行再造并由清迈社会研究院发行。

不久以后，计算机的使用范围变得广泛，文本编辑以一种更精细的方式进行，这要归功于由各种语言和方言所创造的字体。

在本文中，我展示了用本地语书写的不同阶段与文本编辑有关的文本样本。从文本选择到语言展示和书法，再到用泰语转写并用西方语言翻译出来。

* 安纳托尔·派尔缇耶（Anatole Peltier）博士，泰国清迈皇家大学贝叶经研究中心主任。

** 王丽娜，1976年生，硕士，云南省翻译者协会会员，研究方向为英国文学。

一、文本选择

记录在贝叶或构纸上的文本可以分为以下几类：来自佛教经典的经集，传奇历代记，关于药典或占卜的论述以及民间故事。

就我而言，我的选择只对民间故事感兴趣，因为它们是人类文化的精髓。这些故事分为两大类：本生经或佛经故事；以及 Nidān dham，即由佛教哲理所启迪的民间故事。

我们所选择的文本一般是原始文本。有些文本的标题看上去可能会很奇怪，以至于无数读者在第一次见到时都会想知道它们是否真正属于泰族的经典文学。

二、泰语及书写

对于记录，让我们来指明，“泰人”指居住在泰国的主要民族群体，而“泰（傣）族”指与居住在泰国境内和境外的泰人（暹罗人）及相关的民族群体，其中有：

老（族）人（The Lao），来自老挝和泰国东北部；

泰阮人（The Tai Yuan），来自兰那（清迈古王国）；

泰艮人（The Tai Khün），来自景栋（Keng Tung），缅甸掸邦；

泰雅人（The Tai Yai），或掸族，来自缅甸掸邦；

傣泐人（The Tai Lü），来自云南西双版纳；

傣那人（The Tai Nüa），或 Tai Khong（德宏），来自掸邦和中国云南。

如以下板块所示，多数泰语族用一种来自孟文（Mon script）的文字进行书写：

兰那（泰阮）文

ᩯ᩵᪁. ᨾᩩᩉᩮᩥᩢᨲ᩠ᨲᩴ ᨲᩣ᩠ᩉᩣᩈᨾᨱ ｜ ᩍᨵᩴ ᨲᩴ ᨸᩋᩥᨿᩮᨲᩣ ᨾᨿᩣ
ᨲᨿᩣᩉᩴ ᩈᨲ᩠ᨲᨾᨻ᩠ᨻᨲ᩠ᨲᩴ ｜ ᨴᨾ᩠ᨾᨵᩴ ᩉᩥ ᨸᩋᩥᨿᩮᨲᩣ.

老挝文

ᩯ᩵᪁. ᨾᩩᩉᩮᩥᩢᨲ᩠ᨲᩴ ᨲᩣ᩠ᩉᩣᩈᨾᨱᩴ ｜ ᩍᨵᩴ ᨲᩴ ᨸᩋᩥᨿᩮᨲᩣ ᨾᨿᩣ
ᨲᨿᩣᩉᩴ ᩈᨲ᩠ᨲᨾᨻ᩠ᨻᨲ᩠ᨲᩴ ｜ ᨴᨾ᩠ᨾᨵᩴ ᩉᩥ ᨸᩋᩥᨿᩮᨲᩣ

泰艮文

᪓᪒᪁. ᨾᩩᩉᩮᩥᩢᨲ᩠ᨲᩴ ᨲᩣ᩠ᩉᩣᩈᨾᨱᩴ ｜ ᩍᨵᩴ ᨲᩴ ᨸᩋᩥᨿᩮᨲᩣ ᨾᨿᩣ
ᨲᨿᩣᩉᩴ ᩈᨲ᩠ᨲᨾᨻ᩠ᨻᨲ᩠ᨲᩴ ｜ ᨴᨾ᩠ᨾᨵᩴ ᩉᩥ ᨸᩋᩥᨿᩮᨲᩣ

泰雅文（掸邦）

၁၃၂။ မုၵ်ႁတ်တံ တၢၼ်ႁုၺ်သမၢၼ်၊ ｜ ဢိၺ်ႈ တံ ပၢယိတေႃ မယ။
တယၢႁုံ သၼ်တမၸ်ၸၼ်တံ၊ ｜ ထမ်မဢိၺ်ႈ ႁိ ပၢယိတ။

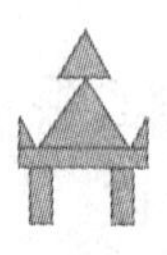

傣泐文

[illegible] [illegible]
[illegible] [illegible]

傣那文（德宏）

132. [illegible] [illegible]
[illegible] [illegible]

以上所给出的板块证实，老挝文、泰阮文、泰泐文和泰艮文的字形几乎是相同的。如果你能够读懂其中一种文字，那么解码其他文字就会变得很容易，因为一种文字到另一种文字的变化很微小。

下面这首巴利文四行诗选自《Pajapat，Gotam，Ther 的告别》，她在进入涅槃以前是佛陀的养母。这里是一段英译文：

> 主，你是从我这里啜吸乳汁的那个人，
> 乳汁抚平了你暂时的饥饿，
> 但我是那个从你这里吮吸达摩乳汁的人
> 它赐予我永久的和平。

三、用泰文转写

为了更好地分配作品，我选择用这一地区的通用语泰语转写泰文手稿。我使用了 80 年代初期清迈大学所采用的系统。这类转写逐行遵照原文。这种方法使得研究人员和学习者可以熟悉泰文的书写。

这个例子来自一个泰艮经典故事 *Chao Bun Hlong*。原文一般是写在书的单页上，而转写是在双页上：

[illegible]

ตทา ในกาละเมื่อนั้น อันว่าสองกุมมารพี่น้อง รอดแก่ห้องดงไพร นับเท่าไปตามป่า เจ้าหน่อฟ้าพรหมปั้น จันจูงแขนน้องเจ้า เข้าสู่ห้องดงตัน หันดวงบานกิ่งค้อมหอมร่วนเร้าคันโธ ควรใจมัวชมชื่น หันหมื่นไม้แสนลำ ภู่ผึ้งหนำบินไล้ ักดอกไม้มาลัย พ่องบินไปพ่องอยู่ ภู่ผึ้งสอดแมงชิง สองเพาพิง**เทียวกว่า** หันป่าไม้ **(เดินไป)** ซางคำ ลมพัดดังอิดออด ปลายยอดค้อมเชยนู ลมพัดปู้น้อมเนือก กิ่งไม้เกลือกไปมา หันเลาคาแขมแฝก มีต้น**แปก**ใยยาย ไม้รกหลายไม้ไร่ ไม้ไผ่หากหนามมี **(ต้นสนภูเขา)** เจ้าลีลาถึงรอด ตาเสี้ยวสอดเล็งหัน นกถัวมันมีมาก เหมือนเสียงปากคำคน นกแลสนกินหมาก นกเอี้ยงปากเสียงหวาน เขาขันขานร่วนก้อง นกออกร้องเป็น**ชุม (หมู่)** นกคะลูมตัวโสก นกโพนดกหางกวิด นกประหิดและแขกเต้า นกเค้าร่วนดงไพร เจ้าบุญใสร้องไห้ กลางป่าไม้ดงเขียว

四、用西方语言翻译

用西方语言，即英语和法语的译文给不会读或说方言的人们提供了一个洞察丰富的地方文化的机会。

我建议在各处提供一些来自泰文经典作品和它们的法译文或英译文。

◆ 第一段摘录自 *Paṭhamamūlī*（《世界的起源》），是一部兰那作品。它讲述了地球上第一个男人和第一个女人相遇的故事。

[illegible]
[illegible]
[illegible]
[illegible]
[illegible]
[illegible]
[illegible]

英文译文：

At that time, a male being coming from fire element and called Pu Sangaiya Sangkasi, on seeing the animals move around and make love, had this thought: The

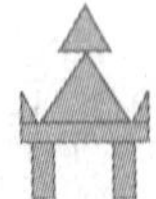

animals are enjoying each other. As I am and with the organ I am endowed, will it be possible for me to find the pleasure ? With that though, the man walked on and came across a woman (Nang Itthang Gaiya Sankasi), He wants her to be his wife.

在那时，一个来自火元素、名叫布桑该雅桑嘎西的男子在看到动物四处游走交配时，这样想到：动物都可以彼此快活，而我拥有天赋的器官，我有可能找到快乐吗？有了这样的想法，男子继续往前走，遇到了一个女子（南依堂该雅桑嘎西），就想要她成为自己的妻子。

◆ 第二段摘录自 *Nang Phom Hom*（《香发姑娘》），是一个老挝经典故事。它描述了女主人公的美貌：

[illegible]

法文译文：

Les hommes étaient fous de la suprême demoiselle, vraiment!

Elle avait un visage clair, le teint lumineux comme un miroir, Les cheveux noirs et brillants comme du charbon de bois, Les doits longs et effilés comme un arc céleste, Le cou rond et annelé, la taille fine et les yeux arqués.

◆ 第三段来自 *Le Gam Sām To*（《三只鹦鹉》），这是一个傣泐经典故事。它讲述了一个食人女妖把一根金线绕在一个年轻王子的脖子上，把他变成一只鸟的故事。这只鸟被一位迷人的公主带进宫，她发现了金钱并解下金线。鸟儿回变成一个年轻英俊的男子。

[illegible]

[illegible]

英文译文：

The jet – eyed lover kept looking at the bird. She took him out of his gold cage and caressed him, he was so delightful. She ran her hand around his neck and saw the golden thread. It was round like a magic string. The glorious and charming princess summoned her servants: “Really, he looks like a tame bird, with this gold thread around his neck”. The two servants also touched the golden thread, then the princess said to them: “We had better take it off, don’t you think ?” They untied the magic thread all together, without any difficulty. The parrot changed into a radiant young man like Indra. His body was shining like gold and his eyebrows were perfectly delineated. The two servants were fascinated by this extraordinary phenomenon.

这位眼睛乌黑发亮的爱人一直盯着这只鸟。她把它从金笼子里拿出来，抚摸着它，它非常高兴。她用手握住它的脖子，然后看到了那根金线。这根线是圆形的，就像一根魔绳。高贵而迷人的公主传唤她的仆人：“它看上去的确是一只温顺的鸟儿，脖子上绕着这根金线。”两名仆人也摸了摸金线，然后公主对他们说：“我们最好把它放出来，怎么样？”他们一起动手，毫不费力地解下了魔绳。鹦鹉变成一个因陀罗般光芒四射的年轻人。他的身体像金子一样闪闪发光，他的眉形描绘得非常完美。两名仆人对这一奇异的现象简直着了迷。

◆ 第四段摘录自 *Maghavā*，这是一个泰艮故事。它讲述了一个年轻人和他的伴侣一起，通过修一条路、给旅行者建一座塔、建一座公园和一个池塘，为公众谋福利的故事。由于他们所施行的功德，他们在天堂里得到重生，过着神仙般快乐的日子。

[illegible]

◆ 第五段摘录自 *Paet leng – Along Kin Hnon*，这是一个傣那（Tai Khong）故

事。它描述了一位丈夫和他的妻子和好以后所发生的事情。

[illegible]
[illegible]
[illegible]
[illegible]
[illegible]

[illegible]
[illegible]
[illegible]
[illegible]
[illegible]

英文译文：

Husband and wife watch their words, refrain from sayiny "thou" with each other and from uttering coarse expressions.

The husband gives of his best to his business work, his fortune increases incessantly, just like the rain water that is collected. "Tak, tak", the voice of the pestle and the mortar [in the kitchen], pleasant to the ear, seems to say "success, success".

The divinities praise the husband and the wife whose prosperity keeps growing.

Then, shortly after, the possessions buried in the ground, the goods sold on credit, the money lent out, everything comes back to them.

The more time goes by, the more riches flow in. They become famous and important. The Paet Laeng begins to come into bud and give birth to young shoots, on the roof. Pleasantly surprised, the people lavish praises on them.

夫妻俩谨言慎行，避免向对方说出“你”和一些粗俗的话语。

丈夫全身心扑到生意上，他的财富在不断增长，就像汪起来的雨水。（厨房里）杵臼悦耳的“嗒嗒”声似乎在说“成功，成功”。

神灵称赞了财产在持续增长的夫妻俩。

之后不久，财富埋到了地下，货物赊销，钱用来放贷，一切又回到了他们身边。

时间越久，流入的财富就越多。他们成了地位显赫的人物。The Paet Laeng 开始在屋顶上生根发芽。令人高兴而惊奇的是，人们大肆吹捧他俩。

◆ 第六段摘录自 *Paet Leng Ok Yot*，一个泰雅（掸）族故事。它指出，家庭的幸福很大程度上取决于妻子是否尽到本分。

ၵႂ်ႈၶမ်ႈၵေႂ်ႈ တၵ်းၼမ်ႉသုၵ်ႈ ၵၢဝ်ၽႂ်ႈတိၼ်ထဝ်ႈႁူမ်ႈသၼ်ႉ မႂ်းတၢင်ႇၼိူဝ်ႁူဝ်၊
မၼ်းၼၢင်း ႁူဝ်ယမ်ႁူမ်းမိင်း တေႂ်ႇၶုၼ်ၽူဝ် ၽဵၼ်ႈၽဵၼ်ႈ။

ထင်ႇဝႂ်ႈ ၽိူင်ႈပဵၼ် ယိင်းလုမ်ႈၽႂ်ႉ မႂ်ႇတူႉၵႂ်ႇ ၼၢင်းၶဝ် ၼၼ်ႉ၊
ပေႂ်းဝႂ်ႈ ၵၢင်ဝၼ်းတူၵ်းသေ ၵျႃၵ်ႈသရေႇ မႂ်းသဝ်း ၵၢမ်ႇမီးမဝ် ဝၢင်ႈၵဝ်ႈ။
ႁူၼ်းထႃး လူင်းမီး ဝၢင်ႈပႃႈတိၼ် ၵုင်ႈၽႂ်ႇ၊

英文译文：

At nightfall, the wife must wash her husband's feet and then place them on her head; She must behave in this manner towards him, without failing a single day.

In this world, as for the wife, As soon as the sun sets, her aura is around the head, the hair, And that of the man on the sole of the feet.

If the two auras meet [at that moment], a lasting harmony will be the result.

Husband and wife must live in mutual respect and understanding, Their fame could only grow as the days go by.

A proverb has it "Energy overcomes the Karma". Even without a good Karma, by behaving as a good spouse, The wife is a source of happiness for her home and shelters it from all calamities.

With such a spouse, husband and wife become universal monarchs And reign over the Four Continents.

夜幕降临时，妻子必须帮助丈夫洗脚，然后把脚放在她的头顶上；她必须以这种方式履行对他的义务，一天也不能停。

在这个世界上，对于妻子，太阳一落山，她的光环就围绕在头顶、头发上，而男人的光环围绕在脚跟。

如果两个光环（在那一刻）相遇，结果会是永久的和睦。

夫妻一起生活，必须相互尊重，互相理解，他们的美誉才会随着岁月增长。

俗话说："能量战胜羯磨。"即便没有一个好的羯磨，只要举止像一个佳偶，妻子就是家庭幸福的源泉，可以使家庭消灾避祸。

有了这样一个配偶，夫妻就会变成万能的君主，统治地球上的四片大陆。

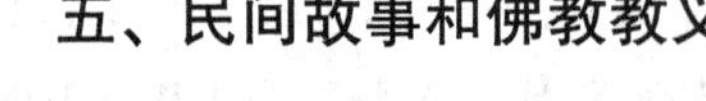

五、民间故事和佛教教义

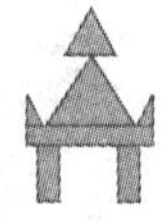

泰族文学与佛教的关系很紧密。不管这些宗教文本是经典的还是藏外的，寺

院在对它们进行创造、制作和保护的过程中起到了重要作用。宗教文本像民间故事一样，被认为是藏外文本，用方言书写。

民间故事，或者说 Nidān Dham，大多数时候与本生经类似，均讲述佛陀前世的生活。它们实际上是流行的本生经或者是由僧侣在宗教节日或者佛祖布施期间诵念的有教诲意义的文本。这些本生经均有一个与佛教教义的规则和传统相符的具有教化意义的人物。

在此我想举出一些 *Nidān Dham* 的段落，它们传授并延续佛教的基本概念。

◆ 第一段摘录自 *Nidān S, l Hā*，《五戒律的故事》。佛祖通过这些话语来完成传教：

哦，你，人类（Manussa），生活在这个世界上；把你的目光转向我，竖起你的耳朵。这个故事不是编造，它是先知（Sabaññū）以他无上的热情讲给我们。他们是五朵花儿，香味上升到了涅槃境界。哦，你，男人和女人，年轻人和老年人一起，早晚一起对这教义顶礼膜拜。就像金马车，会把你带到一个好的重生，你不会再经历万千的苦难，和生活的折磨。你们当中如有谁表现出不屑，就会堕入贫穷，历经万难才会到达涅槃。

◆ 第二段摘录自 *Maghavā*。佛祖劝诫四个忠实的信徒听取与一个人有关的传教，他因为行善，最后成为众神之王：

哦，你们，听取了我的传教，牢牢记在你们的脑海（mano）和心里。布施，遵守戒律，并不断进行冥思。遵照我的教授，你们会免受重生和苦难的轮回，你们会认识到四颗远离世俗的无间道的果实（magga - phaladhamma），使你们可以看到将来会来到你面前的名叫 Ariya Metteyya 的佛陀。确实如此。

◆ 第三段摘自 *Paet Leng Ok Yot*。它叙述了一对夫妇因为偷窃（Adinnādāna）被因果报应惩罚的故事：

哦，你们，男人和女人，来专心听取我的教诲，记住这次传教和那个贫穷的乡下夫妇的故事，他们在前世做了不该做的事。事实上，丈夫在稻田里偷了一篮稻子，还以为这事并不严重。唉，劣迹不可以抹掉。他必须在以后连续五百年的日子里做一名贫穷的可怜人来进行弥补。至于妻子，她偷了别人果园里的菠菜、南瓜和水旋花，还有成把的棉花。她无礼，放肆，欺骗，粗鲁，满口恶语，不能够分辨善与恶，无礼地指责那些想要给予救济的人，声称他们这样做并不会获得任何功德。她说话的方式贪婪、狡诈、自大，她并不怕伤害到周围的人，不管他们是近还是远。在她死后，她会连续以卑鄙的存在方式重生五百次，在那期间，根本吃不饱。

◆ 第四段摘自 *Sujavaṇṇa*。它叙述了一个想到通过获得至高无上的知识达到给予的完美状态（Dānapāram）的菩萨。"给予的完美"被发挥到极致，因为它并不是指在某些场合或其他场合所做出的捐献，或甚至是放弃某人的妻子和孩子，而是指"自我牺牲"：

一天，这一想法降临到伟大的 Sujavaṇṇa 的头脑里：万物都不是永恒的（anicca），一个人迟早会走向死亡。这一想法困扰着他很长一段时间，他通过对自己说"如果有人来要他的肉体，他会把肉体给这个人"来结束了这一想法。然后因陀罗神变成一个老婆罗门的样子来要他的肉体。菩萨立刻砍下自己的双腿，并把鲜血淋漓的双腿放在一个金碗里呈现给婆罗门。大地开始隆隆作响。听上去就像山脉随时就要崩塌。闪电撕裂了天穹，巨浪撼动着海洋。一阵鞭似的大雨敲向地面，须弥山来回摇晃。人类拜倒在地面，前额触地，迎接着上天赠与的礼物。在获得他想要的东西之后，婆罗门消失了。此后不久，因陀罗把 Sujavaṇṇa 的肢体安回原位，没有留下血迹，就像一切从未发生。Sujavaṇṇa 登上了镶满宝石的王位，向高官和万民宣讲佛法（Dhamma），告诉他们，一切生命都是受苦（Dukkha），他们应该听取达摩，遵守戒律并皈依三宝（Tiratana），以永远消除渴望（Taṇhā），达到涅槃。

◆ 第五段亦摘录自 *Sujavaṇṇa*。它提出了孩子对父母感恩的主题。在这一故事中，女主人公请求她的母亲允许她到森林里会见她的父亲公牛王，以为他服务，在多次犹豫之后，母亲同意让她去，但不断警告她野外的危险。女主人公匍匐在母亲脚下，乞求原谅：

"啊，母亲！您把我抱在怀里，用您的乳汁喂我。我哭叫的时候您安慰我，我浑身是泥的时候您给我擦洗。作为一个母亲，您爱我，珍爱自己的孩子。您一切为了我，而不求回报。啊，母亲！请原谅您的女儿。""啊，我的孩子！回答妈妈，祝你生命长久，有一天坐上镶满宝石的王位。"说完这番话，母亲陪伴着她的女儿来到河流附近的菠萝园，请求宇宙守护神，请求地上和天上的神灵，请求圣迹的保护。乞求邪恶不要降临到女儿的身上。母亲泪流满面，把女儿带到森林边，祝她一路顺利。

六、结　论

泰语经典的出版提供了许多好处。首先，它使得研究人员和学习者们通过转写理解原文。也使他们有可能开始了解古代的文字，并在此后，读懂手稿。

至于西方语言的译文，它们使不会说或读不懂方言的读者有机会深入了解仍

旧带着浓厚乡土气息的地方文学。

对于本地人，就原始文本很难找到这一方面来讲，阅读用他们自己的语言文字写成的作品使他们为自己民族丰富的文化而感到骄傲。

最后，来自古老手稿的经典的出版和发行将对保护傣泰民族文化传统作出贡献。

参考文献：

［1］1987 – ဝဏ္ဏကမ္မဲတဲဖျုဒိ, วรรณกรรมไทยเขิน *La Litterature Tal Khoeun*, *Tal Khoeun Literature.* Bangkok：Duang Kamol，1987，p. 262.

［2］1988 – *Le Roman Classique Lao* Paris：Public. de I'Ecole Française d'Extême-Orent，CLII，1988，p. 676.

［3］1988 – ဘုလ္လုဓကငေ်ာသာဓဃလ်, อลองเจ้าสามลอ, *Along Chao Samlo*（*jataka populaire khün*）. Chiang Mai：E. F. E. O. & S. R. I.，1988，p. 177（Roneo）.

［4］1989 – သုမင်္ဂလ ပဒုမ္မုက္ခ, ,มังคละ ปทุมมุกขะ, *Sumangala*，*Padumamukkha*（*Jātaka populaires lün*）. Chiang Mai：E. F. E. O. & S. R. I.，1989，p. 177.

［5］1990 – "*Les littératures du Lan Na*，*du Lan Xang*，*de Keng Tung et des Sipong Panna*" *in Péninsule*，1990 – 2，pp. 29 – 44.

［6］1991 – ပဌမမူလမူလီ ตำนานเค้าผีล้านนา ปฐมมูลมูลี, *Pa ṭ hamamūlamūlī or The Origin of The World in Lanna Tradition.* Chiang Mai：Suriwong Book Centre，1991，p. 258

［7］1992 – ငေ်ာပုညဟ္လိဂ เจ้าบุญหลง, *Chao Bun Hlong.* Chiang Mai：Wat Tha Kradas，1992，180p.

［8］1993 – သုဇဝဏ္ဏဝိဟလဂ ,ชวัณณะวัวหลวง, *Sujavaṇṇa.* Chiang Mai：Wat Tha Kradas，p. 255.

［9］1995 – ນາງຜົມຫອມ *Nang Phom Hom*（วรรณกรรมลาว）. Vientiane：Ambassade de France au Laos，p. 376.

［10］1995 – ທ້າວນົກກະບາເຜືອກ *L'engoulevent Blanc.* Vientiane：Institut de Recherche sur la Culture，p. 152

［11］1998 – "*Chieng Tung et sa culture*，*Chieng Tung and its culture*" *in* ခေမရဋ္ဌနဂရဇျဂတုဂ เขมรัฐนครเชียงตุง *Chiengtung*：*Its Way of Life.* Chiang Mai：Wat Tha Kradas，1998，pp. 275 – 330.

［12］1999 – *The White Nightjar.* Vientiane：Institute of Research on culture

(Ministry of Information and Culture), 1999, p. 80.

[13] 1999 – ကာလေဥကဟို kale ok hno เขมรัฐนครเชียงตุง (วรรณกรรมไทขืน). Bangkok: Princess Maha Chakri Anthropology Centre, 1999, p. 317.

[14] 2000 – "*Regards sur la littérature classique khün de Birmanie*" in *Bulletin de l'Ecole Française d'Extrême-Orient*, 87 – 1, pp. 193 – 214.

[15] 2001 – ဋိဖျသီလျဟ်ာ นิทานศีลห้า Le *Conte Des Cinqpreceptes*, *a Tale of The Five Precepts*. Bangkok: Dhamma Society Fund, p. 232.

[16] 2002 – "State of Knowledge in Kuüand Lwa Literatures" in *Studies of History and Literatures of Tai ethnic groups*, Chiang Mai University & Toyota Foundation, pp. 80 – 111.

[17] 2006 – မဃဝါ มัฆวา *Maghavā* (*The story of God Indra*). Pitsanulok, Naresuan Univ. , p. 328.

[18] 2009 – ဘာသိတ္တြကူလိထႆ ภาษิตตระกูลไท *Tai Fmily Proverb*. Bangkok, Ministry of Culture, April 2, 2009, p. 201.

[19] 2009 – ဟူၸိူက ဟူၶံ หนูเผือกหนูคำ *Nūphuak-Nū gam* (*The White and the Golden Mice*). Chinag Mai Rajabhat University, p. 158.

数字化的贝叶经手稿：运用 PAR 方法保护社区文化

普拉育·湾潘博士* 文　云南大学贝叶文化研究中心　译

摘　要：本项目是对泰国清迈皇家大学研究生院贝叶经研究中心－PLMRC 赞助的古代贝叶数字化保护过程的研究。"参与行动研究法"（PAR 方法）被运用到对文化所有权的态度区分中，它对于僧侣和社区学者所引领的文化保护至关重要。从 2009 到 2010 年，由贝叶经研究中心（PLMRC）所搜集到的贝叶经手稿的数字化和分类过程与会议管理工作和对目标社区有利益关系者进行贝叶经数字录入过程培训管理工作同步进行。该研究覆盖了泰北部分地区、老挝以及缅甸掸邦。PLMRC 进行的这项研究将持续到 2013 年。

关键词：文化保护　文化所有权　经典故事手稿　贝叶经/纸质手稿　贝叶经研究中心（PLMRC）　参与行动研究法－PAR 方法　数字保护过程

一、导　论

中国的喜马拉雅山脉是流向（中国东部和）东南亚国家的一些知名河流的发源地，即扬子江（或"金沙江"），红河（或"元江"），湄公河（或"澜沧江"），以及萨尔温江（或"怒江"）。泰族或傣族在沿着这些河流盆地的地区跨境而居。该地区涵盖中国南部、缅甸东北部、泰北、老挝北部和东北部，以及越南北部。

主要的泰族群体有泰雅人（傣族或掸族），泰（傣）泐人，泰艮人，泰阮人，和泰庄人②（Srisawad，B.，2004：75－77）。泰雅人定居在云南西南边陲的德宏自治州，缅甸掸邦，包括泰北的夜风颂（Maehongson）和清迈两府。泰

---

* 作者简介：普拉育·湾潘博士，"湄公河及萨尔温江盆地地区研究项目"副主任，贝叶经研究中心－PLMRC 副主任，泰国清迈皇家大学研究生院院长。

② 原文为 Tai Yai（Dai or Shan），Tai Lue，Tai Khuen，Tai Yuan and Tai Juang. 译者注。

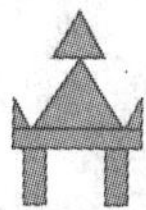

（傣）泐社区分散在从云南西双版纳自治州南部到缅甸掸邦东部，泰北清迈及其他府，还有老挝东部的勐兴（Muang Sing）和其他城市。泰艮族群在缅甸掸邦的景栋还有清迈、清莱及南邦府部分地区有它们自己限定的区域。而泰阮人一开始就居住在清迈和其他府，目前成为泰北最大的泰族群体。泰庄人居住在中国广西壮族自治区，老挝北部和越南。

泰族人不仅跨境共享这些河流盆地区域，而且在语言、文化和经由对上座部佛教哲理的信仰组合而成的传统以及几百年的信仰方面非常相似。在古代，泰族王国作为无边界的国家彼此相邻，而他们的地方文明自然被传递至邻近的城市。由于这些原因，要理解泰文化的概况，人们可能需要研究每一主要的泰族群，以树立亲密关系的形象并识别泰族人。在他们复杂的文化身份中，贝叶经就是一种可触及的证据，呈现了泰族文化之间的关系，并且是泰族文化保护研究中最有意义的一件事情。

可是，不幸的是大多数包含地方知识和学科的古贝叶经（包括纸质手稿）目前因人为、虫害及其他某些原因逐渐毁坏。尽管有关人士和组织努力用传统方式并使用数字方法对贝叶经进行了保护，但他们主要集中在项目专家进行的工作上，却总是在完成项目之后留下同样的问题。意识到这些问题之后，清迈皇家大学研究生院贝叶经研究中心 - PLMRC 发起了一个名为“PAR 保护方法”的项目，作为这一问题的解决办法。

PAR（或“参与行动研究”）过程意味着从一开始，PLMRC 人员就将花费大量时间，与有关的关键人物在所选择的寺庙或社区里从事贝叶经保护项目（Gold，1999：269 - 270）。小组成员将共享贝叶经保护兴趣方面的理念，并发展形成彼此间互信的关系。在理解阶段发展之后，人员将举行研讨会，讨论有关现有问题，并在示范和培训标准实施方法的同时提出解决方案。（Emery，M. & Purser，E. R.，1996：78 - 80）。

每个社区的 PLMRC 项目都将随着 PLMRC 人员的退出而结束，以让社区关键人物或者已经参与到研讨过程中的有关年青一代继续独立履行其保护贝叶及纸质手稿的义务。通过这种方法，PLMRC 的人员将能够对如何保护这珍贵的泰文化遗产、特别是古老的贝叶和纸质手稿的正确理解尽可能广泛地进行分类，而社区也可以设法通过自身持续地保护它们的文化。

二、泰文化理解

PLMRC 的使命就是在启动社区关于文化保护项目的相关过程之前理解泰文化。从对每一社区的地理、历史、人口、社会状况、信仰、文化及传统的背景进行二期研究所获得的知识成为 PLMRC 田野研究人员规划一个项目战略以顺利地

启动 PAR 过程的基本指南。

与目标社区背景研究一起进行的是对来自佛经、传奇历代记、有关药典或占卜的论述以及民间故事的佛经文学细节的研究。这些研究也被设法转写成泰文和其他文字出版。

通过这一策略，PLMRC 和目标泰族社区逐渐形成了规划贝叶经和纸质手稿持续保护过程的一般社区文化观念及特征。语言和文学（literature）是跨越了从外部世界到每个泰文化知识主体核心之间距离的唯一桥梁。在和目标社区一起运用 PAR 过程之前，PLMRC 已经致力于研究泰族语言和文学这一优先使命。

语言文学研究的这些技巧也被提供给一直在申请参与贝叶经手稿保护项目的关键人物。从这一点来看，在项目进行的整个期间，有着类似态度和相互了解的 PLMRC 全体人员及社区代表会并肩合作。

三、泰文化保护和区分

清迈皇家大学研究生院（GS）已经把泰文化研究、保护和区分过程的重要性看做是发展泰族和湄公河及萨尔温江盆地地区其他民族和睦的奠基石。为奉行这一理念，GS 通过提供包括“传媒与通信技术”的“湄公河及萨尔温江盆地地区研究”方面硕士、博士水平的基于文化的研究学习方案，来逐步规划战略及项目。

第一方案将研究起源于湄公河及萨尔温江盆地地区背景的问题，而有着相同研究理念的第二方案将集中在使用传媒和通信技术创造一个专业的或是“当前发展状况”的媒体产品，以在世界范围内区分以文化为基础的研究内容。

第二步是确定贝叶经研究中心（PLMRC）在研发活动方面的作用，以支持湄公河及萨尔温江盆地地区基于文化的研究方案及泰族和其他民族文化的保护和区分。PLMRC 通过从西双版纳、掸邦、兰那（或泰北）及老挝搜集古代贝叶经手稿和纸质手稿，包括珍贵的泰（傣）泐文（Tai Lue）、泰艮文（Tai Khun）、泰雅文（Tai Yai）和泰阮文（Tai Yuan）书籍，启动了 2008 年的第一期活动。

根据所搜集到的资料，PLMRC 已设法确定了文学转写章节以研究这些泰语言文字，把它们翻译成泰文、英文和法文，并把这些知识以精装本和电子书的形式出版。尽管 PLMRC 曾成功地将已经完成的研究成果出版为若干书籍和光盘，但泰族贝叶经和纸质手稿保护方面还有其他一些主要任务没有达标。

通过采用 PAR 方法以达到同泰北清迈的目标泰阮社区及缅甸掸邦景栋的一些泰雅寺庙一起参与，在 2009 年制定了 PLMRC 保护项目。下一步是分别在泰国、缅甸和中国扩展涵盖泰泐和泰艮社区的网络。

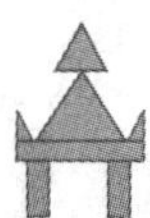

四、数字化的贝叶经及纸质手稿

从古至今，手稿在区分哲学理论并由僧侣及泰族社区学者阐释佛祖教义方面起到了很大作用。泰文化信仰把族里的年轻男子送去村里的寺庙暂住，向有经验的僧人和住持修习宗教，或者至少在“Khau Pansa”期间在寺庙里致力于修行至少三个月，或者在限制的三个月期间禁止僧人在无必要时离开寺庙。因此，每一个泰族寺庙总是有一个僧人和宗教相关人士照看寺院，行使他们的在阅读并记忆从各个寺庙里搜集来的贝叶经和纸质手稿方面的语言文字技能。

PLMRC 通过在称为“Tor Pha pa”的佛教传统活动中捐献一些主要的摄影和计算机工具，经住持和相关网络，与这些寺庙建立起一种联系。这类传统的含义是捐献僧袍、必需的日用消费品或用于宗教修行的设备，包括捐献修建寺院的材料或金钱。

Tord Pha pa 活动是泰族佛教徒流行的一种宗教活动，人们经常加入并同 Pha pa 的建立者一起把钱捐给寺庙。因此，在 Tord pha pa 活动之后，PLMRC 全体人员、寺庙以及社区间的合作将开始一起发起一场关于文化保护理念的会议和研讨会。记录贝叶经手稿及纸质手稿影像的培训及演示将包括在方案之中，以在同一时间启动保护过程。

在培训完成之后不久，受训的年轻人、老年人，男性和女性，住持和普通僧人，作为同 PLMRC 全体人员一起成为社区文化保护的志愿者，将开始他们的工作。任务将遵循“规划，行动，观察和反馈”（Plan，Act，Observe and Reflect）循环模式持续进行（Zuber - Skerritt，1998：84），而不用 PLMRC 人员陪同。这是研讨会和培训承担的一项义务，文化保护的理念和方法将进一步传递给下一代。

五、数字记录过程

给贝叶经和纸质手稿照相是使珍贵的材料影像数字化以进行研究和翻译过程的一个重要阶段。要设法得到解决用电子格式记录并储存的数字照片还要经历很多步。在把搜集到的贝叶经固定在影印架上拍照，并储存为电脑硬盘里的每一个文件供编辑，以得到大小合适的清晰影像之前，需要轻轻地对贝叶经进行清洗。在把贝叶经和纸质手稿照片数字化储存在计算机里后，他们会着手借助准备用于研究和翻译过程的代码及名称进行分类。下列照片显示了 PLMRC 全体人员、僧人及有关志愿者怎样在寺庙里的研讨会、培训和示范之后共事。

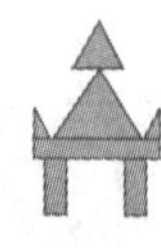

数字文化保护活动

图1 “Tord Pha pa”——用于向泰族寺庙捐献摄影器材和计算机的佛教活动

图2 储存在泰族寺庙收藏柜里的大量古老珍贵的贝叶经和纸质手稿

图3　每片贝叶经手稿在影印前需要轻轻清洗

图4　泰文化保护志愿者正在泰族寺庙里接受影印过程培训

图5　特殊尺寸手稿的影印示范

图6　住持和僧侣正在影印贝叶经手稿和纸质手稿

图7　受过良好训练的小和尚正在研究易碎的贝叶手稿

图8　泰艮文纸质手稿

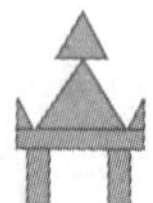

图 9　僧侣正在编辑并将贝叶经手稿和纸质手稿分类

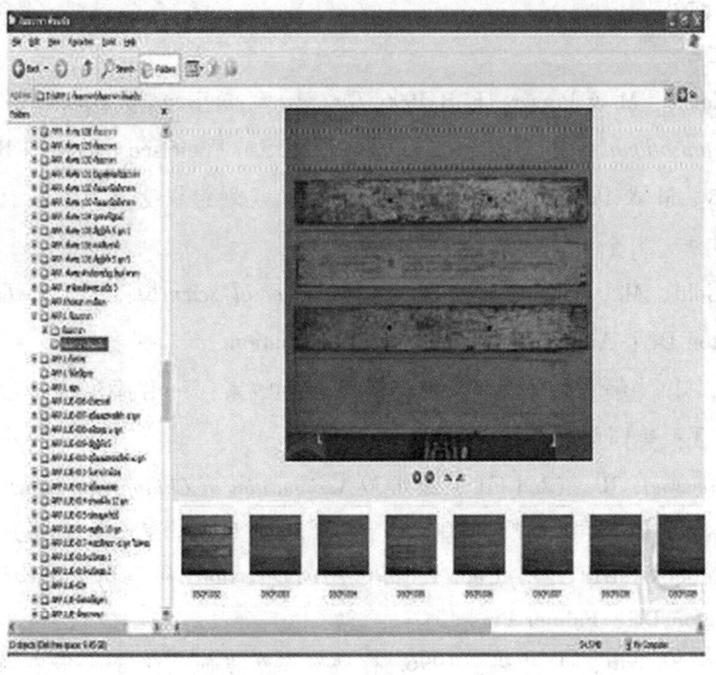

图 10　带信息的贝叶经手稿数字资料模板及文件

六、结 论

通过运用“参与行动研究－PAR 方法”，确定一个让社区发挥它们管理自己土地的文化保护的能力和技能的过程这一理念已经借清迈皇家大学研究生院贝叶经研究中心－PLMRC 得到应用。

自从 2008 年活动开展以来，泰北清迈、清莱和其他府至少有 20 座寺庙，包括缅甸掸邦景栋的主要寺庙已经加入到这一方法应用之中。将近 300 名志愿者接受了影印和用计算机软件进行数字资料管理过程的培训，以能够继续他们作为自己文化保护志愿者的任务。有 5 000 多部珍贵的古贝叶经和纸质手稿已用数字格式复制而不必从泰族寺庙里带走；在湄公河及萨尔温江盆地区域的古贝叶经和纸质手稿收藏地附近，每天有越来越多的贝叶经和纸质经文被影印。可是，还有许多寺庙和泰族社区仍旧需要文化保护项目，PLMRC 也正在努力，尽量达到这些目标。

为深入运作“用 PAR 方法进行社区文化保护：数字化贝叶经手稿”项目，需要提出许多意见。利用宗教活动发展同寺庙密切关系的战略可能需要作一些调整，以达到更好的结果。每一个泰族社区有它自己的背景，都不同于其他社区，对项目管理需要有不同的战术。另一条建议是，当项目完成时，PLMRC 应该继续跟进，以帮助没有经验的志愿者更加适当地存储管理数字资料。

参考文献：

［1］Emery，M. & Purser，E. R. 1996. *The Search conference*：*A powerful method for planning organizational change and community action.* San Francisco：Jossey－Bass.

（Emery，M. & Purser，E. R. 1996. 研讨会：规划组织变动及社区行动的一种强有力的方法．旧金山：约塞－巴斯出版社．）

［2］Gold，M. （ed.） 1999*The complete social scientist*：*A Kurt Lewin reader.* Washington DC：American Psychological Association.

（Gold，M. ［编］1999. 彻头彻尾的社会科学家：一名库尔特·勒温的读者．华盛顿特区：美国心理学协会．）

［3］Srisawad，B.，（2nd Ed.）2004. *30 Nationalities in Chiang Rai.* Bangkok：Siam.

（Srisawad，B.，［第 2 版］2004. 清莱的 30 个民族．曼谷：暹罗）

［4］Zuber-Skerritt，O. （ed.） 1996. *New Directions in action research.* London and Washington DC：Falmer Press.

（Zuber－Skerritt，O. ［编］1996. 行动研究新方向．伦敦及华盛顿特区：福默出版社．）

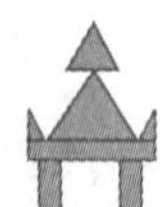

世界的起源：来自古代贝叶经手稿的泰族文化中的神话

万瑞媛[*] 文　王丽娜 译[**]

摘　要： 本项目是对泰泐、泰艮、泰阮等傣泰族群对经典创世神话的态度和信仰的研究。研究方法上结合了贝叶经文学作品研读与泰族自然地理聚居目标地区的抽样调查。自2008年始至2010年的田野调查主要是在云南西双版纳、缅甸掸邦的景栋以及泰北古兰那王国区域的一些地区进行。该项研究分析论述了傣泰民族对于本民族的创世起源神话的态度与信仰，结合了多种因素，如迷信、印度教、佛教以及对黄道12个月系统在引入和计算季、年、月、日的运用等而形成的一体性概念。这项研究的结果显示，傣泰民族相信世界和傣泰历法是由一对名叫“南依堂该雅桑嘎西”和“布桑该雅桑嘎西”的人类先民夫妇创制的。这种态度显示傣泰民族对于传说故事的信仰被聪明地隐藏在一种社会结构方式中，正是这种结构主导了傣泰民族宁静祥和的社会生活方式。

关键词： 创世　贝叶经　神话　泰（傣）泐　泰艮　泰阮

一、导　论

傣泰族群指的是说泰（傣）语且多数定居在由中国云南省至广西壮族自治区的湄公河及萨尔温江盆地沿岸地区、越南北部、老挝、缅甸掸邦和泰国的人群。由于长期以来他们类似的语言、文化、宗教和信仰之间的复杂关系，这些地理上连接在一起的傣泰族群居住区被认为是一个无边界的泰族国家。

除了强烈的宗教信仰之外，“神话”作为一种文化工具，也是迫使傣泰族群维持他们的泰族社会生活方式的文化遗产身份的主要连接工具之一。有关世界起源的神话或创世神话是一种主要的古代文学，反映了傣泰族群社会里普遍研究和

* 万瑞媛，贝叶文化研究中心研究人员，泰国清迈皇家大学研究生院。

** 王丽娜，1976年生，硕士，云南省翻译者协会会员，研究方向为英国文学。

实践的泰族信仰和文化的身份。故事的叙述反映了泰族人对自然的创立、人类及动物有关的想象和态度，包括每种文化中代表着传奇的广泛而流行的人们的生活。有人认为，根植于传统泰族文学中的信仰和礼仪在引领作为整体的泰族人的态度和特征方面起着巨大的作用和影响。

目前，由于对泰族文化遗产保护的兴趣在不断增长，古贝叶经和纸质手稿是主要的视觉媒体，包含佛教教义和文学知识，仍旧等待着去探索研究以获得对泰文化的正确理解。可是，缺乏转写分析文学语言及内容的泰族专家似乎成为泰族研究进程的主要障碍。本研究项目致力于成为为保护泰族文化尝试识别民族文学价值的一部分，以在湄公河及萨尔温江盆地地区发展可持续而和平的泰族社会。

二、与泰族有关的族群及其历史

（一）泰（傣）泐（Tai Lue）

泰（傣）泐是主要的泰族群体之一，有他们自己的地方语言，密集居住在中国云南西南边陲的西双版纳（Sipsongpanna）傣族自治州的景洪（Chiang Rung）和大澜沧江或湄公河盆地上的其他周边城市。这一地区几百年来属于西双版纳王国，而景洪是文化和文明的中心。尽管泰（傣）泐人最初的家园是在西双版纳，但他们也分散到了中国南方的一些地区，缅甸上部，老挝北部和泰北[1,2]。有一个占优势的泰（傣）泐族群居住在位于掸邦东界的城市勐庸（Muang Yong）及西双版纳南部，有他们自己的泰（傣）泐方言，后来自称为“泰庸人”（Tai Yong）。在同兰那王国以及暹罗交战期间及之后，许多泰（傣）泐人和泰庸人移民到泰北和老挝西北部。泰（傣）泐人拥有他们自己独特的传统文化身份，特别是在宗教、民居，包括服饰方面的特色设计。他们的文学描述了对这一神话的信仰，布桑嘎西和雅桑嘎塞是创造了世界和泰（傣）泐历法的人类先祖。

（二）泰艮（Tai Khuen）

泰艮主要居住在缅甸掸邦东部的中心城市景栋（Keng Tung）。景栋实际与泰庸人居住的勐庸（Muang Yong）紧密相连，因而他们在语言和文化上非常相似。“泰艮”这个称呼是以一条穿过景栋城的河“艮”（“Khuen”）命名的[3]。由于地域接近以及在同一宗教背景下文化之间相似的关系，泰艮方言和文字不但与泰泐文和泰庸文联系密切，而且与泰阮语言文字也有关系。泰艮文学提供了独特的神话，涉及佛教哲学下的生活，也共享世界起源的理念，相信世界是由布桑嘎西和雅桑嘎塞创造的。

（三）泰阮或泰兰那（Tai Yuan or Tai Lanna）

这一泰名的意思是，泰族人生活在位于泰北上部地区的古兰那王国，在缅甸人和暹罗人分别入侵之前，清迈是最后的首都。泰阮也称为“Khonmuang”，而

“khon”的意思是“人”，“muang”的意思是城市。泰阮人使用这个词把他们自己同其他泰族群分开，这个词不同于来自勐庸，由泰泐人使用的名字“泰庸”。他们以自称“Khon Tai Lue Muang Yong”作为“来自勐庸的泰（傣）泐人”的代表，目前这个词缩写为“khon Yong”。有关泰阮人有两种不同内因性的假设，他们可能从中国南方地区向南迁移，或者 khon muang 人的先祖可能实际是本土的孟高棉人，他们后来经泰族政治文化的影响，被泰族的统治者同化了[4,5]。

约 700 年前，泰阮人定居在清迈—南奔盆地；如今，87.5% 的上泰北人使用的是泰阮语。写在兰那佛教布道、铭文和其他文学里的泰阮或兰那文字的特征类似于泰泐文、泰艮文、缅语和老挝语字母系统。[6] 这种语言关系也在这些泰族群之间发展了有关创世神话的类似理念。泰阮人相信，南依堂该桑嘎西与布桑该雅桑嘎西在他们二人创造世界和人类之前就已经结为夫妻。

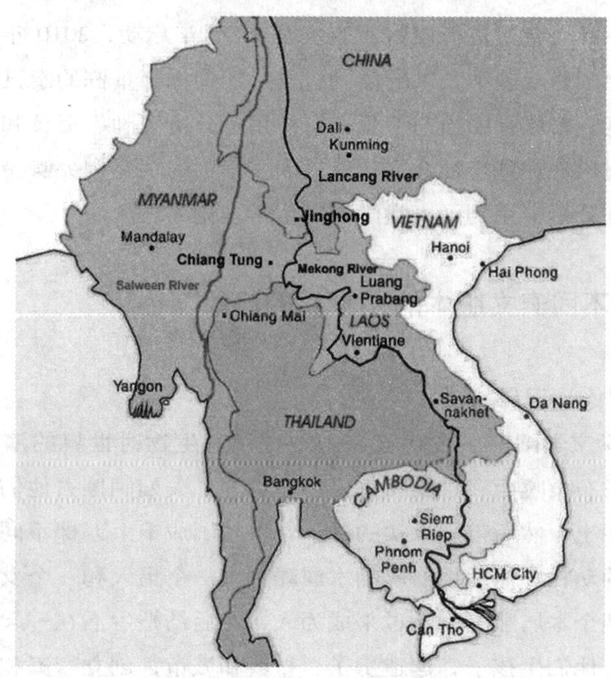

图 1　人口密集的傣泰族群的地理位置：
景洪的傣泐人，景栋的泰艮人，清迈的泰阮人

（从原始影像更新：http：//www.chinapage.org/river/mekong/mekong－map.jpg）

三、“世界起源”的转写

从 2008 到 2009 年，在清迈皇家大学研究生院贝叶经研究中心－PLMRC 在选择涉及来自搜集到的贝叶经中有关创世的一个故事的主导传奇之后，启动了转写方法。搜集到的贝叶经需要进行小心轻柔处理，这给研究造成很大困难。为了

解决这些问题，研究团队受到数字记录项目全体人员的支持，项目提供高质量清晰的文字媒体，以更好地理解转写过程中文学的特征和元素。

来自古贝叶经有关世界起源的第一手源信息受到分析，然后被送到泰文字母专家那里接受语言认可。在第一手源信息语言检查阶段之后，是对神话来源背景细节的研究，一起进行的还有对文学内容和形式特征的分析。

在这一步，泰（傣）泐、泰艮和泰阮文本被翻译成泰文，使用兰那—泰文转写字典的原则，由皇太后大学进行转写，受 PLMRC 泰语专家的转写指导和审核。

四、探索泰族社会文化背景

对泰族群体社会背景进行田野观察亦从 2008 年启动，2010 年截止。目标群体和地区包括中国西双版纳景洪的傣泐村寨、缅甸掸邦景栋的泰艮社区和泰国清迈的泰阮聚居区。泰族社团当前背景信息被用于分析泰泐、泰艮和泰阮联合文化身份的联系。对出现在基于社会文化背景的文学中的现有相关身份作用的反馈以描述分析法受到分析，用到了人类学和民俗学理论的理念。

五、三个不同泰文版本的“世界的起源”

（一）泰（傣）泐版

泰（傣）泐文学阐释了古代没有土地也没有生物时世界的演变，然后梵天把他的化身造成布桑嘎西和雅桑嘎塞以创造世界。夫妇俩擦去他们的头皮，用魔力把头皮变成泥土，然后带来果实的种子，种植了成千上万棵不同的植物，也创造了各种各样的动物。然后用磨碎的木屑雕刻出一个男人和一个女人。梵天的呼吸施过咒，这两个木屑雕刻就活过来成为人，然后结婚生活在一起，成为世界上的第一对夫妻。他们生孩子，建造房子、村寨和城市，创立家庭和血亲系统，包括城市的行政管理系统，并创造了丰富的食物，比如米饭和鱼类。后来，一个神灵来提醒人们，要在世界即将于几万年时间内毁灭前行善。然后，整个世界着了火，直到风把火吹灭。然后，下了很长一场大雨，整个世界陷入一片洪灾，但是风把水吹跑了。最后，梵天用地、水、火、风四种元素重建了世界，这四种元素成为黄道系统及季、年、月、日的计算以及地球万物创造的根本。此后，传奇提到有关 A – San – Yi 梵天，他被他的王妃利用女神的技巧从一个角度砍下脑袋，每年此日就是膜拜梵天头颅的日子，成为泰族的新年或者说“宋干节”（中国称“泼水节”）。后来，梵天的头颅礼拜仪式被膜拜佛教中的 Ratanatrai 以行善、行功德、行慈悲的仪式所取代。

（二）泰艮版

泰艮版中的创世也以宇宙的空虚开始，居住在天堂梵天界里的布桑嘎西和雅桑嘎塞想要创造地球，所以他们擦去头皮，用魔咒把它变成一个世界。他俩下到地上，打破了天堂禁止梵天神吃地上的香土当食物的规则。他们被罚变为一男一女两个人，梵天给他们的心脏施咒，包括雕刻许多不同的动物生活在一起。两人做了夫妻，不断生育子孙，同时在神到来之前修建房子和城市，以让人们在世界几十万年以后处于危险之前能过上良好的生活。预言之后，世界于世界末日变为毁灭，紧接着是长时间的大雨和大洪水，但最后，风把火吹灭，把水吹跑。梵天用那四种元素又造了一个新的世界，成为与泰泐立法类似的黄道系统。可是，后来，太阳轨道的旋转被改变，引起时间、日期和季节的变化，影响到人类和动物的生存，树木生病、死亡，但梵天又帮助他们确定新的时间、日期、月份和季节。传奇还提到有关 A – San – Yi 梵天被他的王妃砍下头的事，这一天成为梵天礼拜日，以及新年或“宋干”日，以开始持续三至四天的“宋干节”。通过这种方式，梵天礼拜的仪式也变成像泰泐一样在佛教中礼拜 Ratanitrai。

（三）泰阮版

在泰阮版中，世界的起源也是从宇宙空虚开始，然后在大地上用地、水、火、风四种元素创造了动物和植物。后来，南依堂该桑嘎西在与布桑该雅桑嘎西一起生活并有孩子之前雕出了十二个星宿动物。当人类和动物生病时，植被枯萎、死亡，南依堂该和布桑该把时间分为三个季节并计算日期、月份和年份，然后把大米定为人类的食物。可是，在许多人大量作恶之后，南依堂该和布桑该决定指挥 Ma – No – Si – La 象停止呼吸，摧毁世界，这造成一场大火，把地面上的物体全部烧毁。大火一直燃烧，直到梵天界天堂的南依堂该和布桑该让象呼吸，降下一场大雨，淹没了整个世界。但就在那时，风把所有的水吹干，大地又变为完美。在那时，已经死亡并去生活在梵天界的人类因为他们善行的功德又回来在地上重生，而世上的万物又回到了原来完美的状况。佛教中每个人都崇拜 Ratanitrai 并行善。

六、结果和讨论

神话的类型

这三个泰族群有它们自己关于“世界起源”的神话，应分为两种特征：口头传统和文字传统。每一个特征组均包含不同的传奇名字和人物，比如：

泰（傣）泐版

传奇名字：Brahma – Samg – Lok，Pa – Ta – Ma – Kap – Kan – Sang – Lok

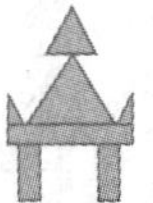

人物名字：布桑嘎撒　雅桑嘎西　布桑嘎西　雅桑嘎塞

泰艮版

传奇名字：Pa – Thom – Mu – La – Mu – Li，

人物名字：布桑嘎西　雅桑嘎塞　布桑该　雅桑该

泰阮版

传奇名字：Pa – Ta – Ma – Kap，Pa – Tom – Ma – Lok

人物名字：南依堂该雅桑嘎西　布桑该雅桑嘎西　布桑西　雅桑塞

在运用“世界起源”神话内容将泰族类分为紧密的文化群体方面，分析结果与民俗学的理念一致。人们发现，神话内容可以区分为两组。布桑嘎撒和雅桑嘎西创造了世界和人类的理念一组，泰（傣）泐、泰艮还有一些泰阮传说里经常可以发现。另一组的理念是，神灵天使从天上下到地面，吃地上的土壤，被梵天惩罚，变为人类，泰国的泰阮和泰雅（掸）人中不断发现这类传说[7]。

七、神话部分

每一个泰族律法创世神话的故事被根据事件或情景类分为一个质点，有些部分可能类似于其他故事，但有些部分可能会有变动。研究把泰族神话的主要事件如下类分为 11 段情节：

A. 世界的状况

B. 创造世界和人类

C. 扩大家庭和孩子

D. 创造动物

E. 确定城市和管理者

F. 发展亲属

G. 创造大米

H. 创造一个新世界

I. 确定日期、月份、年份和季节

J. 发展传统

K. 功德及罪恶信仰

泰（傣）泐神话的情节根据影响方式来类分，故事的主要部分是：

A，B，C，D，E，F，G，H，I，J，K

泰艮神话中，世界起源情节可类分为：

A，B，C，D，E，F，G，H，I，J，K

泰阮神话中，世界起源情节可类分为：

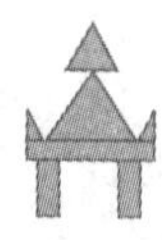

A，B，C，D，E，F，G，I，H，J，K

八、十二星座

“世界的起源”是一种古代文学，反映了在接受佛教之前，古泰族文化有关世界、人类、动物和自然万物的态度。尽管后来他们已经成为佛教徒，但他们仍旧拥有最初的宇宙之佛，伴随一起的还有对神灵崇拜的信仰和实践。结果是神灵信仰、传统信仰和佛教哲理结合，在泰族标准历法中用十二星宿来计算时间、日子、月份、年份和季节。

“世界起源”神话反映了泰族群中十二生肖的起源和信仰：用十二种不同的动物作为十二生肖的典型，包括：鼠，牛，虎，兔，龙或大蛇（那伽，Naga），蛇，马，羊，猴，鸡，狗和象。每一个生肖年有它自己如下的泰语名：

鼠年叫做“Jai”	牛年叫做“Bao”	虎年叫做“Yi”
兔年叫做“Mao”	龙年叫做“Si”	蛇年叫做“Sai”
马年叫做“Sa－Ngao”	羊年叫做“Met”	猴年叫做“San”
鸡年叫做“Rao”	狗年叫做“Set”	象年叫做“Kai”

九、季节、年份、月份、日子和场合

“世界起源”反映了确定季节、年份、月份、日子及场合系统的理念。律法讨论了有关太阳的移动和轨道，这引起日夜的变化，影响到三个季节性的变动：对泰族人来说有冬季、夏季和雨季。冬季昼短夜长，夏季太阳高度增加，雨季昼夜不均衡，但当三个季节聚合到一起时，就成为一年。通过这一理念，每个季节都与时间表联系在一起，以计算每个月，意味着冬季涵盖了十一月、十二月、一月和二月，然后夏季大约在三月、四月、五月和六月，而雨季大约在七月、八月、九月和十月。

在季节之后，年份、月份和日子时间表确定下来，与太阳轨道的差异有关。最后确定人们日常生活实践信仰的场合，不但由日子和时刻的时间表决定，而且由月亮和星辰决定。场合的例子有，信仰星辰“刀长皇太后”，用于通过他或她的生日界定人们的生活方式，有关吉日或凶日没有其他相关信仰。总的说来，泰族人在世界上的生命和宇宙系统之间创造了一种关系，太阳决定了季节、年份、月份和日子，月亮决定了场合。

十、反映及社会背景

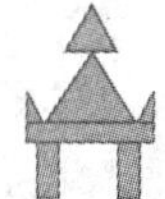

来自对文化事宜中泰族传奇“世界的起源”的分析证实，泰族人的生活、

社会背景和信仰与有关神灵和他们对佛教的尊敬联系在一起。因此，泰族的生活方式受到有关神灵的传统信仰连同有关佛教定数的信仰影响，并发展了他们自己的身份或历史意识[8]。从泰族人出生直至死亡，文学就一直代代受到文化系统和传统的支持。例如："宋干节"（泰历新年），"竹炮节"（Bun - Bang - Fai），"桐节"，"选成圣塔节"（Ko - Je - Di - Sai），"Ka - Thin 仪式"（守夏节末，在阴历中十一月份的一个月至十二月的月中，把僧袍呈递给一个僧人），"Pa - Pa 仪式"（把僧袍和其他必需品呈递给做淡季布施的僧人），"Mhachati 传教仪式"（Tang - Tam - Luang），"Tan - Sa - Lak 传统"（把圆竹篮和其他必需品呈递给僧人），"巫术仪式"，"Su - Kuan - Kao 仪式"（欢迎谷神回来并膜拜），"Hong - Kuan 仪式"（补偿仪式），结婚典礼及葬礼。

结果，可能会假设古代神话"世界的起源"反映了傣泰族群的身份及其角色和功能，介绍了带有信仰、传统和礼仪的国家限制。由于神话被广泛认可，它在泰族人中有广泛流传的痕迹，并得以复制。它也在大量版本中被沿袭、再创作，插入佛教教义并重新命名[9]。

十一、结　论

傣泰民族，特别是泰（傣）泐人，泰艮人和泰阮人，用一对人类先祖——布桑嘎西和雅桑嘎塞，或类似的名字，创造了有关"世界起源"的神话。他们也有同样的故事规则系统及结构，从在人类之前就已经用泥土创造世界和自然万物开始，并扩展成为由国王管辖的城市和王国，且结合了信仰和礼仪。主题内容也类似于开始的状况，世界、起火、洪灾、风把水吹走，直到星宿系统、季节、年份、月份、日子、时刻的确定，包括功德及过失。天文和历法成为三个傣泰族群的传统科学，是一种形式的生活方式及泰族人代代相传的文化形式。据推论，遵循佛教和传奇故事信仰、实践社区活动的态度构建了泰（傣）泐、泰艮和泰阮社会作为一个整体的固定文化监视保护体系。

参考文献：

[1] Gordon RG Jr. 2005. *Ethnologue*: *Languages of the World*. Fifteenth edition. http://www. ethnologue. com.

（Gordon RG Jr. 2005. 民族语：世界的语言. 第15版. http://www. ethnologue. com.）

[2] Princess Maha Chaki Sirindhorn Anthropology Centre. 2005. http://www. sac. or. th/ethnic.

（Maha Chaki 诗琳通公主人类学中心. 2005. http://www. sac. or. th/ethnic.）

[3] Malasam S. 2001. *The Migration of Yong People: The Local History*. Bangkok: Thammasart University.

(Malasam S. 2001. 庸人的迁移：地方史．曼谷：法政大学．)

[4] Nakbunlung S. 1994. *Origins and biological affinities of the modern Thai population: an astrological perspective*. Ph. D Thesis, Urbana: University of Illinois, USA.

(Nakbunlung S. 1994. 现代泰族人口的起源及生物亲缘关系：一种星相观点．哲学博士论文，厄巴纳：伊利诺伊大学，美国．)

[5] Schliesinger J. 2001. *Tai group of Thailand, Volume 1: Introduction and overview*. Bangkok: White Lotus Press.

(Schliesinger J. 2001. 泰国的泰族群，卷1：导论及概况．曼谷：白莲花出版社．)

[6] Pittayaporn M. 1987. *The Meaning of Tai: History of Thai Nation Before Sukhothai*. Bangkok: Thai – China Friendship Association, 46 – 49.

(Pittayaporn M. 1987. 泰族的意义：素可泰之前的泰民族历史．曼谷：泰中友好协会．46 – 49.)

[7] Na – Talang S. 1998. *The Project Evaluation of Tai Studies Conditions: Folklore and literature*. Bangkok: Office of Research Fund. 24.

(Na – Talang S. 1998. 泰研究状况项目评价：民俗学及文学．曼谷：研究基金办公室．24.)

[8] Pongsapit A. 2000. *Culture Religion and Ethnic: Analysis Thai Society by Anthropology*. Bangkok: Chulalongkorn University, 52.

(Pongsapit A. 2000. 文化宗教及民族：用人类学分析泰族社会．曼谷：朱拉隆功大学．52.)

[9] Peltier A. 1993. *Pa – Thom – Mu – La – Mu – Li The Spirit legends from Lanna*. Bangkok: Ammarin. 6.

(Peltier A. 1993. Pa – Thom – Mu – La – Mu – Li 来自兰那的神灵传奇．曼谷：雅美丽．6.)

尼泊尔手稿发现：佛教及其手稿

S. M. 苏加诺比库[*] 文　周娅[**] 译

摘　要：尽管佛陀诞生在尼泊尔，但尼泊尔的佛教史直到19世纪初才开始明朗起来。在全国各地遍布着佛教寺庙和舍利塔，然而，由于缺乏记录或明显证据，很难说出它们是在什么时候建成的。尽管如此，一般认为，这些佛教寺院的起源年代确定在古代佛教早期传入的时候。而且，如果没有发现贝叶和纸质的佛经手稿，佛教史就会变得很难说清。在这些发现当中，布莱恩·H. 霍奇森对大量佛经梵文手稿的发现，用381捆对折手稿彻底改变了尼泊尔的佛教史。同样重要的是塞西尔·本多尔在尼泊尔发现的巴利文手稿，它们改变了尼泊尔的南传佛教史。由此可见，对尼泊尔手稿的研究是如何有助于深入理解尼泊尔过去和现在的佛教及其状况。所以，本文将呈现的是尼泊尔手稿的概貌。

关键词：尼泊尔　贝叶佛经　南传佛教史

一、绪　论

除了佛经记录及佛陀同尼泊尔社会的关系以外，阿育王的记载、中国旅行者的记录以及几名尼泊尔国王的宗教活动都表明，佛教在尼泊尔社会已广泛存在了十几个世纪。可是，在大约13世纪贾雅斯提提·马拉王（1382—1395）在尼泊尔强制实行印度教宪法的时代，佛教的最初身份丧失了。[①] 佛教文化及佛教传统遭到禁止，禁欲的僧侣被强迫脱下僧袍，并被迫结婚。结果，在佛教被取缔之后，金刚乘（密教）或尼瓦佛教得以发展。在拉纳统治时代，佛教的状况更加恶化。1846年，尼泊尔政府的权力覆盖从君主政治转移为专治的、孤立主义的

* S. M. 苏加诺比库，泰国玛哈朱拉隆功佛教大学佛学研究文学硕士，在尼泊尔出生的泰国佛教僧侣，目前作为一名佛教传教士在英国工作。

** 周娅，云南大学发展研究院贝叶文化研究中心副主任，助理研究员。主要研究方向为贝叶文化与宗教社会学。

① 南希·格兰特. 回归的僧侣. 民族报（泰国的英语报纸）：周日特刊. 1987-10-18.

拉纳统治。国家的沙阿国王处于拉纳首相的严密控制之下。国家与世隔绝，一个世纪来对外界发生的情况一无所知。就在那个时代，佛教被尼泊尔完全遗忘了。只有某些社区知晓并且在修行，如 VajracharyasVajracharyas（Bajracharyas），Shakyas，Tuladhars 和高地社区等①。拉纳政府禁止了所有的佛事宗教活动。他们也禁止人们从印度教皈依到佛教，仅允许现存的佛教徒成为印度教徒。19 世纪当佛教复兴运动开始时也同样遭到禁止②。在佛教复兴运动期间，僧侣们被监禁、流放和罚款。因此，由于政府不断压迫和限制，尼泊尔的佛教状况继续恶化，直至佛教复兴运动成功并重新在尼泊尔确立了南传佛教的地位。

二、尼泊尔的佛教文学

毫无疑问，几百年来，在纸张和贝叶上书写了几十万部古老的手稿，特别是在公元 3 世纪后，亚洲几乎所有的国家都存在此类文化。贝叶是用于保存佛教教义最受欢迎的材料，其历史早于纸张的出现。在斯里兰卡和印度，贝叶被广泛用于书写手稿，后来这一文化被传播到缅甸（孟人和缅甸人），传播到柬埔寨、暹罗、印度尼西亚和马来西亚。由于这些国家几百年的大量文字活动，数目庞大的早期手稿收藏品得以保存，尽管已经发现并保存了许多手稿，但还有更多手稿有待发现。同样，斯里兰卡、缅甸、柬埔寨和泰国保存了大量巴利语文学手稿，近年来在中国云南的西双版纳也有发现③。同时，尼泊尔佛教徒保存了大乘佛教原始梵文文本珍贵的贝叶手稿及纸质手稿，这是佛教史料保存的伟大成就④。H. P. 萨斯特里记录道，尼泊尔发现的贝叶手稿比纸质手稿年代要早，其中一些贝叶手稿是用后期的笈多文字写成。图书馆里已保存了 93 捆贝叶手稿，另有 8 捆由后来的（印度）王公 Vira Sumsher JBR 阁下获得，总计 101 捆。这些经卷总共包含 448 部手稿，尽管许多手稿只是残片⑤。这一发现对于尼泊尔的佛教史具有重大意义。可是，帕尔和米奇 - 派卡瑞克（Pal&Meech - Pekarik）提出，贝叶经的原产地并不在尼泊尔。而且，他们相信，在这类介质物上写作的传统很可能是在理查维王朝时期（公元 330—879）由印度传入这一国家⑥。

---

① N. B. 塔帕．尼泊尔简史．（凯丝：Ratna Pustak bhandhar，出版日期不详）. 30 - 33. 南希·格兰特. 1987.

② S. M. 苏加诺比库．南传佛教在尼泊尔社会的复兴及其贡献．曼谷：玛哈朱拉隆功佛教大学，2006：18，19，22.

③ 周娅．中国贝叶经全集及其翻译校勘中的若干问题//第 2 届国家佛学研讨会文件：卷 1. 佛学研究所组织，玛哈朱拉隆功佛教大学（MCU），2010 - 01 - 08：15 - 29.

④ Vipassi Dhammaramo 比库．尼泊尔的佛教．曼谷：玛哈马库特大学，38.

⑤ H. P. 萨斯特里．尼泊尔杜尔巴图书馆贝叶手稿及精选纸质手稿目录：前言．加尔各答：浸信会出版社，1905.

⑥ Pal，P. & Meech - Pekarik，J. 佛教书籍阐释．香港：拉维·库马尔（出版商）1988：95.

另一方面，历史学家们相信，尼泊尔佛教手稿丰富的主要原因之一就是印度佛教的崩溃①。许多佛教徒脱离印度的压迫，带着他们的宗教文化遗产逃到尼泊尔。随着这两种文化的结合，几名梵语佛教学者的研究表明，从公元9世纪到13世纪，尼泊尔的佛教徒继续用主要是梵文的文字抄写佛经手稿。结果，几个世纪来，在尼泊尔书写并保存了数目庞大的佛教文学。在这一浩瀚的文海中，只有一小部分经书在9世纪和11世纪间被翻译成了藏文和汉文。遗憾的是，随着时间的流逝，由于各种历史条件，佛教文学的巨大宝库或是遗失，或是遭到破坏。有证据表明，正是因为不同时代的社会政治革新，大量贝叶佛经手稿和纸质佛经手稿遭到毁坏。此外，由于缺乏意识，缺乏对预防保护方法的了解以及所有者对手稿价值的无知，造成这些手稿已被毁坏。尽管这些毁坏是以各种方式进行，国外的许多学者和收藏家还是成功地从尼泊尔获得了大量佛经手稿。主要的一些收藏家有：布里安·H. 霍奇森（Brian H. Hodgson），丹尼尔·赖特（Daniel Wright），塞西尔·本多尔（Cecil Bendall），A. F. R. 霍木尔博士（Dr. A. F. R. Hoemle），W. 琼斯（W. Jones）②，H. H. 威尔森博士（Dr. H. H. Wilson），S. H. 列文（S. H. Lewin），河口慧海（Ekai Kawaguchi）及其他人。他们也收集到不同的手稿，并保存在不同国家的不同机构里。主要的机构有：孟加拉亚洲学会，伦敦皇家亚洲学会，大英博物馆，印度办公室图书馆，剑桥大学图书馆，牛津大学图书馆，巴黎国家图书馆，印度牛津研究所图书馆，日本的东京大学图书馆、大正大学图书馆、东海大学图书馆、京都大学图书馆、东京文库，等等。这些机构保存了各种尼泊尔文的手稿。

三、尼泊尔手稿

众所周知，几百年来，尼泊尔拥有用梵文、藏文、纽瓦丽文、印地文和其他民族文字书写的珍贵材料，吸引了世界各地的学者。许多梵语学家、藏学家、纽瓦丽语专家和其他工作在各个领域的学者至少已在某种程度上了解到尼泊尔富含手稿材料和文档。根据梵语学者闵·巴哈杜尔·释迦（Min Bahadur Sakya）所说，尼泊尔可以得到写在贝叶上、Haritalika 纸上、Thyasphu 纸上、卷轴手稿上及装订的书上的梵文手稿，而只有少数得以出版。大部分手稿和文档及手稿编目工作未受到学术界的重视。一些手稿是亚洲最古老最罕见的文档，记录了对当时历史、政治、社会和医学的描述。

---

① S. M. 苏加诺. 佛教从起源国的消失. 旁遮普：旁遮普省佛教协会，英国纪念品，2006-10-08：34-37.

② 莫里兹·温特尼茨，亚瑟·伯立戴尔（编）. 牛津大学图书馆梵文手稿目录：卷2. 牛津：克拉伦登出版社，1905：249.

在1828—1870年期间，霍奇森先生收集了几部手稿，接着将其出版。在发现物当中，他对381件手稿的发现形成了一个改变佛教历史的新时代。这些手稿中有86部手稿是由179篇单独的作品组成，许多手稿被献给孟加拉亚洲学会，85部献给伦敦皇家亚洲学会，30部献给印度办公室图书馆，7部献给牛津大学图书馆，174部献给法国亚洲学会及法国学者尤金·本道夫（Eugene Bernouf），最后两部收藏一直存放在法国国家图书馆。同样，尼泊尔达巴尔图书馆的一份贝叶目录记录了总共保存有101捆，其中93捆在图书馆里，8捆由后来的Vira Sumsher JBR王公阁下获得。这些经卷总共包含448部手稿①。H. P. 萨斯特里进一步说明，在图书馆里的纸质手稿数目和贝叶手稿数目加起来将近5 000部。这些包含来自远古尼泊尔的皇家收藏，每一位继任国王都努力添加收藏数目。同样，“尼泊尔—德国手稿保存项目”在其30年运作期间，对180 000部尼泊尔手稿用缩微胶卷进行了拍摄②。相应的，亚洲档案馆保存了约1 000部已编目和300部未编目的卷轴贝叶手稿。除此而外，许多手稿还有待发现，更多手稿有待公之于世。可是，为了把焦点集中在佛经手稿、特别是梵文和巴利文手稿上，在此必需缩小对尼泊尔浩瀚手稿研究的范围。

四、尼泊尔佛经手稿的语言文字

一般说来，尼泊尔的佛经手稿是用五种文字写成：Pracalit，纽瓦丽文Newari，Rajana，Bhujimole及Devanagari文字。每种文字均预示着尼泊尔手稿的重要性，比如，尼泊尔大部分手稿用Newari文字。然而，宗教文本或教义用Rajana文字，通常写在印蓝纸、金箔或银箔上，受到追随者的高度尊敬。同样，贝叶上主要用Bhujimole文字书写。尤其是贝叶经，仅尼泊尔国家档案馆就保存有1 084卷贝叶手稿。而且，自从存在两个主要的佛教教派“大众部佛教”和“上座部乘佛教”以来，梵文和巴利文分别是这两个教派使用的主要文字。因而，全部佛教文学用“梵语”和“巴利语”这两种语言的上述文字来书写。大卫·施耐尔格罗夫·L.（Snellgrove David L.）说：“很显然，在其狭小的地理范围内，尼泊尔谷地设法保存了北印度佛教过去最为辉煌的痕迹。”③

就梵文佛经手稿而言，梵文佛学家普遍知晓，尼泊尔藏有非常丰富的手稿。可是，在过去的尼泊尔政府的压迫环境之下，佛教手稿被秘密保存了几百年，直到1828年孟加拉亚洲学会及1874年尼泊尔的一个英国外交官布里安·H. 霍奇

① 在前面所引用的H. P. 萨斯特里书中的前言。

② 德拉戈米尔·季米特洛夫. 在尼泊尔进行的尼泊尔语－德语手稿编目项目（报告：2006－07）. NGMCP时事通讯（1）：3.

③ 大卫·施耐尔格罗夫·L. 印度—西藏佛教. 伦敦：塞林迪亚出版社，1987：379.

森出版了佛经手稿①。正是通过霍奇森，尼泊尔发现了大量梵文佛经手稿，戏剧性地改变了尼泊尔的面貌。拉贾德拉·拉尔·米特拉（Rajendra Lal Mitra）在《尼泊尔梵文佛教文学》中说道：

> 19世纪初霍奇森先生在尼泊尔任职期间发现了大量此类作品。此前作品的存在不为人知，他的发现完全彻底地改变了佛教的历史……已经发行了这些作品共381件手稿的副本，以便欧洲学者能够接触到这些作品。②

然而，在尼泊尔发现的手稿当中，除了很少一部分外，很难得知插图手稿的确切日期，但文档表明，尼泊尔手抄和书写手稿的传统早在10世纪时就开始了。迄今发现的一部较早的插图手稿，其日期确定为公元1015年的《般若心经》（*Astasahasrika Prajnaparamita*），如今收藏在剑桥大学图书馆。在梵文佛经手稿中，主族是*Navagranth*，这一无价的经典包含了九部珍贵的梵文佛教文本，对于大乘佛教界来说获益巨大。它们是：《大般若波罗蜜多经》（*Prajnaparamita*），《华严经》（*Gandavyuha*），*Dasabhumesvara*，《三摩地王经》（*Samadhiraja*），《楞伽经》（*Lankavatara*），《法华经》（*Saddharmapundarika*），《方广大庄严经》（*lalitvistara*），《秘密集会怛特罗》（*Tathagataguhyaka*）和《金光明经》（*Suvarnaprabhasa*）。以上所有经文均已被翻译成多种文字。此外，关于佛教梵文手稿已发表了20多篇报告（参看附录I）。

关于尼泊尔的巴利文佛教手稿，仅有几部记录在案。自20世纪30年代以来，巴利语佛教或南传佛教就被重新引入。其对尼泊尔社会的影响力是巨大的。梵语佛学者把它称为输入现代尼泊尔的佛教，但在我看来，它的复兴对尼泊尔的佛教史造成了至关重要的影响。南传佛教在现代尼泊尔出现带来的一些利益是：尼泊尔宗教自由开放，挣脱了尼泊尔有限地域上社会边界及政府枷锁的束缚。

本多尔教授在调查尼泊尔的手稿时发现，他对几片零散的叶片进行的检查证实，巴利文曾经被用于远至北方尼泊尔的地界③。他的宣告大大支持了这一论点，即巴利语佛教从伊始就在尼泊尔盛行。同样，历史学家H. 拉尔·辛哈（Harishchandra Lal Singha）说："如同在亚洲许多国家佛教繁荣一样，南传佛教是尼泊尔盛行的最早的佛教形式。"而且，3世纪阿育王派遣传教的僧侣表明，尼泊尔社会存在佛教修行。尽管传统的南传佛教文本并不包含有关尼泊尔南传佛教的任何信息，但其他佛教教派的文本说，佛陀的一些门徒去到了尼泊尔的"加德满都谷地"。

---

① 布里安·H. 霍奇森. 语言类随笔：尼泊尔及西藏的宗教文学. 伦敦，1828及1874.

② Rajendra Lal Mitra. 尼泊尔梵文佛教文学：前言. 印度加尔各答，1882年.

③ H. P. 萨斯特里，塞西尔·本多尔. 尼泊尔杜尔巴图书馆贝叶手稿及精选纸质手稿目录（1905）：前言.

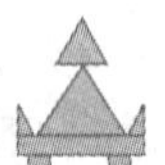

另外，在NGMPP即尼泊尔—德国手稿保存项目中所拍摄的180 000卷手稿缩微胶卷中发现了保存最古老的巴利文手稿，这大概是年代确定最古老的尼泊尔手稿（公元810年）。是由塞西尔·本多尔发现的。1899年，在罗马举行的第12届国际东方专家大会上，他宣布在尼泊尔发现了一部巴利文手稿。据说，手稿保存在尼泊尔王公的一个图书馆里，塞西尔·本多尔被允许将其带到英国进行仔细研究，这使他能够提供有关这一发现的进一步信息，年代确定为公元8～9世纪。1902年在汉堡召开的第三届国际大会上，经文被识别为《律藏·小品》的一部分。后来，在1952年，P. V. Bapat发表了他于1948年访问加德满都期间自己拍摄的四张残片照片的文本。除这两项研究之外，奥斯卡·冯·希努伯（Oskar Von Hinuber）教授也进行了研究并于1991年出版的一本名为《最早的巴利文手稿：四页来自加德满都国家档案馆的“律藏”》的书非常重要，因为它是基于“尼泊尔—德国手稿保存项目”在加德满都国家档案馆拍摄的缩微胶卷。在他的专题论文中，他呈现了与赫尔曼·奥登堡的《律藏·小品卷2》（伦敦，1880）版本138. 1. 27页至107. 1. 3页及136. 1. 11页至138. 1. 11页相一致的四页现存的同等文本的权威版①。这是迄今为止发现最早的巴利文佛经手稿，可能有助于解决相关的律藏问题以及历史曲解。这一发现证实，在尼泊尔广泛修行梵语佛教之前，巴利语佛教就传入了尼泊尔，并且得到盛行。可是，仍旧很难准确描述是哪一教派在这一地域得到完全推动而另一教派得以生存。

五、结　论

众所周知，尼泊尔在不同的领域和宗教生活中获得了大量珍贵的手稿，吸引着来自世界各地的学者。国家及国际保护机构积极参与尼泊尔的手稿保护有几十年了。“尼泊尔—德国手稿保存项目”（NGMPP）被广泛认可为一个长期综合性的项目。同样，由日本基金会部分资助的“日本国际合作机构及亚洲纸质保护”与尼泊尔国家图书馆及档案馆联手，积极参与发现并保存尼泊尔文手稿。可是，主要是因为缺乏意识、知识和资金，原稿损毁的威胁仍旧存在。而且，关于梵语佛教徒，有大量手稿以不同的方式保存，但除了奥斯卡·V. 希努伯发现的一部外，尽管其与尼泊尔历史关系密切，没有记录到南传佛教或巴利文佛经手稿。因而我相信，在收藏的大量手稿中，可能会有手稿与巴利语佛教徒有关联。

根据2006年在NGMPP的第一篇通讯上由迈克尔·哈恩（Michael Hahn）和玛堡（Marburg）发表的报告，存在着几处由于曲解了用于尼泊尔手稿写作中的

① K.R. 诺尔曼. 书评，西文过刊全文数据库：系列3，卷3（2）. 1993－07. www. jstor. org/pss/25182725

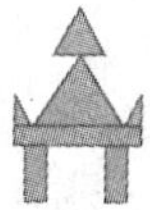

语言定义而犯的错误。相应的，NGMPP 的网站在 2009 年 6 月 3 日阐明：存在一部非常古老的（年代确定为 9 世纪的）*Suśrutasanhitā* 手稿。由于其文本似乎提供了与印刷版明显不同的变化，这是一部非常重要的手稿。不仅如此，其抄写员是一名佛教徒也被证实①。而且，根据 Min Bahadur Shakya 所说，最古老的贝叶手稿可追溯到公元 1334 年，在贝叶上书写始于 11 世纪早期至 17 世纪②。这已由年代确定至 8 世纪的巴利文手稿的发现证明其为虚假。因而，这些曲解表明，可能存在几部有关巴利语佛教徒的手稿。由于这些原因，从我个人的研究来看，已发现一些非常重要的问题有待解决。还有更多的巴利文手稿吗？尼泊尔的巴利文手稿在何处？它们到底发生了什么事情？

参考文献：

［1］布莱恩·H. 霍奇森．语言类随笔：尼泊尔及西藏的宗教文学．伦敦，1828 及 1874.

（Brian H. Hodgson. *Essays on the language，literature and religion of Nepal and Tibet*，London，1828 and 1874）

［2］布莱恩·H. 霍奇森．佛教梗概．亚洲文会杂志，1830：222－257 页；JASBe 5，1836：28，71.

（Brian H. Hodgson，*Sketch of Buddhism*，JRAS 1830：222－257；also JASBe 5，1836：28，71）

［3］布莱恩·H. 霍奇森．引自原始的梵文权威证明及霍奇森先生的佛教梗概插图．JASBe 5，1836：28，71.

（Brian H. Hodgson. *Quotations from original Sanskrit authorities in proof and illustration of Mr. Hodgson's sketch of Buddhism.* JASBe 5，1836：28，71）

［4］塞西尔·本多尔．1884－1885 年在尼泊尔及印度北部的文学之旅及考古研究．伦敦：剑桥大学出版社，1886.

（Cecil Bendall，M. A.. *A journey of literary and archaeological research in Nepal and Northern India from* 1884－1885. Cambridge University press，1886）

［5］德拉戈米尔·季米特洛夫．在尼泊尔进行的尼泊尔语－德语手稿编目项目（报告：2006－07），NGMCP 时事通讯（1）．

（Dragomir Dimitrov. *The work of the Nepalese－German Manuscript Cataloguing*

① http：//www. uni－hamburg. de/ngmcp/mssoftheweek_ e. html

② Min Bahadur Shakya. 加德满都谷地梵文佛经手稿的保存：重要性及未来．www. niem. com. np/newararticle/preservation

Project in Nepal（Report：July 2006）Newsletter of the NGMCP，No. 1）

［6］H. P. 萨斯特里．尼泊尔达尔巴图书馆的贝叶经及精选纸质手稿目录：前言．加尔各答：浸信会出版社，1905.

H. P. Sastri. *A catalogue of Palm leaf and selected Paper Manuscripts belonging to the Durbar library*，*Nepal*. Calcutta：Printed at the Baptist Mission Press，1905，preface

［7］K. R. 诺曼，书评，西文过刊全文数据库：系列3，卷3（2）．1993－07. www. jstor. org/pss/25182725

（K. R. Norman. Review of Books，JSTOR：3rd Series，Vol. 3，No. 2（Jul.，1993）www. jstor. org/pss/25182725）

［8］L. D. 巴奈特（编译）．大英博物馆图书馆内梵文、巴利文及帕拉克里语书籍补充目录．1908.

［L. D. Barnett（Compiled）．*A supplementary catalogue of Sanskrit*，*Pali and Prakrit Books in the library of British Museum*. 1908］

［9］Min Bahadur Shakya. 加德满都谷地梵文佛经手稿的保存：重要性及未来．http：//www. niem. com. np/newararticles/preservation

（Min Bahadur Shakya. *Preservation of Sanskrit Buddhist Manuscripts in the Kathmandu Valley*：*Its importance and future*. http：//www. niem. com. np/newararticles/preservation）

［10］莫里兹·温特尼茨，亚瑟·伯立戴尔（编）．牛津大学图书馆梵文手稿目录：卷2. 牛津：克拉伦登出版社，1905.

［Moriz Winternitz and Arthur Berriadale（ed）．*Catalogue of Sanskrit Manuscript in the Bodleian Library*，Vol. II. Oxford：Clarendon Press，1905］

［11］南希·格兰特．回归的僧侣．民族报（泰国的英文报纸）：周日特刊，1987－10－18.

（Nancy Grant. *The Monk who would return*. The Nation［Thailand's English Newspaper］：Sunday special. Oct. 18，1987）

［12］N. B. 塔帕．尼泊尔简史．凯斯：Ratna Pustak bhandhar，N. d.

（N. B. Thapa. *A Short History of Nepal*. Kath：Ratna Pustak bhandhar，N. d.）

［13］高木直子及团体．尼泊尔卷轴贝叶手稿的保护及数字化．www. asianart. com/articles

（Naoko Takagi and group. *Conservation and digitisation of Rolled Palm leaf Manu-*

scripts in Nepal. www. asianart. com/articles)

[14] Pal, P. &, J.. 佛教书籍阐释，香港：拉维·库马尔（出版商），1988.

(Pal, P. & Meech – Pekarik, J.. *Buddhist Book Illuminations*. Hong Kong: Ravi Kamuar [Publisher] 1988)

[15] Phra Sujan Maharjan. 南传佛教在尼泊尔人社会的复兴及其贡献. 曼谷：泰国僧伽大学文学硕士论文，泰国曼谷，2006 年

(Phra Sujan Maharjan. *The Revival of Theravada Buddhism in and its Contribution to Nepalese Society*. Bangkok: M. A. Thesis of Mahachulongkornrajavidyalaya University, 2006)

[16] Phra Vipassi Dhammaramo. 尼泊尔的佛教. 曼谷：玛谷德大学，2001.

(Phra Vipassi Dhammaramo. *Buddhism in Nepal*. Bangkok: Mahamakut University: 2001)

[17] Rajendra Lal Mitra. 尼泊尔的梵文佛教文学. 印度加尔各答，1882.

(Rajendra Lal Mitra. *The Sanskrit Buddhist literature of Nepal*. Calcutta, India, 1882)

[18] 大卫·施耐尔格罗夫·L.. 印度—西藏佛教. 伦敦：塞林迪亚出版社，1987.

(Snellgrove David L. , *Indo – Tibetan Buddhism*. London: Serindia Publications, 1987)

[19] http: //www. uni – hamburg. de/ngmcp/mssoftheweek_ e. html

[20] 文·S. M. 苏加诺. 佛教从起源国的消失. 旁遮普：旁遮普省佛教协会，英国纪念品，2006 – 10 – 08: 34 – 37.

(Ven. S. M. Sujano. *The disappearance of Buddhism from its country of origin*. Punjab: Published in Punjab Buddhist Society, UK's souvenir, 8th October 2006: 34 – 37)

[21] 周娅. 中国贝叶经全集及其翻译校勘中的若干问题//第 2 届国际佛教研讨会文件：卷 1. 佛学研究机构组织，玛哈朱拉隆功佛教大学（MCU），2010 – 01 – 08: 15 – 29.

(Zhou Ya. *The complete Collection of Chinese Palm – leaf Scripture and several Issue in the Translation and collation*. The Document of the 2nd International Buddhist Research Seminar, Vol. 1, Organised by the Buddhist Research Institute, MCU, 8th January 2010: 15 – 29)

附录 I

目录及报告列表

1. Rajendra Lal Mitra 著“尼泊尔梵文佛教文学”，加尔各答，1882 年。

2. 剑桥大学图书馆内的佛教梵文手稿目录，塞西尔·本多尔编目，剑桥，1883 年。

3. 大英博物馆内的梵文手稿目录，塞西尔·本多尔编目，伦敦，1902 年。

4. 尼泊尔达尔巴图书馆贝叶手稿及精选纸质手稿目录，Hari Prasad Shastri 编目，加尔各答，卷 I，1905 年制，卷 II，1905 年。

5. Bir 图书馆佛经手稿，大正大学梵文研讨会，大正大学回忆录，40 号，1955 年。

6. 加德满都佛经手稿文本，长尾雅人，1963 年（日本）。

7. 东海大学图书馆内的佛经梵文手稿目录，山本裕，文学部论文集，卷 III，东海大学，东京，1960 年。

8. Buddhi Sagara Sarma 所著 *Samksiptasucipatram*，尼泊尔，尼泊尔 维拉·普斯特卡拉亚，萨维塔 2020（公元 1963 年）。

9. *Sucipatram* 第 1 部分，Srinarayana Prasad Sharma 著，尼泊尔，1964 年。

10. *Brhatsucipatram* 第 1 部分，尼泊尔 Buddhisagara Sharma 著，维拉普斯特卡拉亚，1964 年。

11. *Brhatsucipatram* 第 2 部分，尼泊尔 Buddhisagara Sharma 著，1966 年。

12. *Brhatsucipatram* 第 3 部分，尼泊尔 Buddhisagara Sharma 著，1966 年。

13. *Brhatsucipatram* 第 4 部分，Pandit Deviprasad 著，尼泊尔 拉斯特里亚普斯特卡拉亚，1967 年。

14. 东京大学图书馆内的梵文手稿目录，松涛诚廉，铃木研究所，东京，1965 年。

15. 佛教梵文手稿：世界宗教高级研究所缩微胶卷篇名列表，1975 年。

16. 佛学图书馆，尼泊尔佛经手稿缩微胶片目录，H. 高冈制，名古屋，1981 年。

17. 京都大学文学部所拥有的梵文手稿简目，五岛清隆和野口欣弥，京都，1983 年。

18. *Asasaphukuth* 内精选佛经手稿目录，1986 年。

19. 亚洲档案馆内精选手稿的描述性目录，Janak Lal Vaidya 博士和 Prem Bahadur Kansakar 制，加德满都，Cvasapasa 1991 年。

20. 尼泊尔国家档案馆及 Keshar 图书馆内的佛教密宗手稿目录，森口光俊，

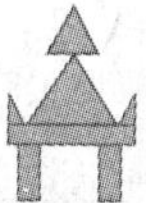

东京，1989 年。

附录 II

最古老的巴利文手稿：来自国家档案馆的四张“律藏”，加德满都，奥斯卡·冯·希努伯。

项目	书中相关信息
统一标题	三藏. 律藏. 英文 & 巴利文 选集
描述	美因茨：科学及文学研究院 斯图加特：F. 斯坦纳，C1991 48 页，25cm
书号	3515059369
系列	人文及社会科学类学术论文，荣格. 1991 年，编号 6 巴利文语言史及手稿研究调查
主题词	三藏 · 律藏 · 批评　文本　寺庙制度及宗教教派　佛教规则
其他作者	奥斯卡 · 冯 · 希努伯

谷魂奶奶的故事与石屋神话的比较研究①

久端实* 文 李静** 译

摘　要：在中国云南省傣族地区广为流传的《谷魂奶奶（雅欢毫）的故事》和日本纪记的《石屋神话》之间存在着非常多的相似性，通过对比研究发现，两者之间有着紧密的关联。集中表现在以下方面：第一，稻魂信仰的维持与重新确立是两者的共同主题；第二，侍奉稻魂的精神必须是“纯洁的心灵”、善良的心；第三，主人公是女性；第四，故事情节的展开顺序非常相像，等等。由此可否认为，日本《石屋神话》的源头来自于《谷魂奶奶的故事》，即此神话的来源出自中国的云南。对此问题的进一步研究将是笔者今后研究的课题。

关键词：谷魂奶奶故事　石屋神话　比较研究

一、前　言

小论的目的在于通过对中国云南省少数民族傣族所传承的《谷魂奶奶的故事》展开研究，将其与日本的《古事记》（712）、《日本书纪》（720）中所记载的《石屋神话》进行比较考察。作为结论在此想提出的是，第一，两者的共同主题都确立了新的稻魂信仰（即强调了对稻魂拥有生命的确信），第二，在内容上两者非常类似，所以我们可以认为有这种可能性，即《谷魂奶奶的故事》从中国云南省流传到了古代日本。

伴随着稻作农业的开始、发展，作为支配稻子的发芽、成长、开花、结实的神灵，稻魂的存在逐渐被确信，稻魂信仰也一直连绵不断地被传承到今天。现在在位于季风稻作地区的印度教、佛教、伊斯兰教等世界宗教中还依然残留着稻魂信仰，这说明了稻魂信仰的根深蒂固。日本的《古事记》、《日本书纪》（以下略

---

① 在本文写作过程中，笔者曾奔赴云南省各地收集资料。在此期间，备受云南大学秦家华教授鼎力协助，在此谨表示深深的谢意。

* 久端实，日本丽泽大学名誉教授，比较文明文化研究中心客员教授。

** 李静，日本丽泽大学比较文明文化专业博士研究生。

称为记纪）的石屋神话也是稻魂信仰的产物。在日本，编纂记纪的时代当时深受佛教的渗透，在那之后的儒教文化也不断地给予其很大的影响。明治以后西方文明不断涌进。可是稻魂信仰一直在存续着，以皇室的新尝祭、即位仪式的新尝祭（大尝祭）为主，全国各地的祭祀虽然有所减少，可新谷的感谢祭依然在举行，这显现了谷魂信仰的根深蒂固。

小论是以以往的“日本的固有文化是建立在南中国、江南地区，印度尼西亚方面传来的几个农耕民文化厚实的底盘之上，以支配者文化作为其覆盖而形成的混合型文化”① 假说作为依据。石屋神话形成了日本的基层文化，它是南方文化的一个例证，笔者想就云南的《谷魂奶奶的故事》和《石屋神话》这两者之间相互共通的地方进行说明。

二、稻魂信仰文化圈中可见的稻魂信仰的深层

最热衷于稻魂信仰的地区在哪里？笔者想将属于其中之一的中国云南省作为研究对象。包括傣族在内，云南的绝大多数的少数民族都有谷魂信仰，举行着祭祀稻魂的仪式②。

那么人们对稻魂怀有一种怎样的印象呢？我以云南省的少数民族的事例为中心，进而对泰国、印度尼西亚、日本的冲绳县的事例加以综合分析，在有关稻魂的形象和人们如何接触稻魂这方面总结出以下几点：

（1）稻魂是女神（女性）；

（2）稻魂宛如不会行走的幼儿；

（3）稻魂非常胆小，很快就会逃跑；

（4）稻魂是由女性传承下去的；

（5）稻魂被供奉于祖先神台上，与该家庭的祖先相互交融；

综上所述，将稻魂从水田迎到家中的责任必须由年长女性所承担的地区很多。笔者将以上稻魂的形象称为“稻魂信仰的深层”。③

三、傣族稻魂信仰的变迁

如今，傣族的稻魂信仰具有在云南省的其他少数民族中看不到的独特性。在

① 冈正雄：《外国人与其他 日本民族：文化的源流与日本国家的形成》，言丛社，昭和 54 年(1979)。

② 欠端实：《云南少数民族的新尝祭》，载新尝研究会编《新尝的研究 4：稻作文化与祭祀》，第一书房，1999 年。

③ 欠端实：《稻魂信仰的变迁——从深层的稻魂信仰到生命文化》，载《丽泽大学纪要》第 89 卷，2009 年。

很多少数民族中，人们对以往的作为“深层”的稻魂有着年幼、纤弱、胆小的印象，具有这种性格的稻魂一直为人们所信仰。然而傣族所信仰的谷魂奶奶（雅欢毫）却是与其完全不同的，她很强大，是拥有生命力的稻魂。以示例来进行说明，第一，我们可以举出在傣族信仰的南传佛教经典中有《谷魂奶奶的故事》，这就是专为谷魂制作的经典。第二，傣族为了不让雅欢毫被人们遗忘，在所信仰的南传佛教的寺庙外墙上刻画了“谷魂奶奶的故事”①。这是为什么呢？其原因就是傣族的“稻魂信仰的深层”发生了很大的变化。

云南省傣族的谷魂奶奶的故事传至今日，其故事内容大致可以分成两类。

暂设定为甲型和乙型。在甲型中：

（A）遥远的乐园—主人公的出身地—其景象的叙述；

（B）有着与记纪的石屋神话相互类比的内容。

甲型包含着以上这两个要素。但是乙型的故事内容中只能看到B要素。有关A以后有机会再作说明，本小论中暂不触及。

作为本小论的资料采用了8个故事，其主题及流传地区如下：

（1）甲型

①《谷神布岑塔》（云南省德宏傣族景颇族自治州）②

②《谷魂的传说》（云南省西双版纳傣族自治州勐海县勐混镇）③

（2）乙型

①《谷魂奶奶》（云南省西双版纳傣族自治州景洪市勐腊县）④

②壁画《雅欢毫的故事》（云南省西双版纳傣族自治州景洪市勐罕乡曼桂村寺庙）⑤

③壁画《雅欢毫的故事》（云南省西双版纳傣族自治州景洪市勐罕乡曼法村寺庙）⑥

④《谷魂奶奶的故事》（云南省西双版纳傣族自治州）⑦

⑤《谷灵》（云南省普洱市景谷傣族彝族自治县永平乡）⑧

---

① 比如以以下的两处寺庙为例。云南西双版纳傣族自治州景洪市勐罕乡曼桂村寺庙。笔者于2008年12月22日实施调查。于2009年10月28日进行了再调查。云南省西双版纳傣族自治州景洪市勐罕乡曼法村寺庙壁画。于2009年10月28日实施调查。

② 李子贤编《云南少数民族神话选》（云南人民出版社1990年版）收录。

③ 刀国栋著《傣族历史文化漫谭》（民族出版社1996年）收录。

④ 勐腊县民委、西双版纳州民委编《西双版纳傣族民间故事集成》（云南人民出版社1993年版）收录。

⑤ 笔者于2008年12月22日实施了调查，于2009年10月28日进行了再调查。

⑥ 笔者于2009年10月28日实施了调查。

⑦ 祜巴勐著，岩温扁译《论傣族诗歌》（中国民间文学出版社1981年版）收录。

⑧ 中国民间文学集成全国编辑委员会，中国民间故事集成·云南卷编辑委员会《中国民间故事集成》（云南卷上册，2003年）收录。

⑥《雅欢毫的故事》（泰国北部的泰泐族）[①]

本小论中列举的有关甲乙故事中共通的B部分的内容，虽然有稍许不同，但基本上是相同的。其表述如下：

傣族社会的稻魂信仰是自然崇拜，随着上座部佛教的传入，稻魂信仰与佛教之间发生了冲突。谷魂奶奶（雅欢毫）主张，在天地间谷物才是至高无上的，于是她没有祭拜佛祖。佛祖因此驱逐了雅欢毫，于是作物无法收获，饥荒侵袭了整个世间。群神到佛祖那里去申诉，使雅欢毫重返世间解救人类。在大饥荒面前无能为力的佛祖只能承认雅欢毫至高无上并能够主宰一切，于是就让群神迎接雅欢毫回来。当她重返后，作物又开始重新生长，并获得了丰收。

那么这些故事中的和被刻画在壁画上的雅欢毫与以往的谷灵有何不同呢？笔者想就不同之处进行列举。

①雅欢毫面对佛祖并不祭拜，并敢于对抗。

这一点是所有资料中所共通的。她的形象和表现是与以往柔弱、幼小的谷灵完全不同的。

②雅欢毫不仅比佛祖伟大，也比所有其他的天神都伟大。她强调了自己至高无上的存在，并为此向佛祖挑战。

雅欢毫为了抗争于佛教，在面对佛祖时非常果敢地强调“我超越佛祖，比任何一个天神地神都伟大，我是至高无上的”。

③雅欢毫将粮食（谷物）作为世间最为重要的东西，表明了自己是谷物的祖先，她掌管着谷物的生命。

雅欢毫的伟大在于她掌管着谷物的生命。而且，解救人类、拯救僧侣生命的是谷灵，佛祖不拥有这种力量。她最终强调了一粒一粒的米就是谷灵。佛祖（佛教）的败北使其承认了佛祖（佛教）不拥有孕育生命的力量，也没有防御自然灾害和拯救人类的力量。

④雅欢毫获得了这样一种具有普遍性的性格，那就是她不仅使每个家庭得到存续，而且整个村子乃至所有人类的生命都受她的护佑。

⑤雅欢毫是一个善良、有着纯洁的心灵与自我牺牲精神的女神。

⑥她虽然与佛祖（佛教）相对立，进行了抗争，但最终以宽宏的度量认可了与佛教的共存。

以上列举的雅欢毫的表现和她的主张，显示了一种崭新的性格，这在以往的谷灵身上是完全看不到的。一直延续着属于自然崇拜中的稻魂信仰的傣族，当与强大的宗教——佛教相遇时，为了超越佛教的教义创造出稻魂，给以往的谷灵赋予了新的个性。谷魂奶奶（雅欢毫）的强大在于她觉悟到自己有着能够孕育出

① 《谷魂奶奶的故事》，朱拉隆功大学，1996年。

新生命的这种直接的力量。自己本身正是生命的主宰者这样的觉悟，是在面对佛祖时的一种充满自信的表现。这就使深层的稻魂发生了改变，并由此获得了新的民族认同感。

四、石屋神话

下面想就石屋神话进行一下探讨。有关石屋的研究非常繁多①。在立足于云南省傣族《谷魂奶奶的故事》的同时，让我们来看看《日本书纪》中石屋神话的内容吧。

1. 《日本书纪》的二元构造

《日本书纪》的神话被分别记载为《卷一神代上》与《卷二神代下》两部分。《神代上》的部分是4世纪以前由日本本土的文化所传下来的神话体系，5世纪以后新吸收进来的北方系神话体系被区分为《神代下》。而且《神代上》所收录的神话、传说大致被认为是南方体系的（从中国的江南到东南亚、东印度、印度尼西亚、巴布亚新几内亚等地区）②。

在小论中展开研究的《石屋神话》是包含在《神代上》的神话，因此可以认为它是南方体系的神话。

2. 《日本书纪》中的《石屋神话》

构成石屋神话的要素广泛分布在从中国南部到东南亚地区的东南亚语族之间。小论就以此研究成果为基础来进行立论③。

石屋神话的主人公是天照大神（女神），她被认为是“来源于南方体系的稻作—母权社会的文化”④。在《神代上》中，记载了是她用从“保食神”的肚子

① 参照的主要论文及书籍如下：

高木敏雄：《素戋鸣尊神话中出现的高天原要素和出云要素》，载《史学杂志》第25编第2、3号，大正3年（1914）。之后被收录在 松本信广编《论集 日本文化的起源3·民俗学Ⅰ》平凡社，昭和46年（1971）。

肥后和男：《后语》，载《古代传承研究》河出书房昭和13年（1938）版。之后改题为《素戋鸣尊神话的研究》，收入松本信广编《论集 日本文化的起源3 ·民俗学Ⅰ》平凡社，昭和46年（1971）。

松村武雄：《日本神话的研究》第1卷，培风堂，昭和29年（1954），第2卷、第3卷，昭和30年（1955）。

大林太良：《东亚的王权神话——日本·朝鲜·琉球》，弘文堂，昭和59年（1984）。

冈正雄：《外国人与其他 日本民族：文化的源流与日本国家的形成》言丛社，昭和54年（1979）。

三品彰英：《日本神话论》，载《三品彰英论文集》第1卷，平凡社，昭和45年（1970）。

沟口睦子：《素戋鸣尊的复活》，载《东亚的古代文化》第120号，大和书房，2004年。

沟口睦子：《天照大神的诞生——探寻古代王权的源流》，岩波书店，2009年。

② 沟口睦子：《天照大神的诞生——探寻古代王权的源流》岩波书店，2009年。

③ 大林太良：《东南亚日食神话的考察》，载《东洋文化研究所纪要》第9册，昭和31年（1956）。之后收录在 松本信广编《论集 日本文化的起源3·民俗学Ⅰ》平凡社，昭和46年（1971）。

④ 《日本书纪》（岩波体系书籍，p. 554）。

里生出的稻子插了第一次秧，还记载了她拥有优质的水田，并主持新尝祭（吃新米节）。保食神也被叫做仓稻魂，这个名字包含着“粮食的生命”的意思，与掌管稻子生命的雅欢毫（谷魂奶奶）是完全相同的。保食神（仓稻魂）后来在伊势神宫与天照大神一起被供奉，直到今天。天照是侍奉稻魂的巫女，也是支配稻子生育的稻魂。那么在这里就概述一下《石屋神话》的故事吧。

《石屋神话》的关键词是“纯洁的心灵”。要侍奉稻魂必须要有纯洁的心灵。面对来访高天原的素戋鸣尊，他是不是想要夺走我的王国？心存这种疑念的天照提出，通过与素戋鸣尊所交的“誓约”来证实他是否拥有纯洁的心。

通过这个“誓约”，素戋鸣尊被证实了拥有纯洁的心，于是他宣布自己的胜利，开始妨碍高天原的稻作。

天照容忍了在春秋季节素戋鸣尊的所为。在秋天的新尝祭祀上，对于素戋鸣尊的破坏行为天照发怒了。那是因为正是守护了新尝祭才显示了天照最原本的存在意义，在这个祭祀中最为需要的就是纯洁的心灵。于是，天照再也不能宽容素戋鸣尊的所作所为，盛怒之下她隐入了石屋里。

这时在石屋的外面，众神不断地向她祈祷。终于，天照从石屋走出来，散发着耀眼的光辉。这个情景是在隐入石屋的过程中天照清明的心变得更加强大与进一步得到净化的结果。这正表明了从石屋出来后，她的纯洁的心灵变得比以前更有力量。可以认为，这时天照的清明心是超越素戋鸣尊的心灵的，由此作为证据来决定素戋鸣尊的赎罪。

若是从信仰上的对立来看的话，可以说石屋神话是天照与素戋鸣尊二神围绕“纯洁的心灵”进行对抗的故事，是讲述天照如何拥有强大的清明心这一过程的故事。

在石屋神话故事中的天照与素戋鸣尊的对立是围绕着稻魂信仰的对立。可以认为两者都有稻魂信仰，可是天照的稻魂信仰主要是将它放在国家祭祀的中心，相比之下，素戋鸣尊的则是多神教世界里的稻魂信仰。前者以稻作为中心举行新尝仪式，在仪式中特别强调的是“纯洁的心灵”。后者是以谷物、树木作为仪式的对象。根据三品彰英的分类，天照的稻魂信仰是国家性的谷灵仪式，素戋鸣尊的则是地方性（出云）的谷灵仪式①。也就是说，前者是新时代的国家性仪式，后者是以往的古代地方的仪式。

五、谷魂奶奶的故事与石屋神话的比较

那么，最后让我们对云南省的傣族的传说与日本的日本书纪中的石屋神话作

① 三品彰英：《日本神话论》，载《三品彰英论文集》第1卷第5节，平凡社，1970年。

一下比较吧。（参见下表）

谷魂奶奶的故事与石屋神话的比较表

项　目	谷魂奶奶的故事	石屋神话
A. 对立轴	稻魂信仰与佛教	稻魂信仰与多神教的信仰
B. 对立者	稻魂与释迦牟尼	天照大神与素戋鸣尊
C. 对立的形式	谁是最伟大的	谁是高天原的主宰者谁拥有纯洁的心灵
D. 结论（胜者）	雅欢毫（谷魂奶奶）	天照大神
E. 理由	拥有孕育生命的力量	拥有强大的且纯洁的心灵
F. 进展方向	新的稻魂信仰的确立 女神雅欢毫的诞生	新尝仪式的国家性祭祀化 女神天照大神的诞生
G. 意义	雅欢毫信仰的确立	国家性稻魂信仰的确立皇统谱中 所插入的稻神的系谱
H. 之后的展开	两者的融合：稻魂信仰与 佛教的共存	两者的融合：国家性稻魂信仰与 自然崇拜共存并融合

两者的主题都是以稻魂信仰为中心的。傣族的故事是在与上座部佛教遭遇时产生的，从以前开始慢慢发展起来的稻魂信仰因为与外来的佛教相遇，在与之对抗的过程中，稻魂信仰急速发生变化，稻魂被形象化为女性。然后傣族以她为先导来对抗佛教，并决意要一直守护稻魂信仰。

傣族的稻魂信仰与佛教的对立，以及其中所伴随的理论冲突，最后直到和解的这一过程，无疑是一件让人难以忘怀的大事件。之所以可以这么说，是因为稻魂信仰与佛教的对立抗争的结果就是创造出了《谷魂奶奶的故事》，至今在傣族之中还广为流传。

在稻作仪式上，佛教也承认了农民原有的谷灵信仰（稻魂信仰），虽然不参与稻作仪式，但在对稻魂信仰的承认方面，它积极地进行指导。比如在经典中创作了稻魂的经典，对来到寺庙的农民传讲稻魂的事情，或者是将《谷魂奶奶的故事》情节刻画在寺庙的墙壁上，让来访寺庙的农民都能看到。

就像这样，傣族在接受佛教的同时也一直保持着稻魂信仰。傣族之所以不放弃稻魂信仰，是因为他们确信一般来说宗教虽能够指导人们的生活态度，但对根源性的生命的出现、成长却力所不及，最终维持人的生命的还是稻米（粮食）。因此，傣族虽然信奉佛教，但也同时坚决维护着稻魂信仰。

于是直到今天佛教与稻魂信仰要各尽其责，还要相互共存。

傣族在接触外来宗教——佛教的时候，使以往的稻魂信仰得以进化发展，创造了支配人类生命的女神——雅欢毫。在古代日本，随着稻作技术的传播与发展

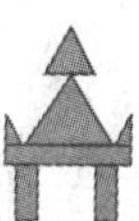

产生了稻作社会。随之从以往的多神教信仰转变成以稻魂信仰为中心的国家信仰体系，并创造了叫做天照的女神。

被创造出来的稻魂也是女神，她支配着稻子的生长、结实，也是一个支配着人们的生命的强大的神。她被敌人打败，虽然只是一时性的隐藏起来，但不久又以无与伦比的力量重返这个世界，给人们带来平安。

共同点在于她是谷灵，也是女神。虽一时在对立和斗争中被打败，但又重新回归，所拥有的力量被认可，至今作为普遍宗教被普及并成为信仰的对象，等等。

就以上所作比较，云南省的傣族所传承的《谷魂奶奶的故事》和《日本书纪》中的《石屋神话》之间，可以看出存在着非常紧密的关联。同时，稻魂信仰的维持与重新确立是两者的共同主题，侍奉稻魂的精神必须是纯洁的心灵、善良的心，主人公是女性，故事情节的展开非常的相似，等等。通过以上的探讨或许可以认为，《石屋神话》的源头来自于《谷魂奶奶的故事》，有可能是从云南传到了日本。然而，在今天还不能明确表示其源流。笔者想以此作为今后研究的课题。

Palm-Leaf Manuscripts: A Gateway to Buddhist Literature and Culture*

Ven. Anil Sakya**

I thank the organizers of this First International Palm-leaf Culture Studies Conference, the Palm-Leaf Culture Research Center, School of Development Studies of Yunnan University and People's Government of the Sipshuangbanna Dai Autonomous Prefecture, People's Republic of China, for the invitation to speak to you about the ways in which we can view palm-leaf manuscripts as a gateway to Buddhist literature and culture. Regarding the significance of palm-leaf manuscripts, the remarks of John Dagenais about European manuscripts apply equally well to Buddhist manuscripts from South and Southeast Asia:

> …manuscripts exist, not as "vehicles for readings" to be discarded in the process of edition-making, chopped up into lists of variants and leaves of plates, but as living witnesses to the dynamic, chaotic, error-fraught world of medieval literary life that we have preferred to view till now through the smoked glass of critical editions.

I. Introduction

In the study of Buddhist civilization, palm-leaf manuscripts abound with resources of Buddhist literature and culture. There are large collections of palm-leaf manuscripts

---

* This is the Keynote speech of the 1st International Seminar of Palm-leaf Culture.

** Venerable Anil Sakya, Assistant Secretary to His Holiness Somdet Phra Nyanasamvara, Supreme Patriarch of Thailand, graduated MPhil from Cambridge University and PhD in Social Anthropology from Brunel University, United Kingdom with the royal scholarship granted from the King of Thailand. Currently, he is Deputy Dean of Faculty of Social Sciences in Mahamakut Buddhist University and Visiting Professor at Mahidol University, Kasetsart University in Thailand and Santa Clara University in California, USA. He is also the founding honorary treasurer of the Association of Theravada Buddhist Universities.

available in libraries, museums and temples in many Buddhist countries. It is a traditional practice to keep the enshrine books, manuscripts and other precious materials in temples and monasteries. This precious collection consists of information on different ages of Buddhist Canon, literature, prose and verse, history and tradition, grammar and lexicography, art, indigenous medicine and veterinary science, astrology, science, folklore, custom, culture etc.. They are truly the first-hand gateway to Buddhist literature and culture.

Palm-leaf writing technology is unique to South and Southeast Asia. Of course, this includes Southern China like Yunnan Province whose borders are connected with the part of Southeast Asia. Whereas in Northwest (Pakistan and Afghanistan) most recordings were done on birch bark and in North Asia (China) on paper or sometimes on bamboo and wooden slips. There are many evidence of the uses of palm-leaves as early as the fifth century B. C. and it was still using until as recently as the late 19th century①. Prior to the invention of palm-leaf writing technology, the knowledge was passed down orally, but after the invention of alphabets and their diffusion to South Asia, people eventually began to inscribe down in dried and smoke treated palm leaves of Palmyra palm or talipot palm. Since then palm-leaf manuscripts became the earliest primary sources of not only religious knowledge but also resource of literature, art, custom and culture. It truly became a gateway to our ancestor's world and their worldview.

II. Early Culture of Palm-leaf Manuscripts

Albeit its antiquity, at first glance it would appear that not many people see the importance of palm-leaf manuscripts particularly in this modern age of digitalized world. In these days of computers, online full-text databases, and almost instant everything, it is easy to forget that the spread of information was not always so immediate. With the invention of paper printing technology here in China the ancient way of transmitting texts by inscribing on non durable palm-leaf technology tremendously changed. Consequently, in our age we became too familiar in seeing Buddhist Canon, be a Pali Tipitaka or Chinese Tripitaka and so on, in a paper printing format. They have been published, not once but many times, and in several scripts. Moreover, they are now available in a digital form for free on CD-ROM and widely over Internet. In these circumstances, do palm-leaf manuscripts have any important role in society? Or are they only relics of an age that has

① http://www.cedar.buffalo.edu/~zshi/Papers/kbcs04_261.pdf.

passed which are only good for antique hunters and museum collectors?

Of course, palm-leaf manuscripts are not relics suitable for museum display alone its role and significance are much more than what we generally see it. When we read Pali Canon we can learn that the technology of using of palm-leaf was an ancient culture even prior to the time of the Buddha. Most references in the Pali Canon refer to palm-leaf in similes. Few examples of palm-leaf reference in the Pali Canon are palm-fruit (*tālapakka*), palm-leaf fan (*tālapaṇṇa*), palm-leaf wrapper (*tālapatta*) etc.. This clearly shows the wide uses of *palm-leaf* in domestic affairs among ancient Buddhist communities. However, I did not find any direct reference which hints us of using *palm-leaf* as a means of writing and recording at the time of the Buddha. On the contrary, this fact was totally changed by the Pali Commentaries. In the Pali Commentaries, there are many instances where explicitly explain using of *palm-leaf* (potthaka or pothi)① as a means of recording the Buddha's teachings. Those commentaries always referred back to the time of the Buddha. For instance, in the commentary of *Mahāpadāna sutta of Dīgha-nikāya*, *Mahāvagga* writes, "an artist although very skilled would not able to draw the picture of the Bodhisattva's mother on a *palm-leaf*." This tells us that there was an advanced custom of drawing pictures on *palm-leaves* which can be witnessed in surviving medieval *palm-leaf* manuscripts as well. In another reference, in the commentary of *Punṇanadījātaka* records, "in order to invite back the Bodhisattva who was expelled from the city, the king composed a verse of riddle and inscribed it on a palm leaf and sends it to the Bodhisattva to decode it." Similarly, in the commentary of *Māgandiya sutta* of *Majjhima nikāya*, *Majjhimapaṇṇāsaka*, *Paribbājakavagga* states, "after the death of the Buddha, all Buddha's verses were got into groups of mendicants. Those mendicants inscribed those verses on palm-leaves and preserved only two verses. Therefore, the Buddha declares that those verses now belong to ordinary lay people not the noble one." Even more explicitly in the *Samantapāsādikā*, the commentary on the book of discipline records, "a monk inscribes alphabets on leaf or palm-leaf...②" This same commentary also explains detail stages of making palm-leaf manuscripts: "if a group of like minded monks decided to write an advantage of death, then one monk climbs Palmyra tree and cut palm-leaves, the other monk fetches those palm-leaves, other monk dries them, other monk inscribes etched the characters onto

① In fact, the modern term for book in the languages of Indian subcontinent are derived from the original meaning of palm-leaf manuscripts. From the Pali term *poīhior potthaka* which means palm-leaf manuscript became pustaka in Sanskrit and in Hindi, Bengali, Nepali and pota in Sinhalese.

② Lekhaṁ chindatīti paṆṆe vā potthake vā akkharāni likhati.

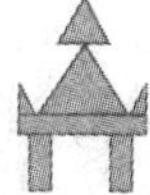

the dried leaf using stylus, other monk applies lampblack, then tie together to a bundle of text... ①" These examples show the culture of recording the Buddha's teachings on palm-leaf is as old as Buddhism itself.

Apart from these several references in the Pali Canon and commentaries, the fourth century chronicles of Sri Lankan history, the *Island chronicle* (*Dīpavamsa*) and the *Great chronicle* (*Mahāvamsa*), recorded that the Theravāda collection of Buddha's teachings and commentaries on them were first written down during the reign of King Vattagāmiṇi (c. 29 – 17 BCE) because of fears that in times of war, famine, and monastic strife, important teachings could be lost. The only writing materials used widely in South India and Sri Lanka at that time was inscribing on palm-leaf. Therefore, the first recording of the Tipitaka was inscribed on palm-leaf. The chronicles also explain the reason for writing down on palm-leaf that the conflict between monks of the Mahāvihara, the first monastery built in Sri Lanka by King Devānmpiya Tissa (247 – 207 BCE), and monks of the newer Abhayagiri monastery, built and patronized by King Va-ṇṇagāmiṇi, influenced the decision to write the teachings down in palm-leaf manuscript form. The Mahāvihara monks produced a closed canon of scriptures that legitimated and defined their conservative teachings against newer, controversial teachings favored by Abhayagiri monks.

These historical records clearly show that palm-leaf manuscripts are the foremost and most reliable Buddhist literature first recorded in the Buddhist history. Based on available data it looks though the first attempt to record text on palm-leaf first took place in South India and Sri Lanka. This hypothesis is supported by many references in Pali commentaries of using palm-leaf. Not to forget that most commentaries were the literary production of South Indian and Sri Lankan Buddhist monks. It is also worth noting that the earliest Brahmin literature inscribed on palm-leaf also took place in South India. Moreover, it is widely accepted by scholars on Indian studies that the most reliable and earliest information on Indian art, architecture, mathematics, astronomy, astrology, geography, history, technology, sociology, religion, medicine etc. are available on Buddhist palm-leaf manuscripts.

We can confidently say that palm-leaf manuscript was the first invention which was invented to preserve Buddhist scriptures to its earliest accuracy and purest form. Therefore, the roles of palm-leaf manuscripts in Buddhist world are so great that we owe it for the survival of authentic Buddhism up to our generation. With the inception of

① The Samantapasadika, the Commentary on Vinaya, tatiyapārājikavaṇṇanā p. 665 (Thai Pali version).

palm-leaf manuscripts our previous generations also cleverly invented the culture and idea of continuance of palm-leaf manuscripts until the next better technology is invented. Naturally, palm-leaf doesn't last longer than three to four centuries in tropical climate, accordingly, there has been Buddhist tradition and custom for patrons to order copies made with new palm leaves every now and then. Therefore, in Buddhist history, it is normal to read kings' involvement and sponsorship in reproducing new set of palm-leaf manuscripts as to replace the damaged and lost manuscripts and/or to reproduce totally new set of palm-leaf manuscripts for distribution to Buddhist monasteries. Following the oft quoted Buddha's word: "the gift of Dhamma (Truth) excels all gifts", it is widely believed among Buddhist communities that a person earns great merit by reproducing Buddhist texts. As a result, palm-leaf manuscripts still available in collections often date to the nineteenth century when copying Pali texts was still a major form of merit-making. However, the wider use of the printing press in the nineteenth century removed the need for such transcriptions, although there are tens of thousands of Buddhist palm-leaf manuscripts may still be extant in Sri Lanka, Myanmar, and Thailand with thousands of others dispersed throughout the subcontinent (Nepal, Yunnan, Laos, Cambodia, Indonesia and Vietnam etc.). By later part of the twentieth century, however, the preservation of these manuscripts was no longer assured①.

What have been changed from past to present is the media. It has changed from media of inscribing on palm-leaf to printing on paper and finally to digitize them. The knowledge is the same as what we have inherited from our forefathers. Another change would be the availability. In the past when it was in the form of palm-leaf manuscripts, people tend to consider them as a sacred object and mostly kept in Buddhist temples, monasteries and stupas. In the present world, with the printing and digital technologies every walk of life can access those Buddhist scriptures in their own home and from their own personal computer screens.

III. Discoveries of Early Buddhist Palm-leaf Manuscripts

Original palm-leaf manuscripts naturally provide the best, and in many cases the only, testimony to the earlier stages of development of the various local Buddhist traditions, at least as far as their textual and doctrinal corpora are concerned. In most

① Keown, Damien and Prebish, Charles S. (eds.). *Encyclopaedia of Buddhism*. London & New York: Routeledge Taylor & Francis Group. 2007: 290.

cases, however, such manuscripts are not of great antiquity, mainly because South Indian and South-east Asian manuscripts, which are normally written on palm-leaf, tend not to survive very long in the hot and humid monsoon climate that prevails throughout the subcontinent. Thus, written text traditions only survive when the manuscripts are copied and recopied with frequency and regularity and are carefully stored and preserved. Such was the case, for example, in the Theravada tradition of Sri-Lanka and Southeast Asia; in these regions, palm-leaf Pali manuscripts survive in very large numbers, but relatively few of them are more than a few centuries old. But in India proper, where Buddhism effectively died out by around the thirteenth century AD, the tradition of preserving and copying manuscripts died out with it, and relatively few Buddhist manuscripts survive①. In Nepal, where Buddhism remained vital, large numbers of Buddhist manuscripts do survive, but there too, the majority are relatively recent, with only a very few specimens more than one thousand years old known②. Apart from brief quotations in inscriptions and a two-page fragment from the eighth or ninth century found in Nepal, the oldest palm-leaf manuscripts known are from late in the fourteenth century, and there is not very much from before the eighteenth century AD③. The earliest extant palm-leaf manuscript in Sri Lanka is recorded to the thirteenth century SD④. In Thailand, the oldest palm-leaf manuscript kept in the National Library dated back only to 1615AD. However, the palm-leaf manuscripts from the north of Thailand constitute the oldest extant cache of Pali manuscripts from Southeast Asia. The earliest available Pali manuscript in the Lan Na Dhamma script is a fragmentary Jataka dealing with previous lives of the Buddha which bears the date 1471CE⑤. Based on the study of Thai palm-leaf manuscripts, I presume that palm-leaf manuscripts which are available

---

① The Gilgit manuscripts are among the oldest manuscripts in the world, and the oldest manuscript collection surviving in India, having unmatched significance in the areas of Buddhist studies and the evolution of Sanskrit, Chinese, Korean, Japanese and Tibetan literature. Though there are varied opinions on the date of these manuscripts, they are believed to have been written in the 5th to 6th Century AD, though some more manuscripts were discovered in the succeeding centuries, which were also classified as Gilgit manuscripts. This corpus of manuscripts was discovered in 1931 in Gilgit in modern day Pakistan and contains four sutras from the Buddhist canon, including the famous Lotus Sutra. The manuscripts were written on birch bark in old Sanskrit language in the Sharada script. http://portal.unesco.org/ci/en/ev.php-URL_ID=22448&URL_DO=DO_TOPIC&URL_SECTION=201.html.

② Solomon, Richard. Ancient Buddhist Scrolls from Gandhāra: The British Library Kharoşīhī Fragments. London: The British Library. 1999: 8.

③ http://www.asianart.com/articles/tamsuks/index.html.

④ Gunawardana, Sirancee. *Palm Leaf Manuscripts of Sri Lanka*. Colombo. 1997.

⑤ Veidlinger, Daniel M. *Spreading the Dhamma: Writing, Orality, and Textual Transmission in Buddhist Northern Thailand*. Honolulu: University of Hawai'i Press. 2006: 104.

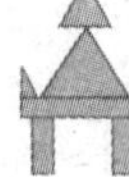

in Sipshuangbanna Dai Autonomous Prefecture must be in the same genre of Lan Na Dhamma scripts dating among the oldest extant of palm-leaf manuscripts of this region. Comparatively, the oldest palm-leaf manuscripts of Myanmar goes back to be less than two hundred years old. In Laos, the oldest surviving palm-leaf manuscripts date back to fifteenth century AD. While in Cambodia, the oldest palm-leaf manuscript probably dates to only the last hundred years due to the humid tropical climate, but the practice of writing on palm-leaves predates that in a while①.

Exceptionally, in the Tarim Basin in modern Xinjiang, which was an important center of Buddhism in the first millennium AD, a very different situation prevailed, for there the desert climate was highly conducive to the survival of manuscripts on organic materials such as palm-leaf, birch bark, or paper. Thus the explorations undertaken in this region around the beginning of this century yielded a massive corpus of unprecedentedly early palm-leaf manuscripts from a previously unknown major phase of Buddhism. This discovery of thousands of fragments of manuscripts in Sanskrit and various local languages, mostly dating from about the seventh century or later but in a very few cases as old as the second or third century, had a major influence on scholarly views of the history of Buddhism, undermining the old Pali-centered attitudes and precipitating a gradual revision of attitudes which is still continuing today②.

IV. Significance of Palm-leaf Manuscripts for the Study of Buddhism

It is true that older manuscripts are not always or automatically more valuable, authentic, or revealing than later ones because in many cases the content of the manuscripts are copied from original manuscripts. Nevertheless, early manuscripts are always potentially, and usually in practice, of extraordinary value, not only because they tend to preserve more accurate versions of texts, less corrupted by the changes that they inevitably undergo in the course of long-term transmission, but also, and more important, because they provide direct testimony of the textual material that was in use at a remote period. Especially, in the case of very early manuscripts, we may find not only forms of previously known texts that may be significantly different from those we know from the later and modern traditions but also texts, and even entire genres and classes of texts, that were previously wholly unknown. Therefore, for modern scholars

① http://www.southeastasianarchaeology.com/2007/09/27/the-leaf-books-of-cambodian-monks/.

② Solomon, Richard. Ancient Buddhist Scrolls from Gandhāra: The British Library Kharoṣṭhī Fragments. London: The British Library. 1999: 8.

of Buddhist studies those available palm-leaf manuscripts are valuable gateway to understand earlier Buddhist literature and culture as well as its development.

Solomon accurately explains the significance of those palm-leaf manuscripts for the study of Buddhism that "this is particularly important because in Buddhism canons of authoritative texts were eventually established that in effect defined the textual corpora of the various local and linguistic groups. Such standardized canons inevitably have the effect of obscuring and even completely suppressing earlier texts or even entire bodies of literature. They present, in effect, a censored version of the textual and doctrinal history of their tradition, with the old variations, controversies, and heresies neatly excised from the record. For this reason, in most cases it is only through the discovery and interpretation of old manuscripts that historical scholars can peek behind an established religious tradition's official façade and uncover the complex history that inevitably underlies it. "①

V. Preservation of Palm-leaf Manuscripts

Recognizing the importance of those earlier Buddhist manuscripts it has been tradition in Buddhist countries to erect special storehouse (Thai: *hortrai*) for those manuscripts in Buddhist monasteries or even in the royal palaces. In Myanmar and Thailand, it is common to see Pali Canon storehouse in Buddhist monasteries. In many cases it is erected in the middle of a pond to prevent from ants and termites or well protected special hall mostly in the sacred zone of the monastery. In those countries, its abundance is well recognized and unfortunately in many Buddhist monasteries those ancient palm-leaf manuscripts were not well taken care of. In most cases, they were wrapped in a bundle and piled up in some unattended storeroom of the monastery. With modern paper printing availability we tend to devalue those genres of palm-leaf manuscripts which generally are dusty, inscribed in unreadable languages and difficult to handle. Only exception would be in Thailand where it is a Thai culture for monks to read palm-leaf manuscripts when they deliver an official sermon (But in present days most manuscripts are made of paper in the shape of palm-leaf manuscripts).

This is changing with the awareness of this antiquity in the late nineteenth century AD. Many Buddhist scholars, anthropologists, archeologists, historians and so on turn their interest in preserving this important source of Buddhist history, literature and

① 17Ibid. 9.

culture in situ. These manuscripts are nearing the end of their lifespan and are facing disintegration, so we need to have many projects to recover, preserve, and translate them to ensure that the traditional knowledge that they contain is not lost to history. In some projects, we learned that they have digitized those rare palm-leaf manuscripts for easy accessibility for future generations. I think, if possible, digitizing would be the best way to preserve those rare palm-leaf manuscripts which will soon naturally deteriorate. This will be then our invaluable source for future generations to have access to those unique manuscripts and assured that they do not lost in transition.

VI. Inconclusion

Nevertheless, while the past few decades have seen growing interest in the ways that different communications technologies affect both the texts that are transmitted and the way they are received, very little scholarly attention has been paid to the forms taken by Buddhist texts in premodern Asia. We know that the texts were initially spread orally and then in written form, but even when texts were written, it must be emphasized that all premodern Buddhists did not engage them in anything remotely resembling the critically edited, printed books now available. Therefore, it is necessary to look at the forms in which they actually encountered these texts and ask how these experiences might have affected the way they construed and practiced their religion. This entails an examination of the role that palm leaf manuscripts played in different communities-the social life of texts, as Justin McDanial has called it in his work on Thai and Laotian manuscripts①. These manuscripts are in fact a source of our identity which explains who we were and how we became to be we are in the present context. How have we developed ourselves and our societies in line with harmonious development of the world?

Bibliography

The Pali Commentaries in Thai Pali version

Gunawardana, Sirancee. 1997. *Palm Leaf Manuscripts of Sri Lanka.* Colombo.

Keown, Damien and Prebish, Charles S. (eds.). 2007. *Encyclopaedia of Buddhism.* London & New York: Routeledge Taylor & Francis Group.

① McDanial, Justin. Invoking the Source: Nissaya Manuscripts, Pedagogy and Sermon-Making in Northern Thai and Lao Buddhism. PhD dissertation. Harvard University. 2003: 88.

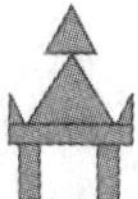

McDanial, Justin. 2003. *Invoking the Source: Nissaya Manuscripts, Pedagogy and Sermon-Making in Northern Thai and Lao Buddhism.* PhD dissertation. Harvard University.

Solomon, Richard. 1999. *Ancient Buddhist Scrolls from Gandhāra: The British Library Kharoṣṭhī Fragments.* London: The British Library.

Veidlinger, Daniel M. 2006. *Spreading the Dhamma: Writing, Orality, and Textual Transmission in Buddhist Northern Thailand.* Honolulu: University of Hawai'i Press.

Palm-Leaf Manuscripts of Thailand:

A case study of Wat Bovoranives Vihara, Bangkok, Thailand

Ven. Anil Sakya*

Abstract: In the study of Asian Buddhist civilization, palm-leaf manuscripts abound with resources of Buddhist literature and culture. There are large collections of palm-leaf manuscripts available in libraries, museums and temples in many Buddhist countries. In Thailand, like many other Buddhist countries, it is a traditional practice to keep the enshrine books, manuscripts and other precious materials in temples and monasteries. This precious collection consists of information on different ages of Buddhist canon, literature, prose and verse, history and tradition, grammar and lexicography, art, indigenous medicine and veterinary science, astrology, science, folklore, etc.. They are truly the first-hand gateway to Buddhist literature and culture. This paper is an analysis of a huge collection of palm-leaf manuscripts treasured at the royal monastery of Wat Bovoranives Vihara in Bangkok, Thailand. Altogether, 1,456 bundles which comprise 15,351 bindings of palm-leaf manuscripts were taken to study the collections. The oldest palm-leaf manuscript in this collection is of 1620CE in comparison with the collection of the National Library of Thailand as a whole which goes back to 1615CE. The significant finding of the study revealed that those collections of palm-leaf manuscripts are not only an invaluable source of Buddhist canonical texts and commentaries, but they also reflect many aspects of contemporary literature, history, art, belief, textile, technology and culture as a whole. Accordingly, the palm-leaf culture demonstrates not

* Venerable Anil Sakya, Assistant Secretary to His Holiness Somdet Phra Nyanasamvara, Supreme Patriarch of Thailand, graduated MPhil from Cambridge University and PhD in Social Anthropology from Brunel University, United Kingdom with the royal scholarship granted from the King of Thailand. Currently, he is Deputy Dean of Faculty of Social Sciences in Mahamakut Buddhist University and Visiting Professor at Mahidol University, Kasetsart University in Thailand and Santa Clara University in California, USA. He is also the founding honorary treasurer of the Association of Theravada Buddhist Universities.

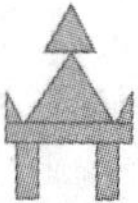

only Buddhist teachings but also socio-cultural aspects of Buddhism and harmonious development of Thailand.

Introduction①

There are still many unregistered ancient palm-leaf manuscripts scattered all over Thailand. These ancient palm-leaf manuscripts are the firsthand resources for studying our ancestors' legacies and development of our civilization. These manuscripts also tell us about the social values of ancient community of each period and geographical region. They are indeed beneficial for academic study of history, archeology, arts, literature, linguistic, paleography, religion, culture, custom and other issues related to peoples' life and a way of living of the people in the past.

Ancient palm-leaf manuscripts usually date back to hundreds of years therefore most manuscripts are in poor condition. They naturally get old, damage and lose. Therefore, if we do not take care and preserve those manuscripts they will finally lose in transition. There will be nothing left for our future generations to cherish about. This is a destruction of invaluable historical evidence indirectly, because we have stopped making these ancient palm-leaf manuscripts these days. Therefore, it is important for this generation to study, research, and preserve these palm-leaf manuscripts while they are still available.

Palm-leaf manuscript is a manuscript inscribed (with iron stylus) on a palm-leaf. Palm-leaves are from Palmyra palm or talipot palm. Use of palm-leaf manuscripts is unique to South and Southeast Asian countries. The knowledge of producing palm-leaf manuscripts was diffused from South India to all other parts of the subcontinent. It was from the ancient time that palm-leaves have been using in domestic affairs even prior to the time of the Buddha such as using it as a food wrapper, fan, umbrella, hat, bag, toy, rope etc.. Palm-leaf when dried its color becomes ivory cream. Palm-leaf which is used for inscribing manuscript generally has to be matured leaf and of similar size. Procedure of making a palm-leaf manuscript is simple. Interestingly, this technology has been passed down even in the Pali commentaries of the fifth century CE. ②The usual procedure of making palm-leaf manuscript in Thailand is as follows:

① My sincere thanks go to Dr. ZhouYa of Yunnan University, Sipshuanbanna, P. R. China for asking and encouraging me to write this paper for the First International Conference on Palm-leaf Culture co-organized by Yunnan University and People's Government of the Sipshuangbanna Dai Autonomous Prefecture, P. R. China during April 21－22, 2010.

② The Samantapasadika, the Commentary on Vinaya, tatiyapārājikavaṇṇanā p. 665 (Thai Pali version).

After cutting palm-leaves from a palm tree stems (of leaves) are cut out. It is then tied together into a bundle and soaks it into water for a whole night. Next morning, those soaked leaves are dried (it takes long hours to completely dry). Then use wooden cover panel① to mark holes on to palm-leaves which are used for threading leaves together. After marking the holes those leaves are trimmed all four sides to the size of wooden cover. Then separate each leaf and pour hot sands on to those separated leaves. It is then followed by sanding the surface of those leaves till they get smooth surface. Those leaves are pierced with two holes in the middle at the previously marked holes with the help of burned sharp iron. These holes are for threading palm-leaves together into a one text or bundle. Finally, clean each leaf with dry cloth and those palm-leaves would be ready for inscribing manuscripts.

Before inscribing the manuscripts, it is a custom to draw temporary lines on a readymade palm-leaf with lampblack so that inscribing can be done in a straight line. Palm-leaf is placed over the palm-leaf holder and inscribe with iron stylus. It is painstaking to inscribe the whole texts which may be of hundreds of leaves. It is followed by applying oil mixed lampblack on to the inscribed leaves. The black color from lampblack will fill in the inscribed letters. Wipe all excess of lampblack with a piece of cloth. A manuscript will be ready for reading and preservation. This practice of making palm-leaf manuscript is getting obscure in Thailand these days.

Importance of Palm-leaf Manuscripts

The earliest extant of palm-leaf manuscripts preserved in the National Library of Thailand is the palm-leaf manuscript on *Samantapāsādikā vinayaīkathā* (*dutiya*) *pācittiyavaṇṇanā* . Linguistically, the inscribing text of this manuscript is Khmer script and in Pali language. Categorically, it is classified under "Red Edition" (*chadthub*) out of 16 editions which can be found in Thailand. It was made in 1615CE in Ayutthaya period. This manuscript is still in immaculate condition and easily readable. However, the oldest palm-leaf manuscripts of Thailand found so far is the palm-leaf manuscript on *tiṁsanipāta* inscribed with Lan Na Dhamma script (ancient Northern script) in Pali language. The dating of this manuscript goes back to 1472CE.

In Thailand, majority of contents of palm-leaf manuscripts are of Buddhist Canon, therefore, it is considered to be sacred object and suitable for veneration and preservation.

① Normal size of wooden cover panels is Width 5 cm, Length 53 – 54 cm, and Thickness 4. 5 cm.

Accordingly, it has been custom among Thai Buddhists to decorate those palm-leaf manuscripts beautifully. In many cases, the donors of the palm-leaf manuscripts decorate the cover and back pages as well as edges of the manuscripts. Moreover, some donors decorate the wooden manuscript cover panel and the wrapping cloths as well. Importantly, these decorations symbolize the manuscript itself and indicate the period, region and social background of those manuscripts. For example:

1. The cover page of manuscript decorates uniquely to each bundle of manuscript based on the title of each manuscript. The reason behind this decoration is to classify between manuscripts. It is a custom to copy manuscripts again and again for distribution and preservation therefore the content of the manuscript would be the same. However, the cover of the manuscript would design differently so that the reader can easily identify between the original and copied manuscripts. They are classified altogether into 16 editions which signify the period of each manuscript made. They have all different names for each version such as *thongthub*, *longchad*, *larndin* etc..

2. The wooden manuscripts covers are intricately carved or painted with traditional designs and motifs. For example, fully gilded gold (*thongthub*), partly gilded gold (*thong longchad*), gilded black lacquer (*lai rod nam*), decorated with pearl inlaid (*pradab muk*) etc.. This indicates the social status of the donors and their faith towards Buddhism.

3. Palm-leaf manuscripts usually wrapped by the best quality of designed cloth. Types of cloth vary from raw cloth to cotton and silk. Moreover, people also sometimes designed beautiful manuscript wrapper made of bamboo sticks weaved with colorful raw thread. This is made to protect manuscripts from folding into half which might damage the manuscripts in a long run. ①

Most contents of Thai palm-leaf manuscripts are inscribed with Buddhist canon and stories, folklores, folk wisdom and local literature as a part of academic authentication. This also reflects society, culture, virtues and ethics as practiced by people in the past. This can be applied as a foundation of present society and culture. Palm-leaf manuscript culture is considered as a propagation of heritage and folk wisdom into different regions and continuing those legacies for future generations.

Content Classifications of Palm-leaf Manuscripts of Thailand:

The National Library of Thailand standardized classifications of their palm-leaf

---

① It is worth noting that palm-leaf manuscripts found in Nepal were rolled palm-leaf manuscripts which is unimaginable in Thailand.

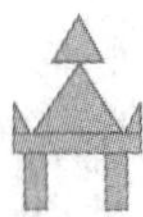

manuscripts collections into 14 categories①. They are:

1. Pali Canonical(*tipitaka*) which consist of the Three Baskets of the Pali Canon;

2. Commentarial(*Atthakathā*) which consist of commentaries of the Pali Canon;

3. Sub-commentarial(*tīīkā*) which consist of sub-commentaries of the Pali Canon;

4. Sub-subcommentarial (*Anutīkā*) which consist of sub-subcommentaries of the Abhidhamma;

5. New sub-commentarial (*Navatīkā*) which consist of new sub-commentaries of Basket of Suttas;

6. Interpretation(*Yojanā*) which consist of interpretations of the Pali Canon;

7. Special texts(*Ganthī*) which consist of special texts related to the Pali Canon;

8. Special literary works(*Pakaraṇa*) which consist of special literary works related to the Pali Canon and its Commentaries, sub-commentaries etc;

9. Miscellaneous(*Pakiṇaka*) which consist of stories related to Buddhism excluding the Canons;

10. Annals(*Vamsāvalī*) which consist of Buddhist annals;

11. Legends and histories which consist of life of the Buddha and similar literary works;

12. World science(*Lokasastra*) which consist of stories of the world or cosmology;

13. Chanting(*Paritta*) which consist of various chanting, and;

14. Grammaticaland lexicographical(*saddāvisesa*) which consist of Pali grammars, dictionaries, prose and poetrics etc..

Albeit the contextual significance they are equally essential in terms of scripts and linguistic approaches. Contextually, most palm-leaf manuscripts are of the same Buddhist doctrines but the scripts and languages used are different on regional bases.

Languages and Scripts of Palm-Leaf Manuscripts

There are many languages and scripts used in inscribing palm-leaf manuscripts in Thailand. In summary, there are nine different languages and scripts in use as follows:

1. *Thai script.* Most Thai script palm-leaf manuscripts are found in central Thailand. Most content of these manuscripts are consist of medicine, astrology, and black magic. Languages used in these palm-leaf manuscripts are Thai and Thai-Pali.

① Kongkaew Viraprachak and Virat Unnathornvarangkul(eds). *Royal Palm-Leaf Manuscripts of Ratanakosin Period* (in Thai). The National Library, Departments of Arts. 2003: 8–9.

2. *Khmer script.* Khmer script palm-leaf manuscripts are the most popular manuscripts in Thailand as they can be easily found all over Thailand. In ancient Thailand Khmer script was widely used as a medium for recording and studying Buddhist canons. Languages used in these palm-leaf manuscripts are Pali, Pali-Thai, Pali-Khmer, Thai-Khmer and Thai. In some cases, three languages i. e. . Pali-Thai-Khmer are used in the same manuscript.

3. *Mon script.* Mon script palm-leaf manuscripts are mostly found in central Thailand among Mon communities. Languages used in these palm-leaf manuscripts are Pali, Mon, Pali-Mon, Burmese and Pali-Mon-Burmese.

4. *Lan Na Dhamma script.* Lan Na Dhamma script palm-leaf manuscripts are mostly found in Northern Thailand. Languages used in these palm-leaf manuscripts are Pali, Pali-Lan Na and Thai Lan Na.

5. *Dhamma (Northeast) script.* Dhamma Isarn (Northeast) script palm-leaf manuscripts are mostly found in Northeast of Thailand. Languages used in these palm-leaf manuscripts are Pali, Pali-Thai Northeastern and Thai-Northeastern.

6. *Thai Noi script.* Thai Noi script palm-leaf manuscripts are also found in Northeast Thailand but not that many. Mostly, it is found among Laotian community in Thailand. Languages used in these palm-leaf manuscripts are Pali, Pali-Thai Northeastern and Thai-Northeastern.

7. *Burmese script.* Burmese script palm-leaf manuscripts are mostly found in central Thailand but not that many. Languages used in these palm-leaf manuscripts are Pali, Pali-Burmese and Burmese.

8. *Sinhalese script.* Sinhalese script palm-leaf manuscripts are found in very small number in Thailand. Very few of Sinhalese manuscripts are preserved in the National Library and some royal monasteries in Bangkok e. g. . Wat Bovoranives. Language used in these palm-leaf manuscripts is Sinhalese.

9. *Ariyaka script.* During the early nineteenth century, King Mongkut while he was still a monk invented a new script, the *ariyaka.* This new script was widely used to write Pali in Thailand and Sri Lanka at that time of invention. The invention of the script was at the dawn of paper printing technology in Thailand. Accordingly, there are few books are printed with this new script. Also, it is normal to find some palm-leaf manuscripts were inscribed with this *ariyaka* script. However, the finding shows that this script was used only for writing the title of the manuscript. No record of complete palm-leaf manuscript inscribed with the *ariyaka* script.

This clearly shows that these ancient palm-leaf manuscripts are not merely historical artifacts and evidence of the past wisdom but they are roadmap and reflections for understanding of our past and sources of our identities and wisdom. They are equally significant for research on the development of languages.

Advantage of Palm-Leaf Manuscripts

At first glance, it would appear that not many people see the importance and advantage of palm-leaf manuscripts particularly in this modern age of digitalized world. In these days of computers, online full-text databases, and almost instant everything, it is easy to forget that the spread of information was not always so immediate and easy. Palm-leaf manuscripts are not merely an antique object but its advantages are of great importance to modern scholars in many ways:

1. *Source of references.* In modern Buddhist studies palm-leaf manuscripts are considered to be the source of the primary data second only to ancient stone inscriptions which in fact do not give information in details. The Pali Canon and other Buddhist scriptures are preserved through palm-leaf manuscripts. Therefore, it gives us an authentic and uncorrupted version of information and doctrinal interpretations for references and comparison. Many medieval Buddhist literature and general literature are recorded in palm-leaf manuscripts. Among researchers and scholars, therefore, regard palm-leaf manuscripts as one of the best references available for study of Buddhism.

2. *Source of history, geography and archeology.* It was in palm-leaf manuscripts that annals of medieval period of royal recordings, history of cities and stories were recorded. For example, *Dīpavaṁsa* is about history of Sri Lanka, *Ayuddhayārājavamsa* is about annals of Ayutthaya kings of Thailand etc. Still there are many palm-leaf manuscripts which recorded about the world as they believed in the past or on cosmology. This makes us understand about the worldview of the people in the past. It also occasionally enriched with the knowledge on local geography and archeology of the people in the past.

3. *Development of scripts and languages.* Another advantage of palm-leaf manuscripts is to learn about how our scripts and languages have developed from the past. How languages have changed from the past? This is directly beneficial for students of arts, linguistics, lexicography and paleography. Numerous palm-leaf manuscripts in Thailand are about Pali grammar and studying of Pali language. This is an important tool for studying and understanding Buddhism accurately.

4. *Cultural influence.* Palm-leaf manuscripts are cultural artifacts. This shows not

only intricate culture of producing palm-leaf manuscripts but other cultural practices produced as a byproduct of this culture. For example, several art designs and motifs, people's faith on Buddhism and ritual practices which accompanied their belief. It also gives us a clear picture of our forefathers' world view.

5. *Knowledge on different scripts and dialects.* Palm-leaf manuscripts are tangible evidence for learning about the variations of scripts which may differ from each geographical region. It gives us a picture of linguistic uses of ancient Thailand. Moreover, it manifests civilization of languages prevailed in each region of Thailand in different periods.

6. *World heritage.* Palm-leaf manuscripts are considered to be antiques and artistic. They are invaluable world heritage which express folk wisdom of people in the past. Documentary heritage reflects the diversity of languages, peoples and cultures. It is the mirror of the world and its memory. But this memory is fragile. Every day, irreplaceable parts of this memory disappear forever. Therefore, UNESCO has launched the Memory of the World Programme to guard against collective amnesia calling upon the preservation of the valuable archive holdings and library collections all over the world ensuring their wide dissemination.

7. *Source of art history.* Variations of palm-leaf manuscripts, its decorations, wrapping cloths and designs and motifs used with palm-leaf manuscripts are one of the sources for students of art history. The materials used for the production of palm-leaf manuscripts range from palm leaf, ivory, wood, thread, cloth, color, gold, silver etc. This leads to history of architecture and building technology as well. In order to preserve palm-leaf manuscripts safe from ants and termites, they are usually stored in a special pavilion (*hor trai*) which is constructed in the middle of water. The intricate design of those pavilions manifests ancient folk wisdom, architecture, and building technology of the past.

8. *Source of national identity.* Palm-leaf manuscripts are essentials object and source of national identity. Palm-leaf manuscripts are sources of royal orders, writings, bibliographies and activities. It exhibits administrative system, economics and society of the past. It manifests harmonious development of society and culture.

9. *Source of indigenous belief.* Palm-leaf manuscripts are not only the main source of Buddhism but it also records many indigenous beliefs and black magic. Some manuscripts are about protections from all kinds of evils, methods of healing etc. Still many manuscripts go in length about astrology. This tells us about local belief systems in the past.

10. *Source of knowledge management.* Palm-leaf manuscripts are an excellent medium for knowledge management of ancient folk wisdom, heritage and experiences of people from the past. There are several palm-leaf manuscripts in Thailand which recorded about ancient medicines, ancient knowledge of performing different rituals, knowledge about domesticating pets etc.. This is truly efficient way of knowledge management used by our forefathers.

Collection of Palm-leaf Manuscripts in Wat Bovoranives Vihara: A Case Study

Wat Bowonniwet Vihara or Wat Bovorn for short is a first class Royal Buddhist monastery of the Dhammayut tradition located in Bangkok, Thailand. The monastery's name comes from the Pali language, and translates as the Excellent Abode Monastery. The monastery was built during 1824 – 1832 by the deputy king in the reign of King Rama III. The first abbot of this monastery was the King Mongkut or King Rama IV while he was still a monk. Since then this monastery have been abode for all Thai royal princes and royal family members when they ordained as a monk or novice once in their life as practiced by all Thais. The present Supreme Patriarch of Thailand, Somdet Phra Nyanasamvara, also resides in this monastery.

King Mongkut was a renowned Buddhist scholar of Thailand whose knowledge on Buddhism, Buddhist scripts and Buddhist interpretations has wider influence on present society and culture. Because of King Mongkut's scholarship Wat Bovorn became a treasure house for ancient palm-leaf manuscripts. The collection of palm-leaf manuscripts in Wat Bovorn keep growing continuously for over 175 years. They are treasured in the specially made Dhamma cabinets(*tu phra dhamma*) which are stored in the special hall named *Hor Trai* or Canonical Texts House. Since the introduction of paper printing the use of these palm-leaf manuscripts has stopped. Accordingly, they are just stored as an antique of the monastery.

In 2009, the monastery undergone a comprehensive renovation project, sponsored in part by the Royal Crown Properties and the Thai Government. As a part of the grand renovation project Wat Bovorn employed staff from the National Library of Thailand to do a survey, clean, preserve, rearrange and make registration of the huge collection of rarely opened palm-leaf manuscripts stored in the monastery under a manuscript preservation project.

It took 15 months to complete the survey and the preservation project. The study

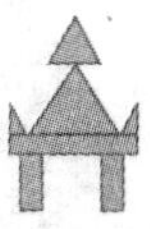

finds 1, 456 bundles of palm-leaf manuscripts stored in eighteen cabinets which comprise 15, 351 bindings of palm-leaf manuscripts. The study also finds that the oldest palm-leaf manuscript in this collection is of 1620CE in comparison with the oldest palm-leaf manuscripts of the National Library's collection which goes back only to 1615CE. The content of this oldest palm-leaf manuscript is on Canonical texts of *Parivārapāli*. It is inscribed with Khmer script and Pali language.

Out of 1, 456 bundles of palm-leaf manuscripts after the survey and rearrangement it concluded to 1, 330 complete bundles comprise of 15, 351 bindings of palm-leaf manuscripts. Linguistically, Wat Bovorn's collections consist of all eight scripts found in Thailand. However, interestingly the majority of palm-leaf manuscript collections of Wat Bovorn are inscribed in Pali language. There are only small numbers of manuscripts which are inscribed in local languages.

Types of Wat Bovorn Palm-leaf Manuscripts

According to the National Library of Thailand, palm-leaf manuscripts of Thailand are classified under 16 editions[①]. Out of 16 editions of Thai palm-leaf manuscripts the survey finds only seven different editions within Wat Bovorn's collection. They are:

1. Fully Red Edition (*chabab chadthub*). The side edges of this palm-leaf manuscript are painted red all over.

2. Fully Golden Edition (*chabab thongthub*). The side edges of this palm-leaf manuscript are gold painted all over.

3. Fully Black Edition (*chabab rukthub*). The side edges of this palm-leaf manuscript are painted black all over.

4. Gold and Red Edition (*chabab longchad*). The side edges of this palm-leaf manuscript are gold painted with red paints in between.

5. Gold and Red Outline Drawing Edition (*chabab longchad khanglai*). The side edges of this palm-leaf manuscript are gold painted and over lay with beautiful red color outline drawing.

6. Gold and Black Edition (*chabab longruk*). The side edges of this palm-leaf manuscript are gold painted while keep black color in the middle.

7. Plain Edition (*chabab larndib*). The side edges of this palm-leaf manuscript are plain without any decoration but showing its true objects.

① 7Ibid. p. 9 – 10.

Types of Wat Bovorn Palm-leaf Manuscript Wooden Cover Panels

According to the National Library of Thailand, wooden cover panels for palm-leaf manuscript are specially made to protect bundle of palm-leaf manuscripts. Wooden cover panels on top and bottom of the manuscript keep manuscript intact and stop from curling and breaking. As wooden cover panels do not relate directly with the manuscript itself they are independently decorated. Based on all decoration styles available, the National Library of Thailand classified those wooden cover panels into 28 styles. Out of 28 styles found in Thailand the survey finds only six different styles in Wat Bovorn's collection. They are:

1. Plain wooden cover panels without any decoration;
2. Plain wooden cover panels painted over with red color, black color, and golden;
3. Wooden cover panels with Thai outline drawing;
4. Wooden cover panels with gilded black lacquer;
5. Wooden cover panels with gilded red lacquer;
6. Wooden cover panels with foreign drawing.

Contents of Wat Bovorn Palm-leaf Manuscripts

As above mentioned, the National Library of Thailand systematically classified the contents of palm-leaf manuscripts collections of Thailand into 14 different categories. Applying the same methodology, the survey of Wat Bovorn's manuscripts had classified contents of Wat Bovorn's collection into 11 different categories as follows:

1. Vinaya or book of discipline of Pali Canon and commentaries consist of 289 bundles of manuscripts;
2. Suttas or book of discourses of Pali Canon and commentaries consist of 486 bundles of manuscripts;
3. Abhidhamma or book of beyond the Dhamma of Pali Canon and commentaries consist of 179 bundles of manuscripts;
4. Incomplete vinaya manuscripts consist of 15 bundles;
5. Miscellaneous(*pakiṇaka*) consist of 22 bundles;
6. Annals consist of 17 bundles;
7. Legend-history consist of 36 bundles;

8. World science consist of 10 bundles;

9. Chanting consist of 13 bundles;

10. Grammar consist of 96 bundles;

11. Incomplete various manuscripts 29 bundles.

Conclusion

The study of Wat Bovorn's entire palm-leaf manuscript collection treasured in the Canonical Texts house(*Hor Trai*) for over 175 years shows that 80% of Wat Bovorn's manuscripts are on the Pali Canon and its Commentaries. Rests of the 20% are mixed of later literary works. However, this is only physical survey of those manuscripts. It will only do a better justice if one can really do a thorough research of those manuscripts and produce an analytical report of it. Certainly, there are many things we could learn from these manuscript collections which roughly initiated four hundred years ago. These collections are answers to questions like what was the understanding of Buddhism four hundred years ago in Thailand and how it has developed to the present day? What influence Thai Buddhism? What has been a social life of those palm-leaf manuscripts?

Wat Bovorn is the centre of the reform branch of Thai Buddhism, established in the mid-19th century by King Mongkut or Rama IV, known as Dhammayuttika Nikaya. The focus of the Dhammayuttika Nikaya was to tighten monastic examinations and practices and to call for a revision of the Thai Buddhist canon that was already under way. Accordingly, the reform was named *dhammayuttika* or "adherence to the dhamma." King Mongkut, the founder of Dhammayuttika Nikaya, attempted to interpret the Thai canon in several ways. First, he made a distinction between early Tripitaka elements and later additions. Second, he attempted to reinterpret the mystical or magical elements in the light of modern notions of rationality. Therefore, it is not surprising to see majority of palm-leaf manuscripts found in Wat Bovorn are heavily dominated by the Pali Canon and its commentaries. In comparison to collections in other Buddhist monasteries of Thailand it shows that Wat Bovorn's collection does not consist of later literary works in big numbers. Some of the popular and influential manuscripts of Thailand such as Thai Buddhist cosmology (*Tribhūmikathā*), fifty apocryphal Jātaka stories(*Paññāsa-jātaka*) are missing from WatBovorn's collections. This clearly says something about the standing principle of Dhammayuttika Nikaya being rational and adherence to the Dhamma. It was from Wat Bovorn that all modern Thai monastic education was reformed and still in use to present day. It is highly possible that

succeeding abbots of Wat Bovorn throughout 175 years were heavily influenced by the Canonical Texts preserved in the form of palm-leaf manuscripts. As a result, the present monastic education of Thailand which was designed by previous abbot of Wat Bovorn is a good reflection of the influence of the Wat Bovorn's palm-leaf manuscript collection.

This significant finding of the study revealed that those collections of palm-leaf manuscripts are not only an invaluable source of Buddhist canonical texts and commentaries, but they also reflect many aspects of contemporary literature, history, art, belief, textile, technology and culture as a whole. Accordingly, the palm-leaf culture demonstrates not only Buddhist teachings but also socio-cultural aspects of Buddhism and harmonious development of Thailand.

Bibliography

Kongkaew Viraprachak and Virat Unnathornvarangkul (eds). 2003. *Royal Palm-Leaf Manuscripts of Ratanakosin Period* (in Thai). Bangkok: The National Library.

National Library. 2009. *List of Palm-leaf Manuscripts of Wat Bovoranives Vihara, Bangkok.* A survey report.

The Digital Library of Lao Manuscripts

By h. c. Harald Hundius* & David Wharton**

Abstract: In 2007, the National Library of Laos began a three-year project to digitise over 1,000 rolls of microfilm copies of manuscripts from throughout the country and to make its national literary heritage freely available via the Internet. The bi-lingual web application, which can be viewed at www. laomanuscripts. net was officially launched in Vientiane in January 2010. At that time, over half of the approximately 12,000 texts had been inventoried and could be searched and downloaded. More texts are being added throughout 2010, giving a total of almost 500,000 digital images containing 3 – 4 million manuscript pages.

The majority of manuscripts are from the Theravada Buddhist tradition, most commonly Lao translations or commentaries which shed light on the local interpretation of the Pali texts. One special genre is the huge number of extra-canonical works, especially narrative literature such as *Jataka* stories, a considerable number of which are thought to originate from local Southeast Asian traditions and contain valuable information about social life and values in the Buddhist societies of the region. Other manuscripts contain a wide range of works about history, traditional law and customs, astrology, magic, mythology and rituals, traditional medicine and healing, grammar and lexicography, as well as poetry and epic stories, folk tales and romances, etc.. While the vast majority is in Lao Tham script, a considerable number of holographs are in the ancient secular Lao Buhan, Lan Na (Northern Thai or Yuan), Tai Lue, Tai Nuea, and Khom scripts.

The aim of the digital library is to complement ongoing manuscript preservation work in Laos by making this extensive collection of primary sources easily accessible and to facilitate the study of Lao literature and culture within Laos and overseas. It is also an important step in the development of such digital resources in the region.

Key Words: Digital Library; Lao Manuscripts; Lao literature; Data base

* Prof. Dr. h. c. Harald Hundius, Digital Library of Lao Manuscripts (DLLM) Project Supervisor, Passau University, Germany.

** Mr. David Wharton, DLLM Researcher.

In 2007, the National Library of Laos began a three-year project to digitise over 1,000 rolls of microfilm copies of manuscripts from throughout the country and to make its national literary heritage freely available via the Internet.

This paper provides an overview of the Digital Library of Lao Manuscripts project, including background information about the Lao literary tradition, previous research, and the Preservation of Lao Manuscripts Programme, as well as the contents, languages and scripts found in the collection, and a description of the web application.

1. Introduction

The Digital Library of Lao Manuscripts (DLLM) web application was officially launched in Vientiane in January 2010, and can be viewed at http://www.laomanuscripts.net. It provides free online access to digital images of almost 12,000 palm-leaf and other traditional texts from throughout Laos.

The main aim of the DLLM project is to enhance the study of Lao literature and culture in Laos and internationally through making a countrywide selection of primary sources from the Lao literary tradition freely available via the Internet. The project also seeks ways to enhance networking and coordination with related manuscript preservation and inventory projects in neighbouring countries and overseas, in particular in the development of digital libraries.

The project is funded by the Deutsche Forschungsgemeinschaft (DFG, German Research Foundation) and the Bundesministerium für wirtschaftliche Zusammenarbeit und Entwicklung (BMZ, Federal Ministry of Economic Cooperation and Development), under the DFG/BMZ programme *Research Cooperation with Developing Countries*. It is implemented by the National Library of Laos in collaboration with the University of Passau, the Staatsbibliothek zu Berlin (hosting the web application server), the Reese Consulting Co. Ltd. (database and website development), and Herrmann und Kraemer GmbH & Co. KG (digitisation of the microfilm collection).

The project was made possible through the generous support of the Government of the Lao PDR, which granted permission for the manuscript collection, representing the national literary heritage, to be made accessible via the Internet.

2. Background

The Digital Library of Lao Manuscripts collection represents five centuries of

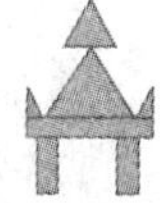

scholarship in the monasteries of what is now the Lao PDR and its neighbouring countries. Surveys and inventories of Lao literature began in the early 20th century, leading to the establishment of the Preservation of Lao Manuscripts Programme in 1992.

2. 1 The Lao Literary Tradition

Laos possesses a rich literary tradition dating back to the 15th/16th century AD. Most works have been handed down through continuous copying and have survived in the form of palm-leaf manuscripts traditionally stored in wooden caskets and kept at the libraries of Buddhist monasteries. A small proportion of texts are written on other materials, such as mulberry or *saa* paper, which is much less durable than palm-leaf. While monasteries have been seats of learning in the country since ancient times, tens of thousands of invaluable manuscripts have run into danger of destruction during recent decades.

Throughout the centuries there has been a constant movement of people and an exchange of culture, religion, arts and literature among the Tai and Lao population in what is now the Upper North of Thailand, North-eastern Myanmar, Southwest Yunnan, Laos and Northeast Thailand. The exchange of literary works has been facilitated by the very close linguistic relationship between the languages spoken in these areas. Historically this relationship was especially close between the ancient kingdoms of Lan Sang and Lan Na. In fact, the Lan Na region which is now the eight provinces constituting the Upper North of Thailand used to be referred to as "Western Laos" by some European scholars, due to its close historical and cultural ties to its eastern neighbour.

In addition, the Buddhist monasteries in these regions use very similar versions of the Tham or *Dhamma* script (a derivative of an ancient Mon alphabet) in contrast to Khom-avariant of an old Khmer script, which was used for religious writings in Siam up to the end of the 19th century. This large area of common cultural tradition may therefore be referred to as the "Tham Script Domain." Further connections exist to Tai cultures found in parts of Assam state in India, Northern and North-western Myanmar, Yunnan Province of China, and North Vietnam. In a broader perspective, the Theravada Buddhist culture and literature of Laos is closely related to that found in Sri Lanka, Myanmar, Thailand, and Cambodia. Within Laos, this mainstream Buddhist literature is shared by the Tai Lue and Tai Nuea.

2. 2 Previous Research

Research concerning the literature of the territories of what is now the Lao PDR, the eight northernmost and the sixteen North-eastern provinces of Thailand, the North-eastern provinces of present Myanmar, and Xishuangbanna (Sipsongpanna) in South-

western Yunnan, started at the beginning of the 20th century, a few years after the incorporation of Laos into French Indochina.

Almost all of the early surveys and registrations of manuscripts were undertaken by French scholars and their Lao assistants. While now outdated in many respects, these remain helpful tools for researchers up to the present. Louis Finot's *Recherches sur la littérature laotienne*, published in 1917 in the *Bulletin de l' École française d' Extrême Orient* still provides a useful overview of traditional Lao literature in a Western language. The *Liste générale des manuscripts laotiens* provided in the final part of his study is of two principal collections existing at the time: that of the Bibliothèque Royale de Luang Prabang (catalogued by M. Meiller, 1181 entries), and of the Bibliothèque de l'École française d'Extrême Orient (338 entries).

Several other inventories of monastery or library holdings were undertaken during the period from 1900 to 1973, by both Lao and French scholars, listing a total of 3, 678 manuscripts from 94 monasteries in nine provinces. A notable initiative is the work of the Chanthabouly Buddhist Council, under the leadership of Chao Phetsarat, which asked abbots throughout the country to submit lists of their manuscript holdings between 1934 – 1936.

Work on the EFEO inventory, plus research and analysis of manuscripts followed in 1950s and 1960s by Henri Deydier, Pierre-Bernard Lafont and Charles Archaimbault. An *Inventaire des Manuscrits des Pagodes du Laos*, building on the previous work of French scholars, was conducted under the leadership of Pierre-Bernard Lafont in 1959 and covered altogether 83 monasteries: 13 in Luang Prabang, 25 in Vientiane, and 45 in Campasak. Other related catalogues during this period, while valuable tools in themselves, were of limited collections and not intended to be representative of Lao literature as a whole. An example is Georges Cœdès' 1966 catalogue of 116 manuscripts, of which 23 are in Pali language and Lan Na (Northern Thai) script, in the Royal Library, Copenhagen.

During the Second Indochina War and the years immediately following the proclamation of the Lao PDR in 1975, the country met with extremely difficult conditions, and it is only since the mid-1980s, with changes in the global political climate and the end of the Cold War, that national awareness of the importance of literary works re-appeared. In March 1988, with the support of the Toyota Foundation, a conference was convened in Vientiane attended by monks as well as knowledgeable lay people from all over Laos who were invited to discuss the state of conservation of manuscripts in their home communities, and to exchange views on what should be done in order to safeguard

the remaining manuscripts which were in danger to be forgotten in the monastic libraries. As a result of this meeting a project to set up a Lao-language *Inventory of Palm-leaf Manuscripts in Six Provinces of Laos* was initiated by the Ministry of Information and Culture with the support of the Toyota Foundation. In the course of this project(1988 – 1994) altogether about 128, 000 fascicles were inventoried from some 250 selected monasteries in Vientiane Capital and the provinces of Luang Prabang, Vientiane, Bolikhamsai, Khammuan, Savannakhet, and Campasak.

2. 3 **The Preservation of Lao Manuscripts Programme Microfilm Collection**

The digital images in the DLLM collection are from the microfilm collection made during the Preservation of Lao Manuscripts Programme(PLMP), undertaken by the Lao Ministry of Information & Culture, and supported by the German Ministry of Foreign Affairs through its cultural assistance programme from 1992 until 2004. The main objectives were to help the Lao PDR physically preserve its national literary heritage, to revitalise public awareness of its value and build local capacity for field preservation and for research and dissemination of these resources.

As a major product of the project, a collection of microfilm recordings of some 12, 000 selected texts was set up, including a large number of parallel versions or additional copies which are necessary for any serious study. The master copy is stored at the Lao National Film Archive and Video Centre, while a working copy is kept at the National Library of Laos, and a second copy at the Staatsbibliothek zu Berlin Preußischer Kulturbesitz, in Germany. Most important for the wider study of Lao culture, this collection is by far the most extensive to date and can be seen as representative of the national literary heritage. It comprises almost 500, 000 frames, which on average contain about 6 – 8 palm-leaf pages, giving a total of some 3 – 4 million recorded manuscript pages.

Criteria for selection for microfilming were historico-cultural importance, cultural diversity or regional representation, age (all manuscripts over 150 years old) and quality of the manuscript. Within these general guidelines, priority for microfilming was given to extra-canonical literature, all manuscripts which were thought to represent indigenous literary traditions, and all texts of a non-religious nature whenever the condition of the manuscript allowed.

Microfilming began in the capital, Vientiane, in April 1994, and then in the provinces, using a Zeutschel OK102 camera and Fujifilm microfilm negative, on 35mm ×30. 5 m(100ft) rolls. Whenever possible, the filming was done at the premises of provincial cultural offices or provincial museums, since these generally provided better

facilities than in remote villages. In addition, the microfilming equipment could be damaged on rural roads. Texts selected for microfilming were taken there temporarily from temples or private collections in the district and returned after filming.

In order to obtain the best possible contrast in the grey-tone images, the cleaned and sorted manuscripts were wiped with 90 percent alcohol immediately before filming. Local volunteers assisted the cameraman. The exposed microfilm rolls were then sent in batches to the National Library to be developed, which was initially done manually on a Zeutschel developer, and later on using a Kodak Prostar I-L processor, with Kodak Prostar Plus developer and fixer. The master films were thoroughly checked and then copied using a Zeutschel 100L copier. Other microfilm equipment used at the National Library of Laos includes two Zeutschel OL2 microfilm readers and a Canon NP Printer 980 microfilm reader-printer.

This projec for the first time ever-covered all of the country's provinces, and included remote monasteries in addition to the more well-known collections, many of which had never been surveyed before. Over the course of ten years until the cooperation project officially ended in December 2002, the manuscript holdings of over 800 monasteries had been surveyed, and approximately 86,000 texts (368,000 fascicles) preserved. The inventory data sheets for these texts are kept in hard copy at the National Library of Laos.

3. The DLLM Collection

There is a wide diversity in the manuscript collection, covering a large geographical area and historical time frame, different literary traditions and schools of scribes, and different languages and scripts. As such, the collection reflects the historical exchange of literature between neighbouring countries as well as the literary traditions of several of the ethnic groups living within Laos.

3.1 Contents of the Texts

The subject matter of a large number of manuscripts is taken from the Theravada Buddhist canon, a significant portion of which are bi-lingual versions, often with elaborated Pali-vernacular translations, which shed light on the local interpretation of these texts. The oldest manuscripts, from the beginning of the 16th century, are monolingual Pali texts. One special genre is the huge number of extra-canonical works, the bulk of which consists of narrative literature, especially Jataka stories, a considerable number of which are thought to originate from local Southeast Asian traditions. There are

complete sets of bi-lingual(Pali-Lao) *Paññāsajātaka* collections as well as some twenty bundles representing other incomplete sets of these famous "Fifty Apocryphal Jatakas", which are believed to be of Southeast Asian, perhaps Lan Na, origin. Many of these legends remain among the most popular texts used by the monks in their recitations and sermons given to the lay people, and deserve special interest because they contain valuable information about social life and values as well as the *conditio humana* in the Buddhist societies of the region. Other manuscripts contain a wide range of works about history, traditional law and customs, astrology, magic, mythology and rituals, traditional medicine and healing, grammar and lexicography, as well as poetry and epic stories, folk tales and romances, etc.. Many of the texts are not known outside the region and research based on the study of primary sources has remained very limited due to their inaccessibility.

A limited number of illustrated manuscripts are to be found in the collection, and an option is available on the DLLM website to search for only illustrated texts. It is also possible to search for only texts with colophons.

3.2 Languages in the DLLM Collection

The vast majority of manuscripts in the DLLM collection are in the Lao, Northern Thai, Tai Lue, and Tai Nuea languages, which belong to the South-western sub. group of the Tai-Kadai language family, or are bi-lingual Pali-vernacular texts. A considerable number of texts are in monolingual Pali, a small number are in Central Thai, and a single Tai Dam text is also included in the collection.

In general, each of the vernacular languages used in even the older manuscripts is understandable for contemporary speakers of that language who are familiar with the terms and idioms of traditional literature. The written languages of Lao, Northern Thai and Tai Lue are to a large extent mutually understandable, due to shared lexicon and syntax, while the pronunciation differs considerably.

The oldest dated manuscripts from Laos and Northern Thailand, which are from the late 15th century, are in monolingual Pali. A huge number of texts containing Pali-vernacular translations, glosses, and elaborations is also to be found.

The Pali used in texts in Southeast Asia, especially Thailand, Laos and Cambodia, often diverges from the orthodox form of the language, such as laid down in Kaccāyana's grammar. In bilingual texts, the vernacular can provide important information about local understanding or interpretation of the Pali.

3.3 Scripts in the DLLM Collection

The majority of manuscripts in the collection are written in variants of the Tham or

Dhamma script. Others are in the Lao Buhan, Lik Tai Nuea and Khom scripts, while a few remaining texts are in Central Thai and Tai Dam scripts. All of these can be traced to South Indian writing systems which were adapted for writing Pali and vernacular languages in Southeast Asia.

The Tham script shows a strong similarity to the Mon script used in inscriptions in the ancient Mon kingdom of Haripuñjaya (present-day Lamphun Province of Northern Thailand), dating from the 13th century CE. The oldest dated document using the Tham script, from 1376CE, is a bilingual inscription on a gold folio discovered in Sukhothai, containing one line of Pali language, while the vernacular is in Sukhothai Siamese language and script. The Tham script was adapted for the writing of vernacular languages not later than the 15th century CE, most probably in Chiang Mai, from where it spread to neighbouring Tai-Lao kingdoms. The oldest known dated manuscript using Tham script (not included in the DLLM collection) is a monolingual Pali copy of a section of the Jātaka-aññhakathā-vaññanā, from CS833 or CE1471, kept at Wat Lai Hin, Amphoe Ko Kha, Lampang Province, in Northern Thailand. The oldest known dated manuscript in the DLLM collection (in Tham Lao script) is a monolingual Pali copy of part of the Parivāra (PLMP Code 06018504078_00), from CS882 or CE1520, kept at the Provincial Museum in Luang Prabang (formerly the Royal Palace). Versions of the Tham script continue to be used to this day by the Lao, Northern Thai, Tai Lue and Tai Khuen. One can therefore refer to a "Tham script domain" comprising present-day Laos, the Upper North and Northeast of Thailand, the Northeast of Myanmar, and the Southwest of Yunnan Province in China.

The Lao, Lan Na, and Tai Lue versions of the Tham script are very similar, and texts in these scripts from can be read by anyone who is literate in any one of them, and most of the contents can be understood. Characteristic features of these scripts are that the inventory of 33 consonants is in concordance with that of the Pali language, and that the second components of consonant clusters are written beneath the first. Likewise, most syllable-final consonants in vernacular texts are written beneath the preceding vowel symbol. The form of some of these subscript consonant symbols differs considerably from the standard symbol. In contrast to the Thai and Lao alphabets, the Tham script uses special "independent" symbols for syllable-initial vowels in Pali texts. Another special feature is the use of various ligatures and abridged forms of certain frequently used terms. The orthography of vernacular texts written in the Tham script is much less ambiguous than, for example, that of the modern Central Thai writing system.

In Laos, the Tham script was generally reserved for religious writings, whereas

texts which were considered secular were written in Lao Buhan, the precursor of the modern Lao script. A considerable number of works with identical titles are found in both Tham and Lao Buhan scripts. In most of these cases, the Lao Buhan versions are literary adaptations of religious works, intended for use by the laity. Neither Tham nor Lao Buhan scripts use tone markers, and remarkable variations in the writing of Lao Buhan add to the difficulty of reading this script.

The Tai Nuea script belongs to a group of Indic-based scripts known as *lik*, which are thought to date from before the 14th century CE. Related scripts are used by the Tai Nuea(Tai Le) in the Dehong region of Yunnan Province in China, and by Tai Khamti, Tai Phake, Tai Aiton, Tai Ahom, and other Tai peoples across Northern Myanmar and into Assam State of North-eastern India. Several of the consonant symbols are similar to Tham script, while others bear no clear resemblance to their Tham equivalents. In contrast to the Tham script, the very limited inventory of 16 to 18 consonant symbols indicates that these scripts were perhaps not developed for writing Pali. Even for vernacular texts, the number of consonant and vowel symbols is less than the phoneme inventory. Together with minimal written indication of tones, this makes the orthography ambiguous, with several possible readings and semantic interpretations for some written words. While the Tai Nuea manuscripts in the DLLM collection are all kept in Mueang Sing District in Northern Laos, their provenance covers a much wider area including parts of Yunnan Province in South-western China and Shan State in North-eastern Myanmar, from where the Tai Nuea inhabitants of Mueang Sing migrated, and there is a corresponding variety in the form of the scripts used. Many of the texts appear to be in an old form of the *Lik tho ngok* or "bean sprout" script previously used by the Tai Mao. This differs somewhat from the old Tai Dehong script and from the reformed version of Tai Dehong script introduced in China in the mid – 1950's, which are better known examples of this type of script.

The Cambodian or Khmer script is considered to have developed from South Indian sources, but independently from the Mon script. The Khom form of this script was used for writing Buddhist texts and other treatises in Central Thailand until the early 20th century, when it was gradually replaced by Thai script. The DLLM collection contains a number of manuscripts in Pali, Lao or Thai languages, written in Khom script, from Southern Laos. Like the Tham script, it contains the full inventory of consonants in concordance with the Pali language, and uses subscript consonant symbols, as well as "independent" symbols for syllable-initial vowels. Additional consonant and vowel symbols are used for writing the Thai and Lao languages. The Khom script used in Thailand is

very similar to the *aksar khom* and *aksar mul* forms of modern Cambodian script which are used for titles of publications, etc..

4. The DLLM Web Application

The DLLM web application is available in both Lao and English languages, and is designed to facilitate the search of the manuscript collection and viewing of texts, together with resources for their study. It originally went online in September 2009 for test purposes, and was officially launched in January 2010. The application was developed using Ruby on Rails, with additional static content written in HTML, CSS and Javascript. The website is hosted on a Suse Enterprise Linux server and is maintained by the East Asia Department of the Staatsbibliothek zu Berlin. The codebase is maintained using Subversion and deployed using Capistrano. DLLM images and associated data are stored in a MySQL database and retrieved using Active Record, a component of Ruby on Rails.

4.1 The Website

The website has seven sections: Home, About, Resources, Search the Database, Help, Site Map, & Contact Us. "About DLLM" contains three large web pages: *Background* (an introduction to the Lao literary tradition, previous research on Lao manuscripts, and the work of the Preservation of Lao Manuscripts Programme), *DLLM Project* (information about the project, including project partners and collaborating institutions, the people involved, funding sources, overall statistics about the number of texts and digital images, and technical information about the digitisation of the microfilm collection and the database and website), and *DLLM Collection* (an overview of the manuscripts in the collection, the languages and scripts used, and detailed descriptions of the inventory data and Romanisation systems).

"Resources" contains five pages: *Languages and Scripts* (information about the languages and scripts found in the collection, including resources such as primers, dictionaries, grammars and other reference works, together with selected articles and links to further resources), *PLMP Newsletter* (PDF copies of the 22 volumes of a Lao-language newsletter published during the Preservation of Lao Manuscripts Programme), *Research Papers* (PDF copies of papers in Lao, Thai and English from the international conference *The Literary Heritage of Laos: Preservation, Dissemination and Research Perspectives*, and other research papers), *Gallery* (a gallery of 360 selected photographs, mostly taken during the course of the Preservation of Lao Manuscripts Programme,

showing manuscript preservation, the social and cultural context of the project, including examples of Lao Buddhist temples, Buddha images and murals, village life, festivals, making palm-leaf manuscripts, and subsequent related fieldwork conducted in Northern Laos), and *Links* (links to related websites, including online dictionaries and reference works for Pali and other languages, online resources for Buddhist texts in Pali and in translation, and links to universities and other institutes with relevant courses and programmes, etc..).

There is also an extensive Bibliography, a Glossary of Terms used in the web application, and a "Favourites" section, where registered users can save searches or texts together with their own notes, for reference on future visits to the site.

Registered users of the DLLM site are able to post comments and findings with individual texts, and the collected comments will soon be made available via a separate web page, DLLM Text Comments, which can be viewed by all users and contains links to the commented texts. Registered users can also make their contact details and areas of interest available on the DLLM Directory page.

4.2 **The Database**

The DLLM database contains inventory data for the collection of almost 12, 000 texts, together with some 500, 000 digital images of the manuscripts. Data is entered in both Lao and Romanised/English, and can be searched by title, ancillary term, language, script, category, material, location, date, and code number.

Each digitised text in the collection has a unique 13 – digit code number, as used in the Preservation of Lao Manuscripts Programme, which identifies the location, category, and manuscript bundle of the original text. The name of each digital image contains core information identifying its precise location in the PLMP microfilm collection as well as this unique code number.

The DLLM inventory is based on the handwritten Lao-language data sheets produced by researchers in the course of over 10 years under the Preservation of Lao Manuscripts Programme. These data sheets, which appear at the beginning of each microfilmed text, are also included in the digital images. Additional research conducted during the DLLM project has lead to corrections and additional data, and discrepancies between the handwritten PLMP data sheets and the DLLM data are explained in the inventory. However, given the size of the collection, it is not possible to examine each text in detail during the project timeframe. Users of the database who discover errors are therefore invited to inform the project so that additional corrections can be made.

4.3 **Searching for Texts**

Search is possible by title (both auto-complete and by browsing alphabetical lists), ancillary term, language, script, category, material, location, date, and PLMP code number. Search results can also be filtered to show only texts with illustrations or only texts with colophons.

The list of Search Results provides data for Title, Alternative Titles, Language, Script, Location, Date, Completeness, Number of Folios, and Image Legibility, to help select a text. Once a selection is made, the Text Overview page provides full inventory data together with thumbnail images and a larger viewing screen with zoom and scroll functions. From this page, users can also view a full-screen image, download a zipped folder of the entire text (with inventory details), add the text to Favourites, or select from options to show other texts from the same bundle, the same location, or to show related texts.

The Google search engine is now enabled to search the "deep content" of the database in addition to the static pages, meaning that Google searches for titles, etc.. in either English or Lao give results from within the DLLM database. This also applies to the Google-powered Site Search on the DLLM website.

At present, search within the DLLM collection is limited to data entered in the inventory database. However, the project plans to add a feature to the web application which would allow search within the digital images of handwritten manuscripts, and would thereby significantly enhance research possibilities. Ideas for this feature came about through efforts to facilitate research on over 60 medical texts within the DLLM collection. This research, into traditional treatments for tuberculosis, was begun in 2009 and is ongoing at the University of Illinois at Chicago, in conjunction with the Traditional Medicine Research Centre of the Lao Ministry of Health. Staff in the Manuscript Section of the National Library of Laos undertook painstaking research to help identify the contents of these texts and to inventory key terms related to the treatment of respiratory ailments.

Once this feature is added to the site, users will be able to select and save a term (or any part of a digital image of a text) online and then adjust the threshold of the OCR to find the optimal setting. Searches within a single text could be performed quickly and the results made available online, whereas more complex or very broad searches (potentially even of the whole collection of almost 12,000 texts) would be done on the server and then users would be informed by automated email once the results were available.

In addition to allowing users of the DLLM site to search for specific terms within the handwritten texts, this could also be used to identify texts written by individual scribes based on handwriting styles, to allocate undated texts to historical periods based on the development of the script, and to search for toponyms, personal names, etc..

5. Conclusion

The Digital Library of Lao Manuscripts is unique in Southeast Asia in providing online access to such a large number and variety of primary literary sources. While it does not yet include samples of all the ethnic groups having written literature, it can be said to be broadly representative of the national literary heritage.

In providing access to these digital resources, the project is also bridging the gap between the "ancient" manuscript tradition and modern technology, which is still in its early development in Laos. This provides challenges not only in terms of the ancient and modern technologies, but also for the people concerned: local manuscript experts are largely unfamiliar with the internet, while for many of the younger generation it provides an exciting opportunity to access an important part of their traditional culture.

Bibliography

Centre de Recherche Artistique et Littéraire (ed.), *Sammana bailan thua pathet khang thi nueng*. Vientiane: Centre de Recherche Artistique et Littéraire, 1989 (in Lao).

Finot, Louis, "Recherches sur la littérature laotienne" in *Bulletin de l'École française d'Extrême-Orient* (BEFEO 17.5, 1917): 1 – 128.

Hundius, Harald, "Lao Manuscripts and Traditional Literature: The Struggle for their Survival" in *The Literary Heritage of Laos: Preservation, Dissemination and Research Perspectives*. Vientiane: National Library of Laos, 2005.

Hundius, Harald, "The Preservation of Lao Manuscripts" in M. Lorrillard and Y. Goudineau (eds.), *Recherches récentes sur le Laos*. EFEO: Collection Etudes Thématiques, 2008.

Dara Kanlaya, "The Preservation of Palm-leaf Manuscripts in the Lao PDR" in *The Literary Heritage of Laos: Preservation, Dissemination and Research Perspectives*. Vientiane: National Library of Laos, 2005. English translation by David Wharton.

Lafont, Pierre-Bernard, "Inventaire des manuscrits des pagodes du Laos" in *Bulletin de l'Ecole française d'Extrême-Orient* (BEFEO 52.2, 1965): 429 – 545.

National Library of Laos, "Bansi luang." Unpublished Inventory of Preservation of Lao Palm-leaf Manuscripts Programme at the National Library of Laos, Vientiane, 1992 – 2002.

National Library of Laos (ed.), *Inventory of Palm-leaf Manuscripts in Six Provinces of Laos*. Unpublished printouts at the National Library of Laos, Vientiane, 1993 – 1994.

National Library of Laos (ed.), *The Literary Heritage of Laos: Preservation, Dissemination and Research Perspectives*. Vientiane: National Library of Laos, 2005.

Social Sciences Research Institute (ed.), *Vannakhadi lao*. Vientiane: Social Sciences Research Institute, 1987 (in Lao).

Classic Tales from Tai and Lao Palm-Leaf Manuscripts

by Dr. Prof. Anatole Peltier*

Graduate School Chiang Mai Rajabhat University THAILAND

Abstract: The research was involved with the translation and edition of classical texts from old palm-leaves collected from monasteries and privates in the Northern area of Thailand, the upper part of Laos and in Shan State of Myanmar for the Palm-Leaf Manuscript Research Center – PLMRC at the Graduate School of Chiang Mai Rajabhat University. The project was divided into three main operation stages: Collection Stage (from 2008 to 2009), Selection Stage and the Translation Stage(from 2009 to Present). In the first stage, various types of manuscripts from Jatakas(Buddhist tales) written on palm-leaf and mulberry paper formats were gathered through local PLMRC networks by using image and sound recording processes. After the collection process, manuscripts were then categorized, and selected for the translation and publication. Manuscripts written in Lao and six Tai languages: Tai Lü and Tai Nüa(Xishuangbanna), Tai Khün and Tai Yai(Shan State of Burma), Tai Yuan(Northern Thailand) were transliterated line by line into Thai, French and English in order to allow readers to approach the original draft.

Key Words: classic tales; Literature; Tai; Lao; Palm-Leaf manuscripts

In recent past, we knew the Tai literature only in the form of summaries in Thai or in western languages. The main part of the literature was deposited in manuscripts and kept by the learned people and libraries of the monasteries.

After working for a long period of time on Lao and Tai literatures, the idea came to

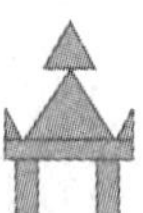

* Dr. Prof. Arstole PELTIER, Director of Palm-leaf manuscript Research Center, Graduate School, Chiang Mai Rajabhat University, THAILAND.

us to publish these texts to make them accessible to researchers, students and the public.

The first edition of texts was made at the beginning of the 80s, under a very simple form. An original text in Tai Khün script, followed by a transliteration in Thai, was reproduced by handwriting and published by the Social Research Institute of Chiang Mai.

A short time later, the use of computers became widespread and edition of texts were made in a more elaborated way, thanks to the fonts created in various languages and dialects.

In this paper, I present the samples of different phases related to the edition of texts in vernacular languages. It goes from the choice of texts to the presentation of languages and writings, the transliteration in Thai language and the translation in Western languages.

1. Choice of texts

Texts recorded in palm-leaves or mulberry manuscripts can be divided into several types: Suttra from the Buddhist Canon, Legendary chronicles, Treatises on pharmacopoeia or divination, and folk tales.

I chose, for my part, to be only interested in the folk tales, because they are the spirit of the people's culture. These tales are divided into two categories: *Jātaka*, or Buddhist stories, and *Nidān dham*, folk tales inspired by the Buddhist philosophy.

The texts that we chose are generally the ones which were original. Some of the title could seem bizarre and numerous readers wonder, at first sight, if they really belong to the Tai classic literature.

2. Tai languages and writings

For the record, let us indicated that Tai refers to the main ethnic group living in Thailand, while Tai designates ethnic groups related to the Thai (Siamese) living inside and outside Thailand, among them:

The Lao, from Laos and Northeast of Thailand;

The Tai Yuan, from Lan Na (ancient kingdom of Chiang Mai);

The Tai Khün, from Chiang Tung (Keng Tung), Shan State of Burma;

The Tai Yai, or Shan, from Shan State of Burma;

The Tai Lü, from Xishuangbanna, Yunnan;

The Tai Nüa, or Tai Khong (Dehong), from Shan State and Yunnan of China.

Most of the Tai family languages use a writing coming from Mon script, as the following board shows:

Lanna

᪑᪓᪒. မုဟုတ္တံ တဏှာသမဏံ　　　　ခီရံ တွံ ပါယိတော မယာ
　　တယာဟံ သန္တမစ္စန္တံ　　　　ဓမ္မခီရံ ဟိ ပါယိတာ.

Dham Lao

᪑᪓᪒. မုဟုတ္တံ တဏှာသမဏံ　　　　ခီရံ တွံ ပါယိတော မယာ
　　တယာဟံ သန္တမစ္စန္တံ　　　　ဓမ္မခီရံ ဟိ ပါယိတာ

Tai khün

᪑᪓᪒. မုဟုတ္တံ တဏှာသမဏံ　　　　ခီရံ တွံ ပါယိတော မယာ
　　တယာဟံ သန္တမစ္စန္တံ　　　　ဓမ္မခီရံ ဟိ ပါယိတာ

Tai Yai (Shan)

၁၃၂။ မုႁုတ်တံ တၢၼ်ႁႃသမၢၼ်၊　　　　ၶီရံ တွံ ပယိတေႃ မယႃ။
　　တယႃႁံ သၼ်တမၼ်ၸၼ်တံ၊　　　　ထမ်မၶီရံ ႁိ ပယိတႃ။

Tai Lü

᪑᪓᪒. မုဟုတ္တံ တဏှာသမဏံ　　　　ခီရံ တွံ ပါယိတော မယာ
　　တယာဟံ သန္တမစ္စန္တံ　　　　ဓမ္မခီရံ ဟိ ပါယိတာ

Tai Nüa (Dehong)

132. ᥛᥧᥞᥧᥖᥖᥛᥴ ᥖᥢᥞᥣᥔᥛᥢᥛᥴ,　　　　ᥑᥤᥘᥛᥴ ᥖᥝᥛᥴ ᥙᥣᥕᥤᥖᥨ ᥛᥕᥣ.
　　ᥖᥕᥣᥞᥛᥴ ᥔᥢᥖᥛᥴᥓᥢᥖᥛᥴ,　　　　ᥗᥛᥛᥑᥤᥘᥛᥴ ᥞᥤ ᥙᥣᥕᥤᥖᥣ.

The board given above proves that Lao, Tai Yuan, Tai Lü and Tai Khün scripts are almost the same. If you can read one of these scripts, it is quite easy to decipher the others because the variants are small from a script to the other one.

This quatrain in Pali comes from *The Farewell of Pajāpat, Gotam, Ther*, the foster mother of the Buddha, before entering Nirvāña. Here is a translation in English:

Lord, You are the one who suckled milk from me

Which calm Your hunger for a moment,

But I am the one who suckled Dhamma-milk from You

Which gave me peace everlasting.

3. Transliteration in Thai language

For a better distribution of works, I chose to transliterate Tai manuscripts in Thailanguage, which is the lingua franca of the region. I used the system adopted by ChiangMai University at the beginning of the 80s. This transliteration follows the original textline by line. Such a method allows researchers and students to get acquainted with Tai writings.

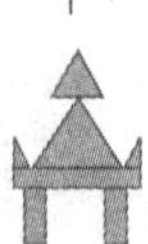

This example comes from *Chao Bun Hlong*, a Tai Khün classic tale. The original script is normaly on the odd page of the book and the transliteration on the even page:

[illegible]

ตทา ในกาละเมื่อนั้น อันว่าสองกุมมารพี่น้อง รอดแก่ห้องดงไพร นับเท่าไปตามป่า เจ้าหน่อฟ้าพรหมปัน จันจูงแขนน้องเจ้า เข้าสู่ห้องดงตัน หันดวงบานกิ่งค้อมหอมร่วนเร้าคันโธ ควรใจมัวชมชื่น หันหมื่นไม้แสนลำ ภู่ผึ้งหนำบินไล้ ักดอกไม้มาลัย พ่องบินไปพ่องอยู่ ภู่ผึ้งสอดแมงชิง สองเพาพิงเทียวกว่า หันป่าไม้ (เดินไป) ซางคำ ลมพัดดังอิดออด ปลายยอดค้อมเชยนู ลมพัดปู้น้อมเนือก กิ่งไม้เกลือกไปมา หันเลาคาแขมแฝก มีต้นแปกใยยาย ไม้รกหลายไม้ไร่ ไม้ไผ่หากหนามมี (ต้นสนภูเขา) เจ้าลีลาถึงรอด ตาเสี้ยวสอดเล็งหัน นกถ้วมันมีมาก เหมือนเสียงปากคำคน นกแลสนกินหมาก นกเอี้ยงปากเสียงหวาน เขาขันขานร่วนก้อง นกออกร้องเป็นชุม (หมู่) นกคะลูมตัวโสก นกโพนดกหางกวิด นกประหิดและแขกเต้า นกเค้าร่วนดงไพร เจ้าบุญใสร้องไห้ กลางป่าไม้ดงเขียว

4. Translation in western languages

The translation in western languages, namely in French and in English, provide the opportunity to persons who can not read or speak the vernacular languages to have an insight into the rich local culture.

I propose to give, here and there, some excerpts from Tai classical works and

their translation in French or in English.

◆ The first excerpt come from *Pathamamūlamūlī* (The Origin of the World), a Lanna work. It tells the meeting between a first man and a first woman of the earth:

[illegible]

English translation:

At that time, a male being coming from fire element and called Pu Sangaiya Sangkasi, on seeing the animals move around and make love, had this thought: The animals are enjoying each other. As I am and with the organ I am endowed, will it be possible for me to find the pleasure ? With that though, the man walked on and came across a woman (Nang Itthang Gaiya Sankasi), He wants her to be his wife.

◆ The second excerpt come from *Nang Phom Hom*, (*The Lady with the perfumed hair*), a Lao classic tale. It describes the beauty of the heroin:

[illegible]

French translation:

Les hommes étaient fous de la suprême demoiselle, vraiment !
Elle avait un visage clair, le teint lumineux comme un miroir,
Les cheveux noirs et brillants comme du charbon de bois,
Les doits longs et effilés comme un arc céleste,
Le cou rond et annelé, la taille fine et les yeux arqués.

◆ The third passage comes from *Le Gam Sām To* (*The three parrots*), a Tai Lü

classic tale. It tells the story of a young prince whom an ogress had transformed into a bird by tying a golden thread around the neck. The bird is taken in by a charming princess who finds the golden thread and untied it. The bird is transformed into a handsome young man.

[illegible]

English translation:

The jet-eyed lover kept looking at the bird. She took him out of his gold cage and caressed him, he was so delightful. She ran her hand around his neck and saw the golden thread. It was round like a magic string. The glorious and charming princess summoned her servants: "Really, he looks like a tame bird, with this gold thread around his neck". The two servants also touched the golden thread, then the princess said to them: "We had better take it off, don't you think ?" They untied the magic thread all together, without any difficulty. The parrot changed into a radiant young man like Indra. His body was shining like gold and his eyebrows were perfectly delineated. The two servants were fascinated by this extraordinary phenomenon.

◆ The fourth excerpt comes from *Maghavā*, a Tai Khün tale. It tells the story of a young man and his spouses working together for the public good by building a road, a pavilion for travelers, a park and a pond. Thanks to the merits they have acquired, they reborn in the heaven and enjoy a divine happiness.

[illegible]

◆ The fifth excerpt comes from *Paet leng-Along Kin Hnon*, a Tai Nüa (Tai Khong) tale. Its describes events that happened after the reconciliation of a husband and his wife.

[illegible]
[illegible]
[illegible]
[illegible]
[illegible]

[illegible]
[illegible]
[illegible]
[illegible]
[illegible]

English translation:

* *Husband and wife watch their words, refrain from saying "thou" with each other and from uttering coarse expressions.*

The husband gives of his best to his business work, his fortune increases incessantly, just like the rain water that is collected. "Tak, tak", the voice of the pestle and the mortar [in the kitchen], pleasant to the ear, seems to say "success, success".

The divinities praise the husband and the wife whose prosperity keeps growing.

* *Then, shortly after, the possessions buried in the ground, the goods sold on credit, the money lent out, everything comes back to them.*

The more time goes by, the more riches flow in. They become famous and important. The Paet Laeng begins to come into bud and give birth to young shoots, on the roof. Pleasantly surprised, the people lavish praises on them.

◆ The sixth excerpt comes from *Paet Leng Ok Yot*, a Tai Yai (Shan) tale. It refers toa wife's duties on which depends greatly the happiness of the family:

ၵူႈၶမ်ႈၵေႃႈ တၵ်းၼမ်ႉသုၵ်ႈ ၵၢပ်ႇၼႂ်ႇတီႈၸၢင်ႈလၢပ်ႈႁူမ်ႈသႂ်ႇၼၢင်ႉ မႄႈတၢင်ႇၼိုဝ်ႁူဝ်၊
မၼ်းၼင်ႇၼၼ်း ႁူဝ်ယမ်ႁူမ်ႇၶိင်း ထေႃႈၶုၼ်ၼူဝ် ၽဵၼ်ႈၽဵၼ်ႈ။

လင်ႉဝူႈ ၼိုင်ႈပိၼ် ယိင်းလုမ်ႈၼႂ်ႉ မႂ်ႉတူႉၵႂ်ႉ ၼၢင်းၶဝ် ၼၼ်ႉ၊
ပေႃႈဝူႈ ၵၢင်ဝၼ်းတူၵ်းသေ ၵျၵ်ႈသရေႉ မႄႈသဝ်း ၵမ်ႉမီးမဝ် ဝၢင်ႈၵဝ်ႈ။
ႁူၼ်းထႃး လူင်းမီး ဝၢင်ႈပႃတီၼ် ၵုင်ႈၼႂ်ႉ၊

ထင်ႇဝ‌ႃႈ ၵျၢၵ်ႈသရေႇ, သွင်ၽႃႇ,သွင်ပ‌ႃႈ မၢၼ်ႇ,ယႃႉ, လႃႉၵၼ် ယဝ်ႉ။

ထင်ႇဝ‌ႃႈ ၽူဝ်မေး ၵွႆႈၵၢၼ်ယူမ်ႇ,ယမ်ၵၼ် ႁူဝ်ႇ,သေႇ၊
ထင်ႇပီၼ် ၵူဝ်ႈထိုၼ်ႈ ၵျၢၵ်ႈသရေႇ, ၵွႆၵိင်း ၼတႉယဝ်ႉ။
ထင်ႇဝ‌ႃႈ ဝီႉရီႉယႃႉ ၼပႉၵၢမ်ႇ, ၵမ်ႇ,လႆႈထၢပ်ႈသၢင်ႈဝႆႉ,ၵွၼ်ႇ,ၵ‌ႃႈ ပေႃႈဝ‌ႃႈ လုၵ်ႈမေးၵဝ်ႇ,ၵုဝ်းလီ၊
မၼ်းတၵ်းမီၼ်းမႄႈလွႆးလွႆး မိူင်ႈတၢင်းယၢၵ်ႈတၢင်းမီ လူၼ်ႇ,ၽၢၵ်ႈ သိင်ႈယဝ်ႉ။

ထွမ်းၼင်ႇ, ၼၢင်းလီသထေး ၽူဝ်မေး လႆႈပီၼ်ထဝ်ႈဝတေး မီႇ,ၽွင်ႇ၊
လႆႈပိူင်ႇ, ၵုၼ်ထိုင်ႈၽႄႉ သီႇ,လုၵ်ႈ ၵူင်ၵွင်ႇ, လေးၵျၼ်း ယဝ်ႉ။

English translation:

** At nightfall, the wife must wash her husband's feet and then place them on her head;*

She must behave in this manner towards him, without failing a single day.

** In this world, as for the wife, As soon as the sun sets, her aura is around the head, the hair, And that of the man on the sole of the feet. If the two auras meet [at that moment], a lasting harmony will be the result.*

** Husband and wife must live in mutual respect and understanding, Their fame could only grow as the days go by.*

A proverb has it "Energy overcomes the Karma". Even without a good Karma, by behaving as a good spouse, The wife is a source of happiness for her home and shelters it from all calamities.

** With such a spouse, husband and wife become universal monarchs And reign over the Four Continents.*

5. Folk tales and Buddhist teaching.

The Tai literature is closely connected with the Buddhism. The monasteries have played a key role in the creation, production and conservation of the religious texts, be they canonical or extra-canonical. The religious texts considered as extra-canonical, like folk tales, are written in vernacular languages.

The folk tales, or *Nidān Dham*, are most of the time assimilated to *Jātakas*, tales telling the previous lives of the Buddha. They are, in fact, popular *Jātaka* or edifying texts chanted by monks on religious feasts or during the Buddhist Lent. These *Jātaka* have a moralizing character in agreement with the norms and traditions of the Buddhist teaching.

I am going to give here some passages coming from *Nidān Dham*, which teach and perpetuate the fundamental concepts of Buddhism.

◆ The first excerpt comes from *Nidān S*, 1 *Hā*, (*A Tale of the Five Precepts*). The sermon of the Buddha finished by these words:

O you, human beings(Manussa) who live in this world; turn your eyes towards me and prick up your ears. This story is not a fabrication, it is the teaching which the Omniscient(Sabaññ ū), in his great compassion, has given to us. They are the Five Flowers whose scent goes up to the Nibbāna. O you, men and women, young and old, together raise this teaching above your heads, evening and morning. Just like the gold vehicle, it will lead you to a good rebirth and you will no longer experience the hundred thousand miseries and torments of life. The one among you who shows himself careless, will fall into poverty and will have much difficulty in reaching the Nibbāna.

◆ The second excerpt comes from *Maghavā*. The Buddha exhorts the Four assembly of faithful to listen the sermon related to a man who becomes King of gods by doing good deeds:

O you, who have listened to my sermon, keep it firmly in your mind(mano) and your heart. Make donations, observe the precepts and practice meditation in a constant way. By following my teaching, you will be freed from the Cycle of rebirths and suffering and you will realize the four Supramundane fruits of the Paths(magga-phaladhamma) which allow you to see the Buddha called Ariya Metteyya who will come in future times. Assuredly.

◆ The third excerpt comes from *Paet Leng Ok Yot*. It relates the story of a couple punished by the Karma on stealing(Adinnādāna):

O you, men and women, who come to immerse yourselves in my teaching, remember this sermon and the story of the couple of poor churls who had committed unworthy deeds during a previous life. In fact, the husband had stolen a basket of paddy in the rice-field thinking that the matter was not serious. Alas, an unworthy deed can not be erased. He had to atone for it during five hundred successive lives as a poor wretch. As for the wife, she had stolen spinach, pumpkins and water bindweeds in others' orchards, and also hanks of cotton. Insolent, presumptuous, deceitful, rude and a malicious tongue, she was unable to tell good from evil and criticized impudently those faithful who wanted to give alms by claiming that they did not gain any merit in doing so. Greedy, wily and arrogant in her way of speaking, she was not afraid of hurting the people around her, be they close by or far away. After her death, she was reborn for five hundred lives in succes-sion in a wretched existence and, during all that time, did not eat to her

fill.

◆ The fourth excerpt comes from *Sujavaṇṇa*. It relates the story of a Bodhisatta who wants to reach Perfection of Giving(Dānapāram,) in view of attaining the Supreme Knowledge. The Perfection of Giving is brought to an extreme degree, for it does not refer to donations made on some occasions or others, or even the giving away of one's wife and children, but to "self-sacrifice":

One day, the idea dawned upon the great Sujavaṇṇa *that everything was impermanent (anicca) and that, sooner or later, one headed for death. This thought haunted him for a long time and he ended up saying to himself that if somebody would come to ask him his flesh, he would give it to him. God Indra then took the shape of an old Brahmin and came to ask him for his flesh. The Bodhisatta cut off at once his two legs and put them, all bloody, in a gold bowl and gave it to the Brahmin. The earth began to rumble. It sounded like the mountains and the hills were going to crumble at any moment. Flashes of lightning tore the sky and the waves shook the ocean. A lashing rain beat down on the ground and Mount Sumeru swayed to and fro. The humans prostrated themselves with their foreheads to the ground and greeted the precious gift that was just made. After he has obtained what he wanted, the Brahmin disappeared. Straight after, Indra put the member of the Sujavaṇṇa back in their place and no mark of blood was left, as if nothing has happened. Sujavaṇṇa ascended the gem throne and preached the Doctrine (Dhamma) to the dignitaries and all the people, telling them that all life was Suffering (Dukkha) and that they should listen to sermons, observe the precepts and take refuge in the Three Buddhist Gems(Tiratana) in order to annihilate for ever the "Craving" (Taṇhā) and reach Nibbāna.*

◆The fifth excerpt comes also from *Sujavaṇṇa*. It develops the theme of Gratitude of a child towards parents. In this tale, the heroin asks her mother the permission to go in the forest and meet her father, the king of bulls, for to serve him. After much hesitation, her mother agreed to let her go but not without warning her about the danger of the wild. The heroin prostrated herself at the feet of her mother and begged for her pardon:

O Mother, you carried me in your arms and fed me on your milk. You consoled me when I cried and washed me when I paddled in the mud. You loved me as a mother could cherish her child and you did everything for me for want to nothing. O Mother, grant your daughter forgiveness. – O my child, answered the mother, may you have a long life and sit one day on a throne inlaid with gems. With these words, the mother accompanied her daughter to the pineapple garden near the river and implored protection from guardians

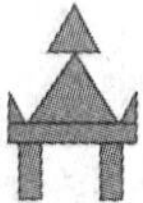

of universe, from the divinities on earth and in heaven and from holy relics, begging that nothing evil would happen to her daughter. The face bathed in tears, the mother took her daughter to the edge of the wood and wished her a good journey.

CONCLUSION

The publication of Tai classics presents many advantages. First of all, she allows researchers and the students, through the transliteration, to follow the original text. It also gives them the possibility of getting acquainted with the ancient writings and, afterward, reading the manuscripts.

As for the translations in western languages, they provide the opportunity to the readers who cannot speak or read the vernacular languages to get an insight into the local literature, which is still based on the scent of the country soil.

For the natives, to read works in their own language make them proud of their rich culture as far as the original texts are difficult to find.

Finally, the publication and distribution of the classics coming from old manuscripts will contribute to the protection of the Tai cultural heritage.

Bibliography

1897 – [illegible], วรรณกรรมไทยเขิน LA LITTERATURE TAI KHOEUN, TAI KHOEUN LITERATURE. Bangkok: Duang Kamol, 1987, 262p.

1988 – LE ROMAN CLASSIQUE LAO Paris: Public. de l'Ecole Française d'Extême-Orent, CLII, 1988, 676p.

1988 – [illegible], อลองเจ้าสามลอ, ALONG CHAO SAMLO (jataka populaire khün). Chiang Mai: E. F. E. O. & S. R. I., 1988, 177p (Roneo).

1989 – [illegible], ุมังคละ ปทุมมุกขะ, SUMANGALA, PADUMAMUKKHA (Jātaka populaires lün). Chiang Mai: E. F. E. O. & S. R. I., 1989, 177p.

1990 – « Les littératures du Lan Na, du Lan Xang, de Keng Tung et des Sipong Panna » in Péninsule, 1990 – 2, p. 29 – 44.

1991 – [illegible] ตำนานเค้าผีล้านนา ปฐมมูลมูลี, PA Ṭ HAMAMŪLAMŪLĪ or THE ORIGIN OF THE WORLD IN LANNA TRADITION. Chiang Mai: Suriwong Book Centre, 1991, 258p.

1992 – ေၸ်ာပုညႁလ်ွင เจ้าบุญหลง, CHAO BUN HLONG. Chiang Mai: Wat Tha Kradas, 1992, 180p.

1993 – သုဇဝဏ္ဏဝိႁလွင ฺชวัณณะวัวหลวง, SUJAVAṆṆA. Chiang Mai: Wat Tha Kradas, 255p.

1995 – ນາງຜົມຫອມ NANG PHOM HOM (วรรณกรรมลาว). Vientiane: Ambassade de France au Laos, 376p.

1995 – ທ້າວນົກກະບາເຜືອກ L'ENGOULEVENT BLANC. Vientiane: Institut de Recherche sur la Culture, 152p.

1998 – « Chieng Tung et sa culture, Chieng Tung and its culture » in ၶေမရဋ္ဌနၵရၸ်ၵတုင เขมรัฐนครเชียงตุง CHIENGTUNG: ITS WAY OF LIFE Chiang Mai: Wat Tha Kradas, 1998, p. 275 – 330.

1999 – THE WHITE NIGHTJAR. Vientiane: Institute of Research on culture (Ministry of Information and Culture), 1999, 80p.

1999 – ကာေလဥကဟို kale ok hno เขมรัฐนครเชียงตุง (วรรณกรรมไทขึน). Bangkok: Princess Maha Chakri Anthropology Centre, 1999, 317p.

2000 – « Regards sur la littérature classique khün de Birmanie » in *Bulletin de l'Ecole Française d'Extrême-Orient*, 87 – 1, p. 193 – 214.

2001 – ၼိၻၢၼ်သီလ်ႁ်ာ นิทานศีลห้า LE CONTE DES CINQPRECEPTES, A TALE OF THE FIVE PRECEPTS. Bangkok: Dhamma Society Fund, 232p.

2002 – « State of Knowledge in Kuüand Lwa Literatures » in *Studies of History and Literatures of Tai ethnic groups*, Chiang Mai University & Toyota Foundation, p. 80 – 111.

2006 – မၷဝါ มัฆวา MAGHAVĀ (The story of God Indra). Pitsanulok, Naresuan Univ., 328p.

2009 – ဘာသိတ္တကုလတဲ ภาษิตตระกูลไท TAI FAMILYPROVERB. Bangkok, Ministry of Culture, April 2, 2009, 201p.

2009 – ႁၼူၽိူၵ ႁၼူၵံ หนูเผือกหนูคำ NŪPHUAK-NŪ GAM (The White and the Golden Mice). Chinag Mai Rajabhat University, 158 p.

"Digitized Palm-Leaf Manuscripts" Community's cultural preservation using PAR methodology

Dr. Prof. Prayoot Wongpang*

Abstract: The project was a study of digital preservation process for the ancient palm-leaf supported by Palm-Leaf Manuscript Research Center-PLMRC of the Graduate School at Chiang Mai Rajabhat University. Participatory Action Research – PAR methodology was utilized to distribute the attitude of cultural ownership and the crucial of cultural preservation leading by the monk and community's scholars. From 2009 – 2010, the process of digitization and categorization of manuscripts collected by PLMRC was operated at CMRU in parallel with the managing of meeting and manuscript digital record process training for stakeholders in target communities. The research covered some parts of Northern Thailand, Laos and Shan State of Myanmar and PLMRC will continue the project to 2013.

Key Words: Cultural preservation; cultural ownership; classic tale manuscript; Palm-Leaf/paper manuscripts; Palm Leaf Manuscript Research Center (PLMRC); Participatory Action Research – PAR methodology; Digital preservation process

Introduction

Himalaya Mountain in Yunnan is the origin of well-known rivers flowing down to South-East Asia namely Yangtze River or Jinsha Jiang, Red River or Yuan Jiang, Mekong River or Lancang Jiang and Salween River or Nu Jiang. Tai or Dai ethnics shared their areas in setting kingdoms along these river basins region covering the southern part of china, northeastern of Myanmar, northern Thailand, north and northeastern Laos and

* Vice Director of Palm-Leaf Manuscript Research Center – PLMRC, Dean of theGraduate School, Chiang Mai Rajabhat University.

northern Vietnam.

Dominant Tai groups are Tai Yai(Dai or Shan), Tai Lue, Tai Khuen, Tai Yuan and Tai Juang (Srisawad, B., 2004, pp 75 – 77). The Tai Yai settled in Dehong prefecture in South-western of Yunnan, Shan State of Myanmar including Maehongson and Chiang Mai provinces of northern Thailand. Tai Lue communities are scattered from Sipsongpanna or Xishuangbanna prefecture south of Yunnan to eastern part of Shan State in Myanmar, Chiang Mai and provinces in northern Thailand including Muang Sing and other cities in eastern part of Laos. Tai Khun group has their own limited areas in Chiang Tung of Shan State of Myanmar and also in some parts of Chiang Mai, Chiang Rai, Lampang provinces. For Tai Yuan, they dwelled in Chiang Mai and other northern provinces from the beginning and currently became the biggest Tai ethnic group in northern Thailand. The Tai Juang lives in Guangxi province of China, northern part of Laos and Vietnam.

Tai ethnics shared not only their areas in these river basins but also their similarly in languages, cultures and traditions via the combination of believing in philosophy of Hinayana Buddhism and the superstitions for hundred years. In the ancient time, Tai kingdoms were located next to each other as borderless countries which their local civilizations has been transferred to their neighboring cities naturally. By these reasons, to understand the general of Tai culture, one might need to study each of dominant Tai ethnics to conduct the image of closing relationship and the identity of the Tai. Among their complicated cultural identity components, Palm leaf manuscript is one of the tangible evidences presenting the relationship of Tai cultures and it is one of the most interesting issues of the study in Tai cultural preservation.

However, it is unlucky that most of old Palm-leaf manuscripts including paper manuscripts which contained local knowledge and disciplines are currently destroyed by human, insects and whether gradually. Although the preservation of Palm-leaf manuscript has been made both in traditional way and by using digital methods with the effort of involved persons and organizations but mostly they concentrated on working by the project's specialists which always left the same problems behind after finished their projects. After realized of the problems, Palm Leaf Manuscript Research Center – PLMRC of the Graduate School at Chiang Mai Rajabhat University has launched a project called PAR preservation methodology to as a resolution to solve this problem.

PAR or Participatory Action Research process means the PLMRC staff will spend their time working on palm-leaf preservation projects with involved key persons in selected temples or communities from the beginning (Gold, 1999, pp 269 – 270). The

group members will share their concept in the interesting of palm-leaf preservation and develop a relationship to get the reliable and trust attitude among them. After the development of understanding stage, the staff will set seminars to discuss about the existing problems and suggestions for resolutions along with the demonstration and teaching of standard practicing methods for the palm-leaf preservation of their communities(Emery, M. & Purser, E. R., 1996, pp. 78 –80).

PLMRC project in each communities will be ended up with the withdrawal of PLMRC's staff to let community's key persons or involved young generations who have been participated in the seminar processes continuing their duties on preserving the palm-leaf and paper manuscripts on their owns. By this method, PLMRC's staff will be able to distribute the right understanding of how to preserve the valuable Tai cultural heritage in particularly old Palm-leaf and paper manuscript as widely as they could and the communities can also manage to preserve their culture by themselves sustainability.

Tai cultural understanding

PLMRC's commission is to understand the Tai culture before starting the community's involved process regarding to the cultural preservation projects.

Knowledge gaining from secondary research on the context in geography, history, population, social conditions, believes, cultures and traditions of each community are a basic guide for PLMRC field research staff to plan a project strategy in order to start the PAR process smoothly.

In parallel with the study of target community's context, the study on details of literature embedded in Suttra from the Buddhist Canon, Legendary chronicles, Treatises on pharmacopoeia or divination, and folk tales is also managed by transliterated into Thai and other languages and published.

By this strategy, PLMRC and the target Tai communities have little by little gained a general community's cultural concept and identity to plan the sustainable palm-leaf and paper manuscript preservation process. Language and literature are the only crucial bridge to cross over from the outside world to the heart of each Tai culture's body of knowledge and PLMRC has devoted the priority mission to study Tai languages and literature before using PAR process with the target communities.

These language and literature study skills are also provided to involved key persons who have been applying to participate in the palm-leaf manuscript preservation project as well. From this point, the PLMRC staff and community's representatives will work

together side by side with their similarly attitude and with their mutual understanding throughout the period of the project.

Tai cultural preservation & distribution

The Graduate School – GS of Chiang Mai Rajabhat University has considered the important of Tai cultural studies, preservation and distribution processes as a stepping stone for the development of peacefulness for Tai and other ethnics in Mekong and Salween River basins region. To follow the intentional concept, GS has planning step by step strategies and projects by offering cultural based graduate study programs in Master Degree in and Doctoral Degree levels in "Mekong and Salween River Basins Regional Studies" including "Media and Communication Technology".

The first program will study problems derived from the context of Mekong and Salween River Basins Region while the second program which having the same study concept will be concentrated on using media and communicational technology to create a professional or the State-of-the-Art media products to distribute the cultural based research contents worldwide.

The second step was the setting of Palm Leaf Manuscript Research Center – PLMRC to be functioned in developing activities to support the cultural based study programs, the preservation and the distribution of Tai and other ethnics' cultures in Mekong and Salween River basins region. PLMRC started the first activities in 2008 by collecting the ancient palm-leaf and paper manuscripts including valuable books of Tai Lue, Tai Khun, Tai Yai and Tai Yuan from Sipsongpanna, Shan State, Lanna or northern Thailand and Laos.

From the collected materials, PLMRC has managed to set the literature transliterate section to study these Tai languages and literatures to translate into Thai, English and French and to publish the knowledge both in a hard copy and electronic formats. Although PLMRC has successfully published a number of books and CD-ROMs from finished research results but the other main duty in the preservation of Tai Palm-leaf and paper manuscripts is still not reach the target.

The PLMRC preservation projects have been setting in 2009 by using PAR methodology to participate with targeted Tai Yuan communities in Chiang Mai of northern Thailand and some Tai Yai temples in Chiang Tung of Shan State, Myanmar. The next step is to expand the network covering Tai Lue and Tai Khun communities in Thailand, Myanmar, Laos and China respectively.

Digitized palm-leaf and paper manuscripts

Manuscripts have been playing the great role for the distribution of philosophical theories and the explanation of Buddha's teaching by the monk and Tai community's scholars since the ancient time until the present. The Tai culture believed in sending their young male people to stay and practice the religion with the experienced monks and abbots in their village temples or at least to devote himself to practice a monkhood in the temple for three months during the "Khau Pansa" or the restricted three-month period forbidding the monk to leave their monasteries if not necessary. Therefore, each Tai temple always has a monk and religion involved persons looking after the monastery and practicing their language skills in reading and memory the preaching from palm-leaf and paper manuscripts collected in the temple.

PLMRC has developed a connection with these temples through the abbot and involved networks by donating some main photographic and computer tools under the Buddhist tradition activity called "Tord Phapa". This tradition means the donation of the monk's cloth, necessary daily consuming products or equipments using in the religion practicing including the donation of material or money to construct and maintaining the monastery.

The Tord Pha pa activity is a popular religion activity for Tai Buddhist and the people always join and donate their money to the temple together with the Pha pa's founder. Therefore, after the Tord pha pa activity, the cooperation among PLMRC staff, the temple and the community will begin to set a meeting and seminar on the concept of the cultural preservation together. The training and demonstration of recording the palm-leaf and paper manuscript image will be included in the program to start the preservation process in the same time.

Trained young and old, male and female, abbot and ordinary monks as a volunteer to work with PLMRC staff on their community's cultural preservation project will start their works soon after the training has been finished. The task will be continued following the Plan, Act, Observe and Reflect cyclic model (Zuber-Skerritt, 1998, pp. 84) without the company of PLMRC staff and it is a commitment of the seminar and training that the concept and methodology of their cultural preservation will be transferred further to their next generations.

Digital recording process

Photographic process of the palm-leaf and paper manuscripts is the important stage of digitizing the valuable material images for the study and translation processes. There are many steps on managing to get the digital photography recorded and stored in the electronic format. The collected palm-leaf needs to have a tender cleaning process before setting on the photocopy stand to take a photo and stored each file in a computer hard disk for the editing process to get the clear image in the properly size. After palm-leaf and paper manuscript photos were stored digitally in the computer then they would be setting in categories running by code and name ready to be taken for the study and translation process. The following photos showed how PLMRC staff, the monk and involved volunteers working together after their seminar, training and demonstration in the temple.

Digital culture preservation activities

Figure 1: "Tord Pha pa" – the Buddhism activity applying for the donation of photographic equipments and computer to Tai temples

Figure 2: A number of old and valuable palm-leaf and paper manuscripts storage in the collection cabinet of the Tai temples

Figure 3: Each palm-leaf manuscript required a tender cleaning before photocopy

Figure 4: Tai cultural preservation volunteers were training for photocopy process in Tai temple

Figure 5: The demonstration of special size paper manuscripts photocopy

Figure 6: The abbot and the monks were photocopying palm-leaf and paper manuscripts

Figure 7: Well trained young monk working on his delicate palm-leaf manuscripts

Figure 8: Details of each page of Tai Khun paper manuscript

Figure 9: The monk editing and classifying palm-leaf and paper manuscript photos

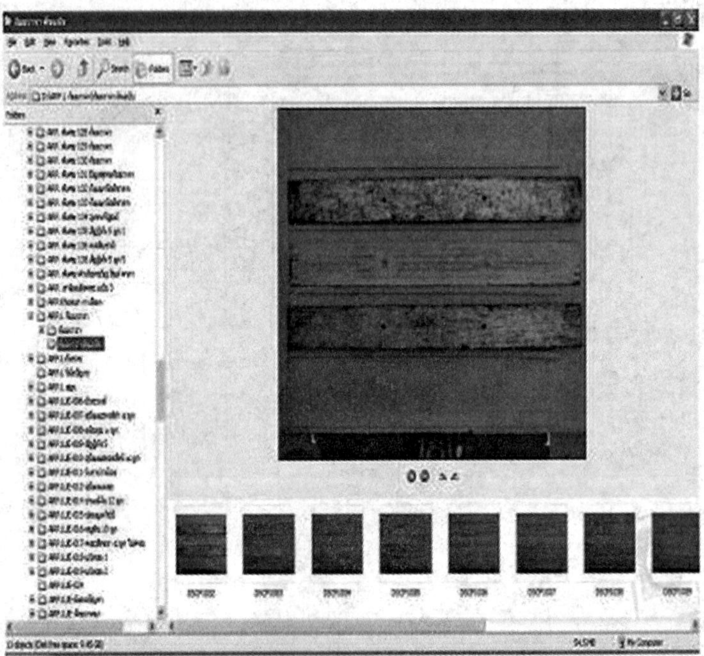

Figure 10: Templates and files of palm-leaf manuscripts digital data with information

Conclusion

The idea of setting a process to let the community develop their own ability and skill to manage a cultural preservation for their own land by using Participatory Action Research – PAR methodology has been applied via the cultural based research projects of the Palm-Leaf Manu Script Research Center – PLMRC of the Graduate school, Chiang Mai Rajabhat University.

Since the activities started in the year 2008, at least 20 temples in Chiang Mai, Chiang Rai and other provinces in northern Thailand including main temples in Chiang Tung, Shan State of Myanmar have been joining the promotion. Nearly 300 volunteers have been training in the photocopy and digitally data managing process with the computer software able to continue their tasks as a volunteer for their own cultural preservation. More than 5,000 old and valuable palm-leaf and paper manuscripts had been copied in a digital format without taking from the Tai temples and more palm-leaf and paper scripts are being photo copied daily in the collection places around the Mekong and Salween river basins area. However, many more temples and Tai communities are still need the cultural preservation project and PLMRC are also trying to

reach these targets as many as possible.

Many suggestions are required for the further running of " Digitized Palm-Leaf Manuscripts" Community's cultural preservation using PAR methodology project. The strategy of using a religion activity to develop a closing relationship with the temple might need some adjusting for the better results. Each Tai community has its own context which always different from the others and required a different tactic for a project management. Another suggestion is that when the project finished PLMRC staff should pay their visit to help the inexperienced volunteers for more appropriate digital data storage management.

Reference

Emery, M. & Purser, E. R. (1996) The Search conference: A powerful method for planning organizational change and community action. San Francisco: Jossey-Bass.

Gold, M. (ed.) (1999) The complete social scientist: A Kurt Lewin reader. Washington DC: American Psychological Association.

Srisawad, B., (2nd Ed.) (2004) 30 Nationalities in Chiang Rai. Bangkok: Siam.

Zuber-Skerritt, O. (ed.) (1996) New Directions in action research. London and Washington DC: Falmer Press.

"The Origin of the World" The Myth in Tai Culture from Ancient Palm-Leaf Manuscripts

Wannida Thungsang*

Abstract: The project was a study of the attitude and believes of Tai Lue, Tai Khuen and Tai Yuan on the classic myths about the creation of the world Research methodology was the combination of palm-leaf' s literature studies and selection along with the geographical survey of target Tai residing areas. The field works were started from 2008 until 2010 in some areas of Sipsongpanna in Yunnan, Chiang Tung of Shan State in Myanmar and in the old Lanna Kingdom area of Northern Thailand. The study described the analysis of the Tai attitude and believes on the origin of the world by the integration concepts of the belief in superstition, Hindu and Buddhism and the utilization of twelve months Zodiac system to introduce the calculation of seasons, year, month and day. From the study, it was believed that the world and the Tai calendar has been created by a couple of human ancestor named "Nang-It-Tang-Kai-Ya-Sang-Ka-Si" and "Pu-Sang-Kai-Ya-Sang-Ka-Si". This attitude indicated that the belief in legendary stories was cleverly embedded in a cultural and social structures leading way of life for Tai societies living peacefully until then.

Key Words: The creation of the world; palm leaf script; myth; Tai Lue; Tai Khuen and Tai Yuan

Introduction

Tai ethnic groups refers to the people that speaking Tai languages and mostly settled along Mekong and Salween River Basins region from Yunnan and Guangxi Zhuang

* Research Fellow of Palm-Leaf Manuscript Research Center – PLMRC, The Graduate School, Chiang Mai Rajabhat University, Thailand.

Autonomous Regions of China, northern part of Vietnam, Laos, Shan State of Myanmar, and Thailand. These Tai living areas are geographically connected together and considered as a Tai borderless state due to the complicated relation of their similar language, culture, religion and believe for a long period of time.

Beside the strong believe in religion, "myth" is one of dominant joint cultural identity legacies as a cultural tool forcing the Tai ethnic groups to maintain their social in Tai way of life. *The myth on the origin of the world*(*creation myth*) or *the creation of the world* is one of the main ancient literature reflecting the identity of Tai believe and culture which is generally studied and practiced in society of Tai ethnic groups. Narration of the story reflects the imagination and attitude of Tai people about the creation of nature, human and animal including the living of people in each culture representing a widespread and popular of the legend. It is to be considered that faith and ritual embedded in traditional Tai literature playing the great role and function leading attitude and characteristic of Tai people as a whole.

Currently, due to the increasing of interesting in preservation Tai cultural legacies, the old palm-leaf and paper manuscripts are the main existing visual media which contained the knowledge of Buddha teaching and literature that still waiting for the exploration and study to get the right understanding of Tai culture. However, the lack of Tai experts to transliterate and analysis the language and content of literature seems to be a main barrier for the progression of Tai studies. This research project was dedicated to be a part of the attempting to recognize the value of ethnic literature for the conservation of Tai culture to develop sustainable and peaceful Tai societies in Mekong and Salween river basins region.

Related Tai and history

1. Tai Lue

Tai Lue is one of main Tai ethnics that having their own local language living density in Jing Hong(Chiang Rung) and other nearby cities on the great Lanchang Jiang or Mekong river basin of "Xishuangbanna (Sipsongpanna) Dai (Tai) Autonomous Prefecture" in the southwestern of Yunnan, China. The area was the Kingdom of Sipsongpanna which Chiang Rung was the center of culture and civilization for hundred years. Although the original homeland of Tai Lue was mainly in Sipsongpanna but they also dispersed into some parts of southern China, upper part of Myanmar, northern part of Laos and the northern part of Thailand. [1,2] One of dominant Tai Lue group living in

"Muang Yong", the city located at the eastern border of Shan State and southern of Sipsongpanna, has their own Tai Lue dialect and later called themselves "Tai Yong". During and after the war with Lanna Kingdom and Siam many of Tai Lue and Tai Yong people were immigrated into northern Thailand and north-western Laos. Tai Lue people have their own unique traditional and cultural identities in particularly their typical design in religion and resident architectures including the costumes. Their literature described the belief in the myth that Pu-Sang-Ka-Si and Ya-Sang-Ka-Sai were the human ancestor who created the world and Tai Lue calendar.

2. **Tai Khuen**

The Tai Khuen dwells mainly in the city of Chiang Tung(Keng Tung) the center city in eastern Shan State of Mynmar. Chiang Tung is actually located closely with Muang Yong of the Tai Yong which makes their language and culture similarly. The word "Tai Khuen" is named after a river "Khuen" which is running through the city of Chiang Tung[2]. Tai Khuen colloquialism and script are not only closely related to Tai Lue and Tai Yong[3] but also the Tai Yuan languages due to their adjacent lands and the relations among similarly cultures under the same religion. The Tai Khuen literature provided unique myths involving with the living under Buddhism philosophy and also shared the concept of the origin of the world that believed it was created by Pu-Sang-Ka-Si and Ya-Sang-Ka-Sai.

3. **Tai Yuan or Tai Lanna**

This Tai name means the Tai people living in the old Lanna kingdom located in the upper North area of Thailand and Chiang Mai was the latest Capital before the invade of Burmese and Siam respectively. Tai Yuan is also called "Khonmuang" while "khon" means "people" and "muang" means city. The word was using by the Tai Yuan to verify themselves from other Tai groups which was different from the name "Tai Yong" that was using by Tai Lue from "Muang Yong" to call themselves "Khon Tai Lue Muang Yong" as a representative of "Tai Lue from Muang Yong" before it became shorter to the name "khon Yong" currently. There were two different endogenous hypotheses about Tai Yuan that they might moved southward from the area of Southern China or khon muang's ancestors might actually be the native Mon-Khmer who were later, through an influence of Tai politics and culture, assimilated by the small group of Tai rulers[4,5].

Tai Yuan settled in Chiang Mai-Lamphun basin around 700 years ago and nowadays 87.5% of upper northern Thailand people using the Yuan's language. The character of Tai Yuan or Lanna script written in Lanna's Buddhist sermons, inscriptions and other literatures[1] is similar to the alphabet of Tai Lue, Tai Kuen, Bermese and Laos[6]. This

language relationship has also developed the similar concept on the myth of creation of the world among these Tai groups. The Yuan believed that Nang-It-Tang-Kai-Ya-Sang-Ka-Si married with Pu-Sang-Kai-Ya-Sang-Ka-Si before they have been created the world and the human.

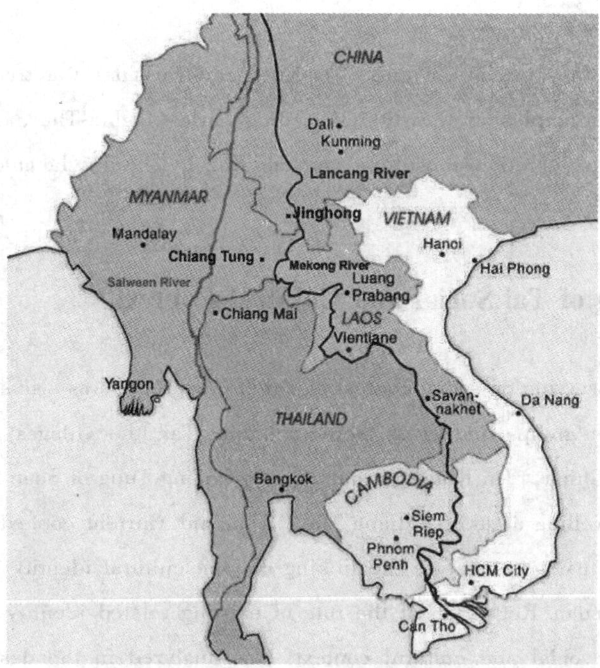

Figure 1：Geographical location of populated intensely Tai ethnic groups：Tai Lue in Jinhong，Tai Kuen in Chiang Tung and Tai Yuan in Chiang Mai

（Renewed from the original image：http：//www. chinapage. org/river/mekong/mekong-map. jpg）

Transliteration of *The Origin of the World*

Transliteration methodology was started after the selection of dominant legends involved with a story on the creation of the world from the collected ancient palm-leaves from 2008 to 2009 at the Palm-Leaf Manuscript Research Center-PLMRC of the Graduate School，Chiang Mai Rajabhat University. Collected ancient palm-leaves required a careful and tender handling which made the great difficulties for the studies. To solve these problems，the research team has been supported by the staff from the digital recording project providing a high quality clear script media for the better understanding of characteristics and element of literatures in the transliteration process.

Analyzed primary source information on *the Origin of the World* from ancient palm-leaves were then sent to Tai script experts for the language approval. After the primary source information language checking stage then it was a study on details of the background of the myth source a long with the analysis of characteristics of literature's content and format.

In this step, the text of Tai Lue, Tai Kuen and Tai Yuan was translated into Thai language using principles of transliteration dictionaries Lanna-Thai, Mae Fah Luang issue with the transliteration consulting and auditing by the Tai language specialists of PLMRC.

Exploring of Tai Social and Cultural Context

The field observing on social context of Tai ethnic groups was also started from 2008 until 2010. Target groups and areas were including Tai Lue villages in Jing Hong of Sipsongpunna, China, Tai Kuen communities in Chiang Tung of Shan State, Myanmar and Tai Yuan dwelling areas in Chiang Mai, Thailand. Current context's information of Tai societies was using to analyze the linking of joint cultural identity of Tai Lue, Tai Khuen and Tai Yuan. Reflection of the role of existing related identity appeared in the literature on the social and cultural contexts was analyzed in the descriptive analysis method using the concept of anthropology and folklore theory.

The Origin of the World in three different Tai versions

1. **Tai Lue version.**

The Tai Lue literature explained the evolution of the world that there were no land nor creatures in the ancient time then the Brahma had made his avatar into Pu-Sang-Ka-Si and Ya-Sang-Ka-Sai to create the world. The couple wiped out their scurf and used the magic made it to be the earth then brought the seed of fruit to grow 100, 000 of different plants and also created various types of animals then sculpted a male and female from the grinded wood powder. These two wooden powder sculptures were alive as a human by Brahma breath spell and married together as the first world's husband and wife. They produced children, building their house, village and city, creating the family and kin relative systems including the administration system for the city as well as creating abundantly food such as rice and fish. Later, a deity came to remind people to practice in the good way before the world will be demolished in 100, 000 years time. The

whole world then went on fire until the wind blew the fire out then there was a long and heavy raining and became flooding all over but the wind blow out the water away. Finally the Brahma were build the world again by using four elements of earth, water, wind and fire, which became a Zodiac system and the calculation of seasons, year, month and day as well as the creation of all things on the earth. Thereafter the legend mentioned about A-San-Yi Brahma who was cut headless by his princesses from an angle deity's trick and every year there is the day of Brahma's head worship which became a Tai New Year's day or Songkran Festival. The Brahma's head worship ceremony was later substituted by the ritual of worshipping Ratanatrai in Buddhism to behave in good, merits and charity.

2. Tai Kuen version

The creation of the world in Tai Khuen version was also began with theempty of universe then the couple of Pu-Sang-Ka-Si and Ya-Sang-Ka-Sai who lived in Brahma level in the heaven wanted to create the globe so they wiped out their scurf and used the magic spell made it a world. Pu and Ya went down to the earth and broke a heaven rule that prohibited the Brahma deity from consuming food by eating aroma soil on the earth. They were punished to be a human as a male and female and the Brahma spelled the heart for them including sculpt many different of animals to live together. Pu and Ya as husband and wife had continually given children and grandchildren while building home and city before a deity came to remain the people practicing the good live before the world will be in danger in hundred thousand years. After the prediction the world was turned into a holocaust on doomsday following with the long heavy rain and the high flooding but at the end the wind blew the fire and flooding water away. The Brahma had built the new world again with four elements which became a Zodiac system similarly to the Tai Lue legal. However, later, the rotation of the sun orbit was changed causing the changing of time, day and season which effected to the living of human, animals and threes to fall ill and die but the Brahma had helped them to set new time, day, month, year and season. The legend also mentioned about A-San-Yi Brahma who had been cutting his head off by his princesses and the day became the Brahma worship day as well as a New Year's day or Songkran day to start a Songkran festival which lasted for three or four days. By the way, the ceremony of Brahma worship has also changed to worship the Ratanatrai in Buddhism as the Tai Lue.

3. Tai Yuan version

The beginning of the world in Tai Yuan version was also started from the empty of the universe then the animals and plants were created on the earth from four elements of

soil, water, wind and fire. Later, Nang-It-Tang-Kai-Ya-Sang-Ka-Si had sculpted twelve zodiac animals before staying with Pu-Sang-Kai-Ya-Sang-Ka-Si and their children. When the human and animals fall ill, vegetation wilted and died Nang-It-Tang-Kai and Pu-Sang-Kai had separated the time into three seasons with the calculation of day, month and year then given the rice to be a human food. However, after many of human had done a lot of bad sin Nang-It-Tang-Kai and Pu-Sang-Kai decided to destroy the world by commanding the Ma-No-Si-La elephant to stop breathing which made a huge fire burning things on earth down. When it was burning until the paradise of Brahma level Nang-It-Tang-Kai and Pu-Sang-Kai had let the elephant respired and it formed a heavy rain to flood the whole earth but then the wind blew all the water dried and finally, the land was turning perfect again. At that time the human who died and went to live in the Brahma level because of their merit from good practicing had returned to born in the earth again while all things in the world came back to the original perfect condition again. Everybody worshipped the Ratanatrai in Buddhism and behave in goodness.

RESULTS AND DISCUSSION

Type of the Myth

The three Tai groups have their own myth on *The Origin of the World* and it shall be separated into two characteristics: oral tradition and literary tradition. Each characteristic group contained different legendary names and characters such as:

Tai Lue edition Legendary name: Brahma-Sang-Lok,

Pa-Ta-Ma-Kap-Kan-Sang-Lok

Character name: Pu-Sang-Ka-Sa   Ya-Sang-Ka-Si,

Pu-Sang-Ka-Si Ya-Sang-Ka-Sai

Tai Kuenedition Legendary name: Pa-Thom-Mu-La-Mu-Li

Characters name: Pu-Sang-Ka-Si   Ya-Sang-Ka-Sai,

Pu-Sang-Kai   Ya-Sang-Kai

Tai Yuan edition Legendary name: Pa-Ta-Ma-Kap, Pa-Tom-Ma-Lok

Characters name: Nang-It-Tang-Kai-Ya-Sang-Ka-Si

Pu-Sang-Kai-Ya-Sang-Ka-Si

Pu-Sang-Si   Ya-Sang-Sai

Analysis result was consistent with the concept of folklore in classifying the closed cultural group of Tai ethnics by using the content of the myth *The Original of the World*. It was found that the content of the myth can be separated into two groups: The

group with concept that Pu-Sang-ka-Sa and Ya-Sang-Ka-Si had created the world and human which often found in the legend of Tai Lue, Tai Kuen and also some of Tai Yuan. The other group had a concept of the deity angel came down from heaven to eat the soil on earth and had been punished by Brahma in turning to be the human which repeatedly found in Tai Yuan and Tai Yai(Shan) in Thailand[7].

Part of the Myth

The story of creation of the world of each Tai legal was classified the event or situation into a particle which some parts might be similarly to the other but some parts might be varied. The research has separated main events of Tai myths into 11 episodes as followed:

A Conditions of the world　B Creation of the world and human

C Expanding of family and children　D Creation of animals

E Setting of city and administrators　F Development of kin relatives

G Creation of rice　H Creation of a new world

I Setting of day, month, year and season　J Development of the tradition

K Believes in merit and sin

Episodes of Tai Lue's myth were classified by the incidence and main part of the story as:

A, B, C, D, E, F, G, H, I, J, K

Episodes of Tai Kuen were classified as:

A, B, C, D, E, F, G, H, I, J, K

The Origin of the World in Tai Yuan was classified to episodes as:

A, B, C, D, E, F, G, I, H, J, K

Twelve Zodiacconstellations

"The Origin of the World" is an ancient literature that reflects the attitude of old Tai culture about the world, human, animals and everything in nature earlier before receiving Buddhism. Although later, they have already been a Buddhist but they still have their first Buddha of the universe along with the belief and the practicing in worship spirits. The result was the combination of the spirit belief, traditional beliefs and Buddhist philosophy in using twelve months in the twelve zodiac constellation to calculate the time, day, month, year and season in the Tai prototypes calendar.

"The Origin of the World" myth has reflected the origins and beliefs of the twelve zodiacs in Tai ethnic groups that used the different twelve animals to typify the twelve zodiacs including: rat, ox, tiger, rabbit, big snake (Naga), snake, horse, goat, monkey, cock, dog and elephant. Each zodiac year has its own Tai name as followed:

Rat Year called "Jai" Ox Year called "Bao"
Tiger Year called "Yi" Rabbit Year called "Mao"
Naga Year called "Si" Snake Year called "Sai"
Horse Year called "Sa-Ngao" Goat Year called "Met"
Monkey Year called "San" Cock Year called "Rao"
Dog Year called "Set" Elephant Year called "Kai"

Season, Year, Month, Day and Occasion

The Origin of the World had reflected the concept of setting the system of season, year, month, day and occasion. The legal discussed about the moving and the orbits of the sun which have been causing variability of day and night that effecting to the change of three seasons: winter, summer and rainy for the Tai. The winter has a shorter day but longer night, the summer has a lower sun and the rainy season has an unequal day and night but when three seasons converged together it becomes one year. By this concept, each season will be associated with the time schedule for counting each month which means the winter is covering November, December, January and February then the summer is around March, April, May and June while the rainy season is around July, August, September and October.

After the season, year and month the schedule of day was setting related to discrepancy of the sun orbit and lastly, the setting of occasion as a faith for people's daily life practicing which not only determined by the schedule of day and time but also by the moon and stars. Example of occasion such as the belief in the star "Dao Chang Luang" was used to define people's lifestyle by his or her birthday and there were other related beliefs about good days or bad days. In conclude the Tai created a relationship between life in the world with the universal system while the sun determined the seasons, years, months and days and the moon determines the occasion.

Reflection and Social Context

The analysis of *The Origin of the World* from Tai legendary in cultural issues demonstrated that the living, social context and belief of Tai people were associated with the beliefs about the spirit and their respect in Buddhism. Therefore, the Tai lifestyle was influenced by the combination of traditional beliefs about spirits with the Beliefs about destiny of Buddhism and developed their own identity or historical consciousness[8].

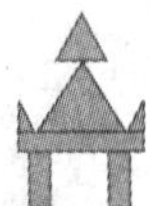

The literature has been supported the system of culture and tradition of Tai people generation by generation from their born to die for example: Song - Kran Festival (Tai New Year), Rocket Festival (Bun-Bang-Fai), Tung Festival, Cause San Pagodas Festival (Ko-Je-Di-Sai), Ka-Thin Ceremony (presenting robes to a monk at the end of Buddhist Lent is between the one waning moon in the eleven month to mid of the twelve month by lunar calendar), Pa-Pa Ceremony (presenting robes and other needs to monks that make and off-season offering), Mhachati sermon Ceremony (Tang-Tam-Luang), Tan-Sa-Lak Tradition (presenting round bamboo basket with other needs to monks), Witchcraft Ceremony, Su-Kuan-Kao Ceremony (welcome back and worship God of rice), Hong-Kuan Ceremony (Compensation ceremony), Wedding Ceremony and the Funeral.

As a result, it might be may assumed that the ancient myth *The Origin of the World* has reflected the identity of Tai ethnic groups with its roles and functions introducing the nation bound with beliefs, tradition and ritual. The myth has the vestige of widespread popularity and reproduction among the Tai as it was recognized widely. It was also copied and customized in a number of editions and inserted in the Buddhist teachings and renamed [9].

Conclusion

Tai people in particularly, Tai Lue, Tai khuen and Tai Yuan created the myth on "The Origin of the World" with a couple of human ancestor: Pu-Sang-Ka-Si and Ya-Sang-Ka-Sai or similarly name. They also have the same regulatory system and structures of the story which started with the creation of the world and everything in the nature before the human was created from soil and became expanded to be a city and kingdom administrated by the King combined with beliefs and rituals. Subject content was also similar with conditions of starting to be the world, firing, flooding, wind blowing water away until the setting of Zodiac system, season, year, month, day, occasion and time including the merit and demerit.

It became the traditional science of astrology and calendar of three Tai ethnic groups to be a form of lifestyle and culture of Tai people from generation to generation. It is to be concluded that the attitude of practicing community activities following the belief in Buddhism and legendary stories has constructed the solid cultural monitoring and preservation system for the Tai Lue, Tai Khuen and Tai Yuan society as a whole.

References

1. Gordon RG Jr. 2005. *Ethnologue*: *Languages of the World*, Fifteenth edition. http: //www. ethnologue. com.

2. Princess Maha Chaki Sirindhorn Anthropology Centre. 2005. http: //www. sac. or. th/ethnic.

3. Malasam S. 2001. *The Migration of Yong People*: *The Local History*. Bangkok: Thammasart University.

4. Nakbunlung S. 1994. *Origins and biological affinities of the modern Thai population*: *an astrological*

perspective. Ph. D Thesis, Urbana: University of Illinois, USA.

5. Schliesinger J. 2001. *Tai group of Thailand*, Volume 1: Introduction and overview. Bangkok: White Lotus Press.

6. Pittayaporn M. 1987. "The Meaning of Tai", *History of Thai Nation Before Sukhothai*. Bangkok: Thai-China Friendship Association, 46 – 49.

7. Na-Talang S. 1998. *The Project Evaluation of Tai Studies Conditions*: *Folklore and literature*. Bangkok: Office of Research Fund, 24.

8. Pongsapit A. 2000. *Culture Religion and Ethnic*: *Analysis Thai Society by Anthropology*. Bangkok: Chulalongkorn University, 52.

9. Peltier A. 1993. *Pa-Thom-Mu-La-Mu-Li The Spirit legends from Lanna*. Bangkok: Ammarin. 6.

Discoveries of Manuscripts in Nepal: Buddhism and its Manuscripts

Ven. S. M. Sujano *

Abstract: Although the Buddha was born in Nepal, the history of Buddhism in Nepal is not very clear until the beginning of the 19th century. There are Buddhist monasteries and stupas spread throughout different parts of the country yet due to lack of records or clear evidence, it is difficult to say when they were built. Nonetheless, it is generally believed that the origin of these Buddhist *viharas* dates back to the time of the early introduction of Buddhism in ancient times. Further, the history of Buddhism would have been difficult without the discoveries of Buddhist manuscripts in the form of both palm-leaf and paper. Among the discoveries, Brian H. Hodgson's discovery of a great number of Buddhist Sanskrit manuscripts revolutionised the history of Buddhism in Nepal with 381 bundles of folio MSS. Equally important was Cecil Bendal's discovery of Pali manuscripts in Nepal which changed the history of Theravada Buddhism in Nepal. It can be seen therefore, how the study of Nepalese Manuscripts would help to understand Buddhism in depth and its situation in Nepal in the past and present. So, this article will present an over view of Manuscripts of Nepal.

Key Words: (Nepalese) manuscripts; Nepal; Buddhism; Literature

Introduction

Apart from the record of Buddhist scriptures and Buddha's relationship with Nepalese society, according to the records of Emperor King Ashoka, records of Chinese travellers and religious activities of few kings of Nepal suggests that Buddhism was widely practiced in Nepalese society during the centuries. However, the original identity of

* Ven. S. M. Sujano - MA in Buddhist Studies from Mahachulalongkornrajavidyalaya University, Bangkok Thailand-a Nepalese born Thai Buddhist monk, presently, is working as a Buddhist missionary monk in the UK. I would like to thank Belinda Owen for helpful comments and linguistic support.

Buddhism was lost around the thirteenth century at the time of King Jayasthiti Malla (1382 – 1395AD), who imposed a Hindu constitution in Nepal. ① Buddhist culture and tradition were banned and the celibate monks were forced to disrobe and forced to marry. Consequently, *Vajrayana* or *Newar* Buddhism was developed following the demise of Buddhism. The situation of Buddhism became worse during the time of Rana government, in 1846, the mantle of power of Nepal's government shifted from the monarchy to an autocratic, isolationist Rana government. The *Shah* Kings of the country were kept under tight control of Rana prime ministers. The country was closed from the outside world, with eyes closed to what was happening outside for a century. That was the age, when Buddhism was totally forgotten from Nepal. It was known and practiced by only certain communities; *Vajracharyas* (*Bajracharyas*), *Shakyas*, *Tuladhars and highland communities*' etc.. ②The Rana government banned all Buddhist religious activities. They also banned people converting from Hindu religion to Buddhism but existing Buddhists were allowed to become Hindus. Equally, when Buddhist movements began in 19th Century, they were banned. Monks were imprisoned, exiled and fined etc. During the Buddhist revival movement. ③ Therefore, through frequent suppression and restriction from the government, Buddhism continued to deteriorate in Nepal until the success of the Buddhist revival movement and re-establishment of Theravada Buddhism in Nepal.

The Buddhist literature in Nepal

It is certain that over the centuries there are hundreds of thousands of old manuscripts written on paper and on palm-leaf, in particularly after the 3rd century AD, in almost all countries of Asia have such culture. Palm-leaf was the most popular material used for preserving Buddhist teachings and its history before the advent of paper. It was widely used for the writing of manuscripts in Sri Lanka and India and was later passed culture on to Burma (the Mons and the Burmese), on to Cambodia, Siam, Indonesia and Malaysia. On account of the vast literary activity through the centuries in these countries, huge collections of early manuscripts are preserved, many have been discovered and

---

① Nancy Grant, The Monk who Would Return', The Nation; Thailand's English Newspaper (Sunday special) Oct. 18, 1987.

② N. B. Thapa, A Short History of Nepal, (Kath: Ratna Pustak bhandhar, N. d.) pp. 30 – 33; Op. cit. Nancy Grant, Oct. 18, 1987.

③ Phra Sujan Maharjan, The Revival of Theravada Buddhism in and its Contribution to Nepalese Society, Mahachulongkornrajavidyalaya University, BKK, 2006, pp. 18, 19, 22.

preserved yet there are many to be discovered. Correspondingly, an enormous number of MSS on Pali literature was preserved by Ceylon, Burma, Cambodia and Siam as well as recent discovery in Xishuangbanna, Yunnan, China. ① Simultaneously, the great achievement that Nepalese Buddhists have preserved valuable MSS on palm-leaf and paper of the original Sanskrit texts of Mahayana Buddhism. ② H. P. Sastri records that the palm-leaf MSS that have been discovered in Nepal are older than Paper MSS and some of them are written in later Gupta character. The 93 bundles of palm-leaf MSS have been kept in the library, which with eight bundles acquired by the late Maharaja Sir Vira Sumsher JBR, make up a total of 101 bundles. These bundles contain altogether 448 MSS, though many of them are mere fragments. ③ This discovery has huge significance to the history of Buddhism in Nepal. However, Pal & Meech-Pekarik suggest that the palm-leaf is not native to Nepal. Further, they presume that the tradition of writing in this medium was introduced into the country from the India probably during the Licchavi period (330 – 879AD). ④

Historians, on the other hand, believe that one of the major reasons of the richness in Buddhist manuscripts in Nepal was the collapse of Indian Buddhism. ⑤ Many Buddhists escaped from suppression in India and fled to Nepal along with their religious and cultural inheritance. With the integration of the two cultures, few Sanskrit Buddhist scholars indicates, from 9th century to 13th century AD Nepalese Buddhist continue to copy Buddhist manuscripts predominantly in Sanskrit. Consequently, an enormous amount of Buddhist literatures have been written and preserved in Nepal for centuries. Out of this vast literature, only a small portion of it was translated into Tibetan and Chinese around the 9th to 11th century. Unfortunately, with the passage of time, the great treasure of Buddhist literature was lost or destroyed due to various historical conditions. There are few evidence to suggest that a large number of Buddhist manuscripts, both palm-leaves and paper, were destroyed just because of political and social reformation in different times. Furthermore, these manuscripts have been destroyed due to lack of awareness,

① Zhou Ya, The complete Collection of Chinese Palm-leaf Scripture and several Issue in the Translation and collation, *The Document of the 2nd International Buddhist Research Seminar*, *Vol. 1*, Organised by the Buddhist Research Institute, MCU, 8th – 10th January 2010, pp. 15 – 29.

② Phra Vipassi Dhammaramo, *Buddhism in Nepal*, Mahamakut University: BKK, p. 38.

③ H. P. Sastri, *A catalogue of Palm leaf and selected Paper Manuscripts belonging to the Durbar library*, Nepal, Calcutta: Printed at the Baptist Mission Press, 1905, preface.

④ Pal, P. & Meech-Pekarik, J., *Buddhist Book Illuminations*, Hong Kong: Ravi Kamuar, Publisher, 1988, p. 95.

⑤ See detail for causes of decline: Ven. S. M. Sujano, The disappearance of Buddhism from its country of origin, Punjab: Punjab Buddhist Society UK Souvenir, 8th October 2006, pp. 34 – 37

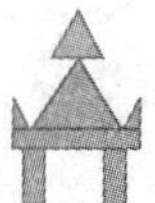

lack of understanding of methods of preventive conservation and value of MSS by the owner. Despite these destructions in varied ways, many foreign scholars and collectors successfully procured a large number of Buddhist manuscripts from Nepal. Some of the main collectors are: Brian H. Hodgson, Daniel Wright, Cecil Bendall, Dr. A. F. R. Hoemle, W. Jones,① Dr. H. H. Wilson, S. H. Lewin, Ekai Kawaguchi and others. They also collected different manuscripts and preserved them in different institutions in different countries. The main institutions are the Asiatic Society of Bengal, royal Asiatic society of London, British Museum, India Office library, Cambridge University library, Bodleian library, Bibliotheque National de Paris, India Institute library-Oxford, Universities libraries of Tokyo, Taisho, Tokai, Kyoto and Tokyo Bunko in Japan and so on. In these institutions, various Nepalese manuscripts have been preserved.

The Nepalese Manuscripts

Nepal, as it is known to all, has possessed for centuries valuable materials written in Sanskrit, Tibetan, Newari, Hindi and other ethnic languages, which attracted scholars from around the world. Many Sanskritists, Tibetologists, specialists in Newari, and other scholars, working in various disciplines, are already aware, to some extent at least, of the wealth of manuscript material and documents in Nepal. According to Min Bahadur Sakya, Sanskrit Buddhist scholars of Nepal, there are Sanskrit MSSs on Palm-leaf, *Haritalika* paper, *Thyasphu* paper, Scroll Manuscript and Bound Book Manuscripts available in Nepal. From which, only a handful have been published. The greater part of these manuscripts and documents has not yet received scholarly attention, and the work of cataloguing. Some of these MSSs are the oldest and rarest documents of Asia that record history, politics, social and medical accounts etc. .

During 1828 – 1870 Mr. Hodgson collected several MSSs which he went on to publish. Among the discoveries, the discovery of 381 folios by Mr. Hodgson generated a new era that changed Buddhist history. Of these MSS were 86 MSS comprising 179 separate works, many were presented to Asiatic Society of Bengal; 85 to the Royal Asiatic Society of London, 30 to the Indian Office Library; 7 to the Bodleian Library, Oxford; 174 to the Societe Asiatique, and the French scholar Eugene Bernouf. The last two collections have since been deposited in the Bibliotheque National of France. As

① Moriz Winternitz and Arthur Berriadale (ed), *Catalogue of Sanskrit Manuscript in the Bodleian Library*, Vol. II, Oxford, Clarendon Press, 1905. p. 249.

such, A Catalogue of Palm-leaf in Darbar Library Nepal records in total the preservation of 101 bundles in which 93 bundles are in Library and eight bundles acquired by the late Maharaja Sir Vira Sumsher JBR. These bundles contain altogether 448 MSS. ① H. P. Sastri further explains that the number of MSS in the library, paper and Palm-leaf together total to nearly 5, 000. These contain the royal collection of Nepal from the remotest antiquity, with every successive king trying to add to the numbers. Similarly, the Nepal-German MSS Preservation Project has microfilmed over 180, 000 Nepalese MSS during it's 30 years of operation. ② Asa Archives, accordingly, preserved approximately 1000 catalogued and 300 un-catalogued rolled palm-leaf MSS. Apart from these there are many MSSs that have yet to be discovered and many more to be brought to the surface. However, in order to keep its focus on Buddhist MSS, in particular Sanskrit and Pali language, it has to terminate the vastness of MSS in Nepal here.

The scripts and language used in Nepalese Buddhist MSS

Generally, Buddhist manuscripts of Nepal were written in five types of scripts; *Pracalit*, *Newari*, *Rajana*, *Bhujimole* and *Devanagari* scripts. Each script signifies the significance of manuscripts in Nepal, such as, Newari scripts were used for most of the MSSs of Nepal. Nevertheless, Rajana scripts were used for sacred texts or teachings and mostly written on Indigo-paper, on gold or silver, which was highly venerated by its followers. Similarly, the Bhujimole script was used to write mainly on Palm-leaf. In particular to Palm-leaf, 1084 rolled palm-leaf MSS are preserved by the National Archives of Nepal alone. Further, since there are two major Buddhist schools; Mahayana and Theravada, Sanskrit and Pali languages are the main languages of these two schools respectively. Thus, entire Buddhist literatures were written in these scripts in two languages; Sanskrit and Pali. Snellgrove David L says:

"It is quite remarkable how within its small geographical limits theNepal valley has managed to preserve the most remarkable traces of the last days of Buddhism in Northern India. "③

① H. P. Sastri, Op. cit. preface.

② Dragomir Dimitrov, 'the work of the Nepalese-German Manuscript Cataloguing Project in Nepal (Report: July 2006), Newsletter of the NGMCP, No. 1, p. 3

③ Snellgrove David L. , Indo-Tibetan Buddhism, Serindia Publications, London 1987, p. 379.

Concerning Sanskrit Buddhist MSSs, Nepal is enormously rich in Manuscripts which are widely known to Sanskrit Buddhist scholars. However, in the suppressive governmental environment of Nepal Buddhist MSS were preserved underground for centuries until the publication of Buddhist MSS from the Bengal Asiatic society in 1828 and 1874 by Brian H. Hodgson, a British diplomat in Nepal. ① It was through him that a great number of Sanskrit Buddhist MSS were discovered in Nepal that dramatically changed its shape. Rajendra Lal Mitra says in *The Sanskrit Buddhist literature of Nepal* that:

"Mr. Hodgson discovered a great number of these works during his tenure in Nepal in the beginning of the 19th century. The existence of these before his time was unknown, and his discovery has entirely revolutionised the history of Buddhism... copies of these works, totalling 381 folio MSS have been distributed so as to render them accessible to European scholars" ②

Nonetheless, among the MSSs that have found in Nepal, apart from few portion, it is difficult of know the exact date of the illustrated MSS but documents suggest it's copying tradition and writing MSS began as early as the 10th Century in Nepal. An earlier illustrated MSS, as far discovered, was dated 1015 AD of *Astasahasrika Prajnaparamita*, which is now in the collection of the Cambridge University Library. Among the Sanskrit Buddhist MSSs, the main group are of Navagranth, the priceless scripture that contains nine valuable Sanskrit Buddhist texts, which is of immense benefit to the Mahayana Buddhist world. They are: *Prajnaparamita*, *Gandavyuha*, *Dasabhumesvara*, *Samadhiraja*, *Lankavatara*, *Saddharmapundarika*, *lalitvistara*, *Tathagataguhyaka and Suvarnaprabhasa.* All of them have been translated into different languages. Additionally, concerning Buddhist Sanskrit MSS, over 20 reports (see appendix 1) have been published.

Concerning the Pali Buddhist MSSs in Nepal, there is only a handful on record. Pali Buddhism or Theravada Buddhism has been reintroduced since 1930s, its impact to Nepalese society is immense. Sanskrit Buddhist Scholars refer to it as imported Buddhism into modern Nepal but in my opinion its revival made a vital difference to the Buddhist history in Nepal. Some of the benefits of the emergence of Theravada Buddhism in Modern Nepal are opened religious freedom, a break off of Social boundaries and

① Brian H. Hodgson, Essays on the language, literature and religion of Nepal and Tibet, London, 1828 and 1874.

② Rajendra Lal Mitra, The Sanskrit Buddhist literature of Nepal, Calcutta, India, 1882, preface.

government chain of limited ground in Nepal.

Professor Bendall, while on his survey of manuscripts in Nepal, found that in his examination of a few stray leaves, proved that pali was at one time used so far north as Nepal. ① His announcement greatly supports the argument that pali Buddhism prevailed in Nepal from the beginning. Similarly, Harishchandra Lal Singha, a historian, says "Theravada was the earliest form of Buddhism prevalent in Nepal as in many countries of Asia where Buddhism flourished." Further, the missionary monks sent by King Ashoka in the 3 century suggests that there were Buddhist practices in Nepalese society. Although, traditional Theravada texts do not contain any information about Theravada in Nepal, the texts of other Buddhist schools, nevertheless, say that some of the Buddha's disciples went to Nepal's Kathmandu Valley.

In addition, among the approximately 180,000 manuscripts that have been microfilmed by the NGMPP, the oldest preserved Pali manuscript was found, which is possibly the oldest dated Nepalese manuscript (810AD). It was discovered by Cecil Bendall. He announced the discovery of a Pali Manuscript in Nepal at the 12th International Congress of Orientalists held at Rome in 1899. It is said that the Manuscript was kept in a library of the Maharaja of Nepal and Ceci Bendall was allowed to take it to England for close examination, which enabled him to give further information about the find, datable to the eight/ninth century AD. At the 3rth international congress at Hamburg in 1902, it was identified as a portion of the *Culla-Vagga* of the *Vinayapitka*. Later, in 1952, P. V. Bapat published the text of the four folios of the fragment from photographs he had taken himself during a visit to Kathmandu in 1948. On top of these two studies, Professor Oskar Von Hinuber's study and published book entitled *The Oldest Pali Manuscript: Four Folios of the Vinaya-Pitaka from the National Archives, Kathmandu* in 1991 (See appendix II) is very important, since it is based on microfilms made in the National Archives in Kathmandu by the Nepal-German Manuscript Preservation project. In his monograph, he presents a definitive edition of the four surviving folios equivalent text corresponding to page 138. 1. 27 through page 107. 1. 3. and page 136. 1. 11 through page 138. 1. 11 of Hermann Oldenberg's edition of the Vinaya pitaka, Cullavagga vol. II (London 1880). ② This is the earliest Pali MSS so far discovered, and it may help to solve related vinaya problems as well as historical

---

① H. P Sastri & Cecil Bendall: *A catalogue of Palm leaf and selected paper manuscripts belong to the Durbar Library, Nepal* (1905), P. Preface 1.

② K. R. Norman, Reviews of books, JSTOR, 3rd Series, vol. 3, No. 2 (Jul. 1993): www. jstor. org/pss/25182725.

misinter pretation. The discovery supports that Pali Buddhism was introduced and prevailed in Nepal before Sanskrit Buddhism was widely practiced in Nepal. However, it is still hard to pinpoint that which led one school to be completely pushed into the ground and the other to survive.

Conclusion

As it is known to all, Nepal has acquired an enormous number of valuable Manuscripts in different fields and religions that have attracted scholars from around the world. National and international preservation organisations are actively involving in Nepal for decades. As to the preservation project the Nepalese-German Manuscript Preservation Project is well-known and widely acknowledged as a long term and comprehensive project. Similarly, Japan International cooperation Agency and Paper conservators Asia Unlimited partially funded by the Japan Foundation are actively involved in the discovery and preservation of Nepalese MSS with the collaboration of National Library and Archives of Nepal. However, the threats to the originals still remain, mainly because of a lack of awareness, knowledge and funds.

Further, as to Sanskrit Buddhist there are a large number of MSSs that have been preserved in different ways but none of Theravada or Pali Buddhist's has been recorded except one discovery by Oskar v. Hinuber, despite its close relationship with the history of Nepal. Thus, I believe that among the vast number of collections of Manuscripts, there may be manuscripts, which are related or direct to Pali Buddhists.

Furthermore, according to a report published in NGMPP's first news letter published in 2006 by Michael Hahn (Marburg), there are a few errors which have been made by misinterpreting the language definitions that were used in the writing of MSS of Nepal. Correspondingly, NGMPP's website stated that in 2009 - 06 - 03: "There is a very old (dated 9th century) manuscript of the Suśrutasanhitā. Since its text appears to offer significant variation from printed editions, it is a very important manuscript. Not only that, it turns out, that the scribe was a Buddhist. "① Further, according to Min Bahadur Shakya, the oldest palm-leaf manuscript dates from 1334CE and the writing on palm-leaf began from early 11th to 17th century. ② This has been disproved by the discovery of Pali manuscripts dated to the 8th century. Thus, these

① http://www.uni-hamburg.de/ngmcp/mssoftheweek_e.html

② Min Bahadur Shakya, Preservation of Sanskrit Buddhist Manuscripts in the Kathmandu Valley: its importance and future, www.niem.com.np/newararticle/preservation

misinter pretations suggest that there might have few MSS on Pali Buddhists. On these accounts and from my personal study, it has been found that some very important questions remain unanswered: are there any more Pali manuscripts and where are the Pali MSS of Nepal? What has happened to them?

References:

Brian H. Hodgson, Essays on the language, literature and religion ofNepal and Tibet, London, 1828 and 1874.

Brian H. Hodgson, *Sketch of Buddhism*, JRAS 1830, 222 – 257, also JASBe 5, 1836: 28, 71.

Brian H. Hodgson, Quotations from original Sanskrit authorities in proof and illustration of Mr. Hodgson's sketch of Buddhism, JASBe 5, 1836: 28, 71.

Cecil Bendall, M. A., A journey of literary and archaeological research inNepal and Northern India from 1884 – 1885, Cambridge University press, 1886.

Dragomir Dimitrov, *The work of the Nepalese-German Manuscript Cataloguing Project in Nepal* (Report: July 2006), Newsletter of the NGMCP, No. 1.

H. P. Sastri, A catalogue of Palm-leaf and selected Paper Manuscripts belonging to the Durbar library, Nepal, Calcutta: Printed at the Baptist Mission Press, 1905, preface.

K. R. Norman, Review of Books, JSTOR: 3rd Series, Vol. 3, No. 2 (Jul., 1993) www. jstor. org/pss/25182725.

L. D. Barnett (Compiled), A supplementary catalogue of Sanskrit, Pali and Prakrit Books in the library ofBritish Museum, 1908.

Min Bahadur Shakya, *Preservation of Sanskrit Buddhist Manuscripts in the Kathmandu Valley*; *Its importance and future*, http: //www. niem. com. np/newararticles/preservation.

Moriz Winternitz and Arthur Berriadale (ed), Catalogue of Sanskrit Manuscript in the Bodleian Library, Vol. II, Oxford, Clarendon Press, 1905.

Nancy Grant, " *The Monk who would return* ", The Nation; Thailand's English Newspaper (Sunday special) Oct. 18, 1987.

N. B. Thapa, A Short History of Nepal, Kath: Ratna Pustak bhandhar, N. d.

Naoko Takagi and group, *Conservation and digitisation of Rolled Palm leaf Manuscripts in Nepal*, www. asianart. com/articles.

Pal, P. & Meech-Pekarik, J., Buddhist Book Illuminations, Hong Kong: Ravi

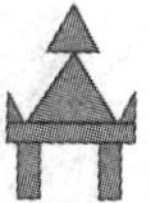

Kamuar, Publisher, 1988.

Phra Sujan Maharjan, The Revival of Theravada Buddhism in and its Contribution to Nepalese Society, Bangkok: M. A. Thesis of Mahachulongkornrajavidyalaya University, BKK, 2006.

Phra Vipassi Dhammaramo, Buddhism inNepal, Bangkok: Mahamakut University: 2001.

Rajendra Lal Mitra, The Sanskrit Buddhist literature of Nepal, Calcutta, India, 1882.

Snellgrove David L., Indo-Tibetan Buddhism, London: Serindia Publications, 1987,

http: //www. uni-hamburg. de/ngmcp/mssoftheweek_ e. html.

Ven. S. M. Sujano, *The disappearance of Buddhism from its country of origin*, Punjab: Published in Punjab Buddhist Society UK's souvenir 8th October 2006, pp. 34 –37.

Zhou Ya, *The complete Collection of Chinese Palm-leaf Scripture and several Issue in the Translation and collation*, The Document of the 2nd International Buddhist Research Seminar, Vol. 1, Organised by the Buddhist Research Institute, MCU, 8th – 10th January 2010, pp. 15 –29.

Appendix I

LIST OF CATALOGUES AND REPORTS:

1. Sanskrit Buddhist literature of Nepal by Rajendra Lal Mitra, Calcutta 188. 2
2. Catalogue of the Buddhist Sanskrit Manuscripts in the University Library, Cambridge by Cecil Bendall, Cambridge 1883.
3. Catalogue of Sanskrit Manuscripts in the British Museum, by Cecil Bendall, London, 1902.
4. A Catalogue of Palm-leaf and selected paper Mss. belonging to the Durbar Library, Nepal by Hari Prasad Shastri, Calcutta Vol. I, 1905 do, Vol II, 1905.
5. Buddhist Manuscripts of the Bir Library, by the Sanskrit Seminar of Taisho University, Memoirs of Taisho University, No. 40, 1955.
6. Buddhist Manuscript Texts of Kathmandu, Gajin Nagao, 1963, (Japanese).
7. Catalogue of the Buddhist Sanskrit Manuscripts in the Library of Tokai University by Yutaka Iwamoto, Proceedings of the Faculty of Letters, vol. III, Tokai University, Tokyo 1960.

8. Samksiptasucipatram by Buddhi Sagara Sarma, Nepal, Nepal Vira Pustakalaya, Samvat 2020（AD1963）.

9. Sucipatram-part I by Srinarayana Prasad Sharma, Nepal 1964.

10. Brhatsucipatram part I by Buddhisagara Sharma Nepal, Virpustakalaya, 1964.

11. Brhatsucipatram part II by Buddhisagara Sharma Nepal, 1966.

12. Brhatsucipatram part III by Buddhisagara Sharma Nepal, 1966.

13. Brhatsucipatram part IV by Pandit Deviprasad, Nepal Rastriyapustakalaya, 1967.

14. A Catalogue of the Sanskrit Manuscripts in the Tokyo University Library, Seiren Matsunami, Suzuki Research Institute, Tokyo 1965.

15. Buddhist Sanskrit Manuscripts: A title list of the Microfilm Collection of the Institute for Advanced Studies of World Religions. 1975.

16. A Micro-film Catalogue of the Buddhist Manuscripts inNepal, Buddhist Library by H. Takaoka, Nagoya 1981.

17. A succinct Catalogue of the Sanskrit Manuscript in the Possession of the Faculty of letters, Kyoto University, compiled by Kiyotaka Goshima and Keiya Noguchi, Kyoto 1983.

18. Catalogue of Selected Buddhist Manuscripts in Asasaphukuthi, 1986.

19. Descriptive Catalogue of Selected Manuscripts in the Asa Archives prepared by Dr. Janak Lal Vaidya and Prem Bahadur Kansakar Kathmandu, Cvasapasa 1991.

20. A Catalogue of the Buddhist Tantric Manuscripts in the National Archives of Nepal and Keshar Library by Mitutoshi Moriguchi Sankibou Buddhorin, Tokyo 1989

Appendix II

The oldest Pali manuscript: four folios of the Vinaya-Pitaka from the National Archives, Kathmandu / von Oskar v. Hinuber.

Format	Book
Uniform Title	Tipitaka. Vinayapitaka. English & Pali. Selections
Description	Mainz: Akademie der Wissenschaften und der Literatur; Stuttgart: F. Steiner, c1991. 48 p. ; 25 cm.
ISBN	3515059369
Series	Abhandlungen der Geistes-und Sozialwissenschaftlichen Klasse; Jahrg. 1991, Nr. 6 Untersuchungen zur Sprachgeschichte und Handschriftenkunde des Pali; 2
Subjects	Tipitaka-Vinayapitaka-Criticism, Textual. | Monasticism and religious orders, Buddhist-Rules.
Other Authors	Hinuber, Oskar von

后　记

本书出版时，正值金秋十月，收获之季。

作为“贝叶文化研究系列丛书”的第四卷，本集定名为《贝叶文化与和谐周边建设》，既基于我国和云南省社会发展变化之时代背景，也基于我辈希望贝叶文化研究要紧扣时代脉搏、与时俱进之初衷。

随着综合国力的显著提升，在继续保持经济稳步增长的同时，充分注重社会均衡发展及提升国家软实力建设已成为国家战略思考的一部分。中国正向世界展示着“和谐世界”的理念，实践着我们在全球化背景下尊重世界各国、各地区、各民族文化多样性的态度，亦展现着中国从自身传统文化精髓中提炼国家软实力、提升国际影响力的自信心。其次，有着毗邻东南亚、南亚陆上地缘优势的云南，正经历着从曾经的“西部边疆省份”向“我国面向西南开放的重要桥头堡”的新身份转变，既承担着落实国家“和谐周边”战略的前沿责任，也面临自身建设发展的良好机遇，可谓机遇与挑战并存。

正是上述时代背景，对贝叶文化的研究提出了新的要求：一方面，贝叶文化的基础研究尚待继续深入，以便从这一珍贵的传统文化资源中提炼出适合国情省情、促进社会发展的文化精髓，进而凸显成为国家面向东南亚、南亚对外开放文化软实力的组成部分；另一方面，所谓“人文之美，现实之用”，如何在尊重边疆民族优秀传统文化的同时，用好、用活这种文化资源，对内促进民族团结、文化大发展大繁荣、社会和谐稳定之边疆治理，对外助推改革开放、促进我国与东南亚、南亚各国的文化交流、促进区域和谐发展，成为目前和下一步贝叶文化研究工作的新命题。

机缘眷顾，由西双版纳州人民政府与云南大学共同主办的“首届贝叶文化国际研讨会”于2010年4月在景洪成功召开。值此，由中国学者首先提出的“贝叶文化”学术概念，正式登上国际学术舞台。这是中国贝叶文化研究的巨大进步。这些进步，与西双版纳州人民政府为弘扬民族优秀传统文化、促进边疆社会和谐发展的远见与决心分不开，与国内外长期关注和支持贝叶文化研究的专家学者、企事业单位人士的共同努力分不开。

感谢泰国玛哈马库特佛教大学社会学院副院长阿尼尔·释迦长老，老挝国家

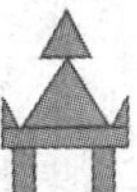

图书馆副馆长博凯·蓬帕占博士，“老挝贝叶经数字化图书馆”项目负责人、德国帕绍大学教授哈拉德·汉德斯博士和他的助手戴维·沃顿先生，泰国清迈皇家大学研究生院院长普拉育·湾潘博士和贝叶经研究中心主任、著名东南亚语言学家安纳托尔·派尔缇耶教授等专家学者，没有他们的参与和推动，贝叶文化研究的国际化难以快速推进。

感谢参会撰文的所有国内学者以及之前三部贝叶文化研究丛书的所有作者、推动者和参与者，没有他们的努力，贝叶文化研究的工作难以持续、有效地稳步进行。

感谢参与《中国贝叶经全集》100 卷翻译出版工作的所有专家学者，感谢西双版纳州刀林荫州长，感谢云南省新闻出版局原副局长兼云南人民出版社社长胡廷武先生和昆明汉慧经贸有限公司总经理郎云川先生，正是他们十年来的辛勤努力和大力支持，《中国贝叶经全集》100 卷才作为中国南传佛教典籍的首次精选结集得以问世，并构建出贝叶文化研究及与东南亚、南亚学界交流的平台。

我们还要感谢云南大学出版社的蔡红华女士、丁群亚女士和周元晖先生，没有他们长期真诚的支持和辛勤的付出，《贝叶文化论集》、《贝叶文化与民族社会发展》、《贝叶文化与傣族和谐社会建设》以及这本《贝叶文化与和谐周边建设》将无法以“贝叶文化研究丛书”的形式高质量地顺利问世。

最后，我们要深深感谢并沉痛悼念一位可亲、可敬、可爱的老人——中国贝叶文化研究奠基人、云南大学贝叶文化研究中心创始人、云南大学著名民俗学家秦家华教授。秦老师于 2011 年 3 月在昆明病逝，享年 73 岁。他老人家逝世前曾在《中国社会科学报》发表过两篇文章，提及目前贝叶文化研究这一“绝学”所面临的种种困难与挑战，让学界更加了解了这一“冷门”研究领域的重要性。然而，几个月后老人突然离世，竟成为与这门亟待研究的“绝学”之诀别，令人扼腕心痛！所幸，秦老师不但全程参与了这次国际研讨会，亦为本文集专门撰文，成为老人辞世前之最后遗作，他老人家在研讨会上神采飞扬地作主旨发言的照片也成为不可再现的遗照。让我们在聆教之时，怀念他老人家的音容笑貌，聊以慰藉！

希望本书的出版能引起学界更多的重视，并期待广大读者批评指正。

编　者

2011 年 9 月 28 日于云南大学东陆苑

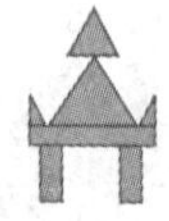

图书在版编目（CIP）数据

贝叶文化与和谐周边建设/郭山等主编．—昆明：云南大学出版社，2011

ISBN 978-7-5482-0609-5

Ⅰ．①贝…　Ⅱ．①郭…　Ⅲ．①傣族—民族文化—中国—国际学术会议—文集　Ⅳ．①K285.3-53

中国版本图书馆 CIP 数据核字（2011）第 197630 号

策划编辑：蔡红华
责任编辑：周元晖
装帧设计：丁群亚

贝叶文化与和谐周边建设

郭山　周娅　岩亮　岩香　主编

出版发行：云南大学出版社
印　　装：昆明市五华区教育委员会印刷厂
开　　本：787mm×1092mm　1/16
印　　张：32
字　　数：680 千
版　　次：2011 年 9 月第 1 版
印　　次：2011 年 9 月第 1 次印刷
书　　号：ISBN 978-7-5482-0609-5
定　　价：69.00 元

地　　址： 昆明市翠湖北路 2 号云南大学英华园内
发行电话： 0871-5031071　5033244
邮　　编： 650091
E-mail： market@ynup.com